Thomas-San-Galli

Ludwig van Beethoven

SEVERUS

San-Galli, Thomas: Ludwig van Beethoven
Hamburg, SEVERUS Verlag 2013
Nachdruck der Originalausgabe von 1913

ISBN: 978-3-86347-744-8
Druck: SEVERUS Verlag, Hamburg, 2013

Der SEVERUS Verlag ist ein Imprint der Diplomica Verlag GmbH.

Bibliografische Information der Deutschen Nationalbibliothek:
Die Deutsche Nationalbibliothek verzeichnet diese Publikation in der Deutschen Nationalbibliografie; detaillierte bibliografische Daten sind im Internet über http://dnb.d-nb.de abrufbar.

SEVERUS

LUDWIG V. BEETHOVEN, TONSETZER
Nach der Natur gemalt von J. Stieler, 1819.

W. A. Thomas-San-Galli

Ludwig van Beethoven

Mit vielen Porträts, Notenbeispielen und Handschriftenfaksimiles

Herrn

Oberstleutnant a. D.

Karl Wyneken

Verfasser des Werks: Der Aufbau der Form

in Verehrung

zugeeignet.

GELEITWORT

Eine schlichte, handliche Beethoven-Biographie in einem Bande fehlte bisher. Was wir besitzen, sind entweder kurze Lebensabrisse — wie der treffliche von Frimmel — oder umfängliche, mindestens zweibändige Werke, deren Entstehungszeit noch dazu um wenigstens 25 Jahre zurückliegt — Wasielewski, 2 Bände, erschien 1888, Nohl, 3 Bände, 1864—1877, Marx, 2 Bände, 1859 zum ersten Male. Seither haben die Zeiten sich geändert, die Forschung hat erhebliche Fortschritte gemacht. Und diesen beiden Umständen können Neuauflagen und Neubearbeitungen älterer Werke doch nur teilweise gerecht werden. Das gilt auch für die als erste Biographie interessante Lebensbeschreibung Beethovens von Schindler. In der letzten Zeit erschien neu nur A. W. Thayers „Beethovens Leben", dessen erster Band allerdings auch schon 1866 herauskam. Das jetzt fünf starke Bände umfassende Werk wurde aber von Deiters und Riemann neu bearbeitet und zu Ende geführt und muss als die vorzüglichste kritische Untersuchung des Beethovenschen Lebens und Schaffens gelten*).

Ich beabsichtige daher hiemit eine kurze zusammenfassende Biographie zu geben, die dem historischen Hergang entsprechend das Leben und die Werke des Meisters als künstlerische Einheit schildert. Ich zeichne Beethoven: wie er war; im Klang seiner Zeit, in seiner persönlichen Eigenart und ihn widerspiegelnd in seinen Werken.

Wie nun in einem Gemälde manche Linie, weil sie charakteristischer ist als andere, schärfer hervorgehoben werden muss, so habe ich diese und jene Einzelheit des Lebens oder der Werke

*) Nachdem die vorliegende Biographie bereits geschrieben und dem Verleger übergeben war, erschien das ästhetische Beethoven-Werk Bekkers, das Beethovens Leben nur nebenbei, vorwiegend aber die Werke behandelt.

weiter ausgeführt. Man sagt heute z. B. oft, die bekannten Anekdoten aus Beethovens Leben seien unwichtig. Das kann ich nicht durchaus finden: manche davon leiht dem Gesamtgemälde einen bezeichnenden, intimen Zug. Ich wählte nicht nur nach der Tatsachenwichtigkeit, sondern stets auch mit der Absicht, die historisch wahrste, lebendigste Wirkung des Beethoven-Bildes hervorzubringen.

Da ich also nicht in erster Linie belehrend, sondern künstlerisch wirken wollte, enthielt ich mich jeden gelehrten Beiwerkes, liess all die kleinen Zweifel in des Meisters Geschichte möglichst beiseite, da sie die feststehenden grossen Züge seines Bildes ungebührlich verwischen. Wer sich nachher in die Einzelheiten vertiefen, biographische Studien oder theoretische Forschungen machen will, dem bietet die ausgedehnte Spezialliteratur alles nur Wünschenswerte. Ich führe nur an: Frimmels Studienbände, Nagels Beethovensche Sonaten, Groves Symphonien, Helms Streichquartette Beethovens, die Schriften von Neitzel, Reinecke und Nottebaum; nicht zu vergessen sind auch Kalischers Aufsatzsammlungen und vor allem seine Ausgabe der sämtlichen Briefe, die Frimmel neu bearbeitet.

Auch ich biete hier neue Forschungsresultate; da ich aber die kritischen Untersuchungen aus dieser künstlerisch gedachten Biographie verbannt wissen wollte, trug ich meine Ergebnisse einstweilen schlicht vor und werde die wissenschaftlichen Belege und Ausführungen dem Forscher in einem besonderen Studienbande vorlegen. Auf einen kleinen, bisher nicht bemerkten Irrtum möchte ich jedoch hinweisen: Die „Einladung zu Beethovens Leichenbegängnisse" sagt: „Beethoven starb . . . im 56. Jahre seines Alters" — es muss natürlich heissen: im 57. Jahre, da er am 16. Dezember 1770 geboren war, also am 26. März 1827, seinem Todestage, schon im 57. Lebensjahre stand. — Ein Wort wäre noch über die angebliche Jugend-Symphonie Beethovens in C-dur zu sagen, die Fritz Stein in alten Stimmen des „Akademischen Konzertes in Jena" gefunden hat. Trotzdem die 2. Violinstimme die Aufschrift trägt „Par Louis van Beethoven" und die Cellostimme: „Symphonie von Beethoven", glaube ich aus musikalischen Gründen nicht daran, dass wir hier ein Frühwerk Beethovens vor uns haben — vielleicht aber eins seines

Grossvaters Louis van Beethoven. Ich komme in meinen „Studien" darauf zurück. Einige davon habe ich übrigens schon in folgenden Schriften veröffentlicht: „Die unsterbliche Geliebte Beethovens: Amalie Sebald" (1909, bei Otto Hendel, Halle), „Briefe von Ludwig van Beethoven", mit Einleitungen und Erläuterungen (1910, im gleichen Verlage), und „Beethoven — Amalie Sebald — Goethe — Therese Brunsvik und anderes" (1911, im Wunderhornverlag, München). Meine Beethoven-Studien erstrecken sich über anderthalb Jahrzehnte und wurden durch künstlerische Ausübung als Quartettspieler im Süddeutschen Streichquartette durch ein Jahrzehnt wesentlich gefördert.

Zur Ergänzung des Textes sollten die, teilweise unbekannten, Bilder und Faksimiles dienen. Von Beethoven sind nur die besten Porträts aufgenommen und nur solche aus seiner Zeit. Eine zu grosse Anhäufung von Beilagen hätte die Einheitlichkeit der Biographie zerstört, und die vielen schlechten Bilder des Meisters nur die Vorstellung verdorben, die wir uns von ihm machen wollen. Das besondere Augenmerk des Lesers möchte ich auf die künstlerischen Aufnahmen der Beethovenschen Gesichtsmaske von 1812 lenken, die einer unserer besten Maler, Wilhelm Haller in Freiburg i. B., für dieses Buch hergestellt hat. Da die Gesichtsmaske von Klein Beethovens Antlitz am besten wiedergibt, weit besser als alle Bilder, so werden die vorzüglichen, überaus plastisch wirkenden Aufnahmen dem Leser höchst willkommen sein. Die Erläuterungen der Werke werden durch viele Notenbeispiele unterstützt.

Für gütige Förderung bei meiner Arbeit habe ich vielen herzlich zu danken. So Herrn Professor Siegfried Ochs, der mir die Reproduktion des Letronne-Riedelschen Stiches und der Beethoven-Skizze nach Mozarts Don Juan freundlichst gestattete. Aus seinem Besitze durfte ich auch den unbekannten Beethoven-Brief an Spohr (Seite 386), den der Meister Schindler diktiert und nur unterzeichnet hat, wiedergeben. — Frau Maria Fellinger gestattete mir gütigst die Reproduktion der Erinnerungszeilen, die Therese Brunsvik ihrer Mutter der seinerzeit berühmten Sängerin Josephine Lang, ins Stammbuch schrieb. Diese war übrigens die Tochter der gefeierten bayrischen Hofsängerin Regina Lang, geb. Hitzelberger, der Beethoven 1812 das reizende Lied „An die Geliebte" schenkte. Herr Kommerzienrat Wegeler überliess mir in zuvorkommendster Weise ein unbekanntes Bild seines Grossvaters, des Beethoven-Freundes Franz Gerhard Wegeler. Durch die Güte des Herrn Justizrats Baron Brentano di Tremezzo erhielt ich je ein Bild des Franz Brentano, von dessen Gattin Antonie und von der Schwester Bettina zur Wiedergabe. Herr Dr. Erich Prieger erlaubte freundlichst den Abdruck der reizenden Neujahrskarte Beethovens für die Baronin Ertmann. Herr Professor Dr. Eus. Mandyczewski vermittelte liebenswürdigst die Erlaubnis, die Bilder Neefes und des Erzherzogs Rudolph aus dem Besitze der Gesellschaft der Musikfreunde in Wien wiederzugeben. Der Verlag Joseph Grünfeld in Wien gestattete freundlichst die Reproduktion der Originalradierungen des Pasqualati-Hauses und des Mödlinger Hafner-Hauses von Gruner. Die Ansichten der Beethoven-Häuser in Heiligenstadt und Nussdorf sind aus dem Kunstverlag V. A. Heck in Wien.

All den liebenswürdigen Spendern spreche ich hiermit herzlichen Dank aus.

Berlin, im September 1912.

Dr. Wolfgang A. Thomas-San-Galli.

INHALT

VERZEICHNIS DER ABBILDUNGEN

VERZEICHNIS DER FAKSIMILES

I. ABSCHNITT

VORGESCHICHTE

1. Kapitel

VOM STAMMBAUM

Ludwig van Beethoven entstammt einem flämischen Geschlechte. Das sass in belgischen Dörfern um Löwen: in Rotselar, Leefdaal und Berthem. Etwa um 1650 siedelte ein Wilhelm van Beethoven nach Antwerpen über, wo er Weinhandel betrieb. Aus seiner Ehe mit Katharina Grandjean entsprosste Heinrich Adelard van Beethoven, der Schneider wurde. Dieser zeugte mit seiner Ehefrau Maria Katharina de Heerdt zwölf Kinder, von denen das dritte ein Knabe war und am 23. Dezember 1712 auf den Namen Ludwig getauft wurde. Adelard besass ein eigenes Haus mit der Aufschrift „Sphaera mundi" in der Rue Neuve. Seine Vermögens- und Familienverhältnisse stimmten nicht, so dass Ludwig wahrscheinlich aus diesem Grunde schon frühzeitig dem väterlichen Herde den Rücken kehrte. Er war Sänger und bewarb sich um eine Anstellung als Tenor bei dem Kapitel ad Sanctum Petrum in Löwen, die er auch am 2. November 1731 erhielt. Ja, schon am 9. November ernannte ihn das Kapitel für drei Monate zum Stellvertreter des erkrankten Chorregenten, weil dieser ihn zur Vertretung für besonders geeignet hielt.

Durch ein Dekret vom März 1733 wird dieser Ludwig van Beethoven vom Kölner Kurfürst-Erzbischof Clemens August in der Residenz Bonn zum „Churfürstlichen Hof-Musicus gnädigst erklärt und aufgenommen und auch ihm zum jährlichen Gehalt 400 Gulden Rheinisch zugelegt". Er ist bald „Kammermusicus" geworden. Durch Erlass vom 16. Juli 1761 wurde er auf sein untertänigstes Ansuchen „unter Beibehaltung seiner Bassistenstelle" vom Kurfürsten Maximilian Friedrich zum Kapellmeister ernannt, womit natürlich eine Erhöhung seiner Bezüge verbunden war. Die Anstellung eines „Vokalisten" als Kapellmeister war in damaliger Zeit nichts Aussergewöhnliches. Bei Ludwig van Beethoven erscheint sie besonders verständlich, hatte er doch schon nach dem Ableben seines Vorgängers „über ein Jahr lang die Dienste in duplo versehen" und ausserdem 1761 „angefangen, die Stelle seines Vorgängers zu betreten". Zudem erfüllte Maximilian Friedrich mit der Ernennung bloss ein Versprechen des am 6. Februar 1761 verstorbenen Kurfürsten Clemens August, welches Ludwig van Beethoven bereits die Anwartschaft auf den Kapellmeisterposten verliehen hatte. Beide Kurfürsten hielten den Mann also dieses Amtes für würdig, trotzdem er nicht Komponist war. In dem Gesuch deutet der Bittsteller selbst auf diesen Umstand hin; er sagt: „der Toxal*) sei ohnehin mit benötigter Musik sattsam versehen". Ludwig van Beethoven besass die Eigenschaften, die zum Kapellmeister empfahlen: er war ordentlich, energisch und leistungsfähig. Er verstand hauszuhalten, ja, sich etwas zurückzulegen, indem er seine Einkünfte durch einen neben dem Amt betriebenen Weinhandel vermehrte. Als Künstler war er „vorzüglich geachtet". Während der Regierung Clemens Augusts trat er unter anderem als Adamo in „La morte d'Abel, oratorio rappresentato alla corte electorale . . ." auf. Auch ist viel die Rede von seinem Erfolg in dem Singspiel „L'amore artigiano" des Hofkomponisten Joseph II., Gassmann, sowie in dem „Deserteur" von Monsigny. Hierin gab er Rollen, die er noch im 58. Lebensjahr mit voller Frische vertrat.

Unter seinen Kollegen wusste er sich Respekt zu verschaffen. Eine Sängerin wollte einmal ihr Solo nicht, „wie es Brauch und Manier ist, singen" und hatte dem Kapellmeister „impertinent mit diesen Formalien" geantwortet: „Ich acceptiere Euer Ordre nicht, und Ihr habt mir nichts zu befehlen." Der Kapellmeister erwirkte einen energischen Befehl von oben, dass ihm „ohne Widerred Ordre zu parieren" sei, andernfalls „die Frevelnde scharfe Ahndung und befindender Umständen Kassation" zu gewärtigen hätte. Man brauchte zum Kapellmeister einen zielbewussten Mann.

*) Ein nicht zur Kirche gehöriger, aber im Gotteshause befindlicher Nebenraum, worin Proben abgehalten und die Noten aufbewahrt wurden.

Ludwig van Beethoven hatte viele Obliegenheiten. Er musste „in puncto des Chorals das Ruder führen", musste selbst singen, war auch ausserhalb der Kirche „mit Führung der Battuten" betraut und hatte obendrein die Aufgabe „ad referendum". Diese letzte Verpflichtung war gewisslich meist drückend und undankbar. Der Kapellmeister hatte nicht nur Zeugnisse über die Fähigkeit der Musiker auszustellen, sondern auch ihre Führung zu überwachen und zu beleumunden. Laut Verordnung vom 19. Juli 1719 war „aller Zank und Zwistigkeit auf das Schärfste verboten, insonderheit wann solche aus einer Eifersucht und daraus entstehen, wer die beste Wissenschaft der Musik habe". Solche Streitigkeiten entstanden aber begreiflicherweise des öfteren. So gab es einmal einen Zank zwischen den Musikern Drewer und Willmann in einem „Weinhaus auf dem Markt beim Wirten Dung — wo die Musici, umb einen Schoppen Wein zu trinken, hinzugehen" pflegten. Der unliebsame Bericht über derlei Fälle lag dem Kapellmeister ob.

Ludwig van Beethoven war eine bekannte Persönlichkeit im damaligen Bonn. Die Zeitgenossen erinnerten sich recht wohl des „kleinen kräftigen Mannes mit den äusserst lebhaften Augen", der auf der Strasse gewöhnlich würdevoll im roten Mantel einherschritt.

Nicht ganz ohne Anhang lebte er in Bonn. Ein der Antwerpener Familie verwandter Zweig der Beethovens aus Mecheln war ebenfalls in der kurfürstlichen Residenz vertreten. Hier wohnte ein Cornelius van Beethoven, der laut Hofkalender Unschlittkerzen für die kurfürstliche Hofhaltung lieferte und auch Lieferant des Weinhauses „Zehrgarten" war. Er hatte am 17. Januar 1736 das Bonner Bürgerrecht erworben, „weilen er mit einer Bürgers-Wittib verheiratet". Die Kinder, welche ihm aus zwiefacher Ehe entsprossten, starben frühzeitig. Mit seinem und seiner zweiten Frau Heimgang in den Jahren 1764 und 1765 war diese Linie der Bonner Beethovens erloschen.

Ludwig van Beethoven vermählte sich am 7. September 1733, also kurz nachdem er Hofmusikus geworden, mit der 19jährigen Maria Josepha Poll, wobei der Hofmusiker van den Eden einer der Trauzeugen war. Das erste Kind der Eheleute wurde am 28. August 1734 getauft. Maria Bernardina Ludowica, als deren einer Taufpate an Stelle Michael van Beethovens Cornelius van Beethoven erschien, starb schon im zweiten Lebensjahre. Auch ein am 25. April 1736 getaufter Sohn Marcus Joseph starb anscheinend frühzeitig. Um die Wende der Jahre 1739 und 1740 wurde dann Johann, der Vater des berühmten Beethoven, in Bonn geboren.

Das Familienleben des Kapellmeisters nahm in den letzten Jahren eine trübe Wendung, denn Frau Josepha ergab sich dem Trunke. Sie musste schliesslich in ein Kloster bei Köln verbracht werden. Johann hatte noch 1774 für sie „alle Jahr 60 Reichsthaler Kostgeld" zu zahlen, wie er in einem Bittgesuch an den Erzbischof sagt, worin er dann begründend hinzufügt: da „mir nicht ratsam, sie bey mir zu nehmen".

Die alten Beethovens wohnten in dem ersten Jahre in der Wenzelgasse im Hause des collegii societatis Jesu, wie ein noch vorhandener Mietvertrag ausweist. In diesem Hause wird Beethovens Vater Johann geboren sein. Ein Wohnungswechsel führte den Kapellmeister dann in das sogenannte Fischersche Haus in der Rheingasse. Die letzte Wohnung, die der alte Beethoven innehatte, befand sich im Hause Nr. 386 der Bonngasse, wohin er 1767 gezogen ist.

Johann van Beethoven war musikalisch begabt. Der Hofkapellmeister tat daher das Nächstliegende, wenn er den Sohn ausbildete, um ihn bei der kurfürstlichen Kapelle anzubringen. Die Schulbildung wurde dabei vernachlässigt. Johann wurde Sänger und lernte auch etwas Klavier und Violine spielen. Im Jahre 1750 wirkte er als Singknabe in einer Schulaufführung des Gymnasiums „Musae Bonnenses" mit. 1764 war er „bereits 13 Jahre lang" als Sänger in der kurfürstlichen Kapelle tätig. Durch ein Dekret vom 27. März 1756 ernannte ihn Clemens August zum Hofmusikanten, aber nur zum Akzessisten — er erhielt noch kein Gehalt, da er vom Vater noch „vollkommen qualifiziert" werden sollte. Der Hofkapellmeister selbst vertrat, wie seine Leistungsfähigkeit als Bassist noch im sechsten Jahrzehnte seines Lebens beweist, die ehedem und noch heute berühmte niederländische Gesangskunst, welche somit auf den Sohn Johann überging. 1762 erhielt dieser von Maximilian Friedrich die Zusicherung, „dass bei sich ereignender Vakatur eines Hofmusikanten-Gehaltes auf ihn vorzüglich reflektiert werde". Mit Abgang eines Hofmusikus Dauber trat der Fall einer Vakatur ein, und Johann erhielt auf wiederholtes, diesmal von seinem Vater unterstütztes Ansuchen laut Erlass vom 24. April 1764 ein Jahresgehalt von 100 Rheintalern.

Dieses geringe Gehalt ermutigte den etwas unordentlichen jungen Mann, der sich als Sohn des Weinhändlers „auch früh auf die Weinproben verstand und keinen üblen Trunk an sich hatte", wenige Jahre später eine Ehe zu schliessen. Gegen den ausdrücklichen Wunsch seines Vaters heiratete er am 12. November 1767 die, am 19. Dezember 1746 geborene, Witwe des kurfürstlich Trierschen Kammerdieners Johann Laym, Maria Magdalena Kewerich, eine Tochter des Hauptkochs zu Ehrenbreitstein, Heinrich Kewerich, und dessen Ehefrau Anna Klara, geborenen Daubach. Der Vater Johanns erschien nicht als Trauzeuge. Einer der Zeugen war Philipp Salomon, der Vater des berühmten Geigers Johann Peter Salomon. Die Hochzeit wurde in Bonn „kurz abgemacht". Dieser Ehe entsprosste zunächst ein Sohn Ludwig Maria, der wenige Tage nach der Geburt verstarb. Er wurde am 2. April 1769 getauft. Der versöhnte Grossvater Ludwig van Beethoven vertrat Patenstelle.

Mit diesem Ereignisse stand es im Zusammenhang, dass Johann van Beethoven beim Kurfürsten eine Zulage zu seinem schmalen Gehalt erbitten musste. Es war ihm „eine Unmöglichkeit, mit denen gnädigst zugelegten einhundert Rheinthalern leben zu können". Da gerade ein Hofmusikus Havek gestorben, dessen Gehalt „fällig" wurde, erfolgte am 17. November 1769 die gnädigste Zulage „in simili für den Hofmusikanten Johann Beethoven von 25 Gulden zu seinem bereits geniessenden Gehalt". Unter dem 3. April 1772 erhielt er wiederum 50 Gulden.

Die Zulagen waren insofern begründet, als sich Johann in der überkommenen Gesangskunst bedeutend „perfektionnieret" hatte; wurde ihm doch die Aufgabe zuteil, „verschiedene Subjekta zu instruieren". Hierdurch erwarb sich der junge Ehemann einen um so notwendigeren Nebenverdienst, als er nicht mit dem Vater zusammenwohnte. Johann bezog als erstes Quartier eine Wohnung im sogenannten Clasenschen Hause in der Bonngasse Nr. 515, derselben Strasse, in die der Kapellmeister im Jahre 1767 zog. Hier in der Bonngasse Nr. 515 trat nun das Ereignis ein, das für die Musikgeschichte von grösster Bedeutung werden sollte: hier wurde Ludwig van Beethoven geboren.

2. Kapitel

KINDERJAHRE

Ludwig van Beethoven ist am 16. Dezember 1770 geboren und wurde tags darauf getauft. Taufpaten waren der Grossvater Hofkapellmeister Dominus Ludovicus van Beethoven und eine Nachbarin, die Frau des Hofkellerschreibers Gertrudis Müllers dicta Baums, wie der überlieferte Eintrag im Kirchenbuch der Pfarre zu Sankt Remigius besagt. Beethoven wurde im Jahre 1810 durch eine Notiz von Fayolle in dessen mit Choron herausgegebenem Dictionnaire historique zu einem natürlichen Sohne Friedrich Wilhelm II. von Preussen gemacht. Als diese Notiz 1820 in die fünfte Auflage des Brockhausschen Konversationslexikons aufgenommen worden war, machte Wegeler Beethoven brieflich darauf aufmerksam und forderte ihn auf, doch „die Welt hierüber des Richtigen zu belehren". Beethoven antwortete: es sei sein Grundsatz, nichts über sich zu schreiben, und daher überlasse er es gerne dem Freunde, „die Rechtschaffenheit seiner Eltern und seiner Mutter insbesondere der Welt bekanntzumachen". Wegeler hat dann das Gerücht in seinen „Biographischen Notizen" über Beethoven widerlegt. Neuerdings betonte Kalischer den dichterischen Kern dieser „Sage": der Volksmund verleihe dem grossen Meister der Töne königliche Abstammung.

Der kleine Ludwig war kaum ins dritte Lebensjahr eingetreten, als sein Grossvater, der Hofkapellmeister, „welcher", wie der Enkel später einmal äusserte, „ein wahrer Ehrenmann gewesen sei," das Zeitliche segnete; er erlag am 24. Dezember 1773 einem Schlaganfall. In der letzten Zeit hatte er einsam und von seiner Frau getrennt gelebt, war „abständig" und „als Bassist gebraucht zu werden, nimmermehr imstande". Beethoven kannte seinen

BEETHOVENS GEBURTSHAUS IN BONN. GARTENSEITE.

BEETHOVENS GEBURTSZIMMER IN BONN

Grossvater also wenig, soll aber nach Wegeler „mit der grössten Innigkeit" an ihm gehangen haben und konnte sich nicht genug von ihm erzählen lassen. Das von Radoux gemalte Oelbildnis des Alten liess sich der Meister später nach Wien senden. Musikalische Ueberlieferungen können nicht unmittelbar vom Grossvater, sondern nur mittelbar durch den Vater Johann auf Ludwig gekommen sein.

Bald nach dem Heimgang des Grossvaters verschlechterten sich die Vermögensverhältnisse der Familie. Johann hat von seinem Vater etwas geerbt, aber die Sorgen ums Auskommen reissen nicht ab, und schon bald ertönen heftigere Klagen. Im Januar 1774 richtet der „untertänigste Knecht Jean van Beethoven" wieder ein Gesuch um Unterstützung an den Erzbischof. Wie der Bittsteller sagt, hatte zwar sein Vater etwas erspart, aber er müsse es zusetzen, da seine Mutter alle Jahr 60 Rheintaler koste. Er ersucht deshalb um Zulage aus dem durch Heimgang des Kapellmeisters „erledigten" Gehalte, worauf ihm der Bescheid wird, die Mutter „soll mit ihrem Gehalt im Kloster verbleiben" und die dazu erforderlichen Mittel von 60 Rheintalern jährlich von der Kurfürstlichen Landrentmeisterei erhalten. Maria Josepha Poll, Witwe van Beethoven, starb indessen am 30. September 1775. Schon vorher hatte Johann die kleine Rente „auf früh oder spat erfolgendes Absterben seiner Mutter" vom Kurfürsten für sich erbeten. Auch eine Honorarforderung an eine Schülerin hatte er bei Hofe geltend machen müssen, und es wurde ihm zugesagt, dass „selbige (Schuld) durch üblichen Abzug aus der Beklagten Gnadengehalt zu tilgen" sei.

Ludwig van Beethoven hat den Segen eines geregelten Hausstandes von frühester Jugend auf entbehren müssen. Durch den Zuwachs in der Familie kam das Hauswesen beständig mehr zurück: am 8. April 1774 wurde Kaspar Anton Karl geboren, Nikolaus Johannes am 2. Oktober 1776. Der äussere Aufzug, in dem die Knaben erschienen, forderte die Leute zu kränkenden Bemerkungen heraus. Ludwig soll die taktlosen Nörgler also abgefertigt haben: „Was liegt daran. Wenn ich einmal Herr werde, wird mir das keiner mehr ansehen." Die Misswirtschaft nahm beständig zu. Johann ergab sich mehr und mehr der ihm vererbten Trunksucht, während seine Frau sich redlich, aber umsonst abmühte, den Hausstand in Ordnung zu halten. Sie sorgte dafür, dass alle Lieferanten, als Hauswirt, Bäcker, Schuster und Schneider, rechtzeitig bezahlt wurden, klagte aber über die „Saufschulden" des Mannes und wollte sie nicht begleichen. Späterhin erschwerte ihre Krankheit die geordnete Führung des Haushaltes noch mehr. Im Juli 1787 macht Johann folgende Eingabe:

„Juli 24sten 1787.

Hofmusicus van Beethoven stellt gehorsamst vor, dass er durch die langwierige und anhaltende Krankheit seiner Frau in sehr missliche Umstände geraten und bereits genötigt worden seie, seine Effekten teils zu verkaufen, teils zu versetzen, und dass er sich dermalen mit seiner kranken Frau und vielen Kindern nicht mehr zu helfen wisse. Er bittet, ihm in mildem Betracht dessen eine Summe von 100 Rheintalern vorschussweise auf sein Gehalt mildest angedeihen zu lassen."

Darauf steht vermerkt: „Ihro Kurfürstliche Durchlaucht haben die Bittschrift zu sich genommen."

In dem „Pro memoria, die Kurfürstliche Hofmusik betreffend," heisst es 1784: „Johann Beethoven hat eine ganz abständige Stimm', ist lang in Diensten, sehr arm, von ziemlicher Aufführung und geheiratet." Dieses Zeugnis wird ergänzt durch das weitere in der Führungsliste der Musiker, die ebenfalls dem Kurfürsten Max Franz vorgelegen hat: „Johann van Beethoven, alt 44 Jahre, geboren in Bonn, verheiratet, seine Frau ist 32 Jahre alt, hat drei Söhne im Lande, alt 13, 10 und 8 Jahre, welche Musik lernen, hat 28 Jahre gedient, Gehalt 315 Gulden." Was die „ziemliche Aufführung" besagen will, wird uns klar, wenn wir bei den anderen Hofmusikern die glatte Bemerkung lesen: „von guter Aufführung".

Ein herber Schicksalsschlag traf Beethovens 1783, als der vierte Knabe im Alter von zweieinhalb Jahren starb. Dies Ereignis wirkte gewiss besonders niederdrückend auf den ohnehin von Geldsorgen gequälten Vater Johann. Als die Frau gestorben war, verlor er gänzlich den Halt. Ludwig musste schliesslich die Führung des Hauswesens übernehmen. Unter dem 29. Februar 1784 sah er sich schon genötigt, den Kurfürsten um „eine kleine Zulage", d. h. seinen ersten Gehalt, zu bitten, da seine „Besorgnis um etwaige Subsistenz" es verlange, „welche sein Vater ihm länger herzureichen ganz ausser stand sei". Ludwig erhielt einstweilen nichts; Max Friedrich gab dem Gesuch nicht statt. Max Franz, der sparen wollte, strich vielen Musikern an ihren Bezügen ab, gab Johann van Beethoven statt 315 nur 300 Gulden, gewährte aber Ludwig 150 Gulden. Die folgende letzte Eingabe, die Ludwig van Beethoven von Wien aus an den Kurfürsten übermitteln liess, bildet den herben Schlussakkord dieser unerquicklichen Familienverhältnisse.

„Hochwürdigster Durchlauchtigster Kurfürst!
Gnädigster Herr!

Vor einigen Jahren geruhte Euer Kurfürstliche Durchlaucht, meinen Vater, den Hoftenoristen van Beethoven, in Ruhe zu setzen und mir von seinem Gehalt 100 Rheintaler durch ein gnädigstes Dekret in der Absicht zuzulegen, dass ich dafür meine beiden jüngeren Brüder kleiden, nähren und unterrichten lassen, auch unsere vom Vater rührenden Schulden tilgen sollte.

Ich wollte dies Dekret eben bei Höchstdero Landrentmeisterei präsentieren, als mich mein Vater innigst bat, es doch zu unterlassen, um nicht öffentlich dafür angesehen zu werden, als sei er unfähig, seiner Familie selbt vorzustehen; er wollte mir — fügte er hinzu — quartaliter die 25 Rheintaler selbst zustellen, welches auch bisher immer richtig erfolgte.

Da ich aber nach seinem Ableben — so im Dezember vorigen Jahres erfolgte — Gebrauch von Höchstdero Gnade, durch Präsentierung oben benannten gnädigsten Dekretes machen wollte, wurde ich mit Schrecken gewahr, dass mein Vater selbes unterschlagen habe.

In schuldigster Ehrfurcht bitte ich deshalb Eure Kurfürstliche Durchlaucht um gnädigste Erneuerung dieses Dekrets und Höchstdero Landrentmeisterei anzuzeigen, mir letzthin verflossenes Quartal von dieser gnädigen Zulage — so anfangs Februar fällig war — zukommen zu lassen

Euer Kurfürstlichen Durchlaucht
untertänigster treu gehorsamster
Lud. v. Beethoven, Hoforganist."

Auf diesem dunkeln Untergrunde eines wahrhaft elenden und von niederdrückenden Sorgen erfüllten Lebens hat sich nun die Pflanze des Ideals, jenes nie erlahmenden Triebes zu allem Wahren, Guten und Schönen, bei Ludwig nur um so kräftiger entwickelt: er lernte von früh auf den schönen Götterfunken schätzen, der da Freude heisst. Nicht gänzlich war sie an ihm vorbeigegangen. Zur Zeit, da Ludwig heranwuchs, konnte der Vater noch „munter und fröhlich" sein, wenn er „zur rechten Zeit" ein Glas getrunken. Johann war ein guter Gesellschafter und machte auch äusserlich keinen unangenehmen Eindruck. Er wird so beschrieben: „Mittlere Grösse, längliches Gesicht, breite Stirn, runde Nase, breite Schultern, ernsthafte Augen, etwas Narben im Gesicht, dünnes Haarzöpfchen." Im Gegensatz zu seinem Vater war er also nicht klein, sondern von ziemlicher Grösse. Nach der Ueberlieferung galt er sogar als „schöner" Mann. In höherem Alter trug er gepudertes Haar. Zu dem Ernst, der ihm aus den Augen sprach, gab es, wie wir wissen, hinlängliche Gründe, und wir begreifen, dass auch der Mutter Beethovens ein ernster Grundzug eigen war. Eine Zeitgenossin „wusste sich nie zu erinnern, dass sie Madame van Beethoven hätte lachen sehen, immer war sie ernsthaft." Wir lesen auch von ihren „ernsthaften Augen". Im übrigen wird sie also geschildert: „Ziemliche Grösse, längliches Gesicht, etwas gebogene, wie der Dialekt sagt: ‚gehöffelte' Nase, mager", im ganzen: „eine schöne, schlanke Person". Ihr Charakter und Betragen wird sie bald bei dem alten Beethoven, der ja gegen die Ehe Johanns mit ihr war, beliebt gemacht haben. Denn sie „war eine geschickte Frau, sie konnte vor Hoch und Niedrig sehr fein, geschickt und bescheiden Red' und Antwort stehen"; „deswegen wurde sie auch sehr geliebt und geachtet", so fügt die Ueberlieferung hinzu. Es war eine tätige Frau, die nicht die Hände in den Schoss legte; „sie beschäftigte sich mit Nähen und Stricken". Wenn Frau van Beethoven auch gelegentlich heftig werden konnte, so zeichnete sie sich doch vorwiegend durch Frömmigkeit und Sanftmut aus. An dieser Mutter hing Ludwig weit inniger als an dem „nur strengen" Vater. Das schönste Denkmal hat ihr der Sohn in einem Briefe an den Augsburger Rat Schaden gesetzt, worin er kurz nach ihrem Heimgang ausspricht: „Sie war mir eine so gute, liebenswürdige Mutter, meine beste Freundin." Auch Beethoven hat, wie so viele andere Geisteshelden, durch den Vater des Lebens Ernst kennen gelernt, während ihm die Mutter für immer das Herz erquickt hat. Wie tief dieser Eindruck haftete, zeigt uns eine Aeusserung aus dem Jahr 1818, wo der Meister die schmählichsten Kämpfe mit der verkommenen Mutter seines Neffen Karl zu bestehen hat, und wo er doch gesteht: „Karl hat gefehlt, aber — Mutter — Mutter — selbst eine schlechte, bleibt doch immer Mutter."

Im grossen und ganzen führten die Beethovens eine „rechtschaffene und friedliche Ehe". Johann hing an seinem Weibe, und die ganze Familie verehrte diese „vortreffliche" Frau, diese

„teure Mutter". „Alljährlich am Magdalenentag wurde der Namens- und Geburtstag der Madame van Beethoven herrlich gefeiert ... Die Notenpulte wurden herbeigeholt ... ein Baldachin aufs Zimmer gemacht, wo der Grossvater Ludwig im Porträt hing, mit schönen Verzierungen, Blumen, Lorbeerbäumchen und Laubwerk verfertigt. Am Abend vorher wurde Madame van Beethoven beizeiten gebeten, schlafen zu gehen. Bis 10 Uhr war alles in der grössten Stille herbeigekommen und fertig. Nun ging das Stimmen an, dann wurde Madame van Beethoven aufgeweckt, musste sich anziehen, und nun wurde sie unter den Baldachin auf einen schönen verzierten Sessel geführt und hingesetzt. Nun ging eine herrliche Musik an, die erscholl in der ganzen Nachbarschaft. Alles, was sich zum Schlafengehen eingerichtet hatte, wurde munter und heiter." Nach Beendigung der Musik wurde alsdann „aufgetischt, gegessen und getrunken", sowie getanzt. An diesen Aufführungen beteiligten sich die befreundeten Musiker und Schauspieler.

Nicht nur der gemeinschaftliche Hofdienst, sondern auch nachbarschaftliches Wohnen brachte Johann manchen Musikern näher. In der Bonngasse wohnten drei Familien nahebei, mit denen Ludwig van Beethoven noch im späteren Leben in lebhaftem Verkehr blieb: die Familie Ries, die Familie Salomon und der Hornist und spätere Musikverleger Simrock.

In diesen musikalischen Kreisen verlebte der kleine Ludwig seine Knabenjahre. Der äussere Schauplatz wechselte. In der Bonngasse wohnten Beethovens in engen, elenden Zimmerchen, aber dicht beim Hause gab es einen Garten, in dem die Sonne auch für den kleinen Ludwig schien und wo frische Luft ihn erquickte. Der Umzug nach dem „Dreieck" (Nr. 7 oder 8) hing wohl mit dem Ableben des Kapellmeisters zusammen. Dort wurde, zu St. Gangolph, Kaspar Anton Karl getauft, dessen vornehme Paten der Minister Belderbusch und die Aebtissin von Vilich von Satzenhofen, waren. Vom Dreieck machten sich Beethovens nach der Rheingasse Nr. 934 in das sogenannte Fischersche Haus, worin der Grossvater früher lange Zeit gewohnt hatte, in jenes Haus, das man lange irrtümlich für des Meisters Geburtsstätte angesehen hat. Dort wurde zu St. Remigius der zweite Bruder Ludwigs, Nikolaus Johann, getauft. Nach kurzer Einmietung in der Neugasse kehrte die Familie wieder in die Rheingasse Nr. 934 zurück.

Die verschiedenen Umzüge fallen alle in die siebziger Jahre, da Beethoven ein Kind war.

Er gedieh ganz gut. Von einem körperlichen Fehler, der dem Kinde angehaftet haben soll, merkt man dem Knaben nichts an. Allerdings hat Ludwig frühe die schwarzen Blattern gehabt, welche im 18. Jahrhundert massenhaft Kinder dahinrafften. Die Krankheit hat in Beethovens Gesicht für Lebzeiten Spuren hinterlassen, doch keinen Leibesschaden verursacht. Er spielt mit anderen Kindern an schönen Sommertagen am Rhein oder im Schlossgarten, schaukelt sich, treibt Mutwillen. Damit steht es nicht im Widerspruch, dass der Knabe „schon als Kind in sich gekehrt und ernsthaft" war.

Von früher Aeusserung musikalischer Triebe und Anlagen wissen wir wenig. Der Knabe soll die zum Befestigen der Fensterläden in der Wand befindlichen eisernen Halter gern haben schnurren lassen, um auf die dadurch entstehenden Töne zu lauschen. Und Schlosser erzählt in seiner kurzen Lebensbeschreibung Beethovens sicher nichts Unwahres, wenn er berichtet: „Die höchste Lust wurde ihm (Ludwig) aber gewährt, wenn ihn der Vater auf den Schoss nahm und durch seine kleinen Fingerchen den Gesang eines Liedes auf dem Klavier begleiten liess." Schon das Kind hat bestimmt auf den Gesang des Vaters gelauscht und so seine Teilnahme an der Musik zu erkennen gegeben. Hatte nun der Vater einmal die musikalischen Anlagen des Knaben erkannt, und es konnte ihm kaum schwer werden, sie zu erkennen, so lag es nahe, an das Beispiel des Wunderkindes Mozart zu denken, dessen Ruhm damals die Welt erfüllte. Und Johann van Beethoven hat tatsächlich den kleinen Ludwig sehr frühzeitig für die Musik bestimmt. Wenn die Widmung der ersten Sonatinen Ludwigs an den Kurfürsten den Satz enthält: „Seit meinem 4. Jahre begann die Musik die erste meiner jugendlichen Beschäftigungen zu werden," so entspricht das bestimmt der Wahrheit. Denn ein Sechsjähriger steht nicht mehr auf einem Bänkchen vor dem Klavier, wie es von dem vierjährigen Beethoven erzählt wird.

Zunächst unterrichtete der Vater sein Söhnlein selber. Es ist psychologisch nur zu wahrscheinlich, dass der vom eigenen Vater so nachsichtig behandelte Johann, der über seine Schwächen nicht Herr werden konnte, gegen sein Kind aufs strengste verfuhr, wie das auch überliefert ist. Die Zeitgenossen berichten von der „unerbittlichen Strenge", die Johann beim Musikunterricht walten liess. Nicht selten hat „das kleine Bübchen, das auf einem Bänkchen vor dem Klaviere stand", Tränen vergossen. Ludwig hatte herbe Erinnerungen an seine Einführung in die Musik.

Diese Einführung bezog sich auf das Klavier- und Violinspiel, in welch letzterem der Vater ja auch „kapabel" war. Der Nachdruck der Studien wurde auf das Klavierspiel gelegt. Vor Ludwigs Gekratze auf der Violine wäre wohl jene Spinne geflohen, welche Berthaumes Spiel täglich lauschte. Die Ueberlieferung hat Beethoven und Berthaume verwechselt und den musikalischen Verkehr mit der Spinne zu Unrecht Beethoven angedichtet.

Der begabte Knabe machte im Klavierspiel rasche Fortschritte. Er trat frühzeitig bei Hofe auf, und der Vater stellte ihn am 26. März 1778 laut Avertissement in einer musikalischen Akademie den Kölner Musikfreunden vor. „Heut, dato den 26. Martii 1778, wird auf dem musikalischen Akademiesaal in der Sternengass der Kurkölnische Hoftenorist Beethoven die Ehre haben, zwei seiner Scholaren zu produzieren; nämlich: Mademoiselle Averdonc, Hofaltistin, und sein Söhnchen von 6 Jahren. Erstere wird mit verschiedenen schönen Arien, letzterer mit verschiedenen Klavierkonzerten und Trios die Ehre haben aufzuwarten; wo er allen hohen Herrschaften ein völliges Vergnügen zu leisten sich schmeichelt, um je mehr da beide zum grössten Vergnügen des ganzen Hofes sich hören zu lassen die Gnade gehabt haben.

Der Anfang ist Abends um 5 Uhr.

Die nicht abonnierten Herren und Damen zahlen einen Gulden.

Die Billets sind auf ersagtem musikalischen Akademiesaal, auch bei Herrn Claren auf der Bach im Mühlenstein zu haben."

Das Söhnchen war nicht sechs Jahre alt; es handelte sich um eine gelinde Unwahrheit: Ludwig stand bereits im achten Lebensjahre.

Dies Büblein wartete mit verschiedenen Klavierkonzerten und Trios auf. Von eigentlichen Konzertreisen ist aber bei Ludwig van Beethoven nie die Rede. Der Knabe hat im Hause seiner Eltern den aus- und eingehenden Musikern oft vorspielen müssen. Und gerade in den Jahren, als das Genie flügge wurde, war das musikalische Leben im Hause der Beethovens besonders rege. Der kleine Ludwig hat sicher mancherlei in den Unterrichtsstunden aufgeschnappt, die der Vater erteilte. Aber Johann, der Solfeggien eines Kollegen nur „notdürftig" zu begleiten vermochte, kann seinen Knaben nicht so weit gebracht haben, dass dieser „verschiedene Konzerte" spielen konnte. Schon frühe haben sich die im Hause verkehrenden Musiker des Knaben angenommen. Den Violinunterricht gab ein Verwandter der Beethovens, Franz Georg Rovantini, welcher um diese Zeit im selben Hause wohnte. Er war nicht nur ein geschätzter Geiger, sondern auch ein begehrter Lehrer. Ludwigs Unterricht bei ihm kann nur kurze Zeit gedauert haben; denn Rovantini starb schon am 9. September 1781. Rovantini weihte übrigens den Knaben auch in die ersten Anfangsgründe der Theorie ein. Beethoven hat von Jugend auf eine besondere Vorliebe für die Königin der Instrumente, die Orgel, gehabt; er bezeugt das in späteren Jahren selbst; und so muss man annehmen, dass er den Organisten van den Eden nicht nur über die Behandlung dieses Instrumentes ausgefragt, sondern sich von ihm auch im Orgelspiel hat unterweisen lassen. Er ging auch zu dem Franziskanerbruder Wilibald Koch, freundete sich mit dem Organisten des Minoritenklosters an und „machte sich" im Orgelspiel so „fest", dass ihn Koch als eine Art Gehilfen benutzte. Den Organisten der Münsterkirche, Zensen, soll er durch seine Kompositionen überrascht haben.

Auf alle Fälle befand sich Ludwig van Beethoven von Kindesbeinen an mitten in einer musikalischen Atmosphäre, die ihn allseitig anregte, und wurde von seinem Vater „fast zu nichts anderem" angehalten als zur Musik. Freilich im Schreiben und Lesen muss sich ein vernünftiges Wesen auch üben. Ludwig besuchte das sogenannte Tirocinium, eine Schule, die als Vorbereitung für das Gymnasium diente. Hierin lernte man ausser anderen Elementargegenständen auch Lateinisch. Unter einem gewissen Lehrer Krengel hat Beethoven ungefähr bis Anfang der achtziger Jahre den „Wissenschaften" obgelegen. Welche Klippen ihm Schreiben und Lesen zeitlebens darboten, ist hinlänglich bekannt. So war der Vorwurf eines älteren Gymnasiasten nicht unbegründet, Beethoven „verstehe ausser Musik nichts". Ludwig liess sich das gesagt sein und hat dann bei dem Kameraden, einem gewissen Zambona, bei täglichem Unterricht noch so mancherlei in der französischen, italienischen und lateinischen Sprache und in der Logik zugelernt.

Ein lebhafter Lerneifer hat Beethoven zeitlebens beseelt. In der Jugendzeit gärte es im Innern. Bemerkenswert ist die Aeusserung über Ludwig: er sei so „verdriesslich unter anderen Menschen und ziehe sich zurück, dass man ihn für einen Misanthropen halte". Was den Knaben, abgesehen von den drückenden Familienverhältnissen und manchen Unpässlichkeiten, bewegte, lässt folgende Mitteilung erkennen: „Er war scheu und einsilbig, weil er mit Menschen wenig Gedanken wechselte; er beobachtete und dachte mehr als er sprach und überliess sich dem durch Töne und später durch Dichter geweckten Gefühle und der brütenden Phantasie." In diesem Kopfe bereiteten sich grosse Dinge vor. Kein Wunder, wenn an dem vielversprechenden jungen Musiker Fachmänner Anteil nahmen. Das war dem Vater sicherlich um so willkommener, als er nicht viel für den Knaben auszugeben vermochte. Neben Rovantini zeigte auch der Tenorist Tobias Friedrich Pfeiffer Interesse für den Knaben. Er war bei Beethovens in „Kost und Logis" und musste, selbst eine begabte Natur, auf den Knaben aufmerksam werden. Dieser Pfeiffer, der auch die Flöte blies, musizierte öfter mit Ludwig, so dass „die Leute auf der Strasse aufmerksam zuhörten". Zum Unterricht kam es nicht regelmässig. Pfeiffer wählte gerne die Nachtstunden, nach der Heimkehr aus der Schenke, wo er mit dem alten Beethoven dem Weine gehuldigt hatte. Dann wurde Ludwig, ob auch weinend, aus dem Bett ans Instrument geholt und bis in die Frühe unterrichtet. Bei Pfeiffer hat Ludwig die Lehren Kirnbergers und dessen Lehrbuch „Die Kunst des reinen Satzes" kennen gelernt. Der teilweise nächtliche Unterricht hatte zwischen 1779 und 1780 statt; nicht länger; denn 1780 musste Pfeiffer aus Bonn verschwinden. Wir können es recht gut verstehen, dass Beethoven später behauptet, er verdanke diesem begabten Manne „das meiste, und so erkenntlich dafür war, dass er ihm noch von Wien aus durch Herrn Simrock eine Geldunterstützung zukommen liess". Ludwigs „brütende Phantasie" fand jedenfalls genügende Nahrung. Er zog diese Geistesnahrung, wie auch später stets, schon in der Jugend, weniger aus dem Unterricht, als aus der ihn umgebenden Natur und Musik. Der Hof bot genug der Anregung auf musikalischem Gebiet. Und die Schönheiten der Rheingegend hat Ludwig auch frühe in sich aufgenommen.

„Die Beethovens liebten den Rhein." Ludwig hat oft auf den heiligen Strom ausgeschaut und nach dem Siebengebirge hinübergespäht, das man vom Speicher des Fischerschen Hauses aus erblicken konnte. Zur toten Zeit, wenn der Kurfürst nicht in Bonn weilte, machte Johann van Beethoven oft in Begleitung Rovantinis Wanderungen ins Land. Dann durfte Ludwig mitgehen. Sie kamen nach Rheinbach, Flamersheim, Ahrweiler, wo der Bürgermeister Schopp besucht wurde. Auch auf die rechte Rheinseite ging es, nach Honnef, Siegburg, wo der „Herr Prälat" wohnte, nach Benzberg und Oberkassel. Beim Gutsherrn von Meinertzhagen hat Ludwig vorgespielt, wohl auch beim kurkölnischen Kämmerer Freiherrn von Dalwigk in Flamersheim. In Unkel soll Ludwig van Beethoven sogar wöchentlich bei dem Sohne des Organisten Antweiler zu Besuch gewesen sein, wo nach vielem Musizieren auch fröhlich gezecht wurde.

Dies waren Ludwigs „Konzertreisen"; denn dass Johann mit seinem Sohne nicht umsonst glänzen wollte, ist anzunehmen. Eine wirkliche Konzertreise wurde durch Bekannte und Verwandte angeregt. 1781 weilte die Schwester Rovantinis, mit ihrer vornehmen Herrschaft von Holland kommend, um des soeben verstorbenen Bruders Grab zu besuchen, in Bonn bei Beethovens. Diese Leute veranlassten Beethovens, mit Ludwig eine Konzertreise nach Holland zu unternehmen und nach Rotterdam zu kommen. Die Reise wurde im Herbst trotz hereinbrechender Winterkälte auf dem Schiffe unternommen. Wegen Unabkömmlichkeit des Vaters begleitete die Mutter den kleinen Ludwig. Die künstlerischen Erfolge waren erfreulich, unbefriedigend aber der klingende Lohn, so dass Ludwig gesagt haben soll: „Die Holländer sind Pfennigfuchser, ich werde Holland nimmermehr besuchen."

Ludwigs künstlerische Eindrücke in Holland waren gewiss gleich Null. Anders daheim in Bonn. In der Kirche, in der Kammer, in öffentlichen Konzerten, in der Oper gab es Musik zu hören, also viel zu lernen. Die kurfürstliche Musik in Bonn hatte eine alte Tradition. Joseph Clemens, ein bayerischer Prinz, der 1689 Kurfürst wurde, widmete sich leidenschaftlich der Musik. Er komponierte sogar selber und übersandte seinem lieben Hofkammerrat Rauch einmal elf Motetten und Compositiones mit der gelungenen Selbstironie: „Es scheint vermessen zu sein, dass ein Ignorant, der gar keine musique kann, sich unterfängt, zu komponieren." Am ersten Aprilis 1698 erlässt er ein Reglement über die Bestallung der kurfürstlichen Hofmusik und dazu eine „Verordnung, welche die kurfürstlichen Hofmusikanten genauest zu beobachten haben", und deren elf Artikel in der Hauptsache zu Beethovens Zeit noch galten. Unter seinen Musikern befand sich damals im Juli 1719 ein Vokalist van den Eden, der Vater von Beethovens Lehrer. Auf Joseph Clemens folgte im Jahre 1724 dessen Neffe Clemens August. Auch er beschäftigte sich lebhaft mit Musik. Unter ihm wirkte Ludwigs Lehrer van den Eden, der am 8. Januar 1728 als Organist angestellt wurde. Clemens August hat auch den Grossvater Beethovens, Ludwig van Beethoven, angestellt, vielleicht sogar nach Bonn berufen. Dieser Kurfürst zählte schon namhafte Künstler zu seinen Kapellisten; so den Bruder des berühmten Komponisten Evaristo Felice dall'Abaco: den Cellisten Joseph Clemens Ferdinand dall'Abaco, welcher, 1729 angestellt, es 1738 zum Direktor der Kammermusik und sogar zum kurfürstlichen Rat brachte. Unter diesem Kurfürsten begann auch der berühmte Mozartsänger Anton Raaf seine Laufbahn. Die Musiker waren ihrer Nationalität nach vorwiegend Italiener. Die italienische Musik und Gesangskunst herrschte ja auch durchaus vor; es dauerten noch lange die Zeiten an, da die deutschen schaffenden und nachschaffenden Künstler ihre Studienreisen nach Italien machten, wie das von Händel und Mozart vornehmlich bekannt ist. Aber es gab auch treffliche deutsche Künstler in der kurfürstlichen Kapelle. Die Bestallung des Johann Ries als Hoftrompeter ist uns wichtig. Unter Clemens August trat dann auch Johann van Beethoven als Knabe bei der Hofmusik ein.

Von den musikalischen Ereignissen, welche sich etwa seit 1750 zugetragen, hat Ludwig van Beethoven mancherlei aus den Erzählungen des Vaters erfahren. Am meisten wird dabei von den Erfolgen des Grossvaters die Rede gewesen sein. 1740 war auch ein Stück des Kammermusikers dall'Abaco, „componimento per musica", zum Geburtstag des Kurfürsten aufgeführt worden.

Was das zeitgenössische Schaffen anbetrifft, so standen Händel und Bach zwar noch keineswegs im Mittelpunkt des Musikbetriebes, aber geistig bildeten ihre Werke den Höhepunkt des damaligen Oratoriums und der geistlichen Kantate. Auf der Bühne herrschte die alte italienische Oper.

Max Friedrich, welcher die Regierung am 6. April 1761 antrat, war aus dem schwäbischen Geschlecht Königsegg-Rothenfels. Er beschnitt auf Anraten seines allmächtigen Ministers Kaspar Anton von Belderbusch fast alle Ausgaben des Hofes, besonders aber die „Plaisir-Anschaffungen". Die Einschränkungen sind für die Hofkapelle indes kaum empfindlich gewesen. Unter Max Friedrich wurde der alte Ludwig van Beethoven Kapellmeister. Sein Sohn Johann wurde unter demselben Fürsten Hofmusikus. Der Violinspieler Johann Peter Salomon diente mit beiden Beethoven zusammen, verliess den Dienst aber schon 1764. Er erhielt unter dem 1. Juli 1765 das Zeugnis: er „verdiene, jedem nach Standesgebühr rekommandiert zu werden". Sein Lebensweg führte ihn zuerst an die Spitze der Musiker des Prinzen Heinrich von Preussen. 1781 ging er nach London, wo er sich in gleicher Weise als Violinspieler und Konzertunternehmer auszeichnete. Ludwig hat nicht mehr mit ihm zusammen in Bonn gedient. Er kannte aber den Vater Philipp Salomon und die als Sängerinnen in Bonn angestellten Töchter Anna Maria und Anna Jakobina Salomon. Johann Peter Salomon begegnet uns in Beethovens späterer Lebensgeschichte wieder. Unter Max Friedrich wurde, aus Kurtrierischen Diensten kommend, Johann Konrad Rovantini angestellt, der aber schon 1766 starb. Am 13. September 1771 wurde sein noch sehr jugendlicher Sohn Franz Rovantini, Beethovens Geigenlehrer, aufs „Toxal sowohl als zu den Komedien und Operetten zugelassen". Die Rovantinis blieben in Gunst; denn die Witwe erhielt eine kleine Pension, und 1773 gewährte der Kurfürst, ganz den damaligen Gepflogenheiten der Kunstgönner entsprechend, dem Sohne Franz Georg zu weiterer Ausbildung einen Urlaub auf zwei Jahre. Dass dieser Geiger 1781 bereits verstarb, hörten wir schon. Von Bedeutung in Beethovens Leben wurde ferner die Familie Willmann. Johann Ignatius Willmann trat am 10. April 1767 an Stelle von Rovantini Vater als Violinist in die Hofkapelle ein.

Die Gesamtbesetzung der Hofmusik war 1774 folgende: der Intendantenposten war frei. Kapellmeister wäre Ludwig van Beethoven gewesen, wenn er nicht kurz vor Beginn dieses Jahres gestorben wäre; der Hofkalender führte ihn noch als solchen auf, weil der Druck vor des Kapellmeisters Ableben schon beendigt war. An seine Stelle traten Luchesi und Mattioli. An Musikern waren vorhanden: 4 Sänger, 5 Sängerinnen, 2 Organisten, 2 Fagottisten, 7 Violinisten. Die Musiker waren insgesamt 25 an der Zahl. Von der Kompagnie der Leibgarde und dem Hof-Fuderamt standen noch drei bis vier Trompeter und ausserdem noch ein Hofpauker zur Verfügung. Die Schicksale dieser Kapelle hat Ludwig van Beethoven schon miterlebt.

Johann van Beethoven machte in einem Gesuch an den Kurfürsten den schüchternen Versuch, an Stelle seines Vaters den Kapellmeisterposten zu erlangen, ein Ansuchen, das um so peinlicher wirkt, weil die beiden hochbesoldeten Italiener Andrea Luchesi und Gaëtano Mattioli schon in Bonn waren, von denen jener den 26. Mai 1774 Hofkapellmeister und dieser zuerst Violinist und Konzertmeister und schon am 24. April 1777 „Musique-Direktor" wurde. — Der Sohn des längst in der Kapelle eingesessenen Johann Ries, Franz Anton Ries, der schon im Knabenalter bei der Musik mittat, erhielt einen längeren Ausbildungsurlaub, um nach Wien gehen zu können. Am 13. März 1775 wurde der nachmals mit Beethoven befreundete Waldhornist „auf'm kurfürstlichen Toxal", Nikolaus Simrock, „im Kabinett an die Tafel" berufen. Er hatte für die nötigen anzuschaffenden Musikalien, namentlich für die „blasende Harmoniemusik" zu sorgen — eine Aufgabe, welche zu der Gründung seines Papier- und späteren Verlagsgeschäfts den Anstoss gab. — Von der Sängerin Averdonc, die Johann van Beethoven unterrichtete, haben wir bereits gehört. Auch die Vokalistin Gazenello wurde von Johann van Beethoven „instruiert". Die beste Sängerin der Hofkapelle war Anna Maria Ries.

Die Hofmusik hatte vor allem die Festlichkeiten und gesellschaftlichen Vergnügungen am kurfürstlichen Hofe zu verschönen. Um einen Begriff davon zu geben, sei hier das Programm für das Geburtstagsfest des Kurfürsten am 3. Mai 1767 in Thayers Kürzung angeführt:

„1. Frühmorgens dreimaliges Feuer des Geschützes auf den Festungswällen.

2. Hof und Publikum wurden gnädigst zugelassen, seiner Durchlaucht die Hand zu küssen.

3. Feierliches Hochamt, mit Kanonensalven.

4. Grosses öffentliches Diner, wobei die beiden päpstlichen Nuntien, die auswärtigen Minister und der Adel als Gäste anwesend waren, und unter Begleitung von ‚trefflicher Tafelmusik'.

5. Nach dem Diner „zahlreiche Assemblee".

6. ‚Eine Serenade, eigens auf höchsterfreulichen Tag verfertigt,' und eine komische Oper, im Hoftheater mit grossem Beifall aufgeführt.

7. Souper von 130 Couverts.

8. ‚Maskenball bis 5 Uhr morgens.'

Die beiden Stücke waren erstens: Serenata festivole tra Bacco, Diana ed il Reno.

Bacco . . . . . . Lucas Carlo Noisten.
Diana . . . . . . Anna Maria Salomon.
Il Reno . . . Anna Jakobina Salomon.
Virtuosi di capella di S. A. E. E.

La scena si finga su le sponde del Reno.

Zweitens: La Schiava finta, drama giocoso del celebre Don Francesco Garzia, Spagnuolo, in zwei Akten; die Musik wahrscheinlich von Piccini.

Aromato, zio di Dorindo . . . Anna Jakobina Salomon.
Dorindo . . . . Giovanni van Beethoven.
Lucrina, sposa di Dorindo . . . . Anna Maria Salomon.
Scena . . . . Palermo."

Opernaufführungen veranstalteten wiederholt reisende Gesellschaften, so die von Mingotti. Es wurden vielfach Werke von den angestellten Musikern aufgeführt. Von Luchesi werden die Stücke „Il natal di Giove", „L'inganno scoperto" und „L'improvisata" erwähnt. Von bekannteren Komponisten finden wir Galuppi, Piccini und Grétry vertreten. Ein Stück des letzten, „Silvain", ist uns deshalb wichtig, weil darin zufällig der Bassist Ludwig van Beethoven und sein Sohn Johann, der Tenorist, gemeinschaftlich auftraten.

Die Eröffnung eines „Nationaltheaters", welches Max Friedrich gründete, um ganz im Sinne Schillers „die deutsche Schauspielkunst zu einer Sittenschule für sein Volk zu erheben," hat Beethoven schon mit Bewusstsein erlebt. Bald kam auch die Zeit, wo der junge Beethoven bei Proben und Aufführungen am Klavier mittat. Die Direktoren Grossmann und Helmuth gaben sich viel Mühe und führten eine grosse Reihe wertvoller Stücke auf. Musikalische Dramen waren in der Minderzahl. Die Musik stammte von Desaides, Philidor, Monsigny, Benda und anderen. Von bekannteren Dichternamen begegnen wir Gotter, Engel, Garrick, Goldoni, Beaumarchais, Molière, Voltaire, dessen Zaïre und Jeannette aufgeführt wurden, und Lessing, der mit fünf Dramen vertreten war, worunter sich Minna von Barnhelm und Emilia Galotti befanden. Shakespeares Hamlet, Macbeth und König Lear müssen ebenfalls gegeben worden sein.

Beethoven stand um so mehr mitten in diesem anregenden Getriebe, als im elterlichen Hause einige der Schauspieler, so ein gewisser Ehrhard mit Frau, Josephi mit zwei Töchtern, ja, selbst Direktor Grossmann mit seiner Frau und seiner später zu bedeutendem Ansehen gelangten Tochter Fräulein Flittner freundschaftlich verkehrten. Ein Mitglied der Grossmannschen Truppe, jener Tobias Pfeiffer, trat, wie wir wissen, mit Beethovens in engere Beziehung; befand sich im Hause „in Kost und Logis" und unterrichtete den Knaben Ludwig. Er war ein sicherer Tenorsänger, kannte viele Werke und verstand sich auf die Komposition — in Bonn führte man von ihm auch ein Stück auf. — Er galt als „geschickter Klavierspieler". Kurz, er war just der rechte Lehrer für den aufstrebenden Genius; denn seine Unstetigkeit bildete den Ausfluss einer begabten und beweglichen Natur.

Der Mann jedoch, der den meisten Einfluss auf Beethoven haben sollte, kam 1779 nach Bonn: Christian Gottlob Neefe. Er war zunächst Organist, erhielt aber etwa zwei Jahre später die Stellung eines Musikdirektors. Unter den während der ersten achtziger Jahre aufgeführten Stücken befinden sich auch einige Werke seiner Erfindung; so „Heinrich und Lyda", „Die Apotheke", „Sophonisbe". Auch eins seines Lehrers Johann Adam Hiller:, „Der Aerntetanz". Im übrigen sind Gassmann, Guglielmi, Schuster, sehr oft Grétry, Benda (Romeo und Julie), Holzbauer

Piccini, Sacchini, Salieri (bei dem Beethoven später in Wien Unterricht nahm), Cimarosa, André, Sarti, Gluck mit seinen „Pilgrimmen von Mekka" und Mozart mit der „Entführung aus dem Serail" zu Worte gekommen.

1783 auf 1784 wurde gar ein Ballettkorps von 18 Personen beschäftigt. Hier in Bonn lernte Beethoven also auch schon den künstlerischen Tanz kennen.

Er hat in jeder Beziehung, namentlich da er auch in der Kirche spielte, und da bei Hofe die Kammermusik gepflegt wurde, reichlich musikalische Kenntnisse sammeln und seine Anlagen üben können. Die alte Oper, welche aus Rezitativen und Arien, Arien und Rezitativen bestand, war in Bonn schon fast überwunden oder doch übertroffen. Wir brauchen die Leistungen eines Sarti, Cimarosa und anderer nicht zu schildern, weil wir diejenigen eines Gluck und Mozart wohl kennen und versichert sein können, dass Ludwig van Beethoven imstande war, die Spreu vom Weizen und selbst das Bessere vom Guten zu sondern.

Um das Bild des musikalischen Lebens und Treibens, inmitten dessen Ludwig van Beethoven heranwuchs, zu vervollständigen, werfen wir noch kurz einen Blick auf die Reihe der Musikfreunde, die an der Musik bei Hofe regen Anteil nahmen. Der Minister Belderbusch hielt selbst eine Harmoniemusik. Die Frau seines Neffen „spielte sehr fertig auf dem Klavier". Die Nichte des Kurfürsten, Gräfin von Hatzfeld, hatte bei den besten Meistern in Wien, „denen sie viel Ehre machte", Gesang und Klavierspiel studiert. „Für Tonkunst und Tonkünstler war sie enthusiastisch eingenommen." Ihr sind Beethovens Variationen über „Vienni amore" gewidmet. — Kammerherr und Hauptmann von Schall spielte nur leidlich Klavier und Violine, hatte aber sehr guten Geschmack und Kenntnisse in der Musik. Geheimrätin von Pelzer war Pianistin und Sängerin zugleich. Hofkammerrat von Mastiaux spielte selbst mehrere Instrumente und liess seine vier Söhne und seine Tochter zu tüchtigen Dilettanten ausbilden. Er war nicht nur glücklicher Besitzer vieler wertvoller Instrumente, sondern auch einer reichhaltigen musikalischen Bibliothek, worin sich vor allem fast sämtliche Werke Haydns befanden. Beethoven unterrichtete die Tochter Amalie eine Zeitlang im Klavierspiel, ist also im Hause des Rates ganz bestimmt mit Haydns Kompositionen vertraut geworden. Bei dem Hofkammerrat Altstädten wurde gut Quartett gespielt. Hauptmann d'Antoin, ein Kenner der Lehrbücher von Marpurg und Kirnberger, spielte Geige und ein wenig Klavier. Schliesslich müssen noch die drei Söhne des russischen Agenten Facius erwähnt werden, von denen zwei Flöte bliesen und einer Violoncell spielte. Sie verkehrten im Beethovenschen Hause. Damit schliesst sich der Kreis der wichtigeren Musikliebhaber. Und wir kennen nun den Boden ziemlich genau, auf dem das Genie Ludwig van Beethovens erwuchs. Seine ernste Schulung, wenn man überhaupt davon reden kann, begann erst mit dem Unterricht bei Neefe. Damit nahm jedenfalls der eigentliche Beruf seinen Anfang.

3. Kapitel

LEHRJAHRE

Ludwig van Beethoven war von den musikalischen Freunden seines Vaters bisher offenbar unentgeltlich und deshalb nicht systematisch und nicht regelmässig unterrichtet worden. Nicht nur den Organisten Zensen, sondern auch van den Eden hatte die Fertigkeit des Knaben im Orgelspiel überrascht; alle kannten Ludwigs Leistungsfähigkeit. Es war nun üblich, die jungen Leute sehr frühzeitig zu ihrer „Perfektionierung" bei der Hofmusik zuzulassen. Ludwig van Beethoven erschien bereits im elften Lebensjahr reif genug dazu. Der Antrag auf „Zulassung des Ludwig van Beethoven bei der Orgel" ist wohl von van den Eden gestellt worden, da er, selbst abgängig und kränklich, den Knaben an seiner Stelle manchmal in die Messe zu schicken und die Kirchenmusik von ihm begleiten zu lassen wünschte. Weil es sich nun aber um einen Knaben handelte, der erst elf Jahre alt war, so verlangte man eine „Erprüfung" seiner Tauglichkeit. Dabei trat Ludwig „auf eine so überraschende Weise hervor", dass nicht nur das Orchester, sondern auch der Kurfürst auf ihn aufmerksam wurde. Bei dieser Gelegenheit produzierte sich Ludwig mit einer zweistimmigen Fuge für Orgel in D „in geschwinder Bewegung", auf deren bei Artaria befindlichen Abschrift die Bemerkung steht: „Verfertigt von Ludwig van Beethoven im Alter von 11 Jahren." So hatte der Geschichtserzähler ganz recht, wenn er meinte: „Von da an eröffnete sich Ludwigs glänzende Laufbahn." Schlosser erklärt dies richtig, indem er erzählt, dass der Kurfürst durch diese erste Produktion schon so gewonnen wurde, dass er van den Eden auftrug, „täglich eine Stunde auf seine Kosten für den Knaben zu verwenden". Nun starb van den Eden aber Mitte

Juni 1782, und es ist jedenfalls wiederum zutreffend, dass der Kurfürst, der sich einmal des Knaben angenommen — wie die damaligen Kunstgönner sich ja überhaupt nicht nur für die Virtuosen interessierten, sondern sich deren Ausbildung angelegen sein liessen —, nunmehr dem Nachfolger des Hoforganisten van den Eden, Christian Gottlob Neefe, befahl, „die Ausbildung des jungen Beethoven sich zu einer besonderen Angelegenheit zu machen".

Neefe trat indessen gerade am Tage nach van den Edens Bestattung, den 20. Juni 1782, mit der Grossmannschen Theatergesellschaft eine Reise „nach Münster an, wohin der Kurfürst auch ging". Und da erhielt Neefe, wie er selbst erzählt, „Erlaubnis, dass er seine Stelle durch einen Vikar verwalten lasse". Dieser Vikar, den Neefe noch nicht seinen Schüler nennt, dessen Leistungen aber ihm sowohl wie dem Hofe bekannt sein mussten, war der elfeinhalbjährige Ludwig van Beethoven. War Ludwig zu van den Edens Zeiten bei der Orgel nur „zugelassen", so wird er jetzt beamteter Vikar. Erst nach der Rückkehr Neefes, im Herbst 1782, hat der Unterricht Ludwig van Beethovens bei dem neuen Lehrer begonnen.

Christian Gottlob Neefe hatte in Leipzig zuerst die Rechte studiert, war also ein gebildeter Mann. Schon als junger Mensch vertiefte er sich in die Literatur seiner Zeit. Er nennt namentlich die Schriften Gellerts, Rabeners und Gessners, von denen ihm in diesem Alter die Gessnerschen mit ihrer weibisch-weichlichen Empfindsamkeit am meisten zusagten. Sie entsprachen dem Zeitgeschmack. Als Neefe 1769 die Universität Leipzig bezog, gehörte vorzüglich Gellert zu seinen Lehrern. Dessen „moralische Vorlesungen" waren damals stark besucht. Neefe sagt in seinem Lebensabriss über Gellert: „Ewig segnet mein Herz besonders des ersteren (nämlich Gellerts) Andenken. Das Studium der Logik, der Moralphilosophie und des Natur- und Völkerrechts gewährte meinem Geiste eine angenehme Nahrung." Und da die Anweisungen, welche der fromme Fabeldichter in seinen Vorlesungen gab, nicht nur die damalige Welt, sondern auch Neefe erfüllten, und durch ihn in irgendeiner Form an Beethoven weitergegeben wurden, mögen einige Lehrsätze Gellerts hier folgen: „Bemühe dich, eine deutliche, gründliche und vollständige Erkenntnis deiner

Pflichten zu erlangen. — Setze die Bemühung, deine Pflichten zu erkennen, sorgfältig fort und bewahre die erlangte Erkenntnis vor Irrtümern." Diese Regeln dienten als „allgemeines Mittel, zur Tugend zu gelangen und sie zu vermehren". Ferner wurde empfohlen: „Wehre den Eindrücken der Sinne, den Blendwerken der Einbildungskraft, mässige deine Neigungen, wenn sie an und für sich erlaubt sind, halte die unerlaubten zurück, und begegne den unrichtigen Vorstellungen, die den Affekten das Leben geben, durch Verstand." Dann weiter: „Lerne Weisheit aus dem Unterrichte der Verständigen und aus dem Lesen nützlicher Bücher für den Verstand und das Herz." Man wird hier die Leitsätze erkennen, aus denen Beethoven seine Lebensanschauung gebildet hat. Rabeners Satire, in der, wie der Dichter selbst sagt, „die Erbauung alle Zeit die Hauptsache sein" sollte, dürfte einige Züge zu Beethovens Sarkasmen geliefert haben. Denn auch Beethovens satirische Auslassungen sind, wie Goethe von denen Rabeners in „Dichtung und Wahrheit" sagt: „harmlos und heiter". Nur war Beethovens Eigentümlichkeit dabei das Derbe; aber auch von ihm „wurde vorausgesetzt, dass die Besserung der Toren durch das Lächerliche kein fruchtloses Unternehmen sei".

Für Zeit und Menschen ist es nun kennzeichnend, dass Neefe, der hauptsächlich die Rechte studiert, wie er sagt: durch seine Hypochondrie bewogen wurde, „die Themis zu verlassen und sich ganz Euterpen zu widmen". Die Religion hat ihn vertieft und von der Vorliebe für Gessner abgebracht. Er schreibt in seinem Lebensabriss: „Die Hypochondrie hat mir viele Leiden gemacht. Doch habe ich dieser Krankheit auch vieles zu verdanken. Erstens leitete sie mich wieder näher zur Religion. Der Hypochondrist bildet sich immer einen nahen Tod ein. Ich trachtete also nach besseren und gründlichen Einsichten in der Religion; ich suchte Gefühl für sie in meinem Herzen zu erwecken, um mit Freudigkeit und Hoffnung sterben zu können. Es gelang mir, vornehmlich durch die Schriften von Bonnet, Moses Mendelssohn, Spalding, Jerusalem und Nösselt. Die Religion wurde mir verehrungswürdig, und ich spürte die herrlichen Früchte derselben im Herzen und Leben." — Die weiteren Punkte sind persönlicher Natur. Man erinnert sich hier unwillkürlich an ein Wort Beethovens aus späterer Zeit: „Ich wusste schon als Knabe zu sterben."

Auch in Moses Mendelssohns Schriften werfen wir einen flüchtigen Blick, denn auch sie bildeten an der Weltanschauung der Zeit und durch Neefes Vermittlung an der Beethovens mit. In Mendelssohns 1761 erschienener, damals viel gelesener Schrift „Ueber die Empfindungen" lesen wir wieder Sätze, in denen wir unschwer Keime zu Beethovens Gedanken und Grundsätzen über Tonkunst und Weltanschauung zu erkennen vermögen: „Auch die Tonkünstler könnten einer schimpflichen Erniedrigung überhoben sein, wenn sie diese wichtige Anmerkung (nämlich den Zweck, zu gefallen, nicht zu verfehlen) nicht aus den Augen lassen wollten. Es ist bekannt, dass sie, was die Annehmlichkeit ihrer Melodien betrifft, einen grösseren Wert auf das Urteil eines bloss geübten Ohres als auf das Urteil eines Meisters in der Tonkunst setzen. Die letzteren wollen ihre Erfahrenheit in der Kunst niemals verleugnen. Sie merken auf nichts als auf die Regelmässigkeit einer Melodie; sie lauern auf glückliche Verbindung zwischen den widersinnigsten Uebellauten, und sanft rührende Schönheiten schleichen unbemerkt vor ihren Ohren vorüber." Ueber die Tonkunst heisst es an anderer Stelle: „Wie muss uns die Muse erquicken, die aus verschiedenen Quellen mit vollem Masse schöpft und in einer angenehmen Mischung über uns ausgiesst! Göttliche Tonkunst! Du bist die einzige, die uns mit allen Arten von Vergnügen überrascht! Welche süsse Verwirrung von Vollkommenheit, sinnlicher Lust und Schönheit! Die Nachahmung von menschlichen Leidenschaften; die künstlerische Verbindung zwischen widersinnigen Uebellauten: Quellen der Vollkommenheit! Die leichten Verhältnisse in den Schwingungen; das Ebenmass in den Beziehungen der Teile aufeinander und auf das Ganze; die Beschäftigung der Geisteskräfte in Zweifeln, Vermuten und Vorhersehen: Quellen der Schönheit!" Noch eine andere Stelle: „Wenn wir den Sturm einer unangenehmen Leidenschaft besänftigen wollen, so befiehlt uns die Vernunft, über die Ursachen unseres Missvergnügens nachzudenken und die Begriffe aufzuklären. Nur diese finsteren Wolken sind es, aus denen das Ungewitter entsteht; und sobald es in unserer Seele heiter wird, so verschwindet das Toben der Leidenschaft. Hat es aber mit den angenehmen Empfindungen eine andere Beschaffenheit? O nein! Sie haben eben dasselbe Schicksal: wir fühlen nicht mehr, sobald wir denken. Der Affekt verschwindet, sobald die Begriffe aufgeklärt werden.

Die ihr für eure Glückseligkeit besorgt seid, lasst euch von der Vernunft den Gegenstand eures Vergnügens auslesen. Ohne sie könntet ihr blindlings wählen oder euch in eurer Wahl betriegen. Trauet den Reizen nicht, die sie verwirft. Umarmt diese nur, die sie gut heisst; ja, lasst sie eurem Genusse Mass und Ziel vorschreiben und hütet euch, dieses Ziel zu überschreiten. Wenn sie aber die Braut zugeführt hat, so muss sie bescheiden zurückweichen, um euch nicht durch unbesonnenen Vorwitz in dem Genusse zu stören." Hören wir da nicht den Geist der Zeit reden, der Beethoven bestimmte, jedem seiner Werke eine Entwicklung von Trauer zu Trost zu geben?

Nie wird man übersehen dürfen, dass der Genius Beethoven seine eigenen Wege selbständig gegangen, dass er über seine Zeit mächtig hinausgeschritten ist. Aber er musste doch von seinen Zeitgenossen lernen und von ihrer Welt seinen Ausgang nehmen. Und da die stärksten, unentrinnbarsten Eindrücke in den Jugendjahren empfangen werden, durften wir an dem Geist jener Zeiten nicht stillschweigend vorübergehen, wenn wir Beethoven recht verstehen wollen. Dies um so weniger, da Neefe, wenn er auf die Wechselwirkung zwischen der Musik und dem übrigen seelischen Leben Nachdruck zu legen liebte, damit jedenfalls in dem Schüler Ludwig auf ein verwandtes Empfinden traf. Denn dieser las auch mit Vorliebe die Dichter. Uebrigens sei darauf hingewiesen, dass Neefe sich schon als Student auf Hillers Empfehlungen hin auch schriftstellerisch betätigte; er schrieb in Leipzig für die „Wöchentlichen Nachrichten". 1776 erschien sein Aufsatz „Ueber die musikalische Wiederholung" im „Deutschen Museum".

In der Musik hatte sich Neefe nur unter Anleitung Johann Adam Hillers neben seinen Rechtsstudien ausgebildet. Doch er war tüchtig und folgte Hiller im Jahre 1776 als Musikdirektor bei der Seilerschen Theatergesellschaft, mit der er bereits in Frankfurt a. M., Mainz, Köln, Hanau, Mannheim und Heidelberg gewesen war, als er 1779 mit der Grossmann-Helmuthschen Gesellschaft nach Bonn kam, wo er alsbald die Anwartschaft auf die Hoforganistenstelle erhielt. Er war 1779 schon mit der von Benda geschulten Sängerin Zink verheiratet, einer gebildeten Person, die imstande war, nach dem Ableben ihres Mannes dessen Selbstbiographie in der Leipziger musikalischen Zeitung anmutig zu Ende zu führen. Die Ehegatten verkehrten beide im Beethovenschen Hause.

Der Lehrer, den Beethoven in Neefe erhielt, besass vor allem musikalische Uebung als Theaterkapellmeister. Sicherlich war er ein gewandter Klavierspieler, der seinem Zögling manches Wertvolle und Nützliche beizubringen wusste. Dies erweisen seine Werke. Er hatte unter anderem ein Konzert für Klavier und Violine mit Orchester, eine Klavierphantasie mit Orchester und vierundzwanzig Klaviersonaten geschrieben, von denen einige für Klavier und Violine gesetzt waren. Seine musikalischen Bühnenwerke wurden, wie wir hörten, zum Teil in Bonn aufgeführt, aber auch die nicht dort dargestellten hat Ludwig sicher kennen gelernt, ferner die Kirchenwerke, worunter sich eine Ode von Klopstock befand. Eben diese Ode „Dem Unendlichen" wurde bei dem früher erwähnten Musikliebhaber Herrn von Mastiaux aufgeführt und später in der Fräuleinstiftskirche wiederholt. Dazu kamen nun noch Kammermusikwerke, Partiten, Quartette für Bläser, manche „mit Streichern", und Symphonien. Kurz — Neefe hat sich auf allen Gebieten der Komposition betätigt. Man sieht, wie viel der Anregungen Beethoven zweifellos von ihm empfing. Es fragt sich, welchen Weg er den Schüler als Theorielehrer gehen liess, und wohin er ihn führen konnte. Trotz seiner Geschicklichkeit in der Tonsetzkunst war Neefe kein Virtuose polyphoner Satzkünste. Seine eigenen Werke waren schlicht und einfach gehalten, eine „herzrührende Musik". Man nannte Neefe einen „unserer Matadores in der Tonkunst — gewiss keinen der letzten", während Kirnberger über ihn sagte: „Dieser arme Sünder wird keine Revolution in der Musik machen . . ." Schlossers Gesamtcharakteristik des Mannes ist daher ganz zutreffend: „Neefes Kompositionen haben wohl weder die Gewalt noch den Glanz des höchsten Genius und konnten darum auch keine Revolution in der Kunst und selbst im Gange des Geschmacks erwirken. Sie zeugen aber unwidersprechlich von Talent, Kenntnis, Gefühl und Geschmack." Zunächst kam es bei dem Unterricht auf die schwierigeren Probleme der Satzkunst gar nicht an. Es handelte sich um den Generalbass, also um die Harmonielehre, und die Lehre der Bezifferung,

Gegenstände, die Beethoven damals noch nicht beherrschte. Neefe fusste bei seinem Unterricht auf den Lehrbüchern von Marpurg und Philipp Emanuel Bach, denen er selbst seine theoretischen Kenntnisse verdankte. Beethoven hat bei der Unterweisung Czernys späterhin ebenfalls mit Philipp Emanuel Bach begonnen und, als er Materialien zum Kontrapunkt sammelte, wesentlich aus Philipp Emanuel Bachs „Versuch über die wahre Art, das Klavier zu spielen", Auszüge gemacht. Dass Neefe gerade durch dieses Werk des Schülers Geschmack gebildet und veredelt hatte, liegt auf der Hand. Da er an seinem Lehrer Hiller besonders die Bereitwilligkeit rühmt, mit der dieser ihm „die besten Muster in die Hände gegeben", und oft ausgesprochen, dass ihm das mehr genützt als ein förmlicher Unterricht, so war bei der Unterweisung Beethovens von dem gediegenen Lehrbuch zu Philipp Emanuels Kompositionen nur ein Schritt. Und kaum eines weiteren bedurfte es, um auch schon den alten Johann Sebastian Bach mit seinen Werken heranzuziehen. Diese Schritte sind getan worden. Denn Ludwig van Beethoven spielte das Wohltemperierte Klavier des grossen Bach fast ganz auswendig. Dass Beethoven die Werke Haydns und Mozarts kennen lernte, wissen wir bereits. Neefe hat seinen Schüler ganz gewiss auch seinerseits mit Mozart vertraut gemacht, weil er bei seiner Kunstrichtung sicherlich mehr in Mozart als in Haydn sein Vorbild erblickte. Uebrigens hat Neefe in dem ersten Bericht über seinen aussergewöhnlich begabten Schüler an Cramers Magazin eine passende Parallele zwischen Mozart und Beethoven gezogen. Wenn Beethoven „über Neefes zu harte Kritik seiner ersten Versuche in der Komposition klagte", so muss das begründet gewesen sein; denn die eigene Erfahrung Beethovens liess ihn späterhin einmal ausdrücklich betonen: „Mehr Vorsicht und Klugheit besonders in Rücksicht der Produkte jüngerer Autoren. Mancher kann dadurch abgeschreckt werden, der es vielleicht weiter bringen würde." Dass Neefe in der Tat etwas hochnasig verfuhr, scheint die Wendung in seinem Berichte zu beweisen, er habe die Variationen „zur Ermunterung" des Schülers stechen lassen. Im Zusammenhang damit muss aber auch betont werden, dass Neefe seinen Schüler mit Nachdruck auf die Grundsätze musikalischer Kritik hinwies und ihn dadurch zu jener bei Beethoven später geradezu bewun-

KURFÜRST MAX FRANZ

C. G. NEEFE

1748–1798

Mit Erlaubnis der Gesellschaft der Musikfreunde, Wien.

derungswürdigen Selbstkritik erzogen hat, durch welche die grossen Kunstwerke des Meisters zu immer vollkommeneren Formen heranreifen mussten. Wenn wir Neefe reden hören, erkennen wir den Ursprung so mancher Anschauungen, von denen Beethoven später bei der Ausarbeitung seiner Werke ausging. Neefe lässt sich in seinem Aufsatz „Ueber die musikalische Wiederholung" also vernehmen: „Das Genie soll zwar nicht durch die Regel unterdrückt werden, es soll nur durch sie, besonders wenn sie aus der Natur der menschlichen Seele, aus dem natürlichen Gange unserer Empfindungen abgezogen ist (wie eigentlich die Regel sein muss), geleitet werden, dass es sich nicht ganz vom geraden Wege entferne. Es bietet sich immer noch Gelegenheit genug, sich als Genie zu zeigen in der Neuheit der Ideen, in der eigenen Einkleidung derselben, in der verschiedenen Modifikation der Melodie und Harmonie, in den besonderen Verzierungen der unvollkommenen Schlüsse und Einschnitte, in der Verschmelzung der Abschnitte usw. Es kann mannigfaltig sein, ohne die Einheit und Ordnung zu stören . . ." Bildete also Neefe alledem nach aus seinem grossen Schüler durchaus keinen sattelfesten Theoretiker — das konnte er nicht, weil er es selbst nicht war —, so hat er doch aus ihm, und das ist sein Ruhm, einen bewussten Künstler gebildet. Alles übrige über die Anleitungen Neefes müssen nun die Erstlingswerke Beethovens erweisen, zu denen uns jener erste Bericht Neefes überleiten möge, der lautete: „Louis van Beethoven, Sohn des oben angeführten Tenoristen, ein Knabe von elf Jahren und vielversprechendem Talent. Er spielt sehr fertig und mit Kraft das Klavier, liest sehr gut vom Blatt, und um alles in einem zu sagen: Er spielt grösstenteils das Wohltemperierte Klavier von Sebastian Bach, welches ihm Herr Neefe unter die Hände gegeben. Wer diese Sammlung von Präludien und Fugen durch alle Töne kennt (welche man fast das non plus ultra nennen könnte), wird wissen, was das bedeute. Herr Neefe hat ihm auch, sofern es seine übrigen Geschäfte erlaubten, einige Anleitung zum Generalbass gegeben. Jetzt übt er ihn in der Komposition, und zu seiner Ermunterung hat er 9 Variationen von ihm für's Klavier über einen Marsch in Mannheim stechen lassen. Dieses junge Genie verdiente Unterstützung, dass er reisen könnte. Er würde gewiss ein zweiter Wolfgang Amadeus Mozart werden, wenn er so fortschritte, wie er angefangen."

Beethoven hat auf ein Exemplar seiner drei ersten Sonaten geschrieben: „Diese Sonaten und die Variationen von Dressler sind meine ersten Werke." Es waren seine ersten gedruckten Werke. Wenn er als Aufgabe, um sich in der Theorie der Ausweichungen zu vervollkommnen, Präludien durch alle Durtonarten*) und andere Uebungen schrieb, so wird niemand das Werke nennen. Aber jene „zweistimmige Fuge in geschwinder Bewegung", die ins Jahr 1781 zu setzen ist, haben wir als Beethovens erste, wenn auch ungedruckte Komposition anzusehen. Dieses Werkchen von 95 Takten ist eine richtige Anfängerarbeit ohne individuelle Züge, setzt aber doch bei einem Urheber von elf Jahren in Erstaunen. Das erste gedruckte Opus haben wir in jenen Variationen über einen Marsch von Dressler vor uns, einem Werkchen, dessen ursprünglicher Titel uns nicht gleichgültig ist: „Variations pour le clavecin sur une marche de Mr. Dressler, composées et dédiées à son excellence Madame la Comtesse de Wolf-Metternich, née Baronne d'Asseburg, par un jeune amateur — Louis van Beethoven, agé de 10 ans." Diese erschienen 1782; aber daraus ist nicht zu schliessen, dass das Alter auch hier falsch angegeben ist. Neefe hatte nicht umsonst dazu setzen lassen: „par un jeune amateur", Ludwig hatte dies Werk schon vor dem Beginn des Neefeschen Unterrichts komponiert, wenn es auch vor der Drucklegung vom Lehrer durchgesehen worden war. Die Variationen enthalten noch nichts irgendwie Hervorstechendes, aber sie deuten wenigstens guten Geschmack an, Verständnis in der Aufnahme der Vorbilder und eine vielleicht für Beethoven bezeichnende technisch ebenbürtige Behandlung beider Hände. Ein grösseres Werk sind die drei dem Kurfürsten Max Friedrich mit folgender breiten Widmung zu Füssen gelegten Sonaten:

„**Erhabenster!**

Seit meinem vierten Jahr begann die Musik die erste meiner jugendlichen Beschäftigungen zu werden. So frühe mit der holden Muse bekannt, die meine Seele zu reinen Harmonien stimmte, gewann ich sie, und wie mir's oft wohl deuchte, sie mich wieder lieb. Ich habe nun schon mein

*) Als op. 39 gab Beethoven aber in Wien „Zwei Präludien durch alle 12 Dur-Tonarten für Pianoforte oder Orgel" heraus. Eine revidierte Abschrift beim Verleger Artaria trug die Jahreszahl 1789.

eilftes Jahr erreicht; und seitdem flüstert mir oft meine Muse in den Stunden der Weihe zu: ‚Versuch's und schreib' einmal deiner Seele Harmonien nieder!' Eilf Jahre — dachte ich — und wie würde mir da die Autormiene lassen? Und was würden dazu die Männer in der Kunst wohl sagen? Fast ward ich schüchtern. Doch meine Muse wollt's. — Ich gehorchte, und schrieb.

Und darf ich's nun, **Erlauchtester!** wohl wagen, die Erstlinge meiner jugendlichen Arbeiten zu **Deines** Trones Stufen zu legen? und darf ich hoffen, dass **Du** ihnen **Deines** ermunternden Beifalls milden Vaterblick wohl schenken werdest? — O, Ja! Fanden doch von jeher Wissenschaften und Künste in **Dir** ihren weisen Schützer, grossmütigen Beförderer, und aufspriessendes Talent unter **Deiner** holden Vaterpflege Gedeihen. —

Voll dieser ermunternden Zuversicht, wag' ich es mit diesen jugendlichen Versuchen, mich **Dir** zu nahen. Nimm sie als ein reines Opfer kindlicher Ehrfurcht auf und sieh mit Huld

Erhabenster!

auf sie herab und ihren jungen Verfasser."

Der vor dieser Widmung stehende Titel sagte:

„Drei **Sonaten** für's Klavier dem Hochwürdigsten Erzbischofe und Kurfürsten zu Köln **Maximilian Friedrich**, meinem gnädigsten HERRN

gewidmet und verfertigt
von Ludwig van Beethoven
alt eilf Jahr.

Speyer in Rat Bosslers Verlage.

Nr. 21. Preis 1 fl. 30 Kr. —"

Die drei Klaviersonaten zeigen trotz der üblichen Gestaltung, die sogar in den Einzelheiten an Neefes Art erinnert, doch einige individuelle Züge des kleinen Künstlers. Die langsame Einleitung im Hauptsatze der zweiten Sonate, mit der späteren Wiederholung dieses Larghettos als Andante maestoso, entsprach Beethovens Wesen; die Rhythmik ist auffallend kräftig, und die Melodien zeugen da und dort von tieferer Empfindung, als wir sie bei einem elfjährigen Knaben erwarten. Die Verzierungen bedeuten vielfach noch Verlegenheitsschnörkel, und die Läufe sind eben Läufe und nicht mehr, aber die ganzen Sätze und Sonaten erscheinen immerhin zu kleinen Stücken abgerundet.

Ein Lied, das wohl auch Neefe veröffentlicht hat, stand in der „Blumenlese für Liebhaber" von Bossler, die in Speyer erschien, mit der Bemerkung: „Von Herrn Ludwig van Beethoven, alt eilf Jahr." Der Text ist merkwürdig genug:

„Schildern willst du, Freund, soll ich
Dir Elisen?
Möchte Uzens Geist in mich
Sich ergiessen.
Wie in einer Winternacht
Sterne strahlen,
Würde ihrer Augen Pracht
Oeser malen."

Bei demselben Verleger erschien in der „Neuen Blumenlese für Klavierliebhaber" ein Rondo in A-dur, das schon grössere Gestaltungskraft verrät als die drei Sonaten. Auch noch ein Lied kam in der Blumenlese heraus: „Arioso an einen Säugling." In dieselbe Zeit gehört sodann ein Klavierkonzert in Es-dur, welches neben Anklängen an die Mozartsche Musik in der Einführung der Kadenz und anderen Wendungen Eigenheiten des jugendlichen Komponisten zeitigt. Im ganzen wiegt noch der Spielzweck vor. Die Melodik tritt nur im Schlusssatz in der Solostimme selbständiger hervor. Bald sollte reichliche Erfahrung die Werke günstig beeinflussen.

Beethovens amtliche Tätigkeit gestaltete sich recht vielseitig. Er war also seit 1782 Organist-Vikar, der Neefe vollständig vertreten musste, als dieser am 20. Juni 1782 nach Münster ging. Die Pflichten des Organisten umfassten: je eine Messe und eine Vesper an jedem Sonn- und Feiertage. Dazu kam jeden Tag morgens um 9 und 11, Sonntags um 10 Uhr je eine Messe. Beethoven vertrat, wie die Auskunftsliste für den neuen Kurfürsten Max Franz erweist, ausserdem den Kapellmeister Luchesi während dessen Abwesenheit bei der Orgel. Die Eingabe, welche noch zu Lebzeiten des Kurfürsten Max Friedrich gemacht wurde, spricht davon, dass der junge Beethoven „bei oft überkommender Abwesenheit des Organisten Neefe bald zu der Komödien-Prob', bald sonsten ohnhin öfters die Hoforgel traktieret", also keineswegs nur bei Kirchenhandlungen. Ein Gehalt empfing er nicht. Dass er einstweilen auch kein Gehalt erhalten sollte, besagt das Wort „beruhet", womit das Gesuch abschlägig beschieden wurde. Er wurde noch nicht, dem Gesuche entsprechend, „Adjunkt" des Organisten, gehörte nur zur Hofmusik, erhielt aber erst von Max Franz ein Gehalt, und zwar laut Erlass vom 25. und 27. Junius 1784 ein solches von 150 fl. Die allgemeine Besoldungsliste gibt noch an: „Tenorist Beethoven 290 Taler. Beethoven junior 100 Taler;" damit war Ludwig van Beethoven zum bezahlten Organisten und Adjunkt bei der Hoforgel geworden. In dieser Zeit erregte er das Erstaunen des Kapellmeisters Luchesi. In der letzten Märzwoche 1785 wettete der junge Organist mit dem rezitierenden Sänger Ferdinand Heller, er werde ihn in den Lamentationen des Jeremias „herauswerfen". Heller ging die Wette ein, und Beethoven gelang es so vollständig, den gewandten Sänger zu verwirren, dass dieser wütend wurde und Beethoven beim Kurfürsten verklagte. Der aber gab dem jungen Orgelmeister nur „einen sehr gnädigen Verweis". Ueber die überraschenden Modulationen und Ausweichungen des vierzehnjährigen Knaben aber war Kapellmeister Luchesi höchlich erstaunt.

Mit ihm ist der junge Beethoven natürlich viel in Berührung gekommen. Es war von diesem Italiener so mancherlei zu lernen. Andrea Luchesi, 1741 im Venetianischen geboren, Schüler von Paolucci, zeichnete sich besonders im Orgelspiel aus, womit er sich schon in Italien einen Namen gemacht hatte. Beethoven hat sicherlich dessen Werke kennen gelernt. Der Kapellmeister komponierte Kirchenmusiken, Opern, Kammermusiken (Trios, Klavierquartette) und Klavierkonzerte. Seine Musik galt als fröhlich. Ende April 1783 erhielt er für einige Monate Urlaub, und auf diese Zeit bezieht sich der Hinweis in Beethovens Gesuch, dass er den Kapellmeister vertreten habe. Von den übrigen Musikern, von denen ein jeder in seiner Weise Einfluss auf Beethoven gehabt haben muss, erwähnten wir schon die Sängerinnen Averdonc, Gazenello, den Waldhornisten Simrock, und führen nun noch den Kollegen des letzteren, Bamberger, an, sowie den Kontrabassisten Paraquin, den Beethoven in einem Briefe aus Wien einmal nennt, worin er ihm das Lob spendet, dass er ein besonders geschickter Notenschreiber sei.

Berühmte Grössen waren in den ersten Jahren der Regierung Max Franz' unter den Musikern nicht anzutreffen. Der Kurfürst sparte und unternahm nicht viel. Bis Oktober 1785 wurde unter anderem Glucks „Alceste" und „Orpheus", „Fra due litiganti" von Sarti, vier Opern von Salieri und fünf von Païsiello gespielt. Im Januar und Februar 1786 konnte Beethoven dann Werke von Grétry, Gossec, Pergolese und Monsigny hören.

Aus allen diesen Anregungen floss sicher so manches in den Unterricht über, der ruhig seinen Fortgang nahm; Neefe blieb in dieser Zeit natürlich der Hauptlehrer; Beethoven übte sich aber zugleich nach Rovantinis Tode bei Franz Ries im Geigenspiel. Er komponierte das Lied „Wenn jemand eine Reise tut", das aber erst 1805 erschien. 1783 wurden die bekannten drei Jugend-Klavierquartette geschrieben. Diese drei Werke bedeuten einen ziemlichen Fortschritt gegenüber den ersten Sonaten, trotzdem die Form noch durchaus gleich bleibt. Auch hier bringt Beethoven die für ihn charakteristische langsame Einleitung eines Allegros an. Auffallend ist auch die ausgiebige Behandlung der Bratsche, namentlich gegenüber der recht stiefmütterlichen Führung der Cellostimme. Die Bratsche traktierte der Komponist nämlich in diesen Jahren selbst.

All das Lernen zielte bei Beethoven auf möglichst frühzeitigen Verdienst ab. Er erwähnt in späten Jahren selbst, dass er seinen „armen Eltern" geholfen und froh gewesen sei, ihnen haben helfen zu können. Dies geschah auch durch Unterrichtgeben. Unter seinen Schülern befanden sich Amalie von Mastiaux sowie Eleonore und Lenz von Breuning.

Können wir darüber im Zweifel sein, dass man in Bonn schon grosse Stücke auf diesen jungen Musiker hielt und Bedeutendes von ihm erwartete? Früh schon (1783) hatte Neefe geschrieben, „dieses junge Genie verdiente Unterstützung, dass er reisen könnte". Bei Max Friedrich war die Zeit dazu noch nicht gekommen, trotzdem er an Ludwig Anteil nahm. Auch Max Franz interessierte sich für den kleinen Klavierspieler, der in seinen Kabinettkonzerten mehr als einmal Beweise seiner hervorragenden Begabung gegeben hatte. Es war nur natürlich, dass das junge Genie auf die musikalischen Freunde des Kurfürsten, der ja selbst der Musik ergeben war, der selbst Bratsche und Klavier spielte, der mit Gluck und Mozart persönlich bekannt war, und der Geschmack genug besass, um in musikalischen Dingen ein gutes Urteil abgeben zu können, dass, sagte ich, Beethoven auf die musikalischen Freunde dieses Mannes ebenfalls tiefen Eindruck machte. Der wichtigste Gönner Beethovens wurde Graf Waldstein, „der Liebling und beständige Gefährte des jungen Kurfürsten". Nach Wegeler hat er schon dabei seinen Einfluss geltend gemacht, dass Ludwig Hoforganist wurde. Er unterstützte den Musiker auf schonende Weise, so dass die Zuschüsse meistens „als Gratifikation vom Kurfürsten betrachtet wurden". Er war es schliesslich auch, der seinem jungen Schützling eine Studienreise nach Wien auswirkte. Der unterstützungsbedürftige Jüngling, dessen Familie am 5. Mai 1786 durch die Geburt der jüngsten Schwester Ludwigs, Maria Margarete, noch Zuwachs erhalten und sowieso darbte, hat sicher nicht aus eigenen Mitteln eine so weite und kostspielige Reise bewerkstelligt.

In den Jahren 1786 und 1787 war nicht viel in Bonn los; das musikalische Leben stockte sozusagen. Es war also just die rechte Zeit, den jungen Musiker nach Wien zu schicken. Natürlich zu keinem anderen Meister als zu Mozart. Bei ihm hat Beethoven denn auch „einigen Unterricht" gehabt. Er kam im Winter 1786 nach Wien. Mozart ging im Januar nach Prag. So kann der Unterricht erst im März 1787, als Mozart zurückgekehrt war, ernstlich aufgenommen worden sein. Beethoven beklagte sich, dass Mozart ihm nicht gespielt habe. Er habe den Meister gehört, nur habe dieser nichts für ihn allein gespielt. Beethovens freie Phantasie über ein gegebenes Thema machte auf Mozart gewaltigen Eindruck; Mozart erklärte Freunden, die im Nebenzimmer zuhörten: „Auf den gebt acht, der wird einmal in der Welt von sich reden machen." Der Unterricht nahm ein vorzeitiges Ende. Beethoven musste heimwärts eilen, da seine Mutter sehr leidend war und man ihren baldigen Tod erwartete. Unterwegs kehrte er bei dem Rat Schaden in Augsburg an, der dem abgebrannten jungen Manne drei Karolin leihen musste. Selbst unpässlich, eilte Ludwig weiter und langte früh genug an, um seine Mutter noch lebend anzutreffen. Nachdem sie dann „endlich nach vielen überstandenen Schmerzen und Leiden" am 17. Juli 1787 verschieden war, schrieb Beethoven an den Rat nach Augsburg die rührenden Worte:

„Sie war mir eine so gute, liebenswürdige Mutter, meine beste Freundin; o! wer war glücklicher als ich, da ich noch den süssen Namen Mutter aussprechen konnte, und er wurde gehört; und wem kann ich ihn jetzt sagen? Den stummen, ihr ähnlichen Bildern, die mir meine Einbildungskraft zusammensetzt?"

Er selbst fühlte sich begreiflicherweise um so niedergeschlagener, als seine eigene Gesundheit zu wünschen übrig liess, so dass er bei sich selber den Ausbruch der Schwindsucht befürchtete. Dazu waren die Vermögensverhältnisse noch trauriger geworden. Beethoven konnte dem Rat die geliehenen drei Karolin noch nicht zurückzahlen; die „Reise hatte ihn viel gekostet, und er hatte in Bonn keinen Ersatz, auch den geringsten, zu hoffen; das Schicksal hier in Bonn sei ihm nicht günstig". Der Vater musste die Kleider seiner Frau auf offenem Markte durch den Trödler verkaufen lassen. Johann hatte schon früher das Gesuch an den Kurfürsten gestellt, ihm einen Vorschuss von 100 Rheintalern auf sein Gehalt „mildest angedeihen zu lassen", da er „in sehr missliche Umstände geraten und bereits genötigt worden sei, seine Effekten teils zu verkaufen, teils zu versetzen". Die Verhältnisse waren trostlos. Ein Helfer in bitterer Not ist da Franz Ries gewesen. Beethoven hat ihm zeitlebens diese Hilfe in schlimmer Zeit nicht vergessen. Er sagte später dem Sohne Ferdinand Ries, „schreiben Sie ihm (Vater Ries), ich hätte nicht vergessen, wie meine Mutter starb". Ludwig van Beethoven, der nunmehr das Oberhaupt der Familie wurde, weil seinem Vater sogar die Ausweisung aus Bonn angedroht werden musste, kam (1788) um einen „gnädigsten Zusatz" zu seinem Gehalt ein. Das Gesuch wurde aber abschlägig beschieden.

Bessere, wenigstens lebendigere Zeiten brachen mit dem Spätsommer 1788 an, als die Klossche Theatergesellschaft Bankrott gemacht hatte und der Kurfürst die „ganze Garderobe, Theaterbibliothek und Musikalien um 1300 Gulden" erstand, und damit eine Gelegenheit wahrnahm, welche sich sehr gut zu dem Plane schickte, ein Nationaltheater zu gründen. Die Vorbereitungen nahmen die Sommer- und Herbstzeit des Jahres 1788 in Anspruch. Nach einer glücklich abgewandten Feuersbrunst konnte das völlig umgebaute Theater, das unter Aufhebung der Standesunterschiede zugänglich gemacht wurde, am 3. Januar 1789 feierlich eröffnet werden. Ein sehr vollzähliges Schauspieler- und Musikerpersonal wurde beschäftigt. Unter den Schauspielern treffen wir Demmer wieder, der einst den alten Ludwig van Beethoven ausgestochen, und als hervorragende weibliche Kraft trat die Sängerin Magdalena Willmann auf. Dies war die jüngere Willmann. Die ältere Tochter des im Orchester tätigen Cellisten Max Willmann, eine Pianistin, kam aus Mozarts Schule. Sie trat in den Privatkonzerten des Kurfürsten auf, war also von Neefe in seinem Bericht vergessen, worin er sagt: „Klavierkonzerte spielt Herr Ludwig van Beethoven. Neefe selbst spielte jedenfalls keine: er „accompagnierte bei Hofe, im Theater und im Konzerte". Im Orchester finden wir nunmehr Virtuosen von späterhin weitklingenden Namen; so Andreas und Bernhard Romberg. Vortrefflichen Rufes genossen auch Franz Ries, der Waldhornist Nikolaus Simrock und der Flötist Anton Reicha. Demmer wurde 1791 nach Weimar berufen, als Goethe das Theater übernahm. Das Orchester war vollständig besetzt; ausser Flöten, Oboen und Hörnern waren auch drei Klarinetten vorhanden; Klarinetten aber fehlten in den damaligen Orchestern noch fast durchweg. Nach zeitgenössischen Berichten beruhte die Stärke des Bonner Nationaltheaters auf der Oper, worin „die ältere Keilholz und die jüngere Willmann wetteiferten". Magdalena Willmann war von dem Gesangsmeister Righini ausgebildet. Sie sang dessen Arien, unter anderem jene bekannteste „Vienni amore" mit den fünf rankenreichen Variationen. Da die Willmann bei Beethovens verkehrte, hat Ludwig diese Arie sicherlich häufig gehört, so dass ihn die Lust anwandelte, über Righinis Thema seine vierundzwanzig Klaviervariationen zu schreiben — wozu wäre ein verliebter Musiker nicht imstande! Die Willmann wurde ausserordentlich gefeiert und sang vorzüglich Mozart; besonders gut war sie als Belmonte in der „Entführung". — Die Vettern Romberg, Geiger und Cellist, traten, wie das damals allgemein bei den Virtuosen üblich, auch mit eigenen Kompositionen auf, die natürlich vorwiegend für ihre Instrumente geschrieben waren. Sogar an Opern wagten sie sich. Sie entnahmen ihre Stoffe gerne Gozzi, dessen Stück „Der Rabe" von Andreas komponiert wurde; es ist derselbe Stoff, den sich später E. T. A. Hoffman und Brahms als Opernbuch ausersahen.

Vier Spielzeiten des Nationaltheaters machte Beethoven als Bratscher im Opernorchester mit. Während in Frankreich die blutige Revolution tobte, genoss man diesseits des Rheins in der kurkölnischen Residenz nach Herzenslust Theater und Musik. In der ersten Spielzeit waren Opern von Martin, Benda, Grétry, Cimarosa, Païsiello, Mozart zu hören, dessen „Entführung" sehr gefiel. Die zweite Spielzeit währte vom 13. Oktober 1789 bis zum 23. Februar 1790 und wurde mit Mozarts „Don Giovanni" eröffnet, einem Werke, das zwar vorwiegend den Kennern gefiel, aber gleichwohl drei Aufführungen erlebte, eine Zahl, die nur Mozart selbst mit seinem „Figaro" erreichte, ja, vielmehr überbot; denn Figaros Hochzeit „gefiel ungemein — Sänger und Orchester wetteiferten miteinander, dieser schönen Oper Genüge zu tun". Es geschah mit vier Aufführungen. Daneben hörte man noch Glucks „Pilgrimme von Mekka", ein Stück, das diesmal missfiel, sodann Werke von Sacchini, Païsiello, Benda, sowie Dittersdorfs komische Oper „Doktor und Apotheker". Die dritte Spielzeit brachte wieder die bekannten Stücke. Am 6. März wurde eine Fastnachtsaufführung veranstaltet, bei der ein „Ritterballett" in den prächtigsten Kostümen, mit Musik angeblich von Waldstein, tatsächlich aber von Beethoven, vorgeführt wurde. In der vierten und letzten Spielzeit kamen wieder die Komponisten Sarti, Monsigny und andere Bekannte zu Gehör. Auch ein Stücklein des kurkölnischen Hauptmanns d'Antoin wurde gegeben. — Den meisten Eindruck machte wieder Mozarts „Entführung", dann Dittersdorfs „Rotes Käppchen", das dreimal aufgeführt wurde. Beethoven hat ein Thema aus dieser Oper variiert. Auch die Variationen über „Se vuol ballare" aus Mozarts Figaro verdienen hier mit dem Hinblick auf die Theaterereignisse genannt zu werden.

Das musikalische Leben gestaltete sich, wie wir sehen, recht anregend; noch mehr Abwechslung brachten Gastspiele hinein. 1790 erschien die berühmte Madame Maria Franziska Todi, eine portugiesische Sängerin, welche ganz Europa bereist und sich dabei ein Vermögen von über einer halben Million Gulden ersungen hatte. In Bonn war man ausser sich, als sie sang: „das ganze Orchester brachte ihr eine Serenade". In das gleiche Jahr fiel Salomons Anwesenheit, der mit keinem Geringeren zu Besuch erschien als Joseph Haydn; dieser befand sich gerade auf der ersten Englandreise.

Weitere Anregungen verdankte Beethoven der Musik im kurfürstlichen Kabinett. Als Pleyels Trios im Frühjahr 1791 herauskamen, wurden sie auch vor dem Kurfürsten gespielt. Beethoven verblüffte durch sein a vista-Spiel, da er sich weder durch Druckfehler noch selbst durch ausgelassene Takte aus der Fassung bringen liess.

Eine Fahrt des Kurfürsten nach Mergentheim, wohin die Pflichten des Deutschordens ihn riefen, wurde insofern von Bedeutung für den jungen Beethoven, als sachverständige Leute ihn zu hören bekamen. In Aschaffenburg überraschte er bei kurzem Besuche den Abt Sterkel, einen eleganten Klavierspieler, durch freie Variationen über das Thema „Vienni amore" von Righini, die er zu den 24 bereits im Druck erschienenen Veränderungen aus dem Kopfe hinzufügte. Noch mehr erstaunten die Bonner Musiker samt Sterkel, als Beethoven, dessen Spiel etwas Derbes und Hartes an sich hatte, ohne weiteres die weichfliessende Spielart des Abtes täuschend nachahmte. In Mergentheim wurde Beethoven dann auch von dem Kaplan von Kirchberg, Karl Ludwig Junker, einem sehr musikalischen Komponisten und Musikschriftsteller, gehört. Dieser schrieb für Bosslers „Musikalische Korrespondenz" einen langen, begeisterten Brief, worin er der Fürtrefflichkeit der Bonner Bläser und Streicher, überhaupt der vorzüglichen Kapelle des Kurfürsten, das höchste Lob spendet. Wir zitieren daraus:

„Gleich am ersten Tage hörte ich Tafelmusik, die, solange der Kurfürst in Mergentheim sich aufhält, alle Tage spielt. Sie ist besetzt mit 2 Oboen, 2 Klarinetten, 2 Fagotts, 2 Hörner. Man kann diese Art Spieler mit Recht Meister in ihrer Kunst nennen. Selten wird man eine Musik von der Art finden, die so gut zusammenstimmt, so gut sich versteht und besonders im Tragen des Tons einen so hohen Grad von Wahrheit und Vollkommenheit erreicht hätte als diese. Auch dadurch schien sie sich mir von ähnlichen Tafelmusiken zu unterscheiden, dass sie auch grössere Stücke vorträgt; wie sie denn damals die Ouverture zu Mozarts ‚Don Juan' spielte.

Bald nach der Tafelmusik fing das Schauspiel an. Es war König Theodor, mit Musik von Païsiello. Die Rolle Theodors spielte Hr. Nüdler, besonders stark in tragischen Szenen, zugleich gut in der Aktion. Den Achmet stellte Hr. Spizeter vor, ein guter Bassist, nur zu wenig handelnd, und nicht immer mit Wahrheit; kurz, zu kalt; der Gastwirt war Hr. Lux, ein sehr guter Basssänger und der beste Akteur, ganz geschaffen für's Komische. Die Rolle der Lisette wurde durch Demoiselle Willmann*) vorgestellt. Sie singt mit sehr viel Geschmack, hat vortrefflichen Ausdruck und eine rasche, hinreissende Aktion. Auch Hr. Mändel im Sandrino war ein sehr guter gefälliger Sänger. Das Orchester war vortrefflich besetzt; besonders gut wurde das Piano und Forte und das Crescendo in obacht genommen. Hr. Ries, dieser vortreffliche Partiturleser, dieser grosse Spieler vom Blatt weg, dirigierte mit der Violin. Er ist ein Mann, der an der Seite eines Canabichs steht und durch seinen kräftigen, sicheren Bogenstrich allen Geist und Leben gibt.

*) ‚Sie ist aus Forchtenberg im Hohenlohischen gebürtig.'

Eine Einrichtung und Stellung des Orchesters fand ich hier, die ich nirgends sonst gesehen habe, die mir aber sehr zweckmässig zu sein scheint. Hr. Ries stand nämlich in der Mitte des Orchesters erhöhet, so dass er von allen gesehen werden konnte, und hart am Theater; gleich unter und hinter ihm war ein Conterviolinist und ein Violonzellspieler. Ihm zur Rechten waren die ersten Violinen (denen gegenüber die zweite), unter diesen die Bratschen (gegenüber die Klarinetten), unter den Bratschen wieder Conterviolon und Violonzell, am Ende die Trompeten. Dem Direktor zur Linken sassen die Blasinstrumente, die Oboen (gegenüber die Fagotts), Flöten, Horns. Die Oper selbst hat so viel Licht und blühendes Colorit, dass sie auf das erstemal einen starken Eindruck macht und mit sich fortreisst, aber bei öfteren Vorstellungen, glaube ich, ist die Komposition für einen deutschen Magen wohl — zu italienisch.

Auf mich wirkte am meisten die Arie, wo der unglückliche König seinen fürchterlichen Traum erzählt. Hier hat der Komponist einige Male mit ausserordentlichem Glück gemalt, ohne ins Läppische zu fallen, und durch die Blasinstrumente eine vortreffliche Schattierung in sein Gemälde gebracht. Ich glaube, es ist im ganzen Stück keine Arie, die so viel grosse, fürspringende Stellen hat, so tief eingreifend ist, als diese Arie. Ausserdem schien mir's, als ob der Komponist zu viel wiederhole, seinen Gedanken oft zu sehr in langweilige Länge ausdehne, also nicht immer den glücklichen Zielpunkt treffe. Auch waren in den Chören die begleitenden Stimmen zu überladen gesetzt.

Den andern Morgen war um 10 Uhr Probe auf das feierliche Hofkonzert, das gegen 6 Uhr Abends seinen Anfang nahm. Hr. Welsch hatte die Gefälligkeit, mich zu dieser Probe einzuladen; sie war in der Wohnung des Hrn. Ries, der mich mit einem Händedruck empfing. Diese Probe machte mich zum Augenzeugen von dem guten Vernehmen, in welchem die Kapelle unter sich steht. Da ist ein Herz, ein Sinn! ‚Wir wissen nichts von den gewöhnlichen Kaballen und Schikanen; bei uns herrscht die völligste Uebereinstimmung, wir lieben uns brüderlich als Glieder einer Gesellschaft;' sagte Hr. Simrock zu mir. Sie machte mich zum Augenzeugen von der Schätzung und Achtung, in welcher diese Kapelle bei ihrem Kurfürsten steht. Gleich beim Anfang der Probe wurde der Direktor Hr. Ries zu seinem Fürsten abberufen, als er wiederkam, hatte er die Säcke voll Geld. ‚Meine Herren,' sprach er, ‚der Kurfürst macht ihnen an seinem heutigen Namenstage ein Geschenk von tausend Talern.' Aber sie machte mich auch zum Zeugen ihrer eigenen Vortrefflichkeit. Hr. Winneberger von Wallerstein legte in dieser Probe eine von ihm gesetzte Symphonie auf, die gewiss nicht leicht war, weil besonders die Blasinstrumente einige konzertierende Solos hatten. Aber sie ging gleich das erste Mal vortrefflich, zur Verwunderung des Komponisten.

Eine Stunde nach der Tafelmusik ging das Hofkonzert an. Die Eröffnung geschah durch eine Simfonie von Mozart, hierauf kam eine Arie mit einem Rezitativ, die Simonetti sang. Dann ein Violonzellkonzert, gespielt von Hrn. Romberger. Nun folgte eine Simfonie von Pleyel, Aria von Simonetti gesungen, von Regini gesetzt; ein Doppelkonzert für eine Violin und ein Violonzell, von den beiden Hrn. Rombergers fürgetragen. Den Beschluss machte die Simfonie von Hrn. Winneberger, die sehr viel brilliante Stellen hat. Hier gilt mein oben schon gefälltes Urteil wieder vollkommen; die Aufführung konnte durchaus nicht pünktlicher sein als sie war. Eine solche genaue Beobachtung des Piano, des Forte, des Rinforzando, eine solche Schwellung und allmähliche Anwachsung des Tons und dann wieder ein Sinken lassen desselben von der höchsten Stärke bis zum leisesten Laut — — dies erreichte man ehemals nur in Mannheim. Besonders wird man nicht leicht ein Orchester finden, wo die Violinen und Bässe so durchaus gut besetzt sind, als sie es hier waren. Selbst Hr. Winneberger war vollkommen dieser Meinung, wenn er diese Musik mit der gleichfalls sehr guten Musik in Wallerstein verglich.

Nur noch etwas über einzelne Virtuosen. Hr. Simonetti hat eine überaus angenehme Tenorstimme und einen süssen reizvollen Vortrag. Er sang nicht nur in diesem Konzert zwei Adagio Arien, sondern er ist auch, nach der ganzen Art seines Vortrags zu urteilen, hauptsächlich stark im Adagio und vorzüglich für dasselbe gemacht. Seine Manieren sind überdem nie überladen, haben etwas neues, und sind sprechend und überredend, als aus der Natur des Stücks gezogen. Seine gefällige, immer etwas lächelnde Miene, und seine ganze schöne Figur erhöhen vielleicht die Eindrücke seines Gesangs.

Hr. Romberg der jüngere verbindet in seinem Violonzellspiel eine ausserordentliche Geschwindigkeit mit einem reizvollen Vortrag; dieser Vortrag ist dabei deutlicher und bestimmter als man ihn bey den meisten Violonzellisten zu hören gewohnt ist. Der Ton, den er aus seinem Instrument zieht, ist überdem, besonders in den Schattenparthien, ausserordentlich schneidend, ferm, und eingreifend. Nimmt man Rücksicht auf die Schwierigkeit des Instruments, so möchte man vielleicht sein durchaus bestimmtes Reingreifen bei dem so ausserordentlich schnellen Vortrag des Allegro, ihm am höchsten anrechnen. Doch ist dies am Ende immer nur mechanische Fertigkeit; der Kenner hat einen anderen Maasstab, wornach er die Grösse des Virtuosen ausmisst; und dies ist die Spielmanier, das Vollkommene des Ausdrucks, oder der sinnlichen Darstellung. Und hier wird der Kenner sich für das sprachvolle Adagio des Spielers erklären. Es ist ohnmöglich, tiefer in die feinsten Nüanzen einer Empfindung einzugreifen, — ohnmöglich, sie mannigfaltiger zu kolorieren, besonders durch Schattierung zu heben, ohnmöglich, genauer die ganz eigenen Töne zu treffen, durch welche diese Empfindung spricht, Töne, die so gerade auf's Herz wirken, als es Herrn Romberger in seinem Adagio glückt.

Wie kennt er alle Schönheiten des Detail, die in der Natur des Stücks, in der besonderen Art der gegebenen Empfindung liegen, und für welche der Setzer noch keine kenntlichen Abzeichen hat? Welche Wirkungen bringt er herfür, durch das Schwellen seines Tons bis zum stärksten Fortissimo hinauf, und denn wieder durch das Hinsterben desselben im kaum bemerkbaren Pianissimo!!

Herr Romberger der ältere steht an seiner Seite. Auch er zieht aus seiner Violin den reinsten Glaston, auch er verbindet mit einer grossen Geschwindigkeit im Spiel das Geschmackvolle des Vortrags; auch er versteht das, was man musikalische Malerei nennen könnte, in einem hohen Grad. Dabei steht er immer in einer so unschenierten, aber auch ungezierten, unmanirten und unaffektirten Stellung und Bewegung da, die nicht immer jedes grossen Spielers Sache ist.

Noch hörte ich einen der grössten Spieler auf dem Klavier, den lieben guten Bethofen; von welchem in der speirischen Blumenlese vom Jahr 1783 Sachen erschienen, die er schon im 11. Jahr gesetzt hat*). Zwar liess er sich nicht im öffentlichen Konzert hören; weil vielleicht das Instrument seinen Wünschen nicht entsprach; es war ein spathischer Flügel, und er ist in Bonn gewohnt, nur auf einem Steinischen zu spielen. Indessen, was mir unendlich lieber war, hörte ich ihn phantasieren, ja ich wurde sogar selbst aufgefordert, ihm ein Thema zu Veränderungen aufzugeben. Man kann die Virtuosengrösse dieses lieben, leisegestimmten Mannes, wie ich glaube, sicher berechnen, nach dem beinahe unerschöpflichen Reichtum seiner Ideen, nach der ganz eigenen Manier des Ausdrucks seines Spiels, und nach der Fertigkeit, mit welcher er spielt. Ich wüsste also nicht, was ihm zur Grösse des Künstlers noch fehlen sollte. Ich habe Voglern auf dem Fortepiano (von seinem Orgelspiel urteile ich nicht, weil ich ihn nie auf der Orgel hörte) gehört, oft gehört und Stundenlang gehört und immer seine ausserordentliche Fertigkeit bewundert. Aber Bethofen ist ausser der Fertigkeit sprechender, bedeutender, ausdrucksvoller, kurz, mehr für das Herz; also ein so guter Adagio- als Allegrospieler. Selbst die sämtlichen vortrefflichen Spieler dieser Kapelle sind seine Bewunderer und ganz Ohr wenn er spielt. Nur er ist der Bescheidene, ohne alle Ansprüche. Indes gestand er doch, dass er auf seinen Reisen, die ihn sein Kurfürst machen liess, bei den bekanntesten guten Klavierspielern selten das gefunden habe, was er zu erwarten sich berechtigt geglaubt hätte: Sein Spiel unterscheidet sich auch so sehr von der gewöhnlichen Art das Klavier zu behandeln, dass es scheint, als habe er sich einen ganz eigenen Weg bahnen wollen, um zu dem Ziele der Vollendung zu kommen, an welchem er jetzt steht. Hätte ich dem dringenden Wunsche meines Freundes Bethofen, den auch Hr. Winneberger unterstützte, gefolgt, und wäre noch einen Tag in Mergentheim geblieben, ich glaube, Herr Bethofen hätte mir stundenlang vorgespielt, und in der Gesellschaft dieser beiden grossen Künstler, hätte sich der Tag für mich in einen Tag der süssesten Wonne verwandelt.

---

*) ‚So auch 3 Son. für das Klav. kamen um diese Zeit im Bosslerschen Verlage von ihm heraus.'

Ich schliesse mit einigen Bemerkungen überhaupt.

1. Der Kurfürst hatte von seiner Kapelle, die aus etlichen und 50 Gliedern besteht, nur etlich und 20 bei sich, aber vielleicht den Kern derselben, obgleich die Herrn Neefe und Reicha fehlten. Auf den erstern freute ich mich vorzüglich, da es unter meine alten Wünsche gehört, ihn kennen zu lernen.

2. Den Vorzug dieser Kapelle kann man im Ganzen, wie schon oben gesagt, vielleicht am sichersten danach bestimmen, dass die Geigen und Bässe ohne Ausnahme so trefflich besetzt sind.

3. Den Einklang und die Harmonie dieser Kapelle unter sich, habe ich gleichfalls schon oben gerühmt. Ich war Augenzeuge davon und hörte die Bekräftigung dieser Aussage von mehreren glaubwürdigen Männern, selbst von dem Kammerdiener des Kurfürsten, der doch die Sache wissen kann.

4. Ueberhaupt ist das Betragen dieser Kapellisten sehr fein und sittlich. Es sind Leute von einem sehr eleganten Ton, von einer sehr guten Lebensart. Eine grössere Disskrezion kann man wohl nicht finden, als ich hier fand. Den armen Spielern wurde im Konzert so sehr zugesetzt, sie wurden von der Menge der Zuhörer so gepresst, so eingeschlossen, dass sie kaum spielen konnten, und dass ihnen der helle Schweiss über das Gesicht lief; aber sie ertrugen dies alles ruhig und gelassen, man sah keine unzufriedene Miene an ihnen. An dem Hofe eines kleinen Fürsten hätte es hier Sottisen über Sottisen gesetzt.

5. Die Glieder dieser Kapelle befinden sich fast alle, ohne Ausnahme, noch in den besten jugendlichen Jahren, und in dem Zustande einer blühenden Gesundheit, sind wohlgebildet und gut gewachsen. Ein frappanter Anblick, wenn man die prächtige Uniform noch dazu nimmt, in welche sie ihr Fürst kleiden liess. Diese ist rot, reich mit Gold besetzt.

6. Man war vielleicht bisher gewohnt, unter Kölln sich ein Land der Finsterniss zu denken, in welchem die Aufklärung noch keinen Fuss gefasst. Man wird aber ganz anderer Meinung, wenn man an den Hof des Kurfürsten kommt. Besonders an den Kapellisten fand ich ganz aufgeklärte, gesund denkende Männer.

7. Der Kurfürst, dieser menschlichste und beste aller Fürsten, ist nicht nur, wie bekannt, selbst Spieler, sondern auch enthusiastischer Liebhaber der Tonkunst. Es scheint, als könnte er sich nicht satt hören. Im Konzert, dem ich beiwohnte, war er — Er nur — der aufmerksamste Zuhörer."

Man kann Beethovens Lehrjahre keine mageren nennen, war auch Bonn kein Wien.

4. Kapitel

UEBERGANGSZEITEN

Der Heranwachsende zieht ungeahnte Kräfte aus dem Boden der Heimat, der Heimat bewusst wird sich erst der Erwachsene — namentlich in der kühlen Ferne. Beethoven hat in späteren Jahren wehmütig der schönen vaterländischen Rheingegenden gedacht. Wie sah er sie in der Jugend?

Ueber das Erzstift Köln hören wir am besten die Zeitgenossen. Das Erzbistum hätte eher Bonn heissen sollen; denn Köln war freie Reichsstadt und duldete kein Regiment in seinen Mauern, auch das geistliche nicht. So war schon seit dem 13. Jahrhundert Bonn der Sitz des Kölner Erzbischofs.

Ueber das Land sind knappe Schilderungen von Johann Hübner von Interesse: „Dieses Erzstift lieget die Länge hin an dem Niederrhein, in der schönsten und fruchtbarsten Gegend der Welt, die man deswegen die P f a f f e n g a s s e zu nennen pfleget.

Das Stift an sich selber ist wohl 30 deutsche Meilen lang; aber die Breite ist an manchen Orten nur 2 oder 3 Meilen.

Die Nachbarn sind g e g e n W e s t e n das Herzogtum J ü - l i c h; gegen O s t e n das Herzogtum B e r g; gegen S ü d e n das Kurfürstentum T r i e r; und gegen N o r d e n die Herzogtümer G e l d e r n u n d C l e v e.

Bistümer sind nur drei, die von der kölnischen Kirche dependieren, nämlich: 1. L ü t t i c h, 2. M ü n s t e r, 3. O s n a - b r u c k, und in dem letzten ist noch dazu die Alternation zwischen den beiden Religionen eingeführt." Das Stift war in zwei Teile geteilt, das Ober- und das Unterstift, von denen das erstere sich von Koblenz bis Köln erstreckte.

BEETHOVEN
IM SECHZEHNTEN LEBENSJAHR
Schattenriss von 1786.

WOLFGANG AMADÉ MOZART
1756—1791

Die Gegend galt als gesegnete: „Der ganze Strich Landes von hier bis nach Mainz ist einer der reichsten und bevölkertsten von Deutschland." Zahlreiche Städte blühten am Handel und Verkehr fördernden Rheinstrom auf. Es wurde verdient und kam „unter dem Krummstabe" nie zu übermässigen Steuerverpflichtungen.

Bonn wird als einfache, reinlich gebaute Stadt mit gut gepflasterten Strassen geschildert. Die meist weissen Häuser gaben der Stadt ein freundliches Ansehen. Rund um die Stadt zogen sich die Festungswerke. Das wichtigste und auffallendste Gebäude im Weichbilde der Stadt war das Schloss.

Dass der Hof in einer so kleinen Stadt ganz der Mittelpunkt alles Lebens und Treibens war, versteht sich. — Man zählte in jener Zeit rund 10 000 Seelen. Die Bonner betrieben keinen Handel und hatten keine Fabriken; die Stadt bildete den erweiterten Hofstaat des Kurfürsten; es war nicht so unwahr: „Das ganze Bonn wurde gefüttert aus des Kurfürsten Küche."

Der landschaftliche Reiz der Stadt, die Kameradschaft mit dem Schiffe tragenden Rheinstrom, der grüne Anblick des Siebengebirges mit dem Drachenfels, entzückte in alten Zeiten schon wie heute den Beschauer.

In dieser freundlichen Stadt ist Beethoven aufgewachsen. Seine Kunst, die holde Muse, die „so frühe seine Seele zu reinen Harmonien stimmte", führte ihn zuerst in die Kirche, wo er die Orgel spielen lernte. Es geschah in der Minoritenkirche, in der Franziskanerkirche, welche seit dem Schlossbrande von 1777 als Hofkapelle diente, und in der Münsterkirche. Sein Hofdienst fesselte ihn dauernd an die Hofkapelle und die beiden Nebenkirchen, die Florianskirche und die Poppelsdorfer Schlosskirche. Beethoven schreibt später einmal an einen Braunschweiger Musiker, der mit seinen heimischen Musikverhältnissen unzufrieden war und daher Braunschweig verlassen wollte: „Dass man sich aber nicht auch einigermassen in Braunschweig sollte bilden können, scheint mir eine etwas überspannte Meinung zu sein. Ohne mich im mindesten Ihnen als ein Muster vorstellen zu wollen, kann ich Ihnen versichern, dass ich in einem kleinen, unbedeutenden Orte lebte und — fast alles, was ich sowohl dort (in Bonn) als hier (in Wien) geworden bin, nur durch mich selbst geworden bin. — Dieses Ihnen nur zum Trost, falls Sie das Bedürfnis fühlen, in der Kunst weiter zu kommen."

Das alltägliche Leben und Treiben, das sich so gleichmässig abspielt, wurde, wie überall, von jenen grossen Tagen unterbrochen, die im Gedächtnis aller Einwohner noch lange in leuchtenden Farben vorgestellt werden, oder deren man mit Schrecken gedenkt. Einer der schwarzen Tage war jener im Jahre 1777, da der grosse Schlossbrand vorfiel. Beethoven war schon sieben Jahre alt und konnte sich daran erinnern. Ein besonders wichtiger Tag, namentlich auch für die Hofmusik, zu der Beethoven damals schon gehörte, war sodann der Einzug des neuen Erzbischofs Max Franz im Jahre 1784. Auch die feierliche Aufnahme des Beethoven wohlgesinnten Grafen Waldstein in den Deutschorden im Jahre 1788 muss für Ludwig eindrucksvoll verlaufen sein. Noch lebhafter hat die Musiker natürlich die Begründung des Nationaltheaters unter Max Franz im Sommer 1788 beschäftigt, zumal damit der Umbau des Theaters und eine neue Regelung der Besuchsordnung verbunden war. Das Publikum wurde in liberalerer Weise zugelassen und der Besuch hob sich dadurch beträchtlich.

Der Geist in der Stadt war kein kleinlicher. Kein Wunder, fanden sich doch viele durch Geburt und Geist ausgezeichnete Menschen in Bonn zusammen. Natürlich hing viel von dem Kurfürsten selbst ab. Von besonderen musikalischen Anlagen oder Fähigkeiten des Kurfürsten Max Friedrich ist nichts bekannt. Immerhin war er es, der den kleinen Beethoven dem Hoforganisten van den Eden zum ersten Unterricht überwies, wie wir das ja gehört haben. Er nahm also Anteil an dem jungen Genie. Darum waren ihm auch die ersten Versuche Ludwigs in der Komposition, die drei Sonaten, gewidmet. Sicher hat Beethoven sie dem Kurfürsten selbst vorgeführt. Max Franz und nicht Max Friedrich aber hat Ludwig zum Organist-Adjunkt gemacht und ihm ein Gehalt verliehen.

Max Franz war der jüngste Sohn der Kaiserin Maria Theresia und, als er nach Bonn kam, noch ein junger Mann von 28 Jahren. Er hasste, was in Beethovens Lebensgeschichte nicht ohne Interesse ist, steife Zeremonien. Ueber ihn wurde geschrieben: „Pour la musique il joue du violon et aime d'en jouer avec des musiciens ordinaires et non fameux, avec lesquels il peut être à son aise." Neefe erzählte in einem Bericht an „Cramers Magazin": „Den

5. April (1786) war zu Bonn ein merkwürdiges Konzert bei Hofe. Seine kurfürstliche Durchlaucht zu Köln spielte dabei die Bratsche, Herzog Albrecht die Violin', und die reizende Frau Gräfin von Belderbusch das Klavier recht bezaubernd." Der Kurfürst beschäftigte sich sogar mit der Theorie der Musik und las die Schriften Matthesons. Wie Otto Jahn erzählt, galt bei Max Franz Mozart alles. Maximilian und Mozart haben sich 1775 in Salzburg kennen gelernt. Mozart schreibt in einem Briefe aus Wien vom 17. November 1781: „Gestern liess mich Nachmittags um 3 Uhr der Erzherzog Maximilian zu sich rufen. Als ich hineinkam, stand er gleich im ersten Zimmer beim Ofen und passte auf mich, ging mir gleich entgegen und fragte mich, ob ich nichts zu tun hätte. ‚Euer königl. Hoheit, gar nichts, und wenn auch, so würde es mir allezeit eine Gnade sein, Euer königl. Hoheit aufzuwarten'. — ‚Nein, ich will keinen Menschen genieren.' Dann sagte er mir, dass er gesinnt sei, Abends den württembergischen Herrschaften eine Musik zu geben; ich möchte also etwas spielen dabei und die Arien accompagnieren, und um 6 Uhr soll ich wieder zu ihm kommen. Da werden alle zusammen kommen. Mithin habe ich gestern allda gespielt. Wem Gott ein Amt gibt, gibt er auch Verstand; so ist es auch wirklich beim Erzherzog; als er noch nicht Pfaff war, war er viel witziger und geistiger und hat weniger aber vernünftiger gesprochen. Sie sollten ihn jetzt sehen! Die Dummheit guckt ihm aus den Augen heraus, er redet und spricht in alle Ewigkeit fort und alles in Falsett; er hat einen geschwollenen Hals, mit Einem Wort, als ob der ganze Herr umgekehrt wäre." Mozarts Urteil war streng; der Kurfürst hatte auch bessere Seiten. Er liess doch Beethoven reisen.

Max Franz war nicht nur für die Kunst begeistert, er hielt es auch mit den Wissenschaften. Unter anderem schaffte er ein öffentliches Lesezimmer in der Schlossbibliothek. George Forster gibt zwar leider in seinen berühmten „Ansichten vom Niederrhein im April, Mai und Juni 1790" keinen ausführlichen Bericht über Bonn, erwähnt aber einiges Interessante und besonders die Bibliothek im kurfürstlichen Schlosse. „Ich kann dieses Blatt, das ohnehin so viel Naturhistorisches enthält, nicht besser ausfüllen, als mit ein paar Worten über das schon vorhin erwähnte Naturalienkabinett in Bonn. Von der herrlichen Lage des kurfürstlichen Schlosses und seiner Aussicht auf das Siebengebirge will ich nichts sagen, da wir die kurze Stunde unseres Aufenthaltes ganz der Ansicht des Naturalienkabinetts widmeten. Die dabei befindliche Bibliothek füllt drei Zimmer. In den reich vergoldeten Schränken steht eine Anzahl brauchbarer, teurer Werke, die ein solches Behältnis wohl wert sind. Ich bemerkte darunter die besten Schriftsteller unserer Nation in jedem Fache der Literatur, ganz ohne Vorurteil gesammelt. Aus der Bibliothek kommt man in ein physikalisches Kabinett, worin sich die Elektrisiermaschine, der grosse metallene Brennspiegel und der ansehnliche Magnet auszeichnen. Die Naturaliensammlung füllt eine Reihe von acht Zimmern." Forster schildert dann im weiteren genauer den Inhalt der Naturaliensammlung und fährt unter anderem fort: „Das Merkwürdigste war mir ein Menschenschädel, der gleichsam aus gelb-braunem Tuff von sehr dichtem, festem Bruch, woran keine Lamellen kenntlich sind, besteht." Er verbreitet sich weiter über die Bedeutung dieses Gebildes und beweist durch seine Erzählung, wie eingehend und für die damaligen Zeiten frei man sich hier in Bonn mit den Wissenschaften, ja selbst mit den modernen Naturwissenschaften, unter Max Franz beschäftigen durfte. Im Jahre 1785 wurde die seit 1777 bestehende Bonner Akademie durch ein kaiserliches Dekret zur Universität erhoben und am 20. November 1786 durch den Kurfürsten persönlich und feierlich eröffnet. Bei dieser Gelegenheit erklärte er: die Aufgabe der Hochschulen sei es „die Menschen denken zu lehren; dies sei das Entscheidende im Menschen!" Ja, es herrschte unter Max Franz, darin dem echten Bruder Joseph II., ein ausserordentlich freier Geist. Seine Professoren kamen verschiedentlich mit ihren Schriften auf den Index, wurden aber deswegen vom Kurfürsten in keiner Weise weiter behelligt. Er erklärte: „Ich könnte Illuminaten brauchen, da es in meinen Landen noch hie und da so finster ist."

Gar mancher bedeutende Mann lebte und wirkte damals in Bonn; bei Hofe und an der Universität. Seit 1790 war Beethovens Freund Wegeler als Professor der Geburtshilfe angestellt. Doch nicht durch ihn allein hatte der junge Musiker von früh auf Beziehungen zur Wissenschaft; und seine Leidenschaft für alles geistige Streben, für Wissenschaft und Ethik, für Sittlichkeit und Aufklärung, ist in Bonn entflammt und unter Max Franz geschürt worden. Beethoven war heftiger Republikaner; kein Wunder, denn „unverhohlen mit einer furchtbaren Macht machten sich die revolutionären Tendenzen auch am Rhein geltend". Der Kurfürst liess seine Untertanen gewähren, liess ihnen Gedankenfreiheit und sogar das freie Wort. Er meinte von Beethoven: „Der junge Mann schwärmt; lasst ihn reifer werden, so ist er mehr als ihr!"

Der Verkehr mit allen einflussreichen Leuten war schon der Kleinheit der Stadt wegen ein reger; jeder kannte jeden. Beethoven kam nicht nur in das Weinhaus „auf'm Markt beim Wirten Dung", wo die Musiker verkehrten, sondern auch in den „Zehrgarten" am Markte. Die Witwe Koch besass das Haus. Ihre Tochter Barbara galt als das schönste Mädchen in Bonn. Beethoven schwärmte für sie und liess sie noch aus Wien durch ihre beste Freundin Eleonore von Breuning grüssen. Barbara Koch wurde 1802 die Gattin des Grafen Anton Belderbusch. Im erwähnten Brief übersendet Beethoven auch Grüsse an den Zehrgarten-Freund Malchus, den Privatsekretär der österreichischen Gesandtschaft.

Unter den Freunden Beethovens trat nun der Graf Waldstein besonders hervor. Er war selbst musikalisch, spielte sehr gut Klavier und hat auf Beethoven einen ziemlichen Einfluss gehabt. Durch ihn ist des Musikers Kunst in freien Variationen vornehmlich gefördert worden. Waldstein hat dann für Beethoven nicht nur die erste, sondern auch eine zweite Studienfahrt nach Wien beim Kurfürsten ausgewirkt. Von dieser zweiten Reise wissen wir jedenfalls aus sicherer Quelle, dass sie „auf Kosten des Kurfürsten" ausgeführt wurde. Waldstein schrieb Beethoven bei dessen zweitem Abgang nach Wien ins Stammbuch:

„Lieber Beethoven!

Sie reisen itzt nach Wien zur Erfüllung Ihrer so lange bestrittenen Wünsche. Mozarts Genius trauert noch und beweinet den Tod seines Zöglings. Bei dem unerschöpflichen Haydn fand er Zuflucht, aber keine Beschäftigung; durch ihn wünscht er noch einmal mit jemandem vereinigt zu werden. Durch ununterbrochenen Fleiss erhalten Sie: Mozarts Geist aus Haydns Händen.

Bonn, am 29. Oktober 1792.

Ihr

wahrer Freund Waldstein."

In dem Stammbuch finden wir weitere Einträge von Malchus, von der Zehrgarten-Wirtin Witwe Koch, von Eleonore von Breuning und anderen. In Stammbüchern herrscht stets, wie auch heute noch, ein hoher Ton. Das Beethovensche Stammbuch zeigt jedoch Einträge so recht im Geiste der Zeit; die das schrieben, waren voll hochgemuten Strebens nach der Tugend und von überschwenglichen Freundschaftsgefühlen beseligt. Klopstocks schwülstige Odenverse, wie sie der Sohn Koch einschreibt:

„. . . . Die Unsterblichkeit
Ist ein grosser Gedanke,
Ist des Schweisses der Edlen wert! —"

geben dem Büchlein jenen unverkennbaren Zeitstempel. Trotz so knapper Worte, wie das „Prüfe und wähle!", das einer namens Richter einträgt, klingt uns immer Klopstock mit seiner Ode „Der Zürcher See" im Ohr:

„Aber süsser ist noch, schöner und reizender
In dem Arme des Freunds wissen, ein Freund zu sein!"

Späteren Freundschaften Beethovens haften, wenn auch gedämpfter, immer noch diese Hainbundsgefühle an. Von den Einträgen sei noch der folgende der „Freundin Marianne Koch" angeführt:

„Ach der Sterblichen Freuden, sie gleichen den Blüten des Lenzes,
Die ein spielender West sanft in den Wiesenbach weht,
Eilig wallen sie kreisend auf tanzenden Wellen hinunter,
Gleich der entführten Flut kehren sie nimmer zurück."

Der oben erwähnte Malchus schreibt:

„. . . Wer alles, was er kann
Erlaubt sich hält, und auch, wenn kein Gesetz ihn bindet,
Der Güte grosses Gesetz in seinem Herzen nicht findet,
Und wär' er Herr der Welt — mir ist er ein Tyrann.
Der Himmel, mein innig Geliebter, knüpfte mit unauflöslichen Banden unsere Herzen — und nur der Tod kann sie trennen. — Reich mir Deine Hand, mein Trauter, und so zum Lebensziel."

Eleonore von Breuning erinnert den Freund an Verse Herders:

„Freundschaft mit dem Guten
Wächst wie der Abendschatten,
Bis des Lebens Sonne sinkt."

Man sieht aus den Einträgen auch, welch grosse Hoffnungen alle in Beethoven setzten, und welch allseitiger Zuneigung er genoss.

Dass die Liebe dem jungen phantasiereichen Künstler nicht fremd blieb, lässt sich denken. Ein Fräulein Jeannette d'Honrath, eine „schöne, lebhafte Blondine", die nicht übel sang, hatte es Beethoven einmal angetan. Ein andermal hegt er eine „Wertherliebe" zu seiner „feurigen Schülerin", der Tochter des Münsterschen Obrist-Stallmeisters und Kurkölnischen Geheimrats Freiherrn von Westerholt. Die Jugendlieben verrauschten. Die d'Honrath heiratet den österreichischen Werberhauptmann in Köln, Herrn Karl Greth. Beethoven liess sich 1823 dessen Adresse angeben. Maria Anna Wilhelmine Westerholt wurde Freifrau von Elwerfeldt, genannt von Beverförde-Boeries.

So mögen die Klavierstunden des jugendlichen Lehrers gewürzt gewesen sein durch zarte Beziehungen. Reizend entwickelte sich auch das freundschaftliche Verhältnis zu Eleonore von Breuning, wovon folgendes Gedichtchen zeugt: „Zu Beethovens Geburtstag von seiner Schülerin.

Glück und langes Leben
Wünsch' ich heute Dir,
Aber auch daneben
Wünsch' ich etwas mir.

Mir in Rücksicht Deiner
Wünsch' ich Deine Huld,
Dir in Rücksicht meiner
Nachsicht und Geduld.

1790. Von Ihrer Freundin und Schülerin

Lorchen von Breuning."

Beethoven lernte die Familie von Breuning um 1785 kennen, als Eleonore elf und ihr Bruder Lenz etwa neun Jahre alt waren, die er beide unterrichten musste. Der Vater, Hofrat Emanuel von Breuning, war 1777 bei dem Schlossbrande in treuer Pflichterfüllung umgekommen. Frau von Breuning lebte mit ihren Kindern in Bonn ziemlich gesellig. So fand auch der junge Arzt Wegeler im Breuningschen Hause früh freundliche Aufnahme. Beethoven wurde gern gesehen und fast wie ein Sohn des Hauses betrachtet. Er schlief manchmal bei Breunings und bezog auch gelegentlich mit ihnen die Sommerfrische in dem nahen Kerpen. Frau von Breuning muss eine prächtige Frau gewesen sein; denn sie hat auf Beethovens Charakterbildung ziemlichen Einfluss gehabt. Wenn der jugendliche Lehrer nicht Lust hatte, seinen

Unterricht zu geben und schon vor der Tür angelangt, wieder umkehrte, so hat ihn Mutter Breuning wegen seines „Raptus" aufgezogen. Beethoven liebte dies Wort anzuwenden, und die Biographen haben es als grosse Eigenheit seiner Sprechweise aufgenommen, während es doch damals ein sehr gebräuchlicher Ausdruck war. Ich erinnere nur daran, dass Schiller und Goethe ihre „zahmen Xenien", wie sie sagten, „im Raptus" niedergeschrieben haben. In diesen gebildeten Kreisen bei Breunings hat Beethovens Geist so manche Nahrung gefunden, die ihm sonst wohl versagt geblieben wäre. In der damaligen Zeit war eine aufrichtige Liebe zur Literatur allgemein verbreitet. Der Dichtung Strahlen erwärmten bald auch den jungen Musiker, und hier bei Breunings erwuchs seine Zuneigung zu den alten Schriftstellern Plato, Plutarch, Homer, dessen Odyssee er ausserordentlich liebte, zu Horaz, Ovid, Quintilian, und zu den Klassikern Klopstock, Schiller, Goethe und anderen zeitgenössischen Dichtern. Er vertiefte sich auch späterhin mehr und mehr in die alten Bücher. Sicher hat er, um nur eines anzuführen, aus den Sätzen Quintilians über die Beredsamkeit sich so manches für seine Kunst zunutze gemacht. Folgenden Satz könnte man erwähnen: „Denn oft muss man auch gewöhnliche und volkstümliche (Wendungen) gebrauchen; was nämlich an glänzenden Stellen durch seinen unreinen Klang verletzen würde, erscheint, wo es am Platze ist, treffend." Gewiss hat Beethoven an so manche, der schönen Literatur gewidmete Stunden bei Breunings zurückdenken müssen, wenn er 1811 Goethe dankt „für die lange Zeit, dass er ihn kenne (denn seit seiner Kindheit kenne er ihn) — das sei so wenig für so viel".

Inmitten dieser vielseitig anregenden Umgebung sind nun Beethovens weitere Jugendarbeiten entstanden. Unter den Werken der Bonner Periode finden sich solche für alle jene Zweige der Musik, welche dort am Hofe gepflegt wurden. Die Sänger und Sängerinnen waren, wie überall, trotz der vorzüglichen Virtuosen im Orchester, die gefeierten Grössen. Beethoven schrieb für diese verhätschelten Lieblinge der Gesellschaft einige Vokalstücke. Unter ihnen befand sich ja die von ihm mehr als bloss verehrte Magdalena Willmann, dann der Tenorist Simonetti und so manche andere. Ferner wurde für die vortreff-

HELENE V. BREUNING

[illegible]

FRANZ GERHARD WEGELER
1765–1848.

lichen Bläser geschrieben. Die Kammermusik bei Hofe forderte ihn ebenfalls zu eigenen Taten heraus. Schliesslich gab es noch für besondere Gelegenheiten etwas zu komponieren; und dabei mussten ihm als Klavierspieler die Uebungen und Klavierstücke immer noch die Hauptsache bleiben.

Die Jugendwerke haben bis auf wenige heute im grossen und ganzen nur noch für den Forscher Interesse, der die Entwicklung des Genies Note für Note verfolgen will. Zunächst sind da die Klavierstudien zu nennen: so ein 1786 geschriebenes Präludium in F-moll und zwei Präludien, welche 1803 als op. 39 veröffentlicht wurden. Letztere führen durch alle 12 Durtonarten. Nun folgt eine ganze Reihe von Variationenwerken: die Variationen über die Arietta „Vienni amore nel tuo regno, ma compagno de timor“ von Righini, die 1791 in Mannheim herausgegeben und der Gräfin Hatzfeld gewidmet wurden. Ferner gibt es C-dur-Variationen zu vier Händen über ein Thema des Grafen Waldstein, der das Werk gewiss mit dem Komponisten zusammen gespielt hat. Sie sind, was aus einigen Satzungeschicklichkeiten zu schliessen ist, in eine frühe Zeit zu verweisen. Ausserdem haben wir Variationen über das Thema „Es war einmal ein alter Mann“ aus Dittersdorffs Oper „Das rote Käppchen“. Sie wurden von Simrock in Bonn verlegt. Schliesslich variierte Beethoven noch das Thema zu den Worten „Se vuol ballare“ aus Mozarts Figaro. Dies für Klavier und Violine komponierte Variationswerk erschien in Wien 1793 bei Artaria. Beethoven widmete es Eleonore von Breuning und schrieb dazu: „Die Variationen werden etwas schwer zum Spielen sein, besonders die Triller im Coda. Das darf Sie aber nicht abschrecken. Es ist so veranstaltet, dass Sie nichts als den Triller zu machen brauchen, die übrigen Noten lassen Sie aus, weil sie in der Violinstimme auch vorkommen. Nie würde ich so etwas gesetzt haben; aber ich hatte schon öfter bemerkt, dass hier und da einer in Wien war, welcher meistens, wenn ich des Abends phantasiert hatte, des andern Tages viele von meinen Eigenheiten aufschrieb und sich damit brüstete. Weil ich nun voraussah, dass bald solche Sachen erscheinen würden, so nahm ich mir vor, ihnen zuvorzukommen. Eine andere Ursache war noch dabei; die hiesigen Klaviermeister in Verlegenheit zu setzen, nämlich: manche davon sind meine Todfeinde, und so wollte ich mich auf diese Art an ihnen rächen, weil ich vorauswusste, dass man ihnen die Variationen hier und da vorlegen würde, wo die Herren sich dann übel dabei produzieren würden." Die sämtlichen Variationenwerke halten sich trotz einiger charakteristischer Umwendungen und Verarbeitungen des Themas in den üblichen Formen der damaligen Variationenkunst, die Beethoven später bedeutend erweitert hat. Am ursprünglichsten sind die Variationen op. 44 für Klavier, Violine und Cello, welche 1804 bei Hoffmeister in Leipzig herauskamen. Im allgemeinen war es bezeichnend für Beethoven, dass er die Variationenform so eifrig gepflegt hat; es beweist das sein ursprüngliches Bedürfnis und Vermögen, die gegebenen Themen eines Musikstückes wirklich durchzuarbeiten. Die Uebung im Variieren wurde eine wichtige Vorschule für die streng logische Entwicklung seiner musikalischen Ideen in späteren Werken.

Der junge Hofpianist, das war Beethoven ja ebenfalls, hat sicher viel mehr Klavierkonzerte geschrieben, als wir durch die Ueberlieferung kennen. In Betracht kommt für das Klavier allein noch eine Sonate in C-dur, ein „Werkchen, das herauszugeben man ihn in Wien plagte". Wir besitzen davon nur den ersten Satz und den grössten Teil des Adagios, das Ferdinand Ries vervollständigte. Beethoven hatte das Werkchen nach seinem Briefe vom 2. November 1793 Eleonore von Breuning zugedacht, kam aber nach einer späteren Mitteilung nicht dazu, es abzuschreiben; es war „fast nur Skizze". Statt dessen sandte er dann die Variationen, von denen oben die Rede war, und ein Rondo für Klavier und Violine in D-dur (ohne Opuszahl).

Aus der Bonner Zeit stammt auch das Trio für Klavier, Violine und Cello in Es-dur, welches, 1830 aus dem Nachlass herausgegeben, als das „Kindertrio" gilt und mit Vorliebe als Uebungsstück für die musizierende Jugend benutzt wird. Beethoven soll es 1786, also mit 15 Jahren komponiert haben. Der Meister hat Schindler ausserdem erklärt, das Trio bedeute „einen der höchsten Versuche in der freien Schreibart". Das klingt allerdings vernehmlich nach Ironie; denn das Werk ist mit seinen drei Sätzchen an sich recht unschuldig. Immerhin kann Beethoven die Bemerkung doch nicht so ganz ohne Grund gemacht haben. In der Tat sieht man, dass die einzelnen Sätze, namentlich der erste und letzte, trotz der üblichen Gestaltung in Sonaten- und Rondoform, in der thematischen (nicht harmonischen) Ausführung für einen 15jährigen Verfasser recht frei, fast wie Phantasien gehalten sind. Denn es wiederholt sich fast kein Takt so, wie er einmal eingeführt ist. Der Ausspruch Beethovens enthält also Ironie und Wahrheit. Uebrigens verdient der burleske, ganz an Harmoniemusik gemahnende Ton des Scherzos hervorgehoben zu werden.

Bevor wir die Stücke für Bläser betrachten, sei noch das Fragment eines Violinkonzertes in C-dur obenhin gestreift. Der Geiger Andreas Romberg hat Beethoven vielleicht die Anregung dazu gegeben, auch ein Violinkonzert zu schreiben. Von den Werken mit Bläsern oder für Blasinstrumente sind vorhanden: ein Trio für Klavier, Flöte, Fagott, das als eines der Stücke aus innigerer Mozart-Nachfolge anzusprechen ist. Sodann ein zweisätziges Duett für zwei Flöten, welches dem im Stammbuch vertretenen „Freunde Degenhardt von Ludwig van Beethoven 1792 am 28. August Abends 12" zugeeignet wurde. Zwei Werke sind für acht Blasinstrumente geschrieben: das Rondino in Es-dur, welches Diabelli 1829 aus dem Nachlass herausgab, und das Oktett für die gleiche Besetzung, genannt: Partita. Die Bonner Bläser waren, wie wir besonders aus dem Mergentheimer Berichte des Kaplans Junker wissen, Meister ihrer Instrumente. Das Oktett erwähnt Beethoven in einem Briefe an Simrock aus Wien, worin er fragt: „Haben Sie schon meine Partie aufgeführt?" Er hatte das Werk also in Bonn selbst nicht gehört und erst 1792 geschrieben. Das Stück ist erst nach Beethovens Tode 1834 als Opus 103 vom Verlage Artaria herausgegeben worden. Der Meister hatte es 1797 in Form eines Streichquintetts veröffentlicht. Dies wohlklingende Bläseroktett mit seiner durchaus heiteren Stimmung umfasst vier Sätze. Die einzelnen Stimmen sind den Blasinstrumenten gemäss behandelt und der Zusammenklang wirkt überaus frisch. Wenn Beethoven das Werk Partie (Partita) nennt, so geschah das gewiss mit dem Gedanken an den Zweck, dem es diente, nämlich als Tafelmusik bei Hofe. Das Streichtrio op. 3 wird wohl auch für die Kabinettsmusik geschrieben sein. Das „Ritterballett" hatte Beethoven auf des Grafen Waldstein Veranlassung komponiert und blieb sogar bei der Aufführung am

6. März 1790 als Komponist im Hintergrunde. Es besteht aus sieben kurzen Stücken, einem Marsch, einem deutschen Gesang, einem Jagdlied (Hörner und Klarinetten im Vordergrund), einer Romanze (Pizzicato der Streicher), einem Kriegslied, einem Trinklied und endlich einem deutschen Tanz.

Besonderer Veranlassung verdanken die beiden Kantaten Beethovens ihre Entstehung, zwei Werke, die man erst 1896 aufgefunden hat: die „Kantate auf den Tod Joseph II." und die „Kantate auf die Erhebung Leopolds II. zur Kaiserwürde", beide „in Musik gesetzt von Ludwig van Beethoven". Der Text stammte von dem Kanonikus in Ehrenbreitstein, Severin Anton Averdonc, Kandidat auf der Hohen Schule zu Bonn; die Worte sind äusserst bombastisch, erst die Musik biegt sozusagen den Schwulst der Sprache zu geraden Linien zurecht und gibt den hohlen Worten Seele. Joseph II. starb am 20. Februar 1790, und Leopold bestieg schon am 31. September den Thron; das gibt also einen Anhaltspunkt für die Zeit der Entstehung der beiden Kantaten. Die bedeutendere ist jedenfalls die Todeskantate. Ueber sie hat sich Brahms geäussert: „Wäre nicht das historische Datum (Februar 1790), so würde man jedenfalls auf eine spätere Zeit raten. — Aber freilich, weil wir eben von jener Zeit nichts wussten! Stände aber kein Name auf dem Titel, man könnte auf keinen anderen raten. — Es ist alles und durchaus Beethoven! Das schöne edle Pathos, das Grossartige in Empfindung und Phantasie, das Gewaltige, auch wohl Gewaltsame im Ausdruck, dazu die Stimmführung, die Deklamation, und in den beiden letzteren alle Besonderheiten, die wir bei seinen späteren Werken betrachten und bedenken mögen. Zunächst interessiert natürlich die Kantate auf Joseph II. Tod. Darauf gibt's keine Gelegenheitsmusik! Dürften wir den Unvergessenen und Unersetzten heute feiern, wir wären so warm dabei, wie damals Beethoven und jeder. Es ist auch bei Beethoven keine Gelegenheitsmusik, wenn man nur bedenkt, dass der Künstler nie aufhört, künstlerisch zu bilden und sich zu mühen, und dass man dies beim Jüngeren wohl eher merkt als beim Meister. Gleich der erste Klagechor ist ganz er selbst. Du würdest bei keiner Note und bei keinem Wort zweifeln. Ungemein lebhaft folgt ein Rezitativ: ‚Ein Ungeheuer, sein Name Fanatismus, stieg aus den Tiefen der Hölle.' (In einer

Arie wird er von Joseph zertreten.) Ich kann nicht helfen, es ist mir eine besondere Lust, hierbei zurückzudenken an jene Zeit, und, was ja die heftigen Worte beweisen, wie alle Welt begriff, was sie an Joseph verloren. Der junge Beethoven aber wusste auch, was er Grosses zu sagen hatte, und er sagte es laut, wie es sich schickt, gleich in einem kraftvollen Vorspiel. Nun aber erklingt zu den Worten: ‚Da stiegen die Menschen ans Licht' usw. der herrliche F-dur-Satz aus dem Finale des Fidelio. Dort wie hier die rührende, schöne Melodie, der Oboe gegeben (der Singstimme zwar will sie nicht passen oder nur sehr mühsam). Wir haben viele Beispiele, wie unsere Meister einen Gedanken das zweitemal und an anderer Stelle benutzen. Hier will es mir ganz besonders gefallen. Wie tief muss Beethoven die Melodie (also den Sinn der Worte) empfunden haben — so tief und schön wie später, als er das hohe Lied von der Liebe eines Weibes — und auch einer Befreiung — zu Ende sang. Nach weiteren Rezitativ in Arien schliesst eine Wiederholung des ersten Chors das erste Werk ab; aber ich will jetzt nicht weiter beschreiben; die zweite Kantate ohnedies nicht."

Der Liederkomponist Beethoven, der sich auch schon in der Jugendzeit geregt hat, war kein welterschütternder Pfadfinder, ganz besonders nicht als Anfänger. Wir sehen von ihm zwei Bassarien mit Orchester „Prüfung des Küssens" und „Mit Mädeln sich vertragen", deren Text aus Goethes Claudine von Villabella stammt. Von Liedern finden sich: „Ich, der mit flatterndem Sinn bisher ein Feind der Liebe bin," die „Feuerfarb'" von der in zweiter Ehe mit Clemens Brentano lebenden Sophie Schubert. Dieses Lied ist, wie man aus einem Briefe des Bonner Professors Fischenich, auch eines Freundes vom Zehrgarten, erfährt, „nur auf Ersuchen einer Dame verfertigt". Es steht jetzt mit anderen Liedern in op. 52 eingereiht. Darin sind noch „Urians Reise" (Claudius), „An Minna", „Trinklied", „Elegie auf den Tod eines Pudels", „Die Klage" (nach Hölty), „Wer ist ein freier Mann?" (nach Pfeffel), „Punschlied" und schliesslich „Man strebt die Flamme zu verhehlen".

Das Streichtrio op. 3 hätten wir beinahe vergessen. Eine Serenade im Geschmack der Zeit, aus sechs Sätzen bestehend, kündet sie doch ganz den grossen Beethoven an; obwohl Mozarts

Muse verschuldet, zeigt der jüngere Meister seine robustere Musiknatur an, bei der die Empfindungen heftiger und nachhaltiger wirken, nicht mehr durchweg durch den Schleier ebenmässiger Schönheit verdeckt und von der Kunst beeinflusst wie bei jenem. Das Allegrothema tritt bestimmt auf, durch seine synkopale Führung noch besonders scharf gezeichnet. Die wirksamsten Gegensätze und gehaltvollen Zerlegungen des Inhalts auf alle drei Instrumente überraschen uns. Das Adagio entwickelt einen vollen, ungemein eindringlichen Gefühlston. Die beiden Menuette erhöhen einander durch verschiedenen Gehalt: das erste gleitet mit der fliessenden Violabegleitung im Trio ausserordentlich einschmeichelnd dahin, das zweite gibt sich mit seinem neckischen Einschlag als eine kleine Serenade in der Serenade. Das Andante bietet ein köstliches Stück musikalischen Humors, wie er von Beethoven so bedeutend ausgebildet werden sollte. Im Finale vereinigen sich schliesslich Empfindung und Brillanz. Kurz, das Trio erscheint als ein Meisterwerk, ein in sich abgerundetes Kunstwerk der unterhaltenden Kammermusik, das der erschütternden Themen garnicht bedarf, aber edle Formen und geschmackvolle Erfindung nirgends vermissen lässt. Das Werk ist erst in Wien im Jahre 1797 erschienen und wurde „grand trio" betitelt. Man darf durchaus nicht vergessen, dass es in Wien noch manche Verbesserung erfahren hat, bevor es veröffentlicht wurde.

Das erging nicht nur diesem Werke so. Beethoven nahm noch so manchen Bonner Entwurf mit nach Wien, der dort ausgearbeitet und ausgefeilt wurde. Auch ein grosser Plan, der erst viel später und in ganz veränderter Form zur Tat wurde, stammt aus der Bonner Zeit: Schillers „Freude" zu komponieren. Denn Beethoven war „ganz für das Grosse und Erhabene". Die Talente dieses jungen Mannes wurden „allgemein angerühmt". Darum hatte ihn ja auch der Kurfürst nach Wien zu Haydn geschickt. Neefe berichtete an Spaziers „Berliner musikalische Zeitung" im Oktober 1793:

„Im November vorigen Jahres reiste Ludwig van Beethoven, 2. Hoforganist und unstreitig jetzt einer der ersten Klavierspieler, auf Kosten unseres Kurfürsten nach Wien zu Haydn, um sich unter dessen Leitung in der Setzkunst mehr zu vervollkommnen."

Beethoven vergass Neefes nicht und würdigte ihn nach Gebühr:

„Ich danke Ihnen für Ihren Rat, den Sie mir sehr oft bei dem Weiterkommen in meiner göttlichen Kunst erteilten. Werde ich einst ein grosser Mann, so haben auch Sie Teil daran . . ."

Beethoven reiste am 2. November 1792 von Bonn ab. Er sollte vom Kurfürsten fürderhin aus der Privatschatulle 600 Taler erhalten und nicht mehr von der Landrentmeisterei bezahlt werden. Ueber den Verlauf der Reise liegen einige wenige persönliche Aufzeichnungen des Reisenden selbst vor. Beethoven und ein Begleiter brauchten danach von Bonn bis Würges — die Reiseroute führte über Remagen, Koblenz, Montabaur, Limburg, Würges, Frankfurt — etwa 35 Gulden. Schnelle Fahrt ohne unnötigen Aufenthalt war geboten, denn die Kriegsjahre, welche dem Schrecken der französischen Revolution folgten, brachen an. Beethoven notiert ein Trinkgeld von einem „kleinen Taler", „weil der Kerl uns mit Gefahr, Prügel zu bekommen, mitten durch die hessische Armee führte". Von Würges ab versagen die Einzeichnungen in dem Notizbuche. Wir begegnen Beethoven erst wieder in Wien.

JOSEPH HAYDN

1732 – 1809

Anonymes Porträt. Sammlung Fürst Esterházy.

JOH. GEORG ALBRECHTSBERGER

1736–1809.

II. ABSCHNITT

DER FRUEHE BEETHOVEN

„Nichts von Ruhe!“

5. Kapitel

STUDIEN IN WIEN

Beethoven war 22 Jahre alt, als er nach Wien zog, um die hohe Schule der Komposition bei Altmeister Haydn durchzumachen. Die Bonner Freunde und Gönner glaubten bestimmt an die grosse Zukunft dieses jungen Musikers, der sowohl durch seine Kompositionen als auch durch seine freien Phantasien am Klavier allgemeines Aufsehen erregt hatte. Wegeler erzählt, dass man im Breuningschen Hause, als Beethoven einmal phantasierte, in Franz Ries drang, auch seine Geige zu nehmen, um sein Spiel mit dem des Klavierspielers zu vereinigen. „So mag wohl damals zum erstenmal von zwei Künstlern zugleich phantasiert worden sein," und wir glauben es Wegeler gern, dass das ein „schönes, höchst anziehendes Spiel" der beiden gewesen.

Die Musik des jungen Beethoven hat damals schon die Köpfe verwirrt. Bernhard Romberg erklärte Beethovens „Zeug für barock", und er stand mit diesem Urteil nicht allein. Ein Engländer Gardiner schrieb über das obenerwähnte Streichtrio: „So verschieden von allem, was ich je gehört hatte, erweckte es in mir einen neuen Sinn, eine neue Freude an der Wissenschaft der Töne." „Es war eine Sprache, die meine Einbildungskraft so mächtig anregte, dass mir alle andere Musik zahm und geistlos erschien." Er berichtet weiter, dass Beethoven „als toller Mensch" betrachtet wurde; „seine Musik sei wie er selbst". Die Umgebung Beethovens empfand damals schon in musikalischen Dingen seine Ueberlegenheit, die Ueberlegenheit des Genius. Und in seinen Werken kam so manches von der Freiheit heraus, in der er nicht nur in der geistig-freiheitlichen Atmosphäre unter Max Franz, sondern auch in der Familie aufgewachsen war. Zuletzt war er ja sogar das Oberhaupt des Beethovenschen Hauses gewesen. Dazu kam seine ungeregelte, teilweise ungenügende Schulung durch Neefe und eine vielseitige Uebung als Organist, Klavierspieler und Bratscher. Kurz, Beethoven war ein Original, dem jeder etwas zutraute. Da er selbst dabei die Einsicht behielt, dass ihm noch viel fehle, zog er zwar selbstbewusst, aber doch lernbegierig nach Wien, ein unscheinbarer, untersetzter Jüngling, den man wegen seiner dunklen Hautfarbe den „Spagnol" nannte. Aus dem Gesicht blickte bald Schwermut, bald der schelmische Humor, den die lebhaften dunklen Augen verrieten, während die kugelförmige Stirn von Nachdenken zeugte. So rückte Beethoven in Wien ein.

„Erst nachdem ich nun hier in der Hauptstadt bald ein ganzes Jahr verlebt habe," schreibt er am 2. November 1793 an Eleonore von Breuning; es war am Jahrestage seiner Abreise von Bonn. Nicht später als am 10. November muss Beethoven in Wien angelangt sein. Ein anziehendes Bild von Wien, wie Beethoven es vorfand, malt uns Seume in seinem „Spaziergang nach Syrakus". Das Buch erschien im Jahre 1803 und wurde von der Zensur verboten; aber wir finden ein Exemplar in Beethovens Nachlass, wodurch Seumes Bericht uns noch mehr Anteil entlockt. Auch die ebenfalls verbotenen „Apokryphen" Seumes, eine Sammlung freiheitlicher, politischer Aphorismen, besass der Meister. Wir erkennen daran, wie eifrig der republikanisch gesinnte Beethoven die Schriften des Freiheitsschwärmers Seume las. Dieser hatte mit Beethoven starke Charakterähnlichkeit; konnte doch Hebbel von Seume sagen, er sei der „Eisenabguss beharrlichen Männerwillens". Dies Wort passt auch auf Beethoven.

Seume schildert seine Ankunft in Wien und die dortigen Verhältnisse also:

„Den zweiten Weihnachtsfeiertag kamen wir hier in Wien an, nachdem wir die Nacht vorher in Stockerau schon ächt wienerisch gegessen und geschlafen hatten. An der Barriere wurden wir durch eine Instanz angehalten und an die andere zur Visitation gewiesen. Ich armer Teufel wurde hier in bester Form für einen Hebräer angesehen, der wohl Juwelen oder Brabanter Spitzen einpaschen könnte. Ueber die Physiognomie! Aber man musste doch den casum in terminis gehabt haben. Mein ganzer Tornister wurde ausgepackt, meine weisse und schwarze Wäsche durchwühlt, mein Homer beguckt, mein Theokrit herumgeworfen und mein Virgil beschaut, ob nicht vielleicht etwas französischer Kontrebant darin stecke; meine Taschen wurden betastet und selbst meine Beinkleider fast bis an das heilige Bein durchsucht: alles sehr höflich; so viel nämlich Höflichkeit bei einem solchen Prozesse Statt finden kann. I must needs have the face of a smuggler. Meine Briefe wurden mir aus dem Taschenbuche genommen, und dazu musste ich einen goldnen Dukaten eventuelle Strafe niederlegen, weil ich gegen ein Gesetz gesündigt hatte, dessen Existenz ich gar nicht wusste und zu wissen gar nicht gehalten bin: ‚Du sollst kein versiegeltes Blättchen in deinem Taschenbuche tragen.' Der Henker kann so ein Gebot im Dekalogus oder in den Pandekten suchen. Aus besonderer Güte, und da man doch am Ende wohl einsah, dass ich weder mit Brüssler Kanten handelte noch die Post betrügen wollte, erhielt ich die Briefe nach drei Tagen wieder zurück, ohne weitere Strafe, als dass man mir für den schönen vollwichtigen Dukaten, nach der Kaisertaxe, von welcher kein Kaufmann in der Residenz mehr etwas weiss, neue blecherne Zwölfkreuzerstücke gab. Uebrigens ging alles freundlich und höflich her, an der Barriere, auf der Post und auf der Polizei. Wider alles Vermuten bekümmerte man sich um uns mit keiner Silbe weiter, als dass man unsere Pässe dort behielt und sagte, bei der Abreise möchten wir sie wieder abholen. Sobald ich meine Empfehlungsbriefe von der Post wieder erhalten hatte, wandelte ich herum, sie zu überliefern und meine Personalität vorzustellen. Die Herren waren alle sehr freundschaftlich und honorierten die Zettelchen mit wahrer Teilnahme. Ich könnte Dir hier mehrere brave Männer unserer Nation nennen, denen ich nicht unwillkommen war, und die ich hier zum ersten Male sah; aber Du bist mit ihrem Wert und ihrer Humanität schon mehr bekannt als ich.

. . . Während der vierzehn Tage, die ich hier hausete, war nur einigemale in Stündchen reines, helles Wetter, aber nie einen ganzen Tag; und die Wiener klagen, dass dieses fast beständig so ist. Da ging ich denn so finster allein für mich auf dem Walle und ethymologisierte ‚Vindobona, quia dat vinum bonum; Danubius, quia dat nubes'; wer weiss, ob die Römer bei ihrer Nomenklatur nicht an so etwas gedacht haben. Wenn Harrach, Füger, Retzer, Ratschky, Möller und einige andere nicht gewesen wären, die mir zuweilen ein Viertelstündchen schenkten, ich hätte den dritten Tag vor Angst meinen Tornister wieder packen müssen.

Von dem Wiener Theaterwesen kann ich Dir nicht viel Erbauliches sagen. Die Gesellschaft des Nationaltheaters ist abwechselnd in der Burg und am Kärnthner Tore, und spielt so gut sie kann. Das männliche Personal ist nicht so arm, als das weibliche; aber Brockmann steht doch so isoliert dort und ragt über die andern so sehr empor, dass er durch seine Ueberlegenheit die Harmonie merklich stört. Die andern, unter denen zwar einige gut sind, können ihm nicht nacharbeiten, und so geht er oft zu ihnen zurück, zumal da auch seine schöne Periode nun vorbei ist. Man gab eben das Trauerspiel „Regulus". Ich gestehe Dir, dass es mir ungewöhnlich viel Vergnügen gemacht hat; vielleicht schon deswegen, weil es einen meiner Lieblingsgegenstände aus der Geschichte behandelte . . . Der weibliche Teil der Gesellschaft, der auf den meisten Theatern etwas arm zu sein pflegt, ist es hier vorzüglich; und man ist genötigt, die Rolle der ersten Liebhaberin einer Person zu geben, die mit aller Ehre Aebtissin in Quedlinburg oder Gandersheim werden könnte. Die Dame ist gut, auch gute Schauspielerin; aber nicht mehr für dieses Fach.

Die Italiener sind verhältnismässig nicht besser. Man trillert sehr viel und singt sehr wenig. Der Kastrat Marchesi kombabusiert einen Helden so unbarmherzig in seine eigene verstümmelte Natur hinein, dass es für die Ohren eines Mannes ein Jammer ist; und ich begreife nicht, wie man mit solcher Unmenschlichkeit so traurige Missgriffe in die Aesthetik hat tun können. Das mögen die Italiener, wie vielen anderen Unsinn, bei der gesunden Vernunft verantworten, wenn sie können . . . Schikaneder treibt sein Wesen in der Vorstadt an der Wien, wo er sich ein gar stattliches Haus gebaut hat, dessen Einrichtung mancher Schauspieldirektor mit Nutzen besuchen könnte und sollte. Der Mann kennt sein Publikum und weiss ihm zu geben, was ihm schmeckt. Sein grosser Vorzug ist Lokalität, deren er sich oft mit einer Freimütigkeit bedient, die ihm selbst und der Wiener Duldsamkeit Ehre macht. Ich habe auf seinem Theater über die Nationalnarrheiten der Wiener Reichen und Höflinge Dinge gehört, die man in Dresden nicht dürfte laut werden lassen, ohne sich von höherem Orte eine strenge Weisung über Vermessenheit zuzuziehen. Mehrere seiner Stücke scheint er im eigentlichsten Sinne nur für sich selbst gemacht zu haben, und ich muss bekennen, dass mir seine barocke Personalität als Tiroler Wastel ungemeines Vergnügen gemacht hat. Es ist den Wienern von feinem Ton und Geschmack gar nicht übel zu nehmen, dass sie zuweilen zu ihm und Kasperle herausfahren und das Nationaltheater und die Italiener leer lassen. Seine Leute singen für die Vorstadt verhältnismässig weit besser als jene für die Burg. Die Kleidung ist an der Wien meistens ordentlicher und geschmackvoller als die verunglückte Pracht dort am Hofe, wo die Stiefletten des Heldengefolges noch manchmal einen sehr ärmlichen Aufzug machen. So lange Schikaneder Possen, Schnurren und seine eigenen tollen Operetten gibt, wo der Wiener Dialekt und der Ton des Orts nicht unangenehm mitwirkt, kann er auch Leute von gebildetem Geschmack einigemal vergnügen; aber wenn er sich an ernsthafte Stücke wagt, die höheres Studium und durchaus einen höheren Grad von Bildung erfordern, muss der Versuch allerdings immer schlecht ausfallen, aber hier wird er vielleicht sagen: ich arbeite für mein Haus; dawider ist denn nichts einzuwenden. Nur möchte ich dann nicht zu seinem Hause gehören. Er will aber höchst wahrscheinlich für nichts weiter gelten als für das Mittel zwischen Kasperle und der Vollendung der mimischen Kunst im Nationaltheater. Die Herren Kasperle und Schikaneder mögen ihre subordinierten Zwecke so ziemlich erreicht haben; aber das Nationaltheater ist, so wie ich es sah, noch weit entfernt, dem ersten Ort unsers Vaterlandes und der Residenz eines grossen Monarchen durch seinen Gehalt Ehre zu machen.

Den Herrn Kasperle aus der Leopoldstadt hat, wie ich höre, der Kaiser zum Baron gemacht; und mich däucht, der Herr hat seine Würde so gut verdient als die meisten, die dazu erhoben worden. Er soll überdies das wesentliche Verdienst besitzen, ein sehr guter Haushalter zu sein.

Ueber die öffentlichen Angelegenheiten wird in Wien fast nichts geäussert, und Du kannst vielleicht monatelang auf öffentliche Häuser gehen, ehe Du ein einziges Wort hörst, das auf Politik Bezug hätte; so sehr hält man mit alter Strenge eben so wohl auf Orthodoxie im Staate wie in der Kirche. Es ist überall eine so andächtige Stille in den Kaffeehäusern, als ob das Hochamt gehalten würde, wo jeder kaum zu atmen wagt. Da ich gewohnt bin, zwar nicht laut zu enragieren, aber doch gemächlich unbefangen für mich hin zu sprechen, erhielt ich einigemal eine freundliche Weisung von Bekannten, die mich vor den Unbekannten warnten . . .

Doktor Gall hat eben einen Kabinettsbefehl erhalten, sich es nicht mehr beigehen zu lassen, den Leuten gleich am Schädel anzusehen, was sie darin haben. Die Ursache soll sein, weil diese Wissenschaft auf Materialismus führe.

. . . Als die Franzosen bis in die Nähe von Wien vorgedrungen waren, soll sich, die Magnaten und Kreaturen etwa ausgenommen, niemand vor dem Feinde gefürchtet haben; aber desto grösser war die allgemeine Besorgnis vor den Unordnungen der zurückgeworfenen Armee. Damals fing Bonaparte eben an, etwas bestimmter auf seine individuellen Aussichten loszuarbeiten und hat dadurch zufälliger Weise den Oestreichern grosse Angst und grosse Verwirrung erspart.

. . . Man sieht auch hier in der Residenz nichts als Papier und schlechtes Geld. Das Lenkseil mit schlechtem Gelde ist bekannt; man führt daran, so lange es geht. Das Kassenpapier ist noch das unschuldigste Mittel, die Armut zu decken, so lange der Kredit hält.

. . . Ich darf rühmen, dass ich in Wien überall mit einer Bonhomie und Gefälligkeit behandelt worden bin, die man vielleicht in Residenzen nicht so gewöhnlich findet. Selbst die schnakische Visitation an der Barriere wurde, was die Art betrifft, mit Höflichkeit gemacht. Den einzigen böotischen, aber auch ächt böotischen Auftritt hatte ich auf der italienischen Kanzlei. Hier wurde ich mit meinem alten Passe von der Polizei um einen neuen gewiesen. Im Vorzimmer war man artig genug und meldete mich, da ich Eile zeigte, sogleich dem Präsidenten, der eine Art von Minister ist, den ich weiter nicht kenne. Er hatte meinen Pass von Dresden schon vor sich in der Hand, als ich eintrat."

Soweit Seume.

Beethoven musste nun in Wien zunächst seine Lebensbedürfnisse befriedigen. Die erste Wohnung in einer Dachstube fand er im Hause des Buchdruckers Strauss in der Alser Vorstadt. Alsbald hielt er in den Zeitungen Umschau nach einem Klavier, schrieb sich Angebote aus den Blättern auf und mietete schliesslich eines für monatlich 6 Gulden 40 Kreuzer. Nach späteren Einzeichnungen in sein Tagebuch bereitet er sich dann für besseren Umgang vor: „Schwarze seidene Strümpfe — einen Dukaten, 1 Paar Winterseidene Strümpfe — 1 Gulden 40 Kreuzer, Stiefel — 6 Gulden, Schuh 1 Gulden 30 Kreuzer." „Andreas Lindner, Tanzmeister, wohnt im Stoff am Himmel Nr. 415."

Die Auszahlungen vom Kurfürsten erfolgten gewöhnlich Anfang bis Mitte des zweiten Monats jeden Vierteljahres. In den Novembertagen 1792 trägt Beethoven denn auch ein: „25 Dukaten Einnahme." Es folgt weiter auf einer späteren Seite: „Am Mittwoch, den 12. Dezember, hatte ich 15 Dukaten." Und die nächste Seite besagt: „Alle Notwendigkeiten, z. B. Kleidung, Leinewand, alles ist auf. In Bonn verliess ich mich darauf, ich würde hier 100 Dukaten empfangen, aber umsonst. Ich muss mich völlig neu equipieren." Er sollte ja, wie wir wissen, 600 Gulden aus der Schatulle des Kurfürsten erhalten, die offenbar nicht eintrafen. Zufolge dem Eintrag: „Zwei Gulden sind dabei von dem meinigen," hat er selbst auch noch etwas besessen.

Die Beziehungen zur Heimat beschäftigten ihn noch ferner: am 18. Dezember 1792 starb der Vater plötzlich. Dadurch trat insofern für Ludwig eine Geldschwierigkeit ein, als Johann das Dekret, welches 100 Taler aus seinem Gehalte für Ludwig zur Erziehung seiner Geschwister bestimmte, beiseite geschafft hatte und Beethoven das Geld zunächst nicht erheben konnte. Ausserdem musste die Unterstützung von Rechts wegen beim Ableben des Vaters wegfallen. Auf Ludwigs Gesuch hin wurden ihm aber die 100 Taler aus dem Gehalt des Vaters für die Geschwister auch weiterhin zugesagt.

Eine frühere Notiz des Tagebuches: „Alles mit dem künftigen Monat angefangen," bezieht sich auf die monatlichen Zahlungen: „Hauszins 14 Gulden, Klavier 6 Gulden 40 Kreuzer, Heizen jedesmal 12 Kreuzer, Essen mit dem Wein 16½ Gulden; 3 Kreuzer für B.(edienten) und H.(ausmädchen). Der Hausfrau ist nicht nötig, mehr als 7 Gulden zu geben, das Zimmer ist so auf der Erd'." Beethoven war sehr bald aus der Dachstube in das Erdgeschoss des Hauses im Alsergrund gezogen, welches dem Fürsten Joseph Lichnowski gehörte. Später siedelte er als Gast in das Haus des Fürsten Karl Lichnowski über, wo er bis im Mai 1795 blieb.

Schon auf einer der erwähnten Seiten des Tagebuches stehen Posten wie: „Haydn 2 Groschen", „Haydn 8 Groschen" usw.; es handelt sich um Kaffeegroschen für die „Gelage", zu denen der „Grossmogul" Beethoven Papa Haydn einlud. Beethoven hat also kurz nach seiner Ankunft in Wien den Unterricht bei Haydn begonnen.

Der Unterricht bei Haydn kann nicht mit dem Studium des Kontrapunkts angefangen haben. Denn Beethoven ist nach über sechs Monaten noch nicht beim Kontrapunkt angelangt. Baron van Swieten empfahl ihm daher das Studium dieser Materie ernstlich und fragte ihn oftmals, „wie weit er schon in seiner Lehre fortgeschritten sei?" Diese Anregung und das beständige Fragen nach dem Fortgang der Studien „erzeugten in dem wissbegierigen Lehrling ein Missbehagen, das er an seinen Freund oft laut werden liess". Ende Juli kam der Komponist Schenk, durch den Abt Gellinek mit Beethoven bekannt gemacht, auf Ludwigs Stube, wo er „einige Sätze der ersten Uebung im Kontrapunkt auf seinem Schreibpulte" fand. Er erzählt: „Nach kurzer Uebersicht gewahrte ich bei jeder Tonart (so kurzen Inhalts sie auch war) etwelche Fehler."

Jedenfalls hat Schindler recht, wenn er sagt, dass „Beethovens Kenntnisse in den harmonischen Wissenschaften zur Zeit, als der Unterricht bei Haydn begann, die Generalbasslehre nicht überschritten hatten". Auf alle Fälle war Beethoven nicht weit darüber hinaus, unzweifelhaft ohne systematische Kenntnis des Kontrapunkts. Haydn ging sehr langsam mit Beethoven vorwärts und hielt das offenbar für angebracht; daher auch seine ironische Bemerkung über den Schüler, von dem doch alle Welt so viel erwartete, und der nach Haydns eigener Ueberzeugung, wenn auch nicht recht wenig, so doch mangelhafte theoretische Kenntnisse hatte: „Er würde ihm (Beethoven) grosse Opern aufgeben und bald aufhören zu komponieren." Ausserdem war Haydn stark mit sich selbst beschäftigt. Wenn er in Beethovens Uebungen Fehler stehen liess, so erklärt sich das daraus, dass er nicht über alles sprach, einzelne Fehler zur Erläuterung auswählte und eben langsam voranging. Er hatte sich aus Fux' „Gradus ad Parnassum" zum Unterricht einen Auszug gemacht, den er auch Beethoven in die Hand gab. Auf alle Fälle ging es Beethoven nicht rasch genug vorwärts. Deshalb bat er auf Gellineks Veranlassung Schenk, seine Uebungen durchzusehen, da er den Unterricht bei Haydn nicht ohne weiteres aufgeben konnte. Schenk hat Beethoven von Anfang August 1793 bis Ende Mai 1795 bei seinen Uebungen geholfen. Von dieser Nachhilfe sollte Haydn nichts erfahren.

Als dieser am 19. Januar 1794 wieder nach England reiste, wandte sich Beethoven auf Haydns persönliche Empfehlung hin an Albrechtsberger, den berühmtesten Theoretiker des damaligen Wien. Albrechtsberger unterrichtete nach seiner „Anweisung zur Komposition" und begann mit dem einfachen Kontrapunkt. Die Studien schritten mit kontrapunktischen Uebungen im freien Satze, in der Nachahmung fort, gingen dann zur zwei- bis vierstimmigen Fuge und der Choralfuge über und führten über den doppelten und dreifachen Kontrapunkt und die Doppelfuge zum Kanon, womit sie abbrachen. Die kontrapunktischen Studien betrieb Beethoven mit Ernst und Eifer, während ihn im Kapitel über die Fuge oftmals die graue Theorie ermüdete; wahrscheinlich deshalb, weil Albrechtsberger in diesem Teil der Satzkunst kein so vorzüglicher Lehrer mehr war, so dass sich der Schüler in diesem Zweig mehr Freiheiten nahm. Dass er den Lehrer nicht befriedigt hat, beweist Albrechtsbergers Warnung vor Beethoven, der habe „nichts gelernt".

Der Unterricht bei Albrechtsberger endigte kurz vor Haydns Rückkunft aus England; Beethoven „tat ungefähr nach halbem Mai" Schenk „zu wissen, dass er mit Haydn (wenn dieser zurück sei) sich bald nach Eisenstadt begeben werde und daselbst bis Anfangs Winter verweilen werde". Schenk erklärte: „Wenn seine kaiserliche Hoheit (der Kurfürst) seinen Schützling gleich zu Albrechtsbergers Leitung hingegeben hätte, so wäre sein Studium nie unterbrochen und ganz vollendet worden." Die Unterbrechung fand Anfang Juni statt. Denn Beethoven war nach einem Billettchen an Schenk bereits nach Eisenstadt gefahren. In dem Brieflein spricht er ihm seine „Dankbarkeit für die ihm erzeugten Gefälligkeiten" aus.

Im Tagebuch finden wir nun noch die Notiz: „Schuppanzigh dreimal die W.(oche), Albrechtsberger dreimal die W.(oche)." Beethoven nahm also bei dem jungen Geiger Schuppanzigh Violinunterricht.

Frühzeitig hatte sich Beethoven auch „zu Herrn Kaiserl. Königl. Hofkapellmeister Salieri hinbegeben, um in der Komposition im freien Stil Unterricht zu nehmen". Er kannte Salieris Opern schon von Bonn her und bekam es allmählich satt, „musikalische Gerippe zu schaffen". Salieri belehrte Beethoven über dramatische Komposition, über Deklamation von Texten, namentlich solchen in italienischer Sprache. Eigentliche Stunden hat Beethoven jedoch nicht bei ihm genommen, sondern ihn unentgeltlich um Rat gefragt. Die guten Beziehungen zu Salieri blieben viele Jahre hindurch bestehen. Begriffen hat auch dieser Lehrer den Schüler nicht; Salieri war manchmal unzufrieden mit dem jungen Genie. Einmal tadelte er eine Melodie Beethovens. Am Tage darauf erklärte er, die Melodie habe ihn seit gestern nicht losgelassen. Beethoven: „Dann kann sie doch so schlecht nicht gewesen sein." Alle drei Lehrer sahen Beethoven, wie Albrechtsberger es aussprach, als „einen exaltierten musikalischen Freigeist" an. Und er war es! Auf ihn trafen jene Worte in Goethes berühmtem, 1773 geschriebenem Aufsatz „Von deutscher Baukunst" zu: „Und ihr selbst, treffliche Menschen, denen die höchste Schönheit zu geniessen gegeben ward, und nunmehr herabtretet, zu verkünden eure Seligkeit, ihr schadet dem Genius. Er will auf keinen fremden Flügeln, und wären es die Flügel der Morgenröte, emporgehoben und fortgerückt werden. Seine eigenen Kräfte sind's, die sich im Kindertraum entfalten, im Jünglingsleben bearbeiten, bis er stark und behend wie der Löwe des Gebirges auseilt auf Raub. Darum erzieht sie meist die Natur, weil ihr Pädagogen ihm nimmer den mannigfaltigen Schauplatz erkünsteln könnt, stets im gegenwärtigen Mass seiner Kräfte zu handeln und zu geniessen."

Der allgemeine musikalische Boden, den Beethoven in Wien betrat, war eher als die Lehrer imstande, das Neue mit ihm zu empfangen. Der Adel hatte die Musik gepachtet. Aber es war „der allermusikalischste Adel, den es vielleicht je gegeben", wie Kapellmeister Reichardt bezeugt. Die Liebe zur Musik und der Geschmack in musikalischen Dingen waren in vornehmen Häusern allgemein. Von dem Orchester des Fürsten Esterhazy weiss man aus Haydns Lebensgeschichte. Die Fürsten Lobkowitz, Schwarzenberg, Auersperg hielten sich ebenfalls eigene Musikkapellen. Fürst Karl Lichnowski hatte ein eigenes Streichquartett, das aus den jugendlichen Geigenmeistern Schuppanzigh, Sina, Weiss und dem Cellisten Nikolaus Kraft bestand. Auch Vater Anton Kraft und Beethovens später vielgenannter Freund Zmeskall von Domanowecz wirkten mit.

In diese Kreise kam Beethoven schon durch die Bonner Empfehlungen, von denen die des Grafen Waldstein zu den wichtigsten gehörte; stand doch der Graf, dessen Mutter eine geborene Fürstin Liechtenstein war, mit den Familien Dietrichstein, Kinsky, Pallfy, von Erdöd, Lobkowitz, Keglevicz in näherer oder entfernterer Verwandtschaft. Gerade die Namen dieser Familien aber begegnen uns in Beethovens fernerer Lebensgeschichte des öfteren.

Die Wiener Kunstfreunde, unter ihnen auch die Grafen Appony, Browne, Fries, die Gräfinnen Hatzfeld und Erdödy, der Freiherr Gottfried van Swieten und der Bankier Hennikstein, veranstalteten alle öffentliche und Privatkonzerte, denen Beethoven beigewohnt hat.

Die Bühnen boten lange nicht so viel des Interessanten. Als der Kaiser Leopold und seine Gemahlin im März 1792 starben, setzte man zwar mit den Aufführungen nicht lange aus, so dass es an Bühnenereignissen nicht mangelte, aber die italienische Oper war obenauf, nicht etwa Mozart und die deutsche. Salieri waltete nicht mehr seines Amtes an der Hofoper, nur bei der Kirchenmusik. An seiner Statt dirigierte sein Schüler Joseph Weigl. Ignaz Umlauf war Kapellmeister und Komponist der deutschen Hofoper. Neben den Hofbühnen hatten Schikaneders Theater auf der Wieden und das Theater von Marinelli ein gutes Ansehen. Schikaneder zeigte, gerade als Beethoven ankam, die hundertste Vorstellung der „Zauberflöte" an, wobei freilich ein kleiner Schwindel mit der Zählung getrieben wurde. — Beethoven lernte die Fachleute bald kennen, was einem Schüler Haydns und dem Schützling des musiktreibenden Adels kaum Schwierigkeiten machen konnte.

Er führte sich in den vornehmen Musiksalons zunächst als Klavierspieler ein. Dass er in den ehrwürdigen Kreis des selbstbewussten Adels nicht gedankenlos eintrat, zeigt seine Beschäftigung mit dem im Jahre 1792 erschienenen Buche Kotzebues „Vom Adel", das sich noch im Nachlasse vorfand. Ganz gewiss trug das Wörtchen „van" vor seinem Namen dazu bei, dass der Adel ihm so bereitwillig die Türen öffnete. Denn freie Künstler galten noch in viel späteren Zeiten als zweifelhafte Existenzen; das Vorurteil, das gegen das fahrende Volk bestanden, war noch nicht überwunden. Wir erinnern uns der Bedientenrolle, die Mozart gespielt, und die Haydn damals im Grunde noch fortspielte. Indessen brauchte man die Musiker zu seinem Vergnügen.

Kurz nach Beethovens Ankunft in Wien wurde eines jener bei den neugierigen Musikfreunden beliebten Wettspiele zweier bedeutender Pianisten veranstaltet. Der bekannte Klaviermeister Abbé Gellinek kündigte es dem Vater von Karl Czerny mit den Worten an: „Ich soll mit einem jungen Klavierspieler, der erst angekommen ist, mich messen. Den will ich verarbeiten." Es kam anders. Gellinek erklärte: „Das ist kein Mensch, das ist ein Teufel; der spielt mich und uns alle tot, und wie er phantasiert!"

Darüber wollen wir Schenk reden lassen: „Nun habe ich diesen itzt so hochberühmten Tonsetzer zum ersten Mal gesehen — und auch gehört. Nachdem die gewöhnlichen Höflichkeitsbezeugungen vorüber waren, erbot er sich, auf dem Pianoforte zu phantasieren. Er wollte, dass ich zunächst seiner sitzen sollte. Nach einigen Anklängen und gleichsam hingeworfenen Figuren, die er unbedeutsam so dahingleiten liess: entschleierte der selbstschaffende Genius so nach und nach sein tiefempfundenes Seelengemälde. Von den Schönheiten der mannigfaltigen Motive, die er klar und mit überreicher Anmut so lieblich zu verweben wusste, war mein Ohr zur beständigen Aufmerksamkeit gereizt, und mit Lust überliess sich mein Herz dem empfangenen Eindrucke, während er sich ganz seiner Einbildungskraft dahingegeben, verliess er allgemach den Zauber seiner Klänge und mit dem Feuer der Jugend trat er kühn (um heftige Leidenschaften auszudrücken) in weit entfernte Tonleitern. In diesen erschütternden Aufregungen wurde mein Empfindungsvermögen sehr getroffen. Nun begann er unter mancherlei Wendungen mittelst gefälliger Modulation bis zur himmlischen Melodie hinzugleiten, jenen hohen Idealen, die man oft in seinen Werken häufig vorfindet. Nachdem der Künstler seine Virtuosität so meisterhaft beurkundet: verändert er die süssen Klänge in traurig-wehmütige, sodann in zärtlich-rührende Affekte, dieselben wieder in freudige bis zur scherzenden Tändelei. Jeder dieser Figuren gab er einen bestimmten Charakter, und sie trugen das Gepräge leidenschaftlicher Empfindung, in denen er das eigene Selbstempfundene rein aussprach. Weder matte Wiederholungen noch gehaltlose Zusammenraffung vielerlei Gedanken, welche gar nicht sich zusammenpassen, noch viel weniger kraftlose Zergliederung durch fortwährendes Arpeggieren (worüber das Gefühl des Hörers ein Schlummer überschleicht) konnte man gewahren. In der Ausführung dieser Phantasie herrschte die grösste Richtigkeit; es war ein heller Tag, ein volles Licht. Mehr als eine halbe Stunde war verstrichen, als der Beherrscher seiner Töne die Klaviatur verliess. Diese unermessliche Phantasie, mit der er das Ohr und das Herz zu fesseln und den Geschmack zu reizen wusste, lebt noch frisch in meiner Seele."

Dass Beethoven nicht nur durch seine grossartigen freien Phantasien, sondern auch durch seinen Vortrag von Bach-Präludien und -Fugen, die er in- und auswendig konnte, Herzen und Ohren einnahm, lässt sich denken. Namentlich der für die alten Meister Hasse, Händel und Bach schwärmende und eintretende Präses der Kaiserlichen Bibliothek, Freiherr Gottfried van Swieten, liess sich immer und immer wieder diese Bachschen Stücke vorspielen. Wenn bei ihm alle Gäste weggegangen waren, wünschte er „zum Abendsegen" noch einige Nummern aus dem „Wohltemperierten Klavier" des Thomaskantors zu hören. Beethoven wird einmal brieflich zu „½9 Uhr Abends mit der Schlafhaube im Sack" bestellt.

Das Schreiben ist nach der Alsergasse 45 gerichtet, allwo Beethoven bei dem Fürsten Karl Lichnowski wohnte. Bei diesem Kunstgönner fand die erste Aufführung der Klaviertrios op. 1 statt. Ries berichtet, dass bei dieser Soirée die „meisten Künstler und Liebhaber eingeladen" waren. Unter ihnen befand sich auch Haydn. Ihm wollte das c-moll-Trio, das dritte der Reihe, nicht sonderlich gefallen, und er riet Beethoven ab, es herauszugeben, was diesen sehr verstimmte und gegen Haydn misstrauisch machte. Haydn hat sich indes Ries gegenüber erklärt; er fürchtete, man möchte das Trio nicht zu würdigen wissen, und wir können es begreifen, wenn wir von unserem Verhältnis zu diesem Trio einmal absehen, und die immer wiederholten Urteile der Zeitgenossen über Beethovens barocke, frappante, originelle Musik bedenken.

Veröffentlicht hat Beethoven die Trios einstweilen nicht. Er schickte zunächst einiges Aeltere in die Welt, was wir bereits als Ertrag der Bonner Studien kennen: die Variationen über „Se vuol ballare" aus Figaro, die er Eleonore von Breuning widmete, die dreizehn Variationen über jenes Thema aus Dittersdorffs Oper „Das rote Käppchen" und die vierhändigen Variationen über einen Gedanken Waldsteins. Es gab gute Gründe, das Beste einstweilen zurückzubehalten. Ueber die Verhältnisse Beethovens zu den Wiener Kollegen spricht sich der Meister ja in dem Briefe an Eleonore von Breuning aus, worin er sich beklagt, dass man ihn absichtlich nachahme, und dass er unter „Todfeindschaft" seiner Kollegen zu leiden habe. Er suche sich zu rächen, indem er seine Kompositionen recht schwierig gestalte, damit sich die „Herren übel dabei produzieren" müssen.

Die Briefe an Eleonore von Breuning, mehr noch die Dedikation, zeigen, wie oft die Gedanken Beethovens in der Heimat weilten. Er hatte an Barbara Koch zweimal, an Freund Malchus sogar dreimal geschrieben und lässt sie beide in den Briefen an Eleonore grüssen. Dieser „teuersten Freundin" leistete er Abbitte wegen seines ungezogenen, heftigen Betragens, das sie ihm nochmals verzeihen möge. Sie sendet ihm, seinem Wunsche ungefähr entsprechend, eine Halsbinde aus Hasenhaaren, wofür er ihr dann wieder innig dankt.

Im Januar 1794 trat ihm die Heimat in der Person seines Kurfürsten, der vorübergehend nach Wien kam, wieder lebhaft ins Gedächtnis. Für das Quartal Januar-März hat Beethoven die letzte Gehaltszahlung von 50 Talern erhalten. Er blieb jedoch in Diensten „ohne Gehalt, bis er einberufen werde". Er wurde aber niemals einberufen.

Eine Folge der Verhandlungen mit dem Fürsten war die Uebersiedlung der einzig überlebenden Mitglieder der Beethovenschen Familie Karl und Johann van Beethoven nach Wien, welche im Sommer 1795 erfolgte.

Wieder wurden alte Beziehungen zu der Heimat erneuert, als der Professor der Universität Bonn und Arzt Gerhard Wegeler, vor dem feindlichen französischen Heere fliehend, nach Wien kam. Als er im Oktober 1794 eintraf, hatte Beethoven bereits als Gast bei dem Fürsten Lichnowski Aufnahme gefunden, wo er, als Wegeler 1796 wieder in die Heimat reiste, nicht mehr weilte, trotzdem Wegeler dies behauptet. Es hielt für Beethoven ausserordentlich schwer, sich an die Hausordnung des Fürsten zu halten, allein schon rechtzeitig bei Tische zu erscheinen. Auch wurde es dem jungen Klavierspieler allmählich lästig, in allen Gesellschaften spielen zu müssen. Ueber dieses Unbehagen wusste ihn dann Wegeler oft mit klugen Worten hinwegzuhelfen.

Wegeler berichtet uns nun allerlei kleine Züge von Beethovens Schlagfertigkeit als Musiker; wie vorzüglich er über Fehler geschriebener Stimmen, so in einem Quartette Försters, hinwegzulesen und richtig a vista zu spielen wusste. Von den Virtuosen liess sich Beethoven Ratschläge erteilen, die er sogar gelegentlich befolgte. Das Finale des zweiten Klaviertrios hat er daraufhin aus dem Viervierteltakt in den Zweivierteltakt gesetzt. Das will viel heissen; war doch Beethoven sonst äusserst schwierig, namentlich in seiner Kunst. Mit Wegeler selbst hatte er wieder einige von den Zerwürfnissen, wie er sie in dem Briefe an Eleonore von Breuning so lebhaft bedauert. Aber auch mit dem Freunde kommt er alsbald wieder ins richtige Geleise. Wie bezeichnend ist doch für ihn sein Schreiben an Wegeler:

„Liebster, Bester! In was für einem abscheulichen Bilde hast Du mich mir selbst dargestellt! O, ich erkenne es, ich verdiene Deine Freundschaft nicht, Du bist so edel, so gutdenkend, und das ist das erstemal, dass ich mich nicht neben Dich stellen darf. Weit unter Dich bin ich gefallen; ach, ich habe meinem besten, edelsten Freund acht Wochen lang Verdruss gemacht. Du glaubst, ich habe an der Güte meines Herzens verloren; dem Himmel sei Dank, nein! — Es war keine absichtliche, ausgedachte Bosheit von mir, die mich so gegen Dich handeln liess, es war mein unverzeihlicher Leichtsinn, der mich nicht die Sache in dem Lichte sehen liess, wie sie wirklich war. — O, wie schäme ich mich für Dir, wie für mir selbst — fast traue ich mich nicht mehr, Dich um Deine Freundschaft wieder zu bitten. Ach, Wegeler, nur mein einziger Trost ist, dass Du mich seit meiner Kindheit kanntest, und doch, o lass mich's selbst sagen, ich war doch immer gut und bestrebte mich immer der Rechtschaffenheit und Biederkeit in meinen Handlungen; wie hättest Du mich sonst lieben können? — Sollte ich denn jetzt seit der kurzen Zeit auf einmal mich so schrecklich, so sehr zu meinem Nachteil geändert haben? — Unmöglich! Diese Gefühle des Grossen, des Guten sollten alle auf einmal in mir erloschen sein? Mein

IGNAZ SCHUPPANZIGH

1776 – 1830.

ANTON SALIERI
1750–1825

Wegeler, Lieber, Bester, o wag' es noch einmal, Dich wieder ganz in die Arme Deines Beethoven zu werfen; baue auf die guten Eigenschaften, die Du sonst in ihm gefunden hast. Ich stehe Dir dafür, der neue Tempel der heiligen Freundschaft, den Du darauf aufrichten wirst, er wird fest, ewig stehen, kein Zufall, kein Sturm wird ihn in seinen Grundfesten erschüttern können — fest — ewig — unsere Freundschaft! Verzeihung — Vergessenheit, Wiederaufleben der sterbenden, sinkenden Freundschaft! — O Wegeler, verstosse sie nicht, diese Hand zur Aussöhnung, gib die Deinige in die meine — ach Gott! — doch nichts mehr — ich selbst komme zu Dir und werfe mich in Deine Arme und bitte um den verlorenen Freund, und Du gibst Dich mir, dem reuevollen, Dich liebenden, Dich nie vergessenden

Beethoven

wieder.

Jetzt eben hab' ich Deinen Brief erhalten, weil ich erst nach Hause gekommen bin."

Während Wegelers Anwesenheit in Wien trat Beethoven zum erstenmal in der Kaiserstadt öffentlich auf; und zwar in den beiden zum Besten der Witwen der Tonkünstlergesellschaft unter Salieris Leitung am 29. und 30. März 1795 veranstalteten Konzerten. Im ersten bildete ein Oratorium in zwei Teilen von einem Schüler Salieris das Hauptstück der Darbietungen. Nur zwischenhinein spielte Ludwig van Beethoven „ein neues Konzert auf dem Pianoforte von seiner Erfindung". Wegelers Notizen sind hierüber in so mancher Beziehung lehrreich. Sie lauten: „Erst am Nachmittag des zweiten Tages vor der Aufführung seines ersten Konzerts (C-dur) schrieb er das Rondo, und zwar unter ziemlich heftigen Kolikschmerzen, woran er häufig litt. Ich half durch kleine Mittel, so viel ich konnte. Im Vorzimmer sassen vier Kopisten, denen er jedes fertige Blatt einzeln übergab.

Hier sei mir noch eine Abschweifung erlaubt. Bei der ersten Probe, die am Tage darauf in Beethovens Zimmer statthatte, stand das Klavier für die Blaseinstrumente einen halben Ton zu tief. Beethoven liess auf der Stelle diese und so auch die übrigen statt nach a nach b stimmen und spielte seine Stimme aus cis." Im zweiten Konzert phantasierte „der berühmte Herr Ludwig van Beethoven" und hat gewiss wie im ersten Abend „den ungeteilten Beifall des Publikums geerntet". Am 31. März trat der junge Meister in einer, von der Witwe Mozarts veranstalteten Aufführung des „Titus" wieder auf. „Nach der ersten Abteilung" spielte „Herr Ludwig van Beethoven ein Konzert auf dem Klavier von Mozarts Komposition". Durch diese drei Konzerte kam Beethovens Name von neuem in vieler Munde, um so mehr, als es sich um drei Wohltätigkeitskonzerte handelte, die ja stets ihr besonderes Publikum haben. Am 18. Dezember 1795 wirkte Beethoven dann in einer „grossen musikalischen Akademie" mit, welche sein Lehrer Haydn im kleinen Redoutensaale gab. Der Schüler spielte in diesem Konzerte, worin „der Herr Kapellmeister drei noch nicht gehörte grosse Symphonien, die er in England geschrieben", zur Aufführung brachte, sein B-dur-Konzert.

Im Mai des Jahres 1795 unterbrach Beethoven, wie wir sahen, seine Studien bei Albrechtsberger und Schenk. Kurz zuvor war er zum erstenmal in Wien öffentlich aufgetreten, und im Mai gab er sein Opus 1 heraus. Der Geselle machte sein Meisterstück. Er schrieb Simrock, dass er bald werde „die grosse Revue an seinen Kompositionen vorgenommen haben". Dies schrieb Beethoven am 2. August 1794. Die grosse Revue fand also im Herbst dieses Jahres statt und bestand nicht nur in einer scharfen kritischen Auslese aus den Manuskriptwerken, sondern auch in einer gründlichen Umarbeitung herauszugebender Werke.

Würdig, als op. 1 zu erscheinen, dünkten dem Komponisten nach gründlicher Bearbeitung die drei Klaviertrios. Sie hatten an jenem Musikabend bei Lichnowski, da man sie zum erstenmal vernommen, grossen Anklang gefunden. Nur Haydn widerriet Beethoven, das dritte in c-moll herauszugeben. Dieser Umstand hinderte Beethoven, das Opus Haydn zu widmen, abgesehen davon, dass er dem Fürsten Lichnowski verpflichtet war; diesem wurden die Trios denn auch zugeeignet. Haydn wünschte, wie Ries behauptet, Beethoven solle auf dem Titel vermerken: Schüler von Haydn. Beethoven entsprach dem Wunsche seines Lehrers, „von dem er nichts gelernt habe", auf eine andere, feine Weise: er widmete ihm seine drei Klaviersonaten op. 2.

Die Trios gab er bei Artaria & Cie. auf Pränumeration heraus. Sie wurde am 9., 13. und 16. Mai 1796 in der Wiener Zeitung bekanntgemacht und hatte den Erfolg, dass 123 Subskribenten sich zur Abnahme von 241 Exemplaren verpflichteten, so dass Komponist und Verleger mit ihren Geschäften zufrieden sein konnten. Lichnowski verpflichtete sich allein zur Abnahme von 20 Exemplaren. Im September ging das Werk in das Eigentum des Verlegers über.

Der Widmungsempfänger Fürst Karl Lichnowski war nicht nur der Gönner und liebenswürdige Wirt Beethovens, sondern auch der von Mozart gebildete treffliche Klavierspieler, der die Klavierstücke Beethovens spielte und übte, und der von vornherein grosses Verständnis für Beethovens Muse gezeigt hatte. Die Trios mussten ihm also doppelt interessant und lieb sein.

Von den drei Werken ist das dritte in c-moll der Entstehung nach gewiss nicht das erste, nur das zuerst vollendete. Schindler berichtet: Beethoven hielt es für das beste! Nicht nur nach Beethovens Gepflogenheiten, sondern auch nach dem inneren und äusseren Wert zu urteilen, muss das zweite Trio in G-dur zuerst entworfen worden sein. Der erste Satz erreicht noch nicht jenen vollen Gemütston, das Zwingende des Es-dur- und c-moll-Trios. Auch das Menuett kann sich mit den entsprechenden Sätzen in den beiden andern Trios nicht messen. Ja, selbst der zierliche letzte Satz hält den Vergleich mit den übrigen Schlusssätzen nicht aus. Das ungemein frische, federnde Motiv dieses Presto-Finales zeigt allerdings ganz die Beethovensche Musik, die, obschon an Mozart gebildet, doch ihren eigenen Gang geht und ihren eigenen Klang klingt. Alles ist kräftiger; es ist, wie wenn ein junger Riese sich dehnt. Dies Andeutende gibt erst den vollen Gehalt, der mit den Noten nicht erschöpft ist, sondern hinter ihnen noch etwas Weiteres, und zwar die Hauptsache, ahnen lässt. Das erste Allegro im Es-dur-Trio ist schon durch die Bestimmtheit seiner Themen und Formen im Verein mit der gewählten Tonart ein echter Beethoven. Es ist bedeutungsvoll, dass Beethoven als erstes Stück seiner ersten „Werke" ein solches in der von ihm zeitlebens bevorzugten Tonart darbietet. — Wie verschieden sind die langsamen Sätze im Es-dur- und G-dur-Trio! Das Larghetto im G-dur-Trio hebt dies Werk ungemein; es ist ganz voll verhaltener Melancholie, die unter Tränen des Glückes lächelt. Wie voll und weich wirkt der Gesamtklang, wie gerecht sind die Anteile auf Klavier, Cello und Violine verteilt. Tief war es Beethoven aus dem Herzen gequollen; das verrät uns eine Skizze, worauf wir das Stück auch für Klavier allein begonnen sehen. Unter den Scherzosätzen steht das Menuett: quasi allegro im c-moll-Trio obenan, das in seiner schlechtweg meisterhaften Knappheit die reizendsten und überraschendsten Einzelheiten, nicht zum wenigsten jene heiklen Klavieroktaven, einschliesst. Im gleichen Trio bringt Beethoven Variationen über ein volkstümliches und doch gehobenes Thema in wechselnden Stimmungen und straffen Formen. Namentlich der Schluss der letzten Variation mit seinen sanft auslaufenden Sechzehnteltriolen könnte nicht vollkommener sein. Ueberhaupt die Abschlüsse! Die beiden Finales im ersten und dritten Trio bringen darin kleine Wunder. Dies weiche Abschwellen und sanfte Verschwinden in dem heftigen, kraftvollen Prestissimo des c-moll-Trios ist von der bezauberndsten Wirkung, welche durch die überraschende, echt Beethovensche Modulation harmonisch unterstützt wird. Man vergleiche folgenden Uebergang vor der Coda:

Alle drei Trios sind in sich abgerundet, sind schlank und schön gebaut. Jedes umfasst vier Sätze. Die Finales sind nicht Rondi, sondern Sonatensätze mit regelrechten Durchführungen. Der Tanzsatz heisst zweimal Scherzo und nur einmal Menuett; ein wesentlicher Unterschied besteht noch nicht.

Das nächste Opus bildeten die drei Klaviersonaten, welche ebenfalls bei den Liebhabern längst bekannt waren, als sie am 9. März 1796 als erschienen angezeigt wurden. Die erste Sonate beginnt, wie das erste Trio, in ihrem Allegro alla breve mit einem bestimmten, in der Musikgeschichte damals keineswegs unbekannten Aufstieg. Der Satz wird thematisch ohne Umschweife entwickelt und hält die Gegensätze sozusagen nahe zusammen. Das im Dreivierteltakte stehende Adagio stimmt eine schluchzende Klage an, deren Text Beethoven selbst dazusetzte. Wegeler teilt ihn mit:

Mein Glück ist entflohn!
Meine Ruhe ist dahin!
Auf stürmenden Wogen
Schwankt so unstät,
So trübe mein Sinn!
Keine Seele hört mein Flehn!
Mir verschlossen jedes Herz!
Des Todesengels Wehen,
Schon fühl' ich's,
Mich tötet der Schmerz!
Nirgends Trost!
Grosse Götter!
Komm, o Tod!
Komm, o Retter!
Komm, o Freund!
Ha, bald wiegt der Klagen Nacht
(Eine Ahnung weht's mir zu)
Mich befreiend in den Todesschlaf.
Mein Glück ist entflohn!
(weiter wie oben)
Keine Hilfe! Nirgends Hoffnung!
Ach, wer rettet,
Nur der Tod befreiet mich.

In der Musik empfinden wir die Klage gemässigter, den Ausdruck gedämpft durch die wohltuenden Gesetze der einfachen Liedform. Wie voll aber klingt diese Melodie, wie bezeichnend sind die beschwichtigenden Zweiunddreissigstelgänge und die um ihren guten Taktteil betrogenen Sechzehnteltriolen. Das Menuetto allegretto lässt die Stimmung heiter ausklingen und gewinnt dann, namentlich im Trio, wieder frohere Fassung. Das Prestissimo alla breve zeigt die Pranke des Löwen.

Solch ein breites, mächtiges Finale im Alfrescostile hatte bisher niemand geschrieben. Wie linde wirkt da die langgesponnene Gegenmelodie. Der Schluss erschallt brillant und bedeutet ein Machtwort.

Die A-dur-Sonate mit ihren heiter-ausladenden Sätzen steckt zuerst, im Allegro vivace, voll Humor, voller Winke und Gedanken, wirkt im formell etwas erweiterten Scherzo allegretto leichtfüssig, leuchtend, singt sich breiter aus im gebundenen, sanglichen Trio, und gibt sich im Rondo finale als echtes „Grazioso", das in den wichtigen Seitensätzen vielfarbig schillert. Gleich nach dem Anfangssatz fesselt uns das milde, schwere und zu grossartigem Höhepunkte anschwellende Largo apassionato, dessen begleitende Staccati die Legatowirkung der Melodie noch heben und zum Schluss selbst in ein anschmiegendes Legato übergehen.

Trotz der Aufnahme von Motiven aus dem C-dur-Quintett in die letzte Sonate derselben Tonart, von denen sich allein drei im ersten Satz finden, ist diese Sonate die grösste von den dreien. Eine Stimmung, nicht nur eine Figur wie im ersten Trio oder in der ersten Sonate, türmt sich mächtig empor. Auf packende Griffe folgt dann die schmelzende Melodiegirlande über ruhigen, tragenden Achteln. In thematisch geschlossener Einheit, aber trotzdem mit entzückenden Abzweigungen, ballt sich die Durchführung zusammen, die fast fragend beginnt und dann, mit starken Klängen kurz und energisch austönend, in die Reprise mündet. Hierin wird manches ausdrücklicher als im ersten Teile gesagt, und eine vollwichtige, entzückende Kadenz führt uns zu der selbstgefälligen Coda. Das Adagio, im Hauptsatz von weicher Stimmung, wird im Zwischensatz durch romantische Synkopen unter gleichmässig dahingleitenden Zweiunddreissigsteln zu belebterem Tone gesteigert. Das ausgesprochene Scherzo allegro berührt uns flüchtig, umspannt ein breiter malendes Trio und geht dann in eine beruhigende Coda aus. In dem Allegro assai zum Schluss vereinigen sich wieder blendende Klangwirkungen und Gemütstiefe. Während das Hauptthema an frühere Meister gemahnt, wird in breiten melodischen Akkordgängen der Seitensätze Brahms vorgeahnt. Lange Trillerketten erglänzen und verraten in dieser Sonate so recht deutlich den Meister des Klaviers. In der Ankündigung des Werkes in der Wiener Zeitung vom

9. März 1796 trifft der Verleger den Nagel auf den Kopf mit den Worten: „Drei Sonaten für das Pianoforte von Herrn Ludwig van Beethoven. Da das vorige Werk dieses Herrn Verfassers, die bereits in den Händen des Publikums befindlichen drei Klaviertrios, opera 1 desselben, mit so vielem Beifall aufgenommen worden sind, so verspricht man sich das Nämliche von dem gegenwärtigen Werke, um so mehr, da es ausser dem Wert der Komposition noch auch das an sich hat, dass man aus demselben nicht nur die Stärke, die Herr van Beethoven als Klavierspieler besitzt, sondern auch die Delicatesse, mit welcher er dieses Instrument zu behandeln weiss, ersehen kann . . . ." Die Stärke, die Herr van Beethoven als Klavierspieler besitzt — ja, eben diese Stärke ist es!, die wir in den drei Sonaten verspüren, und namentlich in der dritten.

Gegenüber diesen Stücken bedeuten die Variationen über „Nel cor più non mi sento, perdute par la Signora"**, die während einer Aufführung der „Molinara" von Paisiello neben dem Meister in der Loge sass, „ritrovate par Luigi van Beethoven", nur einen freundlichen Scherz. Recht hübsch variierte er auch das Opernthema von Paisiello „Quant è più bello". Diese kleinen Werke wurden wieder Lichnowski gewidmet. Die Variationen über ein Menuett à la Vigano aus dem Haibelschen Ballett „Le nozze disturbate", das bei Schikaneder gegeben wurde, mögen auch angeführt werden. Sie beweisen uns Beethovens Theaterbesuch. Das Werkchen wurde am 27. Februar 1796 durch die Zeitungen zum Kauf angeboten. Eine Opuszahl trägt es nicht. Schliesslich sollen die „beliebten deutschen Menuetten und deutschen Tänze des Herrn Ludwig van Beethoven" nicht vergessen werden, nach denen die Mitglieder der Gesellschaft der bildenden Künste sich auf ihrem jährlichen Ball, der diesmal am 22. November (1795) stattfand, drehten und bekomplimentierten. Die Tänze waren für ein Orchester von zwei Violinen, Bass und Bläser gesetzt. In einem der Stücklein treibt das Posthorn seinen Scherz, nein, der schalkhafte Beethoven.

Das war also der Komponist, der im Mai 1795 seine Studien aufgegeben hatte, um sie nicht wieder aufzunehmen. Bei der Gesellschaft war er trotz seines oft vernachlässigten Aeussern angesehen, gewürdigt, angeschwärmt (die Gräfin Thun bat ihn einmal, auf den Knien vor ihm liegend, zu spielen), angestaunt, beneidet, angefeindet. Er dachte noch immer, nach Bonn zurückkehren zu müssen. „Sind Ihre Töchter schon gross? Erziehen Sie mir eine zur Braut; denn wenn ich ungeheiratet in Bonn bin, so bleibe ich gewiss nicht lange da," schreibt er an Simrock.

Auch in Wien gab es liebe Mädchen. Und die Liebe machte unserem Meister viel zu schaffen. „In Wien war Beethoven, wenigstens so lange ich (Wegeler) da lebte, immer in Liebesverhältnissen und hatte mitunter Eroberungen gemacht, die manchem Adonis, wo nicht unmöglich, doch sehr schwer geworden wären." An wen dürfen wir dabei denken? Auf alle Fälle an Babette von Keglevicz, spätere Fürstin von Odescalchi, der als Mädchen op. 7, als Frau das Konzert op. 15 gewidmet wurden. Sie galt als eine der „Flammen" Beethovens. Wegeler sagt sogar allgemein: „Bemerken will ich noch, dass, soviel mir bekannt geworden, jede seiner Geliebten höheren Ranges war." Beethoven kam nicht nur bei Lichnowski mit der höheren Gesellschaft in ständige Berührung; so machten sich diese Verhältnisse von selbst.

Liebe und Natur sind dauernd die Quellen für des Meisters Schaffen gewesen. Auch in diesen frühen Jahren gab er sich dem innigen Genuss der Natur hin. Wegeler bezeugt: mit der Wohnung bei Lichnowski „zugleich hatte Beethoven fast immer eine Wohnung auf dem Lande".

Alles lässt sich vortrefflich an; es ging dem jungen Meister, wie er sagen konnte, „immer besser". Er war der Schule entwachsen, als fünfundzwanzigjähriger Mann stand er gefestigt, stand er gereift da. Nicht alle hatten ihn als Komponisten verstanden, wussten ihn voll zu würdigen. Er verliess die Schule, obzwar nicht gerade mit schmeichelhaften Zeugnissen seiner Lehrer, doch als Meister. Der frühe Beethoven war schon der erste lebende Komponist.

6. Kapitel

DIE ERSTEN WIENER ERFOLGE

Mit Worten, die im „Egmont" stehen könnten, spricht Beethoven über die befürchteten revolutionären Unruhen in Oesterreich: „Es heisst, die Tore zu den Vorstädten sollen nachts um 10 Uhr gesperrt werden. Die Soldaten haben scharf geladen. Man darf nicht laut sprechen hier, sonst gibt die Polizei einem Quartier." Wir sehen hier nochmals in Seumes „Spaziergang nach Syrakus", worin er die politischen Verhältnisse in Wien folgendermassen schildert:

„Ich erinnere mich eines drolligen, halb ernsthaften, halb komischen Auftritts in einem Wirtshause, der auf die übergrosse Aengstlichkeit in der Residenz Bezug hatte. Ein alter, ehrlicher, eben nicht sehr politischer Oberstlieutnant hatte während des Krieges bei der Armee in Italien gestanden und sich dort gewöhnt, recht jovialisch lustig zu sein. Seine Geschäfte hatten ihn in die Residenz gerufen, und er fand da an öffentlichen Orten überall eine Klosterstille. Das war ihm sehr missbehaglich. Einige Tage hielt er es aus, dann brach er bei einem Glase Wein ächt soldatisch laut hervor und sagte mit recht drolliger Unbefangenheit: ‚Was, zum Teufel, ist denn das hier für ein verdammt frommes Wesen in Wien? Kann man denn hier nicht sprechen? Oder ist die ganze Residenz eine grosse Karthause? Man kommt ja hier in Gefahr, das Reden zu verlernen. Oder darf man hier nicht reden? Ich habe so etwas gehört, dass man überall lauern lässt: ist das wahr? Hole der Henker die Mummerei! Ich kann das nicht aushalten, und ich will laut reden und lustig sein.' Du hättest die Gesichter der Gesellschaft bei dieser Ouvertüre sehen sollen! Einige waren ernst, die andern erschrocken; andere lächelten, andere nickten gefällig und bedeutend über den Spass: aber niemand schloss sich an den alten Haudegen an. ‚Ich werde machen,' sagte dieser, ‚dass ich wieder zur Armee komme: das tote Wesen gefällt mir nicht'."

Die Anekdote könnte sich ebensogut auf Beethoven beziehen, da auch er sich in politischen Dingen sehr freimütig äusserte.

An eine Revolution brauchte indessen niemand zu glauben, und Beethoven glaubte auch nicht daran. Er hatte seine Oesterreicher schon kennen gelernt und kennzeichnete sie folgendermassen: „Solange der Oesterreicher noch brauns Bier und Würstel hat, revoltiert er nicht.“ Beethoven hatte Wien beurteilen und schätzen gelernt. Er gehörte jetzt nach Wien und blieb für immer in Wien. Wenn er später ans Auswandern aus den österreichischen Ländern dachte, so lag es zum grossen Teil an seinen persönlichen Zuständen und Verhältnissen, dass es ihn forttrieb. In den neunziger Jahren des 18. Jahrhunderts fühlte er sich sehr wohl in der Kaiserstadt.

Er war gesund. Von den „Kolikschmerzen, woran er häufig litt“ und gegen die Wegeler „kleine Mittel“ gab, braucht man nicht ernstlich zu reden. Das junge Genie war sich seiner Kraft bewusst. Im Tagebuch verzeichnet Beethoven die Worte: „Mut. Auch bei allen Schwächen des Körpers soll doch mein Geist herrschen. — 25 Jahre, sie sind da. Dieses Jahr muss den völligen Mann entscheiden — nichts muss übrig bleiben.“

Mit den revolutionären und kriegerischen Unruhen jener Zeit wurde Beethoven immerhin genugsam bekannt. Und da die Politik ihn beschäftigte und er alle Vorgänge im deutschen Vaterlande, wozu ja damals auch Oesterreich gehörte, eifrig verfolgte, so verwundert es nicht, dass er auch Melodien gesungen, die den Soldaten Mut einflössen sollten. Zwei frische Kriegslieder stammen von ihm: ein Abschiedsgesang „An Wiens Bürger beim Auszug der Fahnendivision des Corps der Wiener Freiwilligen von Friedelberg, in Musik gesetzt von Louis van Beethoven, dem Herrn Kommandanten des Corps, Oberstwachtmeister von Kowosdy, gewidmet vom Verfasser“, das am 15. November 1796 erschien; das andere war ein „Kriegslied der Oesterreicher von Friedelberg, in Musik gesetzt für das Klavier von Ludwig van Beethoven. Wien, den 14. April 1797“. Dies Lied galt dem „Wiener Aufgebot“, dessen Fahnenweihe am 17. April 1797 stattfand.

Wenn Beethoven sich so rasch in das Wiener Leben eingewöhnt hatte, so lag das auch wohl zum Teil daran, dass er in den Wirtschaften und bei seinen Umzügen das, was wir heute die Volksseele nennen, näher kennen gelernt hatte. Im März 1795 war er nicht mehr der Gast des Fürsten Karl von Lichnowski, denn in der Anzeige der Pränumeration auf seine Trios op. 1 gibt er an: „In Wien pränumeriert man bei dem Verfasser im Ogylsischen Hause in der Kreuzgasse hinter der Minoritenkirche Nr. 35 im ersten Stock." Dies Haus befindet sich in der heutigen Metastasiogasse. Nun schreibt ein Neffe der Komtesse Babette von Keglevicz in einem Briefe: „Die Sonate wurde von Beethoven für sie, als sie noch Mädchen war, komponiert. Er hatte die Marotte — eine von den vielen —, dass er, da er vis-à-vis wohnte, im Schlafrock, Pantoffeln und Zipfelmütze zu ihr ging und ihr Lektion gab." Die Komtesse wohnte sicher nicht in der Kreuzgasse, sondern in der Alservorstadt entweder dem Fürsten Joseph oder Karl Lichnowski gegenüber. Die Komtesse war also in der Tat eine der ersten Flammen Beethovens. Die Sonate, welche der Verliebte der Schülerin widmete, wurde vom Verleger Artaria als Opus 7 am 7. Oktober 1797 als erschienen angezeigt.

Die Sonate, welche auch die „verliebte" heisst, ist wahrlich in der glücklichsten Stunde empfangen. Das Allegro molto e con brio eilt in seiner Sechsachtelstimmung flott und kräftig dahin, nirgends, auch nicht in der Durchführung, lange verweilend, obwohl freudig alle Motive entfaltend, darum in merkwürdigen Modulationen schillernd und über Orgelpunkten spielend. Das Adagio con espressione gilt als der vollkommenste langsame Satz der bisherigen vier, ja man kann sagen, auch noch späterer Sonaten. Denn auch dort gibt es Adagiosätze, die von diesem an Innigkeit weit übertroffen werden. Darin werden in überraschender Weise lebhafte Gegensätze vereinigt. Vollendet ist die Ausdruckskraft der Bässe in der Begleitung, die in den letzten Takten dem Gehalt des Satzes erst voll zur Aussprache verhilft. Das Scherzo allegro ist ganz verliebtes Scherzen; im Trio bedecken dunklere Schatten den Himmel. Und das Presto-Finale, ein Poco allegretto e grazioso, entfaltet alle Reize lachender Augen. Es herrscht darin jenes vollkommene Gleichmass zwischen Scherz und Ernst, welches uns nicht nur mit der Welt in beglückendes Gleichgewicht setzt, sondern auch unbekümmerten Genuss verschafft.

Die Liebesanregungen haben, wie diese Sonate zeigt, Beethoven häufig in fruchtbarer Weise beeinflusst, wovon noch manches Beispiel anzuführen sein wird. Doch es gab in der Gesellschaft von Kennern noch manch' andere Anstösse zu schöpferischem Tun. Bei jenem Freitag-Morgen-Konzerte, da der Schüler seinem

Meister Haydn die diesem gewidmeten Sonaten op. 2 zum erstenmal vorspielte, war auch Graf Appony anwesend. Dieser „trug Beethoven auf, gegen ein bestimmtes Honorar ein Quartett zu komponieren, deren er bisher noch keines geliefert hatte". Aus den weiteren Worten des Grafen lernen wir die Gepflogenheiten bei solchen Verabredungen kennen. „Der Graf erklärte, er wolle das Quartett nicht wie sonst gewöhnlich ein halbes Jahr vor der Herausgabe für sich allein haben, er fordere nicht die Dedikation desselben usw." Wegeler erzählt nun dazu: „Auf meine oft wiederholte Erinnerung an diesen Auftrag machte sich Beethoven zweimal ans Werk; allein beim ersten Versuch entstand ein grosses Violintrio (op. 3), bei dem zweiten ein Violinquintett (op. 4)." In der Tat hat Beethoven den ersten Quartetten Streichtrios und ein Quintett vorausgeschickt. Wir bemerken Aehnlichkeiten zwischen dem Streichquintett op. 29 und dem ersten Beethovenschen Streichquartett op. 18,3 in D-dur. Die Verwandtschaft zwischen den Streichtrios op. 9 und den ersten Quartetten, wie besonders zwischen dem Finale aus op. 9, 3 in c-moll und demselben Satze in op. 18, 1 in F-dur, ist offenkundig. Sie wurde bisher übersehen. Das aber ist von jeher aufgefallen, dass das Quintett op. 29 sich mit den Quartetten op. 18 nicht messen kann; trotzdem jenes flott geschrieben ist, fliesst das Ensemble nicht so recht zu künstlerischer Einheit zusammen; ja, das Werk erreicht nicht einmal die Streichtrios op. 9. Da es mit dem ersten Quartett verwandt ist, muss es trotz der Opuszahl 29 als erster Versuch Beethovens gelten, jene von Appony geforderten Quartette zu schreiben. Es wurde natürlich nicht Appony gewidmet; der Graf Moritz von Fries, auch einer der ersten Gönner Beethovens erhielt es. Die Trios, der andere Vorversuch zu den Quartetten, erschienen 1798 und wurden dem Grafen von Browne zugeeignet:

„Le comte de Browne,
Brigadier en services de S. M. I. de toutes les Russies.

Monsieur,

L'auteur vivement pénétré de votre munificence aussi délicate que libérale se réjouit de pouvoir le dire au monde en vous dédiant cet oeuvre. Si les productions de l'art, que vous honorez de votre protection en connaisseur, dépendaient moins de l'inspiration du génie que de la bonne volonté de faire de son mieux, l'auteur aurait la satisfaction tant désirée de présenter au premier mécène de sa muse la meilleure de ses oeuvres."

Wegeler konnte diese Werke nur aus dem Manuskript kennen. Beethoven hat ganz gewiss noch vielfach daran gebessert.

Die drei Trios bedeuten einen entschiedenen Fortschritt gegenüber früheren Werken dieser Art, und sollten sie auch von Mozart stammen. Das Divertimento dieses Meisters erreicht nicht den Vollklang, den Beethoven mit dem leicht leer klingenden Streichtrio erzielt und der ihm so rund und schön in op. 3 selbst noch nicht geglückt war. Das c-moll-Trio klingt mit seinen vielfachen, glücklich gewählten Doppelgriffen fast wie ein Streichquartett. Das flotte, in sich abgeschlossene Presto finale des G-dur-Trios op. 9, 1 übertrifft zwar den Schlusssatz in op. 9, 3, aber das c-moll-Trio mit seinem breiten Adagio und seinem heftigen Scherzo ist im übrigen von echt Beethovenscher Grösse; man denke auch an das symphonische Gepräge des Anfangssatzes! Dies Trio war also eine rechte Vorbereitung für das Quartettensemble. Die Trios liessen bereits erkennen, dass Beethoven die gefälligen Quartette eines Gassmann, Kotzeluch, Gyrowetz und der anderen Modeschreiber, ja, selbst die wundervollen Vorbilder eines Haydn und Mozart nicht werde zu scheuen brauchen, wenn er erst mit Quartetten hervortreten würde. Allerdings hat der junge Meister und Klavierspieler sich keine Mühe verdriessen lassen, sich mit dem Quartettsatze gründlich vertraut zu machen. Auch die ersten Cellosonaten dürfen als Vorübung dazu gelten. Er schrieb sie nicht in Wien.

Der „Konzertmeister auf dem Pianoforte" unternahm nämlich 1795 eine Kunstreise nach Prag, wo er eine Akademie gab und „mit allgemeinem Beifall spielte". Christoph und Stephan von Breuning trafen ihn im Januar 1796 auf der Heimreise in Nürnberg. Allen dreien fehlte ein Wiener Pass, so wurden sie in Linz angehalten. Beethoven hielt so demokratische Reden, dass er der Polizei verdächtig schien, die freilich bald seiner „Harmlosigkeit" inne wurde.

Schon im Februar 1796 befindet sich der reiselustige Künstler wieder in Prag, von wo er seinem Bruder nach Wien schreibt. Johann oder, wie Beethoven ihn in dem Briefe noch nennt, „Nicholaus", war nämlich ebenso wie Bruder Karl (Kaspar) seit Sommer 1795 in Wien. Jener, ein „grosser schwarzer, schöner Mann und vollkommen Dandy", war in der Apotheke „Zum heiligen Geiste" am Kärntnertor Gehilfe, dieser, Karl, „klein, rothaarig, hässlich", nahm und gab Musikstunden. Ludwig unterstützte Johann mit Geld, Karl im Berufe, indem er ihm Schüler verschaffte. In dem Briefe aus Prag lesen wir, dass sich Beethoven dort durch seine Kunst Freunde erwarb und Achtung verschaffte. Auch Geld erwartete er „diesmale ziemlich". Er beabsichtigte, nach Dresden, Leipzig und Berlin weiter zu gehen. Als Geldquelle in Verlegenheiten nennt er dem Bruder Johann den Fürsten Lichnowski, der noch eine Schuld an ihn habe. Er warnt den Bruder „vor der ganzen Zunft der schlechten Weiber". Dabei denken wir vorausschauend an die Heirat, die Johann mit einer übel beleumundeten Person einging. Der Gruss im Briefe Ludwigs ist überaus herzlich und mag als Zeichen für Beethovens Güte hier stehen.

„Uebrigens wünsche ich, dass Du immer glücklicher leben mögest, und ich wünsche etwas dazu beitragen zu können. Leb' wohl, lieber Bruder, und denke zuweilen

an Deinen wahren

treuen Bruder

L. Beethoven.

Grüss' Bruder Kaspar."

Beethoven wohnte in Prag auf der Kleinseite im Goldenen Einhorn. In Prag war man sehr musikalisch; Mozart hatte dort bedeutende Erfolge mit seinen Opern Figaro, Don Juan und Titus erzielt. Beethoven erwarb sich dort ebenfalls viele Verehrer. Darunter war die Freundin Mozarts, Madame Duschek, welche am 19. November 1798 die in dieser Zeit entstandene Arie mit Rezitativ „Ah perfido, spergiuro" in Leipzig sang. Die bekannte, trotz ihrer italienischen Manier gewaltige Arie wurde einer anderen Prager Gönnerin, der Komtesse di Clari, gewidmet. Das Stück erschien 1805. In der Familie des Grafen Christian Clam-Gallas, in welche die Komtesse Clari 1797 hineinheiratete, verkehrte Beethoven ebenfalls auf das freundschaftlichste. Schon jetzt lernte er auch seinen späteren Rechtsbeistand Joseph Kanka kennen. Dessen Vater, von Beruf ebenfalls Rechtsanwalt, Joseph Kanka selbst, sowie seine Schwester Jeannette waren alle drei musikalisch. Vater und Sohn versuchten sich sogar in der Komposition.

Diesmal ging es wirklich nach Berlin, wo Beethoven eine neue Anregung auf dem Gebiet der Kammermusik empfing. Der König von Preussen, Friedrich Wilhelm II., spielte Cello und besass überdies musikalischen Geschmack; suchte er doch seinerzeit Mozart nach Berlin zu ziehen. Auch Beethoven wünschte er an den Berliner Hof zu fesseln, woraus jedoch gleichfalls nichts wurde. Der Künstler hat dem Könige seine beiden ersten Cellosonaten, op. 5, gewidmet.

Sie erschienen am 7. Februar 1797. Beide Sonaten bestehen nur aus zwei Sätzen, deren erster jedesmal durch eine stimmungsvolle langsame Einleitung vorbereitet wird. Die Wiederholung des Adagios vor dem Presto-Abschnitt gegen Schluss des ersten Satzes der F-dur-Sonate bringt einen Hinweis auf Robert Schumanns „Träumerei" in den „Kinderszenen". Der Cellopart, ausser vielleicht im Finale der ersten Sonate, ist klanglich gut behandelt. Schöne Melodien zeichnen den ersten Satz der F-dur-Sonate aus, männliche Kraft und Anmut den Hauptsatz der G-moll-Sonate; er hat eine besondere Bedeutung als erstes ausgesprochenes Scherzo im Beethovenschen Sinne. Ein Kabinettstück heiteren Humors und leichter Beweglichkeit bietet der Meister mit dem Allegro-Finale, einem Rondo im Zweivierteltakt.

Der König war in Berlin nicht der einzige Hofmann, der Verständnis für die Tonkunst und einen Meister wie Beethoven hatte. Sein Neffe Prinz Louis Ferdinand verstand sich so trefflich aufs Klavierspiel, dass Beethoven ihm das grosse Lob spendete, „er spiele gar nicht königlich oder prinzlich, sondern wie ein tüchtiger Klavierspieler". Anders erging es den Kollegen. Zwar war Beethoven wohl nicht unzufrieden mit dem Cellisten Duport, mit dem die Cellosonaten probiert wurden, aber die Kapellmeister, die an des entlassenen Reichardt Stelle standen, Righini und namentlich Himmel, konnten einem Künstler wie Beethoven nicht genügen: dieser Himmel sei ein angenehmer, eleganter Klavierspieler, „besitze ein artiges Talent, weiter aber nichts". Nachdem Himmel in dem Privatzimmer eines Kaffeehauses Unter den Linden einmal vor Beethoven eine halbe Stunde phantasiert hatte, meinte dieser: „Nun, wann fangen Sie denn einmal ordentlich an?" Bestürzung — Beschimpfung — Entzweiung. Der Streit wurde später beigelegt. Himmel rächte sich jedoch an

Beethoven, indem er auf dessen ewige Fragen nach Berliner Neuigkeiten als grösste die Erfindung einer Laterne für Blinde meldete. Beethoven machte sich zu Himmels Genugtuung durch ernste Nachfrage nach diesem erstaunlichen Werke menschlicher Erfindung zum Gegenstand des Spottes. Für wichtige technische oder wissenschaftliche Neuigkeiten blieb Beethoven übrigens stets zugänglich. Nicht aber für Klatsch; in den zahlreichen Briefen finden wir kaum etwas, was so genannt werden dürfte. Man bedenke aber, wie lange Briefe und Zeitungen damals gingen, und dass die Nachrichten, wie Beethoven sie in der „Augsburger Allgemeinen" las, sehr einseitig und örtlich bleiben mussten, dass ausserdem die Blätter nicht übermässig oft, höchstens dreimal die Woche, erschienen.

In der Berliner Singakademie bewahrte man das Andenken an Beethovens Anwesenheit. Er wurde natürlich mit den Leitern der Singakademie, Fasch und Zelter, bekannt. Der Wiener Meister hörte vom Vereine einen Choral und Faschsche Stücke, und drei Nummern aus einer sechzehnstimmigen Messe wurden ihm vorgesungen. Das geschah am 21. Juli. Fasch schreibt diese Ereignisse in Kürze so auf: „21. Juli 1796. Herr van Beethoven phantasierte vor der Davidiana (Faschsche Versetti) und nahm dazu das Fugenthema aus Psalm 119, Nr. 16. — Herr van Beethoven war so gefällig, uns eine Phantasie hören zu lassen. — 28. Juni. Herr van Beethoven war auch diesmal so gefällig, uns eine Phantasie hören zu lassen."

Beethoven phantasierte mit grossem Beifall, über den Czerny berichtet: „Seine Improvisation war im höchsten Grade brillant und staunenswert; in welcher Gesellschaft er sich auch befinden mochte, er verstand es, einen solchen Eindruck auf jeden Hörer hervorzubringen, dass häufig kein Auge trocken blieb, während manche in lautes Weinen ausbrachen; denn es war etwas Wunderbares in seinem Ausdrucke noch ausser der Schönheit und Originalität seiner Ideen, und der geistreichen Art, wie er dieselben zur Darstellung brachte. Wenn er eine Improvisation dieser Art beendet hatte, konnte er in lautes Lachen ausbrechen und seine Zuhörer über die Bewegung, die er in ihnen verursacht hatte, verspotten. ‚Ihr seid Narren,' sagte er wohl. Zuweilen fühlte er sich sogar verletzt durch diese Zeichen der Teilnahme. ‚Wer

LOUIS FERDINAND, PRINZ V. PREUSSEN

1772 – 1806

ABT VOGLER
1749—1814.

kann unter so verwöhnten Kindern leben,' sagte er. Und einzig aus diesem Grunde (wie er mir erzählte) lehnte er es ab, eine Einladung anzunehmen, welche der König nach einer der Improvisationen an ihn gelangen liess." Auch Bettinen Brentano erzählte Beethoven, die Zuhörer seien von seinem Spiel zu Tränen gerührt gewesen. Dazu meinte er denn: „Das sei es nicht, was die Künstler wünschen. Die verlangen Applaus." Beethovens Anschauung war, dass der Künstler Freude und Erhebung bringen solle und dafür frohen Beifall erwarten dürfe und nicht Tränen.

Von Berlin nahm der Meister eine mit Louisdors gefüllte goldene Dose mit; er erzählt, es sei „keine gewöhnliche Dose gewesen, sondern eine der Art, wie sie den Gesandten wohl gegeben werde". Der König von Preussen hatte sie ihm verehrt. Die Heimreise ging im Juli über Leipzig, wo Beethoven wiederum durch sein Klavierspiel, ganz besonders durch sein Stegreifspiel, Aufsehen erregte.

Nach der Rückkehr hat sich Beethoven eifrig seinen Werken gewidmet und Stunden gegeben. Erst zu Anfang des neuen Jahres trat er wieder öffentlich auf, und zwar in einem Konzert zweier Bonner Orchesterkollegen, der Vettern Andreas und Bernhard Romberg. Ihm kam wohl das Verdienst zu, dass die beiden Virtuosen, die „auch nicht ein einziges Empfehlungsschreiben hatten", in dem für Wien schlechten Konzert immerhin 3600 Gulden einnahmen. Auch am 6. April 1797 wirkte Beethoven in einem Konzert mit. Sein Geigenlehrer Schuppanzigh gab es. Madame Willmann sang als Nr. 2 eine „Arie von Herrn van Beethoven" (Ah perfido). Nr. 3 des Programms war „ein Quintett auf dem Pianoforte mit vier blasenden Instrumenten, accompagniert, gespielt und komponiert von Herrn Ludwig van Beethoven". Das Werk erreicht nicht den harmonischen Ausgleich zwischen Klavier und Bläsern, wie ihn Mozart in dem unnachahmlichen Quintett für das gleiche Ensemble erzielte. Mozart hielt auch dies Werk für sein bestes. Das Beethovensche Stück ist namentlich in den beiden ersten Sätzen und der Grave-Einleitung von Wohllaut erfüllt. Das für Beethoven ungewöhnlich klangvolle Andante cantabile ruft die Erinnerung an Mozart wach. Das muntere Rondo-Finale ist rhythmisch und harmonisch geistreich gehalten. In einem Witwen- und Waisenkonzert der Tonkünstlergesellschaft am 2. April, wozu Salieri Beethovens Mitwirkung erbeten, wiederholte Beethoven das früher schon gespielte Werk und zeichnete sich „dabei auf dem Pianoforte durch langes Phantasieren" aus, worüber Ries also berichtet: „Am nämlichen Abend spielte Beethoven sein Klavierquintett mit Blasinstrumenten. Der berühmte Oboist Ramm von München spielte auch und begleitete Beethoven im Quintett. — Im letzten Allegro ist einige Male ein Halt, ehe das Thema wieder anfängt; bei einem derselben fing Beethoven auf einmal an zu phantasieren, nahm das Rondo als Thema und unterhielt sich und die andern eine geraume Zeit, was jedoch bei den Begleitenden nicht der Fall war. Diese waren ungehalten und Herr Ramm sogar sehr aufgebracht. Wirklich sah es possierlich aus, wenn diese Herren, die jeden Augenblick erwarteten, dass wieder angefangen werde, die Instrumente unaufhörlich an den Mund setzten und dann ganz ruhig wieder abnahmen. Endlich war Beethoven befriedigt und fiel wieder ins Rondo ein. Die ganze Gesellschaft war entzückt."

Die Bearbeitung des Werkes als Quartett für Klavier, Violine und Cello stammt von Beethoven selbst und hat, obwohl natürlich tonlich etwas matter als das Original, doch auch ihre eigenen Reize.

Die Cellosonaten und das Klavierquintett zeigte der Verleger Artaria im Februar und April 1797 als erschienen an, gleichzeitig Variationen über einen russischen Tanz. Diese wurden der Gemahlin des russischen Grafen Browne gewidmet, dem die Streichtrios op. 9 zugeeignet sind. Ries erzählt dazu: „Beethoven war in vielen Sachen sehr vergesslich. Einst hatte er für die Dedikation der Variationen in A-dur Nr. 5, über ein russisches Lied, vom Grafen Browne ein schönes Reitpferd zum Geschenk erhalten. Er ritt es einige Male, vergass es aber bald darauf und, was schlimmer war, auch dessen Futter. Sein Bedienter, der dieses gar bald merkte, fing an, das Pferd für Geld zu seinem eigenen Vorteile auszuleihen und übergab, um Beethoven nicht aufmerksam zu machen, lange keine Futterrechnung. Endlich aber ward zu Beethovens grösstem Erstaunen eine gar grosse eingereicht, welche ihm plötzlich sein Pferd und zugleich seine Nachlässigkeit ins Gedächtnis zurückrief."

Aus diesen Jahren stammt auch ein Lied, welches Beethovens Beschäftigung mit der Literatur beweist. Ein Dichter, mit dem er sich eingehender befasst hat, war Friedrich von Matthison. Der Meister komponierte die „Adelaïde" und nannte das Werkchen eine „Kantate für eine Singstimme mit Begleitung des Klaviers". Auch das „Opferlied" desselben Dichters vertonte er, welches offenbar noch tieferen Eindruck auf ihn gemacht hat, denn er komponierte es viel später wieder; diesmal für Solo, Chor und Orchester. In dieser Fassung ist es als op. 121b erschienen. Auch das Gedicht „Der Wunsch" liess eine Saite des Herzens bei Beethoven anklingen:

Noch einmal möchte ich, eh' in die Schattenwelt
Elysiums mein sel'ger Geist sich senkt,
Die Flur begrüssen, wo der Kindheit
Himmlische Träume mein Haupt umschwebt.

Das Gedicht entbehrt der eigentlichen Sanglichkeit, so dass Beethoven von der Komposition Abstand nahm.

Die „Adelaïde" kann als Muster der noch immer Klopstockisch prunkhaften und empfindsamen Uebergangszeit von den Tagen des Hainbundes zu denen der Aufklärung gelten. Die Komposition entspricht ganz dem Texte. Man wird an Zelter und Reichardt erinnert und schweift doch mit Beethoven in eine aufrichtigere Welt ab. Beethoven widmete das Lied dem Dichter und schrieb ihm 1800: „Sie erhalten hier eine Komposition von mir, welche bereits schon einige Jahre im Stich heraus ist, und von welcher Sie vielleicht zu meiner Scham garnichts wissen. Mich entschuldigen und sagen, warum ich Ihnen etwas widmete, was so warm von meinem Herzen kam, und Ihnen gar nichts davon bekannt machte, das kann ich nicht. Vielleicht dadurch, dass ich anfänglich Ihren Aufenthalt nicht wusste, zum Teil auch wieder meine Schüchternheit, dass ich glaubte, mich übereilt zu haben, Ihnen etwas gewidmet zu haben, wovon ich nicht wusste, ob es Ihren Beifall hätte. Zwar auch jetzt schicke ich Ihnen die ‚Adelaïde' mit Aengstlichkeit. Sie wissen selbst, was einige Jahre bei einem Künstler, der immer weiter geht, für eine Veränderung hervorbringen; je grössere Fortschritte in der Kunst man macht, desto weniger befriedigen einen seine älteren Werke. — Mein grössester Wunsch ist befriedigt, wenn Ihnen die musikalische Komposition Ihrer himmlischen ‚Adelaïde' nicht ganz missfällt, und wenn Sie dadurch bewogen werden, bald wieder ein ähnliches Gedicht zu schaffen; und, fänden Sie meine Bitte nicht unbescheiden, es mir sogleich zu schicken, und ich will dann alle Kräfte aufbieten, Ihrer schönen Poesie nahezukommen. — Die Dedikation betrachten Sie teils als ein Zeichen des Vergnügens, welches mir die Komposition Ihrer ‚Adelaïde' gewährte, teils als ein Zeichen meiner Dankbarkeit und Hochachtung für das selige Vergnügen, was mir Ihre Poesie überhaupt immer machte und noch machen wird."

Beethoven war also damals von seiner „Adelaïde" weniger befriedigt. Der Dichter dachte anders darüber: „Mehrere Tonkünstler beseelten diese kleine lyrische Phantasie durch Musik; keiner aber stellte nach meiner innigsten Ueberzeugung gegen die Melodie den Text in tiefere Schatten als der geniale Ludwig van Beethoven in Wien." So Matthison in einer Anmerkung zu seinen Gedichten.

Im öffentlichen Spiel hatte sich Beethoven nun genügend in der Gunst des musikalischen Publikums befestigt. Noch ein Konzert, in dem er mitwirkte, ist zu erwähnen; die von Prag her ihm befreundete Madame Duschek gab es am 29. März 1798. Man kannte den Klavierspieler allmählich; nicht alle waren ihm jedoch grün. Wir gedenken seiner Worte: „Einige der Pianisten sind meine Todfeinde." Es gab noch öfter solche Wettkämpfe wie mit dem Abbé Gellinek, so einmal mit Joseph Wölffl. Tomaschek in Prag schreibt:

„Ein Klavierspieler, der sechs Fuss in der Länge misst, dessen Finger ungeheuer lang, eine Spannung von einer Terzdezime ohne alle Anstrengung ausführen, der noch dazu so mager ist, dass an ihm alles wie an einer Vogelscheuche klappert, der mit der unglaublichsten Leichtigkeit mit einem zwar schwachen, jedoch einem netten Anschlag alle Schwierigkeiten, für andere Klavierspieler Unmöglichkeiten, vollführt, ohne die ruhige Haltung des Körpers dabei zu verlieren, der oft ganze Stellen in mässig bewegtem Tempo mit einem und demselben Finger, wie in dem Andante der Mozart'schen Phantasie die lange in Sechzehnteln fortgehende Stelle im Tenor, zu binden weiss, — ein solcher Klavierspieler ist wohl einzig in seiner Art zu nennen."

Er fährt weiterhin fort:

„Wölffl's eigentümliche Virtuosität abgerechnet, hatte sein Spiel weder Licht noch Schatten. Es mangelte ihm männliche Kraft ganz und gar, daher es kommen möchte, dass sein Spiel nicht in das Innere des Menschen drang, sondern das Gymnastische daran zur Bewunderung hinriss."

Dieser gewandte Pianist musste von Beethoven aufs Haupt geschlagen werden. In dem höchst spannenden Wettkampf wurde Wölffl so beurteilt:

„Wölffl, in Mozarts Schule gebildet, bleibt immerdar sich gleich: nie flach, aber stets klar und eben deswegen der Mehrzahl zugänglicher; die Kunst diente ihm bloss als Mittel zum Zwecke, in keinem Falle als Prunk- und Schaustück trockenen Gelehrtentums. Stets wusste er Anteil zu erregen und diesen unwandelbar an den Reihengang seiner wohlgeordneten Ideen zu bannen."

Ueber Beethoven dagegen hiess es:

„Im Phantasieren verleugnete Beethoven schon damals nicht seinen mehr zum Unheimlich-Düsteren sich hinneigenden Charakter; schwelgte er einmal im unermesslichen Tonreich, dann war er auch entrissen dem Irdischen; der Geist hatte zersprengt alle beengenden Fesseln, abgeschüttelt das Joch der Knechtschaft und flog siegreich jubelnd empor in lichte Aetherräume; jetzt brauste sein Spiel dahin gleich einem wildschäumenden Katarakte, und der Beschwörer zwang das Instrument mitunter zu einer Kraftäusserung, welcher kaum der stärkste Bau zu gehorchen imstande war; nun sank er zurück, abgespannt, leise Klagen aushauchend, in Wehmut zerfliessend: — wieder erhob sich die Seele, triumphierend über vorübergehendes Erdenleiden, wendete sich nach oben in andachtsvollen Klängen und fand beruhigenden Trost am unschuldsvollen Busen der heiligen Natur. — Doch wer vermag zu ergründen des Meeres Tiefe? Es war die geheimnisreiche Sanskritsprache, deren Hieroglyphen nur der Eingeweihte zu lösen ermächtigt ist!"

Im Jahre 1798 ging Beethoven nochmals nach Prag und spielte zuerst sein C-dur-Konzert und dann das in B-dur in neuer Bearbeitung. Ausserdem phantasierte er, wie ein Ohrenzeuge berichtet, über das Thema „A tu fosti il primo oggetto" aus Titus. Tomaschek, der darüber schreibt, wurde auf eine „ganz fremdartige Weise erschüttert"; ja, „fühlte sich im Innersten gebeugt". Er bekennt, dass er „seit Mozarts Tode, der immer noch das non plus ultra bleibe, diese Art des Genusses nirgends in dem Masse gefunden habe, in welchem sie ihm bei Beethoven zuteil ward". Als er Beethoven zum drittenmal hörte, fand er in dessen Phantasien „kühne Absprünge", die auch wohl seine „grossartigsten Tonwerke schwächen". Das heisst nichts anderes, als: Tomaschek war nicht imstande, Beethoven zu begreifen.

Nach seiner Rückkehr von Prag konzertierte Beethoven auch wieder in Wien, und zwar spielte er am 27. Oktober in Schikaneders Theater ein Klavierkonzert; wahrscheinlich die neue, in Prag beendigte, Bearbeitung des B-dur-Konzerts.

Andere Musiker nahmen nunmehr seine Werke in ihre Programme auf. Schuppanzigh spielte am 5. November ein Adagio. Bei sich musizierte Beethoven mit dem berühmten Kontrabass-Virtuosen Dragonetti im Frühjahr 1799; dieser spielte dem Komponisten die zweite Cellosonate so zu Dank, dass Beethoven ihn samt Kontrabass stürmisch umarmte.

Einen nicht unbedeutenden Einfluss auf Beethoven hatte der Klavierspieler John B. Cramer, der 1799 nach Wien kam, um in Wien die neue Musik kennen zu lernen. Cramer spielte sauber und zart. In seinen bekannten Etuden bewährte er reinen Geschmack; Beethoven anerkannte das und hat die Etuden im Unterricht vielfach benutzt. Er gestand sogar, dass er Cramers Anschlag dem aller anderen Pianisten vorziehe. Ries erzählt: „Unter den Klavierspielern lobte er nur einen als ausgezeichneten Spieler: John Cramer. Alle andern galten ihm wenig." Cramer hat wiederum Beethoven geschätzt und erklärte, dieser sei, „wenn nicht der erste, doch einer der ersten und bewunderungswürdigsten Klavierspieler." Beide Künstler kamen in der Verehrung Mozarts überein; als sie bei der Promenade im Augarten einmal Mozarts c-moll-Konzert hörten, blieb Beethoven stehen und sagte: „Cramer, Cramer, wir werden niemals imstande sein, etwas Aehnliches zu machen." Weil aber Beethoven sich etwas aus Cramer machte, entstand zwischen beiden eine Spannung, als Cramer in Gesellschaft eigene Werke aus dem Manuskript vortrug, während Wölffl und Beethoven im besten Einvernehmen miteinander blieben; Beethoven gab nicht viel auf Wölffl. Dieser widmete dem grösseren Meister sogar seine Sonate op. 7.

Für viele, so auch für Cramer, war Beethoven zu rauh. Cramer tadelte das Ungestüm auch an Beethovens Spiel und an dessen Werken. Er liebte nicht „das unregelmässige Wiedergeben einer und derselben Komposition, heute geistreich und voll charakteristischen Ausdrucks, morgen aber launenhaft bis zur Unklarheit, oft verworren". Und darum konnte sich Cramer, der ausgesprochene Liebhaber Händels und Bachs, nicht so recht mit den nach seinem Gefühl bizarren, sprunghaften Werken Beethovens befreunden. Trotzdem erkannte er mit sicherem Blick die Bedeutung der Trios op. 1 von Beethoven: „Das ist der Mann, der uns für den Verlust Mozarts trösten wird," konnte aber doch wieder spöttisch zu seinem Schüler, dem jungen Musiker Potter, sagen: „Wenn Beethoven sein Tintenfass über ein Stück Notenpapier ausschüttete, so würden Sie es bewundern." Mosel traf in Schmidts Wiener Musikzeitung den Nagel auf den Kopf, wenn er schrieb: Beethoven stellte alle Pianisten durch die „erhöhte Kraft und das sprühende Feuer" seines Spiels in den Schatten, und seine Phantasien „zogen durch den Strom der dahinrauschenden originellen Ideen alle Kunstfreunde unwiderstehlich an".

Das Ebenmass und die Abgeklärtheit eines Mozart waren vorüber. Beethoven brachte die grosse Revolution in die Musik. Er ward ihr Napoleon.

Diese von unverbrauchter Kraft erfüllte Natur musste sich ungebärdig geben. Man hielt sich in höheren Kreisen öfters über Beethovens „etwas hohen Ton" auf. Der emporstrebende Künstler brachte es fertig, dem Fürsten Lobkowitz zu erklären: „Mit Menschen, die keinen Glauben und kein Vertrauen zu mir haben, weil ich dem allgemeinen Rufe noch unbekannt bin, kann ich keinen Umgang haben." Freilich musste und konnte ein Genie so antworten, war doch der junge Meister ganz Sturm und Drang. Er bildet in der Musik die Parallelerscheinung zu jenen Stürmern und Drängern der Dichtung. Der Geist der Form führte ihn jedoch zu anderen Zielen, und der Geist der Pflicht zu jener die Zeit beherrschenden Tugendlehre.

Wie Beethoven sich im einzelnen betrug, mag Schindler erläutern. Er sagt: „Dass unser Tondichter in gemischten Kreisen ein ebenso zurückhaltendes, oftmals steifes, künstlerstolzes Benehmen zu beobachten pflegte, als er wiederum in vertraulichem Verkehr drollig, aufgeweckt, zuweilen sogar schwatzhaft gewesen und es liebte, alle Künste des Witzes und der Sarkasmen spielen zu lassen, dabei er jedoch nicht immer Klugheit verraten, insbesondere in politischen Dingen und sozialen Vorurteilen. Diesem wussten beide (Cramer und Cherubinis Frau) noch manches über seine Ungeschicklichkeit im Anfassen von Gegenständen, als Gläser, Kaffeegeschirr und dergleichen hinzuzufügen, wozu Meister Cherubini mit dem Refrain ‚toujours brusque' den Kommentar lieferte."

Am natürlichsten gab sich Beethoven unter seinesgleichen; wenn im „Kamel" roter Wein gekneipt wurde. Wie ausgelassen es zuging, wenn „musiziert, soupiert, punschiert etc." wurde, kann man sich denken. Beethoven war übrigens mässig im Trinken. „Wenn das Gespräch auf Zoten und dergleichen kam, beteiligte sich Beethoven nicht." Daraus darf man nicht den Schluss ziehen, der junge Brausemut und Freund aller schönen Frauen sei platonisch liebend durch die Welt gegangen. Noch hatte er keinen Grund, trübe in diese Welt zu sehen. Er war sich seiner Ueberlegenheit bewusst, genoss das Dasein und „liess gegen jeden anderen seine Ueberlegenheit fühlen".

Unzweifelhaft stand in hohen und niedrigen Kreisen um Beethoven die Musik im Mittelpunkt der Gespräche, und eben auf diesem seinem eigensten Gebiete hat Beethoven die Berufsgenossen von oben herab behandelt. Technische Bedenken der Musiker beachtete er kaum mehr. Als der Cellist Kraft meinte, eine Stelle liege nicht in der Hand, erklärte Beethoven kurz: „Muss liegen." Der Meister erkundigte sich bei Autoritäten, und wenn diese eine Passage gutgeheissen hatten, so kamen Bedenkliche übel an: „Ei was, die können es, und ihr müsst es können." „Die Komponisten waren damals gegen Beethoven, den sie nicht verstanden, und der ein böses Maul hatte." Mit Beethoven war nicht leicht auszukommen. Scharf tritt seine Wahrheitsliebe hervor; und sein ideales, sittliches Streben weist jene damals allgemeinen, übertriebenen Züge auf. Ganz Beethovens Art verrät der Ukas an Hummel: „Komme er nicht mehr zu mir! Er ist ein falscher Hund, und falsche Hunde hole der Schinder. Beethoven." Am folgenden Tage schon folgte die Versöhnung, da Beethoven sein Unrecht eingesehen; und Hummel ist wieder ein „ehrlicher Kerl, der Herzensnatzerl, und wird von Mehlschöberl Beethoven geküsst". Beethoven hat sich selbst gekannt und treffend beurteilt, wenn er in das Stammbuch eines Nürnberger Freundes schreibt: „Ich bin nicht schlimm — heisses Blut — ist meine Bosheit — mein Verbrechen Jugend, schlimm bin ich nicht, schlimm wahrlich nicht; wenn auch — oft wilde Wallungen mein Herz verklagen, mein Herz ist gut. —" (22. Mai 1793.)

Unter den Musikern zählten ausser Haydn, Albrechtsberger, Salieri und Schuppanzigh natürlich die Quartettspieler Sina, Weiss, sowie Vater und Sohn Kraft zu den Bekannten Beethovens; dazu die Sänger Vogl und Kiesewetter, jener durch seine Propaganda für Schuberts Lieder, dieser durch musikgeschichtliche Schriften bekannt, dann Gyrowetz, den Beethoven einen „Miserabilis" nennt; ferner die Kapellmeister Weigl und Eybler, sowie der Kammermusikkomponist Förster, von dem Beethoven noch einiges lernen sollte. Wenn der Meister die Kenntnis der Streichinstrumente und ihrer Technik den Schuppanzigh, Weiss und Genossen, der „jungen und alten Kraft", wie er sich ausdrückte, verdankte, mit denen er ja von seinen frühesten Wiener Tagen an musizierte, so hat er sich weiteres von Wenzel Krumpholz angeeignet, bei dem er sogar eine Zeitlang Geigenunterricht nahm. Die Klarinettentechnik erklärte ihm Joseph Friedlowski, und in reger und enger Beziehung stand er auch mit dem bekannten Hornisten Johann Wenzel Stich, der sich italienisiert Giovanni Punto nannte. Karl Scholl schliesslich weihte ihn in die Geheimnisse der Flöte ein. Zu den Künstlerinnen, welche tiefen Eindruck auf den jungen Meister machten, gehörte die ihm schon von Bonn befreundete vortreffliche Sängerin Magdalena Willmann, die an der Wiener Hofoper angestellt war. Beethoven machte ihr sogar einen Heiratsantrag, mit dem er freilich abgewiesen wurde, „weil er so hässlich war und halb verrückt". Die Willmann heiratete 1799 Herrn Galvani und starb schon 1801.

Launig verkehrte Beethoven mit seinen Freunden; er hatte seinen „Narren" Krumpholz und nannte den dicken, vergnügten Esser und flotten Zecher Schuppanzigh Mylord Falstaff oder Falstafferl. Weit mehr Namensauszeichnungen musste sich Baron Zmeskall von Domanowecz, ein Hofkonzipist und guter Cello-Dilettant, gefallen lassen. Er wird als „Liebster Baron Dreckfahrer", „Fressgraf", „Herrn von Zmeskalls Zmeskalität" usw. angeredet. Er scheint ebenso wie Krumpholz eine unbewusste Ahnung von Beethovens Grösse gehabt zu haben. Denn er hat dem Meister zeitlebens, vornehmlich aber in den ersten zwanzig Jahren des Wiener Aufenthaltes, immerfort redlich in allen Verhältnissen des Lebens mit rührender Anhänglichkeit beigestanden, man möchte fast den Ausdruck gebrauchen: treu gedient. Er schnitt ihm die Gänsefedern, lieh ihm Geld, besorgte Wein, mietete Diener — kurz, nahm sich brüderlich seiner an und förderte den Meister ausserdem musikalisch. Denn bei den privaten Aufführungen der Beethovenschen Werke war er oft der Retter in der Not, wenn kein anderer Cellist zur Verfügung stand. Er hat selbst ein paar Quartette geschrieben, über die man nicht spricht, da auch Beethoven sie keiner Silbe würdigt. Bei sich veranstaltete er Morgenkonzerte; bei ihm fand manches Werk Beethovens zum erstenmal den Weg in die Köpfe und damit in die Musikwelt. Zmeskall hat alle jene Zettel Beethovens an ihn, man möchte es Telegramme nennen, sorgfältig aufbewahrt und zum grossen Teil genau datiert.

Eine innigere Freundschaft voll romantischen Gefühls verband Beethoven mit einem jungen Theologen aus Kurland, Karl Amenda. Dieser kam, ein Jüngling fast gleichen Alters mit Beethoven, nur um ein Jahr jünger, im Frühling 1798 nach Wien, wo er sich als Vorleser des Fürsten Lobkowitz und dann als Musiklehrer in Mozarts hinterbliebener Familie nützlich machte. Durch sein Geigenspiel an einem Quartettabend bei einem der Kunstgönner gewann er sich Beethovens Herz. Beethoven bewies ihm das auf eine besonders sinnige Art, indem er „dem lieben Amenda" die ursprüngliche Niederschrift seines Quartetts op. 18, 1 schenkte; „als ein kleines Denkmal unserer Freundschaft". Amenda „besass eine vorzügliche Gabe der Rede", die er in seinen späteren Stellungen als Geistlicher gut gebrauchen konnte. Beethoven hat einige Schreiben an ihn gerichtet, die wir noch dem Wortlaute nach kennen lernen werden.

In den Briefen Beethovens kommen auch die Namen zweier trefflicher Dilettanten auf der Violine vor, deren vollendete Kunst sie befähigte, an den Quartettabenden der vornehmen Welt erfolgreich mitzuwirken: Heinrich Eppinger und Hering, seines Zeichens Kaufmann und Bankier. Eppinger veranstaltete auch eigene Musikaufführungen.

Von den Gönnern Beethovens nennen wir noch den Grafen Moritz Lichnowski, den Bruder des Fürsten Karl und gleich diesem aus Mozarts Schule hervorgegangenen Klavierspieler, der dauernd mit Beethoven befreundet blieb.

Von den Frauen, die in Beethovens ersten Wiener Jahren seine Kreise berührten, haben wir die Komtesse Babette von Keglevicz schon kennen gelernt. Christine Gerhardi besass eine schöne Stimme und sang oft im Hause des Professors Peter Franck. Sein Sohn Dr. Joseph Franck führte sie am 20. August 1798 heim.

Solange das junge Paar in Wien lebte — es verliess die Stadt 1804 —, stand es in lebhaftem Verkehr mit Beethoven. Der junge Franck komponierte selbst. Beethoven hat diese Versuche des jungen Arztes durchgesehen. Die Sängerin begleitete Beethoven öfter zum Gesang. Drei Briefe des Meisters bezeugen das freundschaftliche Verhältnis zu der Dame. Der zweite beginnt „Liebe Christine!“ und endigt drastisch: „Adie, hol Sie der Teufel.“ Der dritte Brief betrifft das Konzert vom 30. Januar 1801, in dem die nunmehrige Frau Franck mitwirkte. Gewidmet hat ihr Beethoven nichts, trotzdem sie als eine seiner „Flammen“ galt.

Das Rondo in G-dur, welches als op. 51, 2 im September 1802 erschien, wurde der Schwester des Fürsten Karl Lichnowski Henriette, gewidmet, nachdem es vorher für die Schülerin Giulietta Guicciardi bestimmt gewesen. Das anmutige Stück wird noch heute von Pianisten, die den zarteren Beethoven lieben, gern gespielt.

Wir müssen die Liste der Widmungen und dabei gleich einige Werke näher ansehen. Die Trios op. 1 bekam, wie wir hörten, Fürst Karl Lichnowski, die drei Sonaten op. 2 Haydn, das als op. 3 erschienene Streichtrio wurde niemand zugeeignet, das Quintett op. 4 nach dem Oktett für Blasinstrumente (herausgegeben als op. 103), eine Bearbeitung voll selbständiger Reize, erhielt Graf Fries. Von der Dedikation jener zwei Cellosonaten op 5 an den König Friedrich Wilhelm II. von Preussen wissen wir schon. Unbenannt steht op. 6 da, eine zweisätzige Sonate für Klavier zu vier Händen. Die „verliebte Sonate“ op. 7 trägt den Namen der Gräfin Babette von Keglevicz. Die Serenade in B-dur, op. 8, für Violine, Viola und Violoncell, welche in der Wiener Zeitung vom 7. Oktober 1797 als erschienen angezeigt wurde, ist niemand gewidmet. Sie gehört zu den echten Serenaden mit ihrer ungezwungenen Folge von Sätzen und wird von Musikern sehr geschätzt, besonders ihres ansprechenden Charakters wegen, der sich schon in den Namen der Sätze ankündigt: Marcia, Menuett, Allegretto alla polacca. Namentlich dieser letzte ausgelassene Satz gefällt dem spielenden Publikum. Die drei Streichtrios op. 9 sind dem Grafen Browne zugeeignet. Der Gemahlin dieses „ersten Mäzens“ ,Gräfin von Browne, widmete Beethoven die drei Sonaten op. 10 in c-moll, F-dur und D-dur und jene mit dem Geschenk eines Reitpferdes belohnten Waldmädchenvariationen über einen russischen Tanz.

Auf die drei Sonaten op. 10 wurde vom Verleger wieder eine Pränumeration eröffnet, die er am 7. Juli 1798 in der Wiener Zeitung bekannt gab. In den Skizzenbüchern, in welche Beethoven seine Gedanken, wo er stand und ging, einzutragen pflegte, finden wir einiges zur Entstehungsgeschichte dieser Sonaten vor. „Zu den neuen Sonaten ganz kurze Menuetten." Nur die zweite und dritte Sonate in F-dur und D-dur enthalten ein Menuett; und nur in der dritten ist es so bezeichnet, was insofern von Interesse ist, als die erste Sonate ursprünglich ein „Intermezzo" erhalten sollte. In dem Skizzenbuche von 1797 heisst es: „Intermezzo zur Sonate aus c-moll". Die Bezeichnung Intermezzo hatte eine besondere Bedeutung, denn Beethoven bemerkt: „durchaus so ohne Trio nur ein Stück". Dies war schon der zweite Versuch, das gewünschte Intermezzo zu gewinnen. Schliesslich blieb es fort, genau wie ein Presto, das auch zuerst zu der Sonate gehörte. Beide Stücke sind als „Bagatellen" bekanntgeworden.

So sieht man in den Skizzenbüchern, wie die künstlerische Arbeit vor sich geht, wie Einfälle kommen und gehen, und wie der Kunstverstand diese Einfälle ordnet, prüft, ändert, feilt, umgestaltet, kurz: meistert. Natürlich bieten die Skizzen dem Historiker willkommene Anhaltspunkte, um die Entstehungszeit der einzelnen Werke zu bestimmen, einen Vorteil, der hinter dem grösseren Gewinne zurücktritt, uns einen Einblick in die künstlerische Werkstatt Beethovens zu gewähren. Beethoven arbeitet an verschiedenen Kompositionen zugleich: „So wie ich jetzt schreibe, mache ich oft drei, vier Sachen zugleich." Aber natürlich fallen überall Splitter ab; er holt alte Ideen aus der Bonner Zeit hervor, die er teils nur anklingen lässt, teils auf eine andere Weise verarbeitet, oder er schreibt Vorläufer von neuen oder auch Trug-Ideen auf. Dazwischen erscheint einmal eine nur wenige Takte umfassende Notiz, welche sich auf eine Komposition der Schillerschen Hymne „An die Freude" bezieht. Wir erblicken darin schon das zweite Zeichen dafür, wie lebhaft und andauernd Beethoven der Gedanke an eine Komposition dieses Textes beschäftigte; das deutlichste Beispiel, wie Beethoven seine Ideen und Werke reifen liess; wie Pflanzen wachsen, so entwickeln sie sich stet und sicher. Wenn Beethoven über eine Stelle „meilleur" schreibt, so behält dies immer recht; die neue Wendung ist stets die bessere.

Doch zurück zu den drei Sonaten op. 10. Sie stechen hervor durch den geflügelten Geist ihrer Presto- und Prestissimosätze. Die beiden ersten Sonaten enden mit solchen. Das Prestissimo-Finale der ersten hat trotz Beethovenscher Herbheit in seinen reichen Gestaltungen Mozartsche Leichtigkeit, während in dem Presto der zweiten mehr Beethovenscher Humor steckt, was schon die anmutigen durchlaufenden Staccati anzeigen. Von romantischem Reiz, den nur die Sforzati verleugnen, ist das milde Allegretto der F-dur-Sonate mit seiner im Mittelsatz sich verdunkelnden Dämmerstimmung, welche doch die Umrisse der wohlig-geformten Melodie nirgends verschluckt. Nur die dritte Sonate hat vier Sätze und könnte schon wegen des bedeutend ausgebauten ersten Satzes mit Recht eine „grosse Sonate" heissen. Weiter und breiter dehnt hier der Aar seine Schwingen aus; schon das feurig emporsteigende Motiv deutet mit seiner Fermate grosse Dinge an. Harmonische Labyrinthe, sprechende Uebergänge, eine hochbedeutende Durchführung überraschen uns, und mit einer vielsagenden Coda, die einen Ausblick auf Schumann eröffnet, endet der Satz. Nun setzt mit vollem Takt das grösste und tiefste Adagio ein, das Beethoven bis dahin geschrieben. Klingt da in dem Largo e mesto nicht eine tiefe Trauer an? Wälzt sich nicht aus den Tiefen etwas unendlich Schmerzliches heran?

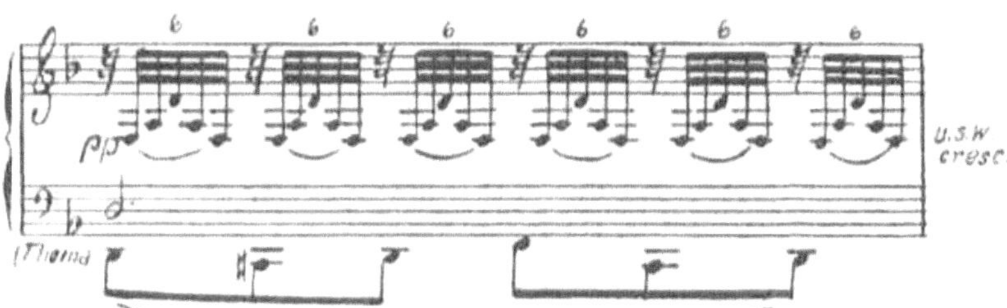

— Wir hören aus diesem Stück die erste musikalische Klage über die hereinbrechende Taubheit. Doch in einem ausserordentlich bestrickenden Menuett lächelt Beethoven schon wieder und beschwichtigt die Trauer des Largo und den kleinen Sturm des Trio. Ein in lebhaftesten Farben wechselndes Rondo mit weichen Haupt- und Zwischensätzen rundet die Sonate zu einem voll befriedigenden Kunstwerk, das neben der unglaublichsten Versenkung auch schönste Erhebung spendet.

Opus. 11, ein Trio in B-dur für Pianoforte, Klarinette (oder Violine) und Violoncell, gewidmet der Gräfin Thun, der Mutter des Fürsten Karl Lichnowski, wurde am 18. Oktober 1797 zuerst aufgeführt und am 3. Oktober 1798 in der Wiener Zeitung als erschienen angekündigt. Dieses flotte, trotz seiner Knappheit konzertierende Werkchen, das den Titel „grand Trio" erhielt, fesselt schon durch die schöne Gegensätzlichkeit seiner drei Teile. Das Allegro con brio zeigt Beethovens grössere theoretische Gewandtheit, das Adagio taucht sich in italienischen Wohllaut und verschwimmt gegen Schluss sogar in einer Smorzandowendung des Klaviers. Das Finale bietet Variationen über ein Allegrettothema aus Weigls Oper „L'amor marinaro" zum Text „Pria ch' io l'impegno". Hierin spricht Beethoven mit Witz und Humor, aber doch auch mit Innigkeit; so besonders in Variation 8. Die Leipziger Allgemeine Musikalische Zeitung liess sich also über das Trio vernehmen: „Dies Trio, das stellenweise eben nicht leicht, aber doch fliessender als manche andere Sachen vom Verfasser ist, macht auf dem Fortepiano mit der Klavierbegleitung ein recht gutes Ensemble. Derselbe würde uns bei seiner nicht gewöhnlichen harmonischen Kenntnis und Liebe zum ernsten Satze viel Gutes liefern, das unsere faden Leiersachen von öfters berühmteren Männern weiter hinter sich zurückliesse, wenn er immer mehr n a t ü r l i c h als gesucht schreiben wollte."

Man hat angenommen, dass Beethoven im Geiste der Zeit mit seinen Widmungen Geldabsichten verknüpfte und um Vorteile buhlte. Dann würden also die drei Sonaten op. 12, die Anton Salieri gewidmet sind, der beste Beweis dafür sein, dass der junge Komponist von des Hofkapellmeisters Bereitwilligkeit, weniger bemittelten Schülern umsonst Unterricht zu erteilen, für sich Gebrauch gemacht hat.

Opus 12 bietet uns die ersten Violinsonaten Beethovens. Sie wurden am 12. Januar 1799 als erschienen angezeigt. Das erste Allegro con brio zeigt ein schönes, eigentümlich durchbrochenes Thema, das sich in Tonleitergänge auflöst. Es folgt eine kurze Periode in F-dur, die mehr eine Ueberleitung als eine Durchführung heissen darf; dann beginnt die regelrechte Reprise. Das Thema con variazioni bringt in seinen vier Wandlungen Anmut, heiteres Spiel, Mut und zarte Wehmut zum Ausdruck. In allen drei Sätzen, sonderlich aber im Rondo finale, beweist Beethoven seine rhythmischen Eigen- und Feinheiten; das mutwillige Betonen des zweiten Achtels im Sechsachteltakt fällt auf. Der Satz hat, in der Mitte wieder schwärmerisch nach F-dur ausweichend, etwas Festliches.

Die beiden Elemente: durchbrochene Architektur und verschobene Rhythmen, bilden aus dem Allegro vivace der zweiten Sonate ein zierliches Stück, dessen gebrochene Sekundengänge an die Koloraturen italienischer Sänger erinnern. Auch das Andante piuttosto allegretto im Zweidritteltakt ist ein anmutiges Aquarellstück, dessen sanfte Stimmung zwischen Freud und Leid schwankt. Das Allegro piacevole, durch das wieder eine Periode in anderer Tonart (D-dur in A-dur) durchläuft, beschliesst das Werk in heiterem Dreitakt, gemütvoll und nicht zu prunkhaft, so dass der Titel „Haussonate" diesem Werke wohl ansteht.

Die Es-dur-Sonate darf man unter ihren Geschwistern die technische nennen. Ueberall muntere Sechzehntelsprünge, fliessende Sextolengänge, im ganzen wieder die Faktur der Themen und Noten durch Pausen hervorgehoben — kurz, Atemkunst; die Durchführung diesmal mehr als blosser Uebergang oder nur Rückführung. Das Adagio con molt' espressione bringt ein weiches Portamento in süssester mezza voce, die perdendosi geführt werden muss. Sanfter Aufschwung beschliesst den Satz. Das Rondo finale darf als einer der gelungensten Sätze Beethovens gelten. Diese Einheitlichkeit und Verschiedenheit zugleich, wie sie die Haupt- und Zwischensätze zeigen, findet sich selbst bei Beethoven selten wieder. Dabei ist die ganze Ausführung erfüllt von der Allegro molto-Idee, nirgends fühlen wir ein Erlahmen; das Stück hält sich prickelnd bis zum Schluss. In der zweiten Ablenkung vom Hauptthema wurde Schuberts Rondo brillant vorgebaut; dies Rondo Beethovens gehört überhaupt zu den wenigen Stücken, die der Ueberlieferung getreu zwischen Mozart und Schubert stehen: jenen verehrend, diesen verkündend.

Auch über diese Werke verbreitete sich die Leipziger Allgemeine musikalische Zeitung: „Rezensent, der bisher die Klaviersachen des Verfassers nicht kannte, muss, nachdem er sich mit vieler Mühe durch diese ganz eigene, mit seltsamen Schwierigkeiten überladene Sonate durchgearbeitet hat, gestehen, dass ihm bei dem wirklich fleissigen und angestrengten Spiele derselben zumute war wie einem Menschen, der mit einem genialen Freunde durch einen anlockenden Wald zu lustwandeln gedachte und, durch feindliche Verhaue alle Augenblicke aufgehalten, endlich ermüdet und erschöpft ohne Freude herauskam. Es ist unleugbar, Herr van Beethoven geht einen eigenen Gang: aber was ist das für ein bizarrer, mühseliger Gang? Gelehrt, gelehrt und immerfort gelehrt und keine Natur, kein Gesang! Ja, wenn man es genau nimmt, so ist es auch nur gelehrte Masse ohne gute Methode; eine Sträubigkeit, für die man wenig Interesse fühlt; ein Suchen nach seltener Modulation, ein Ekeltun gegen gewöhnliche Verbindungen, ein Anhäufen von Schwierigkeit auf Schwierigkeit, dass man alle Geduld und Freude verliert. Schon hat ein anderer Rezensent beinahe dasselbe gesagt, und Rezensent muss ihm vollkommen beistimmen.

Unterdes soll diese Arbeit darum nicht weggeworfen werden. Sie hat ihren Wert und kann insonderheit als eine Schule für bereits geübte Klavierspieler von grossem Nutzen sein. Es gibt immer manche, die das Ueberschwere in der Erfindung und Zusammensetzung, das, was man widerhaarig nennen könnte, lieben. Und wenn sie diese Sonate mit aller Präzision spielen, so können sie neben dem angenehmen Selbstgefühl immer auch Vergnügen an der Sache selbst empfinden. — Wenn Herr van Beethoven sich nur mehr selbst verleugnen und den Gang der Natur einschlagen wollte, so könnte er bei seinem Talente und Fleisse uns sicher recht viel Gutes für ein Instrument liefern, dessen er so ausserordentlich mächtig zu sein scheint."

Als Beethoven die Violinsonaten veröffentlichte, nahm er selbst die Violine noch hie und da in die Hand. Ries erzählt darüber folgendes: „Beethoven hat in Wien noch Unterricht auf der Violine bei Krumpholz genommen, und im Anfang, als ich da war (vor 1805), haben wir noch manchmal seine Sonaten für Violine zusammen gespielt. Das war aber wirklich eine schreckliche Musik; denn in seinem begeisterten Eifer hörte er nicht, wenn er eine Passage falsch in die Applikatur einsetzte." Wundern wir uns nicht darüber; war er doch, wie der Rezensent richtig bemerkte, „ausserordentlich mächtig" auf seinem Instrument: Wiens grösster Klavierspieler.

Wer kennt die Sonate pathétique nicht? Sie war Beethovens wievieltes Werk? Wir wissen es ganz und gar nicht. Sie trägt die Opuszahl 13, erscheint allein für sich und ist dem Fürsten Karl von Lichnowski gewidmet, dem Klavierspieler, der Beethoven immer wieder zu überreden suchte, auf die Einwände und Bemängelungen der sachverständigen Liebhaber nicht zu hören; er erfasste Beethovens Kunst oder ahnte sie doch in ihrer Grösse: ein feiner Kenner und Anerkenner. Wozu dies alles hier? — Weil es die Bedeutung dieser Sonate ins rechte Licht setzt. In dem Grave, welches das Hauptallegro einleitet,

steckt zum erstenmal der grosse Beethoven, der Titan, der mit den Tönen nicht mehr spielt, sondern seine mächtige Tonsprache unmittelbar aus dem Herzen holt, der in breitem Alfresco malt und dann desto eindringlicher wirkt, desto heiterer dahintanzt. Das Grave bereitet ein Allegro di molto e con brio vor, das sich unaufhaltsam emporschwingt und in den jähen Auf- und Abstiegen triumphiert, von zärtlicheren gezierten Gedanken nur kurz unterbrochen. Das Grave kehrt zweimal zurück: vor und nach der breit ausladenden Durchführung, worin Beethoven den Haupttext hin- und herwendet, ohne ihn tiefer zu bedenken. Vor dem letzten Ansturm des Themas macht das Grave doppelte Wirkung. Das Adagio cantabile hat aller Herzen gefunden; klingt es nicht fast, wie wenn Beethoven damit das Vertrauen auf sein Können hätte belohnen, hätte rechtfertigen wollen, so wohllautend, so frei und formvollendet, wie es sich gibt? Die einfache, aber wirkungsvolle Belebung des Themas durch den Uebergang der Begleitung von Achteln zu Triolen offenbart die schlichte, hohe Kunst eines Genius. Die Sonate hat und braucht nur drei Sätze. Das Rondo allegro zählt wieder zu den Mozartschen Verwandten, wie überhaupt die Sonate nach Mozart schaut und trotzdem ihre eigenen neuen, weiteren Wege geht. Das Rondo vereinigt so recht: Anmut, Innigkeit, zarten Glanz, ansprechende, aber nicht überraschende Modulation und Klarheit des Satzes — es ist ein kristallenes Kunstwerk.

Die neunte und zehnte Klaviersonate bringt op. 14, das am 21. Dezember 1799 als erschienen angezeigt wurde. Die Sonaten widmete der Meister wieder einer Verehrerin: der Baronin von Braun, der Gemahlin des Unternehmers des Nationaltheaters, mit dem Beethoven später, als jener das Theater an der Wien innehatte, noch in nähere Beziehungen treten sollte. Die erste Sonate in E-dur wird mit dem schlichten Muster eines Allegros eröffnet, lässt ein wichtigeres reiches (Menuett) Allegretto folgen und endigt mit einem einfachen Rondo: Allegro con moto. Die zweite Sonate, in G-dur, schildert in ihrem Anfangssatz das anmutige Gespräch zweier Liebenden, das, wie Beethoven erzählt, damals jeder heraushörte. Die Doppelnatur dieses Satzes muss natürlich in der Wiedergabe hervortreten. Das liebliche Anfangsmotiv verleitet Unmusikalische so leicht zu falscher Phrasierung. Das Andante ist ein Kabinettstück Beethovenscher Mozart-Variation. Die Auflösung aller Widerstände in der durch Sechzehntelgänge gebundenen Schlussvariation entspricht ganz Beethovens Wesen: auf harte Flut weiche Ebbe. Das Scherzo, ein rhythmisch eigenartiges Allegro assai im Dreiachteltakt,

beschliesst diese heitere Sonate organisch. Es ist der erste Vorläufer jener grösseren, von ernstem Scherz erfüllten Scherzi, wie sie Beethoven uns später, so im grossen F-dur-Quartett op. 59, 1, gebracht. In der Sonate haben wir ein Scherzo in Rondoform, das beweist, wie Beethoven in der Musik arbeitet und das Neuë sucht. — Der Baronin Braun ist auch die Hornsonate op. 17 gewidmet.

Schindler erzählt über die Ausführung der Sonaten einiges Bemerkenswerte. „Beide Sonaten op. 14 haben einen Dialog zwischen Mann und Frau oder Liebhaber und Geliebten zum Inhalt. In der G-dur-Sonate ist dieser Dialog wie seine Bedeutung prägnanter ausgedrückt und die Opposition der beiden eingeführten Hauptstimmen (Prinzipe) fühlbarer. Beethoven nannte diese beiden Prinzipe das bittende und das widerstrebende. Gleich die Gegenbewegung in den ersten Takten (G-dur-Sonate) zeigt die Opposition beider an. Mit einem sanft beschwichtigenden Uebergang vom Ernst zu einem zarteren Gefühle tritt im achten Takt das bittende Prinzip auf, fleht und schmeichelt so fort bis zum Mittelsatz in D-dur, wo beide Prinzipe wieder einander gegenübertreten, aber nicht mehr mit dem Ernste, als sie begonnen. Das widerstrebende wird schon anschmiegend und lässt ersteres ungestört die begonnene Phrase beendigen.

Im siebenundvierzigsten Takt nähern sich beide, und das gegenseitige Einverständnis wird bei der gleich darauf erfolgenden Kadenz auf der Dominante schon fühlbar. Im zweiten Teile tritt wieder die Opposition in der Molltonart der Tonika ein; und das widerstrebende Prinzip wird in der in As-dur beginnenden Phrase besonders vorlaut. Nach dem darauf folgenden Ruhepunkte auf dem Dominantakkorde von Es beginnt der Kampf aufs neue, und erst in der beruhigenden Phrase im zweiundfünfzigsten Takt scheint sich eine Uebereinstimmung zwischen beiden vorbereiten zu wollen; denn beide wiederholen nochmals dieselbe Idee, die einer Frage gleicht, anfangs leise und in längeren Pausen, dann schnell aufeinander folgend. Das Eintreten in die Tonika des Hauptmotivs macht den Streit wieder von vorn beginnen, die Gefühle wechseln wieder wie im ersten Teile, aber die gehoffte Uebereinstimmung am Schlusse des ersten Satzes bleibt noch in suspenso. Sie erfolgt erst befriedigend mit einem verständlich ausgesprochenen Ja! des widerstrebenden Prinzips am Schlusse des Werkes (die fünf letzten Takte des letzten Satzes).

Beethoven wusste beim Vortrage die beiden Prinzipe immer so in der Deklamation zu scheiden, wie es nur das biegsame Organ des Deklamators einem Dialog zu geben vermag. Das

Allegro im Eingange (erster Satz der G-dur-Sonate) ergriff er feurig und stark, schon im sechsten Takt und in den folgenden, bis ein Abnehmen der Kraft und ein kleines Ritardando eintreten, den Vortrag des bittenden Prinzips sanft vorbereitend. Der Vortrag der Phrase im achten und in den folgenden Takten war so überaus schön nuanziert, besonders durch Zurückhalten und sanftes Hinübertragen einzelner Noten, dass man die um Erreichung ihrer Wünsche flehende Geliebte gleichsam lebendig vor sich sah und reden hörte. Erst in den Sextolen akzentuierte er die vierte Note stärker und zeigte eine fröhlichere Stimmung, ergriff in dem folgenden charakteristischen Lauf das erste Zeitmass und hielt es bis zu der Phrase im siebenundvierzigsten Takt fest, die er im Tempo andantino mit schöner Markierung des Basses und der dritten Note in der Oberstimme, damit beide Prinzipe sich dem Ohre deutlich voneinander scheiden, begann, bis im sechsundfünfzigsten Takt der Bass (a, ais, h, c, Achtel) vorwärts drängte und die gleich folgende Kadenz auf der Dominante schon wieder im ersten Tempo schloss, das bis zum Schluss des ersten Teiles so fortgeblieben.

Im zweiten Teile leitete Beethoven die Phrase in As-dur mit einem Ritardando der vorausgehenden zwei Takte ein. Diese Phrase trug er ziemlich stürmisch vor, wodurch das Gemälde eine stark hervortretende Färbung erhielt. Höchst launig nuanzierte er die folgende Phrase, in der Oberstimme durch länger als vorgeschriebenes Zurückhalten und starkes Markieren der ersten Note in jedem Takte (vierzigster; das hohe f), während die linke Hand schön nachgab und sich anschmiegte. Die darauf beginnende Phrase hielt er brillant, und in ihrem letzten Takte trat mit dem Decrescendo ein Ritardando ein. Die nun folgende Phrase (zweiundfünfzigster Takt, gis im Bass) begann im Tempo andante; dann trat ein leichtes accelerando mit verstärkter Kraft ein. Die weiteren Bewegungen glichen dem ersten Teile des ersten Satzes.

So vielerlei Bewegungen erfolgten, so waren sie doch alle schön vorbereitet und die Farben ineinander verschmolzen, nirgends eine schnelle Abänderung, die er wohl in anderen Werken öfters eintreten liess, damit den Schwung der Deklamation erhöhend. Es wäre auch zu raten, den ersten Teil nicht zu wiederholen; denn durch diese erlaubte Abkürzung wird der Genuss des Zuhörers unstreitig erhöht, dem die öfter wiederkehrenden Phrasen Abbruch tun könnten. (Das ist durchaus nur Schindlers Meinung.)

In der E-dur-Sonate op. 14 gleichen Inhalts trat im Vortrage Beethovens schon im achten Takte ein gänzliches Zurückhalten der ersten Bewegung mit kräftigem Anschlag und Anhalten der fünften Note (des punktierten Achtels a in der Oberstimme) ein, wodurch sich eine unbeschreibliche Würde und Ernst offenbarten. Der zehnte Takt erhält wieder das erste Zeitmass und zugleich die grösste Kraft im Ausdruck — der elfte ein diminuendo und etwas gezogen, der zwölfte und dreizehnte ganz den vorhergehenden gleich.

Mit dem Eintritte des Mittelsatzes (einundzwanzigster Takt) war der Dialog sentimental und die herrschende Bewegung ein Andante, jedoch sehr schwankend, denn jedes Prinzip bekam bei seinem jedesmaligen Eintritt auf der ersten Note einen kleinen Ruhepunkt, so das fis in der Oberstimme (einundzwanzigster Takt, Gruppe von vier Achteln) und die jedesmalige erste Note in den Fortsetzungen der Gruppe. In der Phrase (in Vierteln, achtunddreissigster Takt) liess sich ein ganz heiterer Charakter vernehmen, das Tempo war das ursprüngliche und wurde nicht mehr verändert.

Der zweite Teil des ersten Satzes der E-dur-Sonate zeichnete sich von der Stelle in den Oktaven der Oberstimme (vom vierten Takt ab) durch Ausbreitung des Rhythmus und Kraft der ganzen Figur aus, die er aber weiter unten bei dem pianissimo unendlich zart schattierte, so dass die wahrscheinliche Bedeutung des Dialogs immer fühlbarer wurde, ohne die Phantasie dabei anstrengen zu müssen.

Der zweite Satz, Allegretto, war nach Beethovens Vortrag mehr ein Allegro furioso und bis auf den Akkord (dreiundvierzigster Takt), auf dem Beethoven sehr lange verweilte, behielt er dasselbe Tempo. Im maggiore war das Tempo gemässigter und der Vortrag ausserordentlich schön nuanziert; keine Note mehr dazu, doch akzentuierte er viele ganz anders. Hinsichtlich der Akzentuation muss ich überhaupt bemerken, dass Beethoven vorzüglich alle Vorhalte, besonders jene der kleinen Sekunde und diese selbst in laufenden Passagen, kräftig hervorhob, in langsamer Bewegung, aber ungemein schön (wie der Sänger) zur Hauptnote hinüberzutragen wusste.

Im Rondo der E-dur-Sonate blieb das angezeigte Zeitmass bis auf jene Takte, welche zum ersten und dritten Ruhepunkte hinführen, die Beethoven retardierte, durchaus gleich."

Diese Ausführungen Schindlers, die zum Teil rein persönlichen Empfindungen Ausdruck verleihen, darf man beim Vortrage der Sonate nicht allzu ernst nehmen, immerhin bieten sie eine schätzbare Anregung.

Eine grundsätzliche Bemerkung über Beethovens Spielweise sei gerade hier aus Ries' Notizen angeführt:

„Im allgemeinen spielte er (Beethoven) selbst seine Kompositionen sehr launig, blieb jedoch meistens fest im Takte und trieb nur zuweilen, jedoch selten, das Tempo etwas. Mitunter hielt er in seinem Crescendo mit Ritardando das Tempo zurück, welches einen sehr schönen und höchst auffallenden Effekt machte.

Beim Spielen gab er bald in der rechten, bald in der linken Hand irgendeiner Stelle einen schönen, schlechterdings unnachahmbaren Ausdruck; allein äusserst selten setzte er Noten oder eine Verzierung zu."

Die erwähnten Widmungen haben uns in der Wiener Gesellschaft, der Beethoven nahestand, ziemlich weit herumgeführt und uns zugleich eine Uebersicht der Werke gegeben, deren Opuszahl Anfang 1800 also schon auf etwa 16 gestiegen war. Noch manches bereitete sich vor. Schon 1799 schenkte Beethoven seinem Freunde Amenda das Quartett op. 18, 1, das nach 18, 2 entstand. Die Arbeit war demnach im Gange. Und weitere noch nicht erschienene Werke, wie die beiden Klavierkonzerte, waren schon längere Zeit fertig; das berühmte Septett op. 20 und die erste Symphonie op. 21 müssen schon vor 1800 zum grösseren Teil fertig gewesen sein, da sie im Frühjahr 1800 bereits aufgeführt wurden. Beethoven ging unaufhaltsam seinem glorreichen Ziele entgegen.

Nur andeutungsweise haben wir von dem im Largo e mesto der D-dur-Sonate op. 10 sich ankündigenden Gehörverlust vernommen. Was hat den Grund zu dem fressenden Uebel gelegt? Zu einer Zeit, so erzählt Neate, als Beethoven mit einer Oper beschäftigt war, habe die Unzufriedenheit eines Sängers den äusseren Anstoss zu dem Uebel gegeben. Beethoven hatte ihn schon wiederholt durch Aenderungen einer Arie zufriedenzustellen versucht. Endlich schien es geglückt. Da kam der Quälgeist nach etwa einer halben Stunde von neuem zurück. Beethoven schlug vor Nervosität und Wut glatt (wie es im Theater üblich) auf den Boden. Hierbei sei in einem Ohre ein Nerv gerissen, behaupteten die Aerzte. Im Jahre 1796 hat nun Beethoven die Einlagearie für einen Tenor (Beethoven erzählte von einem sehr launenhaften und unbequemen ersten Tenor) zu Umlaufs „Schöner Schusterin" geschrieben. Das sogenannte Fischhofsche Manuskript setzt die Ohrenerkrankung ebenfalls ins Jahr 1796. Im Jahre 1797 hat Beethoven vermutlich eine schwere Krankheit durchgemacht. Jene andere Quelle erzählt davon, dass er sehr erhitzt nach Haus gekommen sei und sich dann völlig entblösst dem Luftzug ausgesetzt habe, was dann die schwere Erkrankung zur Folge gehabt. Sollte er sich damals einen Gelenkrheumatismus zugezogen haben, so wäre eine allmähliche Verschlechterung des Gehörs dadurch nicht undenkbar. Tatsache ist: das Uebel verschlimmerte sich allmählich. Wenn Beethoven im Heiligenstädter Testament sagt: „schon im achtundzwanzigsten Jahr gezwungen, Philosoph zu werden," so würde damit auf das Jahr 1800 hingewiesen sein, denn Beethoven hielt sich für zwei Jahre jünger, als er war. In einem Briefe an Wegeler heisst es: dass Beethovens Gehör seit drei Jahren immer schlechter geworden sei. Das deutet auf das Jahr 1798, da Beethoven den Brief an Wegeler 1801 geschrieben. Aber seit der Zeit ist das Gehör „immer schlechter" geworden, war also vorher schon nicht in Ordnung. Man muss also den Anfang des Uebels in die Jahre 1796 und 1797 setzen. Langsam nahte der Dämon heran.

7. Kapitel

DAS HEILIGENSTAEDTER TESTAMENT

„Kraft ist die Moral der Menschen, die sich vor anderen auszeichnen, und sie ist auch die meinige." Wir werden sehen, dass der Meister, der so schrieb, ein Recht zu solchen Worten hatte. Uebrigens müssen wir darauf hinweisen, dass Beethovens Aeusserungen, wenn wir sie an denen seiner Zeitgenossen messen, wenn wir sie im Geiste seiner Zeit auffassen, nicht so auffallend erscheinen, als man gemeiniglich annimmt. Jch greife aufs Geratewohl eine Tagebuchnotiz des Zeitgenossen und Freundes Beethovens, Joseph Schreyvogel heraus: „Sei starkmütig und rastlos! Im Kampfe bewährt sich der Mann. Du wirst Herr über dich selbst werden; denn du sollst es werden und du kannst es. Lass dich durch Hindernisse, die du in den Neigungen findest, ebensowenig niederschlagen, als die Schwierigkeiten, die deinen Absichten von aussen entgegenstehen! Erfülle dich ganz mit der Vorstellung der Macht, die im Willen liegt, in der Beharrlichkeit, in einem unbeugsamen Mut! Fürchte kein Uebel, das du durch keine Vorsicht abwenden kannst!" Man meint, diese Aufzeichnungen stammten von Beethoven, so ähnlich prägte sie der Geist der Zeit den seinigen. Nebenbei bemerkt spricht Schreyvogel auch über dieselbe Lektüre, die Beethoven beschäftigte; er liest Plutarch, Aristoteles, Sokrates geradeso wie Beethoven. Es war eben die Modelektüre, wenn wir es so obenhin bezeichnen dürfen. Allerdings lag der Unterschied, wie immer, in der Art und in dem Geist, in dem all diese Schriftsteller gelesen, die moralischen Gedanken geäussert wurden. Und so sehr Beethoven Kind seiner Zeit, also auch Mensch war, so hoch erhob er sich doch über seinen Durchschnittszeitgenossen, der dasselbe sprach und las wie er. Und nicht umsonst musste ein Goethe von Beethoven gestehen: „Zusammengefasster, energischer, inniger, habe ich noch keinen Künstler gesehen." Und eben als Künstler hat er es gezeigt: seine Werke beweisen seine Worte.

Beethoven veröffentlichte erst im Jahre 1801 seine erste Symphonie, op. 21. in C-dur. Angezeigt ist sie in der Wiener Zeitung vom 16. Januar 1802. Diese erste Symphonie verrät in ihrem ganzen Aufbau Beethovens legitime Herkunft von Mozart und überhaupt Beethovens Zusammenhang mit der Geschichte. Er arbeitete mit Mozarts Orchester, in das er allerdings eine weitere Flöte und vor allem zwei Klarinetten aufnahm. Nach kurzer Einleitung von dem Dominant-Septimenakkord der Subdominante von C-dur, also mit spannenden Dissonanzen beginnend,

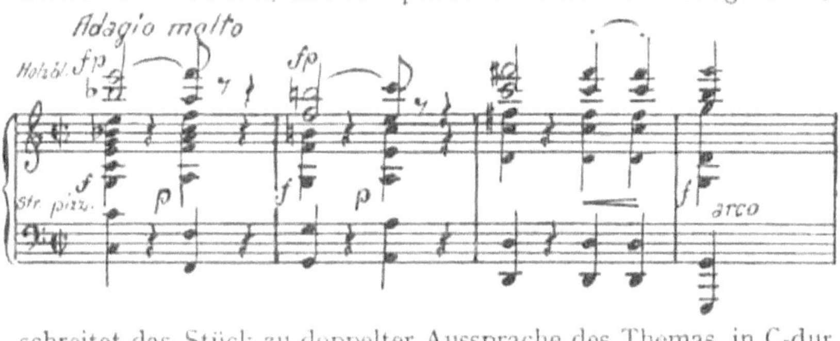

schreitet das Stück zu doppelter Aussprache des Themas in C-dur und d-moll; dem wird ein auf die Bläser architektonisch verteiltes zweites Thema entgegengestellt. Mit diesen Bausteinen errichtet der Meister das Haus, welches ein mächtiger Höhepunkt überragt. Der in der Reprise gekürzte Satz hat durchaus einheitliches Gepräge. Das Andante cantabile con moto wärmt uns sonnig, trotz kontrapunktischer Künste; die Stimmen finden sich fugenartig zusammen. Der neuartige Paukenwirbel auf die Töne der Dominanttonart C und G wirkt wie der durchschimmernde Untergrund eines Sees. Die Modulationen nach anderen Tongebieten geben sich ebenso anmutig wie anregend. Knapp und harmonisch, mit kräftigem Scherzocharakter, dann im Trio melodisch spielend, bietet sich das Menuett dar. Der letzte Satz beendigt die Symphonie glücklich, indem er, an Haydn gemahnend, die Stimmung bewegt und heiter ausklingen lässt. Die Einleitung, die diesen Satz nur vorbereitet, entspricht ganz Haydn-Beethoven und steht hier gleichsam als Wegweiser in das Land geistigen Tanzes.

Wie die Zeit das Werk aufgenommen, lehrt uns die Leipziger Allgemeine Musikalische Zeitung, worin ein Rezensent es „geistreich, kräftig, originell und schwierig, nur mit Details hin und wieder zu reich ausgestattet" fand. Anlässlich der Wiener Aufführung erklärte die Wiener Korrespondenz dieser Zeitung: „Eine Symphonie, worin sehr viel Kunst, Neuheit und Reichtum an Ideen war. Nur waren die Blasinstrumente gar zu viel angewendet, so dass sie mehr Harmonie als ganze Orchestermusik war."

Im ersten Konzert Beethovens im Jahre 1800 wurde die erste Symphonie aufgeführt. Das Konzert fand am 2. April statt und hatte folgendes Programm:

„Heute, Mittwoch, den 2. April 1800 wird im Kaiserl. Königl. National-Hof-Theater nächst der Burg Herr Ludwig van Beethoven die Ehre haben eine grosse Musikalische Akademie zu seinem Vorteile zu geben. Die darin vorkommenden Stücke sind folgende:

1) Eine grosse Symphonie von weiland Herrn Kapellmeister Mozart.

2) Eine Arie aus des Fürstlichen Herrn Kapellmeister Haydn's Schöpfung, gesungen von Mlle. Saal.

3) Ein Ihrer Majestät der Kaiserin allerunterthänigst zugeeignetes und von Herrn Ludwig van Beethoven komponiertes Septett auf 4 Saiten- und 3 Blasinstrumenten, gespielt von denen Herren Schuppanzigh, Schreiber, Schindlecker, Bär, Nickel, Matauscheck und Dietzel.

5) Ein Duett aus Haydn's „Schöpfung", gesungen von Herrn und Mlle. Saal.

6) Wird Herr Ludwig van Beethoven auf dem Pianoforte phantasieren.

7) Eine neue grosse Symphonie mit vollständigem Orchester, komponiert von Herrn Ludwig van Beethoven.

Billets zu Logen und gesperrten Sitzen sind sowohl bei Herrn Ludwig van Beethoven in dessen Wohnung im tiefen Graben 241 im 3. Stock als auch beim Logenmeister zu haben.

Die Eintrittspreise sind wie gewöhnlich.

Der Anfang ist um halb 7 Uhr."

Dies war die erste eigene Akademie Beethovens in Wien.

Das grosse Konzert auf dem Pianoforte war das als op. 15 und als erstes Werk dieser Gattung erschienene C-dur-Konzert, welches Beethoven auf dem Titel „grand concert" nannte. Schindler erzählt, dass das Konzert damals zum erstenmal zur Aufführung gekommen sei. Es hat grössere Maasse als das Konzert in B-dur und benötigt ein grösseres Orchester. Im allgemeinen hält es sich mit seinen drei Sätzen, Allegro, Largo und Rondo, an das Hergebrachte. Die Wiener lobten an dem Konzert namentlich die beiden ersten Sätze. Es heisst weiter: „Dann wurde ein Septett von ihm gegeben, das mit sehr viel Geschmack und Empfindung geschrieben ist." Dieses Septett hat Beethoven populär gemacht. Nicht nur in der Zusammenstellung der Instrumente — Klarinette, Fagott, Horn, Violine, Viola, Violoncello und Kontrabass —, sondern auch in der Erfindung der Themen und der klaren, abgerundeten Verarbeitung waltet ungemein viel Glück und schönes Ebenmaass. Das Werk verdient den alten Titel „Kassation" oder „Divertimento". Es umfasst sechs Sätze, worunter zwei Menuetti sind. Diese, um gleich dabei zu bleiben, stehen in lebhaftem Gegensatz zueinander, was schon die Bezeichnung: „Tempo di minuetto" „und Scherzo: Allegro molto e vivace" beweist. Dort die weiche Melodie neben humoristischen Staccati und munteren Gängen des Horns im Trio, hier eine fieberhafte Eile, die auch der Cellomelodie des Trios hastende Flüchtigkeit verleiht. Zwischen diesen beiden Tanzsätzen steht das Lieblingsstück ganzer Generationen: das in unzähligen Bearbeitungen bekanntgewordene Andante mit seinen anmutig wechselnden Variationen: der wiegenden Sechzehntelvariation, der geschmeidigen Zweiunddreissigstelvariation für die Geige, der farbigen Bläservariation, der Duettvariation für Geige und Bratsche, worin jene anregenden stakkatierten Triolen auffallen, und schliesslich der gedehnten Gefühlsvariation mit ihrer schönen Coda. Das ganze Stück ist kurz und gut, nein: kurz und ausgezeichnet; Herz und Sinn zugleich fesselnd und befriedigend. Strahlt im Allegro con brio alla breve im Anfang Sonnenschein, so gleicht das Schlusspresto dem Widerschein der Strahlen in den Tauperlen des feuchten Grases. Alles ist Leben und Bewegung, frisch und mutig, nichts beschwert mehr das Herz. Und das Adagio cantabile? Ein laut tönender, von milder Begleitung getragener Nachtigallensang im gemächlichen Neunachteltakt und dunkel-weichen f-moll. Dieses Werk musste Beethovens volkstümlichstes werden. Dass es ihm später gerade wegen seiner Beliebtheit oft ein Dorn im Auge war, kann man begreifen; „das Septett konnte er nicht leiden und ärgerte sich über den allgemeinen Beifall, den es erhielt". Das Stück erfuhr bei dem Fürsten Schwarzenberg seine erste Wiedergabe und fand lebhafteste Anerkennung. Als Beethoven es im Jahre 1802 veröffentlichte, widmete er es der Kaiserin Maria Theresia.

Unmittelbar für ein Konzert wurde die Hornsonate op. 17 geschrieben, und zwar begann Beethoven die Komposition am 18. April 1800, einen Tag vor dem Konzert, worin er sie mit Giovanni Punto (Johann Stich) zu spielen gedachte. Die Klavierstimme skizzierte er nur. Die kurze Sonate mit ihren zwei hübschen Sätzen, dem heroischen Allegro moderato und dem breiteren Rondo, die ein Poco adagio quasi andante mit ein paar empfindungsvolleren Tönen verbindet, musste im Konzerte wiederholt werden, trotzdem die neue Hoftheaterordnung das Da capo-Rufen und laute Applaudieren verbot. Das Opus erschien im März 1801 und wurde der Baronin von Braun gewidmet.

In den Salons der Vornehmen erhitzte man sich wieder einmal über einen Wettstreit. Diesmal fand er beim Grafen Fries statt. Es war ein Pianist gekommen, der in Prag Geld und Ruhm genug eingeheimst hatte, um übermütig zu werden und mit Beethoven ein Tänzchen zu wagen. Wes Geistes Kind dieser Steibelt war, ist an seiner Neuerung abzunehmen, die er mit vielem Selbstbewusstsein übermässig häufig in seinen Phantasien anbrachte: an diesen dicken Tremolandi, in denen die Melodienoten schwammen. Steibelt fand es nicht nötig, Beethoven zu besuchen. So trafen sich die beiden beim Grafen Fries. Beethoven spielte, mitleidig von Steibelt ertragen, sein Klarinetten-Trio op. 11, allerdings kein verblüffendes, aber sicher ein für Steibelt überraschendes Werk. Der brüstete sich mit einem Quintett eigener Schöpfung und phantasierte, mit seinen Tremolandi glänzend. Beethoven spielte nicht mehr. Acht Tage später trafen die beiden wieder aufeinander. Steibelt hatte sich eine Phantasie über das von Beethoven im Finale seines Trios op. 11 variierte Weiglsche Thema einstudiert. Dies Betragen fand nicht nur Beethoven taktlos, sondern auch seine Freunde. So entschloss er sich, diesmal zu spielen. Ries erzählt das Weitere: Beethoven „ging auf seine gewöhnliche, ich möchte sagen ungezogene Art ans Instrument, wie halb hingestossen, nahm im Vorbeigehen die Violoncell-Stimme von Steibelts Quintett mit, legte sie verkehrt aufs Pult und trommelte sich mit einem Finger von den ersten Takten ein Thema heraus. Allein nun einmal beleidigt und gereizt, phantasierte er so, dass Steibelt den Saal verliess, ehe Beethoven aufgehört hatte, nie mehr mit ihm zusammenkommen wollte, ja, sogar zur Bedingung machte, dass Beethoven nicht eingeladen werde, wenn man ihn haben wolle".

Eine angenehmere Bekanntschaft machte Beethoven durch „seinen Narren" Wenzel Krumpholz, der ihm Johann Emanuel Dolezalek, einen jungen Böhmen, zuführte. Dieser studierte bei Albrechtsberger Theorie und erwies sich als tüchtiger Musiker. Beethoven gewann an ihm einen leidenschaftlichen Verehrer; und die Freundschaft dauerte bis an des Meisters Ende ungetrübt fort. Dolezalek erzählte, wie die Komponisten über Beethoven sprachen: Kozeluch warf Dolezalek das Trio in c-moll vor die Füsse, als dieser es ihm vorspielte. Kozeluch sagte zu Haydn: „Nicht wahr, Papa, wir hätten das anders gemacht?" Darauf Haydn: „Ja, wir hätten das anders gemacht."

Es gab aber auch Leute, die anders dachten. Zu ihnen gehörte Emanuel Alois Förster, den Beethoven einmal „seinen alten Meister" nennt. Beethoven hat bei Förster manches gelernt, namentlich im Quartettsatz. Försters Quartettabende am Donnerstag und seine Sonntagsmatineen hat Beethoven oft besucht. Er schätzte den Mann als Theoretiker hoch, fand ihn nach Albrechtsberger den bedeutendsten Theorielehrer und empfahl ihn auch als Lehrer; so dem Fürsten Rasoumowsky. Auf Beethovens Veranlassung hat Förster eine kurze „Anleitung zum Generalbass" herausgegeben. Die grösste Anregung boten Beethoven Försters noch heute wertvolle Streichquartette, die dem Tonsetzer einen Platz in der Geschichte dieses Musikzweiges sichern. In der Allgemeinen Musikalischen Zeitung wurden 1797 neue Quartette Försters mit folgenden Sätzen beehrt: „Der Komponist muss ohne Zweifel sein eigenes Publikum haben, welches seine Quattuors abnimmt und Gefallen daran findet, denn sie kontrastieren mit Pleyels, Fränzels und anderer Quartetten zu sehr, um den Liebhabern dieser letzteren in betreff des Geschmacks, des Zuschnitts und der Aufführungsart gefallen zu können. Zwar mangelt es im Einzelnen nicht ganz an Stellen, welche den Schein des Gefälligen an sich haben; im ganzen aber sind die Gedanken meistens bizarr, sie mögen nun aus einem eigenen, unwillkürlichen Humor geflossen, oder absichtlich so gesucht worden sein . . . An seiner Ausführungsart nimmt man wahr, dass er meistens einen und denselben Satz zu lange, zu künstlich und auf eine ermüdende Weise verfolget, ohne einen anderen Zwischensatz einzumischen, wodurch Mannigfaltigkeit und Abwechslung erzwecket werden könnte . . . Diese Quattuors werden mehr Sensation durch das Bizarre, Humoristische und Gesuchte in der Ausführung als durch das Angenehme und Ungezwungene erregen, und daher nur von denjenigen, welche mit dem Kompositeur hierin sympathisieren, Beifall erhalten. . . . Ausführung des Hauptgedankens, Feuer, kräftige oft kühne Modulation und Einheit des Ganzen sind Eigenschaften dieser drei Quartetten. Dass der Komponist sich dem Schöpfer (Haydn) des eigentlichen wahren Instrumentalquartetts, der ewig auch eines der vorzüglichen Muster in der Ausbildung seines eigenen Kindes bleiben wird — nachzueifern bemüht, sieht man vorzüglich an den Menuetten, und gewiss wird er in dieser Gattung von Musik nicht nur viel Gutes, sondern auch Vortreffliches liefern, wenn er seine Arbeiten mehr der Feile und seiner eigenen Kritik unterwirft, und vorzüglich auf seiner Hut ist, dass ihn sein Feuer nicht zu Modulationen und Härten hinreisst, die seine Werke unverständlich, barock und finster machen." Eben diese Ausstellung, dass die Werke bizarr seien, machten die Zeitgenossen auch an Beethovens Arbeiten. Er fand just dieser Bizarrerie wegen manches an Försters Musik nachahmenswert.

Beethoven hat im Jahre 1801 seine ersten Streichquartette veröffentlicht. Sie waren zum Teil schon 1799 beendigt; denn Freund Amenda erhielt am 25. Juni 1799 das F-dur-Quartett zum Geschenk. Es war das zweite; denn das D-dur-Quartett, op. 18, 3, wurde früher beendet. Das Quartett in c-moll, op. 18, Nr. 4, greift sogar auf Motive noch früherer Zeiten zurück. Die Reihenfolge der Entstehung, des Beginns der Arbeiten, ist somit: Quartett 4, 3, 1, 2, 5 des op. 18. Die ursprüngliche Fassung von op. 18, Nr. 1, ist später bekanntgeworden; das Werk erscheint in der gedruckten Ausgabe beträchtlich umgearbeitet. Beethoven schreibt seinem Freunde Amenda: „Dein Quartett gieb ja nicht weiter, weil ich es sehr umgeändert habe, indem ich erst jetzt recht Quartetten zu schreiben weiss." Warum übrigens Beethoven Amenda gerade dies Werk schenkte, können wir erraten: der Freund besass tiefes Verständnis für Beethovens Musik. Er erklärte sofort, als Beethoven ihm das Adagio aus dem F-dur-Quartett vorspielte, er stelle sich darunter den Abschied zweier Liebenden vor, worauf Beethoven antwortete: er habe an die „Szene im Grabgewölbe aus Romeo und Julia" gedacht. Schuppanzigh riet Beethoven bei der Herausgabe der Quartette, das in F-dur voranzustellen — diesen Rat hat Beethoven bekanntlich befolgt. Die ersten drei Quartette erschienen als op. 18, première livraison, bei Mollo & Co. in Wien im Sommer 1801. Am 26. August las man davon in der Allgemeinen Musikalischen Zeitung und in Spaziers Zeitung für die elegante Welt. Schon im Oktober erschien die „deuxième Livraison" mit den Quartetten 4 bis 6. Sie wurden am 28. Oktober vom Verleger in der Wiener Zeitung als erschienen angezeigt. Gewidmet waren sie dem Fürsten Lobkowitz, nicht dem Grafen Appony, der doch Beethoven aufgefordert hatte, Quartette zu komponieren; freilich, Appony hatte auf die Dedikation verzichtet.

Beethoven hat lange zurückgehalten, bis er sich an Streichquartette heranwagte. Zuerst brachte er einige Streichtrios und ein Quintett heraus. Nach eifrigen Vorstudien und mehrfachen Umarbeitungen überrascht er die musikalische Welt mit diesem Kranz von sechs, unter sich so verschiedenen Quartetten. Der historische Entwicklungsgang Haydn-Mozart-Beethoven ist deutlich zu erkennen, nur dass Beethoven beide Vorgänger beträchtlich überflügelt; allerdings greift er auch manchmal noch weiter zurück. Nicht nur in den Quartetten op. 18, mehr noch in den ersten Symphonien, ebenso wie in der Prometheus-Musik weisen gar manche Wendungen auf seinen Zusammenhang mit der Mannheimer Schule hin. Die Mannheimer Musiker Cannabich, Stamitz und andere hatten eine besondere Manier in ihren Symphonien ausgebildet, welche man als Mannheimer Schule bezeichnen kann, weil ihre Manier weiter gewirkt hat. Beethoven zeigt sich davon nicht unbeeinflusst, so besonders im c-moll-Streichquartett, wie Hugo Riemann nachgewiesen hat.

Der erste Satz im F-dur-Quartett entwickelt sich aus knappen, aber bestimmten und wandlungsfähigen Motiven. Die Durchführung überragt an Kraft alles bisher Dagewesene.

Das Adagio affettuoso ed appassionato bringt eine jener herzerschütternden Liebesgeschichten, die alt und doch immer wieder neu sind. Welch herrliche Liebe der Tondichter in dem Satze besingt, bedeutet uns sein Hinweis auf jene Schlussszene im Grabgewölbe in Shakespeares Romeo und Julia; diese Szene habe ihm bei der Komposition vorgeschwebt. Die selbständige Führung der Stimmen geriet bewundernswert klingend. Der Tanzsatz ist ein Scherzo: allegro molto; die blitzähnlich auf und nieder gleitenden Achtelläufe im Trio wirken wie Wetterleuchten in der Ferne und mussten der damaligen Zeit bizarr erscheinen. Das Schlussrondo enthält jenes charaktervolle Triolenmotiv, dessen schwatzende Sechzehntel man nicht vergisst, und die zusammen mit den ihnen angehängten Achteln keimhaft den Charakter des ganzen Satzes enthalten.

Das zweite Quartett ist ein rechtes Gesellschaftsquartett. Der erste Satz mit den zierlichen Figürchen und den steifen Ver-

DER JUNGE BEETHOVEN

Nach Steinhausers Zeichnung gestochen von Joh. Neidl.

1801.

GRÄFIN THERESE BRUNSVIK
Nach dem Oelgemälde von J. P. Ritter von Lampi

beugungen, die sich in den punktierten Achteln mit folgenden Zweiunddreissigsteln ausdrücken, hat dem Werk den Namen Komplimentier-Quartett eingetragen. Das Adagio vergleiche ich einer angenehmen Unterhaltung, bei der einer, der sich gern reden hört, frisch erzählt und auch seine Witze einflicht. Auf einmal wird eine (Allegro) aufregende Neuigkeit gebracht, über die launig und eifrig geplaudert wird. Später kehrt man zum ersten Gegenstand der Unterhaltung zurück. In herzlichster Ausgelassenheit ergeht sich das Scherzo, das ich überschreiben möchte: Die Kinder kommen. Im Trio müssen sie sich ziemlich still verhalten, was ihnen nicht ganz gelingt. Zu guter Letzt — im Finale — wirkt die Bowle: jedermann ist heiter und lustig, alle Bosheit, alles Herzweh scheint ganz und gar vergessen.

Das dritte Quartett in D-dur beginnt mit aufsteigender Septime, der ein fliessender Achtellauf anhängt. Diese Bildungen beherrschen all die gehaltenen Töne und geschmeidigen Linien des ersten Satzes. Das Andante con moto zeigt gegenüber diesem einfachen ersten Satz ein verzweigtes Satzgewebe, in dem Beethovens bekannte heftige Akzente den weichen Gang der Entwicklung unterbrechen. Der mehr legato gestaltete Satzausgang mit seinen Sechzehnteln und begleitenden Synkopen darf nicht überhört werden. Das Scherzo-Allegro entwickelt sich knapp und nimmt einen schmeichelnden Ton an. Das Trio bildet mit seinen getragenen Tönen, über welche die Achtel in sanft geschwungenen Linien hingleiten, einen schönen Gegensatz zu dem durch heftige Sforzati getönten Allegro,

das bei der Reprise, wie nie bei Mozart, verändert wird. Das Presto tollt in prickelnden Weisen einher. Man achte darauf, wie charakteristisch Beethoven die ersten und vierten Achtel schnippisch betont.

Der erste Satz im c-moll-Quartett erinnert an Beethovens Gewalttätigkeit. Da klingt alles straff und fast schroff; schon das Anfangsthema kann eine gewisse Härte nicht verleugnen, trotzdem es sich mit Verzierungen schmückt.

Das Scherzo: Andante scherzoso quasi Allegretto, hat den treffenden Namen „Kaffeeklatsch" erhalten. Fugato fängt es im Plauderton an, in den alle Instrumente geschwätzig einstimmen. Das Cello kann sogar seine Zeit nicht abwarten und setzt zu früh ein. Dann beginnt das Durcheinander einer Durchführung, die musikalisch kontrapunktisch fesselt. Das kleine Scherzo lässt sein grosses Gegenstück in op. 59, Nr. 1, vorahnen. Hier in op. 18 wird in den Quartettbau ein eigensinnig rhythmisiertes Menuett mit einem farbenfreudigen Trio eingeschlossen. Das Schluss-Allegro rennt, eiliger und eiliger werdend (Prestissimo!) einher. In der Architektur zerfällt es ein wenig.

Im A-dur-Quartett bilden die überaus voll- und wohlklingenden Variationen den unumstrittenen Mittelpunkt. Welche Höhen und Tiefen Beethoven in Variationen zu erreichen verstand, beweist namentlich die vierte, Pianissimo-Variation, worin keine Sechzehntel, dafür aber die bindenden Synkopen auftreten, dann die fünfte Unisono-Variation mit ihren stürzenden Zweiunddreissigsteln; zwischen diesen beiden wirken dann die Bratschen- und Cello-Variation und die Variation der Violine mehr episch. Das durchweg fugierte Allegro-Finale lässt sich gefällig an, ohne tiefer zu erschüttern. In zarten Rokokolinien, die sich im Trio innig verschmelzen, singt das Menuett. Und das Allegro zu Anfang gemahnt an Paganini's Violinweise — die Primgeige beherrscht diesen Satz. Mozarts A-dur-Quartett hat

Beethoven besonders im ersten Satze nachgeformt, ja, dem ganzen Opus 18, Nr. 2, hat das Mozartsche Werk Pate gestanden.

An Haydn gemahnt der erste Satz des sechsten Quartetts, der auch in des alten Meisters Lieblingstonart B-dur geschrieben ist. Prickelnd flottes Spiel über kichernder Achtelbegleitung und frisches Zusammengehen der Stimmen erfreuen uns. Lauter Meissner Porzellanfigürchen ziehen an uns vorüber. Auch im Adagio ma non troppo wirkt Haydn nach, den Beethoven aber an Innigkeit des Ausdrucks erheblich übertrifft. Im Scherzo zeigt Beethoven glänzend seine ursprüngliche und eigensinnige rhythmische Lebendigkeit (verschobener Rhythmus!).

Das Trio tritt als Solo der Primgeige auf, während sich die Stimmen im Scherzo innig verschmelzen; so schafft der Meister hier den erfreulichen Gegensatz. Ganz Beethovensch, man kann es nicht anders ausdrücken, gebärdet sich dann der Schlusssatz, der diesmal einen Titel trägt: La Malinconia; dazu gibt der Komponist die Anweisung: „das Stück ist mit der grössten Delikatesse zu spielen". Pianissimi, heftige Akzente formen an dieser Adagio-Einleitung, überraschende Uebergänge vertiefen sie; ein leichtes Allegretto quasi allegro in dem an sich flüchtigen Dreiachteltakt löst, einmal noch von einem melancholischen Nachgedanken unterbrochen, in ein Prestissimo auslaufend, den Druck der schweren Stimmung wunderbar auf.

Manches Quartett Haydns ist von natürlicherer Anmut, manches von Mozart vollendeter in Form und Farbe, aber die gewaltigsten Töne, die eindringlichsten Akzente bietet Beethoven schon in diesem Opus 18. Hören wir einen Zeitgenossen, was man über dieses Werk Beethovens sprach. Sie mussten bis auf einige Ausnahmeköpfe ähnlich urteilen. „Unter den neu erscheinenden Werken zeichnen sich vortreffliche Arbeiten von

Beethoven aus. Drei Quartetten geben einen vollgültigen Beweis für seine Kunst: doch müssen sie öfter und sehr gut gespielt werden, da sie sehr schwer auszuführen und keineswegs populär sind." Auch Haydns Standpunkt interessiert, den wir (nach Thayer) aus dem Gespräche eines gewissen Drouet mit einer Dame der englischen Gesellschaft erfahren: «Als Beethoven noch sehr jung seine ersten Arbeiten Haydn zeigte und diesen um seine Meinung befragte, sagte ihm Haydn: ‚Sie haben sehr viel Talent, Sie werden noch mehr, ja ungeheuer viel Talent erwerben. Ihre Einbildungskraft ist eine unerschöpfliche Quelle von Gedanken, aber . . . wollen Sie, dass ich offen mit Ihnen rede?' ‚Gewiss,' antwortete der junge Beethoven, ‚denn ich bin hier, um Ihre Meinung zu hören.' ‚Nun gut,' sagte Haydn, ‚Sie werden mehr leisten, als man bis jetzt geleistet hat, Gedanken haben, die man noch nicht gehabt, Sie werden nie (und Sie tun recht daran) einer tyrannischen Regel einen schönen Gedanken opfern, aber Ihren Launen werden Sie die Regeln zum Opfer bringen; denn Sie machen mir den Eindruck eines Mannes, der mehrere Köpfe, mehrere Herzen, mehrere Seelen hat und . . aber ich fürchte Sie zu erzürnen.' ‚Sie werden mich erzürnen,' sagte Beethoven, ‚wenn Sie nicht fortfahren.' ‚Gut denn,' erwiderte Haydn, ‚weil Sie es wollen, fahre ich fort und sage, dass meiner Meinung nach immer etwas — um nicht zu sagen Verschrobenes — doch Ungewöhnliches in Ihren Werken sein wird: man wird schöne Dinge darin finden, sogar bewunderungswürdige Stellen, aber hier und da etwas Sonderbares und Dunkles, weil Sie selbst ein wenig finster und sonderbar sind, und der Stil des Musikers ist immer der Mensch selbst. Sehen Sie meine Kompositionen an. Sie werden darin oft etwas Joviales finden, weil ich es selbst bin; neben einem ernsten Gedanken werden Sie einen heiteren finden, wie in Shakespeares Tragödien. In einem meiner Quartette fängt ein Satz in einer Tonart an und endigt in einer andern; in der einen meiner Symphonien hört ein Musikus nach dem anderen auf zu spielen, löscht sein Licht aus und geht fort. Muss man nicht heiter sein, um solche Dinge zu erfinden? Nun wohl, nichts hat diese natürliche Heiterkeit bei mir zerstören können — selbst nicht meine Heirat und meine Frau. . . .' Uebrigens war zu der Zeit, wo Haydn die ersten Werke

Beethovens sah, dieser noch sehr jung. Der Baum war noch zu dick belaubt, er musste ausgeputzt werden; in den ersten Kompositionen Beethovens war alles Ueberfluss. Welch schöner Fehler ist aber der einer übertriebenen Kraft, eines übergrossen schöpferischen Reichtums — man muss vielleicht in der Jugend zuviel davon haben, um im Alter genug davon zu besitzen." Drouet antwortete: „Aber in den ersten Werken Beethovens sehe ich nicht jenen ungeheuren Ueberfluss von Gedanken; sie scheinen mir gut in jeder Beziehung; ich sehe kein Zuviel, und es wäre wohl schade, etwas davon zu tun; es sind nicht mehr Gedanken darin als nötig, sie sind gut verarbeitet; es ist gute musikalische Rhetorik." Die Dame meinte sodann: „Sie finden die ersten Kompositionen Beethovens sehr gut, weil Sie sie kennen, wie sie gedruckt worden sind, aber nicht, wie er sie Haydn zeigte." Drouet erwiderte: „Diese Bemerkung ist sehr richtig. Ich dachte nicht daran, aber ich entsinne mich jetzt ganz genau, dass Beethoven mir sagte, als ich von seinen ersten Arbeiten sprach — ‚sie sind nicht so gedruckt, wie ich sie zuerst geschrieben hatte; als ich meine ersten Manuskripte einige Jahre, nachdem ich sie geschrieben, ansah, habe ich mich gefragt, ob ich nicht toll war, in ein einziges Stück zu bringen, was dazu hinreichte, 20 Stücke zu komponieren; ich habe diese Manuskripte verbrannt, damit man sie niemals sehe, und ich würde bei meinem ersten Auftreten als Komponist viele Torheiten begangen haben, ohne die guten Ratschläge von Papa Haydn und von Albrechtsberger'."

Das zweite und vierte von den Quartetten op. 18 gefielen. Sie haben daher auch volkstümliche Bezeichnungen erhalten. Beethoven war von dem Urteil keineswegs erbaut. Er meinte, gerade die gelobten Quartette seien „ein rechter Dreck! Gut für das . . . Publikum." Er hielt wirklich von diesen Werken am wenigsten. Hat er doch in ähnlicher Angelegenheit einmal über ein leichteres Werk geäussert: „Das Sextett ist von meinen früheren Sachen und noch dazu in einer Nacht geschrieben — man kann wirklich nichts anderes dazu sagen, als dass es von einem Autor geschrieben ist, der wenigstens einige bessere Werke hervorgebracht — doch für manche Menschen sind diese Werke die besten." Und über das beliebte Septett op. 20 urteilte er später: „es sei natürliche Empfindung darin, aber wenig Kunst."

Beethoven bot den Wiener Verlegern die Quartette an, wusste aber am 15. Dezember 1800 noch nichts Endgültiges über die Annahme; er hatte die Quartette und das Quintett op. 29 „nicht bei sich". Die Quartette brachten Mollo & Co. heraus, das Quintett nahmen Breitkopf & Härtel. Hoffmeister, den er von dessen Wiener Aufenthalt her kannte, wünscht ebenfalls Werke von dem „Bruder" zu haben. Beethoven bot ihm unter dem 15. Dezember 1800 das Septett, die erste Symphonie, das B-dur-Konzert und eine grosse Solo-Sonate (op. 22) an. Diese Werke erschienen auch bei Hoffmeister & Kühnel in den Jahren 1801 und 1802. Quartette konnte die Leipziger Firma nicht mehr erhalten; die waren bereits „verhandelt".

Die musikalische Welt hatte also die Quartette mit den verschiedensten Gefühlen aufgenommen. Jedenfalls boten sie wieder einen Gesprächsstoff mehr. Beethoven selbst aber musste sich erzählen lassen, wie die Werke gefallen hatten. Er war bei der ersten Aufführung nicht persönlich anwesend. Das hatte seine Gründe.

Am 30. Januar 1801 war er nochmals in einem Wohltätigkeitskonzert aufgetreten, in dem die Frau Galvani (Magdalena Willmann), Frau von Franck und Punto mitwirkten und Haydn dirigierte. Die Anzeige ist für die damalige Zeit bezeichnend: „Freitags, den 30. Januar abends, wird die berühmte Dilettantin der Singkunst, Frau von Franck, geborene Gerhardi, in dem grossen Kaiserl. Königl. Redoutensaale eine musikalische Akademie zum Vorteile der verwundeten Soldaten der Kaiserl. Königl. Armee geben. — Das Weitere macht der gewöhnliche Anschlagzettel bekannt. Die Eintrittsbillette werden um 2 Gulden in der Hoffnung erlassen, dass in Hinsicht des edeln Zweckes die erprobte Menschenliebe des Wiener Publikums in diesem Preise keine Grenzen wahrnehmen wird. Die Art der Einnahme ist wie gewöhnlich und unter der Obsicht einer von hoher Behörde dazu beorderten Person." Für die zweite Anzeige fordert Beethoven im Namen der übrigen Mitwirkenden die ausführliche Nennung der sämtlichen Namen — „sonst müssen wir alle schliessen, dass wir unnütz sind". Beethoven spielte in diesem zugunsten der bei Hohenlinden verwundeten Krieger veranstalteten Konzerte seine Hornsonate mit Punto.

Beethoven wurde immer bekannter, man verspürt allmählich überall den Hauch seines Geistes. Baron Braun hatte ihn zur Komposition eines Tanzstückes aufgefordert. Es handelte sich darum, ein Ballett nach dem Texte „Die Geschöpfe des Prometheus" von dem Tänzer Salvatore Vigano in Musik zu setzen. Beethoven kam diesem Verlangen gern nach. Die Musik umfasst eine Ouvertüre, ein Allegro molto con brio alla breve, Introduktion: Allegro non troppo, sodann als Nr. 1 poco adagio, Nr. 2 adagio, Nr. 3 allegro vivace, Nr. 4 maestoso, andante, Nr. 5 adagio, Nr. 6 un poco adagio, allegro, Nr. 7 grave, Nr. 8 marcia: allegro con brio, Nr. 9 adagio, Nr. 10 pastorale: allegro, Nr. 11 andante, Nr. 12 maestoso, Nr. 13 allegro, Nr. 14 andante, Nr. 15 andantino, Nr. 16 finale: allegretto. Das Werk hat keine höhere Bedeutung; es ist leichte Unterhaltungsmusik; heute wird nur die Ouvertüre noch öfter gespielt. Die erste Aufführung fand am 28. März 1801 statt. In der Zeitung für die elegante Welt hiess es darüber am 29. Mai unter anderem: „Das Sujet . . . gefiel . . . im allgemeinen nicht. Am allerwenigsten Behagen konnte unser sinnliches Publikum daran finden, dass die Bühne von dem zweiten Auftritte des ersten Aufzuges an bis ganz ans Ende immer unverändert blieb . . .

Auch die Musik entsprach der Erwartung nicht ganz, ohnerachtet sie nicht g e m e i n e Vorzüge besitzt. Ob Herr van Beethoven bei der Einheit — um nicht Einförmigkeit der Handlung zu sagen — das leisten konnte, was ein Publikum wie das hiesige fordert, will ich unentschieden lassen. Dass er aber für ein Ballett zu gelehrt und mit zu wenig Rücksicht auf den Tanz schrieb, ist wohl keinem Zweifel unterworfen. Alles ist für ein Divertissement, was denn doch das Ballett eigentlich sein soll, zu gross angelegt, und bei dem Mangel an dazu passenden Situationen hat es mehr Bruchstück als Ganzes bleiben müssen. Dies fängt schon mit der Ouvertüre an. Bei jeder grösseren Oper würde sie an ihrer Stelle sein und einer bedeutenden Wirkung nicht verfehlen; hier aber steht sie an ihrer unrechten Stelle. Die kriegerischen Tänze und das Solo der Demoiselle Casentini mögten übrigens wohl dem Kompositeur am besten gelungen sein. Bei dem Tanz des Pans will man einige Reminiszenzen aus anderen Balletts gefunden haben. Allein mich dünkt, es geschieht Herrn van Beethoven hierin zu viel, zumal da nur seine Neider ihm eine ganz vorzügliche Originalität absprechen können, durch welche freilich er öfter seinen Zuschauern den Reiz sanfter gefälliger Harmonien entzieht." Beethoven soll sich auch mit Haydn über das Werk unterhalten haben. Haydn: „Nun, gestern habe ich Ihr Ballett gehört. Es hat mir sehr gefallen." Beethoven: „O, lieber Papa, Sie sind sehr gütig, aber es ist doch noch lange keine ‚Schöpfung'." Darauf Haydn kurz: „Das ist wahr, es ist noch keine Schöpfung, ich glaube auch schwerlich, dass es dieselbe je erreichen wird." Beethoven liess von dem Ganzen nur einen Klavierauszug und die Ouvertüre als Orchesterstück erscheinen; und zwar kam der der Fürstin Lichnowski gewidmete Klavierauszug im Juni 1801 bei Artaria & Cie. heraus, die Partitur nebst Klavierauszug der Ouvertüre 1804 bei Hoffmeister & Kühnel in Leipzig.

Um diese Zeit hatte Beethoven besonderen Grund, sich dem Fürsten Lichnowski erkenntlich zu zeigen; denn dieser stets freundschaftlich gegen ihn gesinnte Gönner machte ihm damals das Geschenk eines Streichquartetts von vier auserlesenen Quartettinstrumenten, einer Geige von Joseph Guarnerius von 1618, einer zweiten von Nikolaus Amati von 1667, einer Viola von Vincenzo Ruger von 1690 und eines Cello des Andreas Guarnerius von 1712. Ausserdem setzte er dem Meister 1800 eine Jahresrente von 600 Gulden aus.

In der Gesellschaft liess sich Beethoven nicht mehr viel sehen. Gleichwohl kam er mit vielen Menschen zusammen. Gab er doch seine Stunden, die teilweise in seiner Wohnung genommen wurden.

Wo wohnte er? Im Jahre 1795 hatte er im Ogylsischen Hause in der Kreuzgasse gemietet. Im Winter 1799 auf 1800 wohnte er in „einem sehr hohen und schmalen Hause", und zwar am tiefen Graben bei „der kleinen Weintraube am Hof". Von hier aus ging er zu den Stunden, welche er einer neuen Schülerin Therese Brunswik im Goldenen Greifen 16 Tage hindurch gab und oft von 12 bis 4 oder 5 Uhr ausdehnte. Beethoven hatte also Therese Brunswik ins Herz geschlossen; sie galt auch als eine seiner „Flammen", ja, man vermutet in ihr sogar die „Unsterbliche Geliebte". Sie war es nicht. Doch wir greifen vor.

Zwey sind der Wege auf welchen der Mensch zur Tugend
emporstrebt
Schließt sich der Eine Dir zu, thut sich der Andre Dir auf
Handelnd erringt der Glückliche sie, der Leidende duldend
Wohl ihm den sein Geschick liebend auf beiden geführt.

Schiller

zum Andenken an die Urheberin Ihrer Talente und Ihrer Herzensgüte,
die Ungarin Marie Therese Gräfin Brunsvik von Korompa Stiftsdame
München im März 1837

...lien! Anderswo ist es das Leben, daß, so wie es ist den Fähigkeiten der Seele
nicht genügt; dort genügen die Fähigkeiten der Seele dem Leben nicht,
und der Überfluß an Gefühlen flößt eine träumerische Unglückseligkeit ein
die kleinen Empfindungen von Kälte und Feuchte, die mehr weniger, d[ie]
Aufmerksamkeit von dem was wir sehen ablenken, machen ein Eindruck wie ein falscher Ton in einem Concert — aber in Neapel u. seiner
Nähe, fühlt man ein so vollkommenes Wohlsein, eine solche Zuneigung
der Natur — nichts stört die angenehmen Gefühle

Stammbuchblatt von der Hand der Gräfin Therese Brunsvik.

Im Sommer 1800 mietete sich der Meister in dem nur etwa eine Wegstunde von Wien entfernten Unter-Döbling ein. Beethoven hatte schon in früheren Jahren neben der Stadtwohnung im Sommer eine Landwohnung, und diese Gewohnheit, sich in der schönen Jahreszeit der Natur hinzugeben, behielt er bis ans Lebensende bei.

Hübsche Anekdoten werden aus diesem Sommer in Döbling erzählt. Ganz in der Nähe von Beethovens Quartier hauste ein schlecht beleumundeter Bauer, der eine wunderschöne Tochter hatte, deren Ruf aber ebenso schlecht war wie der ihres Vaters. Beethoven, der ja nach Ries mit Vorliebe hübschen Mädchen auf der Strasse nachsah, pflegte die Dirne oft bei der Arbeit anzustarren. Sie lachte den eigentümlichen Liebhaber aus. Beethovens Anteilnahme an ihr ging jedoch so weit, dass er einmal der Polizei gegenüber für ihren Vater eintrat. Der hatte sich mit anderen Bauern herumgeschlagen und war verhaftet worden. Beethoven verlangte seine Freilassung und trat der Behörde gegenüber so heftig auf, dass er nahe daran war, selbst verhaftet zu werden. Nur der Hinweis auf seine einflussreichen Bekannten schützte ihn vor der Einsperrung.

Beethoven gegenüber wohnte in einem Logis, das mit dem seinen nur durch einen Gang verbunden war, Frau Grillparzer, die Mutter des bekannten Dichters. Dieser erinnerte sich, wie eifrig Beethoven damals übte. Frau Grillparzer hörte öfter, vor ihrer Tür stehend, zu; einmal aber stürzte Beethoven vom Klavier plötzlich an die Tür, riss sie auf, um zu sehen, ob jemand lausche. Als er die Dame erblickte, spielte er von jenem Tage an nicht mehr, da er nicht leiden konnte, belauscht zu werden.

Es muss freilich damals ein besonderer Genuss gewesen sein, dem Meister zuzuhören. Denn abgesehen davon, dass er sein Klavierspiel sehr zu vervollkommnen strebte, gab er sich in der schönen Umgebung Döblings, von der Natur angeregt, der Komposition des c-moll-Klavierkonzertes hin, jenes Stückes, über das Gerber in seinem Tonkünstler-Lexikon schon 1812 unumwunden urteilt, es sei „vielleicht das Höchste dieser Art von Kunstwerken, welches die Kunstliteratur von allen Meistern aufzuweisen hat".

Im Sommer 1801 weilte Beethoven im nahen Hetzendorf, von wo aus nur der Park des Schönbrunner Schlosses zu schönen

Spaziergängen und dem Verkehr mit der Natur aufforderte, da die übrige Umgegend wenig landschaftliche Reize bietet. Damals wohnte Beethovens Bonner Ex-Kurfürst Max Franz ebenfalls in Hetzendorf, wo er auch am 26. Juli 1801 gestorben ist.

Beethoven musste also nunmehr den Gedanken an die Rückkehr in die Heimat endgültig aufgeben; er widmete sich ganz seinen Werken. In diesem Sommer wurde das Oratorium „Christus am Oelberg" komponiert. Weitere Früchte desselben Jahres waren ausser dem Quintett op. 29 in C-dur, welches freilich in diesem Jahr nur druckfertig gemacht wurde, zwei neue Violinsonaten, op. 23 und 24, und die Klaviersonaten op. 22 in B-dur, op. 26 in As-dur, zwei Sonaten op. 27 in Es-dur und cis-moll und die in D-dur op. 28. Die Violinsonaten op. 23 und 24 erschienen zuerst vereinigt, wurden in der Wiener Zeitung vom 28. Oktober 1801 als erschienen angezeigt und waren dem Grafen Moritz von Fries gewidmet. Schon im Jahre 1802 wurden sie einzeln veröffentlicht. An eine Privataufführung von op. 23 knüpft sich folgende hübsche Anekdote, die Ries erzählt: „Eines Abends sollte ich beim Grafen Browne eine Sonate von Beethoven (a-moll, op. 23) spielen, die man nicht oft hört. Da Beethoven zugegen war, und ich diese Sonate nie mit ihm geübt hatte, so erklärte ich mich bereit, jede andere, nicht aber diese, vorzutragen. Man wendete sich an Beethoven, der endlich sagte: ‚Nun, Sie werden sie wohl so schlecht nicht spielen, dass ich sie nicht anhoren dürfte.' So musste ich. Beethoven wendete, wie gewöhnlich, mir um. Bei einem Sprunge in der linken Hand, wo eine Note recht herausgehoben werden soll, kam ich völlig daneben, und Beethoven tupfte mit einem Finger mir an den Kopf, was die Fürstin L., die mir gegenüber auf das Klavier gelehnt sass, lächelnd bemerkte. Nach beendigtem Spiele sagte Beethoven: ‚Recht brav, Sie brauchen die Sonate nicht erst bei mir zu lernen. Der Finger sollte Ihnen nur meine Aufmerksamkeit beweisen.'

Später musste Beethoven spielen und wählte die d-moll-Sonate (op. 31), welche eben erst erschienen war. Die Fürstin, welche wohl erwartete, auch Beethoven würde etwas verfehlen, stellte sich nun hinter seinen Stuhl, und ich blätterte um. Bei dem Takt 53 in 54 verfehlte Beethoven den Anfang, und anstatt mit zwei und zwei Noten herunterzugehen, schlug er mit der vollen

Hand jedes Viertel (drei bis vier Noten zugleich) im Heruntergehen an. Es lautete, als sollte ein Klavier ausgeputzt werden. — Die Fürstin gab ihm einige nicht gar sanfte Schläge an den Kopf mit der Aeusserung: ‚Wenn der Schüler einen Finger für e i n e verfehlte Note erhält, so muss der Meister bei grösseren Fehlern mit vollen Händen bestraft werden.‘ Alles lachte, und Beethoven zuerst. Er fing nun aufs neue an und spielte wunderschön, besonders trug er das Adagio unnachahmlich vor.“

Die beiden Werke op. 23 und 24 bilden den grössten Gegensatz. Die erste Sonate hat drei Sätze; es fehlt der langsame Satz. Dafür gibt es diesmal ein Andante scherzoso, più allegretto von grösster Zierlichkeit mit jenen für Beethoven charakteristischen, die Motivteile bindenden Pausen. Ein Presto beginnt, ein Allegro molto beschliesst das Werk; während jenes in zarten Aquarellfarben gemalt ist, erscheinen die Linien und Gänge im Finale breiter ausgeführt. Eine entfernte, nicht notengetreue Verwandtschaft dieses Schlusssatzes mit dem Rondo presto der 18. Mozartschen Violinsonate ist nicht zu verkennen. Dabei tritt denn deutlich Mozarts und Beethovens verschiedene Art und Weise zutage. Mozart gibt sich beweglich, zierlich und fein, melodisch zart, Beethoven in schwereren Umrissen, in vollen, prächtigeren Formen. Die F-dur- oder, wie sie die Musikwelt nennt, „Frühlingssonate“ spinnt sich in den lieblichsten Melodien aus; auch sie kennt keine tiefe Trauer; aber während die Vorgängerin op. 23 prickelt und sprüht, hält sich diese „Suonata“ als echtes Klangstück in anmutigeren, wohligeren Linien. Ganz weich stimmt uns das Adagio molto espressivo. Die erfrischendste Abwechslung bringt ein äusserst knappes, rhythmisch pikantes Scherzo: Allegro molto. Eines der anmutigsten Rondos im allegro non troppo-Tempo und alla breve-Takt beschliesst die Sonate fröhlich. Das war und ist wieder eine Sonate für Publikum und Künstler zugleich. Eine Kritik in der Allgemeinen Musikalischen Zeitung erklärte: „Der originelle, feurige, kühne Geist Beethovens wird sich immer mehr klar, fängt immer mehr an, alles Uebermass zu verschmähen, tritt immer wohlgefälliger hervor. Strengere Ordnung, Klarheit und sich selbst gleich und treu bleibende Ausführung.“ Das Kritikblättchen wendet sich! kein Wunder angesichts dieser Frühlingssonate.

Sie steht wie milder Sonnenschimmer neben stürmischem Wolkenhimmel, den die Klaviersonate op. 22, wenigstens im ersten Satze, versinnbildlichen könnte. Beethoven selbst schreibt seinem Verleger, der das Werk 1802 veröffentlichte: „diese Sonate hat sich gewaschen, geliebtester Herr Bruder!" Das dem Grafen Browne gewidmete Werk ist überschrieben, wie bisher nur die Sonate pathétique, „grande sonate". Der erste Satz bildet ein Seitenstück zu der dritten Sonate op. 2, Nr. 3, nur tritt alles kräftiger, straffer, in einfacheren, aber derberen Linien auf. Beethoven malt wieder mit breiten, romantischen Pinselstrichen in der Durchführung, die, fortissimo in starken Tinten beginnend, sich in völlige Dämmerschatten verliert, bis die Hauptthemen sich wieder bestimmt hervorwagen. Es folgt ein langausgesponnenes Adagio con molt'espressione im gedehnten, singenden Neunachteltakt mit wunderbar wechselnden Harmonien und seufzenden Rückgängen. Darauf ein ausgeführtes Menuetto mit seltsamen Einfällen und einem kraus bewegten Minore. Ein langes Rondo, das seiner Bezeichnung: Allegretto mit seinem heiteren Temperament alle Ehre macht, beschliesst die wahrhaft grosse Sonate. Sie zeigt wieder Beethovens Fähigkeit, aus geringen und beschränkten Motiven musikalisches Leben aufspriessen zu lassen.

Nun erhielt Fürst Karl Lichnowski wieder eine Widmung, und zwar ebenfalls eine Klaviersonate: op. 26 in As-dur, welche in der Wiener Zeitung am 3. März 1802 als erschienen angezeigt wird. Auch sie ist als „grande sonate" bezeichnet. Sie beginnt mit einem Thema con variazioni im Dreiachteltakt. Die fünf Variationen dehnen die liebliche und gehaltene Stimmung des Andante auf feine Art aber ziemlich gleichmässig aus. Einem knapp geformten Scherzo: Allegro molto, dessen Trio in seinen gedehnten Notenwerten sich nur scheinbar nicht fortbewegt, setzt Beethoven diesmal einen Ausnahmesatz, eine Marcia funebre, an die Seite. Er gibt im Skizzenbuch selbst an, es müsse ein pezzo caratteristico sein, come par essempio una marcia in As-moll. Dann heisst es weiter: „e poi questo", worauf eine triviale Sechzehntelskizze im Zweivierteltakt folgt, die liegen blieb. Der Marsch wurde nach Ries durch ein Stück von Paër angeregt. Uebrigens verdankt der Marsch der Sonate dem Gerüchte von

Nelsons Tod in der Schlacht bei Abukir seine Entstehung. Beethoven setzte zu der Ueberschrift: Marcia funebre sulla Morte d'un Eroe. Tiefe Schatten, die der Tod über den Helden und uns breitet, geben endlich doch dem Lichte und seiner Kraft wieder Raum. Der Schlusssatz entfaltet ein Allegro in fliessender Sechzehntelbewegung, das aus e i n e m Motiv herauswächst:

eine Art Moto perpetuo im Zweivierteltakt, hatte es sein weit überragtes Vorbild in einem Cramerschen Sonatensatz, dem Finale von dessen dritter Sonate aus op. 23, das 1800 erschienen war; ausserdem erinnert Beethovens Finale an Cramers As-dur-Etüde Nr. 27. Die vielfach bestrittene Einheitlichkeit der Sonate ist gerade durch die Gewalt des Trauermarsches geschaffen; denn auf ihn deutet das Trio und der wie Donner rollende Schluss (Bass) des Menuetts hin, während uns das bewegte Finale ungemein erleichtert. Der rechte, die Sforzati energisch hervorhebende Vortrag des Scherzo muss allerdings den Marsch richtig vorbereiten. Wenn das Finale wieder Freude bringt, so ist das ganz logisch. Das: Genug der Tränen! muss einmal eintreten. Schliesslich ist „Freude das Element, in dem der Mensch am besten gedeiht . . . Musik schärft in dem Menschen die Empfänglichkeit für die Wohltaten dieser Himmelstochter." Diese Sätze entnehmen wir dem Buche „Briefe an Nathalie über den Gesang" (1803), das Beethoven besass und besonders schätzte. Sie sprechen just das aus, was der Meister in seiner Musik immer wieder beachtet und angestrebt hat.

Beethoven machte überhaupt in dieser Zeit mit der Klaviersonate Versuche; schon die beiden folgenden Sonaten in Es-dur und cis-moll sind wieder aussergewöhnlich gestaltet. In der Wiener Zeitung am 3. März 1802 wurden sie als erschienen angezeigt, die erste der Fürstin Liechtenstein, die zweite der Gräfin Julia Guicciardi gewidmet und jede als quasi una fantasia bezeichnet. Ohne Zweifel erzählen beide aus dem Leben. Mit der Fürstin Josepha Sophia Liechtenstein hat Beethoven sehr freundschaftlich verkehrt; er verweist einmal seinen Schüler Ries an sie mit der Bitte um Unterstützung.

Die Sonate beginnt mit einem harmonischen, lebhaft gefärbten Andante alla breve, das von einem bewegten, aber fragmentarischen Allegro, kurz unterbrochen, in ein scherzierendes Allegro molto e vivace in lauter Viertelnoten bei Dreiviertelttakt übergeht. Dies letztere macht eine starke al fresco-Wirkung. Es wird von dem Adagio con espressione sofort abgelöst, das unmittelbar in das Allegro vivace mündet, in das einzige ausgeführte, übrigens frohbewegte Stück; es steht in geradem Zweivierteltakt, hält eine einheitliche Stimmung fest, bringt nur gegen Ende eine Erinnerung an das Adagio und schliesst dann presto.

Die zweite Sonate, op. 27, Nr. 2, ist also alla Damigella Comtessa Giulietta Guicciardi gewidmet. Giulietta Guicciardi! Das ist das „zauberische Mädchen", von dem Beethoven seinem Freunde Wegeler berichtet, das zauberische Mädchen, das Beethoven unterrichtete, das er liebte und das ihn liebte, das ihn zum erstenmal fühlen liess, dass „Heiraten — glücklich machen könnte". Und das, um es gleich zu sagen, die unsterbliche Geliebte Beethovens schwerlich war, für welche es Beethovens erster Biograph Schindler glaubte ausgeben zu müssen.

Der Vater Giuliettas, Franz Joseph Guicciardi, wurde am 25. März 1800 Hofrat bei der Kaiserlich Königlichen Böhmischen Hofkanzlei in Wien. Seine Gemahlin Susanne war eine geborene Gräfin Brunswik. Giulietta war am 23. November 1784 geboren, stand also 1800 im siebzehnten Lebensjahre, als sie bei Beethoven Unterricht hatte. Ueber diesen Unterricht hat sie sich gegenüber Jahn so geäussert: „Er liess sie seine Sachen spielen, wobei er unendlich streng war, bis in den geringsten Kleinigkeiten der richtige Vortrag erreicht war; er hielt auf leichtes Spiel. Er war leicht heftig, warf die Noten hin, zerriss sie. Er nahm keine Bezahlung, obgleich er sehr arm war, aber Wäsche unter dem Vorwande, dass die Gräfin sie genäht. Er unterrichtete so auch die Gräfin Odescalchi, die Baronin Ertmann. Man ging zu ihm, oder er kam. Er spielte seine Sachen nicht gern selbst, phantasierte nur; beim geringsten Geräusch stand er auf und ging fort. Graf

Brunswik, der Violoncello spielte, adorierte ihn, auch seine Schwestern Therese und Gräfin Deym. Beethoven hatte der Gräfin Guicciardi das Rondo in G gegeben, bat es sich aus, als er es der Gräfin Liechtenstein dedizieren musste, und widmete ihr dann die Sonate. Beethoven war sehr hässlich, aber edel, feinfühlend, gebildet. Er war meist ärmlich gekleidet." Der Unterricht dauerte bis in den Sommer 1803 hinein. Am 3. November 1803 heiratete Giulietta den Grafen Gallenberg.

Beethoven behauptet nun selbst: „J'étais bien aimé d'elle, et plus que jamais son époux. Il était plutôt son amant que moi." So erzählt er im Jahre 1823 und meint: „Elle a une belle figure jusqu'ici." Aber: „Elle était l'épouse de lui avant son voyage en italie. — Arrivée à Vienne, elle cherchait moi pleurant, mais je la méprisais." Schindler wirft ein: „Herkules am Scheidewege." Beethoven antwortet: „Und wenn ich hätte meine Lebenskraft mit d e m Leben so hingeben wollen, was wäre für das Edle, Bessere geblieben?" Beethoven hatte ihr vor ihrer Vermählung seine Hand angeboten. Die Eltern schienen geteilter Meinung über diese Verbindung. Beethoven wurde abgewiesen. Folgende Worte von unbekannter Seite beziehen sich sicher auf diese Liebesangelegenheit: „Der erste (Schicksalsschlag), der ihn eigentlich schon früher traf und hauptsächlich seiner Muse den später so tiefen melancholischen Charakter verlieh, war eine höchst unglückliche Liebe, die sein ganzes Wesen mit jener Bitterkeit erfasste, welche ein so edles, tief fühlendes Herz, als ihm die Natur verliehen hatte, bis in seinen innersten Kern aufzuregen und zu zermalmen imstande ist. Die grosse erhabene Seele glaubte verstanden, glaubte mitempfunden, geliebt zu sein und hatte auf einen falschen Würfel — er nannte sich Weib —, wie so mancher edle männliche Geist, die Quintessenz seines ganzen Lebensglückes gesetzt. — Er wurde auf das Schändlichste oder besser gesagt auf das Gewöhnlichste betrogen und krankte ab wie eine Rieseneiche, an deren Herzwurzeln ein giftiger Wurm bohrt." So schlimm fiel freilich die Liebestragödie nicht aus; bei dem Manne, der in der Kraft den Hauptantrieb der Moral sah.

Gleichwohl kann Giulietta Guicciardi die unsterbliche Geliebte nicht gewesen sein. Vor allem verkehrte Beethoven noch im Sommer 1803 freundschaftlich bei Guicciardis im Hause, wo er gerade um diese Zeit den Geiger Bridgetower einführte. Der berühmte Liebesbrief, in dem Beethoven die Angebetete seine „unsterbliche Geliebte" nennt, ist im Jahre 1812 geschrieben.

Darum wird die Liebe zu ihr nicht ihres romantischen Zaubers entkleidet. Beethoven hat seine Julia sehr verehrt und wollte das auch öffentlich zum Ausdruck bringen; er widmete ihr zuerst das Rondo in G-dur, op. 51, Nr. 2, nahm es ihr aber wieder und setzte dann auf die Sonate op. 27, Nr. 2, ihren Namen. Das hindert nicht, dass die Töne der Sonate das Märchen und die tragische Geschichte von dem zauberischen Mädchen enthalten. Den unmittelbaren Anstoss zu dem berühmten Adagio dieser Sonata quasi una fantasia gab freilich Seumes Gedicht „Die Beterin". Der gehaltene, bittende Ton des „rhapsodischen" Adagios ist manchem, der von der Beziehung zu Seumes „Beterin" nichts wusste, aufgefallen, so Peter Cornelius. Hier ist das Gedicht:

Auf des Hochaltares Stufen knieet
Lina im Gebet, ihr Antlitz glühet,
Von der Angst der Seele hingerissen,
Zu des Hochgebenedeiten Füssen.

Ihre heissgerungnen Hände beben,
Ihre bangen nassen Blicke schweben
Um des Welterlösers Dornenkrone,
Gnade flehend von des Vaters Throne;

Gnade ihrem Vater, dessen Schmerzen
Ihrem lieben kummervollen Herzen
In des Lebens schönsten Blütetagen
Bitter jeder Freude Keim zernagen;

Rettung für den Vater ihrer Tugend,
Für den einz'gen Führer ihrer Jugend,
Dem allein sie nur ihr Leben lebet,
Ueber dem der Hauch des Todes schwebet.

Ihre tiefgebrochnen Seufzer wehen
Ihrer Andacht heisses, heisses Flehen
Hin zum Opferweihrauch; Cherubinen
Stehn bereit, der Flehenden zu dienen.

BEETHOVEN
Nach einer Miniatur
von Christian Hornemann, 1802.

GRÄFIN GIULIA GUICCIARDI
1784–1856.

FERDINAND RIES
1784–1838.

Tragt, Ihr Engel, ihre Engeltränen
Betend hin, den Vater zu versöhnen;
Frömmer weinte um die Dornenkrone
Nicht Maria bei dem toten Sohne.

Siehe, Freund, in den Verklärungsblicken
Strahlet stilles, seliges Entzücken;
Lina streicht die Träne von den Wangen,
Ist voll süsser Hoffnung weggegangen.

Eine Träne netzt auch meine Augenlider;
Vater, gieb ihr ihren Vater wieder!
Gern wollt' ich dem Tode nahe treten,
Könnte sie für mich so glühend beten.

Nach dem Adagio entwickelt sich die Sonate zu einer leidenschaftlicheren Phantasie; erst lächelt uns ein munteres Allegretto, dann stürzen wir uns in jenes mit einigen Freiheiten in Sonatenform gefasste, dämonische Presto agitato, das alle Musikfreunde erschüttert. Die Wiener haben, weil Beethoven das Adagio in einer Laube niedergeschrieben haben soll, dem Stück den Namen „Laubensonate" gegeben. Der Berliner Kritiker Rellstab taufte sie mit dem poetischen Namen „Mondscheinsonate", der ihr bis heute vorzüglich geblieben ist. Und wirklich geht etwas von der romantischen Stimmung der Mondnächte durch das Werk hindurch; aber dazu kommt im letzten Presto viel dunkles Gewölk. Jäh leuchten die zuckenden Blitze; kurz, manches ist darin von dem Unglück Ottiliens aus Goethes „Wahlverwandtschaften".

Beethoven selbst war der ständige Beifall, den das Werk fand, wieder einmal zuviel. „Immer spricht man von der cis-moll-Sonate, ich habe doch wahrhaftig Besseres geschrieben." Es erschien im Jahre 1802 noch ein Gegenstück zu op. 27, Nr. 2, wieder eine grande sonate, welche am 14. August in der Wiener Zeitung als erschienen angezeigt wurde und dem Edlen von Sonnenfels gewidmet ist. In diesem Stück steht ein langsamer Satz, welchen Beethoven besonders liebte. Czerny teilt mit: „Das d-moll-Andante in der Sonate op. 28 war lange Zeit Beethovens Liebling, und er spielte es sich oft." Diese Orgelpunktsonate, wie man sie wegen der vielen, darin vorkommenden Orgelpunkte nennen könnte, hat den Namen „Pastoralsonate" erhalten. Und in der Tat ist ihre Naturstimmung und heitere Gemächlichkeit unverkennbar. Sie gemahnt an die gemütlichen Darstellungen Peter Raabes; gleichwohl fehlt es nicht an satteren Gefühlstönen. Aber im allgemeinen herrscht klare Luft und Sonnenschein, auch in der Durchführung, trotz der darin erstrahlenden grösseren Lichtschärfe. Im Andante tun wir gleichsam einen ernsten Blick in einen dunkel-klaren See und schauen im Mittelsatze die auf dem Wasser tanzenden Reflexe und die heiter ziehenden Wellenkreise. Es folgt ein Scherzo, dessen Zeitmass, mit allegro vivace angegeben, die Ausgelassenheit auf dem Lande versinnbildlichen mag, die im Trio zu lustigem Singen führt. Das vergnügte Dahintanzen durch Sonnenlicht und Waldesdunkel findet im Schlussrondo: Allegro ma non troppo mit seinem obstinaten Bass noch eine fröhliche Fortdauer. Die Geheimnisse der Uebergänge entzücken unser Ohr;

Höchst befriedigt kehren wir heim: mit dem frohen Klang eines Più allegro quasi presto. Das ganze Pastoralvergnügen bietet Erfrischung ohne Ermattung — Seele und Körper fühlen sich gestärkt.

Bei der bestimmten Absicht Beethovens, jedem Stück die entsprechende Tonart zu geben, darf man nicht übersehen, wie stark die D-dur-Farbe in der ganzen Pastoralsonate herrscht. Beethoven vertrat die damals verbreitete Ansicht, dass jede Tonart ihre bestimmte Gemütsfarbe habe. Er kannte Schubarts Lehren, die dieser in seiner Aesthetik der Tonkunst niedergelegt hat, einem Buche, welches allerdings erst 1806 erschien. Der Meister stimmte mit dem Verfasser über die Mollcharaktere, nicht aber über die in Dur überein. Auf alle Fälle hat Beethoven seine Tonarten stets mit besonderer Sorgfalt gewählt. In späteren Jahren bezeichnet er einmal H-moll als „schwarze Tonart".

Wenn das Autograph der Sonate op. 28 die Jahreszahl 1801 trägt, so beweist das nicht, dass das Werk in diesem Jahre entstanden ist. Es muss früher erfunden sein. Das Jahr 1801 hat in Beethoven schwere Besorgnisse wegen seines Gehörs aufkommen lassen, da es sich ständig verschlechterte. Die Briefe dieser Zeit geben nicht nur über diese Drohungen des Dämons in den Ohren, sondern auch so viele Aufschlüsse über andere Verhältnisse und über Beethovens Art, dass wir die Schriftstücke unbedingt lesen müssen.

„Wie kann Amenda zweifeln, dass ich seiner je vergessen könnte — weil ich ihm nicht schreibe oder geschrieben? — Als wenn das Andenken der Menschen sich nur so gegeneinander erhalten könnte.

Tausendmal kömmt mir der beste der Menschen, den ich kennen lernte, in den Sinn; ja gewiss unter den zwei Menschen, die meine ganze Liebe besassen, und wovon der eine noch lebt, bist Du der Dritte, — wie kann das Andenken an Dich in mir verlöschen! — Nächstens erhältst Du einen langen Brief von mir über meine jetzigen Verhältnisse und alles, was Dich von mir interessieren kann. Leb' wohl, lieber, guter, edler Freund, erhalte mir immer Deine Liebe, Deine Freundschaft, so wie ich ewig bleibe

Dein treuer

Beethoven.

„Wien, den 1. Juni.

Mein lieber, mein guter Amenda, mein herzlicher Freund! Mit inniger Rührung, mit gemischtem Schmerz und Vergnügen habe ich Deinen letzten Brief erhalten und gelesen. Womit soll ich Deine Treue, Deine Anhänglichkeit an mich vergleichen? O, das ist recht schön, dass Du mir immer so gut geblieben; ja ich weiss Dich auch mir von allen bewährt und herauszuheben. Du bist kein Wiener Freund, nein, Du bist einer von denen, wie sie mein vaterländischer Boden hervorzubringen pflegt. Wie oft wünsche ich Dich bei mir, denn Dein Beethoven lebt sehr unglücklich, im Streit mit Natur und Schöpfer. Schon mehrmals fluchte ich letzterem, dass er seine Geschöpfe dem kleinsten Zufall ausgesetzt, so dass oft die schönste Blüte dadurch zernichtet und zerknickt wird. Wisse, dass mir der edelste Teil, mein Gehör sehr abgenommen hat. Schon damals, als Du noch bei mir warst, fühlte ich davon Spuren, und ich verschwieg's; nun ist es immer ärger geworden. Ob es wird wieder können geheilt werden, das steht noch zu erwarten. Es soll von den Umständen meines Unterleibs herrühren. Was nun den betrifft, so bin ich auch fast ganz hergestellt. Ob nun auch das Gehör besser werden wird, das hoffe ich zwar, aber schwerlich; solche Krankheiten sind die unheilbarsten. Wie traurig ich nun leben muss, alles, was mir lieb und teuer ist, meiden, und dann unter so elenden, egoistischen Menschen wie *** *** usw. Ich kann sagen, unter allen ist mir Lichnowsky der erprobteste; er hat mir seit vorigem Jahre 600 fl.

ausgeworfen. Das und der gute Abgang meiner Werke setzt mich instand, ohne Nahrungssorgen zu leben. Alles, was ich jetzt schreibe, kann ich gleich fünfmal verkaufen und auch gut bezahlt haben. — Ich habe ziemlich viel die Zeit geschrieben; da ich höre, dass Du bei *** Klaviere bestellt hast, so will ich Dir dann manches schicken in dem Verschlag so eines Instruments, wo es Dich nicht so viel kostet.

Jetzt ist zu meinem Trost wieder ein Mensch hergekommen, mit dem ich das Vergnügen des Umgangs und der uneigennützigen Freundschaft teilen kann; er ist einer meiner Jugendfreunde. Ich habe ihm schon oft von Dir gesprochen und ihm gesagt, dass, seit ich mein Vaterland verlassen, Du einer derjenigen bist, die mein Herz ausgewählt hat. — Auch ihm kann der *** nicht gefallen, er ist und bleibt zu schwach zur Freundschaft. Ich betrachte ihn und *** als blosse Instrumente, worauf ich, wenn's mir gefällt, spiele; aber nie können sie volle Zeugen meiner innern und äussern Tätigkeit, ebensowenig als wahre Teilnehmer von mir werden; ich taxiere sie nur nach dem, was sie mir leisten. O, wie glücklich wäre ich jetzt, wenn ich mein vollkommenes Gehör hätte! Dann eilte ich zu Dir, aber so von allem muss ich zurückbleiben, meine schönsten Jahre werden dahinfliegen, ohne alles das zu wirken, was mir mein Talent und meine Kraft geheissen hätten. Traurige Resignation, zu der ich meine Zuflucht nehmen muss! Ich habe mir freilich vorgenommen, mich über alles das hinauszusetzen, aber wie wird es möglich sein? Ja, Amenda, wenn nach einem halben Jahre mein Uebel unheilbar wird, dann mache ich Anspruch auf Dich, dann musst Du alles verlassen und zu mir kommen. Ich reise dann (bei meinem Spiel und Komposition macht mir mein Uebel noch am wenigsten, nur am meisten im Umgang) und Du musst mein Begleiter sein. Ich bin überzeugt, mein Glück wird nicht fehlen; womit könnte ich mich jetzt nicht messen? Ich habe, seit der Zeit Du fort bist, alles geschrieben bis auf Opern und Kirchensachen. Ja, Du schlägst mir's nicht ab, Du hilfst Deinem Freund seine Sorgen, seine Uebel tragen. Auch mein Klavierspielen habe ich sehr vervollkommnet, und ich hoffe, diese Reise soll auch Dein Glück vielleicht noch machen; Du bleibst hernach ewig bei mir. — Ich habe alle Deine Briefe richtig erhalten; so wenig ich Dir auch antwortete, so warst Du doch immer mir gegenwärtig, und mein Herz schlägt so zärtlich wie immer für Dich. — Die Sache meines Gehörs bitte ich Dich als ein grosses Geheimnis aufzubewahren und niemand, wer es auch sei, anzuvertrauen. — Schreibe mir recht oft. Deine Briefe, wenn sie auch noch so kurz sind, trösten mich, tun mir wohl, und ich erwarte bald wieder von Dir, mein Lieber, einen Brief. — Dein Quartett gib ja nicht weiter, weil ich es sehr umgeändert habe, indem ich erst jetzt recht Quartetten zu schreiben weiss, was Du schon sehen wirst, wenn Du sie erhalten wirst. — Jetzt leb' wohl, Lieber, Guter! Glaubst Du vielleicht, dass ich Dir hier etwas Angenehmes erzeigen kann, so versteht sich's wohl von selbst, dass Du zuerst davon Nachricht gibst

Deinem treuen, Dich wahrhaft liebenden

L. v. Beethoven "

Noch wichtiger als die Briefe an Amenda, sind die an Freund Wegeler.

„Wien, den 29. Juni.

Mein guter, lieber Wegeler, wie sehr danke ich Dir für Dein Andenken an mich; ich habe es so wenig verdient und um Dich zu verdienen gesucht, und doch bist Du so sehr gut und lässt Dich durch nichts, selbst durch meine unverzeihliche Nachlässigkeit nicht abhalten, bleibst immer der treue, gute, biedere Freund. — Dass ich Dich und überhaupt euch, die ihr mir einst alle so lieb und teuer wart, vergessen könnte, nein, das glaub' ich nicht; es gibt Augenblicke, wo ich mich selbst nach euch sehne, ja bei euch einige Zeit zu verweilen. Mein Vaterland, die schöne Gegend, in der ich das Licht der Welt erblickte, ist mir noch immer so schön und deutlich vor meinen Augen, als da ich euch verliess. Kurz ich werde diese Zeit als eine der glücklichsten Begebenheiten meines Lebens betrachten, wo ich euch wiedersehen und unsern Vater Rhein begrüssen kann. Wann das sein wird, kann ich Dir noch nicht bestimmen. Soviel will ich euch sagen, dass ihr mich nur recht gross wiedersehen werdet. Nicht nur als Künstler sollt ihr mich grösser, sondern auch als Mensch sollt ihr mich besser, vollkommener finden, und ist dann der Wohlstand etwas besser in unserem Vaterlande, dann soll meine Kunst sich nur zum Besten der Armen zeigen. O glückseliger Augenblick, wie glücklich halte ich mich, dass ich dich herbeischaffen, dich selbst schaffen kann! — Von meiner Lage willst Du was wissen; nun, sie wäre eben so schlecht nicht. Seit vorigem Jahr hat mir Lichnowsky, der, so unglaublich es Dir auch ist, wenn ich Dir sage, immer mein wärmster Freund war und geblieben (kleine Misshelligkeiten gab's ja auch unter uns, und haben nicht eben diese unsere Freundschaft mehr befestigt?), eine sichere Summe von 600 fl. ausgeworfen, die ich, solange ich keine für mich passende Anstellung finde, ziehen kann. Meine Kompositionen tragen mir viel ein, und ich kann sagen, dass ich mehr Bestellungen habe, als es fast möglich ist, dass ich machen kann. Auch habe ich auf jede Sache sechs, sieben Verleger und noch mehr, wenn ich mir's angelegen sein lassen will; man akkordiert nicht mehr mit mir, ich fordere und man zahlt. Du siehst, dass es eine hübsche Lage ist; z. B. ich sehe einen Freund in Not, und mein Beutel leidet eben nicht, ihm gleich zu helfen, so darf ich mich nur hinsetzen, und in kurzer Zeit ist ihm geholfen. — Auch bin ich ökonomischer als sonst. Sollte ich immer hier bleiben, so bringe ich's auch sicher dahin, dass ich jährlich immer einen Tag zur Akademie erhalte, deren ich einige gegeben. Nur hat der neidische Dämon, meine schlimme Gesundheit, mir einen schlechten Stein ins Brett geworfen: nämlich mein Gehör ist seit drei Jahren immer schwächer geworden, und das soll sich durch meinen Unterleib, der schon damals, wie Du weisst, elend war, hier aber sich verschlimmert hat, indem ich beständig mit einem Durchfall behaftet war und mit einer dadurch ausserordentlichen Schwäche, ereignet haben. Frank wollte meinem Leib den Ton wiedergeben durch stärkende Medizinen und meinem Gehör durch

Mandelöl, aber Prosit! Daraus ward nichts, mein Gehör ward immer schlechter und mein Unterleib blieb immer in seiner vorigen Verfassung; das dauerte bis voriges Jahr Herbst, wo ich manchmal in Verzweiflung war. Da riet mir ein medizinischer asinus das kalte Bad für meinen Zustand, ein gescheiterer das gewöhnliche lauwarme Donaubad; das tat Wunder, mein Bauch ward besser, mein Gehör blieb oder ward noch schlechter. Diesen Winter ging's mir wirklich elend; da hatte ich wirkliche schreckliche Koliken, und ich sank wieder ganz in meinen vorigen Zustand zurück, und so blieb's bis ungefähr vor vier Wochen, wo ich zu Vering ging, indem ich dachte, dass dieser Zustand zugleich auch einen Wundarzt erfordere, und ohnedem hatte ich immer Vertrauen zu ihm. Ihm gelang es nun fast gänzlich, diesen heftigen Durchfall zu hemmen; er verordnete mir das laue Donaubad, wo ich jedesmal noch ein Fläschchen stärkende Sachen hineingiessen musste, gab mir gar keine Medizin, bis vor ohngefähr vier Tagen Pillen für den Magen und einen Tee fürs Ohr, und darauf, kann ich sagen, befand ich mich stärker und besser; nur meine Ohren, die sausen und brausen Tag und Nacht fort. Ich kann sagen, ich bringe mein Leben elend zu; seit zwei Jahren fast meide ich alle Gesellschaften, weil's mir nun nicht möglich ist den Leuten zu sagen: ich bin taub. Hätte ich irgendein anderes Fach, so ging's noch eher; aber in meinem Fach ist das ein schrecklicher Zustand. Dabei meine Feinde, deren Anzahl nicht gering ist, was würden diese hierzu sagen! — Um Dir einen Begriff von dieser wunderbaren Taubheit zu geben, so sage ich Dir, dass ich mich im Theater ganz dicht am Orchester anlehnen muss, um den Schauspieler zu verstehen. Die hohen Töne von Instrumenten, Singstimmen, wenn ich etwas weit weg bin, höre ich nicht; im Sprechen ist es zu verwundern, dass es Leute gibt, die es niemals merkten; da ich meistens Zerstreuungen hatte, so hält man es dafür. Manchmal hör' ich den Redenden, der leise spricht, kaum, ja die Töne wohl, aber die Worte nicht; und doch, sobald jemand schreit, ist es mir unausstehlich. Was es nun werden wird, das weiss der liebe Himmel. Vering sagt, dass es gewiss besser werden wird, wenn auch nicht ganz. — Ich habe schon oft den Schöpfer und mein Dasein verflucht. Plutarch hat mich zu der Resignation geführt. Ich will, wenn's anders möglich ist, meinem Schicksal trotzen, obschon es Augenblicke meines Lebens geben wird, wo ich das unglücklichste Geschöpf Gottes sein werde. — Ich bitte dich, von diesem meinem Zustand niemandem, auch nicht einmal der Lorchen etwas zu sagen; nur als Geheimnis vertrau' ich Dir's an; lieb wär' mir's, wenn Du einmal mit Vering darüber Briefe wechseltest. Sollte mein Zustand fortdauern, so komme ich künftiges Frühjahr zu Dir: Du mietest mir irgendwo in einer schönen Gegend ein Haus auf dem Lande, und dann will ich ein halbes Jahr ein Bauer werden; vielleicht wird's dadurch geändert. Resignation! welches elende Zufluchtsmittel, und mir bleibt es doch das einzig übrige. —

Du verzeihst mir doch, dass ich Dir in Deiner ohnedem trüben Lage noch auch diese freundschaftliche Sorge aufbinde. — Steffen Breuning ist nun hier, und wir sind fast täglich zusammen; es tut mir so wohl, die alten Gefühle wieder hervorzurufen. Er ist wirklich ein guter, herrlicher Junge geworden, der was weiss und das Herz, wie wir alle mehr oder weniger, auf dem rechten Flecke hat. Ich habe eine sehr schöne Wohnung jetzt, welche auf die Bastei geht und für meine Gesundheit doppelten Wert hat. Ich glaube wohl, dass ich es werde möglich machen können, dass Breuning zu mir komme. Deinen Antiochum sollst du haben und auch noch recht viele Musikalien von mir, wenn Du anders nicht glaubst, dass es Dich zu viel kostet. Aufrichtig, Deine Kunstliebe freut mich doch noch sehr. Schreibe mir nur, wie es zu machen ist, so will ich Dir alle meine Werke schicken, das nun freilich eine hübsche Anzahl ist, und die sich täglich vermehrt. — Statt dem Porträt meines Grossvaters, welches ich Dich bitte, mir sobald als möglich mit dem Postwagen zu schicken, schicke ich Dir das seines Enkels, Deines Dir immer guten und herzlichen Beethoven, welches hier bei Artaria, die mich hier darum oft ersuchten, sowie viele andere, auch auswärtige Kunsthandlungen herauskommt. — Stoffel will ich nächstens schreiben und ihm ein wenig den Text lesen über seine störrige Laune. Ich will ihm die alte Freundschaft recht ins Ohr schreien; er soll mir heilig versprechen, euch in euren ohnedem trüben Umständen nicht noch mehr zu kränken. — Auch der guten Lorchen will ich schreiben. Nie habe ich einen unter euch Lieben, Guten vergessen, wenn ich euch auch gar nichts von mir hören liess, aber Schreiben, das weisst Du, war nie meine Sache: auch die besten Freunde haben jahrelang keine Briefe von mir erhalten. Ich lebe nur in meinen Noten, und ist das eine kaum da, so ist das andere schon angefangen; so wie ich jetzt schreibe, mache ich oft drei, vier Sachen zugleich. — Schreibe mir jetzt öfter; ich will schon Sorge tragen, dass ich Zeit finde, Dir zuweilen zu schreiben. Grüsse mir alle, auch die gute Frau Hofrätin, und sage ihr, ‚dass ich noch zuweilen einen raptus han'. Was Kochs angeht, so wundere ich mich gar nicht über deren Veränderung; das Glück ist kugelrund und fällt daher natürlich nicht immer auf das Edelste, das Beste. — Wegen Ries, den mir herzlichst grüsse, was seinen Sohn anbelangt, will ich Dir näher schreiben, obschon ich glaube, dass, um sein Glück zu machen, Paris besser als Wien sei. Wien ist überschüttet mit Leuten, und selbst dem besseren Verdienst fällt es dadurch hart, sich zu halten. — Bis den Herbst oder bis zum Winter werde ich sehen, was ich für ihn tun kann, weil dann alles wieder in die Stadt eilt. Leb' wohl, guter, treuer Wegeler, sei versichert von der Liebe und Freundschaft

Deines

Beethoven."

„Wien, am 16. November 1801.

Mein guter Wegeler! Ich danke Dir für den neuen Beweis Deiner Sorgfalt um mich, um so mehr, da ich es so wenig um Dich verdiene. — Du willst wissen, wie es mir geht, was ich brauche; so ungerne ich mich von dem Gegenstande überhaupt unterhalte, so tue ich es doch am liebsten mit Dir. — Vering lässt mich nun schon seit einigen Monaten immer Vesikatorien auf beide Arme legen, welche aus einer gewissen Rinde, wie Du wissen wirst, bestehen. Das ist nun eine höchst unangenehme Kur, indem ich immer ein paar Tage des freien Gebrauchs (ehe die Rinde genug gezogen hat) meiner Arme beraubt bin, ohne der Schmerzen zu gedenken. Es ist nun wahr, ich kann es nicht leugnen, das Sausen und Brausen ist etwas schwächer als sonst, besonders am linken Ohre, mit welchem eigentlich meine Gehörkrankheit angefangen hat, aber mein Gehör ist gewiss um nichts noch gebessert; ich wage es nicht zu bestimmen, ob es nicht eher schwächer geworden. — Mit meinem Unterleib geht's besser; besonders wenn ich einige Tage das lauwarme Bad brauche, befinde ich mich acht, auch zehn Tage ziemlich wohl; sehr selten einmal etwas Stärkendes für den Magen; mit Kräutern auf dem Bauch fange ich jetzt auch nach Deinem Rat an. — Von Sturzbädern will Vering nichts wissen; überhaupt aber bin ich mit ihm sehr unzufrieden; er hat gar zu wenig Sorge und Nachsicht für so eine Krankheit; komme ich nicht einmal zu ihm, und das geschieht auch mit viel Mühe, so würde ich ihn nie sehen. — Was hältst Du von Schmidt? Ich wechsle zwar nicht gern, doch scheint mir, Vering ist zu sehr Praktiker, als dass er sich viel neue Ideen durchs Lesen verschaffte. — Schmidt scheint mir hierin ein ganz anderer Mensch zu sein und würde vielleicht auch nicht gar so nachlässig sein? — Man spricht Wunder vom Galvanism; was sagst Du dazu? — Ein Mediziner sagte mir, er habe ein taubstummes Kind sehen sein Gehör wiedererlangen in Berlin, und einen Mann, der ebenfalls sieben Jahre taub gewesen und sein Gehör wiedererlangt habe. — Ich höre eben, Dein Schmidt macht hiermit Versuche. — Etwas angenehmer lebe ich jetzt wieder, indem ich mich mehr unter Menschen gemacht. Du kannst es kaum glauben, wie öde, wie traurig ich mein Leben seit zwei Jahren zugebracht: wie ein Gespenst ist mir mein schwaches Gehör überall erschienen, und ich floh die Menschen, musste Misanthrop scheinen und bin's doch so wenig. Diese Veränderung hat ein liebes, zauberisches Mädchen hervorgebracht, das mich liebt und das ich liebe. Es sind seit Jahren wieder einige selige Augenblicke, und es ist das erstemal, dass ich fühle, dass — Heiraten glücklich machen könnte. Leider ist sie nicht von meinem Stande — und jetzt — könnte ich nun freilich nicht heiraten — ich muss mich nun noch wacker herumtummeln. Wäre mein Gehör nicht, ich wäre nun schon lange die halbe Welt durchgereist, und das muss ich. — Für mich gibt's kein grösseres Vergnügen, als meine Kunst zu treiben und zu zeigen. — Glaub' nicht, dass ich bei euch glücklich sein würde: was sollte mich auch glücklicher machen? Selbst eure Sorgfalt würde mir wehe tun, ich würde jeden Augenblick das Mitleid auf euren Gesichtern lesen und würde mich nur noch unglücklicher finden. — Jene schönen vaterländischen Gegenden, was war mir in ihnen beschieden? Nichts als die Hoffnung in einen bessern Zustand; er wäre mir nun geworden — ohne dieses Uebel! O, die Welt wollte ich umspannen von diesem frei! Meine Jugend — ja, ich fühle es, sie fängt erst jetzt an. War ich nicht immer ein siecher Mensch? Meine

BEETHOVEN

Nach dem ersten Oelgemälde von W. J. Mähler

1805.

BEETHOVENHAUS IN HEILIGENSTADT

körperliche Kraft — sie nimmt seit einiger Zeit mehr als jemals zu, und so meine Geisteskräfte. Jeden Tag gelange ich mehr zu dem Ziel, was ich fühle, aber nicht beschreiben kann. Nur hierin kann Dein Beethoven leben. Nichts von Ruhe — ich weiss von keiner anderen als dem Schlaf, und wehe genug tut mir's, dass ich ihm jetzt mehr schenken muss als sonst. Nur halbe Befreiung von meinem Uebel, und dann — als vollendeter, reifer Mann komme ich zu euch, erneuere die alten Freundschaftsgefühle. So glücklich, als es mir hienieden beschieden ist, sollt ihr mich sehen, nicht unglücklich — nein, das könnte ich nicht ertragen. — Ich will dem Schicksal in den Rachen greifen, ganz niederbeugen soll es mich gewiss nicht. — O, es ist so schön, das Leben tausendmal leben! Für ein stilles Leben, nein, ich fühl's, ich bin nicht mehr dafür gemacht. — Du schreibst mir doch so bald als möglich? — Sorgt, dass der S t e f f e n sich bestimmt, sich irgendwo im D e u t s c h e n O r d e n anstellen zu lassen. Das Leben hier ist für seine Gesundheit mit zu viel Strapazen verbunden. Noch obendrein führt er so ein isoliertes Leben, dass ich gar nicht sehe, wie er so weiter kommen will. Du weisst, wie das hier ist; ich will nicht einmal sagen, dass Gesellschaft s e i n e A b s p a n n u n g vermindern würde. Man kann ihn auch nirgends hinzugehen überreden: ich habe einmal bei mir vor einiger Zeit Musik gehabt, wo ausgesuchte Gesellschaft war; unser Freund — Steffen — blieb doch aus. — Empfiehl ihm doch mehr Ruhe und Gelassenheit, ich habe schon auch alles angewendet; ohne das kann er nie weder glücklich noch gesund sein. — Schreib' mir nun im nächsten Briefe, ob's nichts macht, wenn's recht viel ist, was ich Dir von meiner Musik schicke. Du kannst zwar das, was Du nicht brauchst, wieder verkaufen, und so hast Du Dein Postgeld — mein Porträt auch. — Alles mögliche Schöne und Verbindliche an die Lorchen — a u c h d i e M a m a — auch Christoph. — Du liebst mich doch ein wenig? Sei sowohl von dieser als auch von der Freundschaft überzeugt

Deines Beethoven."

Beethoven schreibt selten so lange Briefe. Auf alle Fälle schreibt er rasch und kümmert sich nicht viel um orthographische und grammatikalische Fehler. Mit diesen Mängeln nahm man es damals nicht so genau; selbst Goethe betont einmal die Unwichtigkeit peinlicher Rechtschreibung, wenn man nur den Schreiber verstehe. An der Nachlässigkeit beim Schreiben war übrigens der meist übersehene Umstand viel schuld, dass ein jeder — wie Goethe, so auch Beethoven — seinen Dialekt sprach und beibehielt.

Die Briefe, echte Freundschaftsbriefe jener Zeit, besagen alles. Das „zauberische Mädchen" haben wir bereits in Giulietta Guicciardi kennen gelernt. Sie erheiterte den gequälten Einsiedler, der seit zwei Jahren die Menschen mied; wegen seiner

Zurückgezogenheit hatte er auch seine Quartette bei der ersten Aufführung nicht gehört, sondern musste sich erzählen lassen, wie sie gefielen. Ans Heiraten denkt er nicht — „jetzt könnte ich nun freilich nicht heiraten". Wegen seines Gehörs wendet sich der Leidende in der Tat an „seines Freundes Wegeler's Schmidt". Diesem widmete er dann aus Dankbarkeit, und zumal der Arzt ein guter Geiger war, die Bearbeitung seines Septetts als Trio (op. 38), welche am 8. November 1803 erschien. Die Widmung lautet:

„Monsieur!

Je sens parfaitement bien, que la célébrité de votre nom ainsi que l'amitié dont vous m'honorez, exigeraient de moi la dédicace d'un bien plus important ouvrage. La seule chose qui a pu me déterminer à vous offrir celui-ci de préférence, c'est qu'il me paraît d'une exécution plus facile et par là même plus propre à contribuer à la satisfaction dont vous jouissez dans l'aimable cercle de votre famille. — C'est surtout lorsque les heureux talents d'une fille chérie se seront développés davantage, que je me flatte de voir ce but atteint. Heureux si j'y ai réussi, et si dans cette faible marque de ma haute estime et de ma gratitude vous reconnaissez toute la vivacité et la cordialité de mes sentiments.

Louis van Beethoven."

Doch bis zum Jahre 1803 sollte sich noch manches ereignen. Die Beziehungen zur Heimat wurden nicht nur durch die erwähnten Briefe, sondern auch durch die Ankunft einiger Bonner Freunde wieder aufgefrischt. Anton Reicha, den Jahren nach mit Beethoven fast gleichaltrig, erschien 1801 in Wien. Er erzählt selbst: „Wir haben 14 Jahre miteinander zugebracht, verbunden wie Orestes und Pylades, und waren in unserer Jugend immer beisammen. Nach achtjähriger Trennung sahen wir uns in Wien wieder, und hier teilten wir uns alles mit, was uns beschäftigte!" Sodann kam Stephan von Breuning, der bisher in Mergentheim diente, nach Wien, wo er Hofkriegsrat wurde. Und noch einer erschien aus der Heimat: Ferdinand Ries. Er hatte einen Empfehlungsbrief von seinem Vater Anton. Dieses Schreibens hätte es bei dem hilfsbereiten Beethoven kaum bedurft; „er hatte nicht vergessen, wie seine Mutter starb". Dies solle Ferdinand seinem Vater Anton schreiben.

Ries ist von 1801 bis 1805 Schüler Beethovens gewesen. Der Meister hat ihn freilich nicht in theoretischen Fächern unterwiesen, sondern nur im Klavierspiel. Wie Beethoven dabei verfuhr, erzählt Ries:

„Wenn Beethoven mir Lektion gab, war er, ich möchte sagen, gegen seine Natur auffallend geduldig. Ich musste dieses, sowie sein nur selten unterbrochenes freundschaftliches Benehmen gegen mich grösstenteils seiner Anhänglichkeit und Liebe für meinen Vater zuschreiben. So liess er mich manchmal eine Sache zehnmal, ja noch öfter wiederholen. In den Variationen in F-dur, der Fürstin Odescalchi gewidmet (op. 34) habe ich die letzten Adagio-Variationen siebenzehnmal fast ganz wiederholen müssen; er war mit dem Ausdrucke in der kleinen Kadenz immer noch nicht zufrieden, obschon ich glaubte, sie ebensogut zu spielen, wie er. Ich erhielt an diesem Tage beinahe zwei volle Stunden Unterricht. Wenn ich in einer Passage etwas verfehlte, oder Noten und Sprünge, die er öfter recht herausgehoben haben wollte, falsch anschlug, sagte er selten etwas; allein wenn ich am Ausdrucke, an den Creszendos usw. oder am Charakter des Stückes etwas mangeln liess, wurde er aufgebracht, weil, wie er sagte, das erstere Zufall, das andere Mangel an Kenntnis, an Gefühl oder an Achtsamkeit sei. Ersteres geschah auch ihm gar häufig, sogar wenn er öffentlich spielte."

Czerny beurteilt den Pianisten Ries also: „Ries spielte sehr fertig, rein, aber kalt."

Czerny war um dieselbe Zeit Schüler Beethovens. Der talentvolle Knabe wurde durch Wenzel Krumpholz bei Beethoven eingeführt. Beethoven hat Karl Czerny folgendes Zeugnis ausgestellt:

„Wir, Endesunterzeichneter, können dem Jünglinge Karl Czerny das Zeugnis nicht versagen, dass derselbe auf dem Pianoforte solche, sein 14jähriges Alter übersteigende ausserordentliche Fortschritte gemacht habe, dass er sowohl in diesem Anbetrachte als auch in Rücksicht seines zu bewundernden Gedächtnisses aller möglichen Unterstützung würdig geachtet werde; und zwar umso mehr, als die Eltern auf die Ausbildung dieses ihres hoffnungsvollen Sohnes ihr Vermögen verwendet haben.

Wien, den 7. Dezember 1803.

Ludwig van Beethoven."

Czerny vermochte ein grosses Repertoire, in dem natürlich die Beethovenschen Werke die Hauptstelle einnahmen, auswendig zu spielen, und er trug gerade diese Werke häufig bei dem Fürsten Lichnowski vor. Beethoven soll erklärt haben: „Wenn er auch im ganzen richtig spielt, so verlernt er auf diese Weise den schnellen Ueberblick, das A vista-Spielen, und hie und da doch auch die richtige Betonung."

Ries hat durch Beethoven eine Anstellung als Privatpianist beim Grafen Browne erhalten. Als er dann 1805 zur Armee reklamiert wurde und sich in Geldverlegenheit befand, verwendete sich Beethoven für ihn bei der Fürstin Josepha Liechtenstein.

Beethoven wohnte jetzt, nachdem er eine Zeitlang im Hamberger-Hause auf der Bastei eingemietet gewesen, am Petersplatz im vierten Stock. Ueber ihm hauste der früher erwähnte Theoretiker und Komponist Förster. Dessen sechsjährigem Söhnchen gab der Meister aus eigenem Antrieb Klavierunterricht, der aber morgens um 6 Uhr in der Frühe stattfinden musste. Dabei schlug Beethoven dem Kleinen einmal mit einer grossen Stopfnadel auf die Finger, so dass der Knabe heulend die Treppe hinauflief. In dieser Wohnung komponierte Beethoven die vierhändigen Märsche op. 45, welche Graf Browne bei ihm bestellt hatte, da Ries einmal im Uebermut bei den musikalischen Abendunterhaltungen beim Grafen einen Marsch improvisierte, den eine exaltierte Gräfin für eine herrliche Komposition Beethovens hielt. Ries musste den Marsch an einem der nächsten Tage vor Beethoven wiederholen. Beethoven sagte darauf zu Ries: „Sehen Sie, lieber Ries! Das sind die grossen Kenner, welche jede Musik so richtig und so scharf beurteilen wollen. Man gebe ihnen nur den Namen ihres Lieblings; mehr brauchen sie nicht.“ Der Graf bestellte aber drei Märsche bei Beethoven, die dann als op. 45 im Jahre 1804 erschienen sind und der Fürstin Liechtenstein gewidmet wurden.

Ries musste die Märsche beim Grafen Browne vorspielen. Dabei unterhielt sich der junge Graf P. „in der Tür zum Nebenzimmer so laut und frei mit einer schönen Dame, dass Beethoven, da mehrere Versuche, Stille herbeizuführen, erfolglos blieben, plötzlich mitten im Spiele mir (Ries) die Hand vom Klavier wegzog, aufsprang und ganz laut sagte: ‚für solche Schweine spiele ich nicht‘. Alle Versuche, ihn wieder ans Klavier zu bringen, waren vergeblich. Sogar wollte er nicht erlauben, dass ich die Sonate spielte. So hörte die Musik zur allgemeinen Missstimmung auf.“ Einen weiteren interessanten Zug der Beethovenschen Arbeitsweise erfahren wir noch von Ries zur Komposition der Märsche. „Beethoven komponierte einen Teil des zweiten Marsches, während er, was mir noch immer unbegreiflich ist, mir zugleich Lektion über eine Sonate gab, die ich abends in einem kleinen Konzerte bei dem eben erwähnten Grafen vortragen sollte." Czerny berichtet: „Beim Komponieren probierte Beethoven oft am Klavier, bis es ihm recht war, und sang dazu. Seine Stimme beim Singen war ganz abscheulich." Ueber den Unterricht erzählt Ries dann noch: „Einst, als wir nach beendigter Lektion über Themas zu Fugen sprachen, ich am Klavier und er neben mir sass und ich das erste Fugenthema aus Graun's Tod Jesu spielte, fing er an, mit der linken Hand es nachzuspielen, brachte dann die rechte dazu und arbeitete es nun ohne die mindeste Unterbrechung wohl eine halbe Stunde durch. Noch kann ich nicht begreifen, wie er es so lange in dieser höchst unbequemen Stellung hat aushalten können. Seine Begeisterung machte ihn für äussere Eindrücke unempfindlich." Ries erzählt ferner: „Beethoven hatte mir sein schönes Konzert in c-moll (op. 37) noch als Manuskript gegeben, um damit zum ersten Mal öffentlich als sein Schüler aufzutreten; auch bin ich der einzige, der zu Beethovens Lebzeiten je als solcher auftrat. (Ausser mir erkannte er nur noch den Erzherzog Rudolph als Schüler an.)

Beethoven selbst dirigierte und drehte nur um, und vielleicht wurde nie ein Konzert schöner begleitet. Wir hielten zwei grosse Proben. Ich hatte Beethoven gebeten, mir eine Kadenz zu komponieren, welches er abschlug und mich anwies, selbst eine zu machen, er wolle sie korrigieren. Beethoven war mit meiner Komposition sehr zufrieden und änderte wenig; nur war eine äusserst brillante und sehr schwierige Passage darin, die ihm zwar gefiel, zugleich aber zu gewagt schien, weshalb er mir auftrug, eine andere zu setzen. Acht Tage vor der Aufführung wollte er die Kadenz wieder hören. Ich spielte sie und verfehlte die Passage; er hiess mich noch einmal, und zwar etwas unwillig, sie ändern. Ich tat es, allein die neue befriedigte mich nicht; studierte also die andere auch tüchtig, ohne ihrer jedoch ganz sicher werden zu können. — Bei der Kadenz im öffentlichen Konzert setzte sich Beethoven ruhig hin. Ich konnte es nicht über mich gewinnen, die leichtere zu wählen; als ich nun die schwerere keck anfing, machte Beethoven einen gewaltigen Ruck mit dem Stuhle; sie gelang indessen ganz und Beethoven war so erfreut, dass er laut Bravo! schrie. Dies elektrisierte das ganze Publikum und gab mir gleich eine Stellung unter den Künstlern. Nachher, als er mir seine Zufriedenheit darüber äusserte, sagte er zugleich: ‚Eigensinnig sind Sie aber doch! — Hätten Sie die Passage verfehlt, so würde ich Ihnen nie eine Lektion mehr gegeben haben'."

Beethoven bewies seinem Schüler Ries „eine wahrhaft väterliche Teilnahme. „Aus dieser Quelle", so fährt Ries fort, „entsprang auch die einst (1802) im Unmut über eine unangenehme Verwicklung, in welche Karl Beethoven mich gebracht hatte, mir brieflich gegebene Weisung: ‚Nach Heiligenstadt brauchen Sie nicht zu kommen, indem ich keine Zeit zu verlieren habe.' Graf Browne schwelgte nämlich um diese Zeit in Vergnügungen, wovon ich, da dieser Herr mir sehr wohl wollte, viel mitmachte und meine Studien dabei vernachlässigte."

Beethoven war damals einflussreich, bekannt, ja, berühmt. Er beschäftigte die Welt; sie wünschte ihn im Bilde zu besitzen. In dem ersten Briefe an seine „Flamme" Christine Gerhardi spricht Beethoven von einem „Konterfei", das ihn in Verlegenheit bringt. Daher rät er der Dame: „Suchen Sie das Ding zu erwischen, so gut als sich's tun lässt," und fährt fort: „Ich versichere Sie, dass ich hernach alle Maler in der Zeitung bitten werde, mich nicht ohne mein Bewusstsein zu malen. Dachte ich doch nicht, dass ich durch mein eigenes Gesicht noch in Verlegenheit kommen könne." In dem Briefe an Freund Wegeler vom Sommer 1801 verspricht er diesem sein Porträt, das bei Artaria und „auch Kunsthandlungen herauskommt". Um diese Zeit erschien bei Cappi, der längere Zeit bei Artaria in Stellung gewesen war, die Zeichnung von Stainhauser, die von Johann Neidl gestochen wurde. Und in Leipzig wurde im selben Jahre ein Stich von Riedel veröffentlicht.

Beethovens Erscheinung wird von den Zeitgenossen mehrfach beschrieben. Er hielt damals nicht viel auf Sauberkeit und war unordentlich gekleidet. Frau von Bernard erzählt: „Ich erinnere mich noch genau, wie sowohl Haydn als Salieri in dem kleinen Musikzimmer (beim Fürsten Lichnowski) an der einen Seite auf dem Sopha sassen, beide stets auf das Sorgfältigste nach der älteren Mode gekleidet, mit Haarbeutel, Schuhen und Seidenstrümpfen, während Beethoven auch hier in der freieren überrheinischen Mode, ja fast nachlässig gekleidet zu kommen pflegte." Giulietta Guicciardi hat also recht, wenn sie behauptet, noch in den ersten Jahren des 19. Jahrhunderts sei Beethoven „meist ärmlich gekleidet" gewesen. „Sorgfältig, ja elegant gekleidet" ging er erst später. Der Abbé Gellinek erzählte: „Er ist ein kleiner, hässlicher, schwarz und störrisch aussehender junger Mann." Die eben schon erwähnte Frau von Bernard vervollständigt das Porträt mit den Worten: „Unscheinbar, mit einem hässlichen, roten Gesicht voll Pockennarben." „Dabei sprach er sehr im Dialekt und in einer etwas gewöhnlichen Ausdrucksweise, wie denn überhaupt sein Wesen nichts von äusserer Bildung verriet, vielmehr unmanierlich in Geberden und Benehmen erschien." Ein Bild des damaligen Beethoven in dessen eigener Wohnung, wo er eben eine kleine musikalische Gesellschaft, darunter Schuppanzigh, Wranitzky, Süssmayer, um sich versammelt hatte, ist uns überliefert. „Es sah höchst wüst und unordentlich aus. Alles lag voll Papiere, kaum ein ordentlicher Stuhl war vorhanden. Beethoven, struppigen schwarzen Haares, gebräunter Gesichtsfarbe, steckte in einer langhaarigen dunkelgrauen Jacke und gleichen, damit zusammenhängenden Beinkleidern, so dass er dem Bilde des in Felle gekleideten Robinson in Campe's bekanntem Buche nicht unähnlich sah." Czerny führt das Bild noch etwas weiter aus. „Beethoven selber war in eine Jacke von langhaarigem dunkelgrauem Zeuge und gleiche Beinkleider gekleidet, so dass er mich gleich an die Abbildung des Campe'schen Robinson Crusoe erinnerte, den ich damals eben las. Das pechschwarze Haar sträubte sich zottig (à la Titus geschnitten) um seinen Kopf. Der seit einigen Tagen nicht rasierte Bart schwärzte den unteren Teil seines ohnehin brünetten Gesichts noch dunkler. Auch bemerkte ich sogleich mit dem bei Kindern gewöhnlichen Schnellblick, dass er in beiden Ohren Baumwolle hatte, welche in eine gelbe Flüssigkeit getaucht schien."

Beethovens Sinn war auf das Innere gerichtet, auf das Aeussere gab er wenig. In den folgenden Jahren wurde das anders. In der kritischen Zeit, wo der Dämon seinen Aufenthalt in den Ohren nahm, hat die Sorgfalt auf äussere Dinge noch mehr nachgelassen. Er briefwechselte, wie wir sahen, über seine Leiden mit Wegeler, liess sich von Vering behandeln, nachdem ein „medizinischer asinus", der ihm kalte Bäder empfohlen, bereits abgesetzt war. Dann, als Vering sich etwas nachlässig erwies und seine Methode nicht recht anschlagen wollte, ging der Patient zu Dr. Schmidt über. Dieser hielt stilles Landleben für das beste Mittel, die Nerven Beethovens zu beruhigen, und hoffte so durch Steigerung des allgemeinen Wohlbefindens auch dem Ohrenübel entgegenzuarbeiten. Deshalb schickte er Beethoven für den Sommer 1802 nach Heiligenstadt. Von dort schreibt der Meister am 14. Juli einen Brief an die Verleger Hoffmeister & Kühnel in Leipzig. Hier in einem Bauernhause, auf einer Anhöhe ausserhalb des Dorfes, von wo man einen wunderbaren Ausblick auf die Donaugelände, über das Marchfeld hin bis zu den Zügen der Karpathen hatte, suchte der einsame Meister Genesung von dem quälenden Leiden, das er noch ängstlich vor jedermann zu verbergen suchte. Zunächst war die Stimmung noch hoffnungsvoll. Beethoven schreibt:

„Ich bin auf'm Land und lebe ein wenig faul, um aber hernach wieder desto tätiger zu leben." Ries kam manchmal dorthin zur Stunde. Meister und Schüler spazierten bisweilen miteinander. Ries erzählt nun:

„Beethoven litt nämlich schon im Jahre 1802 verschiedene Male am Gehör, allein das Uebel verlor sich wieder. Die beginnende Harthörigkeit war für ihn eine so empfindliche Sache, dass man sehr behutsam sein musste, ihn durch lauteres Sprechen diesen Mangel nicht fühlen zu lassen Hatte er etwas nicht verstanden, so schob er es gewöhnlich auf seine Zerstreutheit, die ihm allerdings in höherem Grade eigen war. Er lebte viel auf dem Lande, wohin ich denn öfter kam, um eine Lektion zu erhalten. Zuweilen sagte er dann, morgens um 8 Uhr nach dem Frühstück: ‚Wir wollen erst ein wenig spazieren gehen.' Wir gingen, kamen aber mehrmals erst um 3 bis 4 Uhr zurück, nachdem wir auf irgend einem Dorfe etwas gegessen hatten. Auf einer dieser Wanderungen gab Beethoven mir den ersten auffallenden Beweis der Abnahme seines Gehörs, von der mir schon Stephan von Breuning gesprochen hatte. Ich machte ihn nämlich auf einen Hirten aufmerksam, der auf einer Flöte, aus Fliederholz geschnitten, im Walde recht artig bliess. Beethoven konnte eine halbe Stunde hindurch gar nichts hören und wurde, obschon ich ihm wiederholt versicherte, auch ich höre nichts mehr, (was indes nicht der Fall war) ausserordentlich still und finster. — Wenn er ja mitunter einmal lustig erschien, so war er es meistens bis zur Ausgelassenheit, doch geschah dieses nur selten."

Die letzte Bemerkung gehört in der Tat zu der vorhergehenden Schilderung; denn Beethoven muss damals besonders wechselnder

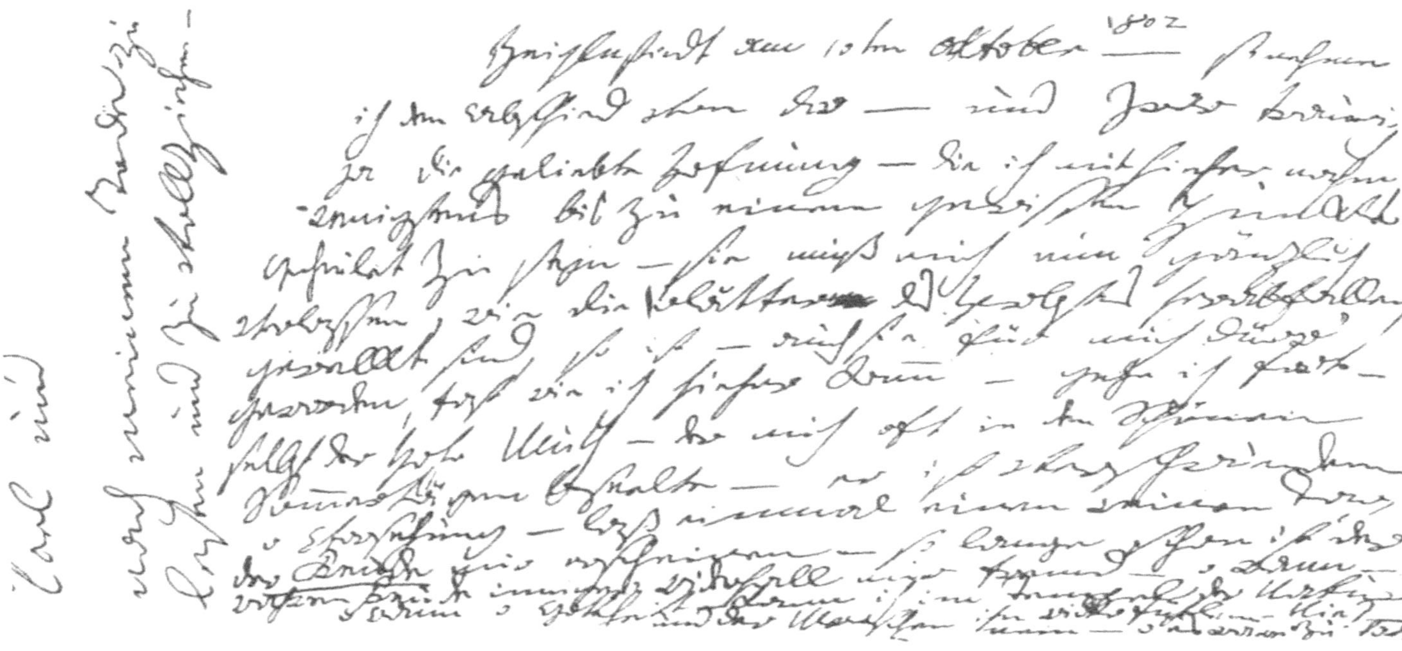

Nachschrift zum Heiligenstädter Testament

Stimmung gewesen sein, je nachdem das Uebel ihm zu schaffen machte oder der Frohsinn des Lebens den Vorrang hatte. Die Katastrophe näherte sich, als Beethoven mit dem Anbruch des Herbstes bemerkte, dass die Hoffnung auf Genesung sich als trügerisch erwies. Am 6. Oktober schrieb er in der höchsten Verzweiflung das sogenannte „Heiligenstädter Testament".

„Für meine Brüder Karl und Johann nach meinem Tode zu lesen und zu vollziehen.

O ihr Menschen, die ihr mich für feindselig, störrisch oder misanthropisch haltet oder erkläret, wie unrecht tut ihr mir! Ihr wisst nicht die geheime Ursache von dem, was euch so scheinet. Mein Herz und mein Sinn waren von Kindheit an für das zarte Gefühl des Wohlwollens; selbst grosse Handlungen zu verrichten, dazu war ich immer aufgelegt, aber bedenket nur, dass seit sechs Jahren ein heilloser Zustand mich befallen, durch unvernünftige Aerzte verschlimmert. Von Jahr zu Jahr in der Hoffnung, gebessert zu werden, betrogen, endlich zu dem Ueberblick eines dauernden Uebels (dessen Heilung vielleicht Jahre dauern wird oder gar unmöglich ist) gezwungen, mit einem feurigen, lebhaften Temperamente geboren, selbst empfänglich für die Zerstreuungen der Gesellschaft, musste ich früh mich absondern, einsam mein Leben zubringen. Wollte ich auch zuweilen mich einmal über alles das hinaussetzen, o wie hart wurde ich durch die verdoppelte traurige Erfahrung meines schlechten Gehörs dann zurückgestossen, und doch war's mir noch nicht möglich, den Menschen zu sagen: sprecht lauter, schreit, denn ich bin taub. Ach, wie wär' es möglich, dass ich die Schwäche eines Sinnes angeben sollte, der bei mir in einem vollkommeneren Grade als bei andern sein sollte, eines Sinnes, den ich einst in der grössten Vollkommenheit besass, in einer Vollkommenheit, wie ihn wenige von meinem Fache gewiss haben, noch gehabt haben — o, ich kann es nicht. Drum verzeiht, wenn ihr mich da zurückweichen sehen werdet, wo ich mich gerne unter euch mischte. Doppelt wehe tut mir mein Unglück, indem ich dabei verkannt werden muss. Für mich darf Erholung in menschlicher Gesellschaft, feinere Unterredungen, wechselseitige Ergiessungen nicht statthaben. Ganz allein, fast nur so viel, als es die höchste Notwendigkeit fordert, darf ich mich in Gesellschaft einlassen. Wie ein Verbannter muss ich leben; nahe ich mich einer Gesellschaft, so überfällt mich eine heisse Aengstlichkeit, indem ich befürchte, in Gefahr gesetzt zu werden, meinen Zustand merken zu lassen. — So war es denn auch dieses halbe Jahr, was ich auf dem Lande zubrachte. Von meinem vernünftigen Arzte aufgefordert, soviel als möglich mein Gehör zu schonen, kam er fast meiner jetzigen natürlichen Disposition entgegen, obschon, vom Triebe zur Gesellschaft manchmal hingerissen, ich mich dazu verleiten liess. Aber welche Demütigung, wenn jemand neben mir stand und von weitem eine Flöte hörte und ich nichts hörte, oder jemand den Hirten singen hörte und ich auch nichts hörte. Solche Ereignisse brachten mich nahe an Verzweiflung, es fehlte wenig, und ich endigte selbst mein Leben. — Nur sie, die Kunst, sie hielt mich zurück. Ach, es dünkte mir unmöglich, die Welt eher zu verlassen, bis ich das alles hervorgebracht, wozu ich mich aufgelegt fühlte, und so fristete ich dieses elende Leben — wahrhaft elend, einen so reizbaren Körper, dass eine etwas schnelle Veränderung mich aus dem besten Zustande in den schlechtesten versetzen kann. — Geduld — so heisst es. Sie muss ich nun zur Führerin wählen, ich habe es. — Dauernd, hoffe ich, soll mein Entschluss sein, auszuharren, bis es den unerbittlichen Parzen gefällt, den Faden zu brechen. Vielleicht geht's besser, vielleicht nicht, ich bin gefasst. — Schon in meinem achtundzwanzigsten Jahre gezwungen, Philosoph zu werden; es ist nicht leicht, für den Künstler schwerer als für irgend jemand. — Gottheit, du siehst herab auf mein Inneres, du kennst es, du weisst, dass Menschenliebe und Neigung zum Wohltun drin hausen. O Menschen, wenn ihr einst dieses leset, so denkt, dass ihr mir unrecht getan, und der Unglückliche, er tröste sich, einen seinesgleichen zu finden, der trotz allen Hindernissen der Natur doch noch alles getan, was in seinem Vermögen stand, um in die Reihe würdiger Künstler und Menschen aufgenommen zu werden. — Ihr, meine Brüder Karl und Johann, sobald ich tot bin, und Professor Schmidt lebt noch, so bittet ihn in meinem Namen, dass er meine Krankheit beschreibe, und dieses hier geschriebene Blatt fügt Ihr dieser meiner Krankengeschichte bei, damit wenigstens soviel als möglich die Welt nach meinem Tode mit mir versöhnt werde. — Zugleich erkläre ich euch beide hier für die Erben des kleinen Vermögens (wenn man es so nennen kann) von mir. Teilt es redlich und vertragt und helft Euch einander. Was Ihr mir zuwider getan, das wisst Ihr, war Euch schon längst verziehen. Dir, Bruder Karl, danke ich noch insbesondere für Deine in dieser letztern, spätern Zeit mir bewiesene Anhänglichkeit. Mein Wunsch ist, dass Euch ein besseres, sorgenloseres Leben als mir werde. Empfehlt Euren Kindern Tugend: sie nur allein kann glücklich machen, nicht Geld; ich spreche aus Erfahrung; sie war es, die mich selbst im Elende gehoben, ihr danke ich nebst meiner Kunst, dass ich durch keinen Selbstmord mein Leben endigte. — Lebt wohl und liebt Euch! — Allen Freunden danke ich, besonders Fürst Lichnowsky und Professor Schmidt. — Die Instrumente von Fürst Lichnowsky wünsche ich, dass sie doch mögen aufbewahrt werden bei einem von Euch; doch entstehe deswegen kein Streit unter Euch. Sobald sie Euch aber zu was Nützlicherem dienen können, so verkauft sie nur. Wie froh bin ich, wenn ich auch noch unter meinem Grabe Euch nützen kann! —

So wär's geschehen. — Mit Freuden eil' ich dem Tode entgegen. — Kömmt er früher, als ich Gelegenheit gehabt habe, noch alle meine Kunstfähigkeiten zu entfalten, so wird er mir trotz meinem harten Schicksal doch noch zu frühe kommen, und ich würde ihn wohl später wünschen. — Doch auch dann bin ich zufrieden: befreit er mich nicht von einem endlosen leidenden Zustande? — Komm', wann du willst: ich gehe dir mutig entgegen. — Lebt wohl und vergesst mich nicht ganz im Tode. Ich habe es um Euch verdient, indem ich in meinem Leben oft an Euch gedacht, Euch glücklich zu machen; seid es!

Heiligenstadt, am 6. Oktober 1802.

Ludwig van Beethoven."

„Heiligenstadt, am 10. Oktober 1802.

So nehme ich denn Abschied von Dir — und zwar traurig. — Ja, die geliebte Hoffnung — die ich mit hierher nahm, wenigstens bis zu einem gewissen Punkte geheilt zu sein, sie muss mich nun gänzlich verlassen. Wie die Blätter des Herbstes herabfallen, gewelkt sind, so ist — auch sie für mich dürr geworden. Fast wie ich hierher kam — gehe ich fort — selbst der hohe Mut — der mich oft in den schönen Sommertägen beseelte — er ist verschwunden. — O Vorsehung — lass einmal einen reinen Tag der Freude mir erscheinen! — So lange schon ist der wahren Freude inniger Widerhall mir fremd. — O wann — o wann, o Gottheit — kann ich im Tempel der Natur und der Menschen ihn wieder fühlen! — Nie? — nein — o, es wäre zu hart! —"

Unter diesen seelischen Qualen bereitet sich eine neue Zeit der Tonkunst vor. In den frohen Zwischenräumen ist ausser anderen Werken die zweite Symphonie geschrieben. Und Beethoven wollte einen ganz neuen Weg betreten. Er hat sich vom Schicksal nicht niederbeugen lassen.

III. ABSCHNITT

DER MITTLERE BEETHOVEN

„Ich bin mit meinen bisherigen Arbeiten nicht zufrieden; von nun an will ich einen neuen Weg betreten."

8. Kapitel

DIE EROICA

Nur selten hat sich Beethoven über musikalische Fragen in seinen Briefen ausgesprochen. Aber gerade aus dem Heiligenstädter Sommer besitzen wir eine nicht unwichtige Aeusserung in dem Briefe an Breitkopf & Härtel vom 13. Juli 1802. „In Ansehung der arrangierten Sachen bin ich jetzt herzlich froh, dass Sie dieselben von sich gewiesen. Die unnatürliche Wut, die man hat, sogar Klaviersachen auf Geigeninstrumente überpflanzen zu wollen, Instrumente, die so einander in allem entgegengesetzt sind, möchte wohl aufhören können. Ich behaupte fest, nur Mozart konnte sich selbst vom Klavier auf andere Instrumente übersetzen, sowie Haydn auch — und ohne mich an beide grosse Männer anschliessen zu wollen, behaupte ich es von meinen Klaviersonaten auch. Da nicht allein ganze Stellen gänzlich wegbleiben und umgeändert werden müssen, so muss man — noch hinzutun, und hier steckt der missliche Stein des Anstosses, den zu überwinden man entweder selbst der Meister sein muss oder wenigstens dieselbe Gewandtheit und Erfindung haben muss. — Ich habe eine einzige Sonate von mir in ein Quartett für Geigeninstrumente verwandelt, worum man mich so sehr bat, und ich weiss gewiss, das macht mir so leicht nicht ein anderer nach . . .“ Diese Sonate war op. 14, 1 in E-dur, die als Quartett in F-dur erschien. Beethoven selbst hat nur wenig arrangiert; und zwar: das Septett als Klaviertrio mit Klarinette (oder Violine) und Violoncell, ferner das Bläserquintett op. 16 als Klavierquartett und das noch zu erwähnende Violinkonzert für Klavier.

Um diese Zeit beschäftigten neue tonkünstlerische Probleme den Meister. In einem Skizzenbuche jener Periode findet sich die Bemerkung: „Jede Variation in einer anderen Taktart — oder abwechselnd einmal in der linken Hand Passagen und dann fast die nämlichen oder andere in der rechten Hand ausgeführt." Diese Pläne beziehen sich auf die Es-dur-Variationen op. 35, welche dem Grafen Moritz Lichnowski, also einem guten Pianisten, gewidmet sind. Sie wirkten auch bei den Variationen op. 34 in F-dur nach, welche wiederum der Fürstin Odescalchi, jener uns bekannten Schülerin Beethovens, zugeeignet wurden. Beethoven hielt es für nötig, über diese im Jahre 1803 veröffentlichten Variationen an die Verleger zu schreiben: „Statt allem Geschrei von einer neuen Methode von Variationen, wie es unsere Herren Nachbarn, die Gallofranken, machen würden, wie z. B. mir ein gewisser französischer Komponist Fugen präsentierte après une nouvelle méthode, welche darin besteht, dass die Fuge keine Fuge mehr ist, usw. — so habe ich doch gewollt den Nichtkenner darauf aufmerksam machen, dass sich wenigstens diese Variationen von anderen unterscheiden, und das glaube ich am ungesuchtesten und immer klarsten mit dem kleinen Vorbericht, den ich Sie bitte, sowohl für die kleineren als die grösseren Variationen zu setzen; in welcher Sprache und in wievielen, das überlasse ich Ihnen, da wir armen Deutschen nun einmal in allen Sprachen reden müssen. — Hier der Vorbericht selbst: ‚Da diese Variationen sich merklich von meinen früheren unterscheiden, so habe ich sie, anstatt wie die vorhergehenden nur mit einer Nummer (nämlich z. B.: Nr. 1, 2, 3) anzuzeigen, unter die wirkliche Zahl meiner grösseren musikalischen Werke aufgenommen, umso mehr da auch die Themas von mir selbst sind. Der Verfasser.' NB. Finden Sie nötig, etwas zu ändern oder zu verbessern, so haben Sie völlige Erlaubnis."

Beethoven machte Versuche. Dabei fielen geniale Schnitzel ab. So die „sieben Bagatellen" op. 33, auf deren Manuskript zwar die Jahreszahl 1782 steht, denen der Meister aber neuere und neueste Einfälle beigefügt hat; es finden sich Skizzen zu einer Bagatelle im Notizbuche von 1802.

Einen unbedingten Fortschritt zeigen die drei Violinsonaten op. 30 in A-dur, c-moll und G-dur. Sie sind dem Kaiser Alexander I. von Russland gewidmet und in der Wiener Zeitung vom 28. Mai 1803 als erschienen angezeigt. Wahrscheinlich waren sie schon im Frühjahr 1802 fertig. Die Widmung an den russischen Kaiser Alexander I., jenen bekannten Philanthropen, ging durch den Grafen Anton Kyrillowitsch Rasoumowski. Der Graf war schon 1793 Gesandter in Wien, wurde aber vom Kaiser Paul abberufen. Alexander schickte ihn alsbald nach seiner Thronbesteigung im Jahre 1801 wiederum auf den Wiener Posten. Ein Referent in Dohms und Rodenbergs „Salon" berichtet, dass alle Werke Beethovens im Kammerstil bei Rasoumowski „brühwarm aus der Pfanne weg durchprobiert wurden". Viele sicher; in diesen Jahren jedenfalls noch nicht alle. Der russische Kaiser hat die Widmung angenommen und dem Komponisten, allerdings viel später, einen wertvollen Brillantring überreichen lassen.

Die Sonaten selbst bieten viel Bemerkenswertes. Der erste Satz der A-dur-Sonate erscheint in sich etwas zerklüftet. Aber das ist die Folge einer neuen, überraschenden Schreibweise, mit der es dem Komponisten noch nicht ganz nach Wunsch geht. In dem Adagio ereignet sich nichts, was von der F-dur-Sonate weiter abführt, mit Ausnahme jenes kurzen emphatischen und rezitativischen Ausrufs in der Mitte des Satzes. Das Allegretto con variazioni zum Schlusse zeigt die ganz neue Art zu variieren. Das Eigentümliche darin liegt sonderlich in den beiden letzten Variationen, in dem wie von fernher getragenen Geheimklang der Töne

— es ist eine seltsame Fernwirkung, man möchte sagen: hinter der Musik; nur der Feinhörige erlauscht das. Als Finale dieser Sonate war zuerst das schneidige und ausgiebige Rondo-Finale der Kreutzer-Sonate gedacht; es wurde mit Recht durch den jetzigen Schlusssatz ersetzt.

Die zweite Sonate beginnt in bestimmtem c-moll mit einem jener überzeugenden, unwidersprechlichen Motive Beethovens.

Darauf redet das Staccato eine neue Sprache. Die wahrhaft süsse Melodie des Seitenthemas

zeigt jenes neue Vermögen Beethovens, in abgründige Seelentiefen einzudringen, um daraus die verborgensten Geheimnisse hervorzulocken. Die Maasse dieses Satzes, das heisst der Themen und ihrer Entwicklungen, sind aussergewöhnlich. Vielleicht hat Beethoven deshalb von der Wiederholung des ersten Teiles abgesehen. Auch das Adagio wird breit und mit neuen Reizen ausgeführt. Die Ideen fangen an, den Ton anzugeben; die Rücksicht auf die Instrumente tritt zurück. „Denkt er, dass ich an seine elende Geige denke, wenn ich komponiere?" Das Scherzo ist ein ausserordentlich fein ziselierter Satz, dessen kapriziösen Rhythmen und Vorschlägen im Hauptsatze die munteren Gänge im Trio lieblich gegenüberstehen. Das Finale gibt mehr zu denken und zu fühlen, als in den Tönen ausgesprochen ist. Der heroischen und zugleich elegischen Stimmung des ersten Satzes stellt es die Lebendigkeit heiterbewegten Lebens entgegen. Das Presto am Schluss führt die Sonate flott und zugleich prächtig zu Ende.

Nun folgt die „Champagnersonate", frisch und spritzig im Allegro assai mit seinem manchmal sträubigen Sechsachteltakt, perlend und schäumend in dem Allegro vivace im Zweivierteltakt mit seinen zarter gefärbten Zwischensätzen. Mitten inne steht jenes, nicht Menuetto, sondern treffend mit gemütlicherer Sprache „Tempo di minuetto" benannte Sätzchen, das voll sanglicher Anmut Scherzo und Adagio dieser Sonate harmonisch zusammenschweisst. — Die mächtigste Sonate dieses Dreibundes ist natürlich die zweite in c-moll, schon weil sie vier Sätze hat. Sie verrät am meisten den gewaltig fortgeschrittenen Schöpfer der Klaviersonaten jener Zeit.

Hierher gehören nämlich die drei Sonaten op. 31. Davon erschienen Nr. 1 in G-dur, sowie Nr. 2 in d-moll in dem fünften Heft von Naegelis „Répertoire des Clavecinistes" in Zürich Anfang 1803, kurz danach in einer „Edition très correcte" bei Simrock in Bonn, beidemal als op. 31. 1804 kam die dritte Sonate in Es-dur in Heft 11 von Naegelis Répertoire zusammen mit der Sonate pathétique heraus. Cappi endlich gab alle drei Sonaten 1805 als Opus 29 heraus. Die richtige Opuszahl blieb 31. Die Sonaten tragen keine Widmung.

Bevor wir dieses denkwürdige Opus 31 ansehen, müssen wir uns kurz jener entscheidenden Worte Beethovens erinnern: „Ich bin mit meinen bisherigen Arbeiten nicht zufrieden; von nun an will ich einen neuen Weg betreten."

Der Hauptsatz der ersten Sonate hat ebenso wie die A-dur-Violinsonate op. 30, 1 einen etwas provisorischen Charakter. Die Motive stehen ziemlich unvermittelt nebeneinander. Und doch ist ein bedeutenderer Aufschwung namentlich in der Durchführung gelungen, obwohl sie eher Ausführung heissen könnte. In dieser Sonate herrscht das Klavier; enthält schon der erste Satz keine Note, die nicht dem Instrument angepasst wäre und klingt deshalb jede für sich heraus, so nützt vollends das Adagio grazioso weitere Eigenheiten des Klaviers aus. Die Staccati verleihen diesem Satz eine schwebende Beweglichkeit, Seitengänge und Kadenzen verbinden die unruhigeren Einschläge zu weicheren Legatoempfindungen, die durch ausdrucksvolle Synkopen noch vertieft werden. Einen Satz von Mozartscher Anmut, aber von natürlicherer, jauchzenderer Fröhlichkeit stellt das Rondo-Finale dar, ein Allegretto alla breve, dessen Thema, auf verschiedene Weise gewandelt, uns immer inniger ergreift, und das schliesslich nachdenklich in wenigen Adagiotakten mit empfindungsvollem Parlando und im Presto energisch in seiner ersten Figur durchgeführt wird.

Beethoven beabsichtigte, in einer Gesamtausgabe seiner Werke vielen früheren Stücken eine Erklärung über die ihnen zugrundeliegende poetische Idee beizufügen. Dazu ist es nicht gekommen. Ueber den Sinn der d-moll-Sonate befragte ihn einmal Schindler; der Meister antwortete: „Lesen Sie nur Shakespeares Sturm." Man möchte diese Sonate darum die „Sturmsonate" nennen. Die grundlegende, reissende Achtelfigur mit ihren charakteristischen Achtelpaaren wird durch die spannenden emporstrebenden verschwommenen Laute der Arpeggien nur eindringlicher gemacht, dann folgt eine Jagd durch krachendes Gehölz; in dem Brausen des Windes lassen sich ergreifende Stimmen vernehmen. Breitere Rezitative schwellen zu einem starken Sturm auf. Rezitativgesänge, die uns, gleichsam in einer Hütte weilend, vom Winde verwischt herangetragen werden (Pedal!)

und Arpeggien leiten uns zurück. Schliesslich vergrollt das Wetter mit murmelnden Bässen. Ueber ein breites, ruhevolles Adagio mit eigentümlichdunklem Basseinwurf kommen wir zu dem Allegretto, das zu Mozart zurückblickt und auf Schumann hinweist. Ueber den rhythmisch auffallend gestalteten Satz erzählt Czerny: „Als Beethoven einst im Sommer bei seinem Landaufenthalt in Heiligenstadt bei Wien einen Reiter bei seinen Fenstern vorübergaloppieren sah, gab ihm das gleichmässige Trappen die Idee zum Thema des Finales seiner d-moll-Sonate op. 31, 2." Das Motto des Satzes wäre also etwa: „Wer reitet so spät durch Nacht und Wind . . . !"

Wie die Zeitgenossen diese neuen Werke aufnahmen, beweist eine Frage des Freundes Dolezalek: „Ob denn das (eine Stelle in der d-moll-Sonate) gut sei?", worauf Beethoven erwiderte: „Freilich ist es gut. Aber du bist ein Landsmann des Krumpholz. In deinen harten böhmischen Kopf geht das nicht hinein."

Die musikalische Umgestaltungskunst und Umgestaltungslust feiern wie in der d-moll-Sonate, so in der Es-dur-Sonate Triumphe. Die Pausen, in denen nicht geatmet werden darf, die Bindung weiter Bögen durch kurze Motive, die Einleitungen mit ihren Ritardandi und Fermaten, die kadenzierende Verbindung gewisser Figurengruppen, die rhythmischen Entwicklungen, all das gibt dem ersten Satz sein besonderes Gepräge. Im nächsten haben wir das erste grosse Scherzo von Beethovens zweiter

Schaffensperiode. Es verzichtet auf ein Trio, bringt statt dessen eine Durchführung und ist im übrigen erfüllt von einem weit tieferen Humor als ihn je ein Tanzsätzchen früheren Stiles hätte zu bringen gewagt. Wie zum Beweise dafür steht hier das milde Menuett „Moderato e grazioso“ mit seinem unvergesslichen, sanften Gesang neben dem Scherzo als langsamer Satz. So wandeln sich die Zeiten! Vollkommen wird die Sonate durch eine Schlusstarantella, deren gleichmässig durch Fehlen des zweiten und fünften Achtels ausgezeichnete Sechsachteltakte in einem höchst gewaltigen Presto con fuoco dahinjagen, gleichsam über alle Anhöhen und viele Tonarten hinweg. Nach kurzem Rückblick erfolgt rascher, fester Abschluss.

Die Entwicklung einer einheitlichen Idee innerhalb der Sonate wird bei Beethoven immer deutlicher. Der Meister selbst hat sich darüber nicht weitläufig ausgesprochen. Wir dürfen aber Herder als Sprecher der Zeit anführen. In seiner „Calligone“, die 1800 erschienen war, lesen wir über „das Erhabene hörbarer Vorstellungen“, es bestehe in der „fortschreitenden Wirkung“: „Es gibt uns mit Einem viel, mächtig fortwirkend, indem es 1. den Faden unserer gewöhnlichen Vorstellungen zerreisst, 2. uns höher und höher hebet; indem es 3. uns in Labyrinthe führt und glücklich hinausführt, und 4. froh vollendet. Mithin ruht das wahre Erhabene eigentlich im ganzen progressiven Werk des Dichters.“ Ist das nicht der Schlüssel zu Beethovens musikalischen Bestrebungen? Die Werke lehren es.

Wie aus früher Zeit herüber weht uns nach diesen Sonaten der Geist des c-moll-Konzerts an. Beethoven schreibt schon im April 1801 an Breitkopf & Härtel: „Es erfordert die musikalische Politik, die besten Konzerte eine Zeitlang bei sich zu behalten.“ Da das B-dur- sowie das C-dur-Konzert schon „verhandelt“ waren, kann das zurückbehaltene Konzert nur das in c-moll gewesen sein, dessen Manuskript die Jahreszahl 1800 trägt, und an dem Beethoven im Sommer in Unterdöbling gearbeitet hat. Der Ursprung reicht sicher noch weiter zurück, da Beethoven schon in Bonn eine Reihe von Konzerten gehabt haben muss, die wir nicht kennen. Die Widmung an den Prinzen Ferdinand von Preussen gibt einen Fingerzeig. Beethoven lernte ihn ja im Jahre 1797 in Berlin kennen und als tüchtigen, gar nicht prinzlichen Klavierspieler schätzen. Ries berichtet ausserdem: „Die Klavierstimme des c-moll-Konzerts hat nie vollständig in der Partitur gestanden." Und Seyfrieds Mitteilungen über den Vortrag im Jahre 1803 bestätigen das nur. „Beim Vortrage seiner Konzertsätze lud er mich ein, ihm umzuwenden; aber — hilf Himmel! — das war leichter gesagt als getan; ich erblickte fast lauter leere Blätter; höchstens auf einer oder der anderen Seite ein paar, nur ihm zum erinnernden Leitfaden dienende, mir recht unverständliche ägyptische Hieroglyphen hingekritzelt; denn er spielte beinahe die ganze Prinzipalstimme bloss aus dem Gedächtnis, da ihm, wie fast gewöhnlich der Fall eintrat, die Zeit zu kurz war, solche vollständig zu Papier zu bringen. So gab er mir also nur jedesmal einen verstohlenen Wink, wenn er mit einer dergleichen unsichtbaren Passage am Ende war, und meine kaum zu bergende Aengstlichkeit, diesen entscheidenden Moment ja nicht zu versäumen, machte ihm einen ganz köstlichen Spass, worüber er sich noch bei unserem gemeinschaftlichen jovialen Abendbrote vor Lachen ausschütten wollte."

Der Aufbau des ersten Satzes entspricht dem bis dahin Ueblichen; das Orchester bringt die Exposition. Erst danach bemächtigt sich das Klavier der Ideen. Jäh fügt Beethoven an das Allegro in c-moll ein Largo in E-dur, einen überraschenden Farbenwechsel damit schaffend. Die reichen und weichen Figuren des langsamen Satzes, deren ebenmässiger Fluss unvergleichlich wirkt, verklären das Largo. Das Rondo könnte ein Haydn geschrieben haben — nein, eben nur Beethoven konnte es schreiben. Die Melodik lacht ordentlich. Das ganze Konzert vermählt wohllautende italienische Kantilene und deutsche Märchenpoesie. Es ist kein finsteres, wie die Zeitgenossen gerne sagten „schauerliches", sondern ungemein farbiges und weiches c-moll in diesem Konzert und ein zartes himmelblaues E-dur. — Dies grand concerto op. 37 erschien erst im November 1804.

Im folgenden Sommer schrieb Beethoven in Hetzendorf das Oratorium: „Christus am Oelberg". Dieses Werk und den „Fidelio" komponierte er „im Dickicht des Waldes im Schönbrunner Hofgarten auf einer Anhöhe zwischen zwei Eichstämmen sitzend, die sich ungefähr zwei Fuss von der Erde vom Hauptstamm trennten". Das Oratorium wurde am 5. April 1803 im Theater an der Wien aufgeführt. Es erschien aber erst im Oktober 1811 bei Breitkopf & Härtel, trotzdem der Fürst Lichnowski sich grosse Mühe gegeben, es unterzubringen. Es trägt keine Widmung.

Das Werk besteht aus Introduktion, Rezitativ und Arie (Jesus), 2. Rezitativ und Arie (Seraph) nebst Chor der Engel, 3. Rezitativ und Duett (Jesus, Seraph), 4. Rezitativ (Jesus) mit Chor der Krieger, 5. Rezitativ (Jesus) nebst Chor der Krieger und Jünger, 6. Rezitativ (Petrus, Jesus) und Terzett (Seraph, Jesus, Petrus) mit Chor der Engel. Beethoven schrieb an die Verleger unter dem 26. Juli 1804: „Das Oratorium ist bisher noch nicht herausgekommen, weil ich einen ganz neuen Chor dazu noch beigefügt und einige Sachen noch verändert habe, indem ich das ganze Oratorium in nur einigen Wochen schrieb und mir wohl hernach einiges nicht ganz entsprach — deswegen hatte ich es bisher zurückbehalten. Diese Aenderungen datieren sich erst nach der Zeit, als Ihnen mein Bruder davon geschrieben." Der Text stammt von einem Franz Xaver Huber. Beethoven äussert sich auch darüber brieflich: „Hier und da muss der Text bleiben, wie er ursprünglich ist; ich weiss, der Text ist äusserst schlecht, aber hat man auch sich einmal aus einem schlechten Text ein Ganzes gedacht, so ist es schwer, durch einzelne Aenderungen zu vermeiden, dass eben dieses nicht gestört werde, und ist nun gar ein Wort allein, worin manchmal grosse Bedeutung gelegt, so muss es schon bleiben, und ein (trauriger) Autor ist dieses, der nicht so viel Guts als möglich auch aus einem schlechten Text zu machen weiss oder wusste, und ist dieses der Fall, so werden Aenderungen das Ganze gewiss nicht besser machen. — Einige habe ich gelassen, da sie wirkliche Verbesserungen sind." Ueber die Kritik des Werkes schrieb Beethoven an dieselbe Firma am 9. Oktober 1811: „Das Oratorium lassen Sie, wie überhaupt alles, rezensieren, durch wen Sie wollen. Es ist mir leid, Ihnen nur ein Wort über die elenden Rezensenten geschrieben zu haben. Wer kann nach solchen Rezensenten fragen, wenn er sieht, wie die elendesten Sudler in die Höhe von ebensolchen elenden Rezensenten gehoben werden, und wie sie überhaupt am unglimpflichsten mit Kunstwerken umgehen und durch ihre Ungeschicklichkeit auch müssen, wofür sie nicht gleich den gewöhnlichen Massstab, wie der Schuster seinen Leisten, finden. — Ist etwas bei dem Oratorium zu berücksichtigen, so ist es, dass es mein erstes und frühes Werk in der Art war, in vierzehn Tägen zwischen allem möglichen Tumult und anderen unangenehmen, ängstigenden Lebensereignissen (mein Bruder hatte eben eine Todeskrankheit) geschrieben worden. — Rochlitz hat, wenn mir recht ist, schon noch ehe es Ihnen zum Stechen gegeben, nicht günstig von dem Chor der Jünger ‚Wir haben ihn gesehen,' (in C-dur) gesprochen; er nannte ihn komisch, eine Empfindung, die hier wenigstens niemand im Publikum darüber zeigte, da doch unter meinen Freunden auch Kritiker sind. Dass ich wohl jetzt ganz anders ein Oratorium schreibe als damals, das ist gewiss. — Und nun rezensiert, so lange ihr wollt, ich wünsche euch viel Vergnügen, wenn's einen auch ein wenig wie ein Mückenstich packt, dann macht's einem einen ganz hübschen Spass. Re-re-re-re-re-zen-zen-si-si-si-siert siert siert — nicht bis in alle Ewigkeit, das könnt ihr nicht."

1806 lässt Beethoven die Firma wissen: „Ich benachrichtige Sie, dass mein Bruder in Geschäften seiner Kanzlei nach Leipzig reist," und fügt hinzu, dass er ihm das Oratorium und andere Sachen mitgeben werde. Die Brüder nahm Beethoven überhaupt öfter in Anspruch. Am 22. April 1802 schreibt Beethoven an Breitkopf & Härtel:

„Ich behalte mir vor, Euer Hochwohlgeboren nächstens selbst zu schreiben — viele Geschäfte — und zugleich manche Verdriesslichkeiten — machen mich eine Zeitlang zu manchen Dingen ganz unbrauchbar. — Unterdessen können Sie ganz auf meinen Bruder vertrauen, — der überhaupt alle meine Sachen führt. — Mit wahrer Achtung

ganz Ihr

Beethoven."

Ries erhebt den Vorwurf, Karl van Beethoven habe sich „leider immer um Ludwigs Geschäfte bekümmert". Wirklich liefen allerhand Unlauterkeiten unter, wenn die Brüder Johann und Karl die Geschäfte Beethovens in die Hand nahmen. Ein Brief vom September 1803 enthält folgendes NB. Beethovens: „Alles, was ich Ihnen hier antrage, ist ganz neu — da leider so viele **fatale alte Sachen** von mir verkauft und gestohlen worden." Wie es mit den Sonaten op. 31 ging, erzählt Ries genauer.

„Die drei Solosonaten (op. 31) hatte Beethoven an Naegeli in Zürich versagt, während sein Bruder Karl (Kaspar), der sich leider! immer um seine Geschäfte bekümmerte, diese Sonaten an einen Leipziger Verleger verkaufen wollte. Es war öfters deswegen unter den Brüdern Wortwechsel, weil Beethoven sein einmal gegebenes Wort halten wollte. Als die Sonaten auf dem Punkte waren, weggeschickt zu werden, wohnte Beethoven in Heiligenstadt. Auf einem Spaziergange kam es zwischen den Brüdern zu neuem Streite, ja endlich zu Tätlichkeiten. Am andern Tage gab er mir die Sonaten, um sie auf der Stelle nach Zürich zu schicken, und einen Brief an seinen Bruder, der in einen andern an Stephan von Breuning zum Durchlesen eingeschlagen war. Eine schönere Moral hätte wohl keiner mit gütigerem Herzen predigen können als Beethoven seinem Bruder über sein gestriges Betragen. Erst zeigte er es ihm unter der wahren, verachtungswerten Gestalt, dann verzieh er ihm alles, sagte ihm aber auch eine üble Zukunft vorher, wenn er sein Leben und Betragen nicht völlig ändre."

Doch damit nicht genug, suchten die Brüder auch „alle näheren Freunde von Beethoven fernzuhalten". Von vielen Vorkommnissen können wir nichts Näheres erfahren. Auffällig erscheint es, dass der Name Johann in dem Heiligenstädter Testament nachträglich ausradiert wurde. Beethoven schloss freilich stets leicht und schnell wieder Frieden, seine edle Gesinnung und das unentwegte Brudergefühl siegten stets. Das himmelhochjauchzend zum Tode betrübt galt bei Beethoven wie im Leben so in seiner Kunst. Der Tiefunglückliche hat in dem schlimmen Heiligenstädter Sommer die frohe D-dur-Symphonie geschrieben!

Auch sie ist ein Schritt vorwärts, einwärts, aufwärts. Wenn Beethoven auch weit davon entfernt war, in äusserlichem Sinne um jeden Preis originell sein zu wollen, so beweisen seine Worte und Taten, dass er bewusst einen „neuen Weg" betreten, dass er den Fortschritt zu einem neuen Stil gewollt hat. Beethoven hat von der zweiten Symphonie drei vollständige Partituren gefertigt. Ries erzählt folgendes: „In der schon genannten Symphonie in D, die mir Beethoven in seiner eigenen Handschrift in Partitur geschenkt hatte, zeigte sich im Larghetto quasi andante etwas sehr Auffallendes. Das Larghetto ist nämlich so schön, so rein und freundlich gedacht, die Stimmenführung so natürlich, dass man sich kaum denken kann, es sei je etwas daran geändert worden. Der Plan war auch von Anfang an, wie er jetzt ist, allein in der zweiten Violine ist, beinahe schon in den ersten Linien, bei vielen Stellen ein sehr bedeutender Teil der Begleitung und an einigen Stellen auch in der Altviole geändert, jedoch alles so vorsichtig ausgestrichen, dass ich, trotz vieler Mühe nie die Originalidee herausfinden konnte. Ich habe auch Beethoven darüber gefragt, der mir aber trocken erwiderte: ‚So ist es besser‘.“

Trotzdem erreicht diese Symphonie den neuen Stil noch nicht. In ihr erzielt Beethoven namentlich durch die freiere Verwendung der Bläser ganz neue Farben, grössere Kontraste und nachhaltigere Kraft des Orchesterklanges. Die Symphonie dehnt sich weiter aus als irgendein Werk dieser Gattung vor ihr. Die echt Beethovenschen Partiturwunder fehlen noch; ausser in der Coda des Finales. Wieder beginnt das Hauptallegro mit einem Vorspiel wie in der ersten Symphonie. Das Thema setzt fast altfränkisch ein und wird nicht aussergeschichtlich fortgesponnen; auch das zweite Thema will nicht den Umsturz. Die Durchführung lässt allerlei Künste springen, bringt kanonische Führungen, doppelten Kontrapunkt und wagt wirksame Modulationen. Dieser Satz entsprang Wissen und Kunst zugleich; prächtig wie er lautet, muss er gefallen, mehr vermag er allerdings nicht. Das Larghetto ist der ausgesprochene Liebling aller; besonders war's der Franz Schuberts. Das machten seine blühenden Melodien; da klingt und singt alles; nicht nur die Themen, auch die rhythmisch und thematisch ausschmückenden Ornamente, welche die Gedanken durch feinsinnige Modulation wie durch volle Farbenstrahlen führen. Das Scherzo allegro gebärdet sich noch kecker in modulatorischen und dynamischen Schattierungen; in knappen, weniger reizvollen als bunten Linien spielen sich Scherzo und Trio kurz ab. Das Rondo-Finale zeigt den derben Griff, mit dem der Zyklop Beethoven in die Saiten fährt. Im Wechselspiel der Haupt- und Zwischensätze führt uns Beethoven über die Erde durch den Himmel und zur Erde zurück. — Ueber die Coda des Finales kann man nur die romantischen Worte sagen: „Man weiss nicht, was noch werden mag!‘,

Das Werk wurde als op. 36 im März 1804 veröffentlicht und wiederum dem im Heiligenstädter Testament ausdrücklich mit dankbarer Gesinnung genannten Fürsten Lichnowski gewidmet.

Diese Symphonie führte Beethoven in einem eigenen Konzert am 5. April zusammen mit der ersten, mit dem Klavierkonzert in c-moll und dem Oratorium „Christus am Oelberg" auf. Ueber die Generalprobe erzählt Ries folgendes: „Die Probe ging um 8 Uhr morgens an . ." „Es war eine schreckliche Probe und um ½3 Uhr alles erschöpft und mehr oder weniger unzufrieden.

Fürst Karl Lichnowski, der von Anfang der Probe beiwohnte, hatte Butterbrot, kaltes Fleisch und Wein in grossen Körben holen lassen. Freundlich ersuchte er alle, zuzugreifen, welches nun auch mit beiden Händen geschah und den Erfolg hatte, dass man wieder guter Dinge wurde. Nun bat der Fürst, das Oratorium noch einmal durchzuprobieren, damit es abends recht gut ginge und das erste Werk dieser Art von Beethoven, seiner würdig, ins Publikum gebracht würde. Die Probe fing also wieder an. Das Konzert begann um 6 Uhr, war aber so lang, dass ein paar Stücke nicht gegeben wurden."

Das Konzert brachte Beethoven eine Einnahme von 1800 Gulden, der künstlerische Erfolg liess dagegen zu wünschen übrig. Die Urteile der Zeitungen waren nicht gerade glänzend. „Der wackere Beethoven, dessen Oratorium ‚Christus am Oelberg' auf dem Wiedener Stadttheater zum ersten Mal gegeben wurde, war nicht ganz glücklich und konnte trotz dem Bemühen seiner zahlreichen Verehrer keinen ausgezeichneten Beifall erhalten.

Man fand zwar beide Symphonien, auch einzelne Stellen des Oratoriums, sehr schön, doch das Ganze zu gedehnt, zu kunstreich im Satz und ohne gehörigen Ausdruck, vorzüglich in den Singstimmen." Die Zeitung für die elegante Welt meinte, „dass die erste Symphonie mehr Wert als die letztere (in D-dur) hat, weil sie mit ungezwungener Leichtigkeit durchgeführt ist, während in der zweiten das Streben nach dem Neuen und Auffallenden schon mehr sichtbar ist. Uebrigens versteht es sich von selbst, dass es beiden an auffallenden und brillanten Schönheiten nicht mangelt. Weniger gelungen war das folgende Konzert aus c-moll, das auch Herr van Beethoven, der sonst als ein vorzüglicher Klavierspieler bekannt ist, nicht zu voller Zufriedenheit des Publikums vortrug". Gleichwohl wurde das Oratorium am 30. Juli, 4. August 1803 und 27. März 1804, also in Jahresfrist noch dreimal, aufgeführt. Der „opernmässige" Stil gefiel wahrscheinlich dem mit Oratorien damals nicht verwöhnten Publikum recht gut. Weitere Aufführungen soll der „Hofmusikgraf" (Braun) nicht zugegeben haben.

Das Publikum urteilte nach den ihm geläufigen Opern. Damals war gerade wieder ein neuer Stern am Opernhimmel aufgegangen: Cherubini. Von ihm brachten die verschiedenen Theater, das Schikanedersche und das Hoftheater, um die Wette neue Werke; so „Lodoiska", „Die Wasserträger", welche das Hoftheater unter dem Titel „Die Tage der Gefahr", Schikaneder einen Tag früher beginnend unter dem Titel „Graf Armand, oder die zwei unvergesslichen Tage" zu gleicher Zeit aufführten. Das Hoftheater kam dann mit „Medea", Schikaneder mit dem „Sankt Bernhardsberg" heraus. Baron Braun fuhr persönlich nach Paris, um mit Cherubini wegen neuer Opern, die dieser erst komponieren sollte, zu unterhandeln.

In dieser Zeit weilte der Abt Vogler in Wien, ein Musiker, der zwar von Mozart nicht sehr hoch bewertet wurde, dem Publikum aber schon 1801 mit seiner Musik zu „Hermann von Stauffen oder das Fehmgericht" recht gut gefallen hatte. Diesem Künstler gab man den Auftrag, drei Opern zu schreiben.

Auch an Beethoven dachte man. Seinen Ruf stellt ein Artikel des „Freimütigen" aus Kotzebues Feder ins rechte Licht. „Die vorzüglichsten Klavierstücke, die man in der letzten Fastenzeit bewundert, waren ein neues Quintett von Beethoven, genialisch ernst, voll tiefen Sinnes und Charakters, nur dann und wann zu grell, hier und da Oktavensprünge, nach der Manier dieses Komponisten; . . . . . Beethoven ist seit kurzem mit einem ansehnlichen Gehalt bei dem Theater an der Wien engagiert worden und wird dort nächstens ein Oratorium von seiner Arbeit ‚Christus am Oelberg' aufführen." Die Zeitung für die elegante Welt hatte also nicht unrecht, wenn sie berichtete: „Beethoven schreibt eine Oper vom Schikaneder."

Im April 1803 finden wir einen neuen Künstler vor, den Mulatten Bridgetower. Wir begegnen ihm in einer musikalischen Unterhaltung bei Beethoven. Dieser wohnte damals schon in seiner Eigenschaft als beauftragter Opernkomponist im Theater an der Wien, wo er seinen Bruder Karl zu sich nahm, da er ihn zur Ausführung seiner Korrespondenzen wieder lebhaft verwendete. Der vorzügliche Geiger Bridgetower, der schon als Wunderkind aufgetreten war, hatte beim Kronprinzen von Wales gedient. Jetzt suchte er mit Hilfe des Grafen Moritz Dietrichstein ein erfolgreiches Konzert in Wien zu geben. Der Graf veranlasste den Fürsten Lichnowski, Bridgetower mit Beethoven bekanntzumachen, und setzte es durch, dass des Geigers Wunsch, der angesehenste Musiker Wiens möge in seinem Konzert mitwirken und womöglich eine neue Komposition aufführen, von Beethoven erfüllt wurde.

Das durch eine geschickte Subskription wohlvorbereitete Konzert fand am 24. Mai statt. Beethoven ging mit Bridgetower vorher noch zu dem Grafen Deym, zu der Gräfin Guicciardi und anderen, um Stimmung dafür zu machen. Der Meister wirkte ausserdem mit und hatte ein neues Stück zu diesem Zweck geschrieben: die Kreutzer-Sonate. Ries erzählt hierüber folgendes: „Die berühmte S o n a t e i n a - m o l l (op. 47) mit Violine concertante, Rudolph K r e u t z e r in Paris dediziert, hatte Beethoven ursprünglich für B r i d g e t o w e r , einen englischen Künstler, geschrieben. Hier ging es nicht viel besser, obschon ein grosser Teil des ersten Allegro früh fertig war. Bridgetower drängte ihn sehr, weil sein Konzert schon bestimmt war und er seine Stimme üben wollte.

Eines Morgens liess mich Beethoven schon um ½5 Uhr rufen und sagte: ‚Schreiben Sie mir diese Violinstimme des ersten

Allegros schnell aus.' — (Sein gewöhnlicher Kopist war ohnehin beschäftigt.) Die Klavierstimme war nur hier und da notiert. — Das so wunderschöne Thema mit Variationen aus F-dur hat Bridgetower aus Beethovens eigener Handschrift im Konzerte im Augarten, morgens um 8 Uhr, spielen müssen, weil keine Zeit zum Abschreiben war."

Nach Czerny wurde der erste Satz in vier Tagen komponiert. Bridgetower selbst hat auch einige Bemerkungen zur Sache hinterlassen. „Als ich Beethoven zu Wien in dieser konzertierenden Sonate begleitete, ahmte ich bei der Wiederholung des ersten Teiles des Presto den Lauf im achtzehnten Takte der Pianofortepartie dieses Satzes in folgender Weise nach Noten!

Er sprang auf, umarmte mich und sagte: ‚Noch einmal, mein lieber Bursch!' Dann hielt er das offene Pedal während dieses Laufes auf dem Tone C bis zum neunten Takte aus.

Beethovens Ausdruck im Andante war so rein, was jederzeit den Vortrag seiner langsamen Sätze charakterisierte, dass man einstimmig verlangte, dass dasselbe zweimal wiederholt würde." Uebrigens sei noch eine Bemerkung Czernys über das Konzert mitgeteilt: „Bridgetower war ein Mulatte und spielte sehr extravagant; als er die Sonate mit Beethoven spielte, lachte man sie aus."

Das Werk erhielt den vielsagenden Titel: Sonata per il pianoforte ed un violino obligato, scritta in uno stilo concertante, quasi come d'un concerto. Sie erschien als Opus 47 im Jahre 1805 bei Simrock in Bonn. Bei dieser Gelegenheit war übrigens der Bruder Karl der Geschäftsführer, der immer in der ersten Person pluralis mit dem Verleger verkehrte: „Wir bekommen von jedem Verleger..." Dafür wies ihn Simrock gründlich zurecht: „Ich verstehe noch Deutsch, aber ich begreife nicht, was Sie mit den Worten ‚unsere Verleger' und ‚wir' sagen wollen. — Ich war der Meinung, als mache Louis van Beethoven seine Kompositionen alle selbst..."

Die Sonate führt uns noch tiefer in die mittlere Periode des Beethovenschen Schaffens ein. Die grosse wuchtige Konzertphrase ist zur Ausbildung gekommen. Man hat viel zu wenig beachtet, welch gewaltigen Anteil der Händelsche Geist an der Entwicklung gerade der zweiten Stilperiode des Beethovenschen Schaffens hat. In der Wucht und Pracht, namentlich der mittleren Werke, so besonders auch der Klaviersonaten op. 53, 54 und 57, wirkt Händel deutlich nach. Beethoven mutete den Instrumenten viel zu; sie müssen hergeben, was sie können; er geht bis an die Grenzen der Technik. Trotzdem wird die Musik nicht äusserlich; das ist ein Konzertieren mit Ideen und Gefühl; man könnte auch sagen: die Ideen sind konzertant, die der Meister schreibt. Nicht nur Innigkeit und Wohlgestalt der Gedanken wie ehedem treffen wir an, sondern Beethoven erfindet Themen, die schön und zugleich grossartig sind. Und das macht den grossen Stil dieser Periode. In dieser Uebereinstimmung des innerlich Packenden und zugleich äusserlich Imponierenden wandelt Beethoven in Händels Fussstapfen.

Der erste Satz der Kreutzer-Sonate macht das besonders deutlich, mit seinem grosszügigen zweiten Thema, seinen springenden Koloraturen und eindrucksvollen Modulationen. Das Presto-Finale hatte Beethoven in diesem Stile schon für die Studiensonate op. 30, 1 in A-dur erfunden, für sie aber als zu gewichtig und glänzend verworfen. Hier in die Konzertsonate passte das in mitreissendem Tanz der Sechsachtelfiguren dahinstürmende Stück vortrefflich. Inmitten der beiden wirkungsvollen Ecksätze stehen die Variationen über ein Andante, die erst brillant, später in der dritten und vierten Variation das neu eroberte Gebiet in weicher (dritter)

oder sphärischer (vierter) Umstimmung des Themas aufsuchen. Selbst die zarten Reize aller übrigen Sonaten in Erwägung gezogen, bleibt diese Sonate unstreitig die Violinsonate — unter sämtlichen Violinsonaten aller Meister. Sie wurde übrigens, weil sich Bridgetower, dem sie erst zugedacht war, mit Beethoven wegen eines Mädchens entzweite, dem französischen Geiger Rudolph Kreutzer gewidmet, den Beethoven Ende des Jahrhunderts kennen gelernt hatte, als jener mit Bernadotte nach Wien gekommen war. Beethoven äusserte sich über ihn: „Dieser Kreutzer ist ein guter, lieber Mensch, der mir bei seinem hiesigen Aufenthalt sehr viel Vergnügen gemacht; seine Anspruchslosigkeit und Natürlichkeit ist mir lieber als alles Exterieur und Interieur aller Meistervirtuosen. — Da die Sonate für einen tüchtigen Geiger geschrieben ist, um so passender ist die Dedikation an ihn."

Bridgetower hatte mit seinem Konzert bei der Presse keinen durchschlagenden Erfolg. Denn er musste sich als Komponist sagen lassen, sein Violinkonzert sei grell und „das Streben nach Sonderbarkeit und Originalität so weit als möglich getrieben". Dazu bemerkt der Referent mit einem Seitenhieb auf Beethoven: „Eine Mode, welche, ob sie gleich durch das Beispiel mehrerer grossen Meister allgemein zu werden droht, doch den unbefangenen Zuhörer nie befriedigen wird."

Beethoven hielt allerdings die Musikfreunde immerfort in Atem. Er wurde neuerdings mit dem Abt Vogler in einen Wettkampf verwickelt. Bei Sonnleithner phantasierten beide. Vogler gab Beethoven ein Thema von drei Takten, bestehend aus der alla breve eingeteilten C-dur-Tonleiter. Darüber vernehmen wir folgenden Bericht eines „unbefangenen Zuhörers" im obigen Sinne: „Beethovens ausgezeichnetes Klavierspiel verbunden mit einer Fülle der schönsten Gedanken überraschte mich zwar auch ungemein; konnte aber mein Gefühl nicht bis zu jenem Enthusiasmus steigern, womit mich Voglers gelehrtes, in harmonischer und kontrapunktischer Beziehung unerreichtes Spiel begeisterte." Mozarts Urteil über den „unerreichten" Vogler lautete: „Vogler ist sozusagen nichts als ein Hexenmeister. Sobald er etwas majestätisch spielen will, so verfällt er ins Trockene, und man ist ordentlich froh, dass ihm die Zeit gleich lang wird und es mithin

STEPHAN V. BREUNING
1774–1827

CARL CZERNY
1791 – 1857

nicht lange dauert. Allein was folgt hernach? — Ein unverständliches Gewäsch. Ich habe ihm vom weiten zugehört. Hernach fing er eine Fuge an, wo sechs Noten auf einem Ton waren, und Presto! Da ging ich hinauf zu ihm. Ich will ihm in der Tat lieber zusehen als zuhören."

Immerhin war Beethoven allgemein als der grosse Musiker angesehen, und diese Schätzung ward ihm auch im Auslande zuteil. Erard, der Pariser Flügelfabrikant, schenkte ihm im Sommer 1803 ein Instrument seiner Firma, und der Engländer Thomson bestellte sechs Sonaten bei dem Meister, die freilich nie geschrieben wurden. Dass in Naegelis „Répertoire des Clavecinistes" bereits einige Sonaten Beethovens erschienen waren, hörten wir schon.

In Wien erweiterte sich der Kreis der Verehrer um so mehr, als eine grosse Zahl bedeutender Männer die Kaiserstadt als Stätte der Anregung und Bildung aufsuchten. Durch seinen Freund Stephan von Breuning wurde Beethoven mit dem Hofkriegsrat Ignaz von Gleichenstein bekannt, der ein guter Cellospieler war. Zwei weitere Freunde gehörten einem anderen Berufe an: der bildenden Kunst. Allerdings galt der eine, Joseph Willibrord Mähler, ein geborener Rheinländer von Ehrenbreitstein, als Dilettant in der Malerei, aber auch als Dilettant in der Musik. Als Maler ist er für uns wichtiger; denn er schuf mehrere Bilder Beethovens. Der andere, Alexander Macco, hielt sich von 1802 an nur vorübergehend in Wien auf. Ein Brief Beethovens an ihn vom 2. November 1803 enthält einen Nachklang an die schlimme Heiligenstädter Zeit: „Ueberhaupt hat mir's wehegetan, dass ich in Wien nicht mehr mit Ihnen sein konnte, allein es gibt Perioden im menschlichen Leben, die wollen überstanden sein und die oft von der unrechten Seite betrachtet werden . . . . ." Das Schlusswort in dem Briefe an Macco ist für Beethoven zu charakteristisch, als dass es hier fehlen dürfte: „Malen Sie — und ich mache Noten, und so werden wir — ewig? — ja vielleicht ewig fortleben!" Eine griechische Anschauung!, die uns in jener, um „Griechheit" buhlenden Zeit nicht wundern kann. In der Odyssee hat sich Beethoven die Verse angestrichen:

„. . . . Nun aber erhascht mich das Schicksal.
Dass nicht arbeitslos in den Staub ich sinke, noch ruhmlos,
Nein, erst Grosses vollende, von dem auch Künftige hören."

Macco übermittelte einen Antrag von dem Dichter Meissner, der Beethoven einen Oratorientext liefern möchte. Beethoven lehnte einstweilen ab, „weil er jetzt erst an seiner Oper anfange und das wohl immer mit der Aufführung bis Ostern dauern kann." An diese Oper erinnert uns nur noch ein Terzett für Porus, Bolivia, Sartagones. Für Schikaneder sollte Beethoven demnach wohl einen „Alexander in Indien" schreiben. Als Baron Braun das Theater übernahm und Schikaneder entliess, entfiel natürlich auch Beethovens Verpflichtung, die Oper zu liefern.

Zwischen Clementi und Beethoven entstand eine Eifersüchtelei. Clementi liess Beethoven auffordern, ihn zu besuchen, worauf Beethoven nur zu sagen hatte: „Da kann Clementi lange warten, bis Beethoven zu ihm kommt." Ries erzählt die Sache so: „Als Clementi nach Wien kam, wollte Beethoven gleich zu ihm gehen; allein sein Bruder setzte ihm in den Kopf, Clementi müsse ihm den ersten Besuch machen. Clementi, obschon viel älter, würde dieses wahrscheinlich auch getan haben, wären darüber keine Schwätzereien entstanden. So kam es, dass Clementi lange in Wien war, ohne Beethoven anders, als von Ansehen zu kennen. Oefters haben wir im Schwanen an einem Tische zu Mittag gegessen, Clementi mit seinem Schüler Klengel und Beethoven mit mir; alle kannten sich, aber keiner sprach mit dem anderen oder grüsste nur. Die beiden Schüler mussten dem Meister nachahmen, weil wahrscheinlich jedem der Verlust der Lektionen drohte, den ich wenigstens bestimmt erlitten haben würde, indem bei Beethoven nie ein Mittelweg möglich war."

Mit Karl Maria von Weber, der damals beim Abt Vogler studierte, wurde Beethoven auch nicht warm. Beethoven war nicht so leicht zu behandeln, bei seinem unberechenbaren Wechsel von Jähzorn und friedfertiger Gesinnung. Seine Briefe über einen Streit mit Breuning aus dieser Zeit erläutern das am besten.

„Lieber Ries! Da Breuning keinen Anstand genommen hat, Ihnen und dem Hausmeister durch sein Benehmen meinen Charakter vorzustellen, wo ich als ein elender, armseliger, kleinlicher Mensch erscheine, so suche ich Sie dazu aus, erstens meine Antwort Breuning mündlich zu überbringen, nur auf einen und den ersten Punkt seines Briefes, welchen ich nur deswegen beantworte, weil dieses meinen Charakter nur bei ihnen rechtfertigen soll. — Sagen sie ihm also, dass ich gar nicht daran gedacht, ihm Vorwürfe zu machen wegen der Verspätung des Aufsagens, und dass, wenn wirklich Breuning schuld daran gewesen sei, mir jedes harmonische Verhältnis in der Welt viel zu teuer und lieb sei, als dass um einige Hundert und noch mehr, ich einem meiner Freunde Kränkungen zufügen würde. Sie selbst wissen, dass ich Ihnen ganz scherzhaft vorgeworfen habe, dass Sie schuld daran wären, dass die Aufsagung durch Sie zu spät gekommen sei. Ich weiss gewiss, dass Sie sich dessen erinnern werden; bei mir war die ganze Sache vergessen. Nun fing mein Bruder bei Tische an und sagte, dass er Breuning Schuld glaube an der Sache; ich verneinte es auf der Stelle und sagte, dass Sie daran schuld wären. Ich meine, das war doch deutlich genug, dass ich Breuning nicht die Schuld beimesse. Breuning sprang darauf auf wie ein Wütender und sagte, dass er den Hausmeister heraufrufen wollte. Dieses für mich ungewohnte Betragen vor allen Menschen, womit ich nur immer umgehe, brachte mich aus meiner Fassung; ich sprang ebenfalls auf, warf meinen Stuhl nieder, ging fort und kam nicht mehr wieder. Dies Betragen nun bewog Breuning, mich bei Ihnen und dem Hausmeister in ein so schönes Licht zu setzen und mir ebenfalls einen Brief zu schicken, den ich übrigens nur mit Stillschweigen beantwortete. — Breuning habe ich gar nichts mehr zu sagen. Seine Denkungsart und Handlungsart in Rücksicht meiner beweist, dass zwischen uns nie ein freundschaftliches Verhältnis statt hätte finden sollen und auch gewiss nicht ferner stattfinden wird. Hiermit habe ich Sie bekannt machen wollen, da Ihr Zeugnis meine ganze Denkungs- und Handlungsart erniedrigt hat. Ich weiss, wenn Sie die Sache so gekannt hätten, Sie es gewiss nicht getan hätten, und damit bin ich zufrieden."

Beethoven wohnte damals mit Stephan von Breuning zusammen und wünschte auszuziehen. Durch diesen beabsichtigten Auszug entstand der Streit. Beethoven zog zu Pasqualati. „Er wohnte dort im 4. Stocke, wo eine sehr schöne Aussicht war," über das Glacis, die Vorstadt und auf die Gebirge im Hintergrunde. „Er zog aus der Wohnung mehrmals aus, kam aber immer wieder zurück." Daher erklärte Baron Pasqualati stets: „Das Logis wird nicht vermietet, Beethoven kommt schon wieder." Zu dieser Zeit eben hatte Beethoven vier Wohnungen zu gleicher Zeit.

Ueber den Streit vernehmen wir dann Weiteres aus einem Briefe Beethovens aus Baden, geschrieben am 24. Juli 1804 (an Ries):

„. . . Mit der Sache von Breuning werden Sie sich wohl gewundert haben. Glauben Sie mir, Lieber, dass mein Aufbrausen nur ein Ausbruch von manchen unangenehmen vorhergegangenen Zufällen mit ihm gewesen ist. Ich habe die Gabe, dass ich über eine Menge Sachen meine Empfindlichkeit verbergen und zurückhalten kann; werde ich aber auch einmal gereizt zu einer Zeit, wo ich empfänglicher für den Zorn bin, so platze ich auch stärker aus, als jeder andere. Breuning hat gewiss vortreffliche Eigenschaften, aber er glaubt sich von allen Fehlern frei und hat meistens die am stärksten, welche er an anderen Menschen zu finden glaubt. Er hat einen Geist der Kleinlichkeit, den ich von Kindheit an verachtet habe. Meine Beurteilungskraft hat mir fast vorher den Gang mit Breuning prophezeit, indem unsere Denkungs-, Handlungs- und Empfindungsweise zu verschieden ist. Doch habe ich geglaubt, dass sich auch diese Schwierigkeiten überwinden liessen — die Erfahrung hat mich widerlegt. Und nun auch keine Freundschaft mehr! Ich habe nur zwei Freunde in der Welt gefunden, mit denen ich auch nie in ein Missverhältnis gekommen, aber welche Menschen! Der eine ist tot, der andere lebt noch. Obschon wir fast sechs Jahre hindurch keiner von dem andern etwas wissen, so weiss ich doch, dass in seinem Herzen ich die erste Stelle, so wie er in dem meinigen einnimmt. Der Grund der Freundschaft heischt die grösste Aehnlichkeit der Seelen und Herzen der Menschen. Ich wünsche nichts, als dass Sie meinen Brief läsen, den ich an Breuning geschrieben habe, und den seinigen an mich. Nein, nie mehr wird er in meinem Herzen den Platz behaupten, den er hatte. Wer seinem Freunde eine so niedrige Denkungsart beimessen kann und sich ebenfalls eine solche niedrige Handlungsart wider denselben erlauben, der ist nicht wert der Freundschaft von mir. — Vergessen Sie nicht die Angelegenheit meines Quartiers. Leben Sie wohl! Schneidern Sie nicht zu viel, empfehlen Sie mich der Schönsten der Schönen, schicken Sie mir ein halbes Dutzend Nähnadeln. — Ich hätte mein Leben nicht geglaubt, dass ich so faul sein könnte, wie ich hier bin. Wenn darauf ein Ausbruch des Fleisses folgt, so kann wirklich was Rechtes zustande kommen.

Vale! Beethoven."

Ein Bild Beethovens überbrückte den Riss wieder. Beethoven schrieb dazu: „Hinter diesem Gemälde, mein guter, lieber Steffen, sei auf ewig verborgen, was eine Zeitlang z w i s c h e n u n s v o r g e g a n g e n. Ich weiss es, ich habe D e i n H e r z zerrissen. Die Bewegung in mir, die Du gewiss bemerken musstest, hatte mich genug dafür gestraft. B o s h e i t war's nicht, was in mir gegen Dich vorging. Nein, ich wäre Deiner Freundschaft nie mehr würdig; Leidenschaft b e i D i r und b ə i m i r — aber Misstrauen gegen Dich ward in mir rege. — Es stellten sich Menschen zwischen uns, die D e i n e r und m e i n e r nie würdig sind. — Mein Porträt war Dir schon lange bestimmt; Du weisst es ja, dass ich es immer jemand bestimmt hatte. Wem könnte ich es wohl mit dem wärmsten Herzen geben, als Dir, treuer, guter, edler Steffen! — Verzeih' mir, wenn ich Dir wehe tat; ich litt selbst nicht weniger. Als ich Dich so lange nicht um mich sah, empfand ich es erst recht lebhaft, wie teuer Du meinem Herzen bist und ewig sein wirst. . . .

Du wirst wohl auch wieder in meine Arme fliehen wie sonst."

Breuning wusste Beethoven durchaus gerecht zu werden. Seine Bemerkung über Beethovens Zustand spricht von grosser Einsicht: „Der Freund, der mir von den Jugendjahren hier blieb, trägt noch oft und viel dazu bei, dass ich gezwungen werde, die Abwesenden zu vernachlässigen. Sie glauben nicht, lieber Wegeler, welchen unbeschreiblichen und ich möchte sagen: schrecklichen Eindruck die Abnahme des Gehörs auf ihn gemacht hat. Denken Sie sich das Gefühl unglücklich zu sein, bei seinem heftigen Charakter; hierbei Verschlossenheit, Misstrauen, oft gegen seine besten Freunde, in vielen Dingen Unentschlossenheit! Grösstenteils, nur mit einigen Ausnahmen, wo sich sein ursprüngliches Gefühl ganz frei äussert, ist Umgang mit ihm eine wirkliche Anstrengung, wo man sich nie sich selbst überlassen kann. Seit dem Mai bis zu Anfang dieses Monates haben wir in dem nämlichen Hause gewohnt, und gleich in den ersten Tagen nahm ich ihn in mein Zimmer. Kaum bei mir, verfiel er in eine heftige, am Rande der Gefahr vorübergehende Krankheit, die zuletzt in ein anhaltendes Wechselfieber überging. Besorgnis und Pflege haben mich da ziemlich mitgenommen. Jetzt ist er wieder ganz wohl. Er wohnt auf der Bastei, ich in einem vom Fürsten Esterhazy neu erbauten Hause vor der Alsterkaserne, und da ich meine eigene Haushaltung führe, so isst er täglich bei mir." Dieser Brief wurde am 13. November geschrieben.

Zarte Beziehungen knüpfte Beethoven damals mit einer Schülerin an; Dorothea Baronin von Ertmann, geborene Graumann, war eine vorzügliche Klavierspielerin, die seine Werke mit ihm selbst durchnahm. Reichardt erzählt über sie: „Schon längst hatte man mir von der Gemahlin des Majors von Ertmann vom Regiment Neumeister, der in der Nähe von Wien in Garnison steht, als von einer grossen Klavierspielerin gesprochen, die besonders die grössesten Beethoven'schen Sachen sehr vollkommen vortrüge. Ich war also darauf vorbereitet, und ging mit grosser Erwartung zu ihrer Schwester, der Gemahlin des jungen Bankiers

Franke, welche die Güte hatte, mich von der Ankunft der Frau von Ertmann unterrichten zu lassen, um ihre Bekanntschaft zu machen. Eine hohe, edle Gestalt und ein schönes, seelenvolles Gesicht spannten meine Erwartung beim ersten Anblick der edlen Frau noch höher, und dennoch ward ich durch ihren Vortrag einer grossen Beethoven'schen Sonate wie fast noch nie überrascht. Solche Kraft neben der innigsten Zartheit habe ich, selbst bei den grössten Virtuosen, nie vereinigt gesehen; in jeder Fingerspitze eine singende Seele, und in beiden gleich fertigen, gleich sicheren Händen, welche Kraft, welche Gewalt über das ganze Instrument, dass alles, was die Kunst Grosses und Schönes hat, singend und redend und spielend hervorbringen muss! Und es war nicht einmal ein schönes Instrument, wie man sie sonst hier so häufig findet, die grosse Künstlerin hauchte dem Instrument ihre gefühlvolle Seele ein, und zwang ihm Dienste ab, die es wohl noch keiner anderen Hand geleistet hatte."

Reichardt bemerkt ferner, „dass Frau von Ertmann mit einer Präzision und Eleganz, die eine grosse Meisterschaft voraussetzt, spiele". „Diese aber entwickelte sie in jener herrlichen Phantasie, mich dünkt aus cis-moll, ganz und in einem erstaunlichen Grade. Ich besinne mich nicht, je etwas Grösseres und Vollendeteres gehört zu haben."

Ihr, seiner lieben Dorothea-Cäcilia, widmete Beethoven später die Klaviersonate op. 101. Zum Neujahrstage 1804 erhielt sie eine reizende farbige Glückwunschkarte. Wie feinfühlig die Dame auf Beethoven einzugehen wusste, beweist eine Tatsache, die wir durch Mendelssohn erfahren. Dieser besuchte Ertmanns 1831 in Mailand. „Sie erzählte, wie sie ihr letztes Kind verloren habe, da habe der Beethoven erst gar nicht mehr ins Haus kommen können; endlich habe er sie zu sich eingeladen, und als sie kam, sass er am Klavier und sagte bloss: ‚Wir werden nun in Tönen miteinander sprechen' und spielte so über eine Stunde immerfort, und wie sie sich ausdrückte, ‚er sagte mir alles und gab mir auch zuletzt den Trost'."

Beethovens Lebensereignisse sind, wie man sieht, äusserlich unbedeutend. Er lebt ganz seiner Kunst. Natürlich schafft er nicht in einem Ansturm lauter Werke von derselben Grösse. Es fallen auch kleinere Stücke ab. Zu ihnen können wir in dieser grossen Periode, wo eine neue Epoche der Tonkunst sich anbahnt, die beiden Violinromanzen mit Orchesterbegleitung rechnen, op. 40 G-dur, die 1803 erschien, und op. 50 in F-dur, welche 1805 herauskam. Die Violinspieler finden darin eine eigentümliche Süsse, die doch nicht schwächlich wirkt. Hierher zu zählen sind auch die hübschen 14 Variationen in Es-dur für Klavier, Violine und Cello über ein luftiges Andantethema, welche 1804 erschienen sind. Zwischen diesen Gelegenheitsstücken, die, weil sie unschuldig sind, zeitlos genannt werden können, erhebt sich nun eins der mächtigsten Werke, welches zum erstenmal nicht nur den ganzen Beethoven, sondern den neuen Beethoven zeigt: die Symphonia eroica.

Das Titelblatt des Autographs trägt die Bezeichnung: Symphonia grande. Danach sind zwei Worte ausgemerzt, von denen das eine Buonaparte, das andere Napoleon hiess. Unter seinen Namen setzte Beethoven mit Bleistift: „geschrieben auf Napoleon".

Schindler erzählt: „Die erste Idee zu jener Symphonie soll eigentlich vom General Bernadotte ausgegangen sein, welcher damals französischer Gesandter in Wien war und Beethoven sehr schätzte. So hörte ich von mehreren Freunden Beethovens." Ein anderer Gewährsmann, Beethovens Arzt Dr. Bertolini, berichtet demgegenüber: „Den ersten Gedanken zur Symphonia eroica gab Beethoven Buonapartes Zug nach Aegypten." Im Jahre 1798, und zwar am 5. Februar, kam General Bernadotte als neuer Gesandter der französischen Republik nach Wien. Er war ein Freund der Tonkunst, befand sich doch in seiner Umgebung der Violinspieler Rudolph Kreutzer. Nun ist Beethoven erwiesenermassen mit Bernadotte in dessen Salons zusammengetroffen und hat sicher mit dem General gesprochen. Bernadotte hat bei dieser Gelegenheit den Wiener Tonkünstler aufgefordert, eine Symphonie für Napoleon zu schreiben. Mag diese Idee an sich Beethoven, der ohnedies „sich bis dahin bereits als grosser Bewunderer des ersten Konsuls dieser Republik zu erkennen gegeben hatte", sympathisch gewesen sein, so wird sie noch unmittelbarer bei dem Meister verfangen haben, als er — vielleicht am Tage des Gesprächs — von Napoleons Zug nach Aegypten erfahren, der ja im Mai 1798 unternommen wurde. Beethoven entschloss sich, eine Symphonie auf Napoleon zu schreiben. Nun soll das Gerücht von Nelsons Tod in der Schlacht bei Aboukir den Trauermarsch veranlasst haben. Da liegt eine Verwechslung vor mit dem Trauermarsch in der Sonate op. 26. Denn die Schlacht bei Aboukir fand schon im August 1798 statt, in der Zeit, in der die Keime der Sonate aufgingen. Immerhin beschäftigte diese Idee den Meister wiederum, und sie mag durch den Tod des Generals Abercrombie in der Schlacht bei Alexandria am 21. März 1801 von neuem angeregt worden sein.

Vielleicht hat Goethes Prometheus im Kopfe des Komponisten jenes erwähnten Balletts gearbeitet und eine verbindende Idee zwischen Prometheus und seinem neuen Nachfolger Napoleon geschaffen. Der Anregungen nach verschiedener Richtung gab es genug, wie auch der Brief an Hofmeister in Leipzig erweist: „Reit Euch denn der Teufel insgesamt, meine Herren? — mir vorzuschlagen, eine solche Sonate zu machen? — Zur Zeit des Revolutionsfiebers, nun da — wäre das so was gewesen; aber jetzt, da sich alles wieder ins alte Gleis zu schieben sucht, Buonaparte mit dem Papste das Konkordat geschlossen — so eine Sonate? — Wär's noch eine Missa pro Sancta Maria a tre voci oder eine Vesper usw. — nun, da wollt' ich gleich den Pinsel in die Hand nehmen — und mit grossen Pfundnoten ein Credo in unum hinschreiben, aber du lieber Gott, eine solche Sonate — zu diesen neu angehenden christlichen Zeiten — hoho — da lasst mich aus — da wird nichts draus." — Auf dem Titel des Werkes stand also zunächst nur: „Symphonie grande", und auf einer Abschrift prangten dann einsam die beiden Namen Buonaparte und Luigi van Beethoven.

Da kam die Nachricht, Napoleon habe sich zum Kaiser gemacht. Ries brachte sie Beethoven. „Ich war der erste, der ihm die Nachricht brachte, Buonaparte habe sich zum Kaiser erklärt, worauf er in Wut geriet und ausrief: ‚Ist der auch nichts andres, wie ein gewöhnlicher Mensch! Nun wird er auch alle Menschenrechte mit Füssen treten, nur seinem Ehrgeize fröhnen; er wird sich nun höher als andre stellen, ein Tyrann werden.' Beethoven ging an den Tisch, fasste das Titelblatt oben an, riss es ganz durch und warf es auf die Erde. Die erste Seite wurde neu geschrieben, und nun erst erhielt die Symphonie den Titel ‚Symphonia eroica.'"

BARONIN DOROTHEA ERTMANN, GEB. GRAUMANN
wahrscheinlich 1778–1848.

GLÜCKWUNSCHKARTE AN DIE BARONIN DOROTHEA ERTMAN
Mit Erlaubnis des Herrn Dr. Prieger, Bonn

Beethoven war demokratisch gesinnt. Wie aus einer Stelle hervorgeht, die er sich in seiner Odyssee dreifach angestrichen, kannte er nur zu gut die Schwächen des damaligen Regiments.

„Wie er keinem sein Recht durch Taten oder durch Worte
Jemals gekränkt! Da sonst der mächtigen Könige Brauch ist,
Dass sie einige Menschen verfolgen und andre hervorziehn."

Den Gedankengang der damaligen Zeit ersehen wir etwas genauer noch aus den Sätzen Seumes in seinem „Spaziergang nach Syrakus", jenem verbotenen Buche, das Beethoven besass: „Mir selbst ist es ziemlich klar, dass er (Napoleon) auf diesem Wege das alte Herrschersystem mit seinem ganzen Unwesen wieder gründen wird, oder eine neue Revolution notwendig macht. Tertium non datur. Die Folge für die Humanität ist dabei leicht zu berechnen. Er hätte ein Heiland eines grossen Teiles der Menschheit werden können, und begnügt sich, der erste wiedergeborene Sohn der römischen Kirche zu sein. Er lässt sich halten, wo er hätte stehen können. Er hat eine lichtvolle Ewigkeit gegen das glänzende Meteor eines Herbstabends, Ehre gegen Ruhm ausgetauscht. Noch ist er zwar nicht bis zu Dionysens Nussschale und Pferdehaar gekommen; aber die Umschanzung von seinen Söldlingen und Trabanten zeigt hinlänglich von der unsichtbaren Angst, welche das System notwendig macht."

Die Ausgestaltung und innere Entwicklung der Symphonie hat sich stossweise und langsam vollzogen. Denn die Wurzeln des Finales und des Trauermarsches führen uns weit zurück in die Jahre um 1801 oder gar noch frühere Zeiten. Das Finale der Eroica erwächst aus den Gedanken, die schon jenen Kontretanz der Prometheusmusik beeinflussten.

Die beiden übrigen Sätze der Eroica, der erste und das Scherzo, sind nach der Heiligenstädter Zeit entstanden, als Beethoven beschloss, einen neuen Weg zu betreten. In dem Wien benachbarten Baden befindet sich das Eroica-Haus, in der Döblinger Hauptstrasse Nr. 92. Es trägt jetzt eine Gedenktafel. Ehemals stand es mitten in ländlich-blühender und rauschender Runde — dort führte vor des Meisters Augen die Schlucht des Krottenbaches vorbei, die in ein mildes Tal ausgeht, wo damals die Einsamkeit den Einsamen aufnahm.

Ein Skizzenbuch aus dem Jahr 1803 zeigt uns, wie Beethoven zu den grossen Zügen dieses Werkes sich hinarbeitet, wie in lodernder brünstiger Esse die Farben und Formen dieses grossen Werkes geschmiedet worden sind. Diesmal ging nur wenig Beiwerk nebenher. Da taucht einmal ein Anfangszipfelchen zur Pastoralsymphonie auf, wo der Meister aufschreibt: „Murmeln der Bäche, je grösser der Bach, je tiefer der Ton." Gellert-Lieder künden sich an, Märsche kommen hervor, — lauter Vorahnungen, die rasch wieder vergessen sind.

Schon vor der Benutzung dieses Skizzenbuches hat Beethoven seine Arbeit an der Symphonie, besonders an dem ersten Satze, begonnen. Die Modulationen werden nun ausprobiert, es kommen neue Motive auf, die an anderer Stelle Verwendung finden, als da, wo sie zuerst erscheinen; rhythmische Veränderungen werden gesucht und gefunden. Der den zweiten Satz einleitende Gang findet erst allmählich seinen weiten Schwung, einzelne Takte und Wiederholungen werden ausgemerzt, Themen werden erweitert, wiederholt, in die höhere Oktave versetzt, in Moll gebracht. Motive werden gestrichen, aus dem vorhandenen Material neue gewonnen. Andere Motive werden leicht variiert. Neue Wendungen treten auf. Es werden „absonderliche Einführungen" des dritten Teiles versucht. Der Trauermarsch musste gleichsam Takt für Takt erobert werden. Für den Schluss des Trauermarsches gibt es allein etwa acht Entwürfe. Auch das Scherzo ist hart überlegt, namentlich das Trio. Das Finale dagegen floss ihm leichter aus der Feder. Eine geplante Einleitung, die in verschiedener Weise versucht wurde, blieb schliesslich weg. Nottebohm konstatiert daher: 1) dass Beethoven nach einem grosszügigen Plane arbeitete, wobei „durch das Arbeiten ins Einzelne hinein das Ganze herausgearbeitet wurde"; 2) dass „alle Stellen, die das Gepräge des eigentümlichen Stiles Beethovens an sich tragen dass alle Wendungen und Züge, die teils durch Grossartigkeit, teils durch Wärme uns erheben, erschüttern, zu Tränen rühren, nicht ein Werk des ersten Augenblicks waren, sondern erst nach wiederholten Ansätzen und Versuchen und zum grossen Teil mit Mühe zu Tage gefördert wurden"; 3) dass Beethoven „über dem ihm vorschwebenden Ideal das Gesetz einer inneren Notwendigkeit in der Form nicht vergass, dass er in dem langen

Prozesse des Schaffens ästhetische Kritik übte, dass er auch bei einem stets sich verändernden Stoff mit Folgerichtigkeit zu Werke ging".

Das Werk enthält vier ausgeprägte Typen von Sätzen. Der heroische Satz ist der erste mit seinen weit ausladenden Führungen, seinem mächtigen Ansturm und seinen breiten Rückgängen. Der Trauermarsch bedarf keiner Erklärung; er lässt ebenso wie der erste Satz erkennen, dass Beethoven eine Gewalt und Eindringlichkeit der Tonsprache erlangt, die bis dahin unerhört war. In dem Scherzo, dem ersten echten Beethoven-Scherzo für das Orchester, lebt alle Beweglichkeit menschlichen Vorwärtsstrebens, nicht ohne beigemischte Gefühle von Rührung, Schaudern und Entzücken. Und das Finale wiederum bedeutet eine Rückkehr oder Einkehr zum Glück; es gewährt sonniges Selbstbewusstsein.

Die Besetzung des Orchesters verlangt zum erstenmal ein drittes Horn, und trotz der festlichen Absicht fehlen die Posaunen. Die Symphonie hat keine Einleitung; die knappe Ankündigung liegt in zwei starken Schlägen. Die Celli sprechen den tonisch gebildeten, heroischen Hauptgedanken aus. Nach weiten, rhythmisch zugespitzten Uebergängen tritt das Seitenthema mit seinem nachgiebigen Sinn in B-dur ein. Darauf strafft sich das Material zusammen. Beethoven tritt herrisch, seiner Kraft bewusst, auf. Die Durchführung vertieft und erweitert die Themen und erfüllt sie mit noch grösserer Wucht. Im Mittelpunkt der Durchführung, also auch des ganzen Satzes, stehen die beiden, durch ein eigenes Thema gezeichneten Episoden, in den entlegenen e- und es-moll-Farben hervorleuchtend. Und nun, nach Wiederaufnahme der Hauptidee, bringt Beethoven ein neues Wunder, den sogenannten Kumulus, jene Stelle, wo dem unvollständigen Dominant-Septimenakkord das tonische Thema verbunden wird.

Ries war nicht der einzige, der diese Stelle nicht fasste, er sprach sich aus: „In dem Allegro ist eine böse Laune Beethovens für das

Horn; einige Takte, ehe im zweiten Teile das Thema vollständig wieder eintritt, lässt Beethoven dasselbe mit dem Horn andeuten, wo die beiden Violinen noch immer auf einem Sekundenakkorde liegen. Es muss dieses dem Nichtkenner der Partitur immer den Eindruck machen, als ob der Hornist schlecht gezählt habe und verkehrt eingefallen sei. Bei der ersten Probe dieser Symphonie, die entsetzlich war, wo der Hornist aber recht eintrat, stand ich neben Beethoven, und im Glauben, es sei unrichtig, sagte ich: ‚Der verdammte Hornist! Kann der nicht zählen? Es klingt ja infam falsch!' Ich glaube, ich war sehr nahe daran, eine Ohrfeige zu erhalten. — Beethoven hat es mir lange nicht verziehen.“ Eine höchst poetische Rückleitung in dem Beethoven so meisterhaft gelingenden Halbdunkel und mit schnellem Anschwellen bringt die Reprise, die abweichend gestaltet ist. Das Ende gehört einer Coda von hundertvierzig Takten. Hierin wird sozusagen die Summe gezogen und der Charakter des Stückes und seines Helden nochmals von allen Seiten beleuchtet. Mit schneidenden Akzenten, zuerst auf dem schlechten Taktteil, schliesst das grossartige Stück.

Den zweiten Satz der Symphonie bildet der tief ergreifende Trauermarsch, in dessen fünf Abschnitten die Empfindungen von Trauer und Trost abwechseln. Im Mittelpunkt nimmt die Musik alle Kraft, man könnte auch sagen: alle Kunst zusammen, die Stimmung zu vertiefen. Die sprechenden Pausen und die linden Legati wirken im ganzen Satze bestimmend.

Das Scherzo entwickelt sich zwingend durch die lange Vorenthaltung der Haupttonart Es-dur. Mit grösster Energie stürmt es vorwärts und wird von einem mit Hörnerton reich gesättigten Trio abgelöst. Das Scherzo kehrt nun verkürzt wieder. Beethovens mächtiges Scherzo erhielt von jetzt ab volle Rechte im Symphoniegefüge neben einem lyrischen, harmlosen und kurzen Menuett.

Das von neuer Lebensfreude strahlende Finale spricht sich in Beethovens Lieblingsform, in Variationen, aus. Kunstvoller Wechsel der nie ganz vergessenen Grundstimmung erfreut uns und bringt uns im poco andante eine reine Erhebung, ein Gefühl, das uns bis zum Schlusse nicht mehr verlässt. Dies Finale weist uns sozusagen den Gewinn, den der im ersten Satz für uns kämpfende, im zweiten von uns betrauerte, im dritten von uns begleitete Held gebracht. Die herrliche Symphonie rundet sich zu einem vollkommenen Ganzen.

Das Werk ist dem Fürsten Lobkowitz gewidmet. Er erhielt auch das Anrecht, die Symphonie eine Zeitlang nur für sich aufzuführen. Bei ihm hörte sie Prinz Louis Ferdinand von Preussen, der sie sofort wiederholen liess. Bei einer Privataufführung im Lobkowitzschen Palaste schmiss Beethoven, der selbst dirigierte, im ersten Satz um, so dass wieder von vorn begonnen werden musste.

Die Symphonie wurde im Jahre 1805, und zwar in den Konzerten, welche die Bankiers Würth und Fellner alle Sonntage bei sich durch eine gewählte Gesellschaft von Dilettanten ausführen liessen, und die Clementi dirigierte, ebenfalls gemacht. Ein Referent der Allgemeinen Musikalischen Zeitung urteilte über die Eroica: „Eine g a n z n e u e Symphonie Beethovens ist in einem ganz anderen Stil als die aus C-dur geschrieben. Diese lange, für die Ausführung äusserst schwierige Komposition ist eigentlich eine sehr weit ausgeführte kühne und wilde Phantasie. Es fehlt ihr gar nicht an frappanten und schönen Stellen, in denen man den energischen, talentvollen Geist ihres Schöpfers erkennen muss: sehr oft aber scheint sie sich ganz ins Regellose zu verlieren. Die Sinfonie beginnt mit einem stark instrumentierten Allegro, darauf folgt ein Trauermarsch, welcher in der Folge fugenartig durchgeführt wird. Nach diesem kommt ein Allegro scherzo und ein Finale. Referent gehört gewiss zu Herrn Beethovens aufrichtigsten Verehrern; aber bei dieser Arbeit muss er doch gestehen, des Grellen und Bizarren allzuviel zu finden, wodurch die Uebersicht äusserst erschwert wird und die Einheit beinahe ganz verloren geht. Die Eberl'sche Symphonie aus Es gefiel wieder ausserordentlich." Die Funken des Verständnisses blitzen den Rezensenten nun aber doch auf; in Leipzig schrieb einer: „Den Trauermarsch erklärt Rezensent ohne Bedenklichkeit, wenigstens von seiten der Erfindung und des Entwurfs, für Beethovens Triumph . . . Stücke wie dies empfängt, gebiert und erzieht kein Mensch in solcher Vollkommenheit ohne wahres G e n i e."

Die erste öffentliche Aufführung der Eroica fand im Theater an der Wien am 7. April statt. Wenn der Dirigent des Theaters,

Clément, sie an den Anfang des zweiten Teiles seines (Benefiz-) Konzertes stellte, kam er wohl dem Wunsche des Komponisten nicht ganz nach; auf einer Violinstimme steht nämlich: questa sinfonia essendo scritta aposta più lunga del solite si deve esseguire più vicino al principio ch'al fine di un Academia e poco doppo un Overtura, un' Aria ed un Concerto; accioche, sentita troppo tardi, non perda per l'auditore, gia fatigato del precedenti produzioni, il suo proprio proposto effetto.

Ja — sie war lang, namentlich für die damalige Zeit. Von den Galerien herab rief ein Schalk: „Ich geb' noch einen Kreuzer, wenn's nur aufhört." Die Kritik hatte „keine Ursache, das schon früher gefasste Urteil zu ändern". Der „Freimütige" deutete die geteilten Meinungen an. „Die einen, Beethovens ganz besondere Freunde, behaupten, gerade diese Symphonie sei ein Meisterstück, d a s sei eben der wahre Stil für die höhere Musik, und wenn sie jetzt nicht gefällt, so komme das nur daher, weil das Publikum nicht kunstgebildet genug sei alle diese hohen Schönheiten zu fassen; nach ein paar tausend Jahren aber würde sie ihre Wirkung nicht verfehlen. — Der andere Teil spricht dieser Arbeit schlechterdings allen Kunstwert ab und meint, darin sei ein ganz ungebändigtes Streben nach Auszeichnung und Sonderbarkeit sichtbar, das aber nirgends Schönheit oder wahre Erhabenheit und Kraft bewirkt hätte. Durch seltsame Modulationen und gewaltsame Uebergänge, durch das Zusammenstellen der heterogensten Dinge, wenn z. B. ein Pastorale im grössten Stile durchgeführt wurde, durch eine Menge Risse in den Bässen, durch drei Hörner und anderes dergleichen könne zwar eine gewisse eben nicht wünschenswerte Originalität ohne viel Mühe gewonnen werden; aber nicht die Hervorbringung des bloss Ungewöhnlichen und Phantastischen, sondern des Schönen und Erhabenen sei es, wodurch sich das Genie beurkunde: Beethoven hatte selbst durch seine früheren Werke die Wahrheit dieses Satzes erwiesen. — Die dritte sehr kleine Partie steht in der Mitte; sie gesteht der Symphonie manche Schönheiten zu, bekennt aber, dass der Zusammenhang oft ganz zerrissen scheint, und dass die unendliche Dauer dieser längsten, vielleicht auch schwersten aller Symphonien selbst Kenner ermüde, dem blossen Liebhaber aber unerträglich werde. Sie wünscht, dass Herr van Beethoven seine anerkannten grossen Talente verwenden möge, uns Werke zu schenken, die seinen beiden ersten Symphonien aus C und D gleichen, seinem anmutigen Septett aus Es, dem geistreichen Quintett aus D-dur und anderen seiner früheren Kompositionen, die Beethoven immer in die Reihe der ersten Instrumentalkomponisten stellen werden. Sie fürchtet aber, wenn Beethoven auf diesem Wege fortwandelt, so werde er und das Publikum übel dabei fahren. Die Musik könne sobald dahin kommen, dass jeder, der nicht genau mit den Regeln und Schwierigkeiten der Kunst vertraut ist, schlechterdings gar keinen Genuss bei ihr finde, sondern durch eine Menge unzusammenhängender und überhäufter Ideen und einen fortwährenden Tumult aller Instrumente zu Boden gedrückt, nur mit einem unangenehmen Gefühl der Ermattung den Konzertsaal verlasse. Das Publikum und Herr van Beethoven, der selbst dirigierte, waren an diesem Abende nicht miteinander zufrieden. Dem Publikum war die Symphonie zu schwer, zu lang und Beethoven selbst zu unhöflich, weil er auch den Beifall klatschenden Teil keines Kopfnickens würdigte. Beethoven im Gegenteile fand den Beifall nicht auszeichnend genug."

Die Symphonie erschien im Oktober 1806 als op. 55.

Wollen wir diese Symphonia eroica per festeggiare il sovenir d'un grand Uomo ganz innerlich erfassen, so müssen wir des zweiten Namens gedenken, der unten auf dem zerrissenen Titelblatt stand: Luigi da Beethoven. Beethoven selbst war der Held dieser Symphonie. Das Werk ist stets eins mit seinem Schöpfer. Wir kehren noch einmal zurück in jene Zeit, wo das Werk komponiert wurde. Damals kam Breuning mit Mähler zu Besuch zu Beethoven, der gerade an der Symphonie arbeitete. Als Mähler ihn bat, zu spielen, trug Beethoven das Finale seines neuen Werkes vor und schloss eine grosse zweistündige, aber trotzdem durchaus originelle und interessante Phantasie an. Der Maler sah hier sein Sujet. Dabei fiel Mähler besonders das in Haltung und Bewegung ruhige und kaum bemerkbare Spiel Beethovens auf. Diese gleitenden Hände müssen ihn beschäftigt haben. Mähler erzählt über sein Beethovenbild: „Es war ein Portrait, welches ich bald nach meiner Ankunft malte, auf welchem Beethoven beinahe in Lebensgrösse sitzend dargestellt ist; die linke Hand ruht auf einer Lyra, die rechte ist ausgestreckt, als wenn er in einem Momente musikalischer Begeisterung den Takt schlüge; im Hintergrund ist ein Tempel des Apollo." Mähler kannte die Begeisterung Beethovens, so kam in dies Bild etwas von dem Geiste des Gemalten, die Hand aber hat der Maler verschönert — idealisiert im Sinne der Zeit. Die Wirklichkeit, die in diesem Beethoven der Eroika steckt, war grösser — die Hand gab in gewissem Sinne ein Symbol dafür: „Seine Hände waren sehr mit Haaren bewachsen und die Finger (besonders an den Spitzen) sehr breit."

ERZHERZOG RUDOLPH VON OESTERREICH

Mit Erlaubnis der Gesellschaft der Musikfreunde, Wien.

JOHANN NEPOMUK HUMMEL
1778—1873.

9. Kapitel

DER FIDELIO

„Ich hätte mein Leben nicht gedacht, dass ich so faul sein könnte, wie ich hier bin. Wenn darauf ein Ausbruch des Fleisses folgt, so kann wirklich was Rechtes zustandekommen."

So schrieb Beethoven am 24. Juli 1804, als er in Baden der sommerlichen Natur genoss. Der Ausbruch des Fleisses erfolgte in Döbling, wo Beethoven sich durch den Bruder Johann eine Wohnung mieten liess, und wo er den zweiten Teil des Sommers verbrachte, weil er da „vor den Menschen sicher" war. Dort wurden die Klaviersonaten op. 54 und 57 geschrieben.

Die eine ist im April 1806 erschienen und trägt keine Widmung, die andere wurde am 18. Februar 1807 in der Wiener Zeitung als erschienen angezeigt. Sie ist dem Grafen Franz von Brunswik gewidmet. Seit 1800 war Beethoven mit Brunswiks bekannt. Damals im Mai hat er Therese Brunswik den ersten Klavierunterricht gegeben; sie berichtet in ihren Memoiren: „Damals war mit Beethoven die innige, herzliche Freundschaft geschlossen, die bis an sein Lebensende dauerte. Er kam nach Ofen, er kam nach Martonvásár, er wurde in unsere Sozietätsrepublik von auserlesenen Menschen aufgenommen. Ein runder Platz ward mit hohen, edlen Linden bepflanzt; jeder Baum trug den Namen eines Mitgliedes, und auch in deren schmerzlicher Abwesenheit sprachen wir mit ihren Scheinbildern, unterhielten und belehrten uns mit ihnen. Sehr oft, nachdem der gute Morgen gesagt ward, frug ich den Baum um dies und das, was ich gern erklärt wissen wollte, und er blieb nie die Antwort schuldig!" Mit Theresens Bruder Franz schloss Beethoven dauernde Freundschaft. Da seine Widmungen immer beweisen, in welcher musikalischen Schätzung der Bewidmete bei ihm stand, so dürfen wir aus der Zueignung der von ihm hochbewerteten Sonate op. 57 schliessen, dass er vom Grafen Brunswik viel hielt. Beethoven soll die Sonate im Jahre 1806 zu Martonvásár bei Brunswiks in einem Zuge aus dem Kopf niedergeschrieben haben; es scheint eine Verwechslung mit der Phantasie op. 77 vorzuliegen, die auch dem Grafen zugeeignet ist.

Eine andere Sonate nehmen wir voraus, die aus dem Jahre 1804, teilweise 1803 stammt, nämlich op. 53 in C-dur. Sie erschien im Mai 1805 und war dem ersten Gönner in Bonn, Grafen von Waldstein, gewidmet. Sie hat einmal den Beinamen „Horror" bekommen; wohl wegen der gestossenen und bewegten Figuren und um des modulatorisch überraschenden Beginnes willen, der ein Gruseln hervorruft. Das Werk enthielt ursprünglich drei Sätze. Die Mitte bildete das sogenannte Andante favori, das so beliebt war, dass Beethoven ihm wohl diesen Titel geben durfte, als er es als Stück allein veröffentlichte; das geschah erst ein Jahr nach der Herausgabe der Sonate. Ueber die Ausschliessung des Andante berichtet Ries: „In der Sonate (in C-dur, op. 53), die seinem ersten Gönner, dem Grafen von Waldstein gewidmet ist, war anfänglich ein grosses Andante. Ein Freund Beethovens äusserte ihm, die Sonate sei zu lang, worauf dieser von ihm fürchterlich hergenommen wurde. Allein ruhigere Ueberlegung überzeugte meinen Lehrer bald von der Richtigkeit der Bemerkung. Er gab nun das grosse Andante in F-dur, Dreiachteltakt, allein heraus und komponierte die interessante Introduktion zum Rondo, die sich jetzt darin findet, späterhin zu." Die Sonate hat trotz der zwei Sätze einen ungewöhnlichen Umfang. Sie ist ganz in Beethovens zweitem Stil geschrieben; mit einer unvergleichlichen Vertiefung der Gedanken weiss der Meister unerreichte Bestimmtheit der Motive und äusseren Glanz zu verbinden. Die Gegensätze der Haupt- und Seitengedanken sind scharf herausgearbeitet, sodass die Farben sich leuchtend voneinander abheben. Die Durchführung entfernt sich weit von den Themen und entwickelt sich doch klar und organisch aus ihnen. Die wunderbare Episode, welche die heitere Reprise ankündigt, ist von grösstem Reiz und dabei doch ganz einfach. Der Schluss des Satzes mutet wie ein derber Punkt an, wie ein unwidersprechliches: quod erat demonstrandum. Kurz, der Satz ist ganz Kraft und Leben und zeigt, wie Beethoven in die Tat umsetzte, was er erkannt. Die Sonate ist ganz ein Werk dessen, der sich in der Odyssee die Verse anstrich:

„. . . . . dem Kühnen gelinget
Jedes Beginnen am besten . . ."

Und nun die vollendete Introduzione zum Finale: Adagio molto; ja! es ist ein Adagio, und doch nur eine Ueberleitung, geheimnisvoll vorbereitend und doch stark persönlich sich aussprechend, ganz andeutende Farbe und doch ausgeführte Linie geworden. Den entzückendsten Gegensatz zu dem Hauptsatz bietet das Rondo schon rein äusserlich: ein Allegretto moderato als Seitenstück zu einem mächtigen Allegro con brio. Das Allegretto entwickelt sich einfach und breit, verschmäht aber auch den feurigen Glanz blendender Technik nicht; im pianissimo beginnend, in den Seitensätzen keine auffallenden Sondergänge einschlagend, sondern die Grundstimmung festigend, schwingt es sich schliesslich zu einer Prestissimocoda auf, die in noch eindringlicherer Weise die Ideen des Rondos wiederholt; namentlich das Ausspinnen des melodischen Gedankens über den dahinrollenden Trillern, teilweise über Vierteltriolen,

ist genial Beethovensch. Der Schluss tritt ausserordentlich kräftig auf. Lebensmut kann einzig das Thema dieses viel verkannten, mächtigen Stückes sein. Nicht Spielfiguren häuft der Meister, sondern er lässt seine Musik in gewaltigstem al Frescostil erklingen; wie nie ruhende Meereswasser schäumt es von Augenblick zu Augenblick wechselnd in heftigen Triolenstellen auf, und hundert Gesichte schaut der Lauschende. Die „Sonate Morgenrot" betitelte man das Werk ehedem.

Ganz andere Saiten zieht op. 54 auf; ebenfalls eine Sonate in nur zwei Sätzen, deren erster, ein heiteres, rondoartiges Gebilde im Tempo d'un menuetto, sich aus zwei lebhaften Gegensätzen knapp entwickelt. Dem lieblichen Menuetton des ersten Gedankens tritt eine staccatierte Oktavenstelle gegenüber, die dem Gehalte (nicht dem Rhythmus) nach einer Etüde Rubinsteins als Vorbild gedient. Dem zweiten, ungemein einheitlichen Satz im Allegrettotempo könnte man den Titel Toccata geben; es ist ein vorwiegend zweistimmiger, bewegter Satz mit auffallenden Modulationen und eisernen Rhythmen; im ganzen: Händelscher Geist. Ueber die Sonate spricht sich ein Kritiker der Allgemeinen Musikalischen Zeitung also aus: „Diese Sonate besteht nur aus zwei Sätzen, beide schwer auszuführen, beide in originellem Geiste und mit unverkennbarer gereifter harmonischer Kunst geschrieben . . . aber leider auch wieder voller wunderlicher Grillen."

Nun zu op. 57, der sogenannten — nicht von Beethoven so betitelten — „Sonata appassionata". Czerny meinte, „in einer neueren Auflage der grossen f-moll-Sonate op. 57 — welche Beethoven selbst für seine grösste hielt — hat man derselben den Beititel ‚appassionata' gegeben, für den sie jedenfalls zu grossartig ist. Dieser Titel würde weit eher für die Es-dur-Sonate op. 7 passen, welche er in einer sehr passionierten Stimmung schrieb". Zur Entstehung des Finales erzählt Ries folgendes: „Bei einem . . . Spaziergange, auf dem wir uns so verirrten, dass wir erst um acht Uhr nach Döbling, wo Beethoven wohnte, zurückkamen, hatte er den ganzen Weg über für sich gebrummt oder teilweise geheult, immer herauf und herunter, ohne bestimmte Noten zu singen. Auf meine Frage, was es sei, sagte er: ‚Da ist mir ein Thema zum letzten Allegro der letzten Sonate eingefallen.' Als wir ins Zimmer traten, lief er, ohne den Hut abzunehmen, ans Klavier. Ich setzte mich in eine Ecke, und er hatte mich bald vergessen. Nun tobte er wenigstens eine Stunde lang über das neue, so schön dastehende Finale in dieser Sonate. Endlich stand er auf, war erstaunt, mich noch zu sehen und sagte: ‚Heute kann ich Ihnen keine Lektion geben. Ich muss noch arbeiten'." Noch eine weitere Anekdote knüpft sich an dieses Werk, das Beethoven 1806 mit nach Schlesien nahm. „Während seiner

Reise wurde er von einem Sturm und Platzregen überrascht, welcher durch die Reisetasche durchdrang, in der er die eben komponierte Sonate in f-moll trug. Nach seiner Ankunft in Wien besuchte er uns (das Ehepaar Bigot) und zeigte lachend sein noch ganz nasses Werk meiner Frau, welche sich dasselbe näher betrachtete. Durch den überraschenden Anfang bewogen setzte sie sich ans Klavier und begann dasselbe zu spielen. Beethoven hatte das nicht erwartet und war überrascht zu sehen, wie Madame Bigot keinen Moment sich durch die vielen Rasuren und Aenderungen, die er gemacht hatte, aufhalten liess. Es war das Original, welches er im Begriff war zu seinem Verleger zu bringen, um es stechen zu lassen. Als Madame Bigot es gespielt hatte und ihn bat, ihr damit ein Geschenk zu machen, gab er seine Zustimmung und brachte es ihr treulich zurück, nachdem es gestochen war."

Beethoven hielt also diese Sonate für seine grösste. Er wusste, warum. In keiner Sonate ist Inhalt und Form so restlos eins geworden, und kein Werk trägt so unzweideutig den Stempel von des mittleren Beethoven gewaltiger Art. Diese sanften und dabei doch inhaltsvollen, nach der Natur hinlauschenden Fragen, diese heftigen synkopierten Anstürme stärkster Kraft, dieser Starrsinn und feste Wille im Fortissimo! Ist das nicht gleichsam ein prächtiges Dahinrauschen mit den Wellen eines schäumenden Baches, mit dem geheimnisvollen Flüstern des Waldes? Alle Höhen und Tiefen werden durchmessen; die Sonate führt bis ins zweigestrichene e. Schliesslich geht der Satz in ein più Allegro über mit beruhigendem Abgang, den dann das Andante con moto mit seinem vielsagenden Bass ruhig aufnimmt, das in reizvollen Variationen immer bewegter wird. Das Finale: Allegro ma non troppo zeigt wieder jene stark stilisierte und doch so ungemein ausdrucksvolle Linienzeichnung, die nur Beethoven in dieser Epoche eigen war. Ganz er ist auch das straffe, zyklopenartige Presto am Ende. Der Satz ist kein Rondo, sondern eher ein Sonatensatz — dies äusserlich und innerlich verstanden. Starke Bewegung und sicheres Wollen erfüllen ihn. Der Titel ist gut gewählt: eine wahre Sonate der Leidenschaft!

Die Gesänge bleiben Beethovens Stiefkinder. Zu den in dieser Zeit veröffentlichten Gesangskompositionen gehört das schon früh geschriebene Lied „Der Wachtelschlag", das wieder einen Beweis für Beethovens innige Beziehungen zur Natur erbringt; ein einfaches und ergreifendes Lied.

Nun aber betritt Beethoven ein ganz neues Gebiet der Vokalkomposition; er schreibt ein dramatisches Werk, seine erste und letzte Oper: Leonore-Fidelio. Bouilly hatte den Text zu Cherubinis Oper „Der Wasserträger" verfertigt, einem Werke, das ja in Wien an zwei Theatern volle Häuser gemacht. Beethoven hielt den Text für eins der besten Opernbücher. Nun wurde es durch die Allgemeine Musikalische Zeitung in Wien bekannt, dass Gaveaux und Paër einen neuen Text desselben Dichters komponiert hatten. Die „Leipziger" schrieb: „Die feurige Ouvertüre, einige Charakterarien und mehrere vortreffliche Ensembles mit Geist, Erfahrung und ungeheurer Gewandtheit ausgeführt, fanden ausgezeichneten Beifall; doch hatte man sich von dem Ganzen noch mehr Wirkung versprochen." So war es begreiflich, dass der Sekretär des Theaters, für das Beethoven eine Oper zu schreiben beauftragt war, mit ihm über die Wahl gerade dieses Buches übereinkam; handelte es sich doch um eines jener damals überaus beliebten „rührenden Familienstücke" mit lautem Kettengerassel und der bösen Obrigkeit. Der Titel hiess: Léonore ou l'amour conjugal.

Die Männer, welche am Theater schalteten, waren zu Ausgang des Jahres 1804: Baron Braun, sein Direktor Schikaneder, der wieder angestellt worden war, der musikalische Joseph von Sonnleithner als Sekretär und der in diesen Kreisen angesehene und viel verwandte (obwohl nicht zu diesem Theater gehörige) Dramaturg Georg Friedrich Treitschke. Dieser erzählt, dass man auf Beethovens Vermögen, eine bedeutende Oper schreiben zu können, seit jenen Aufführungen des Oratoriums „Christus am Oelberg" baute. Wohl schon 1803 machte sich Beethoven an die Komposition der Leonore.

Er hatte eine Wohnung im Theater und zugleich im Pasqualatischen Hause. Dort pflegte er seine Sprechstunden abzuhalten, hier schloss er sich zu ungestörter Arbeit ein und war für niemanden zu sprechen. Als er im Sommer 1805 nach Hetzendorf aufs Land zog, war die Oper im Entwurf bereits fertig.

Das Skizzenbuch der Leonore ist auf uns gekommen. Wir können hierin wieder erkennen, mit welchem Fleiss, welcher unermüdlichen Ausdauer Beethoven seine musikalischen Entwürfe und Ideen gemodelt hat, bis endlich das vollendete Kunstwerk fertig wurde, welches wir heute nach Priegers Rekonstruktion einigermassen kennen. Die erste Fassung ging verloren, und Beethoven hat die Oper noch zweimal umgearbeitet. Vor allem ist bezeichnend, dass er, „nachdem er alles geprüft, schliesslich mit souveräner Gewissheit das beste behält". Auch bei dieser Arbeit kamen mitunter Gedanken dazwischen, die in andere Werke übergingen; da finden sich auf Seite 183/203 des Skizzenbuches Notizen zu Instrumentalkompositionen, so zu dem Streichquartett in F-dur op. 59, 1. Es würde nicht nur viel zu weit führen, wenn man das Skizzenbuch hier beschreiben wollte, sondern eine Beschreibung könnte auch keinen Begriff von der Arbeit geben, über die man nur zusammenfassend sagen muss, dass sie über die Maassen eingehend, anstrengend und bedeutend war. Sie führte zur ersten Ausgabe des Werkes; wie wir jetzt von einem Urfaust reden, mögen wir uns auch gewöhnen an die Bezeichnung dieser ersten Fassung des Beethovenschen Werkes als: Urleonore.

Zum wichtigsten gehört natürlich die Ouvertüre. Es gab fünf Ouvertüren zu der Oper. Wir besitzen vier. Die erste, welche Otto Jahn nach einer vollständigen Abschrift bei Artaria herausgegeben hat, war bei der ersten Vorführung im Palaste des Fürsten Lobkowitz sofort als zu lang und nicht einfach genug — da die Bläser stets versagten — zurückgelegt worden. Hasslinger hat sie gleich zur Veröffentlichung erworben, sie aber nie herausgegeben. Beethoven forderte sie im Jahre 1823 zurück, aber Hasslinger antwortete: „Wir haben jene Manuskripte gekauft und bezahlt, folglich sind sie unser Eigentum und können wir damit tun, was wir wollen." Der Meister liess bei der ersten öffentlichen Aufführung der Oper im Theater eine gekürzte Ouvertüre spielen, deren Gestalt wir nicht kennen, nur nach dem in Beethovens Nachlass befindlichen Manuskript jener ersten, bei Lobkowitz abgelehnten, erraten können; dies zeigt die Ouvertüre stark gekürzt. Die dritte grosse Leonorenouvertüre hat der Meister für die erste Neubearbeitung des Fidelio im

Jahre 1806 geschrieben. Sie wurde nicht rechtzeitig fertig und konnte erst bei der zweiten Aufführung gespielt werden.

Im Jahr 1807 sollte die Oper in dem unter neuer Direktion stehenden Theater in Prag gegeben werden. Ein Zeitgenosse berichtet (August 1807): „Beethovens in Wien neuste Arbeit." „Beethovens Oper Fidelio, welche trotz aller Widerrede ausserordentliche Schönheiten enthält, soll nächstens in Prag aufgeführt werden mit einer neuen Ouvertüre." Die von Nottebohm in den Skizzen aus dieser Zeit (April 1807 bis Dezember 1808) nachgewiesene Arbeit ist die Ouvertüre, welche Hasslinger aus dem Nachlasse unter ersteigerten Tänzen gefunden und 1835 als Opus 138 veröffentlicht hat. Die fünfte Ouvertüre, die in E-dur, schrieb Beethoven zur zweiten Bearbeitung des Fidelio im Jahre 1814.

Fragt man, welche Ouvertüre wir aufführen sollen, so bietet sich als letzte die in E-dur an als diejenige, welche zur zweiten, nach Beethovens eigener Meinung besten Bearbeitung des Fidelio geschrieben wurde. Berücksichtigt man aber, dass Beethovens bedeutendste Ouvertüre die dritte, sogenannte grosse in C-dur ist, und dass er sie wohl nur, um allen Ansprüchen zu genügen und Neues zu bringen, bei der zweiten Bearbeitung der Oper durch die E-dur-Ouvertüre ersetzt hat, so mag man in dieser grossen mit Recht die Ouvertüre nach Beethovens Sinne erblicken. Zwei Ouvertüren bei Aufführung der Oper zu spielen, bedeutet immer einen ästhetisch zu beanstandenden Ueberfluss.

Die Oper selbst war in ihrer Urgestalt ein Werk von drei Akten. Sie wurde am 20. November 1805 zum erstenmal aufgeführt. Die Zeiten hatten einen kriegerischen Klang. Napoleon war in Wien, mit ihm, nebenbei gesagt, auch wieder General Bernadotte. Hier der Theaterzettel:

„K. auch K. K. pr. Schauspiel an der Wien.

Neue Oper.

Heute Mittwoch den 2(0). November 1805

wird in dem k. auch k. k. priv. Schauspielhaus an der Wien

gegeben

zum erstenmal

DAS PASQUALATISCHE HAUS IN WIEN, WORIN BEETHOVEN 1804–1815 MEHRFACH WOHNTE

Nach einer Originalradierung von R. Gruner, 1910.

DAS K. K. SCHAUSPIELHAUS AN DER WIEN IM JAHRE 1805.

WILHELMINE SCHRÖDER DEVRIENT ALS FIDELIO

1804—1860.

Fidelio
oder
die eheliche Liebe.

Eine Oper in 3 Akten. Frei nach dem Französischen bearbeitet von Joseph Sonnleithner.

Die Musik ist von Ludwig van Beethoven.

Personen:

Don Fernando, Minister	Hr. Weinkopf
Don Pizzaro, Gouverneur eines Staatsgefängnisses	Hr. Meyer
Florestan, ein Gefangener	Hr. Demmer
Leonore, seine Gemahlin unter dem Namen Fidelio	Dlle. Milder
Rocco, Kerkermeister	Hr. Rothe
Marcelline, seine Tochter	Dlle. Müller
Jacquino, Pförtner	Hr. Caché
Wachthauptmann	Hr. Meister

Wache, Volk.

Die Handlung geht in einem spanischen Staatsgefängnisse, einige Meilen von Sevilla vor.

Die Bücher sind an der Kasse für 15 kr. zu haben.

(Es folgen nun die Preise der Plätze.)

Der Anfang ist um halb 7 Uhr."

Wir erkennen, dass die Oper „Fidelio oder die eheliche Liebe" und nicht „Leonore" betitelt wurde. Gegen Beethovens Willen. Die Bearbeitung des Textes stammte von Sonnleithner, der das italienisch zurechtgestutzte Buch von Paër wohl kannte.

Die Solisten waren also Demoiselle Milder, die Schülerin Neukomps, die offenbar schon damals bedeutende Stimmittel besass. Hatte ihr doch Haydn schmeichelnd gesagt: „Liebes Kind! Sie haben eine Stimme wie ein Haus." Beethoven hatte die Fideliopartie für sie komponiert. Dann wirkte Sebastian Meyer mit, Mozarts Schwager; ein guter Schauspieler, aber nur ziemlicher Sänger. Beethoven setzte ihn in der Arie des Pizzaro in Verlegenheit durch die mit der Solostimme in Sekunden gehende

Begleitung; von dieser Stelle meinte Meyer dann naiv: „Solchen verfluchten Unsinn hätte mein Schwager nicht geschrieben." Weiter war da der Tenor Demmer, den wir als Bassisten von Bonn her kennen. Er sang den Florestan mässig, da er dem komischen Fache angehörte. Recht gut bewährte sich die Müller als Marcelline und Weinkopf in der kleinen Rolle des Don Fernando.

Die Sänger und Komponisten hatten natürlich ihre Meinung von dem Beethovenschen Werk. Meyer war nicht der einzige, der sich an der Unsanglichkeit verschiedener Stellen stiess. Man fand, dass die Begleitung den Sänger störe, wie es ja auch Meyer fühlte, und sagte kurz: die Gesangstimmen seien zu instrumental erdacht. Auch Cherubini war der Ansicht, dass Beethoven sich zu wenig auf die Gesangskunst verstehe und liess ihm die Gesangsschule des Pariser Konservatoriums kommen.

Die ersten Wiederholungen des Werkes fanden am 21. und 22. November statt. Stephan von Breuning liess bei der zweiten Aufführung folgendes Gedicht verteilen:

„Sei uns gegrüsst auf einer grössern Bahn,
Worauf der Kenner Stimme laut Dich rief,
Da Schüchternheit zu lang zurück Dich hielt!
Du gehst sie kaum, und schon blüht Dir der Kranz,
Und ältre Kämpfer öffnen froh den Kreis.
Wie mächtig wirkt nicht Deiner Töne Kraft;
Die Fülle strömt, gleich einem reichen Fluss;
Im schönen Bund schlingt Kunst und Anmut sich,
Und eigne Rührung lehrt Dich Herzen rühren.

Es hob, es regte wechselnd unsre Brust
Lenorens Mut, ihr Lieben, ihre Tränen;
Laut schallt nun Jubel ihrer seltnen Treu,
Und süsser Wonne weichet bange Angst.
Fahr mutig fort; dem späten Enkel scheint,
Ergriffen wunderbar von Deinen Tönen,
Selbst Thebens Bau dann keine Fabel mehr."

Uns sind natürlich die damaligen Berichte von grösster Wichtigkeit. Kotzebues „Freimütiger" schrieb:

„Das Einrücken der Franzosen in Wien war für die Wiener eine Erscheinung, an die man sich anfangs garnicht gewöhnen konnte, und es herrschte einige Wochen lang eine ganz ungewöhnliche Stille. Der Hof, die Hofstellen, die meisten grossen Güterbesitzer hatten sich wegbegeben; statt dass sonst das unaufhörliche Gerassel der Kutschen betäubend sich durch die Strassen wälzt, hört man jetzt selten einen Wagen schleichen. Die Gassen waren grösstenteils von französischen Soldaten bevölkert, welche im ganzen gute Mannszucht hielten. In der Stadt selbst wurden beinahe durchaus Offiziers einquartiert; die Gemeinen hatte man in die Vorstädte gelegt.

Natürlich war es, dass man wenig an Zeitvertreib dachte, wo die Sorge für die Erhaltung so mächtig wirkte und die Furcht vor möglichen Kollisionen und unangenehmen Auftritten so manchen und manche zuhause erhielt. Auch waren die Theater anfangs ganz leer; nach und nach erst fingen die Franzosen an, das Schauspiel zu besuchen, und sie sind es noch jetzt, welche die grösste Anzahl der Zuseher ausmachen.

Man hat in den letzteren Zeiten wenig Neues von Bedeutung gegeben. Eine neue Beethoven'sche Oper: ‚Fidelio oder die eheliche Liebe' gefiel nicht. Sie wurde nur einige Male aufgeführt und blieb gleich nach der ersten Vorstellung ganz leer. Auch ist die Musik wirklich weit unter den Erwartungen, wozu sich Kenner und Liebhaber berechtigt glaubten. Die Melodien sowohl als die Charakteristik vermissen, so gesucht auch manches darin ist, doch jenen glücklichen, treffenden, unwiderstehlichen Ausdruck der Leidenschaft, der uns in Mozart'schen und Cherubini'schen Werken so unwiderstehlich ergreift. Die Musik hat einige hübsche Stellen, aber sie ist sehr weit entfernt ein vollkommenes, ja auch ein gelungenes Werk zu sein. Der Text, von Sonnleithner übersetzt, besteht aus einer Befreiungsgeschichte, dergleichen seit Cherubinis ‚Deux journées' (‚Wasserträger') in die Mode gekommen sind."

Auch die Leipziger Allgemeine Musikalische Zeitung liess sich vernehmen:

„Das Merkwürdigste unter den musikalischen Produkten des vorigen Monats war wohl die schon lange erwartete Beethoven'sche Oper: Fidelio oder die eheliche Lieb. Sie wurde am 20. November zum ersten Male gegeben, aber sehr kalt aufgenommen. Ich will etwas ausführlicher darüber sprechen. Wer dem bisherigen Gange des Beethoven'schen sonst unbezweifelten Talentes mit Aufmerksamkeit und ruhiger Prüfung folgte, musste etwas ganz anderes von diesem Werke hoffen als gegeben wurde. Beethoven hatte bis so jetzt manchesmal dem Neuen und Sonderbaren auf Unkosten des Schönen geopfert; man musste also vor allem Eigentümlichkeit, Neuheit und einen gewissen originellen Schöpfungsglanz von diesem seinem ersten theatralischen Singprodukte erwarten — und gerade diese Eigenschaften sind es, die man am wenigsten darin antraf. Das Ganze, wenn es ruhig und vorurteilsfrei betrachtet wird, ist weder durch Erfindung noch durch Ausführung hervorstechend. Die Ouverture besteht aus einem sehr langen, in alle Tonarten ausschweifenden Adagio, worauf ein Allegro aus C-dur eintritt, das ebenfalls nicht vorzüglich ist und mit anderen Beethoven'schen Instrumentalkompositionen — auch nur z. B. mit seiner Ouverture zum Ballett ‚Prometheus' keine Vergleichung aushält. Den Singstücken liegt gewöhnlich keine neue Idee zugrunde, sie sind grösstenteils zu lang gehalten, der Text ist unaufhörlich wiederholt und endlich auch zuweilen die Charakteristik auffallend verfehlt — wovon man gleich das Duett zum dritten Akt aus G-dur nach der Erkennungsszene z. B. anführen kann. Denn das immer laufende Accompagnement in den höchsten Violinaccorden drückt eher lauten, wilden Jubel aus als das stille, wehmütig-tiefe Gefühl, sich in dieser Lage wiedergefunden zu haben. Viel besser ist im ersten Akte ein vierstimmiger Kanon geraten und eine effektvolle Diskantarie aus E-dur, wo drei obligate Hörner mit einem Fagotte ein hübsches, wenn auch zuweilen etwas überladenes Accompagnement bilden. Die Chöre sind von keinem Effekte und einer derselben, der die Freude der Gefangenen über den Genuss der freien Luft bezeichnet, ist offenbar missraten. Auch die Aufführung war nicht vorzüglich. Demoiselle Milder hat trotz ihrer schönen Stimme doch für die Rolle des Fidelio viel zu wenig Affekt und Leben, und Demmer intoniert fast immer zu tief. Alles das zusammengenommen, auch wohl zum Teil die jetzigen Verhältnisse, machten, dass die Oper nur dreimal gegeben werden konnte."

Bemerkenswert sind auch noch einige Worte eines Augenzeugen:

„Dies ist die erste Oper, welche er (Beethoven) überhaupt komponiert hat, und sie wurde stark applaudiert. Exemplare eines Lobgedichtes wurden zu Ende des Stückes von der oberen Galerie herabgestreut. Beethoven sass am Klavier und dirigierte die Aufführung selbst. Er ist ein kleiner, dunkler, noch jungaussehender Mann, trägt eine Brille und sieht Herrn König ähnlich. Nur wenig Zuhörer waren anwesend; der gegenwärtige Zustand der öffentlichen Angelegenheiten trug die Schuld daran, sonst wäre jedenfalls das Haus in allen Teilen gefüllt gewesen."

Nicht lange nach den ersten Aufführungen bestürmten die Freunde den Meister, an dem Werke Aenderungen vorzunehmen. Ueber diese Kapitulationsunterhandlungen mit Beethoven berichtet ein Zeitgenosse, Joseph August Röckel, der späterhin den Florestan singen sollte.

„Es war im Dezember 1805. — Das Opernhaus an der Wien und beide Hoftheater Wiens standen zu jener Zeit unter der Intendanz des Baron Braun, des Hofbankiers, als Herr Meyer, der Schwager Mozarts und Regisseur des Theaters an der Wien, zu mir kam und mich zu einer Abendgesellschaft im Palaste des Fürsten Karl Lichnowski, des grossen Beschützers von Beethoven, einlud. Fidelio war schon einen Monat vorher an der Wien aufgeführt worden, unglücklicherweise gerade nach dem Einmarsche der Franzosen, als die eigentliche Stadt gegen die Vorstädte abgeschlossen war.

Das ganze Theater war von den Franzosen besetzt, und nur wenige Freunde Beethovens wagten, die Oper zu hören. Diese Freunde waren damals in jener Gesellschaft, um Beethoven zu bewegen, zu den Veränderungen seine Zustimmung zu geben, welche in der Oper vorgenommen werden mussten, um die Schwerfälligkeit des ersten Aktes zu beseitigen. Die Notwendigkeit dieser Verbesserungen war zwischen ihnen bereits anerkannt und festgestellt; Meyer hatte mich auf den bevorstehenden Sturm vorbereitet, wenn Beethoven hören würde, dass drei ganze Nummern im ersten Akte ausfallen mussten.

In der Gesellschaft waren zugegen Fürst Lichnowski und die Fürstin, seine Frau, Beethoven und sein Bruder Kaspar, von Breuning, von Collin, der Dichter, der Schauspieler Lange (ein anderer Schwager Mozarts), Treitschke, Clément, der Dirigent des Orchesters, Meyer und ich; ob Kapellmeister von Seyfried anwesend war, dessen bin ich nicht mehr ganz gewiss, doch möchte ich es glauben.

Ich war erst kurze Zeit vorher nach Wien gekommen und traf Beethoven dort zum ersten Mal.

Da die ganze Oper durchgenommen werden sollte, so gingen wir gleich ans Werk. Fürstin Lichnowski spielte auf dem Flügel die grosse Partitur der Oper, und Clément, der in einer Ecke des Zimmers sass, begleitete mit seiner Violine die ganze Oper auswendig, indem er alle Solos der verschiedenen Instrumente spielte. Da das ungewöhnliche Gedächtnis Cléments allgemein bekannt war, so war niemand ausser mir darüber erstaunt. Meyer und ich machten uns dadurch nützlich, dass wir so gut wir konnten, dazu sangen, er die tieferen, ich die höheren Partien der Oper. Obgleich die Freunde Beethovens auf den bevorstehenden Kampf vollständig vorbereitet waren, hatten sie ihn doch nie früher in dieser Aufregung gesehen, und ohne das Bitten und Flehen der sehr zartfühlenden, schwächlichen Fürstin, welche für Beethoven eine zweite Mutter war und von ihm selbst als solche anerkannt wurde, würden seine verbundenen Freunde wahrscheinlich in diesem auch für sie sehr zweifelhaften Unternehmen schwerlich Erfolg gehabt haben. Als aber nach ihren vereinten Bestrebungen, die von 7 bis nach 1 Uhr gedauert hatten, die Aufopferung von drei Nummern angenommen war, und als wir, erschöpft, hungrig und durstig, uns anschickten, durch ein glänzendes Souper uns zu restaurieren, da war niemand glücklicher und fröhlicher als Beethoven. Hatte ich ihn vorher in seinem Zorne gesehen, so sah ich ihn nunmehr in seiner Laune. Als er mich ihm gegenüber angestrengt mit einem französischen Gerichte beschäftigt sah, und ich auf seine Frage: was ich da ässe, antwortete: Ich weiss es nicht! da rief er mit seiner Löwenstimme aus: Er isst wie ein Wolf, ohne zu wissen was! Ha! ha! ha! —

Die verurteilten Nummern waren: 1) eine grosse Arie des Pizzaro, mit Chor;

2) ein komisches Duett zwischen Leonore (Fidelio) und Marcelline mit Violin- und Violoncell-Solo;

3) ein komisches Terzett zwischen Marcelline, Jacquino und Rocco. Viele Jahre später fand Herr Schindler die Partituren dieser drei Stücke unter dem Abfall von Beethovens Musik und erhielt sie von ihm zum Geschenke."

Die Oper verursachte Beethoven so Lust wie Leid. Es war für ihn kein kleines, an eine durchgreifende Umarbeitung zu gehen. Man sieht aber, wie er in den Urteilen über seine Werke nicht nur Angriffe auf seine Künstlerehre, sondern oft berechtigte Ausstellungen fand, denen er wohl Gehör schenken durfte. Breuning war es, der den Text von neuem bearbeitete. Er war bei jener Besprechung bei Lichnowski zugegen gewesen.

Die Oper erschien, nach wenigen Klavierproben und einer einzigen mit dem Orchester, am 29. März, einem Sonnabend, wieder auf dem Theater. Die Vorbereitung war, wie Briefe an den Sänger Meyer erweisen, durchaus ungenügend.

„Lieber Mayer!

Baron Braun lässt mir sagen, dass meine Oper Donnerstag soll gegeben werden; die Ursache warum werde ich Dir mündlich sagen. — Ich bitte Dich nur recht sehr, Sorge zu tragen, dass die Chöre noch besser probiert werden; denn es ist das letzte Mal tüchtig gefehlt worden; auch müssen wir Donnerstag noch eine Probe mit dem ganzen Orchester auf dem Theater haben; es war zwar vom Orchester nicht gefehlt worden, aber — auf dem Theater mehrmals; doch das war nicht zu fordern, da die Zeit zu kurz war. Ich musste es aber darauf ankommen lassen, denn Baron Braun hatte mir gedroht, wenn die Oper Sonnabends nicht gegeben würde, sie gar nicht mehr zu geben. Ich erwarte von Deiner Anhänglichkeit und Freundschaft, die Du mir sonst bewiesen, dass Du auch jetzt für diese Oper sorgen wirst; nachdem braucht die Oper dann auch keine solchen Proben mehr, und ihr könnt sie aufführen, wann ihr wollt. Hier zwei Bücher, ich bitte Dich, eines davon — zu geben. Leb' wohl, lieber Mayer, und lass Dir meine Sache angelegen sein. Dein Freund

Beethoven."

„Lieber Mayer! Ich bitte Dich, Herrn von Seyfried zu ersuchen, dass er heute meine Oper dirigiert, ich will sie heute selbst in der Ferne ansehen und hören, wenigstens wird dadurch meine Geduld nicht so auf die Probe gesetzt, als so nahebei meine Musik verhunzen zu hören! — Ich kann nicht anders glauben, als dass es mir zu Fleiss geschieht. Von den blasenden Instrumenten will ich nichts sagen, aber — dass alle Pianissimi, Crescendi, alle Decresc. und alle forte, ff aus meiner Oper ausgestrichen; sie werden doch alle nicht gemacht. Es vergeht alle Lust, weiter etwas zu schreiben, wenn man's so hören soll! Morgen oder übermorgen hole ich Dich ab zum Essen. Ich bin heute wieder übel auf.

Dein Freund

Beethoven.

P. S. Wenn die Oper übermorgen sollte gemacht werden, so muss morgen wieder Probe im Zimmer davon sein, sonst geht es alle Tage schlechter!"

Auch diesmal hiess die Oper „Fidelio", trotzdem das Textbuch den Titel „Leonore" trug. Das Werk war in zwei Akte zusammengezogen. Röckel sang diesmal den Florestan. Die Milder setzte für sich eine Aenderung ihrer E-dur-Arie durch; sie erklärte, sie singe sie nicht in der vorliegenden Fassung. Breuning feierte das Ereignis neuerdings mit dichterischen Worten.

„Noch einmal sei gegrüsst auf dieser Bahn,
Die Du betratst in bangen Schreckenstagen,
Wo trübe Wirklichkeit von süssem Wahn
Die Zauberbinde riss und furchtbar Zagen
Nun all' ergriff, wie wann den schwachen Kahn
Des wilden Sturms gewalt'ge Wellen schlagen;
Die Kunst floh scheu vor rohen Kriegesszenen;
Der Rührung nicht, aus Jammer flossen Tränen.

Dein Gang voll eigner Kraft muss hoch uns freu'n
Dein Blick, der sich aufs höchste Ziel nur wendet,
Wo Kunst sich und Empfindung innig reih'n.
Ja, schaue hin! Der Musen schönste spendet
Dort kränze Dir, indes vom Lorbeerhain
Apollo selbst den Strahl der Weihung sendet.
Die ruh' noch spät auf Dir! In Deinen Tönen
Zeig' immer sich die Macht des wahren Schönen!"

Die Allgemeine Musikalische Zeitung sagte diesmal: „Beethoven hatte seine Oper: Fidelio, mit vielen Veränderungen und Abkürzungen wieder auf die Bühne gebracht. Ein ganzer Akt ist dabei eingegangen, aber das Stück hat gewonnen und nur noch besser gefallen." Und ein Wiener Berichterstatter äusserte sich in der Zeitung für die elegante Welt:

„Beethovens Oper Fidelio erschien neu umgearbeitet im Theater an der Wien. Die Umarbeitung besteht in der Zusammenziehung dreier in zwei Akte. Es ist unbegreiflich, wie sich der Compositeur entschliessen konnte, dieses gehaltlose Machwerk Sonnleithner's mit der schönen Musik beleben zu wollen, und daher konnte . . . der Effekt des Ganzen unmöglich von der Art sein, als sich der Tonkünstler wohl versprochen haben mochte, da die Sinnlosigkeit der rezitierenden Stellen den schönen Eindruck der abgesungenen ganz oder doch grösstenteils verwischte. Es fehlt Herrn Beethoven gewiss nicht an hoher ästhetischer Einsicht in seine Kunst, da er die in den zu behandelnden Worten liegende Empfindung vortrefflich auszudrücken versteht, aber die Fähigkeit zur Uebersicht und Beurteilung des Textes in Hinsicht auf den Totaleffekt scheint ihm ganz zu fehlen.

Die Musik ist jedoch meisterhaft, und Beethoven zeigte, was er auf dieser neu betretenen Bahn in der Zukunft wird leisten können. Vorzüglich gefallen das erste Duett und die zwei Quartetten. Die Ouverture hingegen missfällt wegen der unaufhörlichen Dissonanzen und des überladenen Geschwirrs der Geigen fast durchgehends und ist mehr eine Künstelei als wahre Kunst. Mlle. Milder als verkleideter Fidelio singt die für ihre liebliche, obwohl wenig gebildete Stimme genau berechnete Partie recht brav; nur kann sie zuletzt aus den Umarmungen ihres geretteten Gemahls sich gar nicht loswinden . . ."

Der „Freimütige" liess sich also vernehmen:

„. . . wenn einige unserer neuesten Musiktalente, besonders Beethoven, ihren Weg fortgehen, so werden sie wohl nie auf der Bühne glänzen. Vor kurzem wurde die Ouverture zu seiner Oper Fidelio, die man nur einige Male aufgeführt hatte, im Augarten gegeben, und alle parteilosen Musikkenner und -Freunde waren darüber vollkommen einig, dass so etwas Unzusammenhängendes, Grelles, Verworrenes, das Ohr Empörendes schlechterdings noch nie in der Musik geschrieben worden sei. Die schneidendsten Modulationen folgen aufeinander in wirklich grässlicher Harmonie, und einige kleinliche Ideen, welche auch jeden Schein von Ehrbarkeit daraus entfernen, worunter z. B. ein Posthornsolo gehört, das vermutlich die Ankunft des Gouverneurs ankündigen soll!!! vollenden den unangenehmen, betäubenden Eindruck. Es sind nicht Herrn van Beethovens nahe Freunde, die solche Dinge bewundern, vergöttern, ihre Ansicht gleichsam im Sturm aufdringen, mit neidischem Hasse jedes andere Talent verfolgen und auf den Trümmern aller anderen Komponisten nur Beethoven einen Altar errichten möchten. Alles, was gerade in den Beethovenschen Kunstschöpfungen offenbar nicht schön genannt werden kann, weil es dem gebildeten Schönheitssinne durchaus widersteht, wollen sie unter die weitere Sphäre des Grossen und Erhabenen bringen, als wenn nicht eben das wahre Grosse und Erhabene einfach und anspruchslos wäre . . ."

In diesem Stile geht es fort. Cherubini äusserte allerdings auch über die Ouverture: „dass er wegen Bunterlei der Modulationen darin die Haupttonart nicht zu erkennen vermochte".

Am 10. April 1806 wurde der Fidelio „wegen plötzlich eingetretener Hindernisse" für lange Zeit zum letztenmal gegeben. Beethoven glaubte sich in der Einnahme betrogen und wurde deshalb beim Baron Braun vorstellig. Dieser wies auf den Besuch hin, der sich bis jetzt auf die vornehmen Plätze beschränkte und gab der Erwartung Ausdruck, dass die Galerie demnächst das ihrige zu den Einnahmen beitragen werde. Beethoven erklärte entrüstet: er schreibe nicht für die Galerien. Denn er mochte den Hieb des Direktors verstanden haben, dass das Werk nicht

LUIGI CHERUBINI
1760–1842.

PAULINE ANNA MILDER-HAUPTMANN
1785–1838.

so recht für die Galerie sei. Darauf der Baron: „Selbst Mozart hätte es nicht verschmäht, für die Galerien zu schreiben.“ Diese Bemerkung schlug dem Fass den Boden aus; Beethoven zog seine Oper zurück. Das waren die plötzlich eingetretenen Hindernisse. Dazu kam dann, dass der Baron bald darauf die Leitung des Theaters niederlegte.

Die Hoffnung, die Oper, welche durch Empfehlung Lichnowskis an die Königin von Preussen gegangen war, in Berlin zur Aufführung zu bringen, erfüllte sich vorerst nicht.

In Wien kam die Oper erst im Jahre 1814 wieder aufs Theater. Sie wurde vorher nochmals stark umgearbeitet.

Das Werk hatte Beethoven lebhaft beschäftigt, aber ihm dann so viel Verdruss bereitet, dass seine Rückkehr zur Instrumentalmusik einem erneuten Ausbruch des Fleisses, einer Erlösung gleicht. All seine anderen Ideen waren, wie die Skizzenbücher erweisen, nicht gänzlich, aber doch sehr heftig zurückgestaut worden; jetzt platzten sie mit verdoppelter Stärke hervor. Da war die f-moll-Sonate schon geschaffen worden, die wir bereits kennen; es gesellte sich das Tripelkonzert op. 56 dazu, das Klavierkonzert in G-dur op. 58, sowie die drei grossen Quartette op. 59 und die Symphonie in B-dur op. 60 trat ans Tageslicht.

Das Tripelkonzert in C-dur ist dem Fürsten Lobkowitz gewidmet. Es war schon 1804 skizziert, erschien aber erst im Sommer 1807; am ersten Juni wurde es in der Wiener Zeitung als erschienen angezeigt. Die erste öffentliche Aufführung fand erst in den Augartenkonzerten im Sommer 1808 statt. Dies Konzertino oder, wie der Titel sagt: Grand concert concertant, war für den Erzherzog Rudolph (Klavier) und die Künstler Seidler (Violine) und Kraft (Violoncell) geschrieben.

Der Erzherzog Rudolph Johann Joseph Rainer wurde schon 1803 Beethovens Schüler. Er war damals 14 Jahre alt, hatte den Unterricht des Hofpianisten Teyber genossen und durfte sich frühzeitig bei den Soireen im Fürstlich Lobkowitzschen Palaste beteiligen, wo er mit Beethoven zusammentraf. Da begehrte er diesen Meister zum Lehrer. Ries hat uns über den ersten Unterricht und das oft wenig hoffähige Gebaren Beethovens einige Bemerkungen hinterlassen: „Etikette und was dazu gehörte, hatte Beethoven nie gekannt, und wollte sie auch nie kennen.

So brachte er durch sein Betragen die Umgebung des Erzherzogs Rudolph, als Beethoven anfänglich zu diesem kam, gar oft in grosse Verlegenheit. Man wollte ihn nun mit Gewalt belehren, welche Rücksichten er zu beobachten habe. Dieses war ihm jedoch unerträglich. Er versprach zwar sich zu bessern, aber — dabei bliebs. Endlich drängte er sich eines Tages, als man ihn, wie er es nannte, wieder hofmeisterte, höchst ärgerlich zum Erzherzoge, erklärte gerade heraus, er habe gewiss alle mögliche Ehrfurcht für seine Person, allein die strenge Beobachtung aller Vorschriften, die man ihm täglich gäbe, sei nicht seine Sache. Der Erzherzog lachte gutmütig über den Vorfall und befahl, man solle Beethoven nur seinen Weg ungestört gehen lassen; er sei nun einmal so." In der Folge entwickelte sich eine dauernde Freundschaft zwischen Beethoven und seinem hohen Schüler, welche bis ans Lebensende des Meisters beständig blieb.

Für diesen Schüler ist also das Tripelkonzert geschrieben, ein heiteres, gefühlvolles Werk, das weniger durch seine Themen als durch deren geniale Umschreibungen von unverwelklichem Reize ist. Die Partien der Streicher erfordern eine grössere Kunst als der weniger anspruchsvolle Klavierpart, der aber so geschickt zu klanglicher Wirkung gebracht ist, dass man eine stärkere Ungleichheit zwischen jenen zwei Partien und dieser bei oberflächlichem Hören gar nicht gewahrt. Das Allegro entwickelt sich aus anmutigen, man möchte sagen festlichen Marschmotiven. Darauf folgt ein knappes, mit hübschem Rankenwerk spielendes, empfundenes Largo. Schliesslich stürzt sich der Komponist in ein munteres Rondo alla polacca. Die Form eines solchen Ensembles ist selten, sie greift auf die Art der Concerti grossi, wie sie Bach und Händel schrieben, zurück, bringt aber eine rein solistische Behandlung der Instrumente hinein. Aussergewöhnlich ist ferner die Benutzung des Klaviers als mitkonzertierenden Instruments.

Auch das der Opuszahl nach nächste Werk, das Klavierkonzert in G-dur, wurde dem Erzherzog Rudolph gewidmet. Es war jedenfalls im April 1807 durckfertig und erschien im Jahre 1808. Ueber Aufführungen berichten die Zeitungen: „In einer sehr gewählten Gesellschaft, welche zum Besten des Verfassers sehr ansehnliche Beiträge subskribiert hat," wurde das Werk zuerst, und zwar beim Fürsten Lobkowitz, gespielt; das war Anfang April 1807. Zum zweiten und letzten Male spielte Beethoven das Stück in einer eigenen Akademie am 22. Dezember 1808. Von da an wurde es zu seinen Lebzeiten nicht wieder gehört. Ries, der, 1809 nach Wien zurückgekehrt, es innerhalb fünf Tagen einstudieren sollte, musste diese ehrenvolle Zumutung zurückweisen.

Das G-dur-Konzert erreicht, wenigstens nach seiten der lyrischen Ausgestaltung — denn es ist kein dramatisches Stück —, den Höhepunkt der Gattung. Wie die Kreutzer-Sonate *die* Sonate ist, die unübertreffliche und unübertroffene, so das G-dur-Konzert unter den Klavierkonzerten jenes zarteren Schlages, darin die Brillanz hinter der Feinheit der echten Klavierfarben zurücktritt. Es spielt in allen Schattierungen und Linien, welche nur dem feinfühligsten Komponisten zu Gebote standen, und deren Verständnis sich nur dem wahren Musiker erschliesst. Ein überirdischer Reiz liegt in diesen Tongirlanden, die sich so sinnig um das Gerippe der Themen und zwischen diesen hinziehen. Wie alles gleitet und fliesst, wie die Klaviertöne geschmeidig sich binden und wie doch wieder jeder seinen eigentümlichen Wert beansprucht — und wie die Höhen so gar nicht schrill wirken, sondern in blaue Fernen zu steigen scheinen! Darin kündet sich der späte Beethoven an; aber er ist vorerst noch nicht weltabgeschieden. Etwas Schlichteres, Knapperes und doch Tieferes als das Andante con moto wird man in der Literatur schwerlich aufweisen können. Darin zeugen wahrhaft sprechende Melodie

und ausdrucksvollste Motive, der Volksmusik abgelauscht, von höchster, edelster Kunst. Ein Uebergang, halb Gesang, halb stockendes Rezitativ, bereitet uns auf das frohe Vivace, auf ein

Rondo vor, voller Schalk und Laune. Man möchte das Werk ein Märchen nennen, wenn das nicht zu kleinlich klänge gegenüber diesen wundersamen Geständnissen einer in Musik sich aussingenden Seele.

Mit einem Werke dieses Zeitabschnittes tritt auch der Name des Grafen Rasoumowski in die durch Geschriebenes und Gedrucktes bewiesene Geschichte Beethovens ein. Denn die Quartette op. 59 sind dem Grafen gewidmet; man nennt sie darum auch die Rasoumowski-Quartette. Der Graf war, wie wir hörten, seit 1793 Gesandter in Wien; unter Paul I. Regierung abberufen, kam er unter Alexander I. im Jahre 1801 wieder auf seinen Wiener Posten zurück. Er war mit Beethoven frühzeitig bekannt, wie schon seine Subskription bei der Pränumeration für die drei Trios op. 1 beweist. Jedenfalls war er ein trefflicher Musikkenner und hatte die Quartette Haydns unter dessen persönlicher Leitung studiert, wobei er selbst meist die zweite Geige spielte. Kein Wunder, wenn er auch an den Quartetten des neuen Meisters lebhaften Anteil nahm.

Die drei Streichquartette op. 59 erschienen im Januar 1808. Auf dem Autograph des ersten steht: „Angefangen am 26. Mai 1806.“ Bekannt waren sie in Wien schon im Februar 1807. Von den ersten Quartetten op. 18 bis zu diesen neuen grossen Quartetten gibt es kein Uebergangslied, worüber man sich wundern möchte, wenn es sich nicht eben um Beethoven handelte, ein Genie, das seine Versuche auch auf anderen Instrumenten, z. B. auf dem Klavier, anstellen konnte, um so revolutionierende Streichquartette zu schreiben. In ihnen ist nun auch für diesen Musikzweig jener inhaltschwere Konzertstil gefunden, der die zweite Periode der Beethovenschen Musik kennzeichnet. Wie die Welt darüber dachte, zeigen die Sätze der Allgemeinen Musikalischen Zeitung vom 27. Februar 1807: „Auch ziehen drei neue, sehr lange und schwierige Beethovensche Violinquartette, dem russischen Botschafter Graf Rasoumowski zugeeignet, die Aufmerksamkeit aller Kenner an sich. Sie sind tief gedacht und trefflich gearbeitet, aber nicht allgemein fasslich — das dritte aus C-dur etwa ausgenommen, welches durch Eigentümlichkeit, Melodie und harmonische Kraft jeden gebildeten Musikfreund gewinnen muss.“ Immerhin spricht man von „schweren, aber gediegenen Quartetten". Czerny teilt mit: „Als Schuppanzigh das Quartett Rasoumowski in F zuerst spielte, lachten sie (die Musiker) und waren überzeugt, dass Beethoven sich einen Spass machen wollte und es gar nicht das versprochene Quartett sei." Gyrowetz meinte: „Schade um das Geld," als sich Dolezalek die Werke kaufte. Lenz berichtet auch noch von einigen berühmten Versuchen russischer Musikfreunde, das Quartett kennen zu lernen. „Als zu Anfang des Jahres 1812 in dem musikalischen Zirkel des Feldmarschalls Graf Soltykow in Moskau das Scherzo zum erstenmal versucht wurde, ergriff Bernhard Romberg, der grosse Cellist seiner Zeit, die von ihm gespielte Bassstimme und trat sie als eine unwürdige Mystifikation mit Füssen. Das Quartett wurde beiseite gelegt. Als dasselbe einige Jahre später im Hause des Geheimrats Lwow, des Vaters des berühmten Geigenspielers, in St. Petersburg ausgeführt wurde, wollte sich die Gesellschaft vor Lachen ausschütten, als der Bass sein Solo auf einer Note hören liess.

Das Quartett wurde wieder beiseite gelegt."

In den Quartetten sind russische Nationalmelodien verwendet, und zwar, soweit das bekannt wurde, im Finale des F-dur-Quartetts und im dritten Satze des e-moll-Quartetts; wahrscheinlich noch in anderen Sätzen. Das eigenartigste Stück des ganzen Opus ist entschieden das F-dur-Quartett, dessen erster Satz sich in der wunderbaren Cellomelodie schon ankündigt, und der auf jegliche Wiederholung verzichtet. Das Scherzo hat die damaligen Musiker am meisten erregt, als ein Satz von ungewöhnlicher Plastik. Ein so verinnerlichtes Adagio hörte man bis dahin nirgends und die rhythmischen Finessen des Finales suchen ebenfalls umsonst ihresgleichen. Die beiden anderen Quartette wurden nicht minder beliebt, namentlich das zweite in e-moll mit dem breiten Adagio, das Beethoven einfiel, „als er einst den gestirnten Himmel betrachtete und an die Harmonie der Sphären dachte".

Der erste Satz des F-dur-Quartetts führt die Melodie aus der Tiefe herauf in lichte Höhen.

Der Seitensatz entfernt sich nicht allzu weit von dem Hauptthema. Die Durchführung zeitigt eine solistische Führung der Primgeige, bei der man das Gefühl der untergeordneten Bedeutung der drei anderen Instrumente keinen Moment empfindet; es ist eine Durchführung, die in wunderbar fragender Weise zur Reprise überleitet, erst in dieser ihre Erfüllung findet und sich zu Bejahung und Glanz durchringt. Wir haben einen einheitlich steigenden Satz vor uns, trotz der Sonatenform, deren Höhepunkte sonst stets in der Durchführung lagen; wenigstens bei den bisherigen Stücken Beethovens.

Wie in dem Scherzo eine neue, lang erwartete Welt aus unscheinbaren, fast wie zufällig hingeworfenen Motiven ersteht, eine Welt, in der Macht und Fülle herrschen, Humor und Innigkeit, beweist nur eine Aufführung des Satzes. Ein Scherzo mit dem üblichen Trio hat mit diesem grossen Scherzo in Sonatenform nichts mehr zu tun.

Das breit dahinfliessende Adagio holt die Töne des Herzens aus gepresster Brust. Die Figuration singt und vibriert überall lebendig mit, jede Note zeigt sich vorgeahnt, mit dem Ganzen verknüpft — das muss man ein Adagio heissen! Es leitet in schnellen Figuren, von der Primgeige geführt, unmittelbar in das Rondo-Finale über: während sie noch einführend trillert, bringt das Cello schon die russische Melodie mit ihren doppelten Bestandteilen aus F-dur und d-moll. Das Rondo eilt ausgelassen dahin; wieder ein Symbol der Lebensfreude.

Das e-moll-Quartett trägt sein Motto schon in der Tonart. Hier stürmt in den geregelten legitimen Bahnen des Sonatensatzes, die freilich mächtig geweitet sind, im ersten Satz in breitem

Sechsachteltakt eine Klage dahin; der Klagende bringt sie gemässigt und heftig hervor, innig und laut, in der Durchführung am heftigsten emporschwellend — schliesslich resignierend. Die Rückleitung in die Reprise

spottet jeder Beschreibung.

Das Adagio führt den Seufzenden unter die Gestirne des alle Leiden mildernden Himmels. Beethoven streicht sich in der Odyssee Homers den Vers an:

„Auf die Pleiaden gerichtet und auf Bootäs."

Er blickte oft zu den Sternen empor. Im Nachlasse fand sich übrigens das Büchlein: Bode, „Anleitung zur Kenntnis des gestirnten Himmels". Weite Bögen und Gänge leiten uns durch den ganzen Satz, dessen melodisches Gewebe nirgends durchbrochen wird; während im Adagio des F-dur-Quartetts die Tiefe der Empfindung vorherrscht, tritt hier die Weite der Empfindung in den Vordergrund. Ueberall dieses Tragen der Idee über stillschreitende Triolen, die in die höchsten Höhen emporschweben und weit sich wölbende Bogen bilden. Zum Schluss ein sich Zurückfinden zur Erde (Stelle im Fortissimo, halbe Noten) und ein beruhigendes Bewusstsein: hier ist gut bleiben, unter dem Schutz des hohen Himmels. Die Form dieses langsamen Satzes ist diesmal auch die eines Sonatensatzes.

Das Scherzo, welches in fünf Teilen gespielt werden soll: das Alternativ in dreifacher Umrahmung des Hauptsatzes, bringt damit ebenfalls eine erweiterte Form; ohne dass Beethoven damit freilich die Form zerbrochen hätte. Die Themen, deren wichtigstes, im Maggiore, eine russische Melodie ist, stehen hier auf der Kippe zwischen Sentimentalität und einer gewissen selbstbewussten Ritterlichkeit; eigenartige Akzente und überraschende rhythmische Bildungen geben dem Satze ein neues Gepräge.

Das Finale ist voller Feuer, wie nach Beethoven Künstler sein müssen. Ein più presto überzeugt jeden davon, der es im Presto noch nicht empfunden haben sollte.

Das C-dur-Quartett wurde „Heldenquartett" zubenannt. Der ungemein straffe und in der Stimmung meisterhaft einheitliche Satz berechtigt dazu, der mit einer von jenen bei Beethoven beliebten spannenden Einleitungen anhebt.

In Empfindung schwelgend gibt sich das Andante mit seinem knappen Dreiachteltakt, welches, wie der Zusatz „con moto quasi allegretto" zeigt, vor Sentimentalität bewahrt bleiben soll. Daneben tritt ein gerades, geläufiges Minuetto grazioso. Das Finale ist vom grössten Ernst erfüllt; ein Sonatensatz mit Durchführung, in dem Fuge und Doppelfuge Platz finden: die gleichmässigen Achtel bewirken die strenge Geschlossenheit dieses

BEETHOVEN
Nach dem Leben gezeichnet von L. Schnorr
von Carolsfeld, etwa 1807.

CLEMENTI

1746–1832.

Satzes; da sind, um mit Goethe zu reden, alle Drähte aufs härteste miteinander verflochten wie eine Damaszenerklinge.

Von ganz anderer Seite lernen wir Beethoven kennen in dem Violinkonzert in D-dur. Es hat einen ganz anderen Stil als das viel weiter vorgeschrittene Klavierkonzert. Trotzdem fanden es die Kenner bei der ersten Aufführung am 23. Dezember 1806 durch den Theaterdirigenten und Violinvirtuosen Clément als ein Werk, das manche Schönheit enthalte, dessen Zusammenhang aber oft ganz zerrissen erscheine, und worin die „unendlichen Wiederholungen einiger gemeiner Stellen recht ermüden könnten". „Dem Publikum gefiel im allgemeinen dies Konzert und Cléments Phantasien ausserordentlich." Das Werk erschien im März 1809 und war Stephan von Breuning gewidmet. Die wunderbaren Umschlingungen, mit denen die Solostimme den Orchesterpart umgibt, die gesponnenen und tragenden Töne des Larghetto und der rhythmische Zug des Finales entzücken heute jedes Ohr.

10. Kapitel

LEBENSRENTE STATT KAPELLMEISTERAMT

„Beethoven hat eine neue Symphonie geschrieben, die höchstens seinen wütenden Verehrern, und eine Ouverture zu Collins Koriolan, die allgemein gefallen hat." Der Meister wendete sich, wie wir sahen, nach den mühseligen Stunden mit der „Leonore", und den Schwierigkeiten der Umarbeitung dieser Oper mit erneuter Lust und Kraft den Instrumentalwerken zu. Vorübergehend, als Ende Dezember 1806 Baron Braun von der Direktion der Theater zurücktrat und ein Konsortium der Fürsten Lobkowitz, Schwarzenberg, Esterhazy und der Grafen Esterhazy, Lodron, Ferdinand Pallfy, Stephan Zichy und Niklas Esterhazy die Theater übernahm, dachte Beethoven an eine Wiederaufnahme der Leonore und richtete ein ausführliches Gesuch an das Direktorium; er gedachte allerdings, mehr als nur eine Wiederaufnahme seiner Oper dadurch zu erwirken.

„Löbliche k. k. Hof-Theater-Direktion!

Unterzeichneter darf sich zwar schmeicheln, während der Zeit seines bisherigen Aufenthaltes in Wien sich sowohl bei dem hohen Adel als auch bei dem übrigen Publikum einige Gunst und Beifall, wie auch eine ehrenvolle Aufnahme seiner Werke im In- und Auslande gefunden zu haben.

Bei allem dem hatte er mit Schwierigkeiten aller Art zu kämpfen und war bisher nicht so glücklich, sich hier eine Lage zu begründen, die seinem Wunsche, ganz der Kunst zu leben, seine Talente zu noch höheren Graden der Vollkommenheit, die das Ziel eines jeden wahren Künstlers sein muss, zu entwickeln und die bisher bloss zufälligen Vorteile für eine unabhängige Zukunft zu sichern, entsprochen hätte.

Da überhaupt dem Unterzeichneten von jeher nicht so sehr Broterwerb, als vielmehr das Interesse der Kunst, die Veredelung des Geschmackes und der Schwung seines Genius nach höheren Idealen und nach Vollendung zum Leitfaden auf seiner Bahn diente, so konnte es nicht fehlen, dass er oft den Gewinn und seine Vorteile der Muse zum Opfer brachte. Nichts desto weniger erwarben ihm Werke dieser Art einen Ruf im fernen Auslande, der ihm an mehreren ansehnlichen Orten die günstigste Aufnahme und ein seinen Talenten und Vorteilen angemessenes Los verbürgt.

Dem ungeachtet kann Unterzeichneter nicht verhehlen, dass die vielen hier vollbrachten Jahre, die unter Hohen und Niederen genossene Gunst und Beifall, der Wunsch, jene Erwartungen, die er bisher zu erregen das Glück hatte, ganz in Erfüllung zu bringen, und, er darf es sagen, auch der Patriotismus eines Deutschen ihm den hiesigen Ort gegen jeden anderen schätzungs- und wünschenswerter machen.

Er kann daher nicht umhin, ehe er seinen Entschluss, diesen ihm werten Aufenthalt zu verlassen, in Erfüllung setzt, dem Winke zu folgen, den ihm Seine Durchlaucht der Regierende Herr Fürst von Lobkowitz zu geben die Güte hatte, indem er äusserte, eine löbliche Theatraldirektion wäre nicht abgeneigt, den Unterzeichneten unter angemessenen Bedingungen für den Dienst der ihr unterstehenden Theater zu engagieren und dessen ferneren Aufenthalt mit einer anständigen, der Ausübung seiner Talente günstigeren Existenz zu fixieren. Da diese Aeusserung mit des Unterzeichneten Wünschen vollkommen übereinstimmt; so nimmt sich derselbe die Freiheit, sowohl seine Bereitwilligkeit zu diesem Engagement als auch folgende Bedingungen zur beliebigen Annahme der löblichen Direktion geziemendst vorzulegen:

1) Macht sich derselbe anheischig und verbindlich, jährlich wenigstens eine grosse Oper, die gemeinschaftlich durch die löbliche Direktion und den Unterzeichneten gewählt würde, zu komponieren; dagegen verlangt er eine fixe Besoldung von jährlichen 2400 fl. nebst der freien Einnahme zu seinem Vorteile bei der dritten Vorstellung jeder solchen Oper.

2) Macht sich derselbe anheischig, jährlich eine kleine Operette oder ein Divertissement, Chöre oder Gelegenheitsstücke nach Verlangen und Bedarf der löblichen Direktion unentgeltlich zu liefern. Doch hegt er das Zutrauen, dass die löbliche Direktion keinen Anstand nehmen werde, ihm für derlei besondere Arbeiten allenfalls einen Tag im Jahre zu einer Benefiz-Akademie in einem der Theatergebäude zu gewähren.

Wenn man bedenkt, welchen Kraft- und Zeitaufwand die Verfertigung einer Oper fordert, da sie jede andere Geistesanstrengung schlechterdings ausschliesst, wenn man ferner bedenkt, wie in anderen Orten, wo dem Autor und seiner Familie ein Anteil an der jedesmaligen Einnahme jeder Vorstellung zugestanden wird, ein einziges gelungenes Werk das ganze Glück des Autors auf einmal gegründet; wenn man ferner bedenkt, wie wenig Vorteile der nachteilige Geldkurs und die hohen Preise aller Bedürfnisse dem hiesigen Künstler, dem übrigens auch das Ausland offen steht, gewähret, so kann man obige Bedingungen gewiss nicht übertrieben oder unmässig finden.

Für jeden Fall aber, die löbliche Direktion mag den gegenwärtigen Antrag bestätigen und annehmen oder nicht: so füget Unterzeichneter noch die Bitte bei, ihm einen Tag zur musikalischen Akademie in einem der Theatergebäude zu gestatten, denn im Falle der Annahme seines Antrages hätte Unterzeichneter seine Zeit und Kräfte sogleich zur Verfertigung der Oper nötig und könnte also nicht für anderweitigen Gewinn arbeiten. Im Falle der Nichtannahme des gegenwärtigen Antrages aber würde derselbe, da ohnehin die im vorigen Jahre ihm bewilligte Akademie wegen verschiedenen eingetretenen Hindernissen nicht zustandekam, die nunmehrige Erfüllung des vorjährigen Versprechens als das letzte Merkmal der bisherigen hohen Gunst ansehen und bittet im ersten Falle, den Tag an Maria Verkündigung, in dem zweiten Falle aber einen Tag in den bevorstehenden Weihnachtsferien dazu zu bestimmen.

Wien, 1807. Ludwig van Beethoven. m. p."

Die Unterhandlungen hatten keinen Erfolg. Beethoven war wohl nicht umsonst als Komponist bekannt, dessen neuere Werke nur seinen wütenden Verehrern gefielen. Das „fürstliche Gesindel" ging auf seine Vorschläge nicht ein. Nach einem Jahre übergaben die hohen Herren die Theaterleitung einem Joseph Hartl, Edlen von Buchsenstein, der von den Sachverständigen sehr gelobt wurde. Man sprach von ihm als von „einem Manne von der ausgezeichnetsten Bildung, voll Verstand, voll der bei einem solchen Geschäft so nötigen Gelassenheit, brennend vor Liebe zur Kunst . . .".

Beethoven hoffte, in diesem Jahre 1807 beim Theater in Prag anzukommen, da dort auch ein Wechsel in der Bühnenleitung eingetreten war, und die deutsche Oper unter Liebig am 2. Mai ihre erste Vorstellung mit Cherubinis „Fanniska" gab. Der Meister schrieb sogar damals schon seine vierte, später aus dem Nachlass als op. 138 herausgegebene Ouvertüre zu Fidelio. Diesmal kam jedoch in Prag keine Aufführung des Fidelio zustande; das Werk erschien dort erst 1814 auf der Bühne.

Der Meister liess, nachdem er die ersten Lorbeeren auf den Brettern, die die Welt bedeuten, gepflückt, nicht ab, sich mit neuen Opernplänen zu beschäftigen. Von dem Orientalisten Hammer-Purgstall wurden ihm Stoffe zur Verfügung gestellt. Beethoven lehnte das „herrliche Gedicht" jedoch einstweilen ab.

Seine Anteilnahme an der orientalischen Literatur ist wohl begreiflich bei einem Manne, der sich mit den einheimischen und alten Dichtern und Schriftstellern eingehend beschäftigte, der nicht nur Klopstock, Schiller, sondern auch Homer, Plutarch, Tacitus las und mit Goethes Westöstlichem Diwan wohlvertraut war, ja, der sich Auszüge aus vielen Schriften machte und gar manche Stellen in seinen Büchern anstrich. Aus Schillers Aufsatz „Die Sendung Mosis" hat er sich folgende Sätze eigenhändig abgeschrieben, einrahmen lassen und auf seinem Schreibtisch stets vor sich gehabt: „Ich bin, was da ist. Ich bin alles, was ist, was war, was sein wird; kein sterblicher Mensch hat meinen Schleier aufgehoben. Er ist einzig und von ihm selbst, und diesem einzigen sind alle Dinge ihr Dasein schuldig." Die ersten fünf Worte las man unter einer alten Bildsäule der Isis, die folgenden auf einer Pyramide zu Saïs und die letzten („er ist einzig . . .") waren in dem Hymnus enthalten, den der Hierophant des Heiligtums dem Einzuweihenden vorsang.

Weitere Bühnenstoffe wurden dem Meister von Collin geboten; so eine „Armide" und eine „Alcine". „Bradamante" desselben Dichters schweifte Beethoven zu sehr ins Wunderbare ab. Dagegen begeisterte er sich für einen „Macbeth", an dem er sogar zu arbeiten begann, wie eine flüchtige Studie dartut. Der Stoff wurde indessen unvollendet liegen gelassen, weil „er zu düster zu werden drohte". Noch andere Pläne werden uns mitgeteilt: „Der geniale Beethoven hat die Idee, Goethes Faust zu komponieren, sobald er jemand gefunden hat, der ihn für das Theater bearbeitet. Dass er vor vielen anderen Grossen Beruf darin hat, ist wohl nicht zu bezweifeln, und wir dürfen uns gewiss auf ein tief und wahr empfundenes Produkt seines Geistes Hoffnung machen. Die Oper, zu welcher Herr Collin das Sujet bearbeiten sollte, k o m p o n i e r t e r n u n n i c h t." Hier taucht also die Idee der Faust-Komposition zum erstenmale auf, als soeben, im Jahre 1808, Goethes Faust bei Cotta erschienen war. All das flog vorbei; die Instrumentalmusik behauptete das Feld.

Die Symphonie, die nur den wütenden Verehrern gefallen könne, war Beethovens vierte in B-dur. Sie wurde im Laufe des Jahres 1806 geschrieben und gelangte in der zweiten Privataufführung bei dem Fürsten Lobkowitz im April 1807 mit dem G-dur-Konzert, der Koriolan-Ouvertüre, den drei früheren Symphonien und einigen Arien aus Fidelio zur ersten Aufführung. Die im März 1809 erschienene Symphonie ist dem in Schlesien vom Meister besuchten Grafen Oppersdorf gewidmet, mit dem Beethoven in dieser Zeit über geschäftliche Dinge mehrfach briefwechselte; sonst kommt der Graf in des Meisters Lebensgeschichte nicht mehr vor. Die Symphonie bildet gewissermassen den musikalischen Ertrag eines Aufenthaltes in Schlesien; Beethoven weilte im September des Jahres 1806 in Grätz bei Lichnowski.

Hier ereignete sich folgendes: „Während seines Sommeraufenthaltes auf den Gütern eines Mäzens ward ihm so arg zugesetzt, vor den anwesenden fremden Gästen (französischen Offizieren) sich hören zu lassen, dass er nun erst recht erbost wurde und das, was er eine knechtische Arbeit schalt, standhaft beharrlich verweigerte. Die gewiss nicht ernstlich gemeinte Drohung mit Hausarrest hatte zur Folge, dass Beethoven bei Nacht und Nebel eine Stunde weit zur nächsten Stadt (Troppau) davonlief und von dort wie auf Windesflügeln mit Extrapost nach Wien eilte." Man hatte ihm nicht nur (im Scherz) Hausarrest angedroht, sondern wollte ihm auch seinen Hut fortnehmen. Beethoven spielte, wie wir früher schon hörten, oft ungern in Gesellschaft; diese Art Zwang aber musste ihm unerhört vorkommen. So hielt er es für das beste, sich schleunigst zu entfernen. Sein Aufenthalt hatte gerade einen Monat gedauert. Denn im Oktober war er wieder in Wien. Am 1. Oktober schreibt er dort: „Ein kleiner Ausflug, den ich nach Schlesien gemacht habe, ist die Ursache, dass ich es bis jetzt verschoben habe, auf Ihren (Thomsons) Brief vom 1. Juli zu antworten. Endlich nach Wien zurückgekehrt, beeile ich mich Ihnen meine Bemerkungen und Entschlüsse über das, was Sie so gütig waren, mir vorzuschlagen, zukommen zu lassen."

Doch zurück zur Symphonie. Wir können zwei Bahnen nachweisen, auf denen Beethoven vorwärts schreitet. Die eine führt zu Gebilden, die wir einzig als „musikalisch" bezeichnen können; sie sind frei von jeder äusseren Beziehung, sind reine Musik. Während auf dem anderen Weg, den Beethoven betritt, äussere Anregungen die Musik, wenn nicht bestimmen, so doch beeinflussen. Zu letzterer Art gehört jene Koriolan-Ouvertüre, die allgemein gefiel. Die Symphonie ist dagegen nichts als Musik. Während in der Symphonie die Motive und Themen auf die verschiedensten Instrumente verteilt und hierbei auf die mannigfaltigste Art und

Weise entwickelt werden, geht in der Ouvertüre, die ja allerdings ein Stück fürs Theater ist, alles viel gerader und gröber zu, wie sich's an diesem Orte gehört. Die wohllautende Rundung, die echt musikalischen Reize der B-dur-Symphonie sind von Beethoven selbst nicht übertroffen worden und geben dem Werke eine einzigartige Stellung.

Die vierte Symphonie begnügt sich mit einer Flöte im Orchesterensemble und Posaunen kommen nicht vor. Der frohen Symphonie geht wieder eine gehaltene Einleitung voraus. Diese mündet in den heiteren Reigen des Allegro vivace, der uns zu einer weniger grossen als schwärmerischen Durchführung fortleitet, darin die Pauken so humorvoll wirbeln und uns galant zur Reprise zurückführen. Das Adagio entwickelt höchsten Wohllaut und bringt eine kurze Durchführung. Die breite Melodieführung zwischen und über Sechzehnteln mit folgender Pause und den zugehörigen Zweiunddreissigsteln und daneben über teils fliessende, teils eilig dahinspringende Zweiunddreissigstel ist von der grössten Wirkung. Auch in diesem Satz hat der Humor das Vorrecht; Bass und Pauke betragen sich wie Falstaff (Schumann).

Das rhythmische Leben des Menuetts, welches sein Trio zweimal wiederholt, entspringt aus den zweiteiligen Motiven, die im Dreivierteltakt einen doppelt starken Ausdruck hervorbringen. Das Trio ist in Bläserwohllaut getaucht. Das Finale-Allegro ma non troppo entwickelt sich in Sonatenform. Der herzlich scherzende Ton des Hauptsatzes wird durch allerhand Spässe weitergeführt. Gegen den Schluss zerpflückt Beethoven das schöne Thema, das er in Verlängerung vorführt und schliesst dann rasch ab. Auf dem ganzen Werke liegt der mild-klare, doppelt wärmende Sonnenschein eines glücklichen Septembertages.

Das Werk nahm in dem Lobkowitzschen Konzerte die Zuhörer keineswegs gefangen. Die Ouvertüre und das Konzert gefielen besser. Trotzdem gewann Beethoven immer mehr an Boden, denn Achtung musste man ihm zollen. Auch im Ausland breitete sich sein Ruf immer mehr aus. Am 20. April 1807 kam mit Muzio Clementi ein Vertrag zustande; danach sollte dieser gegen ein Honorar von 200 Pfund Sterling folgende Werke zum Verlag in England erhalten: die vierte Symphonie, die Ouvertüre Koriolan, das D-dur-Violin- und das G-dur-Klavierkonzert, dazu das Arrangement des Violinkonzerts als Klavierkonzert mit hinzugefügten Noten und die drei Quartette op. 59. Die Widmungen sollten der Originalausgabe gegenüber geändert werden: die Quartette sollten Lichnowski, das Klavierkonzert in G dem Freunde Gleichenstein zugeeignet werden. Ueber den geglückten Handel schreibt Beethoven an seinen Freund, den Grafen Franz von Brunswik, nach Budapest:

„Wien, an einem Maitage.

Lieber, lieber Brunswik! Ich sage Dir nur, dass ich mit C l e m e n t i recht gut zurechtgekommen bin — 200 Pfund Sterling erhalte ich — und noch obendrein kann ich dieselben Werke in Deutschland und Frankreich verkaufen. — Er hat mir noch obendrein andre Bestellungen gemacht — so dass ich dadurch hoffen kann, die Würde eines wahren Künstlers noch in früheren Jahren zu erhalten. Ich b r a u c h e , l i e b e r B r u n s w i k , d i e **Quartetten;** ich habe schon Deine Schwester deswegen gebeten, Dir deshalb zu schreiben. Es dauert zu lange, bis sie aus meiner Partitur kopiert. — Eile daher und schicke sie mir nur gerade mit der **Briefpost.** Du erhältst sie in höchstens vier oder fünf Tagen zurück. — Ich bitte Dich dringend darum, weil ich sonst sehr viel dadurch verlieren kann. — Wenn Du machen kannst, dass mich die Ungarn kommen lassen, um ein paar Konzerte zu geben, so tue es. — Für 200 Dukaten in Gold könnt ihr mich haben — ich bringe meine Oper alsdann auch mit — mit dem fürstlichen Theatergesindel werde ich nicht zurechtkommen. — So oft **wir** (mehrere amici) Deinen Wein trinken, betrinken wir Dich, d. h. wir trinken Deine Gesundheit. — Leb' wohl, eile — eile — eile, mir die Quartetten zu schicken — sonst kannst Du mich dadurch in die grösste Verlegenheit bringen. — Schuppanzigh hat geheiratet — man sagt, mit **einer ihm sehr ähnlichen** — welche Familie ? ? ? ? — Küsse Deine Schwester Therese; sage ihr, ich fürchte, ich werde gross, ohne dass ein Denkmal von ihr dazu beiträgt, werden müssen. — Schicke morgen gleich die Quartetten — Quar—tetten—t—e—t—t—e—n!

Dein Freund

Beethoven."

GRÄFIN ERDÖDY GEB. V. NICZKY
1779–1837

BEETHOVENHAUS IN NUSSDORF

Zu gleicher Zeit hat Beethoven mit Wiener Verlegern wegen Ausgabe der Werke im Deutschen Reiche und mit Simrock für Frankreich verhandelt.

Im Jahre 1807 brachte Beethoven seinen Sommer in Baden zu, wohin er am 12. Juni ging. Dort arbeitete er an der C-dur-Messe, die der Fürst Esterhazy bei ihm bestellt, und die am 13. September des Jahres dem Namenstage der Fürstin, aufgeführt werden sollte. Das geschah auch. Der Fürst war mit dem Werke nicht einverstanden; er sagte zu Beethoven nach der Aufführung in Gegenwart Hummels: „Aber, lieber Beethoven, was haben Sie denn da wieder gemacht!" Kapellmeister Hummel lachte. Beethoven bezog das auf sich. So entfernte er sich noch selbigen Tages von Eisenstadt und bewahrte einen heftigen Groll gegen Hummel im Herzen.

Die Messe ist in der Akademie vom 22. Dezember 1808 zum Teil zur Aufführung gelangt. Sie erschien erst im November 1812 und wurde dem Fürsten von Kinsky zugeeignet. Infolge jenes Eisenstädter Erlebnisses nahm Beethoven die Widmung an den Fürsten Esterhazy zurück. Bevor Kinsky das Werk erhielt, gedachte der Meister es einer Dame zu widmen, die war aber „jetzt geheiratet". Die Messe wurde von Breitkopf & Härtel verlegt, an die sich Beethoven gleich nach der Aufführung gewandt hatte. Das Werk „lag ihm vorzüglich am Herzen". Er hatte darin auch neue, vielmehr alte Bahnen gesucht: die Singstimmen waren die Hauptsache wie bei den alten Vokalwerken und auch die motivischen Ideen passte Beethoven den Manieren jener alten Komponisten des 15. und 16. Jahrhunderts an.

Einem musikalischen Scherz verdanken wir eine Arie. Beethoven beteiligte sich im November des Jahres 1807 an einem Sammelwerk. Die Gräfin Rzewuska erfand mit dem Dichter Carpani zusammen am Klavier eine Arie; sie machte die Musik, während er den Text erfand. Dieser beginnt „In questa tomba oscura" und wurde von 63 Komponisten vertont, deren Bearbeitungen sämtlich veröffentlicht wurden. Beethoven erscheint als der allerletzte Komponist mit einem gewissermassen historischen Rechte, da einzig seine Arie heute noch gesungen wird.

Im Anfang des Jahres 1808 musste sich Beethoven Geld verschaffen, da er in der Schuld seines Bruders Johann stand, und dieser sich in Graz durch Kauf einer Apotheke selbständig zu machen gedachte. Es gelang Beethoven auch, durch seinen Freund Gleichenstein beim Industrie-Kontor, das schon viele Werke von ihm in Verlag genommen, die gewünschte Summe zu erhalten. Die Geschäfte mit Clementi entwickelten sich nicht so flott, wie Beethoven erwarten konnte. Als Clementi gegen Ende des Jahres 1808 wieder nach Wien kam, hatte Beethoven noch keine Zahlung erhalten, und war bereits sehr ängstlich geworden. Es gelang Clementi, ihn zu beruhigen. Aber auch im Jahre 1809 war die ausgemachte Summe immer noch nicht bezahlt, als Clementi im Herbst wieder nach Wien kam.

Unterhandlungen mit dem schottischen Verleger Thomson führten dazu, dass dieser Beethoven am 25. September 1809 mit einem Schreiben 43 irische und walisische Melodien zur Komposition von Ritornellen und Begleitungen sandte. Gleichzeitig beauftragte er ihn mit der Komposition von drei Quintetten, wovon zwei für zwei Violinen, Bratsche, Cello, Flöte, das dritte ohne Flöte, aber mit zwei Bratschen (oder Fagott oder Kontrabass) sein sollten, dazu sollte er drei Sonaten für Violine und Klavier schreiben.

Zwei Klaviertrios wurden zunächst fertig. Diese führen uns auf die Gräfin Erdödy. Schon seit einer Reihe von Jahren verkehrte Beethoven freundschaftlich mit Erdödys. Er wohnte sogar um diese Zeit in demselben Hause mit Graf und Gräfin Peter Erdödy zusammen. Die Gräfin, damals noch eine junge Frau von etwa 23 Jahren, spielte recht gut Klavier, trotzdem sie leidend war. Beethoven hat mit ihr einige Jahre innig verkehrt. Die neuen Trios op. 70 wurden ihr gewidmet. Das Zusammenwohnen mit Erdödys führte bald zu Unannehmlichkeiten, die aber wieder beigelegt wurden, weil Beethoven die Gräfin um Verzeihung bat. Trotzdem suchte er eine andere Wohnung.

Die beiden Trios op. 70 bedeuten einen grossen Fortschritt auf diesem Gebiete der Kammermusik, wenn sie auch so ganz den grossen Stil der zweiten Epoche Beethovens nicht erreichen. Das D-dur-Trio beginnt mit einem energischen Allegro vivace e con brio, worin heftige Aufstiege und weiche Melodieführung ihr erquickendes Widerspiel treiben. Die aus den aufsteigenden

Motiven entwickelte Durchführung ist rhythmisch scharf durchgebildet. Die Reprise leitet zu der empfundenen Hauptmelodie zurück. Das Largo assai e espressivo mit seinen geheimnisvollen Fragen und beschwichtigenden Antworten, die aus dem dunklen Grunde der Begleitung geisterhaft hervorleuchten, haben dem Werk die Bezeichnung des „Geistertrios" eingetragen. Das Presto-Finale erscheint als Sonatensatz mit anmutiger, einfacher Durchführung, welche die munteren Themen des Hauptsatzes nicht überstrahlt, sondern nur hebt; die breiten Vierteltriolen leiten das Thema besonders deutlich ein. Die Coda bringt eine ganz geisterhafte Pianostelle mit feinem Pizzicato der Streicher über zarten Modulationen der auf beide Hände verteilten Viertel des Klaviers.

Das Es-dur-Trio wird mit einer singenden Einleitung eröffnet, die dem flott fliessenden, jovialen Sechsachtelsatz vorangeht und dann auf seinen Schluss vorbereitet. Die Variation des edel und anmutig geformten Allegretto entwickelt sich zu einer Feierlichkeit, die man dem Thema nicht zutraut. Der Schluss ist von unerhörter Feinheit. Zarteste Innigkeit der Linienführung zeichnet das Allegretto ma non troppo aus, während das zweimal einsetzende Alternativ die Bläser herbeiruft: nur genialer Musiksinn kann solche Themen erfinden, die, obwohl schlicht, das ganze Herz erregen und zugleich befriedigen. Das Finale ist ein ungemein lebendiger Satz in dem leicht etwas unfertig klingenden Zweivierteltakt. Solistische und orchestrale Wendungen machen den Charakter dieses geistreichen Satzes aus.

Aus dieser Zeit müssen nun noch einige Konzerte besonders erwähnt werden. Unter Beethovens Direktion fand am 15. November 1808 eine Akademie für die öffentlichen Wohltätigkeitsanstalten im Theater an der Wien statt. Beethoven dirigierte eine seiner Symphonien, ein Klavierkonzert und die Koriolan-Ouvertüre. Am 22. Dezember erhielt er das Theater an der Wien für eine Akademie zu eigenem Vorteil, in der er die F-dur-Phantasie „Eine Erinnerung an das Landleben", Teile aus der Messe, das Klavierkonzert in G, die c-moll-Symphonie, die Chorphantasie vorführte und ausserdem phantasierte. In den Proben ging es schon nicht mit rechten Dingen zu. Beethoven musste, weil er sich mit den Musikern überworfen, im Nebenzimmer zuhören, während Seyfried dirigierte. Im Konzert wurden die Werke sehr schlecht aufgeführt, so dass die Zuhörer keinen eigentlichen Genuss hatten und vollends die neuen Werke nicht erfassen konnten. Reichardt berichtet darüber: „Die verflossene Woche, in welcher die Theater verschlossen und die Abende mit öffentlichen Musikaufführungen und Konzerten besetzt waren, kam ich mit meinem Eifer und Vorsatz, alles hier zu hören, in nicht geringe Verlegenheit. Besonders war dies der Fall am 22., da die hiesigen Musiker für ihre treffliche Witwenanstalt im Burgtheater die erste diesjährige grosse Musikaufführung gaben; am selbigen Tage aber auch Beethoven im grossen vorstädtischen Theater ein Konzert zu seinem Benefiz gab, in welchem lauter Kompositionen von seiner eigenen Arbeit aufgeführt wurden. Ich konnte dies unmöglich versäumen und nahm also den Mittag des Fürsten von Lobkowitz gütiges Anerbieten, mich mit hinaus in seine Loge zu nehmen, mit herzlichem Dank an" . . . „Der arme Beethoven, der an diesem seinem Konzert den ersten und einzigen baren Gewinn, den er im ganzen Jahre finden und erreichen konnte, einnehmen sollte, hatte bei der Veranstaltung und Ausführung manchen grossen Widerstand und nur schwache Unterstützung gefunden. Sänger und Orchester waren aus sehr heterogenen Teilen zusammengesetzt, und es war nicht einmal von allen auszuführenden Stücken, die alle voll der grössten Schwierigkeiten waren, eine ganz vollständige Probe zu veranstalten möglich geworden. Du wirst erstaunen, was dennoch alles von diesem fruchtbaren Genie und unermüdeten Arbeiter während der vier Stunden ausgeführt wurde." Reichardt zählt dann die sämtlichen Werke auf, die auf dem Programm standen und die alle von Beethoven waren. In der Allgemeinen Musikalischen Zeitung las man, dass die „Exekutierung dieser Akademie in jedem Betracht mangelhaft zu nennen war". Beethoven selbst äusserte sich in einem Briefe vom 7. Januar 1809 also über das Konzert: „Es werden vielleicht wieder von hier Schimpfschriften über meine letzte Musikalische Akademie an die Musikalische Zeitung geraten; ich wünschet eben nicht, dass man das unterdrücke, was gegen mich; jedoch soll man sich nur überzeugen, dass niemand mehr persönliche Feinde hier hat als ich; dies ist umso begreiflicher, da der Zustand der Musik hier immer schlechter wird — wir haben Kapellmeister, die so wenig zu dirigieren wissen, als sie kaum selbst die Partitur lesen können; auf der Wieden ist es freilich noch am schlechtesten. — Da hatte ich meine Akademie zu geben, wobei mir von allen Seiten der Musik Hindernisse in den Weg gelegt worden. Das Witwenkonzert hatte den abscheulichen Streich gemacht, aus Hass gegen mich, worunter Herr Salieri der erste, dass es jedem Musiker, der bei mir spielte und in ihrer Gesellschaft war, bedrohte, auszustossen — ohnerachtet, dass verschiedene Fehler, für die ich nicht konnte, vorgefallen, nahm das Publikum doch alles enthusiastisch auf. — Trotzdem aber werden Skribler von hier gewiss nicht unterlassen, wieder elends Zeug gegen mich in die Musikalische Zeitung zu schicken — hauptsächlich waren die Musiker aufgebracht, dass, indem aus Achtlosigkeit bei der einfachsten plansten Sache von der Welt gefehlt worden war, ich plötzlich stille liess halten und laut schrie: Noch einmal — so was war ihnen noch nicht vorgekommen; das Publikum bezeugte hierbei sein Vergnügen. — Es wird aber täglich ärger. Tags zuvor meiner Akademie war im Theater in der Stadt in der kleinen, leichten Oper Milton das Orchester so auseinander gekommen, dass Kapellmeister, Direktor und Orchester förmlich Schiffbruch litten — denn der Kapellmeister, statt vorzuschlagen, schlägt hinten nach und dann kommt erst der Direktor."

In dem Konzerte phantasierte Beethoven auch wieder einmal. Wir führen eine Beschreibung seiner Kunst der Improvisation an, die freilich nicht zu diesem Konzert geschrieben wurde, aber hierher passt. Ein gewisser Hornist Nisle schrieb: „Jetzt verlor sich der Meister, meinen Wunsch ahnend, in seinem eigenen Phantasiereich. Düstre Schwermut, Erhabenheit, tiefe Empfindung wechselten öfters, gleichsam allen Ernst verspottend, schnell mit des Mutwillens leicht scherzenden Tönen. Ein lebhaftes, fugenartiges Allegro machte den Beschluss. Man sagte mir, Beethoven habe in Wien Schüler, die seine Sachen besser als er selbst ausführen. Ich musste lächeln. Freilich stand er als Spieler manchem anderen in Eleganz und technischen Vorzügen nach; auch spielte er seines harten Gehörs wegen etwas stark. Aber diese Mängel gewahrte man nicht, enthüllte der Meister die tieferen Regionen seines Innern. Und können denn Modegeschmack, Gewandtheit (die sich oft zu leerer Fingerbravour herabwürdigt) für die Abwesenheit einer Beethovenschen Seele entschädigen? — Ach, liebe Leute, dachte ich, beherzigt doch endlich, was vor vielen Jahrhunderten schon unser grosser Lehrer sagte: ‚Der Geist ist's, der lebendig macht!'" Ein Ohrenzeuge des unglücklichen Konzerts vom 22. Dezember war der schon erwähnte Kapellmeister Reichardt; er schrieb über die Phantasie: Beethoven spielte als „11. Stück: eine lange Phantasie, in welcher er seine ganze Meisterschaft zeigte . . ." Das war diesmal alles, was er über Beethovens Improvisation zu sagen hatte.

In einem zweiten Dezember-Konzert für den Witwen- und Waisenfonds am darauffolgenden Tage, dem 23. dieses Monats, beabsichtigte Beethoven, durch Ries sein G-dur-Konzert aufführen zu lassen. Da er aber erst fünf Tage vor der Aufführung Ries bat, lehnte dieser ab und schlug das c-moll-Konzert vor, das Beethoven aber nicht spielen lassen wollte. Der Meister wandte sich daher an den Pianisten Stein, der zwar zunächst zusagte, dann aber einen Tag vor dem Konzert auch statt des G-dur- das c-moll-Konzert spielen wollte; nun musste Beethoven es gestatten. Das Konzert hatte nun unglücklicherweise keinen Erfolg. Ries berichtet des weiteren: „Beethoven war sehr ärgerlich, besonders da man ihn von mehreren Seiten fragte: ‚Warum liessen sie es (das c-moll-Konzert) nicht von Ries spielen da dieser doch so viel Effekt damit hervorgebracht hat?' Später sagte mir Beethoven: ,Ich glaubte, sie wollten das G-dur-Konzert nicht g e r n spielen.'"

Von einem weiteren Konzert: der Akademie Krafts am 5. März 1809 im kleinen Redoutensaale wäre noch kurz zu berichten, da Beethoven darin mitwirkte und die Violoncell-Sonate op. 69 in A-dur und die Trios op. 70 zum erstenmal gespielt wurden.

Auch in einem Konzert für den Theater-Armen-Fonds am 8. September 1809 beteiligte sich Beethoven. Darin wurde die Eroica aufgeführt. Wenn man auf Napoleons Anwesenheit dabei gerechnet hatte, so schlug diese Hoffnung fehl; denn der Kaiser war gerade nach Mölk abgereist.

Es ist müssig, darüber nachzudenken, wieviel Napoleon von Beethoven gewusst haben kann; dass er von ihm gehört, ist anzunehmen. Beethoven wusste ja selbst recht gut, dass sein Ruf auch im Auslande bedeutend gewachsen war. Zumal ja viele Reisende über Wien gekommen, die seinen Ruf in alle Lande getragen. Am 9. August 1809 wurde er zum korrespondierenden Mitglied der Akademie der Künste in Amsterdam ernannt. Er schreibt: „Also doch ein Titel. Ha ha, das macht mich lachen!" Für das neu zu erbauende Theater in Pest bekam er den Auftrag, Kompositionen zu liefern; offiziell lief dieser Auftrag allerdings erst 1811 bei ihm ein. Wichtiger war, dass man Beethoven dem Bruder Napoleons, Jérôme, dem König von Westfalen, als Kapellmeister empfohlen hatte. Der Meister erhielt durch den westfälischen Kammerherrn Grafen Truchsess-Waldburg einen Ruf als erster Kapellmeister nach Kassel.

Beethoven hatte schon seit Jahren die Absicht, Wien zu verlassen und auf Kunstreisen zu gehen. Nun kam ihm namentlich nach der ärgerlichen Akademie vom 22. Dezember 1808 der Ruf nach Kassel sehr gelegen. Seine hohen und höchsten Bekannten und Freunde aber wünschten ihn nicht fortziehen zu lassen. Sie versprachen, ihm ein dauerndes Gehalt auszuwerfen; er solle nur sagen, „wieviel Dukaten er wolle". Bei der Regelung dieser zarten Angelegenheit war Freund Gleichenstein behilflich; es galt ja vor allem, eine „Konstitution zu zimmern". Die Anregung dazu ging von der Gräfin Erdödy aus.

„Die Gräfin Erdödy glaubt, Du solltest doch mir einen Plan entwerfen, nach welchem sie, wenn man sie, wie sie gewiss glaubt, angeht, traktieren könnte.

Dein Freund

Ludwig Beethoven.

Wenn Du diesen Nachmittag Zeit hättest, würde es die Gräfin freuen, Dich zu sehen."

Beethoven überreichte Gleichenstein dann seinen „Entwurf einer musikalischen Constitution:

Zuerst wird der Antrag vom König von Westfalen ausgesetzt. — Beethoven kann zu keinen Verbindlichkeiten wegen diesem Gehalt angehalten werden, indem der Hauptzweck seiner Kunst, nämlich die Erfindung neuer Werke, darunter leiden würde — diese Besoldung muss Beethoven so lange versichert bleiben, als derselbe nicht freiwillig Verzicht darauf leistet — den kaiserlichen Titel auch wenn es möglich — abzuwechseln mit Salieri und Eybler — das Versprechen vom Hof ehestens in wirkliche Dienste des Hofes treten zu können — oder Adjunktion, wenn es der Mühe wert ist. — Kontrakt mit den Theatern mit ebenfalls dem Titel als Mitglied eines Ausschusses der Theatraldirektion — festgesetzter Tag für eine Akademie für immer, auch wenn diese Direktion sich verändert, im Theater, wogegen sich Beethoven verbindet, für eine der Armen-Akademien, wo man es am nützlichsten finden wird, jährlich ein neues Werk zu schreiben — oder zwei derselben zu dirigieren — einen Ort bei einem Wechsler oder dergleichen, wo Beethoven den angewiesenen Gehalt empfängt — der Gehalt muss auch von den Erben ausbezahlt werden."

Dazu fügte er dann noch eine weitere Idee, „wenn die Herren sich als die Mit-Urheber jedes neuen grösseren Werkes betrachten, so wäre das der Gesichtspunkt, woraus ich am ersten wünschte, betrachtet zu werden, und so wäre der Schein, als wenn ich ein Gehalt für nichts bezöge, verschwunden". Nach diesem Entwurfe wurde dann der endgültige Vertrag ausgeführt, der folgendermassen lautete:

„Die täglichen Beweise, welche Herr Ludwig van Beethoven von seinem ausserordentlichen Talente und Genie als Tonkünstler und Kompositeur gibt, erregen den Wunsch, dass er die grössten Erwartungen übertreffe, wozu man durch die bisher gemachte Erfahrung berechtigt ist.

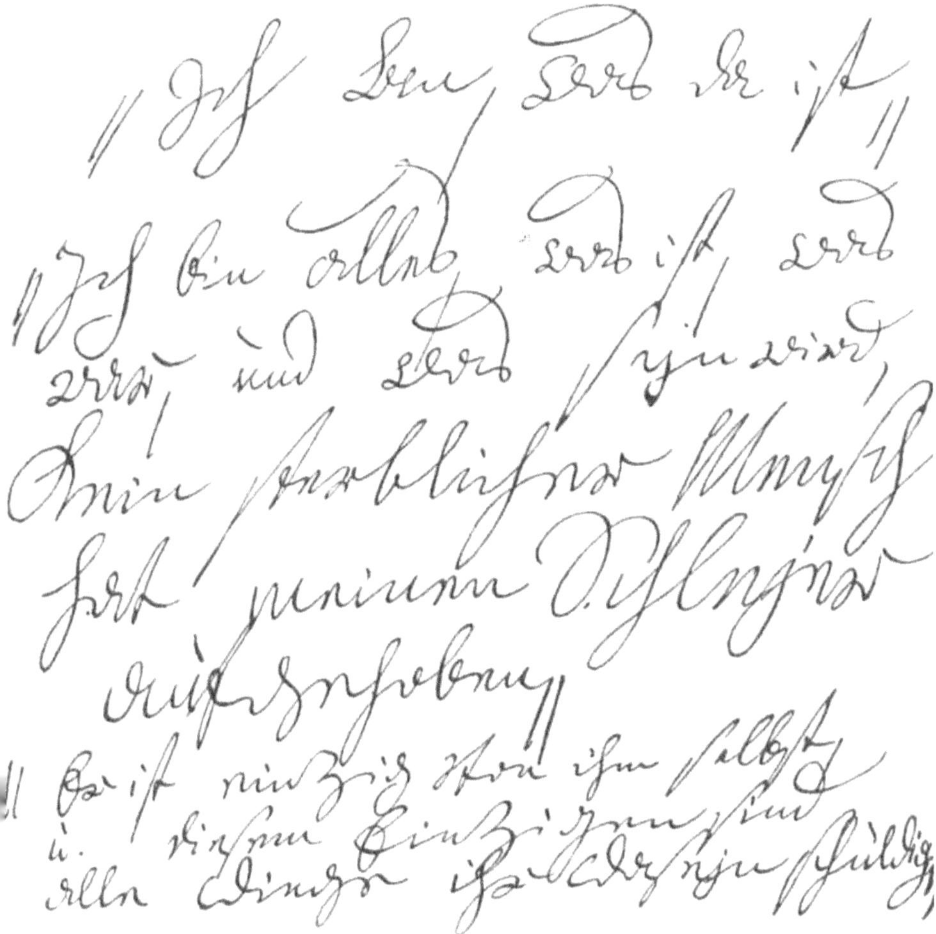
// Ich bin, was da ist //

// Ich bin alles, was ist, was war, und was seyn wird, kein sterblicher Mensch hat meinen Schleyer aufgehoben //

// Er ist einzig von ihm selbst, u. diesem Einzigen sind alle Dinge ihr Daseyn schuldig //

Aegyptische Inschriften und Hymnus des Hierophanten — in eigenhändiger Abschrift Beethovens (etwa 1809).

Da es aber erwiesen ist, dass nur ein so viel möglich sorgenfreier Mensch sich einem Fache allein widmen könne, und diese, von allen übrigen Beschäftigungen ausschliessliche Verwendung allein imstande sei, grosse, erhabene und die Kunst veredelnde Werke zu erzeugen; so haben Unterzeichnete den Entschluss gefasst, Herrn Ludwig van Beethoven in den Stand zu setzen, dass die notwendigsten Bedürfnisse ihn in keine Verlegenheit bringen, und sein kraftvolles Genie hemmen sollen.

Demnach verbinden sie sich, ihm die bestimmte Summe von 4000, sage viertausend Gulden jährlich auszuzahlen, und zwar:

Se. Kaiserl. Hoheit der Erzherzog Rudolph	fl. 1500
Der hochgeborene Fürst Lobkowitz	„ 700
Der hochgeborene Fürst Ferdinand Kinsky	„ 1800
zusammen	fl. 4000

welche Herr Ludwig van Beethoven in halbjährigen Raten bei jedem dieser hohen Teilnehmer, nach Massgabe des Beitrages gegen Quittung erheben kann.

Auch sind Unterfertigte diesen Jahrgehalt zu erfolgen erbötig, bis Herr Ludwig van Beethoven zu einer Anstellung gelangt, die ihm ein Aequivalent für obbenannte Summe gibt.

Sollte diese Anstellung unterbleiben, und Herr Ludwig van Beethoven durch einen unglücklichen Zufall, oder Alter verhindert sein, seine Kunst auszuüben, so bewilligen ihm die Herren Teilnehmer diesen Gehalt auf Lebenslänge.

Dafür aber verbürgt sich Herr Ludwig van Beethoven, seinen Aufenthalt in Wien, wo die hohen Fertiger dieser Urkunde sich befinden, oder einer anderen, in den Erbländern Seiner österreichisch-kaiserlichen Majestät liegenden Stadt zu bestimmen, und diesen Aufenthalt nur auf Fristen zu verlassen, welche Geschäfte oder der Kunst Vorschub leistende Ursachen veranlassen könnten, wovon aber die hohen Contribuenten verständigt und worin sie einverstanden sein müssen."

So gegeben, Wien am 1. März 1809. Es folgen die Unterschriften. Beethoven schrieb darunter: „Empfangen am 26. Februar 1809 aus den Händen des Erzherzogs Rudolph, Kaiserliche Hoheit."

Beethoven blieb also in Wien, und aus den geplanten Kunstreisen wurde nichts.

Als Dank für die Mühe widmete er dem Freunde Gleichenstein die Cellosonate op. 69. Sie erschien als „grosse" Cellosonate im April 1809 bei Breitkopf & Härtel. In dem Werke steckt so viel Poesie, dass man jedem Satz vor dem anderen den Vorzug geben möchte, wenn es ausnahmsweise einem Cellisten gelingt, das der Technik des Instruments nicht überall entgegenkommende Werk in seiner idealen Schönheit zu offenbaren. Der erste Satz hat breit-rezitativischen Charakter. Namentlich die Rückleitung in die Reprise ist wieder ein kleines Wunder Beethovenscher Kunst.

Das Scherzo zeigt vorzüglich Beethovens rhythmische Feinheit; im Trio herrscht dagegen Hörnerklang. Das Finale eröffnet sein ungemein singendes Hauptthema mit einer innigen, aber kurzen Einleitung: Adagio cantabile, worauf dann das singende Allegro vivace alla breve folgt. Ein langsamer Satz fehlt.

Das Angebot der Kapellmeisterstelle für Kassel hatte noch ein unerfreuliches kleines Nachspiel. Es verursachte eine Auseinandersetzung mit Ferdinand Ries, der selbst darüber erzählt: „Beethoven sollte als Kapellmeister zum Könige von Westfalen kommen; der Kontrakt, wodurch ihm 600 Dukaten Gehalt nebst (wenn ich nicht irre) freier Equipage zugesichert wurden, war ganz fertig; es fehlte nur seine Unterzeichnung. Dieses gab die Veranlassung, dass der Erzherzog Rudolph und die Fürsten Lobkowitz und Kinsky ihm lebenslänglich ein Gehalt zusagten unter der einzigen Bedingung, dass er nur in den kaiserlichen Staaten bleibe. Das erstere wusste ich, das letztere nicht, als plötzlich Kapellmeister Reichardt zu mir kam und mir sagte: ‚Beethoven nehme die Stelle in Kassel bestimmt nicht an; ob ich, als Beethovens einziger Schüler, mit geringerem Gehalt dorthin gehen wolle?' Ich glaubte ersteres nicht, ging gleich zu Beethoven, um mich nach der Wahrheit dieser Aussage zu erkundigen und ihn um Rat zu fragen. Drei Wochen lang wurde ich abgewiesen, sogar meine Briefe darüber nicht beantwortet. Endlich fand ich Beethoven auf der Redoute. Ich ging sogleich auf ihn zu und machte ihn mit der Ursache meines Ansuchens bekannt, worauf er in einem schneidenden Tone sagte: ‚So — glauben Sie, dass Sie eine Stelle besetzen können, die man mir angeboten hat?' — Er blieb nun kalt und zurückstossend. Am andern Morgen ging ich zu ihm, um mich mit ihm zu verständigen. Sein Bedienter sagte mir in einem groben Ton: ‚Mein Herr ist nicht zuhause', obschon ich ihn im Nebenzimmer singen und spielen hörte. Nun dachte ich, da der Bediente mich schlechterdings nicht melden wollte, gerade hineinzugehen; allein dieser sprang nach der Tür und stiess mich zurück. Hierüber in Wut gebracht fasste ich ihn an der Gurgel, und warf ihn schwer nieder. Beethoven, durch das Getümmel aufmerksam gemacht, stürzte heraus, fand den Bedienten noch auf dem Boden und mich totenbleich. Höchst gereizt, wie ich nun war, überhäufte ich ihn mit Vorwürfen derart, dass er vor Erstaunen nicht zu Worte kommen konnte und unbeweglich stehen blieb. Als die Sache aufgeklärt war, sagte Beethoven: ‚So habe ich das nicht gewusst; man hat mir gesagt, Sie suchten die Stelle hinter meinem Rücken zu erhalten.' Auf meine Versicherung, dass ich noch gar keine Antwort gegeben hätte, ging er sogleich, um seinen Fehler gut zu machen, mit mir aus. Allein es war zu spät; ich erhielt die Stelle nicht, obschon sie damals ein sehr bedeutendes Glück für mich gewesen wäre.'"

Als die grossen Reisepläne aufgegeben werden mussten, wollte Beethoven wenigstens einen Ausflug unternehmen, aber auch der wurde vereitelt. Des Krieges „drohende Gewitterwolken" zogen sich zusammen. Wien wurde von den Franzosen besetzt. Fast alle Freunde und Bekannten Beethovens hatten die Stadt verlassen. Er selbst war dageblieben und litt sehr unter der Einsperrung und der Geldnot, welche der „verfluchte Krieg" mit sich brachte. Haydn starb infolge der Beschiessung Wiens. Beethoven flüchtete sich vor dem Dröhnen der Kanonen in den Keller.

Unter den französischen Eindringlingen befand sich ein Baron de Trémont, auditeur et conseil d'état, der die Gelegenheit seines Aufenthaltes in Wien benutzte, den grossen Beethoven persönlich aufzusuchen, worüber er auch geschrieben hat.

In dieser fatalen Zeit sammelte Beethoven seine „Materialien zum Generalbass und Kontrapunkt", die er für den Unterricht mit dem Erzherzog Rudolph aus den Lehrbüchern von Bach, Türk,

Kirnberger, Fux und Albrechtsberger auszog. Sodann vertrieb er sich die Zeit mit allen möglichen kleinen Anregungen; er hatte zu viel Verdruss; „seit dem 4. Mai wenig Zusammenhängendes auf die Welt gebracht, beinahe nur hie und da ein Bruchstück". — „Der ganze Hergang der Sache hat bei mir auf Leib und Seele gewirkt: noch kann ich des Genusses des mir so unentbehrlichen Landlebens nicht teilhaftig werden. — Meine kaum kurz geschaffene Existenz beruht auf einem lockeren Grund. — Selbst diese kurze Zeit habe ich noch nicht ganz die mir gemachten Zusagen in Wirklichkeit gehen sehen. — Von Fürst Kinsky, einem meiner Interessenten, habe ich noch keinen Heller erhalten. — Und das jetzt zu der Zeit, wo man es am meisten bedürfte. — Der Himmel weiss, wie es weiter gehen wird. — Veränderung des Aufenthaltes dürfte doch auch mir jetzt bevorstehen. — Die Kontributionen fangen mit heutigem Dato an. — Welch zerstörendes, wüstes Leben um mich her, nichts als Trommeln, Kanonen, Menschenelend in aller Art." — Einige Male hatte er „angefangen, eine kleine Singmusik bei sich zu geben — allein der unselige Krieg stellte alles ein."

Auch im Hause gab es so manches zu erleben: mit den Bedienten. Beethoven wohnte jetzt in der Walfischgasse. Dort diente bei ihm das Ehepaar Herzog, über dessen Betragen es mancherlei zu stöhnen gab. Der Meister schreibt darüber an seinen lieben Zmeskall: „Das Weib bei mir wieder zu sehen geht nicht. Und obschon sie vielleicht etwas besser ist wie er, so will ich ebenso wenig von ihr als von ihm etwas wissen. — Daher sandte ich Ihnen die verlangten 24 Gulden. Legen Sie gefälligst die 30 Kreuzer darauf, nehmen Sie einen Stempelbogen von 15 Kreuzer und lassen Sie sich auf demselben schriftlich geben von dem Bedienten, dass er diese 24 Gulden 30 Kreuzer für Stiefel- und Livreengeld empfangen habe. — Mündlich mehr: wie sehr sie Sie neulich belogen haben. — Ich wünsche unterdessen, dass Sie die Achtung, die Sie sich als Freund von mir gegen sich selbst schuldig sind, nicht vergessen. Sagen Sie ihnen, dass Sie mich nur dazu bewogen, dieses noch zu geben. Uebrigens geben Sie sich nicht unnötigerweise mit ihnen ab; denn sie sind beide Ihrer Fürsprache unwürdig. —

Nicht ich habe ihren Mann wieder zu mir wollen nehmen, sondern zum Teil heischten es die Umstände, ich brauchte einen Bedienten, und Haushälterin und Bediente kosten zu viel. Zudem fand ich sie mehrmals bei ihrem Manne unten beim Uhrmacher in meinem Hause, ja sie wollte sogar eben von da mit ihm ausgehen, da ich sie doch brauchte. Daher liess ich ihn wiederkommen, da ich der Wohnung halber s i e bitten musste; hätte ich ihn nicht genommen, so wäre ich umso viel mehr betrogen worden. — So verhält es sich hiermit, b e i d e s i n d s c h l e c h t e M e n s c h e n." —

Zu allem hin war Beethoven in dieser Zeit nicht gesund. Hatte er früher mit einem Fingerwurm zu tun, welcher eine Nageloperation nötig gemacht, so schüttelte ihn im Dezember 1809 ein Fieber, das, kaum vorbei, ihn nochmals für zwei Wochen aufs Krankenlager warf. Beethoven bemerkt: „Ist es ein Wunder: wir haben nicht einmal mehr gutes geniessbares Brot." Selbst in einem Briefe vom 4. Februar 1810 schrieb er noch: „Mit meiner Gesundheit geht's noch nicht fest —, wir werden mit schlechten Lebensmitteln versehen und müssen unglaublich zahlen. — Mit meiner Anstellung geht's noch nicht ganz ordentlich; von Kinsky habe ich noch keinen Heller erhalten. — Ich fürchte oder ich hoffe beinahe, ich werde das Weite suchen müssen, selbst vielleicht meiner Gesundheit wegen. Lange dürfte es dauern, bis nur auch ein besserer Zustand als der jetzige, an den vorigen ist nie mehr zu denken, entstehen wird." Den „Rest des Sommers" 1809 hoffte Beethoven „noch in irgend einem glücklichen Landwinkel zubringen zu können". Aber erst im Herbst des Jahres und zwar nach dem 19. September, konnte er sich in freier Natur auf dem Lande bewegen. Er ging nach Baden.

Dort beschäftigte er sich wieder einmal mit Gesangsmusik, wozu ihn wohl die kleinen Singmusiken, die er bei sich gegeben, angeregt hatten. In eine „abscheuliche" Lage brachte der Herr Rittmeister Reissig den Komponisten: „es ist eine abscheuliche Lüge, dass mir der Herr Rittmeister Reissig je etwas bezahlt habe für meine Kompositionen. Ich habe sie ihm aus freundschaftlicher Gefälligkeit komponiert, indem er damals Krüppel und mein Mitleiden erregte. — Indem ich Ihnen dies schreibe, erkläre ich Herrn Breitkopf und Härtel als einzigen Eigentümer derjenigen Gesänge, welche ich Ihnen geschickt, und von welchen die Poesie von Rittmeister Reissig ist". Er komponierte sieben Lieder dieses Reissig, darunter „Lied aus der Ferne", „Der Jüngling in der Ferne", „Der Liebende", „Sehnsucht".

Um diese Zeit wurde auch die Chorphantasie op. 81 geschaffen, ein Werk, dessen Grundgedanke Beethoven schon um 1800 beschäftigt hat. In demselben Skizzenbuche, in dem sich Entwürfe zur Phantasie finden, begegnen auch Hinweise auf den Gesang Schillers „An die Freude"; der alte Plan taucht wieder auf, den Beethoven schon in Bonn hegte. Hier sind nun Bedenken erwogen, wie der Chor einzuführen sei. Es gibt einige rezitativische Bildungen, mit denen es Beethoven versucht: „Wollt ihr mit uns gehen, so wollen wir euch sehen!" Und: „Hört ihr wohl? Hört! hört!" Dass die Chorphantasie in der unglückseligen Akademie vom 22. Dezember 1808 nicht gefiel, vernahmen wir schon. Die liederliche Einstudierung von „nassen Notenblättern" verursachte das „Verpausieren" des Orchesters, so dass bei der Aufführung vollständig umgeworfen wurde. Das Werk selbst ist weniger kühn als die sonstigen Kompositionen dieser Zeit, ein wenig steif in der ganzen Linienführung und nicht einmal brillant; weder für das Klavier noch für den Chor.

Das dem Publikum so sympathische Sextett wurde den Verlegern wieder angeboten und erschien endlich als op. 71 bei Breitkopf & Härtel im Januar 1810.

Die Hauptwerke dieser Schaffenszeit waren alsdann zwei ebenfalls in jener Akademie vom 22. Dezember 1808 vorgeführte Orchesterwerke: die c-moll- und die Pastoralsymphonie, welche auf der Anzeige zum Konzert entgegen unserer heutigen Zählung als sechste und fünfte Symphonie aufgeführt sind.

Die c-moll-Symphonie bildet einen Koloss aus Granit. Die einführenden Achtel mit dem nachfolgenden Halten sind und bleiben die Keimmotive der ganzen Symphonie: „So pocht das Schicksal an die Pforte."

Die Aehnlichkeiten mit vorschlagenden Achteln in anderen, früheren Werken sind durchaus nichtssagend; am ehesten noch könnte man auf eine Stelle in Haydns Klaviersonate in Es-dur op. 66 hinweisen. Und gerade an diesem Beispiel, mehr als an den von Riemann angeführten, gewahrt man, wie viel in Beethovens Noten an zusammengeballter Kraft enthalten ist. Beethoven entwickelt die Idee formgerecht und bildet aus dem knappen Urstoff ein gewaltiges Tongebäude. Das Andante con moto im Dreiachteltakt macht den grössten Gegensatz zum Hauptallegro; schon durch seine variationenartige Form. Und das Scherzo erweitert die Stimmung um eine ganz neue Färbung; denn es huscht dahin wie dämonische Schattengeister. Hierzu muss jene vielbestrittene Korrektur Beethovens angemerkt werden. „Folgenden Fehler habe ich noch in der Symphonie aus c-moll gefunden, nämlich im dritten Stück im Dreivierteltakt, wo nach dem Dur (♮ ♮ ♮) wieder das Moll eintritt, steht so:

Die zwei Takte, worüber das Kreuz ist, sind zu viel und müssen ausgestrichen werden. Versteht sich auch in allen übrigen Stimmen, die pausieren . . ." Das Finale erbraust in vollster Lust und mitreissendem Feuer. Die angewandten drei Posaunen sind eine Neuheit. Der Eindruck der Symphonie auf alle, auch auf Goethe, als Mendelssohn ihm das Werk auf dem Klavier vorführte, war ausserordentlich. Und hübsch ausmalend belegt jene köstliche Anekdote die Wirkung des Werkes, wonach der Napoleonische Soldat, als das Finale kam, begeistert ausrief: „C'est l'empereur! Vive l'empereur!"

E. T. A. Hoffmann besprach die c-moll-Symphonie 1810 ausführlich. Er beginnt seinen Artikel also: „Rezensent hat eines der wichtigsten Werke des Meisters, dem als Instrumentalkomponisten jetzt wohl keiner den ersten Rang bestreiten wird, vor sich; er ist durchdrungen von dem Gegenstande, worüber er sprechen soll, und niemand mag es ihm verargen, wenn er, die Grenzen der gewöhnlichen Beurteilungen überschreitend, alles das in Worte zu fassen strebt, was er bei jener Komposition tief im Gemüte empfand." Zum Schlusse fasst Hoffmann sein Urteil dahin zusammen: „Beethoven hat die gewöhnliche Folge der Sätze beibehalten; sie scheinen phantastisch aneinandergereiht zu sein, und das Ganze rauscht manchem vorüber wie eine geniale Rhapsodie; aber das Gemüt jedes sinnigen Zuhörers wird gewiss von e i n e m fortdauernden Gefühl, das eben jene unnennbare, ahnungsvolle Sehnsucht ist, tief und innig ergriffen und bis zum Schlussakkord darin erhalten; ja noch manchen Moment nach demselben wird er nicht aus dem wundervollen Geisterreiche, wo Schmerz und Lust, in Tönen gestaltet, ihn umfingen, hinaustreten können. Ausser der inneren Einrichtung der Instrumentierung etc. ist es vorzüglich die innige Verwandschaft der einzelnen Themas untereinander, welche jene Einheit erzeugt, die des Zuhörers Gemüt in e i n e r Stimmung festhält." Hoffmanns Besprechungen Beethovenscher Werke hat der Meister später kennen gelernt. Des Musikers, Dichters und Juristen treffender Vergleich Beethovens, Mozarts und Haydns ist zu schön, als dass er hier fehlen dürfte.

„H a y d n s Symphonien führen uns in unabsehbare grüne Haine, in ein lustiges buntes Gewühl glücklicher Menschen. Jünglinge und Mädchen schweben in Reihentänzen vorüber; lachende Kinder, hinter Bäumen, hinter Rosenbüschen lauschend, werfen sich neckend mit Blumen. Ein Leben voll Liebe, voll Seligkeit, wie v o r der S ü n d e , in ewiger Jugend. In die Tiefen des Geisterreichs führt uns M o z a r t. Furcht umfängt uns, aber, ohne Marter, ist sie mehr Ahnung des Unendlichen. Liebe und Wehmut tönen in holden Geisterstimmen; die Nacht geht auf in hellem Purpurschimmer, und in unaussprechlicher Sehnsucht ziehen wir nach den Gestalten, die, freundlich uns in ihre Reihen winkend, in ewigem Sphärentanze durch die Wolken fliegen. (Mozarts Symphonie in Es-dur.) B e e t h o v e n s Instrumentalmusik öffnet uns das Reich des Ungeheuern und Unermesslichen. Glühende Strahlen schiessen durch dieses Reiches tiefe Nacht, und wir werden Riesenschatten gewahr, die auf und ab wogen, enger und enger uns einschliessen und alles in uns vernichten, nur nicht den Schmerz der unendlichen Sehnsucht, in welcher jede Lust, die schnell in jauchzenden Tönen emporgestiegen, hinsinkt und untergeht; und nur in diesem Schmerz, der Liebe, Hoffnung, Freude, in sich verzehrend, aber nicht zerstörend, unsere Brust mit einem vollstimmigen Zusammenklange aller Leidenschaften zersprengen will, leben wir fort und sind entzückte Geisterseher! H a y d n fasst das Menschliche im menschlichen Leben romantisch auf; er ist fasslicher für die Mehrzahl. M o z a r t nimmt mehr das Uebermenschliche, das Wunderbare, welches im innern Geiste wohnt, in Anspruch. B e e t h o v e n s Musik bewegt die Hebel der Furcht, des Schauers, des Entsetzens, des Schmerzes, und erweckt eben jene unendliche Sehnsucht, welche das Wesen der Romantik ist. Mehr als irgendeine andere Symphonie entfaltet diese in einem bis zum Ende fortsteigenden Klimax jene Romantik Beethovens und reisst den Zuhörer unwiderstehlich fort in das wundervolle Geisterreich des Unendlichen . . ."

Die c-moll-Symphonie verlangt ausser der üblichen Orchesterbesetzung für das Finale eine kleine Flöte, Posaunen und Kontrafagott. Fester und einheitlicher, darum auch grosszügiger ist kein Satz Beethovens geformt als das Allegro con brio, der Hauptsatz dieser Symphonie, der ein gewaltiges Ringen darstellt, dem der Sieg noch nicht beschieden. Die kurze Durchführung hat den Kämpfer ermattet, der zwar die Reprise noch mächtig durchkämpft, dessen Kraft aber schliesslich nach letztem Emporstreben in der Coda doch nachlässt.

Das Andante con moto (in der Tonart der Submediante As-dur stehend) spricht sehr zuversichtlich und ungemein erquickend zu uns. Die Variationen wandeln die Grundgedanken in wundervollen Linien ab. Zweimal dringt etwas Heroisches auch in diesen Satz ein.

In dem Allegro, das Beethoven freilich nicht Scherzo genannt, webt der geheimnisvolle Schauer und der „grimmige Humor" vor einem grossen Ereignis. Das Thema des Alternativs erinnert an den ersten Satz. Der Grimm über das Gewesene spricht sich in einem Fugato aus. Das Scherzo leitet unmittelbar in das Finale über. Erst Pianissimo-Spannung, dann ein gewaltiges Vorwärtsdrängen, Crescendo, bis mit vollem Orchester und grösster Kraft das Finale einsetzt und nun tosend dahinstürmt. Eine Durchführung von dröhnender Machtentfaltung drängt zum Höhepunkt. Nach einer das Scherzo zurückrufenden Episode führt die Reprise den Satz über einer breit zusammenfassenden Coda in wahrhaft triumphierendem Presto zum Schluss.

Das Werk wurde dem Fürsten Lobkowitz und dem Grafen Rasoumowsky gewidmet. Es erschien im April 1809 bei Breitkopf & Härtel als op. 67. Zu gleicher Zeit erschien als op. 68 die Pastoralsymphonie mit der gleichen Widmung.

Die Pastoralsymphonie wurde nach der c-moll-Symphonie begonnen, aber früher vollendet. Ihr Ursprung datiert aus Heiligenstadt, wo Beethoven im Sommer 1808 weilte. Sie bringt Beethovens Liebe zum Lande und zur Natur zum beredtesten musikalischen Ausdruck. Wie das Werk aufzufassen ist, hören wir von dem Meister selbst: „Pastoralsymphonie (Nr. 5). Mehr Ausdruck der Empfindung als Malerei.

Erstes Stück. Angenehme Empfindungen, welche bei der Ankunft auf dem Lande im Menschen erwachen.

Zweites Stück. Szene am Bach.

Drittes Stück. Lustiges Beisammensein der Landleute; fällt ein

Viertes Stück. Donner und Sturm; in welches einfällt

Fünftes Stück. Wohltätige, mit Dank an die Gottheit verbundene Gefühle nach dem Sturm."

Dies Programm wurde im Druck geändert. „1) Erwachen heiterer Empfindungen bei der Ankunft auf dem Lande. 2) Szene am Bach. 3) Lustiges Zusammensein der Landleute. 4) Gewittersturm. 5) Hirtengesang. Frohe und dankbare Gefühle nach dem Sturm." Vor allem aber bemerkte Beethoven noch dazu in sein Skizzenbuch: „Man überlässt es dem Zuhörer die Situationen auszufinden.

Symphonia caratteristica — oder Erinnerung an das Landleben.

Eine Erinnerung an das Landleben.

Jede Malerei, nachdem sie in der Instrumentalmusik zu weit getrieben, verliert —

Symphonia pastorale. Wer auch nur je eine Idee vom Landleben erhalten, kann sich ohne viele Ueberschriften denken, was der Autor will. —

Auch ohne Beschreibung wird man das Ganze, welches mehr Empfindung als Tongemälde, erkennen." Zum letzten Satz schreibt er noch: „Ausdruck des Dankes. Herr, wir danken Dir."

Wie sehr man sich damals in die Landschaft vertiefte, ist niemandem unbekannt. Der Name: Rousseau genügt. Beethoven nahm aber einen ganz besonderen Anteil an dem Landleben und an der Natur. Die von ihm unstreitig am meisten gelesenen Bücher waren Sturms „Betrachtungen" über die Werke Gottes im Reiche der Natur und der Vorsehung" und dessen Abhandlung „Die Natur als eine Schule für das Herz". Beethoven strich sich im Inhaltsverzeichnis unter anderem an: „Der Magnet", „Das elektrische Feuer", „Entstehungsart des Gewitters," „Sonnen- und Mondfinsternisse" usw. Von den angestrichenen oder sogar herausgeschriebenen Stellen mögen hier folgende Platz finden.

„Unermesslichkeit des Sternenhimmels.

König des Himmels, Herr der Sterne, Vater der Geister und Menschen! Könnten doch meine Gedanken immer gleich dem Raume des Himmels ausgedehnt bleiben, damit ich allzeit würdig von Deiner Grösse denken möchte! Könnte ich mich zu jenen unzählbaren Welten erheben, wo Du weit mehr als auf diesem Erdball Deine Grösse geoffenbaret hast! Könnte ich, wie ich jetzt von Blume zu Blume fortgehe, von Sternen zu Sternen fortschreiten, bis ich zu dem Heiligtume gedrungen wäre, in welchem Du mit unaussprechlicher Majestät thronest!" (Diese Stelle ist vielfach angestrichen.) „Meine Wünsche sind vergeblich, solange ich noch ein Pilger auf dieser Erde bin. Erst dann werde ich die Grösse und Schönheiten seiner himmlischen Welten erkennen, wenn mein Geist von den Banden dieses groben Körpers befreit sein wird. Inzwischen, solange ich hier noch lebe, will ich alle Menschen auffordern, Deine Grösse zu bewundern."

Eine andere angestrichene Stelle der Abhandlung war folgende:

„Man kann die Natur mit Recht eine Schule für das Herz nennen, weil sie uns auf sehr einleuchtende Art die Pflichten lehrt, welche wir sowohl in Absicht auf Gott als auf uns selbst und unsere Nebenmenschen auszuüben schuldig sind . . . Wohlan, ich will ein Schüler in dieser Schule sein und ein lernbegieriges Herz zu ihrem Unterrichte darbringen. Hier werde ich Weisheit lernen, die nie mit Ekel verbunden ist. Hier werde ich Gott kennen lernen und in seiner Erkenntnis einen Vorgeschmack des Himmels finden."

Eine weitere Stelle, welche in Sturms Betrachtungen zwei Striche am Titel und ausserdem ein Eselsohr im Buche hatte, war diese: „Wachstum eines Baumes.

Ich wünsche, dass ich in allen diesen Stücken einem Baume ähnlich sein möge. Möchte ich doch in jeder Tugend hoch emporwachsen, möchte ich nach Massgabe des Standortes, wo ich mich befinde, und der Fähigkeiten, die mir Gott gegeben hat, oberwärts Früchte tragen! Möchte ich aber zu gleicher Zeit mit Festigkeit der Seele niederwärts wachsen, um meinem ganzen praktischen Leben Richtung und Stärke zu geben, mich gegen alle Stürme des Unglücks in Sicherheit zu setzen und mich in der nötigen Demut zu erhalten! Desto mehr aber zittre ich davor, allen Bäumen darin gleich zu werden, dass ich durch meine wachsenden Wurzeln immer fester an die Erde gefesselt werde. Je näher ich dem Grabe komme, desto weiter sei es von mir entfernt, mich in der Welt festzuwurzeln."

Diese Sätze beweisen Beethovens Gesinnung und Naturgefühl, belehren uns aber auch über den Geist der Zeit. Schindler mag uns noch einiges über des Meisters Naturgefühl erzählen. „Man würde sehr irren, wollte man aus Beethovens Drange, sich viel in freier Natur zu bewegen, schliessen, es sei dies bloss aus Vorliebe für schöne Landschaften geschehen oder geboten durch körperliches Bedürfnis." Er hat sich „frühzeitig schon die Kunst zu eigen gemacht, in dem grossen Buche der Natur lesen und diese in jeder ihrer Erscheinungen verstehen zu können. Der Verfasser dieser Schrift aber (Schindler), dem das Glück zuteil geworden, unzählige Male an der Seite des Meisters durch Feld und Flur über Berg und Tal zu wandern, darf bekennen, dass Beethoven ihm dort oft ein Lehrer war und in diesem Unterrichte von grösserer Lust und Ausdauer unterstützt gewesen als bei dem musikalischen.

Zu besserem Verständnis werde gesagt, dass wir uns in Beethoven einen Menschen vorzustellen haben, in welchem sich die äussere Natur vollständig personifiziert hatte. Nicht ihre Gesetze, vielmehr die elementare Naturmacht, hatte ihn bezaubert, und das einzige, was ihn in diesem wirksamen Genuss der Natur beschäftigte, waren seine Empfindungen. Auf diesem Wege ist es gekommen, dass der Geist der Natur sich in all seiner Kraft ihm geoffenbart und zur Schöpfung eines Werkes befähigt, dem in der gesamten Musikliteratur kein ähnliches zur Seite gestellt werden kann, zu einem Tongemälde, in welchem Situationen aus dem geselligen Leben in Verbindung mit Szenen aus der Natur vor das geistige Auge des Zuhörers gebracht sind: die Pastoralsymphonie." Zur Komposition dieser Symphonie wird dann noch ganz besonders von Schindler erzählt: „In der zweiten Hälfte des April 1823, zur Zeit voller Mühsal und Widerwärtigkeiten, schlug Beethoven eines Tages zur Erholung einen Ausflug nach der Nordseite vor, dahin ihn sein Fuss seit einem Dezennium nicht mehr geführt hatte. Zunächst sollte Heiligenstadt und dessen reizend-schöne Umgebung besucht werden, wo er so viele Werke zu Papier gebracht, aber auch seine Naturstudien betrieben hatte. Die Sonne schien sommerlich, und die Landschaft prangte bereits im schönsten Frühlingskleide. Nachdem das Badehaus zu Heiligenstadt mit dem anstossenden Garten besehen und manch angenehme, auch auf seine Schöpfungen bezugnehmende Erinnerung zum Ausdruck gekommen war, setzten wir die Wanderung nach dem Kahlenberg in der Richtung über Grinzing fort. Das anmutige Wiesental zwischen Heiligenstadt und letzterem Dorfe durchschreitend, das von einem vom nahen Gebirge rasch daher eilenden und sanft murmelnden Bache durchzogen und streckenweise mit hohen Ulmen besetzt war, blieb Beethoven wiederholt stehen und liess seine Augen einen Augenblick voll von seligem Wonnegefühl in der herrlichen Landschaft umherschweifen. Sich dann auf den Wiesenboden setzend und an eine Ulme lehnend frug er mich, ob in den Wipfeln dieser Bäume keine Goldammer zu hören sei. Es war aber alles still. Darauf sagte er: ‚Hier habe ich die Szene am Bach geschrieben, und die Goldammern da oben, die Wachteln, Nachtigallen und Kuckucke ringsum haben mitkomponiert.' Auf meine Frage, warum er die Goldammer nicht auch in die Szene eingeführt, griff er nach dem Skizzenbuch und schrieb:

‚Das ist die Komponistin da oben,' äusserte er; ‚hat sie nicht eine bedeutendere Rolle auszuführen als die anderen? Mit denen soll es nur Scherz sein.' — Wahrlich, mit Eintritte dieses Motivs in G-dur erhält das Tongemälde neuen Reiz. Sich weiter über das Ganze und dessen Teile auslassend, äusserte Beethoven, dass die Tonweise dieser Abart in der Gattung der Goldammern ziemlich deutlich diese niedergeschriebene Skala im Andante-Rhythmus und gleicher Tonlage hören lasse. Als Grund, warum er diese Mitkomponistin nicht ebenfalls genannt, gab er an: ‚Diese Nennung hätte die grosse Anzahl böswilliger Auslegungen dieses

Satzes nur vermehrt, die dem Werke nicht bloss in Wien, auch an anderen Orten Eingang und Würdigung erschwert haben. Nicht selten wurde diese Symphonie wegen des zweiten Satzes für S p i e l e r e i erklärt.'"

Der erste Satz der Pastoralsymphonie, ein Allegro ma non troppo, steht in F-dur, nach Schubart in der Tonart der „Gefälligkeit und Ruhe" und beginnt ohne Einleitung; ganz „natürlich".

Die Ruhe, welche über dem Satze liegen soll, erzielt Beethoven ferner durch beschränkte Motivbildung. Wie in der c-moll-Symphonie, so wird auch hier die ganze Entwicklung von den wenigen Figuren des froh-gemütlichen Hauptthemas bestritten. Ja, die Durchführung hält sich ganz vorwiegend an das Hauptthema, dem das Seitenthema ohnehin sehr nahe verwandt ist. Die Reprise benimmt sich recht frei, was ganz logisch genannt werden muss, wenn man die stete Benutzung der Grundmotive bedenkt. Die Coda vereinfacht sogar das Gesamtbild und verleiht dem Ganzen noch grösseren Nachdruck. Das Stück stellt uns geistig die grosse Einfachheit der Natur dar, die durch ihre farbigen, flimmernden, freudigen Einzelheiten niemals langweilig werden kann. „Das ist die heimlich feierliche Stunde, wo kein Hirt seine Flöte bläst." (Zarathustra.)

Im Andante con moto belebt sich die Szene: der Bach rauscht, die Vögel zwitschern, Nachtigall, Kuckuck, Wachtel und „die Komponistin da oben", die Goldammer, lassen ihren Ruf erschallen. Aber das Ganze vereinigt sich zu einer echt musikalischen Symphonie. Eine Durchführung steigert den Eindruck vollends zur inneren Empfindung. Im Murmeln des Baches rauscht das Lied der Ewigkeit.

Im Trio herrscht der Tanz; im Allegro: Zweivierteltakt wird die Stimmung noch derber. Schliesslich kommt man ins Jagen: ein Presto leitet über zum Sturm, der im nächsten Allegro einherfährt, donnernd, prasselnd und zischend mit jähen Blitzen; zweimal braust es auf, um schliesslich mit dem letzten schwachen Regentropfen weich zu zerstäuben. Der Himmel lacht wieder. Das Finale-Allegretto im Sechsachteltakt setzt mit erfrischendem Klarinettenruf ein und wächst aus dem Dankgesang wie die anderen Sätze in einheitlicher Stimmung weiter — eine sanfte, heitere Freude färbt das anmutsvolle Bild. Der Druck ist gewichen, die Seele atmet wieder.

Was bedeuten die beiden Symphonien in der Geschichte dieser Form? — Sie bilden Höhepunkte, welche nicht überboten worden sind. Das, was sie von jener Musik früherer Tage unterscheidet, ist eine Schärfe des Ausdrucks, ein Erfülltsein jeder Note mit Lebensodem, wie ihn die Vorgänger nicht kennen konnten. Kurz gesagt, durch Beethoven kommt die Tragik in die Musik. In jedem Ton steckt Herzblut. Dass die Töne Beethovens nicht vergehen, liegt an jener Kraft, die er besessen, sich über alle Leiden des Daseins hinwegzusetzen: er hat ungebeugten Lebensmut. Die Resignation, die er sich als Mensch verschrieben, hat ihn in der Kunst doppelte Entschädigung suchen und finden lassen. Infolgedessen aber gewährt seine Musik uns stärkenden Mut und beruhigende Zuversicht.

Auf den bedeutenden Unterschied der Naturschilderung in dieser Musik und der, wie sie in der damaligen Malerei üblich war, muss kurz hingewiesen werden. Im Mittelpunkt des Interesses der Landschafter standen damals die in ihre Bilder gestellten Attribute der klassischen Zeiten; überall winkten zerbrochene Säulen, standen Skulpturen der Diana, des Apoll, machten sich griechische Tempel breit. Weil es naheliegt, verweise ich auf den landschaftlichen Hintergrund des ersten Mählerschen Beethoven-Bildes, welches gerade aus diesen Jahren stammt. Wie wahr und ohne bewusste historische Anklänge gibt Beethoven dagegen die Empfindung der Natur wieder. Einzig der in der Malerei erstrebte heroische Eindruck findet eine gewisse Parallelerscheinung in Beethovens Musik. Beethoven steht allerdings seiner Zeit als Fortschrittsmann gegenüber; wie weit ist er ihr voraus!

Nun kommen wir wieder zu den Klavierwerken. Beethoven hatte noch nicht aufgegeben, Klavier zu spielen, obwohl sein Eifer für das Instrument schon bedeutend nachgelassen hatte. Folgende Notiz im Skizzenbuch zur Leonore gibt uns Fingerzeige: „Finale immer simpler; alle Klaviermusik ebenfalls — Gott weiss es — warum auf mich meine Klaviermusik immer den schlechtesten Eindruck macht, besonders wenn sie schlecht gespielt wird." Ja, im September 1809 schreibt er noch schroffer an Breitkopf & Härtel: „Ich gebe mich nicht gern mit Klaviersolosonaten ab," fügt aber mildernd hinzu, „doch verspreche ich Ihnen einige." Hier haben wir sie.

Die drei Sonaten op. 78, 79, 81a sind ihrer Struktur nach sehr einfach, obwohl musikalisch ausserordentlich vielsagend, namentlich die Fis-dur- und die Es-dur-Sonate. Die mittlere op. 79 wird die Kuckucksonate genannt und kann wohl als ein Seitenstück zur Pastoralsymphonie angesehen werden. Das Presto alla tedesca beweist Beethovens Vergnügen an lustigen Tänzen; es stellt einen ausgelassenen deutschen Tanz dar. Das Andante rührt von ferne an Mendelssohn. Dieses Stück und das wegen seiner harmonischen Härten von Oulibischeff so heftig angegriffene op. 81a rechnen wieder zu der Musik mit erzählendem Hintergrund. Die Abschiedssonate hat sogar ein ausdrückliches Programm. Die Sätze heissen: Abschied — Abwesenheit — Ankunft (Heimkehr); das bezieht sich auf die Abwesenheit des Erzherzogs Rudolph, dem das Werk auch gewidmet ist. Auf dem Originalmanuskript steht: „Das Lebewohl? Wien, am 4. Mai 1809 bei der Abreise Seiner Kaiserlichen Hoheit des verehrten Erzherzogs Rudolph." Der letzte Satz trägt die Notiz: „Die Ankunft Seiner Kaiserlichen Hoheit, des verehrten Erzherzogs Rudolph. Den 30. Januar 1810." Das Werk entwickelt eine eigentümliche Zwittergestalt; namentlich im ersten und letzten Satz. Während der langsame Satz am einheitlichsten seine sinnige Stimmung festhält, wirken neue Empfindungen in den beiden anderen Teilen der Sonate: ein neuer, noch nicht ganz entfesselter Stil kündigt sich an. Der harmonisch eigentümliche Schluss im ersten Satze

FRANZ BRENTANO
1765–1844

ANTONIE BRENTANO GEB. EDLE V. BIRKENSTOCK

1780–1869

bringt in den letzten Takten eine, ich möchte sagen: ineinander geschobene Imitation, die tonische und Dominantklänge ineinander treibt; das ist das ganze Rätsel, an dem Oulibischeff sich die Zähne ausbeisst. Das Adagio zu Anfang ist echte Einleitung, welche durch das eigentümlich harte und doch elegische Hauptthema schroff abgelöst wird. Der Satz entwickelt sich in auffallend klaren Linien, in denen trotzdem etwas eigentümlich Unausgesprochenes liegt; ganz wie in jenen Uebergangssonaten op. 30, 1 und 31, 1, die den zweiten Stil einleiten. Das kurze Andante „in gehender Bewegung mit viel Ausdruck" hat einen sanft-leidenden Zug; eigentliche Freudigkeit kommt nicht auf — die Stimmung bleibt wunderbar einheitlich. Das Finale aber gibt uns der Erde wieder. Vor Freude sind nicht alle Worte gewählt, die da gesprochen werden, aber das frohe Drängen und der festliche Empfang deuten sich beinahe bildlich an. Der Satz muss nicht detailliert, sondern in vollen Zügen, im ganzen genossen werden, dann beleben sich die anscheinend trivialen weiten Gänge mit aufrichtiger Empfindung.

Die Fis-dur-Sonate beschreitet wieder jene andere Linie, auf der Beethoven zugleich vorwärts ging; sie enthält reine Musik. Der Meister stellt sie selbst, doch nur aus diesem Grunde, neben die so vielgenannte und gelobte cis-moll-Sonate. „Immer spricht man von der cis-moll-Sonate; ich habe doch wahrhaftig Besseres geschrieben. Da ist die Fis-dur-Sonate doch etwas anderes." Sie ergeht sich zwar nicht in breit ausladenden Linien und fördert keine überraschenden Entwicklungen zutage, gefällt dafür als modulatorisch und harmonisch reizvolles Filigranstück. Das Werk hat nur zwei Sätze. Beethoven hat es der Gräfin Therese Brunswik gewidmet, während op. 79 keine Widmung erhalten hat.

Die Sonate op. 81a erschien erst im Juli 1811, dagegen die beiden anderen Werke im Dezember 1810. Zugleich mit ihnen die dem Grafen Franz von Brunswik gewidmete Phantasie op. 77, das einzige Werk, welches uns, ausser den Sonaten op. 27, und mehr als diese, einen Begriff — einen entfernten Begriff! — von Beethovens freier Phantasie geben kann. Wie sprudelnd und schroff wechselnd muss Beethoven demnach improvisiert haben!

Hier muss das neue Klavierkonzert angeschlossen werden, welches 1810 zuerst in Wien von Karl Czerny in einem Wohltätigkeitskonzert gespielt wurde, und von dem berichtet wird, dass es in dieser Umgebung durchfiel. Dieses Werk konnte missfallen? möchte man heute verwundert fragen. Allein man bedenke die innere und äussere Technik, die es erfordert. Es ist frei, in innerer Verbindung mit dem Orchester gestaltet, so gar nicht ängstlich ans hergebrachte Schema sich haltend. Das kadenzierende Präludium zeigt dies schon; es erhebt sich ein Ineinanderspielen des Klaviers und des Orchesters, ein Spiel, das damals entschieden, trotz deutlich hervortretender Melodielichter, dem gewöhnlichen Zuhörer dunkel bleiben musste. Das Adagio un poco mosso führt uns auf klingende Fluren; Luft und Sommersonnenschein haben an diesem Werke mitgewoben. — Erst das attacca an das Adagio sich anschliessende Rondo stellt uns wieder ganz auf die Füsse. Die höchst packenden Rhythmen dieses Beethovenschen Humors reissen unwillkürlich mit. Das Konzert steht neben dem in G-dur wie ein Bruder neben seiner Schwester; dort die schönste Aquarellmusik mit zartesten Nuancen, hier satte Farben, Glanz und Pracht ohne aufdringliche Virtuosität. Auch mit diesem Stück hat Beethoven das Höchste an Klang und Musik erreicht; Himmel und Erde begegnen sich in diesen Tönen; bislang hat noch keiner das zu übertreffen vermocht. Dies 5. Konzert erschien im Mai 1811 bei Breitkopf & Härtel und war wiederum dem Erzherzog Rudolph gewidmet. Beethoven schreibt: „Ich habe einige Male bemerkt, dass eben, wenn ich anderen etwas widme und er (der Erzherzog) das Werk liebt, ein kleines Leidwesen sich seiner bemächtigt . . ."

Die Tonart Es-dur lag Beethoven besonders gut, man kann sie sogar seine Tonart nennen, wenn man vor allem auch an die Eroica denkt und daran, dass diese (nach Schubart: „heilige", also erhabene) Tonart in seinen Werken am häufigsten vorkommt. Auch die Sonate in Es und das Konzert blieben nicht die einzigen Werke dieser Zeit, welche in Es-dur stehen. Das Streichquartett op. 74 ist ebenfalls in Es-dur geschrieben.

Mit den Sonaten op. 78 und 79 erschien es gleichzeitig im Dezember 1810 und wurde dem Fürsten Lobkowitz, dem einen Garanten der Lebensrente, gewidmet. Mit dem Quartett op. 74 nähert sich Beethoven auch auf diesem Gebiet der Musik seiner letzten Schaffensperiode, wie das auch schon von der Abschiedssonate gesagt werden konnte. Die weite Lage der Stimmen hat er von op. 59 her beibehalten, aber das konzertierende Element tritt wieder hinter den musikalischen Ideen zurück. Das neue Quartett ist auch eines der frohen Werke, genährt am Herzen der Natur. Die Pizzicati, denen das Stück den Namen „Harfenquartett" verdankt,

klingen wie die seltsamen Laute, die aus winddurchstreiften Gebüschen und Wäldern an unser Ohr schlagen. Wie rauscht es da, wenn die Primgeige ihre Sechzehntelarpeggien bringt! Der innige Dreiachteltakt und der zurückhaltende Stil des Andante stehen wirksam neben dem an die c-moll-Symphonie anklingenden Presto-Scherzo, das im Trio noch heftiger — prestissimo — dahinfährt, wie die Windsbraut des Herbstes. Zum Beschluss begrüssen uns wieder Variationen, Beethovens bevorzugte Form, welche die ganze beglückende Harmonie des Werkes besiegeln. Das ist, wie gesagt, kein Konzertstil mehr, sondern aufrichtigster Naturstil, wenn man das Wort nicht missverstehen will: tiefste Natur in der höchsten Kunst. — Nur erwähnt seien schliesslich die „seinem Freunde Oliva", einem Kassabeamten der Bank Offenheimer & Herz, gewidmeten Variationen op. 76 in D-dur für Klavier über ein russisches Thema, die im Dezember 1810 erschienen, zu einer Zeit, wo Beethoven wieder um eine Hoffnung ärmer war.

11. Kapitel

DIE UNSTERBLICHE GELIEBTE

Im wunderschönen Monat Mai des Jahres 1810 bittet Beethoven seinen alten Freund Wegeler in Bonn, ihm einen Taufschein zu besorgen.

„Wien, am 2. Mai 1810.

Guter, alter Freund! — Beinahe, kann ich es denken, erwecken meine Zeilen Staunen bei Dir — und doch, obschon Du keine schriftlichen Beweise hast, bist Du doch noch immer bei mir im lebhaftesten Andenken. — Unter meinen Manuskripten ist selbst schon lange eins, was Dir zugedacht ist, und was Du gewiss noch diesen Sommer erhältst. Seit ein, zwei Jahren hörte ein stilleres, ruhigeres Leben bei mir auf, und ich ward mit Gewalt in das Weltleben gezogen; noch habe ich kein Resultat dafür gefasst und vielleicht eher dawider. — Doch auf wen mussten nicht auch die Stürme von aussen wirken? Doch ich wäre glücklich, vielleicht einer der glücklichsten Menschen, wenn nicht der Dämon in meinen Ohren seinen Aufenthalt aufgeschlagen. — Hätte ich nicht irgendwo gelesen, der Mensch dürfe nicht freiwillig scheiden von seinem Leben, solange er noch eine gute Tat verrichten kann, längst wäre ich nicht mehr — und zwar durch mich selbst. — O, so schön ist das Leben, aber bei mir ist es für immer vergiftet. — Du wirst mir eine freundschaftliche Bitte nicht abschlagen, wenn ich dich ersuche, mir meinen Taufschein zu besorgen. — Was nur immer für Unkosten dabei sind, da Steffen Breuning mit Dir in Verrechnung steht, so kannst Du Dich da gleich bezahlt machen, so wie ich hier an Steffen gleich alles ersetzen werde. — Solltest Du auch selbst es der Mühe wert halten, der Sache nachzuforschen, und es Dir gefallen, die Reise von Koblenz nach Bonn zu machen, so rechne mir nur alles an. — Etwas ist unterdessen in acht zu nehmen, nämlich, dass noch ein Bruder **früherer Geburt vor mir** war, der ebenfalls Ludwig hiess, nur mit dem Zusatze ‚Maria', aber gestorben. Um mein gewisses Alter zu bestimmen, muss man also diesen erst finden, da ich ohnedem schon weiss, dass durch andere hierin ein Irrtum entstanden, da man mich als älter angegeben, als ich war. — Leider habe ich eine Zeitlang gelebt, ohne selbst zu wissen, wie alt ich bin. — Ein Familienbuch hatte ich, aber es hat sich verloren, der Himmel weiss wie. — Also lass Dich's nicht verdriessen, wenn ich Dir diese Sache sehr warm empfehle, den Ludwig Maria und den jetzigen, nach ihm gekommenen Ludwig ausfindig zu machen. — Je bälder Du mir den Taufschein schickst, desto grösser meine Verbindlichkeit. — Man sagt mir, dass Du in euren Freimaurerlogen ein Lied von mir singst, vermutlich in E-dur und was ich selbst nicht habe; schick' mir's, ich verspreche Dir's drei- und vierfältig auf eine andere Art zu ersetzen. — Denke mit einigem Wohlwollen an mich, so wenig ich's dem äusseren Scheine nach um Dich verdiene. — Umarme, küsse Deine verehrte Frau, Deine Kinder, alles, was Dir lieb ist — im Namen

Deines Freundes

Beethoven."

Durch Freund Gleichenstein war Beethoven mit der Familie Malfatti bekanntgeworden. Der Freund verlobte sich mit der Tochter Anna des Gutsbesitzers dieses Namens, Beethoven verliebte sich in die Tochter Therese. Aber während jener seine Verlobte im Jahre 1811 als Gattin heimführte, wurde Beethoven abgewiesen. Die Familie war ihm nicht günstig. Der Onkel Theresens, Dr. Malfatti, sprach aus, was man dachte: „Er ist ein konfuser Kerl — darum kann er doch das grösste Genie sein."

Die Zeit der Erwartung konnte Beethoven nur schwer aushalten.

„Du lebst auf stiller, ruhiger See oder schon im sicheren Hafen. — Des Freundes Not, der sich im Sturm befindet, fühlst Du nicht — oder darfst Du nicht fühlen. — Was wird man im Stern der Venus Urania von mir denken, wie wird man mich beurteilen, ohne mich zu sehen? — Mein Stolz ist so gebeugt, auch unaufgefordert würde ich mit Dir reisen dahin. — Lass mich Dich sehen morgen früh bei mir, ich erwarte Dich gegen 9 Uhr zum Frühstücken — Dorner kann auch ein andermal mit Dir kommen. — Wenn Du nur aufrichtiger sein wolltest! Du verhehlst mir gewiss etwas, Du willst mich schonen und erregst mir mehr Wehe in dieser Ungewissheit als in der noch so fatalen Gewissheit. — Leb' wohl! Kannst Du nicht kommen, so lass mich es vorher wissen. — Denk und handle für mich! — Dem Papier lässt sich nichts weiter von dem, was in mir vorgeht, anvertrauen."

„Lieber Freund! So verflucht spät — drücke alle warm ans Herz. — Warum kann meines nicht dabei sein? Leb' wohl, Mittwochs früh bin ich bei Dir. — Der Brief ist so geschrieben, dass ihn die ganze Welt lesen kann. — Findest Du das Papier von dem Umschlag nicht rein genug, so mach ein anderes darum, bei der Nacht kann ich nicht ausnehmen, ob's rein ist. — Leb' wohl, lieber Freund, denke und handle auch für Deinen treuen Freund

Beethoven."

Das Verhältnis zu Therese war ein so ruhig-heiteres, wie es der Brief an sie andeutet:

„Sie erhalten hier, verehrte Therese, das Versprochene, und wären nicht die triftigsten Hindernisse gewesen, so erhielten Sie noch mehr, um Ihnen zu zeigen, dass ich immer mehr meinen Freunden leiste, als ich verspreche. — Ich hoffe und zweifle nicht daran, dass Sie sich ebenso schön beschäftigen als angenehm unterhalten — letzteres doch nicht zu sehr, damit man auch noch unser gedenke. — Es wäre wohl zu viel gebaut auf Sie oder meinen Wert zu hoch angesetzt, wenn ich Ihnen zuschriebe: ‚Die Menschen sind nicht nur zusammen, wenn sie beisammen sind; auch der Entfernte, der Abgeschiedene lebt uns.' Wer wollte der flüchtigen, alles im Leben leicht behandelnden Therese so etwas zuschreiben? —

Vergessen Sie doch ja nicht in Ansehung Ihrer Beschäftigung das Klavier oder überhaupt die Musik im ganzen genommen. Sie haben so schönes Talent dazu; warum es nicht ganz kultivieren? Sie, die für alles Schöne und Gute soviel Gefühl haben, warum wollen Sie dieses nicht anwenden, um in einer so schönen Kunst auch das Vollkommenere zu erkennen, das selbst auf uns immer wieder zurückstrahlt? — Ich lebe sehr einsam und still; obschon hier oder da mich Lichter aufwecken möchten, so ist doch eine unausfüllbare Lücke, seit Sie alle fort von hier sind, in mir entstanden, worüber sonst meine Kunst, die mir sonst so getreu ist, noch keinen Triumph hat erhalten können. — Ihr Klavier ist bestellt, und Sie werden es bald haben. — Welchen Unterschied werden Sie gefunden haben in der Behandlung des an jenem Abend erfundenen Themas, und so, wie ich es Ihnen letztlich niedergeschrieben habe! Erklären Sie sich das selbst, doch nehmen Sie ja den Punsch nicht zu Hilfe. — Wie glücklich sind Sie, dass Sie schon so früh aufs Land konnten! Erst am 8. kann ich diese Glückseligkeit geniessen, kindlich freue ich mich darauf. Wie froh bin ich, einmal in Gebüschen, Wäldern, unter Bäumen, Kräutern, Felsen wandeln zu können! Kein Mensch kann das Land so lieben wie ich — geben doch Wälder, Bäume, Felsen den Widerhall, den der Mensch wünscht. —

Bald erhalten Sie einige andere Kompositionen von mir, wobei Sie nicht zu sehr über Schwierigkeiten klagen sollen. — Haben Sie Goethes Wilhelm Meister gelesen? den von Schlegel übersetzten Shakespeare? Auf dem Lande hat man so viele Muse; es wird Ihnen vielleicht angenehm sein, wenn ich Ihnen diese Werke schicke. — Der Zufall fügt es, dass ich einen Bekannten in Ihrer Gegend habe. Vielleicht sehen Sie mich an einem frühen Morgen auf eine halbe Stunde bei Ihnen und wieder fort; Sie sehen, dass ich Ihnen die kürzeste Langeweile bereiten will. —

Empfehlen Sie mich dem Wohlwollen Ihres Vaters, Ihrer Mutter, obschon ich mit Recht noch keinen Anspruch darauf machen kann — ebenfalls dem der Base Ma. Leben Sie nun wohl, verehrte Therese! Ich wünsche Ihnen alles, was im Leben gut und schön ist. Erinnern Sie sich meiner und gern — vergessen Sie das Tolle — seien Sie überzeugt, niemand kann Ihr Leben froher, glücklicher wissen wollen als ich, und selbst dann, wenn Sie gar keinen Anteil nehmen

an Ihrem ergebensten

Diener und Freund

Beethoven.

NB. Es wäre sehr hübsch von Ihnen, in einigen Zeilen mir zu sagen, worin ich Ihnen hier dienen kann. —"

Der Schluss des Briefes kündet die Hoffnung, die zuschanden werden sollte; über den Ausgang der Liebesangelegenheit haben wir persönliche Nachrichten von Beethoven. „Deine Nachricht stürzte mich aus den Regionen des höchsten Entzückens wieder tief herab. Wozu denn der Zusatz, Du wolltest mir es sagen lassen, wenn wieder Musik sei? Bin ich denn gar nichts als Dein Musicus oder der anderen? — So ist es wenigstens auszulegen. Ich kann also nur wieder in meinem eigenen Busen einen Anlehnungspunkt suchen, von aussen gibt es also gar keinen für mich. — Nein, nichts als Wunden hat die Freundschaft und ihr ähnliche Gefühle für mich. — So sei es denn! Für dich, armer Beethoven, gibt es kein Glück von aussen; du musst Dir alles in Dir selbst erschaffen, nur in der idealen Welt findest du Freunde. — Ich bitte Dich, mich zu beruhigen, ob ich selbst den gestrigen Tag verschuldet, oder wenn Du das nicht kannst, so sage mir die Wahrheit: ich höre sie ebenso gerne, als ich sie sage. — Jetzt ist es noch Zeit, noch können mir Wahrheiten nützen. — Leb' wohl! — Lass Deinen einzigen Freund Dorner nichts von alledem wissen." — „Seine Heiratspartie hat sich zerschlagen," wie Breuning an Wegeler schrieb.

Das war der Mai 1810, der Wunden schlug — er heilte sie auch wieder. Es geschah durch Bettina Brentano, die in diesem Monat nach Wien kam. Beethoven war mit der Familie Brentano bekannt und verkehrte auch bei dem Hofrat Birkenstock, dem Vater der Frau Antonie Birkenstock-Brentano. Der alte Herr war 1809 verstorben. Zur Ordnung des Nachlasses lebten Antonie und ihr Mann Franz Brentano bis 1812 in Wien, wo sie sich innig mit Beethoven befreundeten. Der Brief Bettinas besagt, wie es um Beethoven damals stand, und wie sie ihn in düstrer Stimmung erquickt.

„Teuerste Bettine!

Kein schönerer Frühling als der heurige, das sage ich und fühle es auch, weil ich Ihre Bekanntschaft gemacht habe. Sie haben wohl selbst gesehen, dass ich in der Gesellschaft bin wie ein Fisch auf dem Sand; der wälzt sich und wälzt sich und kann nicht fort, bis eine wohlwollende Galathe ihn wieder ins gewaltige Meer hineinschafft. Ja, ich war recht auf dem Trocknen, liebste Bettine; ich ward von Ihnen überrascht in einem Augenblick, wo der Missmut ganz meiner Meister war, aber wahrlich er verschwand mit Ihrem Anblick; ich hab's gleich weg gehabt, dass Sie aus einer anderen Welt sind als aus dieser absurden, der man mit dem besten Willen die Ohren nicht auftun kann. Ich bin ein elender Mensch, und beklage mich über die anderen!! — Das verzeihen Sie mir wohl, mit Ihrem guten Herzen, das aus Ihren Augen sieht, und mit Ihrem Verstand, der in Ihren Ohren liegt; — zum wenigsten verstehen Ihre Ohren zu schmeicheln, wenn sie zuhören. Meine Ohren sind leider, leider eine Scheidewand, durch die ich keine freundliche Kommunikation mit Menschen leicht haben kann. Sonst! — Vielleicht! — hätte ich mehr Zutrauen gefasst zu Ihnen. So konnt' ich nur den grossen gescheuten Blick Ihrer Augen verstehen, und der hat mir zugesetzt, dass ich's nimmermehr vergessen werde. — Liebe Bettine, liebstes Mädchen! Die Kunst! — Wer versteht die! mit wem kann man sich bereden über diese grosse Göttin! — Wie lieb sind mir die wenigen Tage, wo wir zusammen schwatzten oder vielmehr korrespondierten; ich habe die kleinen Zettel alle aufbewahrt, auf denen Ihre geistreichen, lieben, liebsten Antworten stehen. So habe ich meinen schlechten Ohren doch zu verdanken, dass der beste Teil dieser flüchtigen Gespräche aufgeschrieben ist. Seit Sie weg sind, habe ich verdriessliche Stunden gehabt, Schattenstunden, in denen man nichts tun kann; ich bin wohl an drei Stunden in der Schönbrunner Allee herumgelaufen, als Sie weg waren, und auf der Bastei; aber kein Engel ist mir da begegnet, der mich gebannt hätte, wie Du Engel, — verzeihen Sie, liebste Bettine, diese Abweichung von der Tonart; solche Intervalle muss ich haben, um meinem Herzen Luft zu machen. Und an Goethe haben Sie von mir geschrieben, nicht wahr? — Dass ich meinen Kopf möchte in einen Sack stecken, wo ich nichts höre und nichts sehe von allem, was in der Welt vorgeht, weil Du, liebster Engel, mir doch nicht begegnen wirst. Aber einen Brief werd' ich doch von Ihnen erhalten? — Die Hoffnung nährt mich, sie nährt ja die halbe Welt, und ich hab' sie mein Lebtag zur Nachbarin gehabt; was wäre sonst mit mir geworden? Ich schicke hier mit eigener Hand geschrieben: ‚Kennst du das Land' als eine Erinnerung an die Stunde, wo ich Sie kennen lernte. Ich schicke auch das andere, was ich komponiert habe, seit ich Abschied von Dir genommen habe, liebes, liebstes Herz!

Herz, mein Herz, was soll das geben?
Was bedränget dich so sehr?
Welch ein fremdes, neues Leben!
Ich erkenne dich nicht mehr.

von Wien.

An

Fräulein Bettine v. Brentano
Visconti Laroche

in

Berlin.

bey Hr. v. Savigny
Monbijou=Platz No. 1.

Beethoven wohnt auf
der Mölker=Bastey im
Pascolatischen Hause.

Liebe, liebe Bettine!

habe schon zwei Briefe
en und sehe aus ihrem Brief
die ~~Toni~~ daß Sie sich
rinnern und zwar viel zu vortheilhaft
nnern — ihren ersten Brief
e ich den ganzen Sommer
r herumgetragen, und er
oft seelig gemacht, wenn ich
nicht so oft schreibe, und Sie g
ts von mir sehen, so schreib
nen doch 1000 mal tausend Briefe
Gedanken — wie Sie sich
lin in Ansehung des Weltgeschm
den könnte ich mir denken
nicht von ihnen gelesen hätte
~~Reden~~ Schwätzen über Kunst o
aten!!!!! die beste Zeichnung

...rüber findet sich im Schil...
...dist, die Flusshof, wo die Sp...
...geist — Sie freiwillig...
...ich erhalten, aber du ihr ...
...geschehen, und ich hoffe ...
...ich einmal Zuschauer nach ...
...kommen, so können die alten ...
...auf ihren und ihrem gehalten Zu...
...und die Ohr die ähnlichen...
...ernt — da soll ich ih...
...n mir sorgen, bedauern u...
...ficht, weiche ich mit der Sch...
... etwa ich mir vorher...
...übergehen, so will ein...
...thun [struck-through word] für alles üb...
...ll und Lehre dem alles in sich ...
...n höchsten Wandern —

schieben kuchen für alle die
worten aus, die ihm meinen
wichsten Erinnerung sind
verwunderswürdig auszudrücken
bin aber in der Lust ihm selbst
zu schreiben Ebenso Eigentum
zu ich die Allis ... gesetzt
Zweige Schloß und lieber zu
inen Dichtungen, die mich
üllich machen. Was kann
ie bleich eisernen geschmeidiges
mich denken, dem Dichtbeziehen
heiwort einer Nation?—
Nichts Mehr lieber guter L., ich komme
Morgen um 11 Uhr erst Schon einem
mal, wo ich sieben viel leben müßte im
bineschr aber so schnelz in stiemm
Schrauben Brüder bricht mich oft
Lebhafting werden in mich selbst zu:
— Legen Clemens stecken Wahl für sein
träumen und die Kunsterte so ist der Gegen
und auch hier nicht wichtig genug, ein anderes
Jünglingsgeist die Ziernahnung, so hat die Schritte
sind so großer Portion, daß dem Leser nicht
Zeit bleiben wird ist ihm [illegible] auch zu dient? – ein Geberde
– lieber B. 'In Lust. dich' [redacted] mit deiner Stärken und S

Ja, liebste Bettine, antworten Sie mir hierauf, schreiben Sie mir, was es geben soll mit mir, seit mein Herz ein solcher Rebelle geworden ist. Schreiben Sie Ihrem treusten Freund

Beethoven."

In den Berichten an Goethe erzählt Bettina, „wie sie diesen sah".

„Wien, am 28. Mai.

Wie ich diesen sah, von dem ich Dir jetzt sprechen will, da vergass ich der ganzen Welt, schwindet mir doch auch die Welt, wenn mich Erinnerung ergreift, — ja sie schwindet. Mein Horizont fängt zu meinen Füssen an, wölbt sich um mich und ich stehe im Meer des Lichts, das von Dir ausgeht und in aller Stille schweb' ich gelassenen Flugs über Berg und Tal zu Dir. — Ach, lasse alles sein, mache Deine lieben Augen zu, leb in mir einen Augenblick, vergesse, was zwischen uns liegt, die weiten Meilen und auch die lange Zeit. — Von da aus, wo ich Dich zum letztenmal sah, sehe mich an; — ständ' ich doch vor Dir! — Könnt' ich's Dir deutlich machen! — Der tiefe Schauder, der mich schüttelt, wenn ich eine Weile der Welt mit zugesehen habe, wenn ich dann hinter mich sehe in die Einsamkeit und fühle, wie fremd mir alles ist. Wie kommt's, dass ich dennoch grüne und blühe in dieser Oede? — Wo kommt mir der Tau, die Nahrung, die Wärme, der Segen her? — Von dieser Liebe zwischen uns, in der ich mich selbst so lieblich fühle. — Wenn ich bei Dir wär', ich wollte Dir viel wiedergeben für alles. — Es ist Beethoven, von dem ich Dir jetzt sprechen will, und bei dem ich der Welt und Deiner vergessen habe; ich bin zwar unmündig, aber ich irre darum nicht, wenn ich ausspreche (was jetzt vielleicht keiner versteht und glaubt), er schreite weit der Bildung der ganzen Menschheit voran, und ob wir ihn je einholen? — Ich zweifle; möge er nur leben, bis das gewaltige und erhabene Rätsel, was in seinem Geiste liegt, zu seiner höchsten Vollendung herangereift ist, ja möge er sein höchstes Ziel erreichen, gewiss dann lässt er den Schlüssel zu einer himmlischen Erkenntnis in unseren Händen, die uns der wahren Seligkeit um eine Stufe näher rückt.

Vor Dir kann ich's wohl bekennen, dass ich an einen göttlichen Zauber glaube, der das Element der geistigen Natur ist, diesen Zauber übt Beethoven in seiner Kunst; alles, wessen er Dich darüber belehren kann, ist reine Magie, jede Stellung ist Organisation einer höheren Existenz, und so fühlt Beethoven sich auch als Begründer einer neuen sinnlichen Basis im geistigen Leben; Du wirst wohl herausverstehen, was ich sagen will und was wahr ist. Wer könnte uns diesen Geist ersetzen? Von wem könnten wir ein Gleiches erwarten? — Das ganze menschliche Treiben geht wie ein Uhrwerk an ihm auf und nieder, er allein erzeugt frei aus sich das Ungeahnte, Unerschaffne; was sollte diesem auch der Verkehr mit der Welt, der schon vor Sonnenaufgang am heiligen Tagwerk ist, und nach Sonnenuntergang kaum um sich sieht, der seines Leibes Nahrung vergisst, und von dem Strom der Begeisterung im Flug an den Ufern des flachen Alltagslebens vorübergetragen wird; er selber sagte: ‚Wenn ich die Augen aufschlage, so muss ich seufzen, denn was ich sehe, ist gegen meine Religion, und die Welt muss ich verachten, die nicht ahnt, dass Musik höhere Offenbarung ist als alle Weisheit und Philosophie, sie ist der Wein, der zu neuen Erzeugungen begeistert, und ich bin der Bacchus, der für die Menschen diesen herrlichen Wein keltert und sie geistestrunken macht; wenn sie dann wieder nüchtern sind, dann haben sie allerlei gefischt, was sie mit aufs T r o c k n e bringen. — Keinen Freund hab' ich, ich muss mit mir allein leben; ich weiss aber wohl, dass Gott mir näher ist, wie den andern in meiner Kunst, ich gehe ohne Furcht mit ihm um, ich hab' ihn jedesmal erkannt und verstanden, mir ist auch gar nicht bange um meine Musik, die kann kein böses Schicksal haben; wem sie sich verständlich macht, der muss frei werden von all dem Elend, womit sich die andern schleppen.' — Dies alles hat mir Beethoven gesagt, wie ich ihn zum erstenmal sah, mich durchdrang ein Gefühl von Ehrfurcht, wie er sich mit so freundlicher Offenheit gegen mich äusserte, da ich ihm doch ganz unbedeutend sein musste; auch war ich verwundert, denn man hatte mir gesagt, er sei ganz menschenscheu und lasse sich mit niemand in ein Gespräch ein. Man fürchtete sich, mich zu ihm zu führen, ich musste ihn allein aufsuchen; er hat drei Wohnungen, in denen er abwechselnd sich versteckt, eine auf dem Lande, eine in der Stadt und die dritte auf der Bastei, da fand ich ihn im dritten Stock; unangemeldet trat ich ein, er sass am Klavier, ich nannte meinen Namen, er war sehr freundlich und fragte: ob ich ein Lied hören wolle, was er eben komponiert habe? — Dann sang er scharf und schneidend, dass die Wehmut auf den Hörer zurückwirkte: ‚Kennst du das Land', — ‚nicht wahr, es ist schön?' sagte er begeistert, ‚wunderschön! Ich will's noch einmal singen,' er freute sich über meinen heiteren Beifall. ‚Die meisten Menschen sind g e r ü h r t über etwas Gutes, das sind aber keine K ü n s t l e r - n a t u r e n , Künstler sind f e u r i g , die weinen nicht,' sagte er. Dann sang er noch ein Lied von Dir, das er auch in diesen Tagen komponiert hatte: ‚T r o c k n e t n i c h t T r ä n e n d e r e w i g e n L i e b e.' — Er begleitete mich nach Hause, und unterwegs sprach er eben das viele Schöne über die Kunst, dabei sprach er so laut und blieb auf der Strasse stehen, dass Mut dazu gehörte, zuzuhören, er sprach mit grosser Leidenschaft und viel zu überraschend, als dass ich nicht auch der Strasse vergessen hätte; man war sehr verwundert, ihn mit mir in eine grosse Gesellschaft, die bei uns zum Diner war, eintreten zu sehen. Nach Tisch setzte er sich unaufgefordert ans Instrument und spielte lange und wunderbar, sein Stolz fermentierte zugleich mit seinem Genie; in solcher Aufregung erzeugt sein Geist das Unbegreifliche, und seine Finger leisten das Unmögliche. — Seitdem kommt er alle Tage, oder ich gehe zu ihm. Darüber versäume ich Gesellschaften, Galerien, Theater und sogar den Stephansturm. Beethoven sagt: ‚Ach, was wollen Sie da sehen! Ich werde Sie abholen, wir gehen gegen Abend durch die Allee von Schönbrunn.' Gestern ging ich mit ihm in einen herrlichen Garten, in voller Blüte, alle Treibhäuser offen, der Duft war betäubend; Beethoven blieb in der drückenden Sonnenhitze stehen und sagte: ‚Goethes Gedichte behaupten nicht allein durch den Inhalt, auch durch den Rhythmus eine grosse Gewalt über mich, ich werde gestimmt und aufgeregt zum Komponieren durch diese Sprache, die wie durch Geister zu höherer Ordnung sich aufbaut und das Geheimnis der Harmonien schon in sich trägt. Da muss ich denn von dem Brennpunkt der Begeisterung die Melodie nach allen Seiten hin ausladen, ich verfolge sie, hole sie mit Leidenschaft wieder ein, ich sehe sie dahin fliehen, in der Masse verschiedener Aufregungen verschwinden, bald erfasse ich sie mit erneuter Leidenschaft, ich kann mich nicht von ihr trennen, ich muss mit raschem Entzücken in allen Modulationen sie vervielfältigen, und im letzten Augenblick da triumphiere ich über den ersten musikalischen Gedanken, sehen Sie, das ist eine Symphonie; ja, Musik ist so recht die Vermittelung des geistigen Lebens zum sinnlichen. Ich möchte mit Goethe hierüber sprechen, ob der mich verstehen würde? — Melodie ist das sinnliche Leben der Poesie. Wird nicht der geistige Inhalt eines Gedichts zum sinnlichen Gefühl durch die Melodie? — Empfindet man nicht in dem Lied der Mignon ihre ganze sinnliche Stimmung durch die Melodie? Und erregt diese Empfindung nicht wieder zu neuen Erzeugungen? — Da will der Geist zu schrankenloser Allgemeinheit sich ausdehnen, wo alles in allem sich bildet zum Bett der Gefühle, die aus dem einfachen musikalischen Gedanken entspringen, und die sonst ungeahnt verhallen würden; das ist Harmonie, das spricht sich in meinen Symphonien aus, der Schmelz vielseitiger Formen wogt dahin in einem Bett bis zum Ziel. Da fühlt man denn wohl, dass ein Ewiges, Unendliches, nie ganz zu Umfassendes in allem Geistigen liege, und obschon ich bei meinen Werken immer die Empfindung des Gelingens habe; so fühle ich einen ewigen Hunger, was mir eben erschöpft schien mit dem letzten Paukenschlag, mit dem ich meinen Genuss, meine musikalische Ueberzeugung den Zuhörern einkeilte, wie ein Kind von neuem anzufangen. Sprechen Sie dem Goethe von mir, sagen Sie ihm, er solle meine Symphonien hören, da wird er mir recht geben, dass Musik der einzige unverkörperte Eingang in eine höhere Welt des Wissens ist, die wohl den Menschen umfasst, dass er aber nicht sie zu fassen vermag. — Es gehört Rhythmus des Geistes dazu, um Musik in ihrer Wesenheit zu fassen, sie gibt Ahnung, Inspiration himmlischer Wissenschaften, und was der Geist sinnlich von ihr empfindet, das ist die Verkörperung geistiger Erkenntnis. — Obschon die Geister von ihr leben, wie man von der Luft lebt, so ist es noch ein anderes, sie mit dem Geiste begreifen; — je mehr aber die Seele ihre sinnliche Nahrung aus ihr schöpft, je reifer wird der Geist zum glücklichen Einverständnis mit ihr. — Aber wenige gelangen dazu, denn so wie Tausende sich um der Liebe willen vermählen und die Liebe in diesen Tausenden sich nicht einmal offenbart, obschon sie alle das Handwerk der Liebe treiben, so treiben Tausende einen Verkehr mit der Musik und haben doch ihre Offenbarung nicht; auch ihr liegen die hohen Zeichen des Moralsinns zum Grund wie jeder Kunst, alle echte Erfindung ist ein moralischer Fortschritt, — sich selbst ihren unerforschlichen Gesetzen unterwerfen, vermöge dieser Gesetze den eignen Geist bändigen und lenken, dass er ihre Offenbarungen ausströme, das ist das isolierende Prinzip der Kunst; von ihrer Offenbarung aufgelöst werden, das ist die Hingebung an das Göttliche, was in Ruhe seine Herrschaft an dem Rasen ungebändigter Kräfte übt, und so der Phantasie die höchste Wirksamkeit verleihet. So vertritt die Kunst allemal die Gottheit, und das menschliche Verhältnis zu ihr ist Religion, was wir durch die Kunst erwerben, das ist von Gott, göttliche Eingebung, die den menschlichen Befähigungen ein Ziel steckt, was er erreicht.

Wir wissen nicht, was uns Erkenntnis verleihet; das fest verschlossne Samenkorn bedarf des feuchten, elektrisch warmen Bodens, um zu treiben, zu denken, sich auszusprechen. Musik i s t der elektrische Boden, in dem der Geist lebt, denkt, erfindet. Philosophie ist ein Niederschlag ihres elektrischen Geistes; ihre Bedürftigkeit, die alles auf ein Urprinzip gründen will, wird durch sie gehoben, und obschon der Geist dessen nicht mächtig ist, was er durch sie erzeugt, so ist der doch glückselig in dieser Erzeugung, und so ist jede echte Erzeugung der Kunst unabhängig, mächtiger als der Künstler selbst, und kehrt durch ihre Erscheinung zum Göttlichen zurück, und hängt nur darin mit dem Menschen zusammen, dass sie Zeugnis gibt von der Vermittelung des Göttlichen in ihm.

Musik gibt dem Geist die Beziehung zur Harmonie. Ein Gedanke abgesondert, hat doch das Gefühl der Gesamtheit der Verwandtschaft im Geist; so ist jeder Gedanke in der Musik in innigster, unteilbarster Verwandtschaft mit der Gesamtheit der Harmonie die Einheit.

Alles Elektrische regt den Geist zu musikalischer, fliessender, ausströmender Erzeugung.

Ich bin elektrischer Natur. — Ich muss abbrechen mit meiner unerweislichen Weisheit, sonst möchte ich die Probe versäumen; schreiben Sie an Goethe von mir, wenn Sie mich verstehen, aber verantworten kann ich nichts, und will mich auch gern belehren lassen von ihm.' — Ich versprach ihm, so gut ich's begreife, Dir alles zu schreiben. — Er führte mich zu einer grossen Musikprobe mit vollem Orchester, da sass ich im weiten unerhellten Raum in einer Loge ganz allein, einzelne Streiflichter stahlen sich durch Ritzen und Astlöcher, in denen ein Strom bunter Lichtfunken hin- und hertanzte, wie Himmelsstrassen mit seligen Geistern bevölkert.

Da sah ich denn diesen ungeheuren Geist sein Regiment führen. O, Goethe! Kein Kaiser und kein König hat so das Bewusstsein seiner Macht, und dass alle Kraft von ihm ausgehe, wie dieser Beethoven, der eben noch im Garten nach einem Grund suchte, wo ihm denn alles herkomme; verständ' ich ihn, so wie ich ihn fühle, dann wüsst' ich alles. Dort stand er so fest entschlossen, seine Bewegungen, sein Gesicht drückten die Vollendung seiner Schöpfung aus, er kam jedem Fehler, jedem Missverstehen zuvor, kein Hauch war willkürlich, alles war durch die grossartige Gegenwart seines Geistes in die besonnenste Tätigkeit versetzt. — Man möchte weissagen, dass ein solcher Geist in späterer Vollendung als Weltherrscher wieder auftreten werde.

Gestern Abend schrieb ich noch alles auf, heute Morgen las ich's ihm vor, er sagte: ‚Hab' ich das gesagt? — nun dann hab' ich einen Raptus gehabt'; er las es noch einmal aufmerksam und strich das oben aus und schrieb zwischen die Zeilen, denn es ist ihm drum zu tun, dass Du ihn verstehst.

Erfreue mich nun mit einer baldigen Antwort, die dem Beethoven beweist, dass Du ihn würdigst. Es war ja immer unser Plan, über Musik zu sprechen, ja, ich wollte auch, aber durch Beethoven fühl' ich nun erst, dass ich der Sache nicht gewachsen bin. Bettine.

Meine Adresse ist Erdbeergasse im Birkenstockischen Hause, noch vierzehn Tage trifft mich Dein Brief."

Goethe antwortete:

„Dein Brief, herzlich geliebtes Kind, ist zur glücklichen Stunde an mich gelangt, Du hast Dich brav zusammengenommen, um mir eine grosse und schöne Natur in ihren Leistungen wie in ihrem Streben, in ihren Bedürfnissen, wie in dem Ueberfluss ihrer Begabtheit darzustellen, es hat mir grosses Vergnügen gemacht, dies Bild eines wahrhaft genialen Geistes in mich aufzunehmen; ohne ihn klassifizieren zu wollen, gehört doch ein psychologisches Rechnungskunststück dazu, um das wahre Facit der Uebereinstimmung da herauszuziehen, indessen fühle ich keinen Widerspruch gegen das, was sich von Deiner raschen Explosion erfassen lässt; im Gegenteil möchte ich Dir für einen innern Zusammenhang meiner Natur mit dem, was sich aus diesen mannigfaltigen Aeusserungen erkennen lässt, einstweilen einstehen; der gewöhnliche Menschenverstand würde vielleicht Widersprüche darin finden, was aber ein solcher vom Dämon besessener ausspricht, davor muss ein Laie Ehrfurcht haben, und es muss gleichviel gelten, ob er aus Gefühl oder aus Erkenntnis spricht, denn hier walten die Götter und streuen Samen zu künftiger Einsicht, von der nur zu wünschen ist, dass sie zu ungestörter Ausbildung gedeihen möge; bis sie indessen allgemein werde, da müssen die Nebel vor dem menschlichen Geist sich erst teilen. Sage Beethoven das Herzlichste von mir, und dass ich gern Opfer bringen würde, um seine persönliche Bekanntschaft zu haben, wo denn ein Austausch von Gedanken und Empfindungen gewiss den schönsten Vorteil brächte; vielleicht vermagst Du so viel über ihn, dass er sich zu einer Reise nach Karlsbad bestimmen lässt, wo ich doch beinah jedes Jahr hinkomme und die beste Muse haben würde, von ihm zu hören und zu lernen; ihn belehren zu wollen, wäre wohl selbst von Einsichtigeren als ich, Frevel, da ihm sein Genie vorleuchtet, und ihm oft wie durch einen Blitz Hellung gibt, wo wir im Dunkel sitzen und kaum ahnen, von welcher Seite der Tag anbrechen werde.

Sehr viel Freude würde es mir machen, wenn Beethoven mir die beiden komponierten Lieder von mir schicken wollte, aber hübsch deutlich geschrieben, und ich bin sehr begierig, sie zu hören, es gehört zu meinen erfreulichsten Genüssen, für die ich sehr dankbar bin, wenn ein solches Gedicht früherer Stimmung mir durch eine Melodie (wie Beethoven ganz richtig erwähnt) wieder aufs neue versinnlicht wird.

Schliesslich sage ich Dir noch einmal den innigsten Dank für Deine Mitteilungen und Deine Art mir wohlzutun, da Dir alles so schön gelingt, da Dir alles zu belehrendem, freudigen Genuss wird; welche Wünsche könnten da noch hinzugefügt werden, als dass es ewig so fortwähren möge; ewig auch in Beziehung auf mich, der den Vorteil nicht verkennt, zu Deinen Freunden gezählt zu werden. Bleibe mir daher, was Du mit so grosser Treue warst, so oft Du auch den Platz wechseltest und sich die Gegenstände um Dich her veränderten und verschönerten.

Auch der Herzog grüsst Dich und wünscht, nicht ganz von Dir vergessen zu sein. Ich erhalte wohl noch Nachricht von Dir in meinem Karlsbader Aufenthalt bei den drei Mohren.

Am 6. Juni 1810. G."

Dies Antwortschreiben Goethes findet sich in der Weimarschen Sophienausgabe der sämtlichen Werke des Dichters nicht. Das Manuskript des Briefes fehlt; wir können also nicht beurteilen, was Bettina zu diesem Schreiben Goethes hinzuphantasiert hat. Sie hat nämlich in ihrem „Briefwechsel Goethes mit einem Kinde" sich, so manche freierfundene Zusätze zu Goethes Briefen zu machen erlaubt. Auch ob sie ihren im Briefwechsel veröffentlichten Brief wirklich mit dem zitierten Wortlaut Goethe geschickt, lässt sich in Ermangelung des Originals nicht mehr feststellen. Immerhin aber erkennt der, der Beethoven kennt, in so manchen auffallenden Sätzen Bettinens, Aeusserungen des Meisters wieder, wie sie nicht nur da und dort in seinen Briefen anklingen, sondern auch kaum von der Briefschreiberin frei erfunden sein können. Auf alle Fälle enthält der Brief Bettinens also offiziöse Aeusserungen Beethovens, die uns sein Wesen und seine Werke erläutern. Man muss nur den Kern aus der Schale herauszuschälen wissen.

Durch Bettina ist Beethoven wieder lebhaft zu Goethe hingeführt worden. Sie lebte ja förmlich in Goethe. Natürlich weist Beethoven sie auf seine Goethe-Lieder hin. Auch aus anderem Grunde hatte er sich eben jetzt dem Dichter nähern müssen. Von der Theaterdirektion wurde ihm nämlich der Auftrag erteilt, eine passende Musik zum „Egmont" zu komponieren. Die Ouvertüre ist denn auch 1810 geschrieben worden und erlebte ihre erste Aufführung schon am 24. Mai 1810. Die Musik ging auf den Antrag Beethovens vom 6. Mai 1810 in das Eigentum von Breitkopf & Härtel über, denen er am 21. August schrieb: „Der Egmont auch demselben (nämlich dem Erzherzog Rudolph). Sobald Sie die Partitur hiervon empfangen haben, werden Sie selbst am besten einsehen, welchen Gebrauch Sie davon und wie Sie das Publikum darauf aufmerksam machen werden. — Ich habe ihn bloss aus Liebe zum Dichter geschrieben und habe auch, um dieses zu zeigen, nichts dafür von der Theatraldirektion genommen, welches sie auch angenommen und zur Belohnung, wie immer und von jeher sehr nachlässig meine Musik behandelt hat, etwas Kleineres als unsere Grossen gibt's nicht. Doch nehme ich die Erzherzoge davon aus . . ." In demselben Briefe wird übrigens auch eines Liedes aus dem Faust erwähnt. „Das Lied vom Floh aus Faust, sollte es Ihnen nicht deutlich genug einleuchten, was ich dabei angemerkt, so dürfen Sie nur in Goethes Faust nachsuchen oder mir nur die Melodie abgeschrieben schicken, dass ich's durchsehe . . ." Die Ouvertüre zum „Egmont" erschien im Februar 1811, die Zwischenaktsmusik erst im April 1812.

In der Liebesaffäre hatte sich wieder der alte Freund Zmeskall durch seine Dienstfertigkeit Lorbeeren erworben. Sie wurden ihm in diesem Jahre auch einmal öffentlich zuteil; Beethoven widmete ihm das Streichquartett in f-moll, op. 95, auf dessen Urschrift steht: „Quartetto serioso, 1810, im Monat Oktober. Dem Herrn von Zmeskall gewidmet und geschrieben im Monat Oktober von seinem Freunde L. van Beethoven." Dieses Quartetto serioso war die Frucht der Maitragödie, eine herbsüsse Frucht, die der Meister in Baden gebrochen, wo er vom August bis in den Oktober hinein weilte. Er fand sich wieder in der Landschaft: „Geben doch Wälder, Bäume, Felsen den Widerhall, den der Mensch wünscht!" Wie vernehmlich rauscht im f-moll-Quartett der heilkräftige Born der Natur! — Im ersten Satz geht es voll wütender Energie und Leidenschaft in die geliebte Kunst hinein, in die aber dauernd der Groll hineinbrodelt, in der Durchführung sogar einen wahren Zornesausbruch hervorrufend. Das Allegretto ma non troppo ist in jeder Note melancholisch; sozusagen in tiefdunkler Samtfarbe und in braunen Tönen gemalt. Mit dem fortwährenden Vermeiden alles Dur-Empfindens durch Ausbiegen nach Moll wird die Unruhe zum Ausdruck gebracht. In diesem Satze mit seinem sinnenden Fugato

bereitet sich die dritte Periode Beethovenschen Schaffens deutlich vor. Das Scherzo bewährt sich in den Motiven als wirkliches Serioso; die straffe Rhythmik ballt das Gefühl marschartig zusammen; man muss darüber hinweg, was dahinten liegt. Das zweimal auftretende Trio gleicht einfallendem, freilich noch gedämpftem Sonnenschein; man glaubt wieder an die Sonne. Das Finale aber, von schwerem, tonvollem Larghetto espressivo eingeleitet, jagt flüchtig und selbstbewusst mit Waldhörnergeschmetter über eine kräftige Durchführung dahin, bis in einem Allegro molto leggieramente die Wolken des Kummers schwinden, der drückende Nebel sich ganz verflüchtigt und die Sonne voll hereinstrahlt.

Das Quartett singt ein ergreifendes Lied über den Verlust Theresens. Bettina blieb für den Meister ein Gewinn. Es entstand sogar ein Briefwechsel, dem wir ein Schreiben Beethovens vom 10. Februar 1811 verdanken. Freund und Freundin sollten sich auch wiedersehen, im Jahre 1812 in Teplitz.

F. KLEINS GESICHTSMASKE DES LEBENDEN BEETHOVEN

VOR 1812

GESICHTSMASKE (1812) VON LINKS

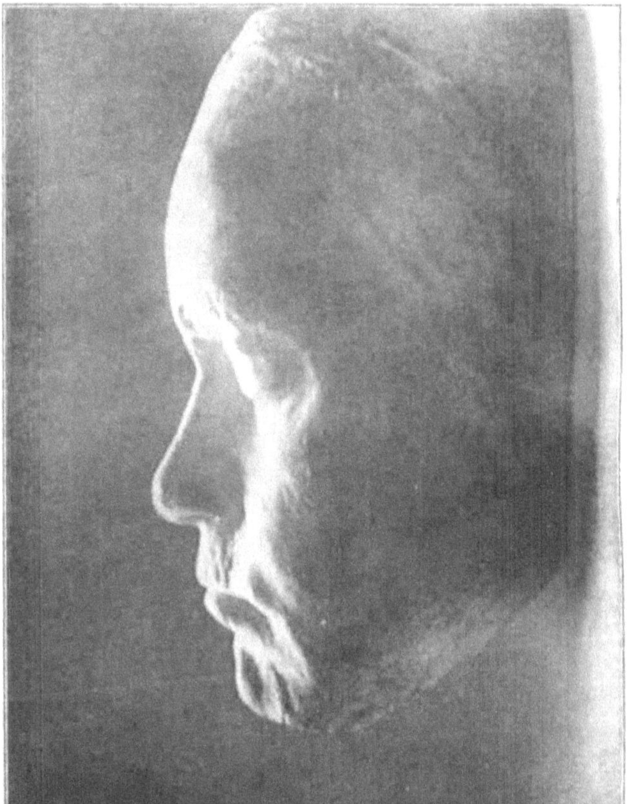

GESICHTSMASKE (1812) VON RECHTS

Beethoven fühlte sich in dem Vorfrühling und Frühling des Jahres 1811 gar nicht wohl. Immerhin schrieb er manches; so beendigte er vor allem im März das grosse B-dur-Trio op. 97. Die Gräfin Erdödy hatte es auf das Werk abgesehen; waren ihr doch die beiden Werke op. 70 gewidmet.

„Meine liebe werte Gräfin!

Mit vielem Vergnügen habe ich Ihre letzten Zeilen empfangen, in dem Augenblick kann ich aber nicht Ihren lieben Brief finden, um ihn ganz zu beantworten. — Was das Trio anbelangt, so machen Sie mir's nur zu wissen, ob Sie selbiges wollen bei sich abschreiben lassen, oder ob ich's über mich nehmen soll? Beides ist mir einerlei, und was Ihnen am gemässesten ist, wird mir das liebste sein . . ."

Das Trio erschien zwar erst 1816, aber Beethoven gab ausser der Gräfin, auch dem Erzherzog und dem Grafen Brunswik lange vorher Abschriften davon. Er widmete es dem „Erhabenen Schüler" Erzherzog Rudolph.

Das Trio umfasst vier Sätze, von denen jeder den seelischen Gehalt gewaltig erweitert und verändert. Die Variationen sind schlicht und knapp zugleich. Besonders bemerkenswert ist der rezitativische Schluss. Dieser eigentümlich sprechende Gesang deutet auf die dritte Periode hin. Das Scherzo ist mit jener derben Kraft entworfen, wie man sie vor Beethoven nie gewagt hatte. Der erste und letzte Satz wachsen aus grundverschiedener Stimmung heraus, aber beide haben konzertierendes Gepräge. Das Trio war Beethovens letzte Arbeit auf diesem Gebiet — es ist und bleibt in jeder Hinsicht das grösste unter seinesgleichen.

Eine andere Arbeit gab Beethoven viel zu denken, bereitete ihm Verdruss und führte schliesslich doch zu nichts: Die Oper „Les ruines de Babylone", deren Text der Meister aus einer Reihe von Büchern endgültig zur Kompostion ausgewählt hatte.

Vor allem liess seine Gesundheit zu wünschen übrig.

Im Juni wurde er nach Teplitz geschickt. Ein Kuraufenthalt schien seinem Arzte Dr. Malfatti schon 1810 angezeigt. Eine Stelle aus Hufelands Buch über „Die Heilquellen Deutschlands", welches sich in Beethovens Nachlass fand, mag die Auffassung der Aerzte von Beethovens Krankheit und deren nötige Behandlung erläutern: „Hier in Teplitz haben noch Kranke ihr Heil gefunden, die schon ein halbes Leben vergebens nach Hilfe geschmachtet hatten, und an denen alle Mittel der Kunst erschöpft worden waren; und wenn es von irgend einem Bade gilt: die Lahmen gehen, die Tauben hören, die Blinden werden sehend, so gilt es von diesem, denn gerade bei solchen in die Augen fallenden Uebeln und Deformitäten tut dasselbe die grössten Wunder." Weiter: „Nicht nur von Lähmungen der äusseren Bewegungsorgane, sondern auch der Sinneswerkzeuge, zum Exempel Taubheiten, sind mir herrliche Beweise seiner Wirksamkeit vorgekommen." Nun die Regel: „dass man bei beträchtlichen, sehr eingewurzelten Lähmungen sich nicht mit dem gewöhnlichen Badetermine von vier Wochen begnüge und glaube, was in der Zeit nicht besser werde, sei unheilbar, da oft diese Zeit erst nötig ist, um nur das Organ für die Besserung empfänglich zu machen. In solchen Fällen muss man sechs bis acht Wochen lang anhalten, ja täglich zweimal baden, dann etwa 14 Tage ausruhen und nun von neuem anfangen." Beethoven schreibt selbst an den Grafen Brunswik: „Ich muss Dir sagen, dass ich auf Verordnung meines Arztes volle zwei Monate in Teplitz zubringen muss." Die Reise wurde nach langem Hin und Her endlich ausgangs Juli 1811 ohne den Freund Brunswik, der ursprünglich mitfahren wollte, angetreten. Etwa am 2. August traf der Meister in Teplitz ein. Dort nahm er in der „Harfe" Wohnung. Er speiste im „Blauen Stern", und zwar meist spät, um den Menschen aus dem Wege zu gehen, blieb still für sich und unternahm „einsame Streifereien". Späterhin lernte er Varnhagen von Ense kennen, den ihm Freund Oliva zuführte. Schliesslich fühlte sich der Meister doch wohl, als er an Tiedge und der Gräfin Elise von der Recke Gesellschaft fand. Tiedge war ihm als Dichter der „Urania" längst bekannt, und die Schriften der Gräfin lernte er sicher auch kennen. Den beiden verdankte er dann noch eine besonders erfreuliche Bekanntschaft, ja, eine neue Liebe: Amalie Sebald.

Nach seiner Rückreise Ende September über Grätz, wo er Lichnowski besuchte, und wo die C-dur-Messe aufgeführt wurde, gibt Beethoven über die Eindrücke seines Teplitzer Aufenthaltes, seine Pläne und sein Tun Nachricht. Er schreibt an Tiedge, an die Gräfin Recke und an Breitkopf & Härtel. Der Brief an Tiedge lautet:

„Teplitz, am 6. September 1811.

Jeden Tag schwebte mir immer folgender Brief an Sie, Sie, Sie immer vor. Nur zwei Worte verlangte ich beim Abschiede, aber auch nicht ein einziges gutes Wort erhielt ich. Die Gräfin lässt mir einen weiblichen Händedruck bieten: das ist denn doch noch was, was sich hören lässt, dafür küsse ich ihr in Gedanken die Hände. Der Dichter aber ist stumm. Von der Amalie weiss ich wenigstens, dass sie lebe. Täglich putze ich mich selbst aus, dass ich Sie nicht früher in Teplitz kennen gelernt. Es ist abscheulich, so kurz das Gute zu erkennen und sogleich wieder zu verlieren. Nichts ist unleidlicher, als sich selbst seine eigenen Fehler vorwerfen zu müssen. Ich sage Ihnen, dass ich nun noch wohl bis zu Ende dieses Monats hier bleiben werde. Schreiben Sie mir nur, wie lange Sie noch in Dresden verweilen; ich hätte wohl Lust, einen Sprung zu der Sachsenhauptstadt zu machen. Den nämlichen Tag, an dem Sie von hier reisten, erhielt ich einen Brief von meinem gnädigen Wiesbadischen Erzherzoge, dass er nicht lange in Mähren verweile und es mir überlassen sei, ob ich kommen solle oder nicht. So was habe ich so ganz nach dem Besten meines Willens und Wollens ausgelegt, und so sehen Sie mich noch hier in den Mauern, wo ich so schwer gegen Sie und mich gesündigt. Ich tröste mich noch; wenn Sie es auch Sünde nennen, so bin ich doch ein richtiger Sünder und nicht ganz ein armer. — Heute hat sich mein Zimmergesellschafter verloren. Ich konnte eben nicht auf ihn pochen; doch vermiss ich ihn in der Einsamkeit hier wenigstens abends und zu Mittage, wo ich das, was nun einmal das menschliche Tier zu sich nehmen muss, um das Geistige hervorzubringen, gerne in einiger Gesellschaft zu mir nehme. — Nun leben Sie so wohl, als es nur immer die arme Menschlichkeit kann. Der Gräfin einen recht zärtlichen und doch ehrfurchtsvollen Händedruck, der Amalie einen recht feurigen Kuss, wenn uns niemand sieht, und wir zwei umarmen uns wie Männer, die sich lieben und ehren dürfen. Ich erwarte wenigstens ein Wort ohne Zurückhaltung und dafür bin ich ein Mann.

Beethoven."

Ueber die Musik für das Pester Theater schreibt sich Beethoven in Wien an Breitkopf & Härtel am 9. Oktober aus: „Ein modernes Ereignis waren noch die Ungarn für mich, indem ich in meinen Wagen steige, nach Teplitz zu reisen, erhalte ich ein Paket von Ofen mit dem Ersuchen, für die Pester Eröffnung des Neuen Theaters etwas zu schreiben. Nachdem ich drei Wochen in Teplitz zugebracht, mich leidlich befand, setze ich mich trotz dem Verbot meines Arztes hin, um den Schnurrbärten, die mir von Herzen gut sind, zu helfen, schicke am 13. September mein Paket dorthin ab, in der Meinung, dass den 1. Oktober die Sache vor sich gehen sollte. Derweil verzieht sich die ganze Sache nun noch über einen ganzen Monat. Den Brief, worin mir dieses angedeutet werden sollte, erhalte ich durch Missverständnisse erst hier, und doch bestimmte mich doch auch dieses Theaterereignis, wieder nach Wien zu gehen." —

Der Ausgang des Jahres 1811 verlief still für Beethoven.

Im Jahre 1812 wurde das Geld knapp. Es zeigen sich die üblen Wirkungen des im Jahre 1811 ergangenen Finanz-Patentes, welches den Papieren nur ein Fünftel ihres Wertes beliess. Beethoven wäre dadurch schwer geschädigt worden, wenn die Garanten seiner Lebensrente nicht in Einlösungsscheinen bezahlen wollten. Der Erzherzog sagte sofort zu. Beethoven berichtet an seinen Freund Zmeskall: „Ausserordentlicher erster Schwungmann der Welt, und das zwar ohne Hebel!!!! . . . . Man will mir ein Zeugnis geben, dass der Erzherzog in Einlösungsscheinen bezahlt, ich glaube aber, dass dieses unnötig, umso mehr da die Hofleute trotz aller anscheinenden Freundschaft für mich äussern, dass meine Forderungen nicht g e r e c h t wären!!!!! O Himmel, hilf mir Armem. Ich bin kein Herkules, der dem Atlas die Welt helfen tragen kann, oder gar statt seiner." — Die Sache machte bei Kinsky und Lobkowitz grössere Schwierigkeiten.

Beethoven tat seinerseits auch in diesem Jahre, wie schon so oft, was er nur konnte, um Freunden zu helfen. In Graz sollte mit seinen Werken ein Wohltätigkeitskonzert veranstaltet werden. Beethoven schreibt an seinen Grazer Freund Varena: „Wien, am 8. Februar 1812 . . . Uebrigens werde ich mir's angelegen sein lassen, Ihnen immer meine wärmste Bereitwilligkeit, Ihren dortigen Armen behülflich zu sein, zu offenbaren, und ich verbinde mich hiermit jährlich Ihnen immer auch selbst Werke, die bloss im Manuskripte noch existieren, oder gar eigens zu diesem Zwecke verfertigte Kompositionen zu Ihrer Verwendung zum Besten der dortigen Armen zu schicken; auch bitte ich Sie, mich jetzt schon mit dem, was Sie künftighin für die Armen dort beschliessen, bekannt zu machen, und ich werde dann gewiss darauf Rücksicht nehmen." Es handelte sich um eine Aufführung des Oratoriums „Christus am Oelberg" und die zur Eröffnung des Pester Theaters geschriebene Musik. Ausserdem wurde die Ouvertüre zu Egmont und das Septett aufgeführt.

Beethoven war auch in diesem Frühling „immer kränklich und viel beschäftigt." Die grosse Beschäftigung bestand in der Arbeit an neuen Symphonien. Der Meister schrieb, wie er Ende Mai Breitkopf & Härtel mitteilt, „drei neue Symphonien, wovon bereits eine vollendet." Dies war die A-dur-Symphonie.

Seiner Kränklichkeit wegen reiste Beethoven auf Anraten seines nunmehrigen Arztes Dr. Staudenheimer Anfang Juli 1812 abermals nach Teplitz. Er trat die Reise in den allerletzten Tagen des Juni an. Am 2. Juli war er in Prag, wo er mit dem Fürsten Kinsky über die Auszahlung der Rente in Einlösungsscheinen verhandelte. Von dort hatte er eine schwere Fahrt, die ihn nach überstandenem Unglück — einem Wagenbruch, den er auf dem aussergewöhnlichen Wege durch den Wald erlitt — am 5. Juli, morgens 4 Uhr, nach Teplitz brachte. Er nahm diesmal in der „Eiche" Wohnung.

Von der Poesie des Postwagens konnte Beethoven also diesmal kaum erbaut sein. Der musikalische Empfang durch den Türmer, der dem Signal des Schwagers auf dem Horne Antwort gab, war diesmal ein doppelt freudiger Schall. Beethoven schrieb sich übrigens später den Posthornruf, mit dem der Schwager die Einfahrt in Karlsbad ankündigte, in sein Skizzenbuch.

Gleich nach der Ankunft in Teplitz, also am 6. und 7. Juli 1812, ist nun der berühmte dreiteilige Brief an die „Unsterbliche Geliebte" geschrieben. Hier ist er:

„Am 6ten juli
Morgends. —

Mein Engel, mein alles, mein Ich. — nur einige Worte heute, und zwar mit Blejstift — (mit deinem) erst bis morgen ist meine Wohnung sicher bestimmt, welcher Nichtswürdiger Zeitverderb in d. g. — warum dieser tiefe Gram, wo die Nothwendigkeit spricht — Kann unsre Liebe anders bestehn als durch Aufopferungen, durch nicht alles verlangen, Kannst Du es ändern, dass Du nicht gantz mein, ich nicht gantz Dein bin — Ach Gott blick in die schöne Natur und beruhige Dein Gemüt über das müssende — die Lieb fordert alles und gantz mit recht, so ist es m i r m i t D i r , D i r m i t m i r — nur vergisst Du so leicht, dass ich f ü r m i c h u n d f ü r D i c h leben muss, wären wir gantz vereinigt, Du würdest dieses schmerzliche eben so wenig wie ich empfinden meine Reise war schrecklich ich kam erst Morgens 4 Uhr gestern hier an, da es an Pferde mangelte, wählte die Post eine andre Reiseroute, aber welch schrecklicher Weg, auf der vorletzten Station warnte man mich bej nacht zu fahren, machte mich einen Wald fürchten, aber das reizte mich nur — und ich hatte Unrecht, der Wagen musste bej dem schrecklichen Wege brechen, grundloss, blosser Landweg, ohne solche Postillione, wie ich hatte, wäre ich liegen geblieben Unterwegs Esterhazi hatte auf dem andern gewöhnlichen Wege hierhin dasselbe schicksaal mit 8 pferden, was ich mit vier — jedoch hatte ich zum theil wieder Vergnügen, wie immer, wenn ich was glücklich überstehe. — nun geschwind zum innern vom äussern, wir werden unss wohl bald sehn, auch heute kann ich Dir meine Bemerkungen nicht mittheilen, welche ich während dieser einigen Tage über mein Leben machte — wären unsre Herzen immer dichtaneinander, ich machte wohl keine d. g. die Brust ist voll Dir viel zu sagen — ach — Es gibt Momente, wo ich finde, dass die sprache noch gar nichts ist — erheitre Dich — bleibe mein treuer, eintziger schatz, mein alles, wie ich Dir das übrige müssen die Götter schicken, was für unss sejn muss und sejn soll. —

Dein treuer
ludwig. —

Abends Montags am 6ten Juli.

Du leidest Du mein theuerstes Wesen — eben jetzt nehme ich wahr, dass die Briefe in aller Frühe aufgegeben werden müssen. Montags — Donnertags — die eintzigen Täge wo die Post von hier nach K. geht — Du leidest — ach, wo ich bin, bist Du auch mit mir, mit mir und Dir rede ich mache, dass ich mit Dir leben kann, welches Leben!!!! so!!!! ohne Dich — verfolgt von der Güte der Menschen hier und da, die ich mejne — eben so wenig verdienen zu wollen, als sie zu verdienen — Demuth des Menschen gegen den Menschen — sie schmerzt mich — und wenn ich mich im Zusammenhang des Universums betrachte, was bin ich und was ist der — den man den Grössten nennt — und doch — ist wieder hierin das Göttliche des Menschen — ich weine wenn ich denke dass Du erst wahrscheinlich Sonnabends die erste Nachricht von mir erhältst — wie Du mich auch liebst — stärker liebe ich Dich doch — doch nie verberge Dich vor mir — gute Nacht — als Badender muss ich schlafen gehen (dann zwei ausgestrichene Worte). ach Gott — so nah! so weit! ist es nicht ein wahres Himmelsgebäude, unsre Liebe — aber auch so fest, wie die Veste des Himmels. —

guten Morgen am 7. Juli —

schon im Bette drängen sich die Ideen zu dir meine Unsterbliche Geliebte, hier und da freudig, dann wieder traurig, vom Schicksaale abwartend, ob es unss erhört — leben kann ich entweder nur gantz mit Dir oder gar nicht, ja ich habe beschlossen in der Ferne so lange herum zu irren, bis ich in Deine Arme fliegen kann, und mich ganz heimathlich bej dir nennen kann, meine Seele von dir umgeben ins Reich der Geister schicken kann — ja leider muss es sejn — du wirst dich fassen, um so mehr da du meine Treue gegen dich kennst, nie eine andere kann mein Herz besitzen nie — nie — o Gott warum sich entfernen müssen, was man so liebt, und doch ist mein Leben in V. so wie jetzt ein kümmerliches Leben — Deine Liebe macht mich zum glücklichsten und zum unglücklichsten zugleich — in meinen

Jahren jetzt bedürfte ich einiger Einförmigkeit Gleichheit des Lebens — kann diese bej unserm Verhältnisse bestehn? — Engel, eben erfahre ich, dass die Post alle Tage abgeht — und ich muss daher schliessen, damit Du den B. gleich erhältst — sej ruhig, nur durch Ruhiges beschauen unsres Dasejns können wir unsern Zweck zusammen zu leben erreichen — sej ruhig — liebe mich — heute — gestern — welche Sehnsucht mit Thränen nach dir — dir — dir — mein Leben — mein alles — leb wohl — o liebe mich fort — verken(ne) nie das treuste Hertz Deines

Geliebten

L.

ewig Dein
ewig mein
ewig unss."

Da lesen wir also, wie die Fahrt nach Teplitz war. An wen ist der Brief geschrieben? — das blieb bis jetzt ein Problem. Wichtig ist ein Ausspruch des Meisters, den er im Jahre 1816 tat, „er liebe unglücklich! Vor fünf Jahren habe er eine Person kennen gelernt, mit welcher sich näher zu verbinden er für das höchste Glück seines Lebens gehalten hätte, es sei nicht daran zu denken, fast Unmöglichkeit, eine Chimäre, dennoch sei es jetzt noch wie am ersten Tage. Diese Harmonie, setzte er hinzu, habe er noch nicht gefunden! Doch es sei zu keiner Erklärung gekommen, er habe es noch nicht aus dem Gemüt bringen können". Danach handelt es sich nicht um eine der alten Flammen, zu denen Therese Brunswik zählte, und von denen Giulia Guicciardi und die Gerhardi-Franck längst in der Weite, d. h. von Wien fern, und Magdalena Willmann-Galvani bereits lange gestorben war. Ueberhaupt kann eine verheiratete Frau bei Beethovens Grundsätzen nicht in Frage kommen; man lese den Brief an Bigots, worin es heisst: „Ohne dem ist es einer meiner ersten Grundsätze, nie in einem andern als freundschaftlichen Verhältnis mit der Gattin eines andern zu stehen, nicht möchte ich durch so ein Verhältnis meine Brust mit Misstrauen gegen diejenige, welche vielleicht mein Geschick einst mit mir teilen wird, anfüllen — und so das schönste reinste Leben mir selbst verderben." Also kann auch Bettina Brentano, seit dem März 1811 Frau von Arnim, nicht die Unsterbliche gewesen sein. Die einzige Person, welche hier in Betracht kommen könnte, wäre Amalie Sebald, mit der sich der Meister jedoch nicht ausgesprochen: „Zu einer Erklärung ist es nicht gekommen."

Den Liebesbrief fand man nach Beethovens Tode in einem Schranke; der Meister hatte ihn wie das Heiligenstädter Testament wohl verwahrt.

Amalie Sebald war allerdings im Jahre 1812 nicht in Teplitz anwesend, als Beethoven eintraf. Dafür lernte er endlich Goethe kennen, auf den er sich schon so lange gefreut hatte. Der grosse Dichter besuchte den grossen Musiker am 19. Juli. Goethe schrieb noch selbigen Tages über den wunderlichen Tonkünstler an seine Frau: „Zusammengeraffter, energischer, inniger habe ich noch keinen Künstler gesehen. Ich begreife recht gut, wie er gegen die Welt wunderlich stehen muss." Am folgenden Tage fuhren die beiden Grossen miteinander „nach Bilin zu". Auf dieser Fahrt beschwerte sich Goethe, dass er so viel grüssen müsse, worauf Beethoven bemerkte: „Machen sich Exzellenz nichts draus; vielleicht gilt es mir." Am 21. Juli war Goethe dann „Abends bei Beethoven" und notiert in sein Tagebuch: „er spielte köstlich". So köstlich, dass Goethe ganz gerührt war. Das aber verstimmte Beethoven, der behauptete: „Künstler sind feurig, die weinen nicht." Er wollte Goethe als Künstler begeistern, nicht dem Menschen Tränen entlocken.

Man vergesse nicht, dass nicht nur die verrauschten Tage von Sturm und Drang, sondern auch die klassische Epoche getragen war von einem das ganze Geistesleben durchzitternden Enthusiasmus. Beethoven war ein ganzer Enthusiast. Goethe in diesen Jahren nicht mehr. Es darf fast symbolisch genommen werden, wenn Beethoven sagt: „Goethe hat den Klopstock bei mir totgemacht." Beethoven bemerkt jetzt das ewige „Maestoso-Des-dur" der alten Gefühlsperiode. Freilich kommt er nicht ganz davon los: „Aber Klopstock ist doch gross und hebt die Seele."

Auch am 23. Juli kamen Beethoven und Goethe zusammen. Diesmal hatte der Demokrat Beethoven dem Hofmann Goethe Vorhaltungen zu machen. Als die kaiserliche Familie ihnen begegnete, blieb Goethe dienernd am Strassenrande stehen, was Beethoven veranlasste, mit dem Hut auf dem Kopfe mitten durch die Hofgesellschaft hindurchzuschreiten. Nachher neckte er Goethen nicht wenig. Diese Geschichte gab er gleich weiter, da noch am selben Tage Frau Bettina von Arnim ankam.

BETTINA V. ARNIM GEB. BRENTANO
1785–1859.

AMALIE SEBALD
Nach einer Zeichnung von C. Kolb.

Mit diesem Auftritt hatte der Verkehr der beiden Grossen zunächst seinen Abschluss erreicht. Denn Beethoven ging nach Karlsbad, wo er am 31. Juli in dem polizeilichen Anzeigsprotokoll gemeldet ist. Dort traf er seinen Arzt Staudenheimer und fuhr auf dessen Rat nach Franzensbad, wohin ihn sein Freund Franz Brentano begleitete. Vorher gab er noch in Karlsbad ein Konzert zugunsten der am 26. Juli gänzlich niedergebrannten Stadt Baden, seiner vielgeliebten Sommerresidenz bei Wien. Das Konzert, in dem der Geiger Polledro mitwirkte, beschreibt er selbst in einem Briefe an den Erzherzog Rudolph.

„Franzensbrunn, am 12. August 1812.

Schon lange wäre es meine Pflicht gewesen, mich in Ihr Gedächtnis zurückzurufen. Allein teils meine Beschäftigung meiner Gesundheit halber, teils meine Unbedeutendheit liessen mich hierin zaudern. — In Prag verfehlte ich I. K. H. gerade um eine Nacht; denn indem ich mich morgens zu Ihnen verfügte, um Ihnen aufzuwarten, waren Sie eben die Nacht vorher abgereist. In Teplitz hörte ich alle Tage viermal türkische Musik, den einzigen musikalischen Bericht, den ich abstatten kann. Mit Goethe war ich viel zusammen. Von Teplitz aber beorderte mich mein Arzt Staudenheimer nach Karlsbad, von da hierhin, und vermutlich dürfte ich von hier noch einmal nach Teplitz zurück. — Welche Ausflüge! Und doch noch wenig Gewissheit über die Verbesserung meines Zustandes! Von I. K. H. Gesundheitsumständen habe ich bisher noch immer die beste Nachricht erhalten, auch von der fortdauernden Gewogenheit und Ergebenheit, welche Sie der musikalischen Muse bezeigen. — Von einer Akademie, welche ich zum Besten der abgebrannten Stadt Baden gegeben, mit Hilfe des Herrn Polledro, werden I. K. H. gehört haben. Die Einnahme war beinahe Tausend Gulden Wiener Währung, und wäre ich nicht geniert gewesen in der besseren Anordnung, so dürften leichtlich 2000 Gulden eingenommen worden sein. — Es war eigentlich ein armes Konzert für die Armen. Ich fand beim Verleger hier nur von meinen früheren Sonaten mit Violine. Da dieses Polledro durchaus wünschte, musste ich mich eben bequemen, eine alte Sonate zu spielen. Das ganze Konzert bestand aus einem Trio, von Polledro gespielt, der Violinsonate von mir, wieder etwas von Polledro gespielt und dann phantasiert von mir. — Unterdessen freue ich mich wahrhaft, dass den armen Badnern etwas dadurch zuteil geworden. — Geruhen Sie meine Wünsche für Ihr höchstes Wohl und die Bitte, zuweilen meiner gnädigst zu gedenken, anzunehmen."

In Franzensbrunn weilte der Meister genau einen Monat, vom 8. August bis zum 8. September. Hier traf er die Frau Geheimrätin Goethe. Am 9. September schrieb er über Goethe an Breitkopf und Härtel: „Goethe behagt die Hofluft zu sehr, mehr als es einem Dichter ziemt. Es ist nicht viel mehr über die Lächerlichkeiten der Virtuosen hier zu reden, wenn Dichter, die als die ersten Lehrer der Nation angesehen sein sollten, über diesem Schimmer alles andre vergessen können." Der Dichter sprach sich seinerseits in einem Schreiben vom 2. September an Zelter über den Komponisten aus:

„Beethoven habe ich in Teplitz kennen gelernt. Sein Talent hat mich in Erstaunen gesetzt; allein er ist leider eine ganz ungebändigte Persönlichkeit, die zwar gar nicht Unrecht hat, wenn sie die Welt detestabel findet, aber sie freilich dadurch weder für sich noch für andre genussreicher macht. Sehr zu entschuldigen ist er hingegen und sehr zu bedauern, da ihn sein Gehör verlässt, das vielleicht dem musikalischen Teil seines Wesens weniger als dem geselligen schadet. Er der ohnehin lakonischer Natur ist, wird es nun doppelt durch diesen Mangel."

Eine Dissonanz war in dem Verhältnis Goethe-Beethoven nicht eingetreten, denn auf der Rückreise von Franzensbrunn über Karlsbad nach Teplitz hat Beethoven Goethen nochmals aufgesucht. Es war am 8. September. Die Notizen in Goethes Tagebuch: „Beethovens Ankunft" und des Nachmittags nochmals: „Beethoven" sind das letzte Zeugnis von dem persönlichen Verkehr der zwei geistesgeschichtlichen Persönlichkeiten, eines Verkehrs, den wir uns anregender gedacht hätten für alle Teile: für Goethe, für Beethoven und auch für uns.

Eine freundliche Anregung bot Amalie Sebald. Schon von Karlsbad aus, wo er Frau von der Recke und Tiedge wiedergesehen, und wo er offenbar erfahren, dass Amalie Sebald nach Teplitz kommen werde, schickte der Meister ein Billettchen an die Geliebte, deren Ankunft in Teplitz am 8. August erwartet wurde. „Ludwig van Beethoven,

Den Sie, wenn Sie auch wollten,
Doch nicht vergessen sollten."

In Teplitz selbst musste Beethoven mehrfach an die Geliebte schreiben, wenn sein Zustand das Ausgehen und Aufstehen verbot. Die kleinen Billetts Beethovens an Amalie Sebald waren so „zart und liebenswürdig wie wenig Briefe" des Meisters.

„Teplitz, am 16. September 1812.

Tyrann ich?! Ihr Tyrann! Nur Missdeutung kann Sie dies sagen lassen, wie wenn eben dieses Ihr Urteil keine Uebereinstimmung mit mir andeutete. Nicht Tadel deswegen; es wäre eher Glück für Sie. — Ich befand mich seit gestern schon nicht ganz wohl, seit diesem Morgen äusserte sich's stärker; etwas Unverdauliches für mich genossen ist die Ursache davon, und die reizbare Natur in mir ergreift ebenso das Schlechte als das Gute, wie es scheint. Wenden Sie dies jedoch nicht auf meine moralische Natur an. Die Leute sagen nichts, es sind nur Leute; sie sehen sich meistens in andern nur selbst, und das ist eben nichts; fort damit! Das Gute, Schöne braucht keine Leute. Es ist ohne alle andere Beihilfe da, und das scheint denn doch der Grund unseres Zusammenhaltens zu sein. — Leben Sie wohl, liebe Amalie. Scheint mir der Mond heute abend heiterer, als den Tag durch die Sonne, so sehen Sie den kleinsten, kleinsten aller Menschen bei sich.

Ihr Freund Beethoven."

„Liebe, gute Amalie! Seit ich gestern von Ihnen ging, verschlimmerte sich mein Zustand, und seit gestern abend bis jetzt verliess ich noch nicht das Bette. Ich wollte Ihnen heute Nachricht geben und glaubte dann wieder mich dadurch Ihnen so wichtig scheinen machen zu wollen; so liess ich es sein. — Was träumen Sie, dass Sie mir nichts sein können? Mündlich wollen wir darüber, liebe Amalie, reden. Immer wünschte ich nur, dass Ihnen meine Gegenwart Ruhe und Frieden einflösste, und dass Sie zutraulich gegen mich wären. Ich hoffe mich morgen besser zu befinden, und einige Stunden werden uns noch da während Ihrer Anwesenheit übrig bleiben, in der Natur uns beide wechselseitig zu erheben und zu erheitern. — Gute Nacht, liebe Amalie! Recht viel Dank für die Beweise Ihrer Gesinnungen für

Ihren Freund Beethoven.

In Tiedge will ich blättern."

„Ich melde Ihnen nur, dass der Tyrann ganz sklavisch an das Bett gefesselt ist — so ist es! Ich werde froh sein, wenn ich nur noch mit dem Verlust des heutigen Tages durchkomme. Mein gestriger Spaziergang bei Anbruch des Tages in den Wäldern, wo es sehr neblicht war, hat meine Unpässlichkeit vergrössert und vielleicht meine Besserung erschwert. Tummeln Sie sich derweil mit Russen, Lappländern, Samojeden usw. herum und singen Sie nicht zu sehr das Lied: ‚Er lebe hoch.'

Ihr Freund Beethoven."

„Es geht schon besser. Wenn Sie es anständig heissen, allein zu mir zu kommen, so können Sie mir eine grosse Freude machen; ist aber, dass Sie dieses unanständig finden, so wissen Sie, wie ich die Freiheit aller Menschen ehre, und wie Sie auch immer hierin und in anderen Fällen handeln mögen, nach Ihren Grundsätzen oder nach Willkür, mich finden Sie immer gut und als

Ihren Freund Beethoven."

„Die Krankheit scheint nicht weiter voranzugehen, wohl aber noch zu kriechen, also noch kein Stillstand! Dies alles, was ich Ihnen darüber sagen kann. — Sie bei sich zu sehen, darauf muss ich Verzicht tun. Vielleicht erlassen Ihnen Ihre Samojeden heute Ihre Reise zu den Polarländern; so kommen Sie zu

Beethoven."

Amalie Sebald sorgte auch für Beethovens leibliches Wohl. Davon zeugen folgende Zeilen: „Mein Tyrann befiehlt eine Rechnung — da ist sie: Ein Huhn — 1 fl. W.(iener) W.(währung), die Suppe 9 Kr. Von Herzen wünsche ich, dass sie Ihnen bekommen möge." Beethoven antwortete: „Tyrannen bezahlen nicht, die Rechnung muss aber noch quittiert werden, und das könnten Sie am besten, wenn Sie selbst kommen wollen. NB. mit der Rechnung zu Ihrem gedemütigten Tyrannen."

„Ich kann Ihnen noch nichts Bestimmtes über mich sagen. Bald scheint es mir besser geworden, bald wieder im alten Geleise fortzugehen oder mich in einen längeren Krankheitszustand versetzen zu können. Könnte ich meine Gedanken über meine Krankheit durch ebenso bestimmte Zeichen, als meine Gedanken in der Musik ausdrücken, so wollte ich mir bald selbst helfen. — Auch heute muss ich das Bett noch immer hüten. Leben Sie wohl und freuen Sie sich Ihrer Gesundheit, liebe Amalie!

Ihr Freund Beethoven."

„Dank für alles, was Sie für meinen Körper für gut finden! Für das Notwendigste ist schon gesorgt — auch scheint die Hartnäckigkeit der Krankheit nachzulassen. — Herzlichen Anteil nehme ich an Ihrem Leid, welches auf Sie durch die Krankheit Ihrer Mutter kommen muss. — Dass Sie gewiss gern von mir gesehen werden, wissen Sie; nur kann ich Sie nicht anders als zu Bett liegend empfangen. — Vielleicht bin ich morgen imstande aufzustehen. — Leben Sie wohl, liebe, gute Amalie! —

Ihr etwas schwach sich befindender Beethoven."

Von Teplitz eilte Beethoven Ende September jäh fort, um seinen Bruder Johann in Linz an der Eheschliessung mit dessen Haushälterin Therese Obermeyer zu verhindern, was ihm jedoch nicht gelang. Die Angelegenheit liess es während des einmonatlichen Aufenthaltes des Meisters zu einem öffentlichen Konzert nicht kommen. Die Linzer hörten von Beethoven nur auf einer Soiree beim Grafen Dönhoff; dort spielte der Meister eine Sonate und phantasierte zweimal „zur Bewunderung aller Anwesenden".

In Wien hat Beethoven in diesem Jahre nicht viel Hervorragendes mehr erlebt. Er nahm seine Stunden mit dem Erzherzog wieder auf. Der Schüler spielte eine neue Violinsonate in G-dur op. 96 mit dem französischen Violinspieler Pierre Rode, das erstemal am Dienstag den 29. Dezember. Am 7. Januar 1813 wiederholten sie die Sonate. Beethoven beurteilte den Violinspieler, den auch Spohr damals nicht mehr auf der Höhe fand, folgendermassen: „. . . so habe ich um der blossen Pünktlichkeit willen mich nicht so sehr mit dem letzten Stücke beeilt, um so mehr, da ich dieses mit mehr Ueberlegung in Hinsicht des Spieles von Rode schreiben musste; wir haben in unseren Finales gern rauschendere Passagen, doch sagte dies Rode nicht zu — und schenierte mich doch etwas." In einem anderen Briefe heisst es: „Roden anbelangend haben I. K. H. die Gnade, mir die Stimmen durch Ueberbringen dieses übermachen zu lassen, wo ich sie ihm sodann mit einem Billet doux von mir schicken werde. Er wird dies ‚ihm schicken' gewiss nicht übel aufnehmen, ach gewiss nicht! Wollte Gott, man müsste ihn deshalb um Verzeihung bitten. Wahrlich, die Sachen ständen besser."

Ausser jenem kleinen Liede „An die Geliebte", welches Beethoven beidemal nach dem Teplitzer Aufenthalt vorgenommen, zählten zu den „mehreren anderen Werken", an denen er jetzt schrieb, die A-dur-Symphonie, welche schon im Mai fertiggestellt war, die 8. Symphonie in F-dur und die eben erwähnte Violinsonate op. 96 in G-dur.

Dies Werk wurde wieder dem Erzherzog Rudolph gewidmet. Es erschien erst im Juli 1816. Die „Hahnenschreisonate" betrachten wir als inniges Geschwister der Frühlingssonate, wenn sie auch ein viel zarteres Gebilde ist. Beethoven moduliert darin überraschend und biegsam. Das Tempo nimmt er gemächlich. Scherzo und Finale sprühen von jenem mit leichter Elegie durchbebten Humor, der auf den letzten Beethoven vorausweist. Das Adagio gehört zu den tiefsten des Meisters.

Die 7. Symphonie trägt auf dem Manuskript den Vermerk: „1812. 13. Mai." Sie kam 1816 heraus, wurde am 21. Dezember als erschienen angezeigt und war dem Grafen Moritz von Fries gewidmet. Das Werk verdient den Titel „Siegessymphonie"; denn es ist von sieghaftem Geist erfüllt, der stets in energischen und flotten Rhythmen vorwärts drängt. Neue Liebe, neues Leben erglänzt aus dem Tongebilde. Der Sieg der Liebe funkelt darin. Ein emporstrebendes Sostenuto führt zu dem „dithyrambischen"

Vivace in Sechsachteln, das nur auf die Taktschläge 1, 2 denkbar scheint. Es hält den Grundrhythmus mit eisernem Nachdruck fest und bringt nur in der wunderbaren Coda ein Legato von zwanzig Takten über dem dröhnend anwachsenden Orgelpunkt auf E in jener Stelle, die die Zeitgenossen als Ausgeburt eines Tollhäuslers bestaunten und verlachten.

Die Einheitlichkeit des Rhythmus hat Beethoven durch harmonische und dynamische Wandlungen, die meist sehr plötzlich eintreten, belebt, so dass das Gefühl der Starrheit nicht aufkommen kann. Namentlich bringt die Reprise wieder mancherlei Veränderung. Das Allegretto, mehr ein Andante, kann man einen idealen Marsch heissen. Im Hauptthema ist der ganze Schubert vorgebildet. Und doch welcher Unterschied: die Elegie führt hier zu strafferen Gebilden, als sie Schubert je eigen sind; Beethoven leitet uns zu einer strengen, hochdramatischen Durchführung. Das ist wieder ganz sein hohes Pathos. Darauf folgt ein äusserst lebhaftes Scherzo voll hellster Heiterkeit und Tanzlust, das durch die Tonarten in freiester Weise hindurchspringt. Es knüpft sich ein nachdenkliches Assai meno presto an, welches sich vom ersten bis zum letzten Takte auf dem Orgelpunkt A entfaltet und dadurch dem rückkehrenden Presto um so mehr Schwung verleiht. Die Melodie entnahm Beethoven einem österreichischen Pilgerliede. Die Rückkehr ins Presto und der Uebergang von D-dur nach F-dur klingt überaus romantisch:

Das Meno Presto wiederholt sich zweimal; im letzten Presto bringt der Meister zum Schluss mit lachendem Gesicht ein Echo dieses Alternativs in nur vier Pianotakten, dann geht es fortissimo in fünf Takten presto zu Ende. Das Finale, fast ein Czardas im Allegro con brio-Tempo, steckt ebenfalls voller Entschlossenheit; es tollt ausgelassen daher, hüpft vor Freude (man beachte die entzückende Filigranstelle) und wächst über die mächtigen Orgelpunkte auf Dis und E in riesigem Crescendo — man möchte mit Schubart sagen: „Bis zum Donnersturm"; es geht aber geradezu ins Dämonische.

Liegt diese Symphonie wieder auf dem Wege zur Romantik, da sie stark bestimmte Gefühle mitteilen soll, so steht die achte dagegen auf jenem anderen Ideallande der reinsten Musik. Man wird dieser Musik, wie sie das Allegro vivace e con brio schon gleich durchflutet, nicht nachsagen können, dass sie irgendeine andere Aufgabe habe, als eben Musik zu sein. Das Allegro baut sich in den tonalen Verhältnissen eigentümlich schwankend auf. Die Stimmung ist heiter und edel. Mit einem derberen Motiv treten wir in die heftig sich entwickelnde Durchführung ein, welche dynamisch bis zu fff gesteigert wird, womit zugleich die Reprise einsetzt. Diese ist von dem ersten Teile verschieden, führt vor allem ein neues Thema mit und wird durch eine weit ausgeführte, kraftvolle und leidenschaftliche Coda abgelöst. Der

Abschluss erfolgt in zartem Piano und zartestem Pianissimo. Das Allegretto scherzando erblüht in italienischem Wohllaut. Sein Thema ist von frischester Laune eingegeben und von wirkungsvoller Gestalt.

Das reizende Filigran des kurzen Satzes verdankt wesentlich dem Thema seine Entwicklung. Der Abschluss des Satzes, der von verhaltenem Pianissimo sich rasch zum Fortissimo steigert, verzichtet auf Neues, eine altbekannte italienische Kadenz über Tonica und Dominante bringt uns um die erwartete Wiederholung. Aber die Kürze bildet nicht zum wenigsten den Reiz dieses Satzes. Das Menuetto — tempo di menuetto nennt es Beethoven — erweist einmal wieder Mozartschen Geist, den Beethoven allerdings an Wucht der Gedanken überbietet. Dieser Mozartsche Geist kehrt namentlich in dieser Uebergangsperiode zur dritten Schaffenszeit manchmal zurück. Natürlich ist es ein vertiefter, grösserer Mozart; Beethoven rhythmisiert vor allem mutwillig. Seine Sforzati greifen rücksichtslos ein, aber die geistige Verwandtschaft mit dem Salzburger Meister klingt doch überall durch; so besonders im Trio. Im allegro vivace steigert Beethoven Mozartsche Gedanken zu weiten wuchtigen Bögen und überlässt sich seinem ausgelassenen „Aufgeknöpftsein". Das Thema bildet eine rhythmische Figur des Allegretto um. So erhält Beethoven ein beziehungsreiches Rondothema. Der Satz entwickelt sich äusserst einfach, im wesentlichen aus zwei gegensätzlichen Hauptthemen. Dafür geht es dann in einer langen Coda humoristisch und toll zu.

Die Symphonie wurde beendet in Linz im Monat Oktober, aber auch erst 1816 veröffentlicht. Die ersten Aufführungen fanden 1813 statt.

Beim Erzherzog Rudolph fanden Proben zu der Aufführung der beiden neuen Symphonien im April 1813 statt. Beethoven konnte indessen die beabsichtigten Akademien nicht geben, weil

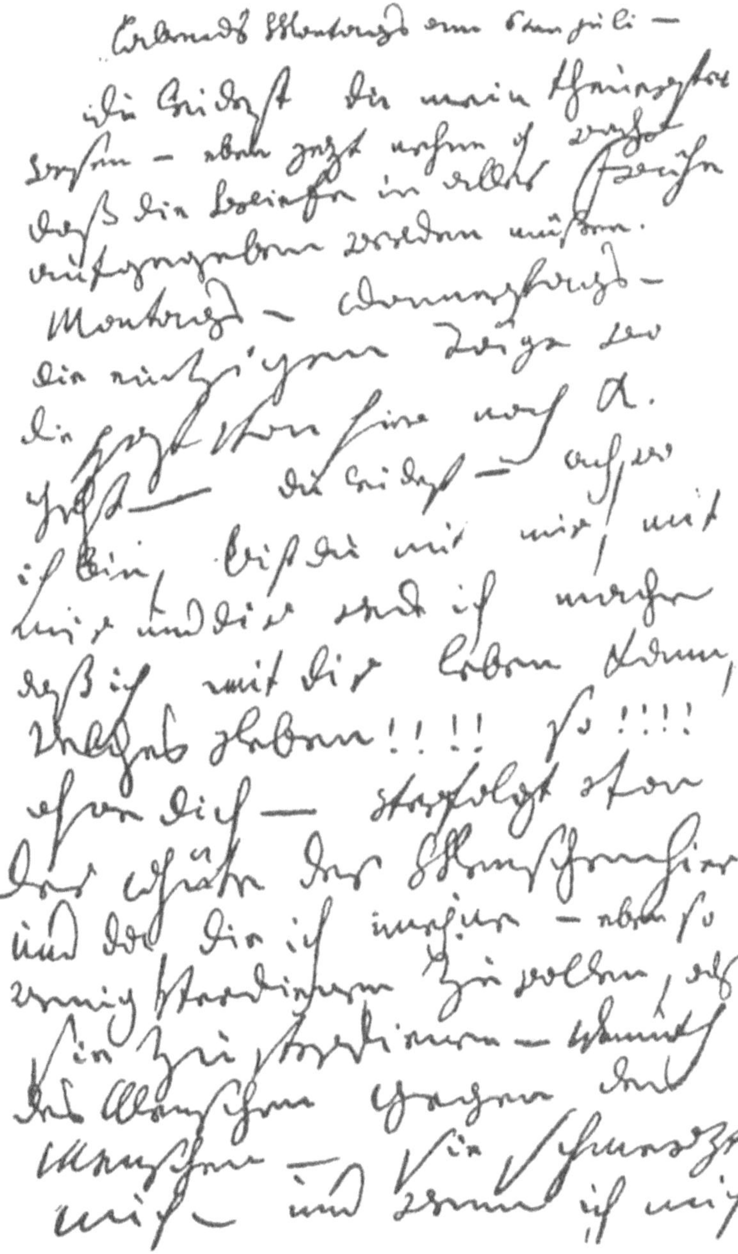
Abends Montags am 6ten Juli —
Du leidest du mein theuerstes
Wesen — eben jezt nehme ich wahr
daß die Briefe in aller Frühe
aufgegeben werden müßen.
Montags — Donnerstags —
die einzigen Täge wo
die Post von hier nach K.
geht — du leidest — Ach, wo
ich bin, bist du mit mir, mit
mir und dir rede ich mache
daß ich mit dir leben kann,
welches Leben!! !! so !!!!
ohne dich — verfolgt von
der Güte der Menschen hier
und da, die ich meine — eben so
wenig verdienen zu wollen, als
sie zu verdienen — Demuth
des Menschen gegen den
Menschen — sie schmerzt
mich — und wenn ich mich

Zweiter Teil von Beethovens Brief an die „unsterbliche Geliebte".

im Zusammenbruch des
Ministeriums Lebewohl,
war. bin ich und war ich
der – der neben den
Größten nennt –
und doch – ich wünsche
hinein des göttlichen
des Menschen – ich
weiss genau ich danke
daß du mir wahrscheinlich
Vermächtnis die erste
Unterschrift von mir
erhieltest – Wie du mich
durch liebst – stärker
liebe ich dich doch – doch
wie verlegen dich hier

Liebe — gute Mutter — als
Leidender muß ich schlafen
gehen — [illegible]
[illegible] auch Gott —
so nah! so weit! ist es
nicht ein dauernd Himmels
Verbünden unser Glauben —
aber auch so fest, ein
die Strafen des Himmels. —

ihm der Universitätssaal abgeschlagen wurde und Lobkowitz ihm erst nach dem 15. Mai das Theater zur Verfügung stellen wollte. „Dieser Tag", meinte der Meister, „ist so viel als gar keiner, und fast bin ich gesonnen, an gar keine Akademie mehr zu denken. — Der oben wird mich wohl nicht gänzlich zugrunde gehen lassen."

Beethoven befand sich trotz grosser Einnahmen in dieser Zeit, wohl durch die beiden Teplitzer Reisen, auf deren letzter er bei Brentano eine grössere Summe geliehen haben muss, nicht in glänzenden Verhältnissen. Im Jahre 1812 lesen wir folgenden Stossseufzer im Tagebuch: „Du darfst nicht Mensch sein, für Dich nicht, nur für andre, für Dich gibt's kein Glück mehr als in Dir selbst, Deiner Kunst. — O Gott, gib mir Kraft, mich zu besiegen, mich darf ja nichts an das Leben fesseln. Auf diese Art mit A.(malie) geht alles zugrunde." Nun aber heisst es am 13. Mai 1813: „Eine grosse Handlung, welche sein kann, zu unterlassen, und so bleiben — o welch ein Unterschied gegen ein unbeflissenes Leben, welches sich in mir so oft abbildete — o schreckliche Umstände, die mein Gefühl für Häuslichkeit nicht unterdrücken, aber deren Ausführung — o Gott, Gott, sieh auf den unglücklichen B. herab, lass es nicht länger so dauern. —"

Darunter steht noch:

„Lerne schweigen, o Freund! Dem Silber gleichet die Rede,
Aber zur rechten Zeit schweigen ist lauteres Gold!"

— eine Stelle, die sich Beethoven aus Herders „Zerstreuten Blättern" ausgeschrieben hatte.

Dazu war der Bruder Karl um diese Zeit krank, und am 3. November 1812 starb plötzlich der Fürst Kinsky infolge eines Sturzes vom Pferde. Das hatte Zahlungsstockungen im Gefolge und machte um so mehr Schwierigkeiten, als der Fürst kein schriftliches Versprechen darüber gegeben, Beethoven die Pension auch seinerseits in Einlösungsscheinen zu bezahlen; er hatte es nur mündlich Varnhagen und Oliva gegenüber zugesagt. Beethoven machte nun bei der überlebenden Fürstin am 30. Dezember 1812 und 12. Februar 1813 Vorstellungen. Sie führten aber zunächst nicht zu dem gewünschten Erfolg.

So fand denn Frau Streicher den Komponisten im Sommer in Baden abgerissen und niedergeschlagen und suchte Ordnung und geregelte Finanzen bei ihm einzuführen. Er weilte in Baden von Anfang Mai bis Mitte September mit Streichers zusammen, und der Verkehr wurde in dieser Zeit freundschaftlicher als bisher. Nannette Stein und ihr Bruder hatten schon im Januar 1794 ihr Klaviergeschäft von Augsburg nach Wien verlegt, wo es seither auf der Landstrasse im Hause zur roten Rose blühte. 1802 trennten sich die Geschwister. Der Jugendfreund Schillers, Andreas Streicher, war seit 1794 der Gatte Nannettens. Beethoven verkehrte viel bei Streichers und kümmerte sich auch um die Pianoforteverbesserung. Doch erst vom Jahre 1813 ab wurde Frau Nannette der gute Geist in Beethovens Haushaltung.

Beethoven hoffte zwar „Dissonanzen hervorzubringen, die er selber auflösen könne", aber der Sommer hat keine bedeutende Arbeit gebracht. Der Meister war wieder faul in Baden, wo es „noch sehr leer an Menschen, wo aber desto voller, angefüllter und im Ueberfluss an hinreissender Schönheit prangte die Natur". Warum Beethoven so wenig tat, erklärt uns ein Brief an den Grafen Brunswik; die darin erwähnten Kämpfe in Böhmen waren das Vorspiel der Völkerschlacht bei Leipzig.

„Lieber Freund! Bruder!

Eher hätte ich Dir schreiben sollen, in meinem Herzen geschah's tausendmal. — Weit früher und eher hättest Du das Trio und die Sonate erhalten müssen; ich begreife nicht, wie Steiner Dir diese so lange vorenthalten hat. — Soviel ich mich erinnere, habe ich Dir ja gesagt, dass ich Dir beides, Sonate und Trio, schicken werde. Mache es nach Deinem Belieben, behalte die Sonate oder schicke sie Forray, wie Du willst; das Quartett war Dir ja so früher zugedacht. Bloss meine Unordnung war schuld daran, dass Du es eben erst bei diesem Ereignis erhalten — und wenn von Unordnung die Rede ist, so muss ich Dir leider sagen, dass sie noch überall mich heimsucht. Noch nichts Entschiedenes in meinen Sachen! Der unglückselige Krieg dürfte das endliche Ende noch verzögern oder meine Sache noch verschlimmern. — Bald fasse ich dieserwegen Entschluss; leider muss ich doch nahe herum bleiben, bis diese Sache entschieden ist. — O unseliges Dekret, verführerisch wie eine Sirene, wofür ich mir hätte die Ohren mit Wachs verstopfen sollen lassen und mich festbinden, um nicht zu unterschreiben, wie Ulysses. — Wälzen sich die Wogen des Krieges näher hierher, so komme ich nach Ungarn; vielleicht auch so. Habe ich doch für nichts als mein elendes Individuum zu sorgen. So werde ich mich wohl durchschlagen; fort, edlere, höhere Pläne! — Unendlich unser Streben, endlich macht die Gemeinheit alles! — Leb wohl, teurer Bruder, sei es mir! Ich habe keinen, den ich so nennen könnte. Schaffe so viel Gutes um Dich herum, als die böse Zeit Dir's zulässt. — Fürs Künftige machst Du folgende Ueberschrift über den Umschlag der Briefe an mich: An Herrn Baron von Pasqualati. Der Lumpenkerl Oliva (jedoch kein edler L-K-L) kommt nach Ungarn. Gib Dich nicht viel mit ihm ab; ich bin froh, dass dieses Verhältnis, welches bloss die Not herbeiführte, hierdurch gänzlich abgeschnitten wird. — Mündlich mehr. — Ich bin bald in Baden — bald hier — in Baden im Sauerhof zu erfragen. — Lebe wohl, lass mich bald etwas von Dir hören. —

Dein Freund Beethoven."

Ausser Frau Streicher musste Der da oben weiter helfen. Da des Meisters Symphonien in Wien nicht aufgeführt werden konnten, verhinderte das auch eine Wiedergabe der Werke in Graz, wo in zwei Konzerten Werke des Meisters, im letzten auch eine ältere Symphonie, gemacht wurden. „Gerne hätte ich Ihnen zwei ganz neue Symphonien von mir geschickt. Allein meine jetzige Lage heisst mich leider auf mich selbst denken, und nicht wissen kann ich, ob ich nicht als Landesflüchtiger von hier fort muss. Danken Sie den vortrefflichen Fürsten, die mich in dies Unvermögen versetzt, nicht wie gewöhnlich für alles Gute und Nützliche wirken zu können."

Erst am 8. und 12. Dezember fanden zwei Konzerte, zum Besten der in der Schlacht bei Hanau invalid gewordenen österreischischen und bayrischen Krieger, statt, in denen Beethovens ganz neue A-dur-Symphonie aufgeführt werden konnte. Spohr berichtet darüber: „Die neuen Kompositionen Beethovens gefielen ausserordentlich, besonders die Symphonie; der wundervolle zweite Satz wurde da capo verlangt (in beiden Konzerten); er machte auch auf mich einen tiefen, nachhaltigen Eindruck. Die Ausführung war eine ganz meisterhafte, trotz der unsicheren und dabei oft lächerlichen Direktion Beethovens." Alle Welt hatte mitgewirkt, wofür Beethoven öffentlich seinen Dank aussprach.

„Ich halte es für meine Pflicht, allen den verehrten mitwirkenden Gliedern der am 8. und 12. Dezember gegebenen Akademie, zum Besten der in der Schlacht bei Hanau invalid gewordenen kaiserlich österreichischen und königlich bayrischen Krieger für ihren bei einem so erhabenen Zweck dargelegten Eifer zu danken.

Es war ein seltener Verein vorzüglicher Tonkünstler, worin ein jeder, einzig durch den Gedanken begeistert, mit seiner Kunst auch etwas zum Nutzen des Vaterlandes beitragen zu können, ohne alle Rangordnung auch auf untergeordneten Plätzen, zur vortrefflichen Ausführung des Ganzen mitwirkte.

Wenn Herr Schuppanzigh an der Spitze der ersten Violine, und durch seinen feurigen ausdrucksvollen Vortrag das Orchester mit sich fortriss, so scheute sich ein Herr Oberkapellmeister Salieri nicht, den Takt der Trommeln und Kanonaden zu geben; Herr Spohr und Herr Mayseder, jeder durch seine Kunst der obersten Leitung würdig, wirkten an der zweiten und dritten Stelle mit, und Herr Siboni und Giuliani standen gleichfalls an untergeordneten Plätzen.

Mir fiel nur darum die Leitung des Ganzen zu, weil die Musik von meiner Komposition war; wäre sie von einem anderen gewesen, so würde ich mich ebenso gern wie Herr Hummel an die grosse Trommel gestellt haben, da uns alle nichts als das reine Gefühl der Vaterlandsliebe und des freudigen Opfers unserer Kräfte für diejenigen, die uns so viel geopfert haben, erfüllte.

Den vorzüglichsten Dank verdient indessen Herr Mälzel, insofern er als Unternehmer die erste Idee dieser Akademie fasste, und ihm nachher durch die nötige Einleitung, Besorgung und Anordnung der mühsamste Teil des Ganzen zufiel. Ich muss ihm noch insbesondere danken, weil er mir durch diese veranstaltete Akademie Gelegenheit gab, durch die Komposition einzig für diesen gemeinnützigen Zweck verfertigt und ihm unentgeltlich übergeben — den schon lange gehegten sehnlichen Wunsch erfüllt zu sehen, unter den gegenwärtigen Zeitumständen auch eine grössere Arbeit von mir auf den Altar des Vaterlandes niederlegen zu können.

Ludwig van Beethoven."

Wegen eines Streits mit Mälzel liess der Meister den letzten Absatz fort.

Die grösste Wirkung machte Beethovens Schlacht-Symphonie, worüber ein zeitgenössischer Bericht sagt:

„Es ist hier weder Ort noch Zeit," so meint der „Oesterreichische Beobachter", „den alten Streit auszugleichen, ob die Musik die Mittel habe, Handlungen oder Ereignisse, als da sind Schlachten, Feuersbrunst, Wassersnot etc. darzustellen; so viel ist gewiss, dass Beethovens Komposition von wahrhaft herrlicher, siegender Wirkung war, dass sie sich durch die lebendigste Charakteristik aussprach und gewiss jeder gestehen musste, dass, wenn etwas der Art je zulässig, es nur so und nicht anders zulässig ist. Man hört die französischen und englischen Heere anrücken, jene mit ihrem ‚Marlbourough s'en va-t-en guerre', diese mit ihrem herrlichen ‚Britannia rule the wawes' etc. Immer näher wälzt sich das Schlachtengewühl, das Geräusch des Kleingewehrfeuers und der Donner des Geschützes; immer lebendiger wird das Getöse, immer hitziger der Kampf, bis es zu Sturm und Sieg geht, das Getümmel allmählich verhallt und die Geschlagenen abziehen. Eigentümlich und höchst bedeutend ist die Wiederkehr des ‚Marlbourough etc.'. Der zweite Teil drückt die Siegesfeier des Wellington'schen Heeres aus und macht mit dem dazwischen tönenden God save the king den unwiderstehlichsten Eindruck . . ."

Erst in Beethovens eigener Akademie im Kaiserlich-Königlichen Redoutensaale am 2. Januar 1814 konnte jedoch diese Wellington-Symphonie voll zur Geltung gebracht werden. Schindler erzählt: „Erst in diesem Raum bot sich Gelegenheit dar, die mancherlei Intentionen bei der Schlacht-Symphonie in Ausführung zu bringen. Aus langen Korridoren und entgegengesetzten Gemächern konnte man die feindlichen Heere gegeneinander anrücken lassen, wodurch die erforderliche Täuschung in ergreifender Weise bewerkstelligt wurde. Der Verfasser dieser Schrift, mit unter den Zuhörern, darf die Versicherung geben, dass der dadurch hervorgerufene Enthusiasmus in der Versammlung, gesteigert noch durch die patriotische Stimmung der grossen Tage, ein überwältigender gewesen. —"

Und nun fand sich sogar genug Interesse, dass Beethoven am 27. Februar 1814 eine zweite Akademie geben konnte, über die in der Allgemeinen musikalischen Zeitung zu lesen war: „Die Aufnahme der A-dur-Symphonie war ebenso lebhaft als die ersteren Male; das Andante (a-moll), die Krone neuerer Instrumentalmusik, musste, wie jederzeit wiederholt werden . . . Ein ganz neues italienisches Terzett, schön vorgetragen von Madame Milder-Hauptmann, Herrn Siboni und Herrn Weinmüller, ist anfangs ganz im italienischen Stil gedacht, endet aber mit einem feurigen Allegro in Beethovens eigener Manier. Es erhielt Beifall . . . Die grösste Aufmerksamkeit der Zuhörer schien auf das neueste Produkt der Beethovenschen Muse, eine ganz neue, noch nie gehörte Symphonie in F-dur, gerichtet zu sein, und alles war in gespannter Erwartung, doch wurde diese, nach einmaligem Anhören, nicht hinlänglich befriedigt, und der Beifall, den es erhielt, nicht von jenem Enthusiasmus begleitet, wodurch ein Werk ausgezeichnet wird, welches allgemein gefällt; kurz, sie machte, wie die Italiener sagen — kein Furore. Referent ist der Meinung, die Ursache liege keineswegs in einer schwächeren oder weniger kunstvollen Bearbeitung (denn auch hier wie in allen Beethovenschen Werken dieser Gattung, atmet jener eigentümliche Geist, wodurch sich seine Originalität stets behauptet), sondern, teils in der nicht genug überlegten Berechnung, diese Symphonie der in A-dur nachfolgen zu lassen, teils in der Uebersättigung von schon so vielem genossenen Schönen und Trefflichen, wodurch natürlich eine Abspannung die Folge sein muss. Wird diese Symphonie in Zukunft a l l e i n gegeben, so zweifeln wir keineswegs an dem günstigen Erfolge." Schindler erzählt: „Wer sich eine Versammlung von fünftausend Zuhörern in erhobener Stimmung infolge kurz vorhergegangener welterschütternder Ereignisse auf den Schlachtfeldern Leipzigs und Hanaus, aber auch im Gefühl des hohen Wertes der gebotenen Kunstgenüsse zu denken vermag, wird sich ungefähr eine Vorstellung von der Begeisterung dieser grossen Schar von Kunstfreunden machen können. Die Jubelausbrüche während der A-dur-Symphonie und der Schlacht bei Vittoria, in welch letzterer alle Teile infolge wiederholter Aufführungen schon präzise ineinandergriffen, überstiegen alles, was man bis dahin im Konzertsaale erlebt haben wollte."

Auch das B-dur-Trio sollte dem grossen Publikum nun nicht mehr fremd bleiben. Moscheles wohnte einer Aufführung am 11. April in einem Mittagskonzert bei und schreibt: „Bei wie vielen Kompositionen steht das Wörtchen neu am unrechten Platze! Doch bei Beethovens Kompositionen nie, und am wenigsten bei dieser, welche wieder voll Originalität ist. Sein Spielen, den Geist abgerechnet, befriedigte mich weniger, weil es keine Reinheit und Präzision hatte; doch bemerkte ich viele Spuren eines g r o s s e n Spieles, welches ich in seinen Kompositionen schon längst erkannt hatte." Schuppanzigh nahm das Trio dann sofort für eins seiner Konzerte im Prater auf, wobei Beethoven den Klavierpart wiederum spielte. Dies war des Meisters letztes öffentliches Auftreten als Klavierspieler. Seine Technik hatte infolge der Abnahme des Gehörs schon beträchtlich nachgelassen. Spohr urteilte nicht ohne Grund, aber doch wohl zu herb: „Ein Genuss war's nicht, denn erstlich stimmte das Pianoforte sehr schlecht, was Beethoven wenig bekümmerte, da er ohnehin nichts davon hörte, und zweitens war von der früher so bewunderten Virtuosität des Künstlers infolge seiner Taubheit fast gar nichts übrig geblieben. Im Forte schlug der arme Taube so darauf, dass die Saiten klirrten, und im Piano spielte er wieder so zart, dass ganze Tongruppen ausblieben, so dass man das Verständnis verlor, wenn man nicht zugleich in die Klavierstimmen blicken konnte. Ueber sein so hartes Geschick fühlte ich mich von tiefer Wehmut ergriffen. Ist es schon für jedermann ein grosses Unglück, taub zu sein, wie soll es ein Musiker ertragen, ohne zu verzweifeln? Beethovens fast fortwährender Trübsinn war mir nun kein Rätsel mehr.“

Beethovens Ehrgeiz war in diesen Jahren vorwiegend auf den Ruhm als Komponist gerichtet; das Klavierspiel war ihm ganz Nebensache geworden. Und er erntete Ruhms genug. Allerdings hatte ein so äusserliches Kunststück wie die Schlacht-Symphonie nicht unwesentlich dazu beigetragen. Immerhin richtete jetzt jedermann seine Blicke auf Beethoven. Man gedachte auch wieder seiner Oper.

12. Kapitel

PROZESSE UND WIEDERUM FIDELIO

Mit dem Jahre 1813 beginnt für Beethoven eine Zeit der Prozesse. Der Tod des Fürsten Kinsky am 2. November 1812 hatte zunächst die Stockung in der Rentenzahlung zufolge. Beethoven wandte sich an die Fürstin, der er nachwies, dass der Fürst mündlich bereits zugesagt hatte, geradeso wie der Erzherzog Rudolph in Einlösungsscheinen zu bezahlen. Beethoven legte Briefe Varnhagen von Enses an Oliva vor. Varnhagen hatte an diesen geschrieben: „Gestern hatte ich mit dem Fürsten von Kinsky eine gehörige Unterredung. Unter den grössten Lobsprüchen für Beethoven gestand er augenblicklich dessen Forderungen zu und will demselben von der Zeit an, dass Einlösungsscheine aufgekommen, die Rückstände und die zukünftigen Summen in dieser Währung auszahlen. Der Kassier erhält hier die nötige Weisung, und Beethoven kann bei seiner Durchreise hier alles erheben (es handelte sich um die Reise nach Teplitz über Prag) oder, falls es ihm lieber ist, in Wien, sobald der Fürst dorthin zurückgekommen sein wird. —"

Unglücklicherweise war Fürst Lobkowitz, der andere Garant der Rente Beethovens, zahlungsunfähig geworden, so dass der Meister von dieser Seite schon vom 1. September 1811 an nichts mehr erhielt. In beiden Fällen musste er gerichtliche Schritte tun, um zu seinem Rechte zu kommen. Er stand auf dem Standpunkt, dass vor allem Kinsky, der es versprochen, aber auch Lobkowitz die Rente von Rechts wegen in Einlösungsscheinen zu bezahlen hätten. Die Verwalter des Kinskyschen Nachlasses und des Lobkowitzschen Vermögens aber konnten den Anspruch nicht ohne weiteres genehmigen. Beethoven nahm daher in Wien den Advokaten

Dr. Adlersburg. Ausserdem bedurfte er eines Rechtsbeistandes in Prag, den er in Dr. Wolf fand. Dieser schien die Sache nicht sehr schleunig zu betreiben. Der Meister drückt sich sehr unnachsichtig über die Angelegenheiten aus. In einem Brief an den Erzherzog vom 24. Juli 1813 beklagt er sich heftig:

„Von Tag zu Tag glaubte ich wieder nach Baden zurückkehren zu können, unterdessen kann es sich wohl noch mit diesen mich hier aufhaltenden Dissonanzen verziehen bis künftige Woche. — Für mich ist der Aufenthalt in Sommerszeit in der Stadt Qual, und wenn ich bedenke, dass ich noch dazu verhindert bin, I. K. H. aufwarten zu können, so quält er und ist mir noch mehr zuwider. Unterdessen sind es eigentlich die Lobkowitzschen und Kinskyschen Sachen, die mich hier halten; statt über eine Anzahl Täkte nachzudenken, muss ich nur immer eine Anzahl Gänge, die ich zu machen habe, vormerken; ohne dieses würde ich das Ende dorten kaum erleben. — Lobkowitzens Unfälle werden ja Kaiserliche Hoheit vernommen haben. Es ist zu bedauern, aber so reich zu sein, ist wohl kein Glück! Graf Fries soll allein 1900 Dukaten in Gold an Duport bezahlt haben, wobei ihm das alte Lobkowitzsche Haus zum Pfande dienen musste. Die Details sind über allen Glauben. — Graf Rasoumowski, höre ich, wird nach Baden kommen und sein Quartett mitbringen, welches ganz hübsch wäre, indem I. K. H. dabei gewiss eine schöne Unterhaltung finden werden. Auf dem Lande weiss ich keinen schönern Genuss als Quartettmusik. Nehmen I. K. H. meine innigsten Wünsche für Ihre Gesundheit gnädig auf und bedauern Sie mich, in so widerwärtigen Verhältnissen hier zubringen zu müssen. Unterdessen werde ich alles, was Sie ebenfalls dabei verlieren, in Baden doppelt einzuholen mich bestreben."

Am 13. Februar 1814 heisst es in einem Briefe an Brunswik:

„Lieber Freund und Bruder!

Du hast mir kürzlich geschrieben, ich schreibe Dir jetzt. — Du freust Dich wohl über alle Siege — auch über den meinen. — Den 27. d. Mts. gebe ich eine zweite Akademie im grossen Redoutensaale. Komm' herauf! Du weisst's jetzt. So rette ich mich nach und nach aus meinem Elend, denn von meinen Gehalten habe ich noch keinen Kreuzer erhalten. — Schuppanzigh (hat) dem Michalcowicz geschrieben, ob's wohl der Mühe wert wäre, nach Ofen zu kommen. Was glaubst Du? Freilich müsste so was im Theater vor sich gehen. — Meine Oper wird auch auf die Bühne gebracht, doch mache ich vieles wieder neu. — Ich h o f f e, Du lebst zufrieden, das ist wohl nicht wenig. Was mich angeht, ja du lieber Himmel, mein Reich ist in der Luft, wie der Wind oft, so wirbeln die Töne, so oft wirbelt's auch in der Seele. — Ich umarme Dich. —

Dein Freund

Beethoven."

Im August 1814 beginnt erst der ausführliche Briefwechsel mit dem Kinskyschen Verlassenschaftskurator Joseph Kanka, der später auch die Lobkowitzschen Vermögensverhältnisse zu ordnen hatte. Dr. Wolf ging, durch Beethoven lange gedrängt, gegen die fürstliche Verwaltung endlich gerichtlich vor. Namentlich Kanka hat aber den Meister vermocht, die Sachlage im wahren Lichte zu betrachten; die Rechte des unzufriedenen Tonkünstlers waren doch nicht so ganz zweifelsfrei, wie er glaubte. Auch Baron Pasqualati bemühte sich, Beethoven zu ruhigerer Auffassung der Dinge zu überreden. Die Angelegenheit war endlich in guten Händen. Beethoven brauchte nicht mehr lange Klagen anzustimmen wie diese: „Ich sehe mit herzlicher Sehnsucht dieser unredlichen Sache von der Kinskyschen Familie entgegen. — Die Fürstin schien mir hier dafür gestimmt zu sein — allein ich weiss nichts, was endlich daraus werde. — Derweil bin ich in allem beschränkt, denn mit vollkommenem Rechte harre ich auf das, was mir rechtens zukommt und vertragsmässig zugestanden, und als Zeitereignisse hierin Veränderungen hervorbrachten, woran kein Mensch früher denken konnte, mir neuerdings durch Zusage des verstorbenen Fürsten, durch zwei Zeugnisse bewiesen, der mir verschriebene Gehalt in Bankzetteln mir auch in Einlösungsscheinen in derselben Summe zugesagt wurde . . . . — Fällt diese Geschichte durch das Verhalten der Kinskyschen Familie schlecht aus, so lasse ich diese Geschichte in allen Zeitungen bekannt machen, wie sie ist, — zur Schande der Familie." Da auch der Erzherzog Rudolph sich persönlich für die Beschleunigung der Sache einsetzte, erging endlich am 18. Januar 1815 als Ergebnis eines gerichtlichen Vergleichs an Beethoven folgender

„Bescheid.

In Gemässheit des hierüber von der fürstl. Kinskyschen Vormundschaft unterm 6. Januar laufenden Jahres eingebrachten Gesuches wird der Obervormundschaftliche Konsens erteilt: dass die fürstliche Vormundschaft dem Ludwig van Beethoven statt demselben von dem verstorbenen H. Ferd. Fürsten Kinsky im Monat März 1809 schriftlich zugesicherten Unterhaltungsbeitrag p. 1800 Gulden nominal — einen Beitrag von 1200 Gulden Wiener Währung aus der Ferdinand fürstlich Kinskyschen Verlassenschaftsmasse, vom 3. November 1812 anfangend unter nachstehenden Bedingungen ausbezahle." (Wir lassen diese hier weg) . . .

„Wovon hiermit die Verständigung geschieht von dem Kaiserlich Königlichen Landrecht.

Prag, den 18. Jänner 1815."

Am 19. April 1815 wurden auch „nach mehrjährigen Prozessverhandlungen" die stipulierten 700 Gulden „nebst Rückstand seit 1811" aus dem Lobkowitzschen Vermögen bezahlt.

Beethoven hat in ruhigerer Würdigung der Angelegenheiten der Fürstin Kinsky den zum zweitenmal komponierten Gesang „An die Hoffnung" op. 94 und dem Fürsten Lobkowitz den Liederkreis „An die ferne Geliebte" gewidmet. Lobkowitz konnte sich freilich nicht mehr lange dieser Gabe erfreuen, denn er schied bereits am 16. Dezember 1816 aus diesem Leben. Ihm zu Ehren schrieb Beethoven die sogenannte Lobkowitz-Kantate.

Mit dem Advokaten Joseph Kanka, den Beethoven schon von seinen früheren Prager Reisen her kannte und in Teplitz 1811 wiedergetroffen, trat er infolge der Prozesse in nähere freundschaftliche Beziehungen. Er dedizierte dem musikalischen Sachwalter den Klavierauszug der Oper Fidelio. Die Oper wurde gerade im Jahre 1814, als die Prozessverhandlungen begannen, wieder aufgenommen.

Die Künstler Saal, Vogl und Weinmüller, damals Inspizienten der Hofoper, wünschten den Fidelio zu ihrem Benefiz zu geben. Treitschke berichtet darüber: „Man ging Beethoven um die Herleihung an, der mit grösster Uneigennützigkeit sich bereit erklärte, jedoch zuvor viele Veränderungen ausdrücklich bedingte. Zugleich schlug er meine Wenigkeit zu dieser Arbeit vor. Ich hatte seit einiger Zeit seine nähere Freundschaft erlangt, und mein doppeltes Amt als Operndirektor und Regisseur machte mir seinen Wunsch zur teuren Pflicht. Mit Sonnleithners Erlaubnis nahm ich zuerst den Dialog vor, schrieb ihn fast neu, möglichst kurz und bestimmt, ein bei Singspielen stets nötiges Erfordernis." Beethoven wünschte also das Werk zu ändern. Treitschke teilt mit: „Der ganze erste Aufzug wurde in einen freien Hofraum verlegt; Nr. 1 und 2 wechselten ihre Stelle; später kam die Wache mit einem neu komponierten Marsche. Leonorens Aria erhielt eine andere Einleitung, und nur der letzte Satz: ‚O Du, für den ich alles trug,' blieb. Die folgende Szene und ein Duett — nach Seyfrieds Ausdruck ein reizendes Duettino für Sopranstimmen mit konzertierender Violine und Violoncello C-dur, Neunachteltakt — im alten Buche riss Beethoven aus der Partitur; erstere sei unnötig, letzteres ein Konzertstück; ich musste ihm beistimmen; es galt das Ganze zu retten. Nicht besser ging es einem kleinen darauffolgenden Terzett zwischen Rocco, Marcelline und Jacquino (ein höchst melodisches Terzett in Es, wie Seyfried sagt). Alles war handlungsleer und hatte kalt gelassen. Ein neuer Dialog sollte das folgende erste Finale besser motivieren. Auf einen anderen Schluss desselben drang mein Freund wieder mit Recht. Ich projektierte manches; am Ende wurden wir einig: die Wiederkehr der Gefangenen auf Pizzaros Befehl und ihre Klage bei der Rückkehr in den Kerker zusammenzustellen.

Der zweite Aufzug bot gleich anfänglich eine grosse Schwierigkeit. Beethoven seinerseits wünschte den armen Florestan durch eine Arie auszuzeichnen, ich aber äusserte meine Bedenken, dass ein dem Hungertode fast Verfallener unmöglich Bravour singen dürfe. Wir dichteten dieses und jenes; zuletzt traf ich nach seiner Meinung den Nagel auf den Kopf. Ich schrieb Worte, die das letzte Aufflammen des Lebens vor seinem Erlöschen schildern. ‚Und spür' ich nicht linde, sanft säuselnde Luft, und ist nicht mein Grab mir erhellet? Ich seh', wie ein Engel, im rosigen Duft, sich tröstend zur Seite mir stellet, ein Engel, Lenoren, der Gattin so gleich! Der führt mich zur Freiheit — ins himmlische Reich!'

„Was ich nun erzähle, lebt ewig in meinem Gedächtnisse. Beethoven kam abends gegen 7 Uhr zu mir. Nachdem wir anderes besprochen hatten, erkundigte er sich, wie es mit der Arie stehe? Sie war eben fertig, ich reichte sie ihm. Er las, lief im Zimmer auf und ab, murmelte, brummte, wie er gewöhnlich, statt zu singen, tat — und riss das Fortepiano auf. Meine Frau hatte ihn oft vergeblich gebeten, zu spielen; heute legte er den Text vor sich und begann wunderbare Phantasien, die leider kein Zaubermittel festhalten konnte. Aus ihnen schien er das Motiv der Arie zu beschwören. Die Stunden schwanden, aber Beethoven phantasierte fort. Das Nachtessen, welches er mit uns teilen wollte, wurde aufgetragen, aber — er liess sich nicht stören. Spät erst umarmte er mich, und auf das Mahl verzichtend, eilte er nach Hause. Tags darauf war das treffliche Musikstück fertig."

Etwa Mitte Februar begannen Text- und Tondichter ihre Arbeit. Ein Skizzenbuch aus dieser Zeit zeigt die Vorarbeiten zu den beiden neuen Finales der Oper.

Im Tagebuch bemerkt Beethoven: „Die Oper Fidelio vom März bis 15. Mai neu geschrieben und verbessert," und ein Brief besagt weiteres. „Es ist beinahe kein Stück, woran ich nicht hier und da meiner jetzigen Unzufriedenheit einige Zufriedenheit hätte anflicken müssen — das ist nun ein grosser Unterschied zwischen dem Falle, sich dem freien Nachdenken oder der Begeisterung überlassen zu können."

Nur die Ouvertüre wollte nicht fertig werden. Sie „befand sich noch in der Feder des Schöpfers", als bereits die Hauptprobe (22. Mai 1814) stattfand. Sie wurde auch zur ersten Aufführung nicht fertig. Daher spielte man eine andere, nicht zum Stück gehörige Ouvertüre, nämlich die zu den „Ruinen von Athen". Beethoven berichtet selbst: „Die Leute klatschten, ich aber stand beschämt." Treitschke erzählt über die Aufführungen: „Man bestellte das Orchester zur Probe am Morgen der Aufführung. Beethoven kam nicht. Nach langem Warten fuhr ich zu ihm, ihn abzuholen, aber — er lag im Bette fest schlafend, neben ihm stand ein Becher mit Wein und Zwieback darin, die Bogen der Ouvertüre waren über das Bett und die Erde gestreut. Ein ganz ausgebranntes Licht bezeugte, dass er tief in die Nacht gearbeitet hatte. Die Unmöglichkeit der Beendigung war entschieden; man nahm für diesmal seine Ouvertüre aus ‚Prometheus' (?), und bei der Ankündigung, wegen eingetretener Hindernisse müsse für heute die neue Ouvertüre wegbleiben, erriet die zahlreiche Versammlung ohne Mühe den triftigen Grund." Schindler versichert: „Die der ersten Darstellung beigegebene Ouvertüre gehört nicht zur Oper und ist ursprünglich zur Eröffnung des Pester Theaters geschrieben."

Am 26. fand die erste Wiederholung der Oper statt. Diesmal wurde die neue, fünfte Ouvertüre, in E-dur, gespielt. Weitere Wiederholungen folgten am 2., 4., 7. Juni, und nach kurzer Pause am 21. Juni. Darauf wurde wegen eines Benefizes für Beethoven verhandelt. Dies fand am 18. Juli 1814 statt. Bei dieser Gelegenheit sang Weinmüller-Rocco die Goldarie, welche nur in der ersten Fassung der Oper vorkam. Die Milder hatte auch eine unbekannte „grössere" Leonoren-Arie bekommen. Entgegen Beethovens pessimistischer Vermutung, die er dem Erzherzoge Rudolph gegenüber äusserte: „Diese Einnahme ist wohl mehr eine Ausnahme in dieser Jahreszeit, allein eine Einnahme für den Autor kann oft, wenn das Werk einigermassen nicht ohne Glück war, ein kleines Fest werden," muss der Erfolg der Oper in jeder Beziehung zufriedenstellend gewesen sein.

Die Aufführung am 26. Mai, der die Monarchen beiwohnten, hörte auch Dr. Weissenbach, der uns einen lebendigen Bericht über seine Wiener Erlebnisse mit Beethoven hinterlassen:

„Ganz von der Herrlichkeit des schöpferischen Genius dieser Musik gefüllt, ging ich mit dem festen Entschluss aus dem Theater nach Hause, nicht aus Wien wegzugehen, ohne die persönliche Bekanntschaft eines also ausgezeichneten Menschen gemacht zu haben; und sonderbar genug! Als ich nach Hause kam, fand ich Beethovens Besuchskarte auf dem Tische mit einer herzlichen Einladung, den Kaffee morgen bei ihm zu nehmen. Und ich trank den Kaffee mit ihm, und seinen Kuss und Händedruck empfing ich! Ja, ich habe den Stolz, öffentlich sagen zu dürfen, Beethoven hat mich mit dem Zutrauen seines Herzens beehrt. Ich weiss nicht, ob diese Blätter je in seine Hände kommen werden: er wird sie (ich kenne ihn und weiss, wie sehr er auf sich selbst beruht) sogar nicht mehr lesen, wenn er erfährt, dass sie seinen Namen lobend oder tadelnd aussprechen; auch hierin die Selbständigkeit seines Genius bewährend, dem der Herr Wiege und Thron nicht auf diese Erde gestellt. — — Beethovens Körper hat eine Rüstigkeit und Derbheit, wie sie sonst nicht der Segen ausgezeichneter Geister sind. Aus seinem Antlitze schaut er heraus. Hat Gall, der Kranioskop, die Provinzen des Geistes auf dem Schädelbogen und -Boden richtig aufgenommen, so ist das musikalische Genie an Beethovens Kopf mit den Händen zu greifen. Die Rüstigkeit seines Körpers jedoch ist nur seinem Fleische und seinen Knochen eingegossen; sein Nervensystem ist reizbar im höchsten Grade und kränkelnd sogar. Wie wehe hat es mir oft getan, in diesem Organismus der Harmonie die Saiten des Geistes so leicht abspringen und verstimmbar zu sehen. Er hat einmal einen furchtbaren Typhus bestanden; von dieser Zeit an datiert sich der Verfall seines Nervensystems und wahrscheinlich auch der ihm so peinliche Verfall des Gehörs. Oft und lange habe ich darüber mit ihm gesprochen; es ist mehr ein Unglück für ihn als für die Welt. Bedeutsam ist es jedoch, dass er vor der Erkrankung unübertrefflich zart- und feinhörig war, und dass er auch jetzt noch allen Uebellaut schmerzlich empfindet; wahrscheinlich darum, weil er selbst nur der Wohllaut ist. — — Sein Charakter entspricht ganz der Herrlichkeit seines Talentes. Nie ist mir in meinem Leben ein kindlicheres Gemüt in Gesellschaft von so kräftigem und trotzigem Willen begegnet; wäre ihm auch sonst nichts von dem Himmelreich zugefallen als das Herz, er wäre schon dadurch einer, vor dem gar viele aufstehen und sich verneigen müssten. Inniglich hängt es an allem Guten und Schönen durch einen angeborenen Trieb, der weit alle Bildung überspringt. — — Nichts in der Welt, keine irdische Hoheit, nicht Reichtum, Rang und Stand bestechen es; ich könnte hier von Beispielen reden, deren Zeuge ich gewesen bin."

Ueber die Fidelio-Aufführung genügen uns die Worte Weissenbachs: „Ich ging heute in das Hoftheater und kam in den Himmel. Man gab die Oper Fidelio von Ludwig van Beethoven." Am 9. Oktober wurde Fidelio zum 16. Mal gegeben.

Nach den glänzenden Erfolgen, welche dem Fidelio diesmal in Wien beschieden waren, konnte die Aufführung des Werkes in Prag nicht mehr lange ausbleiben. Karl Maria v. Weber war dort Kapellmeister und hat den Fidelio am 21. November 1814 aufgeführt und persönlich geleitet. Er schreibt über eine Wiederholung: „Ich habe den 26. November ‚Fidelio' von Beethoven gegeben, der trefflich ging. Es sind wahrhaft grosse Sachen in der Musik, aber — sie verstehen's nicht. — Man möchte des Teufels werden! Kasperle, das ist das Wahre für sie."

Obwohl die Oper in Prag nicht so gut gefiel wie in Wien — man fand Paers Leonore „mehr ein abgerundetes Ganze" und war der Ansicht, „diese Oper Beethovens werde sich schwerlich lange auf den Brettern erhalten" —, war doch nunmehr der allgemeine Erfolg und ewige Bestand dieses zweimal von Grund aus umgearbeiteten Werkes gesichert. Die Oper besteht seither unverändert in der Gestalt, die sie in der zweiten Läuterung gewonnen. Sehen wir sie nun näher an.

Kurz und knapp in grossen Zügen gehalten, mit kleinen Adagio-Einwürfen beginnend, rauscht die E-dur-Ouvertüre Allegro vorbei; ein wahrhaft glänzendes Presto leitet die Oper unmittelbar ein.

Wir finden Marcelline und Jacquino, die Tochter des Gefängnisschliessers Rocco und seinen Knappen, bei neckischem Schwatzen. Die einleitenden Sechzehntel des Zweiviertel-Allegros verraten die Stimmung. „Jetzt, Schätzchen, jetzt sind wir allein." Marcelline aber sehnt sich nach Fidelio und singt andante con moto ihre sehnsüchtig-schmachtende Arie: „O wär' ich schon mit dir vereint," worin der Hoffnung frohe Lust sie überkommt (poco più allegro): „Hoffnung schon erfüllt die Brust." Die unaussprechlich süsse Lust erfüllt ihren Busen. In eine allseitig wundersame Stimmung bringt alle drei: — Marcelline, Jacquino, Rocco — der hereintretende Fidelio. Die Geheimnisse dieses Augenblicks bringt der herrliche Andante sostenuto-Kanon, von allen vieren gesungen, zu ergreifendem Ausdruck:

Zurück in die Welt und zu nützlichen Gedanken führt uns Roccos Goldarie zurück (Allegro moderato): „Hat man nicht auch Gold beineben." Der biedere, aber gemütvolle Sinn Roccos kommt alsdann in dem Terzett: „Gut, Söhnchen, gut, hab' immer Mut," zum Vorschein. Leonore und Marcelline vertiefen die Stimmung; sie singen: „Ich habe Mut", und „Dein gutes Herz". Marcelline dringt nun bei Vater Rocco auf die Vermählung mit Fidelio. Der Marsch der herannahenden Soldaten unterbricht diese wärmeren Gefühle der Erwartung (vivace). Pizzaro, der Gouverneur des Gefängnisses, langt an. Die „Rache will er kühlen . . . ". Im Gefängnis schmachtet unschuldig sein Feind — er will und muss ihn verderben. Seine Rachearie ist von der grössten Leidenschaft erfüllt. Auf dieses Allegro agitato folgt das Duett mit Rocco, ein Allegro con brio; der schlimme Rachegedanke beginnt zur Tat zu werden. „Alter, jetzt hat es Eile." Don Florestan soll ermordet werden, der ohnehin dem Tode zusiecht. Fidelio hört die letzten Aufträge an, sie ahnt, um wen es sich handle — um ihren Florestan. Ihre Arie klingt hinter dem Wütenden drein wie eine Strafarie der ewigen Gerechtigkeit: „Abscheulicher, wo eilst du hin" — es ist ebenfalls ein Allegro agitato. Fidelio bedarf der Kraft zum letzten Werk, die sie im Gemüte sammelt: „Komm, Hoffnung! Lass den letzten Stern der Müden nicht erbleichen," so singt sie in verlangendem Adagio voll innigster Hingabe und mit bebendem Herzen; sie gewinnt die Kraft (Allegro con brio): „Ich folg' dem innern Triebe." — „Mich stärkt die Pflicht der treuen Gattenliebe." Sie ist die verkleidete Gattin Florestans! Nun schmeichelt sie Rocco die Erlaubnis ab, ihn in die tiefsten Verliesse begleiten zu dürfen. Rocco erkauft von dem

Auftraggeber der Mordtat Pizzaro die Erlaubnis, den jungen Mann Fidelio zur Hilfe bei der schweren Arbeit mitzunehmen. — Im ersten Finale hören wir mit Leonore die Lust der befreiten Gefangenen, die wieder Luft atmen und Licht sehen: „O welche Lust! in freier Luft." Alles bereitet sich vor zu der Tat der Sühne. Der Hinweis auf des Königs Namensfest klingt wie eine Vorhersage: „Recht im Namen des Königs." Doch noch einmal müssen wir in die tiefste Nacht des Unrechts und des Unglücks hinab.

Zweiter Akt. Das Grave Florestans zeigt uns das Dunkel des Verliesses an: „Gott, welch Dunkel hier!" Ein Adagio cantabile von ergreifender Innigkeit — nur selten würdig gesungen — führt zu der „an Wahnsinn grenzenden, doch ruhigen Begeisterung" im poco allegro. Wo Töne nichts mehr ausrichten, da setzt das Melodram ein. Ein Arbeits-Duett, worin die Gefühle der Pflicht und der Furcht eigentümlich um den Vorrang streiten, mit dem düsteren Ritornell: „Nur hurtig fort, nur frisch gegraben," steigert den schaurigen Zustand ins Phantastische. Das Terzett nimmt schon das selige Gefühl der endlichen Rettung voraus: „Euch werde Lohn in bessern Welten . . ." (Moderato). Der finstere Dämon aber scheint das Spiel noch in Händen zu haben, das er zu Ende zu führen trachtet: Allegro: „Er sterbe!" Pizzaro tritt den unglücklichen Florestan als Mörder an — „Töt erst sein Weib," schreit es ihm da entgegen; mit der Kraft einer Löwin wirft sich Fidelio-Leonore zwischen die Männer und schützt Florestan mit ihrem eigenen Leibe. Im Augenblick der höchsten Not ertönen die berühmten Beethovenschen Trompeten, und Jacquino meldet den Minister. Florestan und Leonore geniessen die „namenlose Freude" (Duett: Allegro vivace). Das zweite Finale bringt strahlenden Tag, Jubel, C-dur und Rettung. Den Mörder erwartet die gerechte Strafe. In der allgemeinen Freude finden auch Jacquino und Marcelline sich wieder. Schliesslich kündet der Chor die Moral der Geschichte: „Wer ein holdes Weib errungen"; in einem Presto molto, das wie ein Triumphgesang dahinschwirren und in mächtigem Crescendo zu brausendem Fortissimo anschwellen muss. Es kündet Freude — das Herrlichste, das dieser vom Leben viel geschlagene Dichter gesungen und in Tönen überzeugender predigte als je einer vor und nach ihm.

Beethovens Fidelio bildet einen neuen Typus der Oper. Man hat das Werk nicht mit Unrecht die erste deutsche Oper genannt; denn Beethovens Verlangen: „Ich brauche einen Text, der mich anregt," geht nicht nur auf die Musik. Der Meister fährt fort: „Es muss etwas Sittliches, Erhebendes sein." Das ist es: Beethoven verlangt eine moralische Idee. Dadurch aber tritt in echt deutscher Weise der Gedanke stärker in den Vordergrund; also der Text. Doch Beethoven war genug Musiker, um nicht die Musik zur „ancilla dramaturgica" zu erniedrigen. Die Musik trägt das Ganze, und wo der Text zu herrisch wird, wählt der Komponist das Melodram. Diese Verbindung von Gesang und Melodram wird auch die Form sein, auf die jede vollendete Oper wird zurückkommen müssen. Trotz der etwas verfärbten Handlung, die aber merkwürdigerweise doch bei guter Aufführung jedesmal aufs tiefste wirkt, hat Beethoven in diesem einzigen Bühnenwerke eine Musteroper geliefert. Es hat freilich Mühe und Arbeit gemacht; aber es war des Schweisses des Edlen wert.

Am 11. Oktober 1814 wurde Fidelio zum erstenmal in Berlin gegeben. Die Titelrolle sang die Schulz-Killitschgi. Später die Milder-Hauptmann. Der Berichterstatter des Dramaturgischen Wochenblattes erklärte: „Diese Oper trägt den Keim zu einer theatralisch musikalischen Reformation in sich und wird der Aftermuse den Sturz beeilen."

Der junge Meyerbeer, der damals in Wien seinen Ruhm als Klavierspieler begründete, fertigte unter des Meisters Augen den Klavierauszug zum Fidelio.

Beethoven sollte in dieser Zeit noch glänzender gefeiert werden. Am 29. November wurden vor den versammelten Fürsten des Wiener Kongresses mehrere seiner Werke aufgeführt. Zwar hatte er auch mit dieser Akademie wieder Schwierigkeiten; denn der Saal im Theater wurde ihm von Palffy, der seit Lobkowitz' Zahlungsunfähigkeit der Alleinherrscher war, erst zum 27. November gegen ein Drittel der Einnahme, für den 29. aber, auf den das Konzert auf höheren Wunsch verlegt war, nur gegen die Hälfte der Einnahme zugesagt. Diese Tantieme wurde zwar von Palffy auf höheren Wunsch wieder auf ein Drittel ermässigt, aber Beethoven blieb gereizt.

In diesem Weltkonzert vor Europas Fürsten wurde ausser der Schlachtsymphonie und der A-dur-Symphonie eine neue Kantate auf einen Text von Weissenbach: „Der glorreiche Augenblick" aufgeführt, deren Soli von Demoiselle Bondra, den Herren Wild und Forti und von Madame Milder vorzüglich gesungen wurden; die berühmtesten Virtuosen wirkten im Orchester mit.

Beethoven wiederholte das Konzert am 2. Dezember zu seinen Gunsten — vor leeren Bänken. Die zweite Wiederholung zum Besten des Markus-Spitals wurde wieder besser besucht.

Doch nicht nur öffentlich wurde Beethoven gefeiert. Zu den schönen Ereignissen dieses ruhmreichen Abschnittes seiner Lebensgeschichte zählen auch die Musiken und Feste beim Grafen Rasoumowski, der später (1815) zum Fürsten erhoben wurde. Er hatte sich einen herrlichen Palast in Wien erbaut und machte ein glänzendes Haus. Die Musik wurde nicht vernachlässigt. Schon 1808 hatte der Graf ein Quartett angestellt, für das Schuppanzigh lebenslänglich als Primgeiger verpflichtet war. Zu Mitwirkenden wählte dieser sich Weiss und Linke und zog auch gelegentlich seinen Schüler Mayseder heran. Der Graf selbst übernahm oft die zweite Geige. Sogar in der musikalischen Theorie liess er sich unterrichten. Wöchentlich zu verabredeten Zeiten holte der gräfliche Wagen Beethovens Freund Förster, den der Meister dem Grafen als Theorielehrer empfohlen, ins Palais zum Unterrichte ab. Der Bibliothekar des Fürsten, Bigot, war mit einer vorzüglichen Pianistin, Maria Bigot, geborene Kiéné, verheiratet, mit der Beethoven sehr befreundet war. Sie verstand seine Werke ausgezeichnet zu spielen. Das Ehepaar zog 1809 nach Paris. Der Meister war bei den Festen und musikalischen Veranstaltungen des Fürsten, wo seine neuen Werke „brühwarm aus der Pfanne" probiert wurden, stets willkommen. Die Herrlichkeit nahm leider am 30. Dezember 1814 ein jähes und schreckliches Ende. Eine Feuersbrunst zerstörte den Palast mit seinen unersetzlichen Schätzen von Grund aus.

Was hat Beethoven in dieser Zeit der höchsten Anerkennung geschrieben? Die Ouvertüre zu Fidelio, die Kantate „Der glorreiche Augenblick" sind uns schon bekannt. Noch ein weiteres Werk verdankt wie diese seine Entstehung äusserer Veranlassung, die C-dur-Ouvertüre, auf deren Manuskript zu lesen ist: „Ouvertüre von Ludwig van Beethoven am ersten Weinmonat (Oktober) 1814 — Abends zum Namenstag unseres Kaisers." Die Motive zu diesem Werke gehören früheren Zeiten an. Beethoven beabsichtigte, Schillers Hymnus an die Freude hineinzuweben, was dann doch nicht gelang. Das Werk, erst als „Ouvertüre zu jeder Gelegenheit — oder zum Gebrauch im Konzert" gedacht, fand seine Bestimmung als Ouvertüre zur Namensfeier des Kaisers. Zu dieser Gelegenheit konnte sie allerdings nicht einmal aufgeführt werden. Die spätere Bezeichnung von andern als „La chasse" zeigt nicht unrichtig den Gehalt des Werkes an.

Von grösserer Bedeutung ist die im Sommer im geliebten Baden ausgearbeitete Klaviersonate op. 90 in e-moll, die Beethoven dem Grafen Moritz Lichnowski gewidmet hat. Das Autograph trägt das Datum: 16. August 1814. Die Sonate erschien im Juni 1815. Beethoven schreibt an den Grafen:

„Baden, am 21. September 1814.

Werter, verehrter Graf und Freund!

Ich erhalte leider erst gestern Ihren Brief. Herzlichen Dank für Ihr Andenken an mich, ebenso alles Schöne der verehrungswürdigen Fürstin Christine. — Ich machte gestern mit einem Freunde einen schönen Spaziergang in die Brühl, und unter freundschaftlichen Gesprächen kamen Sie auch besonders vor, und siehe da, gestern Abend bei meiner Ankunft finde ich Ihren lieben Brief. — Ich sehe, dass Sie mich immer mit Gefälligkeiten überhäufen; da ich nicht möchte, dass Sie glauben sollten, dass ein Schritt, den ich gemacht, durch ein neues Interesse oder überhaupt etwas dergleichen hervorgebracht worden sei, sage ich Ihnen, dass bald eine Sonate von mir erscheinen wird, die ich Ihnen gewidmet; ich wollte Sie überraschen. Denn längst war diese Dedikation Ihnen bestimmt, aber Ihr gestriger Brief macht mich es Ihnen jetzt entdecken, keines neuen Anlasses brauchte es, um Ihnen meine Gefühle für Ihre Freundschaft und Wohlwollen öffentlich darzulegen, — aber mit irgend nur etwas, was einem Geschenke ähnlich sieht, würden Sie mir Wehe verursachen, da Sie alsdann meine Absicht gänzlich misskennen würden, und alles dergleichen kann ich nicht anders als ausschlagen."

In den beiden Sätzen der Sonate kommt eine milde Lebensfreude zum Ausdruck. Der innige Ton steigert sich im Finale zu echter Volkstümlichkeit. Wenn man bedenkt, dass Beethoven öfter von den poetischen Ideen redet, die ihn beim Komponieren bestimmten, so dass er z. B. auch einmal dem Engländer Neate gegenüber äusserte: „Ich habe immer ein Gemälde in meinen Gedanken, wenn ich am Komponieren bin und arbeite nach demselben," so wird man Schindlers Erzählung über die e-moll-Sonate mit besonderem Anteil lesen. „Als Graf Lichnowski jene Sonate mit der Dedikation an ihn zu Händen bekam, wollte es ihm bald bedünken, als habe sein Freund Beethoven in beiden Sätzen, aus denen sie besteht, eine bestimmte Idee aussprechen wollen. Er säumte nicht, Beethoven darüber zu befragen. Da dieser aber in keiner Sache etwas Zurückhalterisches hatte, dies besonders, wenn es einen Witz oder Scherz gegolten, so konnte er auch hier nicht lange zurückhalten. Er äusserte sich sofort unter schallendem Gelächter zu dem Grafen: er habe ihm die Liebesgeschichte mit seiner Frau in Musik setzen wollen und bemerkte dabei: wenn er eine Ueberschrift wolle, so möge er über den ersten Satz schreiben: ‚Kampf zwischen Kopf und Herz,' und über den zweiten ‚Konversation mit der Geliebten'. — Begreifliche Rücksichten hielten Beethoven ab, jene Sonate mit diesen Ueberschriften drucken zu lassen." Moritz Lichnowski hatte nach dem Tode seiner Gemahlin ein Verhältnis zu einer Sängerin, die er nach dem Ableben seines Bruders Karl ehelichte.

Nach den Erfolgen seiner Oper überrascht uns die Nachricht nicht, dass Beethoven neue Pläne für die Bühne schmiedete: „Mit wahrem Vergnügen melden wir dem musikliebenden Publikum, dass Herr van Beethoven sich anheischig gemacht hat, eine Oper zu schreiben. Die Dichtung ist von Herrn Treitschke und führt den Titel: ‚Romulus und Remus'." Beethoven schreibt Treitschke: „Ich schreibe Romulus und werde dieser Täge anfangen; ich werde selbst zu Ihnen kommen, erstlich e i n m a l, hernach mehrmal, damit wir über das Ganze sprechen und beraten." Aber ein gewisser Fuss, Berichterstatter der Allgemeinen Musikalischen Zeitung, der Beethoven „in allen Zeitungen anpacken" konnte, kam dem Meister mit einem Machwerk zuvor, das nie aufgeführt wurde.

Noch von anderer Seite empfing der Meister einen Operntext: „Bacchus" von Berge, eine grosse lyrische Oper. Mit einem langen, Klopstockschen Schreiben von seinem alten Freunde Amenda traf dieser Text ein.

„Talsen, 20. März 1815.

Mein Beethoven!

Nach langem schuldvollem Schweigen nähere ich mich mit einem Opfer Deiner herrlichen Muse, dass sie Dich mit mir versöhne und Du

Deines fast entfremdeten Amenda wieder gedenkest. O! jene unvergesslichen Tage! Da ich Deinem Herzen so nahe war, da Dies liebevolle Herz und der Zauber Deines grossen Talents mich unauflöslich an Dich fesselten! — Sie stehen in ihrem schönsten Lichte noch immer vor meiner Seele, sind meinem innigsten Gefühle ein Kleinod, das keine Zeit mir rauben soll. Aus Deinem Munde vernahm ich's damals zuweilen, wie Du Dir ein würdiges Sujet zu einer grossen Oper wünschtest. Ich glaube, Du hast's noch nicht gefunden. — Nun sieh, ich biete Dir's jetzt! Schicke Dir hier eine Oper, von der ich dreist zu behaupten wage, dass ihresgleichen noch nicht existiert. Darum aber sollst auch Du und kein anderer sie komponieren, das ist zugleich der Wunsch des Dichters, meines herzlichen Freundes. Diese Abschrift von seiner eigenen Hand ist zwar fein, wie wäre es aber sonst möglich gewesen, eine ganze Oper in ein Briefcouvert zu bringen? Mache Dich aber nur mit den kleinen Schriftzügen und insbesondere mit dem Geiste des ganzen vertraut: und Du wirst's bald geläufig lesen. Auch kannst Du ja bald eine grössere Kopie davon machen lassen, dann aber, Freund, gehe bald ans Werk und zeige der Welt auch hier, was Beethoven vermag, wenn er con amore arbeitet. — Du wirst mit Vergnügen bemerken, wie dieser Text ganz mit musikalischer Rücksicht gearbeitet ist, wie einsichtsvoll die Scenen und alle Gesänge geordnet sind. Eins nur wird Dich vielleicht genieren, die ziemliche Länge des Stückes, die Dich wahrscheinlich nötigen wird, einiges ohne musikalische Wiederholungen geradedurch zu komponieren. Dagegen aber freue ich mich schon im voraus, wie Du bei so manchen schönen Situationen von der Dir eigenen Zartheit oder Kraft überströmen, wie Du verschiedenen Gruppen charakteristische Haltung geben und endlich bei der grossen Vollstimmigkeit und dem mancherlei Mord-Spektakel die ganze Fülle der Harmonie zusammennehmen wirst, die nur Dir in der Vollkommenheit zu Gebote steht. — O könnten ich und mein treuer Berge, der gleichfalls Deiner grossen Muse mit Bewunderung huldigt, könnten wir doch bei dieser Arbeit zuweilen um Dich sein und so schon manches beim Entstehen mit Dir fühlen, mit Dir geniessen! — Sonst war ich einer dieser Glücklichen, der würdigeren wirst Du wohl auch jetzt nicht entbehren! — Ich kenne das Bedürfnis Deines unbefangenen Herzens. Es ist Vervollkommnung der Kunst. Nun so liefre denn der Welt die erste der Opern! Bin ich doch glücklich genug, dass Du dabei meiner gedenken wirst, und ich mich einst an dem Entzücken werde weiden können, mit welchem die Welt das Meisterwerk zweier meiner herzlichsten Freunde unfehlbar aufnehmen wird. — —

Schreibe mir nun aber recht bald, damit ich erfahre, ob Du diesen Brief mit dem Dir gewiss wichtigen Einschlusse erhalten habest. Schreibe mir aber insbesondere, wenn auch nur mit wenig Worten, wie Dir's geht. Zwar bin ich bisher nicht ganz ohne Kunde von Dir gewesen. Zeitungen, Reisende haben mir von Dir erzählt, Deine herrlichen Kompositionen oft mir von Dir zu Herzen gesprochen: doch alles dies hat meine Sehnsucht nach eigenen Nachrichten von Dir nur vermehrt — Du leidest am Gehör? — Armer Freund! Wie sehr bedaure ich Dich! — Sonst aber bist Du doch wohl?

Du musst es sein. Der Ruhm, den Du noch jüngst mit Wellington geteilt, verkündet es. —

Lebt unser guter Zmeskall noch? Ich zweifle. Grüsse gelegentlich unsere gemeinschaftlichen Freunde, besonders die Streichers. Ich führe noch immer das einfache Leben eines Landpfarrers auf einem angenehmen Landsitze an der Seite meiner guten Jeannette im brüderlichsten Verein mit meinem herzlichsten Freunde Berge, umgeben von einer kleinen Kinderwelt, von der fünf liebe Kinder die meinen sind; zwar nicht ganz frei von Sorgen, doch Gott sei Dank! ziemlich glücklich und einer besseren Zukunft entgegensehend. — Musikalischen Genuss habe ich höchst selten; zuweilen noch in unserer Hauptstadt Mitau, wo ein vortreffliches Mädchen Marianne von Berner als Violinspielerin unstreitig als eine der ersten Grössen glänzt. Dort habe ich einst auch Baillot aus Paris gehört. O! Was ist doch die Violine für ein mächtig Instrument, wenn Baillot's Seele aus ihr spricht! Nachdem ich Dich am letzten Abend bei Zmeskall spielen hörte, bin ich von keinem Sterblichen wieder so gewaltig erschüttert worden als von Baillot. Er war damals in Wien gewesen, sprach mit Enthusiasmus von Dir, spielte nichts lieber als Deine Sachen und gestand, dass er nur einmal, aber in grosser Verlegenheit, vor Dir gespielt habe. Beglücke, lieber Beethoven, uns Violinspieler doch bald wieder mit Quartetten! Ich schliesse, um unserem Freunde Berge noch Raum zu ein paar Zeilen zu lassen, der Dir über euren Bacchus schreiben will. — Gottes besten Segen über Dich, mein ewig teurer Beethoven. Meine Adresse ist: Herrn Pastor Amenda zu Talsen im Kurlande. — Freund Berge braucht mehr Raum und nimmt ein eigen Blatt, dies Plätzchen gehört also noch mir. Ich benutze es zu der Frage: wirst Du, mein Beethoven, nun nicht einmal grosse musikalische Reisen machen? Du bist der Welt durch Deine Werke längst rühmlich bekannt, man sehnt sich überall, Dich selbst kennen zu lernen. Goldner Friede beglückt endlich wieder die Welt und begünstigt überall die Musen. Du müsstest vom Reisen grossen Gewinn haben, sie würden besonders mit Benutzung von Bädern gewiss auch Deiner Gesundheit zuträglich sein, und so wie einst bei Haydn würden die guten Wiener auch bei Deiner Rückkehr vom Auslande Dich noch mehr schätzen lernen. Und besuchtest Du endlich auch den Norden, und kämest auf einer Reise nach Petersburg durch Mitau und Riga, wie sollst Du aufgenommen werden! Dann eilt' ich in Deine Arme, führte Dich auf einige Tage zu mir — o! ich Glücklichster! — Ich meinen innigst geliebten Beethoven in meinem Hause bewirten! — Ueberleg Dir's, Freund! Nochmals, lebe wohl."

Zur selben Zeit hatte Beethoven an den alten Freund Amenda geschrieben: „Wien am 12. April 1815. Der Ueberbringer dieses, Graf Keyserling, Dein Freund, besuchte mich und erweckte das Andenken von Dir in mir, Du lebtest glücklich, Du habest Kinder, beides trifft wohl bei mir nicht ein; zu weitläufig wär' es, darüber zu reden; ein andermal, wenn Du mir wieder schreibst, hierüber mehr. — Mit deiner patriarchalischen Einfalt fällst Du mir tausendmal ein. Allein zu meinem Besten oder zu anderer will mir das Schicksal hierin meine Wünsche versagen. Ich kann sagen, ich lebe beinahe allein in dieser grössten Stadt Deutschlands, da ich von allen Menschen, welche ich liebe, lieben könnte, beinahe entfernt leben muss. — Auf was für Fuss ist die Tonkunst bei euch? Hast Du schon von meinen grossen Werken dort gehört? Gross, sage ich, — gegen die Werke des Allerhöchsten ist alles klein. — Leb wohl, mein lieber, guter Amenda, denke zu weilen Deines Freundes Ludwig van Beethoven.

Wenn Du schreibst, brauchst Du gar keine weitere Ueberschrift als meines Namens."

Dr. v. Bursy berichtet, wie sich Beethoven zu dem Textbuche des Bacchus gestellt: „Ich fragte ihn nach dem Operntext von Berge, nnd er sagte, er sei recht gut und schicke sich mit einigen Abänderungen wohl zur Komposition. Bis jetzt habe seine Krankheit noch nicht eine solche Arbeit erlaubt, und er wolle selbst an Amenda deswegen schreiben. Ich schrie ihm ins Ohr, man müsse zu solcher Arbeit wohl vollkommen Zeit und Musse haben. Nein, sagte er, ich mache nie so fort und fort ohne Unterbrechung. Immer arbeite ich an mehrerem zugleich. Bald nehme ich dann dies, bald das vor."

Damit endigen vorerst die Opernfreuden und Opernpläne. Es folgt noch mancher Anlauf, ein neues Bühnenwerk zu schaffen; auch den Bacchus hat sich der Meister überlegt. Im Grunde blieb es bei den Plänen. Beethovens glanzvollste Zeit war es, da er vor einer Runde regierender Häupter musizierte, wo die Welt auf ihn sah und da sein Fidelio auf den Brettern festen Fuss fasste.

Ein Zeichen der Anerkennung war es, dass die kurz vorher gegründete Gesellschaft der Musikfreunde den Meister unter dem 22. Dezember 1815 aufforderte, für sie ein Oratorium zu schreiben.

Unter dem 16. November 1815 aber wurde Beethoven zum Ehrenbürger Wiens ernannt.

BEETHOVEN
Nach einer Bleistiftzeichnung von Louis Letronne
gestochen von Riedel, 1815.
Im Besitze von Prof. Siegfried Ochs, Berlin.

IV. ABSCHNITT

DER SPAETE BEETHOVEN

„Wäre mein Gehalt nicht gänzlich ohne Gehalt, ich schriebe nichts als grosse Symphonien, Kirchenmusik, höchstens noch Quartetten.“

13. Kapitel

VORMUND DES NEFFEN

Beethovens Bild aus dieser Zeit glänzender Anerkennung ist uns mehrfach überliefert. Der Franzose Letronne hatte eine Bleistiftskizze des Meisters entworfen, die gestochen werden sollte. Dem Stecher Blasius Höfel genügte der Stich nicht. Daher wünschte er die Mängel zu verbessern. Aber Beethoven sass ihm nur fünf Minuten. Höfel erwischte den Meister jedoch beim Phantasieren. Und da Beethoven meist lange spielte und dabei stets ruhig sass, gelang es dem Stecher, eins der besten Bilder des Meisters zu schaffen; mag es auch im Geschmack der Zeit idealisiert sein. 1814 wurde es von Artaria veröffentlicht. Ein weiteres Porträt aus dieser Zeit, welches Mähler im Jahre 1815 malte, schlägt einen anderen Ton an. Das sicherste Urteil darüber, wie Beethoven aussah, erlaubt uns die Gesichtsmaske von 1812. Ueber Beethovens Erscheinung und sein Wesen in der Kongresszeit mögen uns einige Augenzeugen berichten. Dr. Weissenbach haben wir bereits gehört. Der englische Pianist Neate, der bei Förster studierte und Beethoven seine Arbeiten vorlegen durfte, also viel mit dem Meister zusammen war, erzählt: er sei niemals mit einem Menschen zusammengekommen, der eine so grosse Freude an der Natur, an Blumen, an Wolken, kurz, an allem und jedem hatte, wie Beethoven; „Natur war gleichsam seine Nahrung, er schien förmlich darin zu leben." Er sei damals von bezaubernder Freundlichkeit gegen die gewesen, die er liebte, aber dafür auch in seinen Abneigungen so heftig, dass er, wenn er mit gewissen Leuten nicht sprechen wollte, seinen Schritt bis zu förmlichem Lauf beschleunigte. Seine Gesichtsfarbe sei dunkel und stark gerötet, dabei aber in hohem Grade belebt gewesen, sein üppiges

Haar in wunderlicher Unordnung. Neate hat ihn jedenfalls viel lachen sehen, denn er bemerkt dies ausdrücklich. Es ist auch auszusprechen, dass Beethovens Grundstimmung trotz aller Miseren stets eine fröhlich-optimistische gewesen. Unser letzter Berichterstatter soll Dr. v. Bursy sein; er schildert Beethoven also: „Wenn Jean Paul meinem Gedankenbilde ganz widersprach, so stimmte Beethoven ziemlich gut damit. Klein, etwas stark, zurückgestrichenes Haar, worunter schon viel graues zu sehen, ein etwas rotes Gesicht, feurige Augen, die zwar klein, aber tiefliegend und voll ungeheuren Lebens sind. Beethoven hat, besonders wenn er lacht, sehr viel Aehnlichkeit mit Amenda."

Das „dröhnende Lachen" Beethovens sollte bald mehr und mehr verstummen. Es kamen wieder traurige Zeiten.

Einstweilen führten noch schöne Tage den Meister im Juli 1815 mit der Gräfin Erdödy zusammen. Briefe bezeugen es, von denen hier einer angeführt werden mag.

„Liebe, liebe, liebe, liebe, liebe Gräfin! Ich gebrauche Bäder, mit welchen ich erst morgen aufhöre, daher konnte ich Sie und alle Ihre Lieben heute nicht sehen. — Ich hoffe, Sie geniessen einer bessern Gesundheit. Es ist kein Trost für bessere Menschen, ihnen zu sagen, dass andere auch leiden; allein Vergleiche muss man wohl immer anstellen, und da findet sich wohl, dass wir alle nur auf eine andere Art leiden, irren. — Nehmen Sie die bessere Auflage des Quartetts und geben Sie samt einem sanften Handschlag die schlechte dem Violoncello. Sobald ich wieder zu Ihnen komme, soll meine Sorge sein, selben etwas in die Enge zu treiben. Leben Sie wohl, drücken, küssen Sie Ihre lieben Kinder in meinem Namen, obschon, es fällt mir ein, ich darf die Töchter ja nicht mehr küssen; sie sind ja schon zu gross. Hier weiss ich nicht zu helfen, handeln Sie nach Ihrer Weisheit, liebe Gräfin!

Ihr wahrer Freund und Verehrer

Beethoven."

In diese Freuden hallen allerdings schon die Klagen des Bruders hinein.

„Kaum bin ich bei mir, so finde ich meinen Bruder lamentierend fragen nach den Pferden — ich bitte Sie, erzeigen Sie mir die Gefälligkeit, sich doch nach Langenenzersdorf zu begeben (hier wird der Magister der Gräfin Erdödy gebeten) wegen den Pferden, nehmen Sie auf meine Kosten Pferde in Jedlersee. Ich werde es Ihnen hernach gern vergüten. — Seine Krankheit (meines Bruders) bringt schon eine gewisse Unruhe mit, lassen Sie uns doch helfen, wo wir können, ich muss nun einmal so und nicht anders handeln! — Ich erwarte eine baldige Erfüllung meiner Bitte und eine freundschaftliche Antwort deswegen von Ihnen. — Scheuen Sie keine Unkosten, ich trage sie gern. Es ist nicht der Mühe wert, wegen lumpigen einigen Gulden jemanden leiden zu lassen."

Die Gräfin zog nun aber im Oktober nach Kroatien. Beethoven schreibt ihr:

„Wien, am 19. Weinmonat 1815.

Meine liebe, verehrte Gräfin!

Wie ich sehe, dürfte meine Unruhe für Sie in Ansehung Ihrer Reise in Ihren teilweisen Leiden auf Ihrem Reisewege stattfinden, allein — der Zweck scheint wirklich von Ihnen erreicht zu werden, und so tröste ich mich, und zugleich spreche ich Ihnen nun selbst Trost zu. Wir Endliche mit dem unendlichen Geist sind nur zu Leiden und Freuden geboren, und beinahe könnte man sagen, die Ausgezeichnetsten erhalten durch Leiden Freude. — Ich hoffe nun bald wieder Nachrichten von Ihnen zu empfangen. Viel Tröstliches müssen Ihnen wohl Ihre Kinder sein, deren aufrichtige Liebe und das Streben nach allem Guten ihrer lieben Mutter schon eine grosse Belohnung für ihre Leiden sein können. — Dann kommt der ehrenwerte Magister, Ihr treuster Schildknapp, — nun vieles andere Lumpenvolk, worunter der Zunftmeister Violoncello, die nüchterne Gerechtigkeit im Oberamt — wahrlich ein Gefolge, wonach mancher König sich sehnen würde. — Von mir nichts — das heisst vom Nichtsnichts! — Gott gebe Ihnen weitere Kraft, zu Ihrem Isistempel zu gelangen, wo das geläuterte Feuer alle Ihre Uebel verschlingen möge und Sie wie ein neuer Phönix erwachen mögen.

In Eil

Ihr treuer Freund

Beethoven."

Ende des Sommers 1815 weilte Beethoven im schönen Baden und stärkte sich im Genuss der Natur. Er schrieb an Treitschke: „Lieber werter Freund! Es war mir nicht möglich, Sie diese Woche zu sehen; sehr beschäftigt, bin ich eben heute hier (in Döbling), um noch etwas von der immer noch anwesenden schönen Zeit zu geniessen und durch schon halb welkende Wälder zu streichen."

Damals war Beethoven mit dem Liederkreis „An die ferne Geliebte" und mit den Anfängen der Hammerklaviersonate op. 101 beschäftigt. Erst am 16. Oktober kehrte er nach Wien zurück.

Der Gesundheitszustand seines Bruders wurde kritisch. Schon im Frühjahr 1813 hatte sich Karl so schlecht gefühlt, dass er folgende „Erklärung" aufsetzte:

„Da ich von den offenherzigen Gesinnungen meines Bruders Ludwig van Beethoven überzeugt bin, so wünsche ich, dass selber nach meinem Ableben die Vormundschaft über meinen rückgelassenen minderjährigen Sohn Karl Beethoven übernehme. Ich ersuche daher die löbliche Abhandlungsinstanz, meinem gedachten Bruder diese Vormundschaft bei meinem Ableben zu übertragen, und bitte meinen lieben Bruder, dies Amt zu übernehmen und meinem Kinde wie ein Vater mit seinem Rate und Tat in allen vorkommenden Fällen an die Hand zu gehen."

Es folgen die Unterschriften. Nunmehr, am 14. November 1815, fühlte er seines Lebens Ziel gekommen. In einem erweiterten Testament, welches also beginnt: „In der Gewissheit, dass jeder Mensch sterben muss und ich mich diesem Ziele nahe fühle . . ." werden die Bestimmungen für den Fall seines Ablebens genauer getroffen. Er starb schon am nächsten Tage, dem 15. November.

Zum Vormunde des zurückgebliebenen, jetzt achtjährigen Knaben Karl hatte er wiederum den Bruder Ludwig bestimmt. Dabei sind folgende Bemerkungen des Sterbenden nicht zu übersehen.

„5) bestimme ich zum Vormunde meinen Bruder Ludwig van Beethoven. Nachdem dieser mein innigst geliebter Bruder mich oft mit wahrhaft brüderlicher Liebe auf die grossmütigste und edelste Weise unterstützt hat, so erwarte ich auch fernerhin mit voller Zuversicht und im vollen Vertrauen auf sein edles Herz, dass er die mir so oft bezeigte Liebe und Freundschaft auch bei meinem Sohn Karl haben und alles anwenden wird, was demselben nur immer zur geistigen Bildung meines Sohnes und zu seinem ferneren Fortkommen möglich ist. Ich weiss, er wird mir diese meine Bitte nicht abschlagen."

Dem Testamente fügte Karl aber noch folgenden Nachtrag bei:

„Da ich bemerkt habe, dass mein Bruder Herr Ludwig van Beethoven, meinen Sohn Karl nach meinem allfälligen Hinscheiden ganz zu sich nehmen und denselben der Aufsicht und Erziehung seiner Mutter gänzlich entziehen will, da ferner zwischen meinem Bruder und meiner Gattin nicht die beste Einigkeit besteht, so habe ich für nötig gefunden, nachträglich zu meinem Testamente zu verfügen, dass ich durchaus nicht will, dass mein Sohn Karl von seiner Mutter entfernt werde, sondern dass derselbe immerhin und insolange es seine künftige Bestimmung zulässt, bei seiner Mutter zu verbleiben habe, daher denn dieselbe so gut wie mein Bruder die Vormundschaft über meinen Sohn Karl zu führen hat. Nur durch Einigkeit kann der Zweck, den ich bei Aufstellung meines Bruders zum Vormunde über meinen Sohn gehabt habe, erreicht werden; daher empfehle ich zum Wohl meines Kindes meiner Gattin Nachgiebigkeit, meinem Bruder aber mehr Mässigung.

Gott lasse sie beide zum Wohle meines Kindes einig sein. Dies ist die letzte Bitte des sterbenden Gatten und Bruders."

Durch diese Verpflichtung tritt ein bedeutender Umschwung in Beethovens Leben ein, ein Umschwung zum schlechteren. Beethoven wurde am 22. November 1815 mit der Mutter des Neffen, Johanna van Beethoven, zum Mitvormund ernannt.

Er nahm die Aufgabe mit den zärtlichsten und erhabensten Gefühlen auf sich. Sie brachte ihn schon durch die Mitvormundschaft der Mutter, einer allgemein, sonderlich aber bei Beethoven nicht im besten Rufe stehenden Person, in die grössten Schwierigkeiten.

Seinem Bruder, für dessen Leben er, wie er selbst berichtet, eine Summe von 10 000 Gulden geopfert, wollte der edle, seiner väterlichen Aufgabe vollbewusste Ludwig nach dessen Tode unbedingt gerecht werden und trat ohne ernstliche Bedenken die Vormundschaft an, die er zum Heile für sich — ob für die Kunst, kann niemand entscheiden — besser ausgeschlagen hätte.

Schon ein Brief an Zmeskall kündigt den Hereinbruch des unseligen Landregens über Beethovens Flur an. „Der Tod meines Bruders vor zwei Monaten und die mir dadurch zugefallene Vormundschaft über meinen Neffen ist mit vielerlei anderen Verdriesslichkeiten und Ereignissen die Ursache meines so spät kommenden Schreibens."

Beethoven sah sich sehr bald genötigt, den Antrag zu stellen, als alleiniger Vormund zu gelten; dabei musste er notwendig auf ein früher einmal gegen Karls Mutter ergangenes Urteil wegen Veruntreuung hinweisen. Am 19. Januar 1816 wurde er zum alleinigen Vormund bestellt. „Die Königin der Nacht" suchte sich beständig, möglichst hinter dem Rücken Beethovens, an den Knaben heranzumachen — was man ihr als Mutter und nach dem Testamente ihres Mannes eigentlich nicht übelnehmen kann —, bis sie auf Beethovens Ansuchen vom Gericht angewiesen wurde, sich bei Besuchen des Knaben an den Meister zu halten.

Als Vormund des Neffen zeigt Beethoven jene in seiner Zeit nahezu schwächliche Humanität; er ist ewiger Güte voll. Die Frage, ob der Knabe diese Güte verdiente und sie vertragen konnte, kam dem Meister gar nicht. Im Tagebuche lesen wir die

Worte: „Karl betrachtest Du als Dein eigenes Kind, alle Schwätzereien, alle Kleinigkeiten achte nicht über diesen heiligen Zweck.

Hart ist der Zustand jetzt für Dich, doch der droben, o er ist, ohne ihn ist nichts."

Der folgende Ausspruch im Tagebuch stand bloss geschrieben: „Nichts ist wirksamer, andere in Gehorsam zu erhalten, als wenn sie glauben, dass man weit mehr Klugheit besitze als sie. — Ohne Tränen können weder die Väter ihren Kindern die Tugend einprägen, noch die Lehrer ihren Schülern nützliche Dinge in den Wissenschaften beibringen, auch die Gesetze nötigen dadurch die Bürger, dass sie ihnen Tränen erzeugen, der Gerechtigkeit nachzustreben."

Als Vater, wie er sich von jetzt ab so gerne nennt, hatte Beethoven für das leibliche, wie für das geistige Wohl des Knaben zu sorgen: der Junggeselle und Künstler.

Der Meister wurde unter diesen Umständen, wo er die väterliche Sorge und Liebe kennen lernen musste, wohl besonders berührt von dem plötzlichen Hinscheiden des kleinen Sohnes der Gräfin Erdödy, der er einen langen Trostbrief schreibt. Was er vorbringt, war persönlich empfunden und musste von ihm persönlich nicht zum erstenmal im Leben bewährt werden:

„Wien, den 13. Mai 1816.

Meine werte, liebe Freundin!

Sie dürfen vielleicht und mit Recht glauben, dass Ihr Andenken völlig in mir erloschen sei, unterdessen ist es nur der Schein; meines Bruders Tod verursachte mir grossen Schmerz, alsdann aber grosse Anstrengungen, um meinen mir lieben Neffen vor seiner verdorbenen Mutter zu retten. Dieses gelang, allein bis hierher konnte ich noch nichts Besseres für ihn tun, als ihn in ein Institut zu geben, also entfernt von mir. Und was ist ein Institut gegen die unmittelbare Teilnahme, Sorge eines Vaters für sein Kind! Denn so betrachte ich mich nun und sinne hin und her, wie ich dieses mir teure Kleinod näher haben kann, um geschwinder und vorteilhafter auf ihn wirken zu können. — Allein wie schwer ist das für mich! — Nun ist meine Gesundheit auch seit sechs Wochen auf schwankenden Füssen, so dass ich öfter an meinen Tod, jedoch nicht mit Furcht denke, nur meinem armen Karl sterbe ich zu früh. Wie ich aus Ihren letzten Zeilen an mich sehe, leiden Sie wohl auch sehr, meine liebe Freundin. Es ist nicht anders mit dem Menschen: auch hier soll sich seine Kraft bewähren, d. h. auszuhalten, ohne zu wissen, und seine Nichtigkeit zu fühlen, und wieder seine Vollkommenheit

KARL VAN BEETHOVEN

FRAU NANETTE STREICHER

zuerreichen, deren uns der Höchste dadurch würdigen will. — Linke wird nun wohl schon bei Ihnen sein: möge er Ihnen Freude auf seinen Darmsaiten erwecken! — Brauchle wird sich von Brauchen wohl nicht entfernen, und Sie werden wie immer Tag und Nacht von ihm Gebrauch machen. — Was den Vogel betrifft, so höre ich, dass Sie nicht mit ihm zufrieden sind: worin dieses besteht, weiss ich nicht. Sie suchen, wie ich höre, einen anderen Hofmeister; übereilen Sie sich doch nicht und machen Sie mich mit Ihren Ansichten und Absichten hierin bekannt. Vielleicht kann ich Ihnen gute Anzeigen machen, vielleicht tun Sie aber dem Sperl im Käficht unrecht? — Ihre Kinder umarme ich und drücke es in einem Terzett aus, sie werden wohl täglich Fortschritte machen in ihrer Vervollkommnung. — Lassen Sie mich recht bald, sehr bald wissen, wie Sie sich auf dem kleinen Nebelfleck der Erde, wo Sie jetzt sind, befinden. Ich nehme gewiss, wenn ich es auch nicht immer gleich anzeige oder äussere, grossen Anteil an Ihren Leiden und Freuden. Wie lange bleiben Sie noch? Wo werden Sie künftig leben? — Mit der Dedikation der Violoncellsonaten wird eine Veränderung geschehen, die Sie aber und mich nicht verändern wird.

Liebe, teure Gräfin,

in Eile Ihr Freund

Beethoven."

Beethoven brachte sein Mündel am 2. Februar 1816 in das Privaterziehungsinstitut des Kajetan Giannatasio del Rio.

Als er am 29. Juli 1816 nach Baden fuhr, liess er seinen Schützling im Giannatasioschen Institut zurück. Im Geiste liess ihn der Knabe nicht mehr los. Rührend nimmt er sich des Kleinen an, wie auch folgende Mitteilung zu anderer Gelegenheit zeigt: „Sollte es Ihnen recht sein, so hole ich mein kleines Kerlchen heute gegen 1 Uhr zum Essen ab, damit er auch den Fasching etwas empfindet, der doch auch bei Ihnen gefeiert wird und besonders von seinen Kameraden (wie er sagt)."

Schon diesen Sommer, und zwar nach Ablauf des August, mit dem ein neues Schulquartal begann, hatte Beethoven vor, den Knaben aus der Giannatasioschen Anstalt herauszunehmen.

„Mehrere Umstände veranlassen mich, Karl zu mir zu nehmen. In dieser Rücksicht erlauben Sie, dass ich Ihnen den Betrag für das nun herannahende Vierteljahr sende, nach Verlauf dessen Karl austreten wird; — nicht irgend etwas Ihnen oder Ihrem geehrten Institut Nachteiligem schreiben Sie es zu, sondern vielen anderen dringenden Beweggründen für das Wohl Karls. Es ist ein Versuch, und ich werde Sie selbst bitten, sobald es einmal daran ist, mich mit Ihrem Rate zu unterstützen, ja auch ausserdem Karl zuweilen zu erlauben, Ihr Institut besuchen zu dürfen. Ewigen

Dank werden wir Ihnen wissen, ja nie werden wir Ihre Sorgfalt und die vortreffliche Pflege Ihrer werten Frau Gemahlin, welche nur jener der besten Mütter zu vergleichen ist, vergessen. —

Wenigstens viermal so viel würde ich Ihnen schicken, als es jetzt geschieht, wenn es nur meine Lage zulassen wollte, unterdessen werde ich in einer besseren Zukunft jede Gelegenheit ergreifen, um auf eine gewisse Art das Andenken an Ihre Gründung des physischen und moralischen Wohles meines Karls zu ehren und zu erinnern."

Karl musste inzwischen eine Bruchoperation überstehen. Wahrscheinlich bestärkte dieser Vorfall den Meister in seinem Vorhaben, nach der Heimkehr aus Baden einen eigenen Hausstand zu gründen. „Es wird vielleicht nur einige Monate mit dem Bedienten dauern, da ich eine Haushälterin meines Karls wegen annehmen muss," schreibt er in einem Postskriptum eines Briefes an Zmeskall.

Beethoven hat wohl bei dieser Beschäftigung mit der Gründung eines eigenen Hausstandes wieder lebhaft genug an seine noch immer lebendige Liebe denken müssen. Er schreibt am 8. Mai 1816 an Ries: „Alles Schöne an Ihre Frau; leider habe ich keine; ich fand nur eine, die ich wohl nie besitzen werde; ich bin aber deswegen kein Weiberfeind." In einem Gespräch mit Giannatasio sprach sich Beethoven eingehender über seine Gefühle und seinen Zustand aus. Giannatasios Tochter Fanny hat uns Beethovens Worte in ihrem Tagebuch überliefert: „Mein Vater meinte, Beethoven könne sich von diesem traurigen Uebelstand seiner häuslichen Verhältnisse nur durch ein eheliches Band befreien, und ob er niemand kenne usw. Da war denn unsere lang gehegte Ahnung bestätigt: ‚Er liebe unglücklich! Seit fünf Jahren hatte er eine Person kennen gelernt, mit welcher sich näher zu verbinden er als das höchste Glück seines Lebens gehalten hätte. Es sei nicht daran zu denken, fast Unmöglichkeit, eine Chimäre. Dennoch ist es jetzt noch wie am ersten Tage.' ‚Diese Harmonie, setzte er hinzu, habe er noch nicht gefunden! Doch es ist zu keiner Erklärung gekommen. Er habe es noch nicht aus dem Gemüt bringen können!' Dann folgte ein Augenblick, welcher uns für manche Missverständnisse von seiner Seite und kränkendes Benehmen entschuldigte: denn er kannte meines Vaters freundschaftliches Anerbieten, ihm in seinen häuslichen Bedrängnissen womöglich beizustehen, und ich glaube, er war überzeugt von unserer Freundschaft für ihn."

In dieser Zeit der Rückerinnerung „1816 im Monat April" ist der Liederkreis „An die ferne Geliebte" nach Gedichten von Jeitteles geschrieben. Es sind sechs Gedichte, von denen die erste und letzte Strophe des ersten also lautet:

„Auf dem Hügel sitz' ich spähend
In das blaue Land,
Nach den fernen Triften sehend,
Wo ich die Geliebte fand.

. . . .

Denn vor Liebesklang entweichet
Jeder Raum und jede Zeit;
Und ein liebend Herz erreichet,
Was ein liebend Herz geweiht."

Zum Schlusse heisst es:

„Nimm sie hin denn, diese Lieder,
Die ich Dir, Geliebte, sang,
Singe sie dann abends wieder
Zu der Laute süssem Klang!

. . . .

Dann vor diesen Liedern weichet,
Was geschieden uns so weit,
Und ein liebend Herz erreichet,
Was ein liebend Herz geweiht."

Diese Liedschöpfung überragt alles, was Beethoven auf diesem Gebiet der Komposition geschrieben hat, und wir empfinden den Geist der Sehnsucht, der dies Werk beflügelt. Die ferne Geliebte war die „Unsterbliche Geliebte", an die dei Meister seinen ergreifenden und ewig unvergesslichen Liebesbrief gerichtet. Wir wissen von keinem Wesen, das Beethoven vor fünf Jahren kennen lernte, und das also in Betracht kommen könnte, ausser Amalie Sebald, und an sie muss darum wohl der Liederkreis gerichtet sein. Die Lieder erfüllen die Phantasie mit sehnsüchtigen Bildern und Empfindungen — der Historiker wird nie alle diese Geheimnisse erraten . . .

Mit der Einrichtung des eigenen Hausstandes wurde es vorerst nichts. „Meine Haushaltung sieht einem Schiffbruch beinahe ähnlich oder neigt sich dazu, kurzum ich bin mit diesen Leuten von einem sein wollenden Kenner dergleichen angeschmiert; dabei scheint meine Gesundheit sich auch nicht in der Eile wiederherstellen zu wollen. Einen Hofmeister bei diesen Verhältnissen anzunehmen, dessen Inneres und Aeusseres man auch nicht kennt, und meines Karls Bildung Zufälligkeiten zu überlassen, das kann ich nimmermehr, so grossen Aufopferungen ich auch in mancher Hinsicht dadurch wieder ausgesetzt bin. Also bitte ich Sie, dass Sie, mein werter Giannatasio, Karln wieder dieses Vierteljahr bei sich behalten. Auf Ihren Vorschlag wegen der Kultivierung der Tonkunst werde ich insoweit eingehen, dass Karl 2 auch 3 Mal die Woche sich abends gegen 6 Uhr von Ihnen entfernt und alsdann bei mir bleibt bis den kommenden Morgen, wo er gegen acht Uhr sich wieder bei Ihnen einfinden kann."

Im September und Oktober weilte Beethoven wieder in Baden, wo er aber Anfang Oktober „schon zu kränkeln anfing".

Die Zeiten waren schlecht. Beethoven geisselt in einem Briefe an Antonie Brentano die Regierung. „Sonst kann ich Ihnen Bedeutendes nichts von hier schreiben, als dass unsere Regierung immer mehr r e g i e r t werden muss, und dass wir glauben, noch lange nicht das Schlimmste erlebt zu haben." Die klägliche Regierung eines Fürsten Metternich, der als österreichischer Staatskanzler nach dem Grundsatz, „das Bestehende zu erhalten": alles verdarb und namentlich die Finanzen immer mehr herunterbrachte, war auch Beethoven ein Greuel. Die Worte: „dass wir glauben, noch lange nicht das Schlimmste erlebt zu haben", klingen wie eine Vorahnung seiner eigenen Leiden. Was die politischen Zustände anbetrifft, unter denen der Meister ja selbst zu leiden hatte, so hegte er ähnliche Ansichten wie Seume, der aufs leidenschaftlichste für Gleichheit, Freiheit und gegen jegliche Vorrechte kämpfte. Beethoven las gewiss zur Erleichterung seines Gemütes manchmal in Seumes 1806 und 1807 entstandenen Apogryphen, worin auch folgender Satz steht: „Herrschen ist Unsinn, aber Regieren Weisheit. Man herrscht also, weil man nicht regieren kann."

Der Verkehr Beethovens mit Giannatasios schwankte zwischen aufrichtigem Zutrauen und verstecktem Misstrauen. „Dass Beethoven auf uns böse ist," schreibt Fanny Giannatasio in ihr Tagebuch, „ist etwas, was mich die Zeit her recht sehr betrübte, obwohl die Art, wie er es zeigte, das traurige Gefühl mehr in ein bitteres umschuf. Es ist wahr, dass der Vater nicht artig gegen ihn gehandelt hat, aber Menschen, die ihm ihre Achtung und Liebe jederzeit so bewiesen haben wie wir, sollte er nicht mit beissendem Spott zurückweisen wollen. Er hat jenen Brief wohl in einer seiner menschenfeindlichen Launen geschrieben, und ich verzeihe es gern."

Beethoven hatte auch noch eine kleine pekuniäre Schererei. Karl hatte im Namen seines Vaters noch einen Anspruch auf ein Haus und Einkünfte in Prag. Beethoven wandte sich in dieser Sache an seine Rechtsbeistände Bach und Kanka. Schon im Dezember 1816 schreibt der Meister einen langen Brief in der Angelegenheit an den Advokaten, der nicht der einzige blieb.

Wie es dem Meister manchmal zumute war, offenbart uns sein Tagebuch. Da heisst es:

„Nie mit einem Bedienten mehr allein zu leben; es ist und bleibt das Missliche, setzen wir nun den Fall, der Herr wird krank und der Diener vielleicht auch.

Wer Tränen ernten will, muss Liebe säen.

Vidi malum et accepi (Plinius).

Tametsi quid homini postet dari majus quam gloria et laus et aeternitas (Plinius). Wiewohl was kann man einem Menschen Grösseres geben als Ruhm und Lob und Unsterblichkeit?

Audi multa, loquere pauca.

Etwas muss geschehen, entweder eine Reise, und zu dieser die nötigen Werke schreiben, oder eine Oper — solltest du den künftigen Sommer noch hier bleiben, so wäre eine Oper vorzuziehen, im Falle nur leidlicher Bedingnisse. — Ist der Sommeraufenthalt hier, so muss jetzt schon beschlossen werden, wie, wo?

Gott helfe, Du siehst mich von der ganzen Menschheit verlassen, denn Unrechtes will ich nichts begehen. Erhöre mein Flehn, doch für die Zukunft nur, mit meinem Karl zusammen zu sein, da nirgends sich jetzt eine Möglichkeit dafür zeigt, o hartes Geschick, o grausames Verhängnis, nein, nein, mein unglücklicher Zustand endet nie.

Dies eine fühl ich und erkenn' es klar,
Das Leben ist der Güter höchstes nicht,
Der Uebel grösstes aber ist die Schuld.

(Schiller, Braut von Messina.)

Dich zu retten ist kein anderes Mittel als von hier, nur dadurch kannst du wieder so zu den Höhen deiner Kunst entschweben, wo du hier in Gemeinheit versinkst, und eine Symphonie — — — und dann fort — fort — fort — derweilen die Gehalte aufgenommen, welches selbst auf Jahre geschehen kann. — Ueber den Sommer Arbeiten zum Reisen, dadurch nur kannst Du das grosse Werk für deinen armen Neffen vollführen, später Italien, Sizilien durchwandern, mit einigen Künstlern — mache Plane und sei getrost für Karl. —

Meines Erachtens zuerst die Salzwasserbäder, wie Wiesbaden etc., alsdann die Schwefelbäder bei Aachen, waren unendlich kalt. Abends und Mittags in Gesellschaft sein, es erhebt und ermüdet nicht so, daher ein anderes Leben wie dieses im Hause zu führen."

Im Frühjahr wurde er von stärkerer Krankheit heimgesucht. Er schreibt: „Seit 15. Oktober 1816 befiel mich eine grosse Krankheit." Es war ein „Entzündungskatarrh", der ihn völlig an der Arbeit verhinderte.

Die Erziehung des Neffen strengt den Meister ungemein an. Fanny Giannatasio bemerkt in ihrem Tagebuch: „Gestern sah ich den guten Beethoven ganz ergriffen von den traurigen Verhältnissen mit der Mutter des Kindes." Ein Brief an Giannatasio belegt das Weitere.

„. . . Was die Mutter anbelangte, so hat sie ausdrücklich verlangt, Karl bei m i r zu sehen; dass Sie mich einigemal wanken gesehen haben, in sie ein besseres Vertrauen zu setzen, dieses ist meinem Gefühl wider Unmenschlichkeiten beizumessen, um so mehr, da sie ausserstande ist, Karl schaden zu können. Uebrigens können Sie leicht denken, wie einem so frei gewohnt zu lebenden Menschen wie mir alle diese ängstlichen Verhältnisse, worin ich durch Karl geraten bin, unerträglich öfter vorkommen, worunter denn auch das mit seiner Mutter gehört; ich bin froh, nie etwas davon hören zu müssen; dies die Ursache, warum ich überhaupt vermeide von ihr zu reden. — Was Karl betrifft, so bitte ich Sie, ihn zum pünktlichsten Gehorsam anzuhalten, und sogleich, wo er Ihnen nicht folgt oder überhaupt denen, welchen er zu folgen hat, zu b e s t r a f e n; behandeln Sie ihn lieber, wie Sie ihr eigenes Kind behandeln würden, und n i c h t wie einen Zögling. Denn ich habe Ihnen schon bemerkt, dass er gewohnt war, nur durch Schläge gezwungen bei seines Vaters Lebzeiten zu folgen. Dies war nun sehr übel, allein es war nun einmal nicht anders, und man darf dieses nicht vergessen. Uebrigens wenn Sie mich nicht viel sehen, so schreiben Sie dies nichts anderem als überhaupt meinem wenigen Hang zur Gesellschaft zu. Manchmal äussert er sich unterdessen etwas mehr, hie und da auch wieder weniger. Dieses könnnte man für Veränderung meiner Gesinnungen halten, es ist aber nicht an dem. Das Gute unabgesehen von unangenehmen Ereignissen bleibt mir immer n u r gegenwärtig. Nur dieser eisernen Zeit schreiben Sie es zu, dass ich meine Dankbarkeit Karls wegen nicht tätiger bezeige, doch Gott kann alles ändern und so können sich auch meine Umstände wieder bessern, wo ich gewiss eilen werde, Ihnen zu zeigen, wie sehr ich bin wie immer mit Hochachtung Ihr dankbarer Freund

L. v. Beethoven.

Ich bitte Sie, diesen Brief mit Karl selbst zu lesen."

Nichts ist natürlicher, als dass der grosse Meister der Töne seinem Kinde auch Musikunterricht erteilen liess. Er selbst wäre nicht der rechte Lehrer gewesen. Auf die Frage, ob er keine Schüler annehme, antwortete er: „Nein dieses sei eine verdriessliche Arbeit; er habe nur einen, der ihm sehr viel zu schaffen mache, und den er sich gern vom Halse schaffen möchte, wenn er könnte." Er meinte den Erzherzog Rudolph. Erst später hat er den Neffen vorübergehend selbst im Klavierspiel angeleitet. Zunächst wurde Karl Czerny zum Klavierlehrer bestellt. Im Institut Giannatasio ging die Sache aber nicht immer glatt ab. „Was seine Stunden in dem Klavierüben betrifft, so bitte ich Sie, ihm selbe immer zu halten, weil sonst der Klaviermeister zu nichts nützt. Gestern hat Karl den ganzen Tag nicht spielen können. Ich selbst habe es auch schon mehr Malen erfahren, indem ich mich darauf verliess, um mit ihm durchzugehen, dass ich unverrichteter Sache wieder abziehen musste. La musica merita d'esser studiata. Die paar Stunden, die ihm jetzt zu seinem Musikstudium gestattet sind, klecken ohnedem nicht, und ich muss daher umso mehr darauf dringen, dass sie ihm gehalten werden. — Es ist eben nichts Ungewöhnliches, dass auf dergleichen in einem Institut Rücksicht genommen werde. — Ein guter Freund von mir hat ebenfalls einen Knaben in einem Institute, welcher zur Musik bestimmt ist, und man leistet ihm hierin allen Vorschub. Ja ich war nicht wenig überrascht, als ich den Knaben dort in einem entfernten Zimmer sich ganz allein üben fand und weder er gestört wurde noch andere störte! —"

Czerny sollte die „Lektionen nicht umsonst" geben, „selbst auch die schon gegebenen sollen verrechnet und bezahlt werden".

In den Unterricht mischte sich Beethoven natürlich in seiner Weise hinein. Er erklärt Czerny: „Sie müssen nicht glauben, dass Sie mir einen Gefallen erweisen, wenn Sie ihn Sachen von mir spielen lassen. Ich bin nicht so kindisch, dergleichen zu wünschen. Geben Sie ihm, was Sie für gut finden." Als Czerny nun Clementi vorschlug, meinte Beethoven: „Ja, ja, Clementi ist recht gut," und setzte lachend hinzu: „Geben Sie Karl einstweilen das Regelmässige, bis er später zu dem Unregelmässigen kommen kann." Beethoven war selbst vielfach seiner „Unregelmässigkeiten" wegen getadelt worden. Er schrieb auch einmal eine längere Abhandlung an Czerny:

„Mein lieber Czerny!

Ich bitte Sie, den Karl so viel als möglich mit Geduld zu behandeln, wenn es auch jetzt noch nicht geht, wie Sie und ich es wünschen. Er wird sonst noch weniger leisten, denn (ihn darf man das nicht wissen lassen) er ist durch die übele Austeilung der Stunden zu sehr angespannt. Leider lässt sich das nicht gleich ändern. Daher begegnen Sie ihm so viel als möglich mit Liebe, jedoch ernst. Es wird alsdann auch besser gelingen bei diesen wirklich ungünstigen Umständen für Karl. — In Rücksicht seines Spielens bei Ihnen bitte ich Sie, ihn, wenn er einmal den gehörigen Fingersatz nimmt, alsdann im Takte richtig wie auch die Noten ziemlich ohne Fehler spielt, alsdann ihn erst in Rücksicht des Vortrages anzuhalten. Und wenn man einmal so weit ist, ihn wegen kleinen Fehlern nicht aufhören zu lassen, und selbe ihm erst beim Ende des Stückes zu bemerken. Obschon ich wenig Unterricht gegeben, habe ich doch immer diese Methode befolgt; sie bildet bald Musiker, welches doch am Ende schon einer der ersten Zwecke der Kunst ist, und ermüdet Meister, und Schüler weniger. — Bei gewissen Passagen wie

etc. wünsche ich auch zuweilen alle Finger zu gebrauchen; wie auch bei d. g.

 etc.  etc.

damit man d. g. schleifen könne! Freilich klingen d. g., wie man sagt: ‚geperlt gespielt (mit wenigen Fingern) oder wie eine Perle', allein man wünscht auch einmal ein anderes Geschmeide. — Auf ein andermal mehr. — Ich wünsche, dass Sie alles dieses mit der Liebe aufnehmen, mit welcher ich es Ihnen nur gesagt und gedacht wissen will. Ohnehin bin ich und bleibe ich noch immer Ihr Schuldner. — Möchte meine Aufrichtigkeit überhaupt Ihnen zum Unterpfand der künftigen Tilgung derselben so viel als möglich dienen.

Ihr wahrer Freund

Beethoven"

Endlich im letzten Viertel des Jahres 1817 wurde die Idee, einen eigenen Hausstand zu gründen, wieder eifriger aufgenommen und schliesslich auch durchgeführt. Beethoven schrieb am 12. November 1817 an Giannatasio:

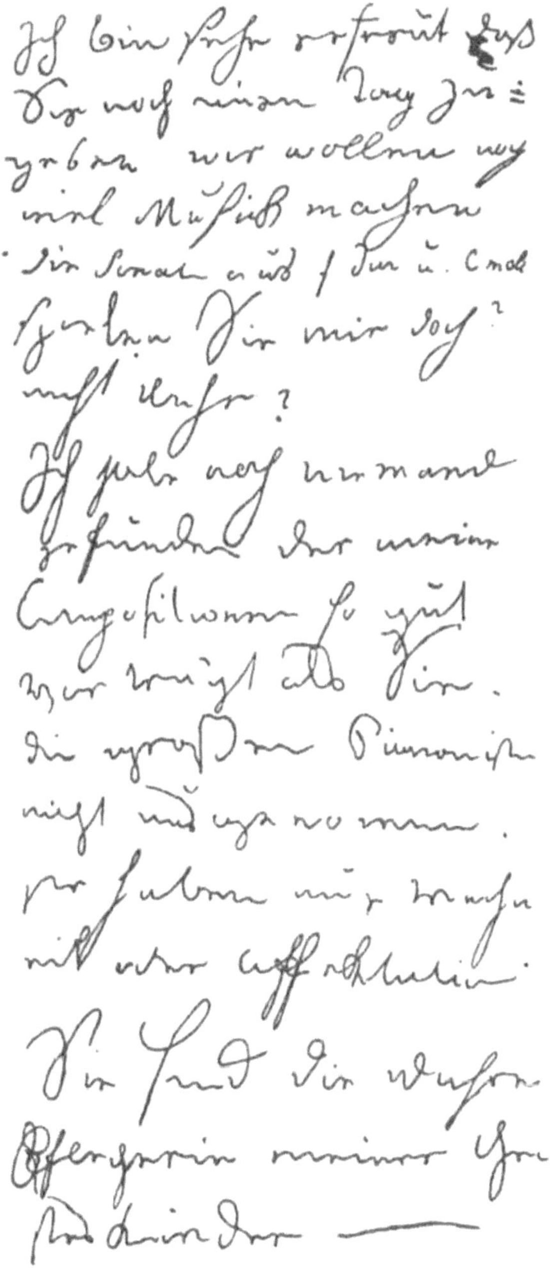
Ich bin sehr erfreut dass
Sie noch einen Tag zu=
geben wir wollen noch
viel Musick machen
die Sonaten aus f dur u. C moll
spielen Sie mir doch?
nicht wahr?
Ich habe noch niemand
gefunden der meine
Compositionen so gut
vorträgt als Sie.
die großen Pianisten
nicht ausgenommen.
sie haben nur Mechanik
oder affectation.
Sie sind die wahre
Pflegerin meiner Geistes
kinder —

Zettel Beethovens für Frau Marie Pachler-Koschak
Undatiert, Herbst 1817.

„Veränderte Verhältnisse könnten wohl machen, dass ich Karl nicht länger als bis zu Ende dieses Vierteljahrs bei Ihnen lassen kann; insofern bin ich gezwungen, Ihnen das künftige Vierteljahr aufzusagen. So hart mir diese Aufkündigung ist, so leidet die Beschränktheit meiner Umstände nicht, Sie dessen entheben zu können, weil ich sonst gerne und als geringen Zoll meiner Dankbarkeit Ihnen in dem Augenblicke wo ich Karl von Ihnen genommen, gern auch ein ganzes Vierteljahr mit grösstem Vergnügen eingehändigt hätte; ich wünsche, dass Sie diese meine Gesinnungen hierin ja als wahr und rein erkennen mögen . . ."

Nun musste alles erwogen werden: Hauswirtschaft, Dienstboten, Verköstigung und was sonst des Kleinen und Kleinlichen im täglichen Leben nötig ist. Frau Nannette Streicher half über das Aergste hinweg. Mit ihr wird über alle Angelegenheiten der Haushaltung, die, wie Beethoven selbst spottet, so oft „ohne Haltung" ist, ausgiebig verhandelt. Der Meister besucht die bereitwillige Freundin fast täglich, um mit ihr das Wichtigste zu besprechen, und entbietet die „Oberhofmeisterin" zu sich, dass sie in seiner Wirtschaft, die einem „Allegro di confusione" gleiche, Ordnung schaffe. Es müssen Einkäufe gemacht werden. „Ich bitte Sie, meine Werte, das noch abzutuende Geschäft des Silberzeuges abzumachen. Es dürfte gar zu lang währen, bis ich dazu komme. Fürs erste ist zu wissen, ob wir noch Geld herausgeben müssen? Wie viel? Die Zuckerbüchse geben wir auf jeden Fall zurück. Hiezu gebe ich noch drei Kaffeelöffel von mir. Könnten wir nur hiefür, ohne viel herauszugeben, noch ein paar Esslöffel und einen leichten Oberslöffel haben, so wäre für unsere Bedürfnisse gesorgt, denn an weiteres darf ich armer österreichischer, ärmster, ärmster Musikant nicht denken, — in Eil' . . ."

Wir wissen nicht, ob dieses noch abzutuende Geschäft wirklich abgetan wurde. Jedenfalls fehlte es noch öfter an Löffeln, und sie wandern von Streichers zu Beethoven und wieder zurück. Der Kaffee spielt sogar im Tagebuch eine wichtige Rolle; Beethoven gibt eine bestimmte Zahl von Bohnen für jede Tasse heraus. Er teilt die Vorliebe der Zeit fürs Kaffeetrinken. Die Kaffeegärten vereinigten damals die Leute zu Klatsch und sonstigem geistigem Austausch. Beethoven verkehrte freilich des Weines wegen in den Wirtschaften, trank gern und vorübergehend nicht mit Mass. Seinen Kaffee gönnte er sich zu Hause. Noch viel prosaischere Gegenstände müssen herbeigeschafft, gekauft, geputzt, gewaschen, geflickt, zurechtgemacht werden. „Es fehlt Schere, Messer etc.“ Die werte Frau Streicher muss fürs Bettzeug sorgen. Nachthemden, Strümpfe müssen besorgt werden, denn sonst sind auf einmal keine im Hause. Spohr erzählt, dass Beethoven eines Tages nicht ausgehen konnte, weil er keine Stiefel hatte. Dieser Zornestag bildet dann den Anfang zum Ueberfluss; das Tagebuch verzeichnet: „7 Paar Stiefel.“ Weiter muss die Oberhofmeisterin Stoff einkaufen helfen. „Ich bitte Sie, die Gefälligkeit zu haben, mir so viel Ellen von beigefügtem Barchent (je dicker je besser) als man für zwei Beinkleider gebraucht, zu kaufen und noch eine Elle drüber.“ Es muss eine Besprechung wegen „dem Leibchen“ stattfinden. Eine wichtige Angelegenheit ist die Wäsche. Die Wäscherin mahnt er durch Frau Streicher, ebenso den Schneider, der die Hosen nicht rechtzeitig schickt. „Auch bitte ich Sie gefälligst zu sorgen, dass die Wäscherin die Wäsche längstens Sonntag liefert. Meine Westen, wovon jetzt zwei zum Teufel sind, und andere nicht zahlvolle Artikel machen mich dieses wünschen.“ Bei allem geht der Humor nicht verloren: „Ihr Schuster . . . möchte mir eine gute Stiefelwichs schicken, die nicht anschmutzt, denn mein Fidelis hat mich mit einer solchen angeschmiert . . .“ Da Beethoven öfter krank ist, bedarf er auch der Medizin. Wiederholt wird ein Brechpulver erwähnt, welches von dem unruhigen Kranken offenbar nicht nach Vorschrift genommen wurde. Gelegentlich heisst es kurz: „Abwischfetze fehlen“ — „selbst hier, denn der Teufel hat meine 2, 3malige Einrichtung schon immer geholt.“

Frau Streicher konnte natürlich keine Schwäche im Hauswesen verborgen bleiben. Auch die im Geldbeutel nicht. Es werden brieflich Anleihen gemacht und die Zurückerstattung quittiert: „Viel Dank für Ihre mir geliehenen 20 Gulden, auch der Löffel folgt.“ Nicht immer ist's Mangel an Geld, wenn Beethoven bei der werten Frau Streicher leiht. Einmal hat er „die Schlüssel vergessen zu seinem Kasten, da er wieder Geld umsetzen wollte“. Selbst wenn sie täglich nachgesehen, ist Frau Nannette ihrer einmal übernommenen Hausfrauenpflichten nicht los und ledig. Sie muss auch noch Anweisungen s c h r e i b e n. Beethoven heischt: „Wegen dem Wildbret samt Haushälterin . . . was Erkleckliches zu l e s e n.“ Auch über die Kocherei war Frau Streicher die Obfrau. Sie muss das Kochbüchlein prüfen. Durch dieses Topfgucken wird sie den Dienstboten verhasst, die sich gegen sie auflehnen und aus Zorn Beethoven das Leben schwer machen.

Wie oft muss er sich mit den Dienstboten herumzanken. Er redet derb mit ihnen, behandelt sie demgemäss; ist aber auch oft wieder zu mild. „Das Küchenmädchen scheint brauchbarer als das vorige schlechte Schönheitsgesicht." Der einen schmeisst er „ein halb Dutzend Bücher an den Kopf". Mit der anderen macht er, als ihre „Teufeleien" angingen, „kurzen Spass und warf ihr seinen schweren Sessel am Bette auf den Leib".

Noch schlimmer wurde es, wenn sich die Dienstboten mit seinem Neffen gegen ihn verschworen oder sich gar von der Mutter Karls bestechen liessen. Trotz allem bleibt der Meister aber nachsichtig. „Das neue Küchenmädchen hat ein etwas schiefes Gesicht beim Holztragen gemacht. Ich hoffe aber, sie wird sich erinnern, dass unser Erlöser sein Kreuz auch auf Golgatha geschleppt hat."

All die häuslichen Plagen und Sorgen um Karl wuchsen noch infolge der langwierigen Prozesse um die Vormundschaft.

Trotz dieser oft geradezu niederdrückenden Verhältnisse schwang sich Beethoven zu neuen Arbeiten auf und fand darin Trost und Erhebung. Ja, die Zeit ist eine in musikalischer Beziehung durchaus fruchtbare.

Im Jahre 1816 erschien eine ganze Reihe der Werke, welche Beethoven an Steiner & Cie. verkauft hatte und wofür er von diesen am 29. April 1815 „vollständig befriedigt worden" war. Darunter befanden sich die 7. und 8. Symphonie, die Violinsonate op. 96, das Quartett in f-moll, die Schlachtsymphonie und das B-dur-Trio.

Der junge englische Komponist Neate sollte Beethoven im Namen der „Philharmonic Society" auffordern, für sie drei Ouvertüren zu schreiben. Beethoven übergab ihm für 75 Guineen die bereits geschriebenen Ouvertüren „Zur Namensfeier", „Ruinen von Athen", „König Stephan", welche die Gesellschaft wenig befriedigten. Auch durch Peter Salomon, den ihm vom väterlichen Bonn her bekannten Geiger, knüpfte Beethoven Beziehungen zu England an. Durch ihn sollte der Meister Werke an Cramer liefern. Salomon starb aber schon am 25. November 1815 infolge eines Sturzes vom Pferde, so dass er das Geschäft nicht mehr zum Abschluss bringen konnte. Auch Smart und Ferdinand Ries, der jetzt in England war, bemühten sich um Beethovens Werke und interessierten den englischen Verleger Robert Birchall dafür, so dass dieser die Violinsonate op. 96, das Trio op. 97 und die Klavierauszüge der Schlacht- und der A-dur-Symphonie von Beethoven kaufte. Die Korrekturen besorgte Ferdinand Ries.

Zwei Konzerte müssen hier kurz erwähnt werden: das Abschiedskonzert des Geigers Schuppanzigh, der nach dem Rasoumowskischen Brandunglück nach Russland ging, und ein gleiches des Cellisten Linke. Jener verabschiedete sich in einem Palastkonzert beim Grafen Deym, wobei nur Beethovensche Werke gespielt wurden: das C-dur-Quartett op. 59, das Quintett op. 16 mit Czerny am Klavier und das Septett. Auf den übermässigen Beifall, den gerade dies letzte Werk immer wieder erhielt, war Beethoven sehr ärgerlich. Er sagte einmal zu Neate: „Ich möchte, dass es verbrannt würde, das verfluchte Zeug." Linke hatte auch fast nur Beethovensche Werke auf dem Programm seines am 18. Februar im Saal zum Römischen Kaiser veranstalteten Abschiedkonzertes. Die neue Klaviersonate, op. 101, wurde gespielt und eine der Cellosonaten op. 102, wobei wieder Czerny den Klavierpart ausführte.

Ein weiteres englisches Anerbieten machte dem Meister ein General Kyd, der eine Symphonie wünschte; der General bot dafür hundert Pfund Sterling; und das Werk sollte in der Philharmonischen Gesellschaft in London aufgeführt werden. Was Beethoven dazu meinte, erzählt uns Simrock.

„Als ich Beethoven am 29. September 1816 in Wien besuchte, erzählte er mir, dass er gestern den Besuch eines Engländers gehabt, der im Auftrage der Philharmonischen Gesellschaft in London ihm den Antrag machte, für dieses Institut eine Symphonie in der Art wie die erste und zweite seiner Symphonien zu schreiben, gleichviel um welchen Preis. — — — Er fühlte sich als Künstler durch ein solches Ansinnen tief verletzt und wies den Antrag mit Entrüstung zurück, indem er den Antragsteller demgemäss abfertigte. In seiner Aufregung äusserte er sich bei mir sehr erzürnt und mit tiefem Unwillen über eine Nation, welche damit eine so erniedrigende Idee von einem Künstler und der Kunst kund gegeben, was er als eine grosse Beleidigung ansah. Als wir an demselben Nachmittage an Hasslingers Verlagshandlung am Graben vorübergingen, blieb er plötzlich stehen und zeigte auf einen dort eingetretenen grossen, starken Mann mit dem Ausrufe: ‚Da steht dieser Mensch, den ich gestern bei mir die Treppe hinuntergeworfen'."

Weitere Unterhandlungen mit Birchall und Neate sowie Smart führten nicht zum Abschluss der Geschäfte, die Beethoven gern gemacht hätte.

Aus dem Jahre 1815 ist zunächst die Komposition zu Goethes „Meeresstille und glückliche Fahrt" für gemischten Chor und Orchester zu erwähnen; das Werk, welches durch das Zusammensein Beethovens mit Goethe im Jahre 1811 angeregt wurde. Das Stück wurde Seiner Exzellenz dem Herrn Geheimrat von Goethe gewidmet. In einem Briefe an Goethe schreibt Beethoven: „Ew. Exzellenz dürfen aber nicht denken, dass ich wegen der jetzt gebetenen Verwendung für mich Ihnen ‚Meeresstille und glückliche Fahrt' gewidmet hätte. Dieses geschah schon im Mai 1822, und die Messe auf diese Weise bekannt zu machen (nämlich in Form einer Subskription bei den Höfen), daran ward noch nicht gedacht bis jetzt vor einigen Wochen." Das Werk erschien erst am 28. Februar 1823. Die Widmung lautete wörtlich: „Dem Verfasser der Gedichte, dem unsterblichen Goethe, hochachtungsvoll gewidmet von Ludwig van Beethoven." Auf der Rückseite des Titelblattes hatte Beethoven folgende Verse aus Homers Odyssee aufgeschrieben:

„Alle sterblichen Menschen der Erde nehmen die Sänger
Billig mit Achtung auf und Ehrfurcht; selber die Muse
Lehrt sie den hohen Gesang und waltet über die Sänger."

Nun kommen wir zu den Cellosonaten op. 102, auf deren erster im Manuskript steht: „Freie Sonate 1815, gegen Ende Juli", und deren zweite im Autograph den Vermerk trägt: „Anfangs August 1815." Jene ist eine Art Phantasiestück in einem Teile, mit überraschenden Schattierungen, welche wesentlich durch vielfachen Tempo- und Taktwechsel hervorgezaubert werden. Die feierliche Idee des Anfangs läuft schliesslich auf Ausgelassenheit hinaus. Die Sonate op. 102, 2 besteht aus drei ernsten Sätzen; ein kraftvolles, aber dabei doch nachdenkliches Allegro lässt den späten Beethoven spüren. Es wird durch ein schwermütiges Adagio con molto sentimento d'affetto von einem geistreichen, glücklich geformten Fugato getrennt oder vielmehr mit diesem verbunden. Die kleine Schlussmusik des durch den Tod des Bruders so traurigen und verhängnisvollen Jahres war der Kanon auf den Text aus Herders „Zerstreuten Blättern":

„Lerne schweigen, o Freund, dem Reden gleichet das Silber,
Aber zur rechten Zeit schweigen ist lauteres Gold."

Das durch Vatersorgen bewegte Jahr 1816 zeitigte zunächst die A-dur-Klaviersonate op. 101, welche der Freifrau von Ertmann gewidmet ist. Beethoven schrieb an die alte Freundin:

„Meine liebe, werte Dorothea-Cäcilia!

Oft haben Sie mich verkennen müssen, indem ich Ihnen zuwider erscheinen musste. Vieles lag in den Umständen, besonders in den früheren Zeiten, wo meine Weise weniger als jetzt anerkannt wurde. Sie wissen die Deutungen der unberufenen Apostel, die sich mit ganz andern Mitteln als mit dem heiligen Evangelium forthelfen; hierunter habe ich nicht gerechnet sein wollen. — Empfangen Sie nun, was Ihnen öfters zugedacht war und was Ihnen einen Beweis meiner Anhänglichkeit an Ihr Kunsttalent wie an Ihre Person abgeben möge. Dass ich neulich Sie nicht bei Czerny spielen hören konnte, ist meiner Kränklichkeit zuzuschreiben, die endlich scheint vor meiner Gesundheit zurückfliehen zu wollen.

Ich hoffe bald von Ihnen zu hören, wie es in St. Pölten mit den — steht und ob Sie etwas halten auf Ihren

Verehrer und Freund
L. v. Beethoven.

Alles Schöne Ihrem werten Mann und Gemahl von mir!
Wien, 23. Februar 1817."

Beethoven verstand sich vorzüglich mit dieser trefflichen Klavierspielerin; selbst ohne dass Worte gewechselt wurden. „Nach der Beerdigung ihres einzigen Kindes konnte sie keine Tränen finden. — General Ertmann brachte sie zu Beethoven. Der Meister sagte kein Wort, spielte aber für sie, bis sie zu schluchzen begann, und so fand ihr Kummer Ausdruck und Linderung." Ueber ihr Spiel äusserte sich Schindler sehr ausführlich. „Diese Künstlerin im eigentlichsten Wortsinn exzellierte ganz besonders im Ausdrucke des Anmutigen, Zarten und Naiven, aber auch im Tiefen und Sentimentalen, demnach sämtliche Werke vom Prinzen Louis Ferdinand von Preussen und ein Teil der Beethovenschen ihr Repertoire gebildet haben. Was sie hierin geleistet, war schlechterdings unnachahmlich. Selbst die verborgensten Intentionen in Beethovens Werken erriet sie mit solcher Sicherheit, als ständen selbe geschrieben vor ihren Augen. Imgleichen tat es diese Hochsinnige mit der Nuancierung des Zeitmasses, das bekanntlich in vielen Fällen sich mit Worten nicht bezeichnen lässt. Sie verstand es, dem Geiste jeglicher

Phrase die angemessene Bewegung zu geben und eine mit der anderen künstlerisch zu vermitteln, darum alles motiviert erschien. Damit ist es ihr oft gelungen, unsern Grossmeister zu hoher Bewunderung zu bringen. Der richtige Begriff von Taktfreiheit im Vortrage schien ihr angeboren zu sein. Aber auch mit der Kolorierung schaltete sie nach eigenem Gefühle und umging bisweilen die Vorschrift. Der Selbstdichterin war diesfalls manches nach eigenem Ermessen zu tun gestattet. Sie brachte in verschiedenen, von andern verkannten Sätzen kaum geahnte Wirkungen hervor; jeder Satz wurde zum Bilde. Vergass der Zuhörer das Atmen beim Vortrage des mysteriösen Largo im Trio D-dur op. 70, so versetzte sie ihn wieder im zweiten Satz der Sonate in e op. 90 in Liebeswonne. Das oft wiederkehrende Hauptmotiv dieses Satzes nuancierte sie jedesmal anders, wodurch es bald einen schmeichelnden und liebkosenden, bald wieder einen melancholischen Charakter erhielt. In solcher Weise vermochte diese Künstlerin mit ihrem Auditorium zu spielen. Allein diese Kundgebungen seltener Genialität waren keineswegs Resultate eigenwilliger Subjektivität, fussten vielmehr ganz auf Beethovens Art und Weise im Selbstvortrage seiner Werke, überhaupt auf seiner Lehre, inhalthabende Kompositionen zu behandeln, die niemand in damaliger Zeit sich mehr angeeignet hatte als diese Dame. Jahre hindurch — bis Oberst von Ertmann 1818 als General nach Mailand versetzt worden — versammelte sie entweder in ihrer Wohnung oder an anderen Orten, auch bei Karl Czerny, einen Kreis von echten Musikfreunden um sich, hatte überhaupt um Erhaltung und Fortbildung des reinsten Geschmackes in der Elite der Gesellschaft grosse Verdienste. Sie allein war ein Konservatorium. Ohne Frau von Ertmann wäre Beethovens Klaviermusik in Wien noch früher vom Repertoire verschwunden, allein die zugleich schöne Frau von hoher Gestalt und feinen Lebensformen beherrschte in edelster Absicht die Gesinnung der Bessern und stemmte sich gegen das Herandrängen der neuen Richtung in Komposition und Spiel durch Hummel und seine Epigonen. Beethoven hatte darum doppelten Grund, sie wie eine Priesterin der Tonkunst zu verehren und sie seine ‚Dorothea-Cäcilia' zu nennen. Ein anderer Schlüssel, das künstlerische Vermögen in der Reproduktion zu hohem Grade zu steigern, findet sich bei Frau von Ertmann noch in der charakteristischen Eigenheit, alles, was ihrer Individualität nicht entsprach, nicht auf ihr Pult zu legen."

Die Sonate op. 101 ist schon wegen des von Beethoven beliebten Titels historisch; er nennt sie Sonate für das Hammerklavier. Denn er wünscht von jetzt ab, die üblichen italienischen Bezeichnungen durch deutsche zu ersetzen.

„An den Wohlgeborenen Generalleutnant von Steiner
zu eigenen Händen.
Publicandum.

Wir haben nach eigener Prüfung und nach Anhörung unsers Konseils beschlossen und beschliessen, dass hinfüro auf allen unsern Werken, wozu der Titel deutsch, statt Pianoforte Hammerklavier gesetzt werde, wornach sich unser bester Generalleutnant samt Adjutanten wie alle andern, die es betrifft, sogleich zu richten und solches ins Werk zu bringen haben.

Statt Pianoforte Hammerklavier —
womit es sein Abkommen einmal für allemal hiemit hat.
Gegeben usw. usw. am 23. Jänner 1817.

Vom
Generalissimus
— — m. p."

Beethoven bezeichnete jedoch nur zwei Klaviersonaten deutsch: op. 101 als „Sonate für das Hammerklavier" und op. 106, in B-dur, als „Grosse Sonate für das Hammerklavier".

Die drei Sätze in op. 101 sind auch deutsch überschrieben: „Etwas lebhaft, und mit der innigsten Empfindung"; „Lebhaft, marschmässig"; „Langsam und sehnsuchtsvoll, Geschwind, doch nicht zu sehr und mit Entschlossenheit." In dieser ersten der fünf letzten Sonaten ist der späte Beethoven zum erstenmal deutlich fühlbar. Die Tonsprache erreicht eine nie gehörte Innigkeit und Vertiefung. Welch neue Romantik steckt in dem ersten Satze! Sie kündigt sich in dem wiederholten Waldhornruf, der fast Eichendorffisch klingt, so deutlich an.

DAS HAFNER HAUS IN MÖDLING, BEETHOVENS SOMMER-WOHNUNG 1818 UND 1819.
Nach einer Originalradierung von R. Gruner, 1910.

BEETHOVENS ENGLISCHER FLÜGEL
Nationalmuseum Budapest.

Wie hat dieser Satz Schumann und Brahms vorbereitet! Das Tagebuch gibt uns vielleicht eine Andeutung über den Gehalt: „Wenn unter der schweren Wimper die schwellende Träne lauert, widersetze Dich mit festem Mute ihrem ersten Bemühen, hervorzubrechen." Der Marsch rafft die Stimmung straff zusammen, ohne noch hohen Mut zu verleihen. Ein das Finale langsam einleitendes Adagio gibt sich noch einmal tiefer Sehnsucht hin, dann löst eine ganz freie Fuge das Leid durch tüchtige Tat ab. Man sieht hier in den Noten die Nöte, um ein Beethovensches Wortspiel anzuwenden. — Das Werk erschien im Februar 1817.

Die vielen Plackereien dieser „englischen" Jahre haben durch die mannigfaltigen Anträge von jenseits des Kanals in Beethoven wieder die Lust rege gemacht, Wien zu verlassen und auf Reisen zu gehen.

„Frage?

Wie wird es denn gehen, wenn ich mich entferne, und zwar aus den österreichischen Ländern, mit dem Lebenszeichen, wird das etwas von einem nicht österreichischen Orte unterzeichnete Lebenszeichen gelten?" So schreibt er an seinen Rechtsbeistand Kanka. Zunächst ging es im Mai — nach Heiligenstadt, um den hartnäckigen Entzündungskatarrh zu bekämpfen. Beethoven wollte baden. Viele Spaziergänge nach Nussdorf machten dem Meister alsdann Lust, dorthin zu ziehen, wo er dann bis in den Oktober verblieb.

Ein Schreiben von Ferdinand Ries regte die Reisepläne dann wieder lebhaft an; darin hiess es, Beethoven solle „nächstkommenden Winter in London sein". Die Pläne nahmen feste Gestalt an. Beethoven schrieb seine Forderungen an die Direktoren der Philharmonischen Gesellschaft in London: „1) Ich werde in der ersten Hälfte des Monats Januar 1818 spätestens in London sein. 2) Die zwei grossen Symphonien, ganz neu komponiert, sollen dann fertig sein, und das Eigentum der Gesellschaft einzig und allein sein und bleiben. 3) Die Gesellschaft gibt mir dafür 300 Guineen und 100 Guineen Reisekosten, die mir aber weit höher kommen werden, da ich unumgänglich einen Begleiter mit mir nehmen muss. 4) Da ich gleich an der Komposition dieser grossen Symphonien zu arbeiten anfange, so weiset mir die Gesellschaft (bei Annahme meiner Aeusserung) die Summe von 150 Guineen hier an, damit ich mich mit Wagen und andern

Vorrichtungen zur Reise ohne Aufschub versehen kann." Dazu fügt er weitere drei Bedingungen hinzu, ja, er erkundigt sich sogar schon nach Einzelheiten des dortigen musikalischen Lebens.

In dieser Zeit machte wiederum ein junger englischer Musiker bei dem Meister Besuch: Potter, der von Beethoven gut aufgenommen wurde. Er hörte den Meister phantasieren und erzählt, er sei einmal in Mödling in Beethovens Vorzimmer getreten, habe, als er ihn nebenbei phantasieren gehört, natürlich gewartet und sei völlig überrascht und entzückt gewesen durch das wundervolle Spiel, das sich zuweilen in unerhörte Harmonien verstiegen und zuweilen in schnelle und zarte Passagen übergegangen sei.

Zu den neuen Bekannten gehörte auch Heinrich Marschner, dem Beethoven kurz erklärte: „Ich hab' nicht viel Zeit — nicht zu oft kommen — aber wieder was mitbringen."

Zu den Verlusten zählte das Ableben Krumpholzens, der auf der Promenade plötzlich starb. Sein Todesfall veranlasste Beethoven, Schillers Strophe aus Tell „Rasch tritt der Tod den Menschen an" (für drei Männerstimmen) zu komponieren.

Einen freundlichen Besuch empfing der Meister wieder im August 1817. Frau Marie Pachler-Koschak erschien, die „schönste Frau in Graz" und dazu eine gediegene Klavierspielerin und treffliche Ausdeuterin der Beethovenschen Werke, die sie aufs innigste und vollendet zu spielen verstand. Beethoven schrieb ihr das reizende Billett: „Ich bin sehr erfreut, dass Sie noch einen Tag zugeben. Wir wollen noch viel Musik machen. Die Sonaten aus F-dur und c-moll spielen Sie mir doch? nicht wahr?

Ich habe noch niemand gefunden, der meine Kompositionen so gut vorträgt als Sie, die grossen Pianisten nicht ausgenommen; sie haben nur Mechanik oder Affektation. Sie sind die wahre Pflegerin meiner Geisteskinder." —

Aber was konnte solcher Besuch dem Unverheirateten anders bringen als Liebesschmerzen, ihm, der noch am 27. Juli in Baden in sein Tagebuch geschrieben: „Nur Liebe — ja nur sie vermag Dir ein glücklicheres Leben zu geben — o Gott, lass mich sie — jene endlich finden — die mich in Tugend bestärkt — die mir erlaubt mein ist.

Baden, am 27. Juli.

Als die M. vorbeifuhr und es schien, als blickte sie auf mich."

Beethoven weilte ja vom Mai an wieder auf dem Lande, zuerst in Heiligenstadt und vom Juli bis in den Oktober hinein in Nussdorf bei Baden.

Im Herbst begann er sich mit der grossen Hammerklaviersonate zu beschäftigen.

Seine immerwährenden Reisepläne kamen nicht zur Ausführung. Mälzel, mit dem er jetzt nach England zu reisen gedachte, fuhr ohne ihn ab. Der geschickte Mechaniker war mit seinem Metronom zustande gekommen. Beethoven selbst trat in einem ausführlichen Schreiben für die „Allgemeinheit und Verbreitung" des Apparates ein, ja, er veröffentlichte gemeinsam mit Salieri in der Wiener Zeitung vom 14. Februar 1818 folgende Erklärung:

„Mälzels Metronom

ist da! Die Nützlichkeit seiner Erfindung wird sich immer mehr bewähren; auch haben alle Autoren Deutschlands, Englands, Frankreichs ihn angenommen; wir haben aber nicht für unnötig erachtet, ihn zufolge unserer Ueberzeugung auch allen Anfängern und Schülern, sei es im Gesange, dem Pianoforte oder irgendeinem andern Instrument, als nützlich, ja unentbehrlich anzuempfehlen. Sie werden durch den Gebrauch desselben auf die leichteste Weise den Wert der Note einsehen und ausüben lernen, auch in kürzester Zeit dahin gebracht werden, ohne Schwierigkeit mit Begleitung ungestört vorzutragen; denn indem der Schüler bei der gehörigen Vorrichtung und vom Lehrer gegebenen Anleitung auch in Abwesenheit desselben nicht ausser dem Zeitmasse nach Willkür singen oder spielen kann, so wird damit sein Taktgefühl in kurzem so leicht und berichtiget, dass es für ihn in dieser Sache bald keine Schwierigkeit mehr geben wird. — Wir glaubten, diese so gemeinnützige Mälzelsche Erfindung auch von dieser Seite beleuchten zu müssen, da es scheint, dass sie in dieser Hinsicht noch nicht genug beherzigt worden ist.

Ludwig van Beethoven. Anton Salieri."

Man sieht, dass Beethoven, so wenig zahlreich auch seine ästhetischen Aeusserungen sind, sich doch sehr lebhaft mit derlei Fragen beschäftigte. Der folgende Ausspruch gibt uns viel zu denken, weil Beethoven selbst zu einer poetischen Auffassung der Musik neigte. „Die Beschreibung eines Bildes gehört zur Malerei; auch der Dichter kann sich hierin noch als einen Meister glücklich schätzen, dessen Gebiet hierin nicht so begrenzt ist als das meinige, so wie es sich wieder in anderen Regionen weiter erstreckt und man unser Reich nicht so leicht erreichen kann."

In dieser Zeit wurde auch eine Fuge in D-dur für fünf Streichinstrumente komponiert, welche am 28. November 1817 beendigt war. Hierzu ist eine Aeusserung Beethovens zu Karl Holz von Wichtigkeit: „Eine Fuge zu m a c h e n ist keine Kunst. Ich habe deren zu Dutzenden in meiner Studienzeit gemacht, aber die Phantasie wird auch ihr Recht behaupten, und heutzutage muss in die althergebrachte Form ein anderes, ein wirklich poetisches Element kommen."

In das Jahr 1817 fällt die Empfängnis der grossen Hammerklaviersonate und der 9. Symphonie. Die Sonate wurde in „drangvollen Umständen" geschrieben, aber es sollte nach Beethovens Willen die grösste werden. Wir haben die drangvollen Umstände und ihre Ursachen kennen gelernt. Erhebend ist es, zu sehen, welche Werke dabei — oder dadurch? — entstehen.

14. Kapitel

DIE MOEDLINGER JAHRE

Am 23. Januar 1818 trat Karl aus dem Institut des Giannatasio del Rio aus. Beethoven gründete endlich seinen eigenen Hausstand. Seine Gefühle über die neue Einrichtung und seine Hoffnung für den Knaben Karl verrät er uns; er schrieb darüber auf: „Morgen trifft K a r l ein, und ich habe mich in i h m geirrt, dass er vielleicht doch vorziehen würde, d a zu bleiben. Er ist frohen Mutes und viel aufgeregter als sonst und zeigt mir jeden Augenblick seine Liebe und Anhänglichkeit; übrigens hoffe ich, dass Sie sehen, dass ich in einem einmal etwas fest Beschlossenen nicht wanke, u n d e s w a r s o g u t!"

Zunächst musste für anderen Unterricht gesorgt werden. Karl wurde einem Hofmeister anvertraut, welcher sich gelegentlich selber schlecht aufführte. Als Beethoven am 19. Mai nach Mödling gezogen war, gab er den Knaben in die Schule des dortigen Pastors Fröhlich. Der Pastor züchtigt den unartigen Knaben, worüber Beethoven wütend wird und schimpft; Karl wird wieder aus der Schule herausgenommen.

Der grösste Uebelstand ergab sich dauernd aus dem gefährlichen Bestreben des Meisters, Karl gänzlich von seiner Mutter fernzuhalten. Beethoven anerkennt das natürliche Gefühl, welches jeder Sterbliche zu seiner Mutter hat, wohl vorübergehend an: „Mutter — Mutter — auch eine schlechte — bleibt doch immer Mutter." Gleichwohl äusserte er sich häufig dem Knaben gegenüber abfällig über sie. Die Mutter ging gegen Beethoven gerichtlich vor. Sie beabsichtigte, den Knaben ins Kaiserlich Königliche Konvikt zu geben und beantragte, wieder zur Mitvormünderin ernannt zu werden, wobei sie sich ja allerdings auf das Testament ihres Gatten berufen konnte. Diesmal wurde sie indessen von der Obervormundschaftsbehörde abgewiesen. Am 3. Oktober entschied das Landrecht gegen sie.

Karl besuchte jetzt „die öffentlichen Schulen", und zwar sass er in der dritten Grammatikalklasse des Kaiserlich Königlichen Akademischen Gymnasiums. Zu Hause wurde er im Klavierspiel, in der französischen Sprache und im Zeichnen unterrichtet.

„Eines Tages kam Beethoven in grosser Aufregung, suchte Rat und Hilfe bei meinem Vater (Giannatasio) und klagte, dass ihm Karl davongelaufen wäre! Bei dieser Gelegenheit erinnere ich mich, dass er zu unserm grossen und innigen Mitgefühl weinend ausrief: Er schämt sich meiner!"

Fanny, aus deren Tagebuch wir diese Notiz entnehmen, sagt weiter: „Nie im Leben habe ich den Augenblick vergessen, als er kam und sagte, dass Karl fort sei, zur Mutter entlaufen, und seinen Brief uns zeigte, zum Beweise seiner Niedrigkeit. Diesen Mann so leiden, weinen zu sehen, es war sehr angreifend!"

Die Mutter zieht aus diesem Geschehnis sofort ihren Vorteil. „Johanna van Beethoven zeigt beim Kaiserlichen Königlichen Niederösterreichischen Landrecht an, dass ihr Sohn Karl van Beethoven ohne ihr Wissen und Zutun seinem Oheime und Vormunde Herrn Ludwig van Beethoven entlaufen, demselben aber von ihr durch die Kaiserlich Königliche Polizei-Oberdirektion wieder zurückgestellt worden sei . . ." Das Niederösterreichische Landrecht sprach nun seine Inkompetenz in der Rechtssache aus, da Beethoven nicht adlig sei. So musste der Fall an den Stadtmagistrat verwiesen werden, was Beethoven heftig erregte, weil er hier weniger Takt und Verständnis für die Angelegenheit erwartete, vor einem Gerichte, das nur für Bäcker und Metzger sei. Der Neffe wurde vorläufig wieder zu Giannatasio getan.

An den Erzherzog schreibt Beethoven am 1. Jänner 1819:

„Ein schreckliches Ereignis hat sich vor kurzem in meinen Familienverhältnissen zugetragen, wo ich einige Zeit alle Besinnung verloren habe, und diesem ist es nur zuzuschreiben, dass ich nicht schon bei I. K. H. gewesen, noch dass ich Auskunft gegeben habe über die meisterhaften Variationen meines hochverehrten erhabenen Schülers und Musengünstlings."

Beethoven verfasste die längsten Eingaben, aus denen einiges angeführt werden muss:

„Wien, am 1. Februar 1819.

Wohllöblicher Magistrat!

Da ich von der künftigen Erziehung reden soll, so scheint mir am zweckmässigsten, von der schon jetzt bestehenden anzufangen, woraus erhellet, dass jede andere Veränderung nur zum Nachteile meines Neffen dienen kann. Dass er einen Hofmeister habe, ist schon angezeigt worden, welchen er auch fortwährend behält. Damit aber sein Eifer noch mehr erweckt werde, so lasse ich ihn in Begleitung des Hofmeisters seine Studien beim Herrn von Kudlich, dem Vorsteher eines Institutes in meiner Nähe auf der Landstrasse, fortsetzen. Er ist hier nur in Gesellschaft eines einzigen Knaben, dem Sohne eines Baron Lang, und unter beständiger Aufsicht, während der Zeit er sich dort befindet. Hierbei kommt ihm noch besonders zugute, dass Herr von Kudlich ganz nach der gründlichen Methode bei der Universität lehrt oder selbe ausübt, welche alle Kenner wie auch ich für die beste halten und welche öfter nicht jeder Hofmeister besitzt, und daher für den Zögling einige Störungen bei den Prüfungen entstehen. Hierzu kommt nun noch der besondere Unterricht im Französischen und im Zeichnen, in der Musik, und so ist er den ganzen Tag nicht allein nützlich und angenehm beschäftigt, sondern auch unter beständiger, so nötiger Aufsicht. Ueberdies habe ich einen Vater von Geistlichen gefunden, der ihn über seine Pflichten als Christ, als Mensch noch besonders unterrichtet; denn nur auf diesem Grunde können echte Menschen gezogen werden. Später gegen den Sommer zu wird er sich auch schon im Griechischen umsehen. Man sieht wohl, dass keine Kosten von mir gescheut werden, um den schönen Zweck, einen nützlichen und gesitteten Staatsbürger dem Staate zu geben, zu erreichen. Die jetzige Einrichtung lässt nichts zu wünschen übrig; es braucht daher keiner Veränderung. Sollte ich aber die Notwendigkeit davon einsehen, so werde ich das noch Bessere auf das gewissenhafteste vorschlagen und besorgen. — . . . Konvikte und Institute haben für ihn nicht genug Aufsicht, und alle Gelehrte, worunter sich ein Professor Stein, ein Professor (der Pädagogik) Simerdinger befindet, stimmen mit mir überein, dass es für ihn dort durchaus nicht geeignet sei; ja sie behaupten sogar, dass der meiste Teil der Jugend verdorben von dort herauskomme, ja sogar manche als gesittet ein- und als ungesittet wieder heraustreten . . . Nur Ruhe und keine weitere Einmischung der Mutter ist alles, was wir brauchen, und gewiss bald wird das schöne von mir vorgesteckte Ziel erreicht werden. — . . . Geschworen habe ich, sein Bestes zu vertreten bis an das Ende meines Lebens, und wenn auch nicht, so lässt sich von meinem Charakter und meinen Gesinnungen nur dasjenige erwarten, was für meinen Neffen in allen Beziehungen das vorteilhafteste ist. — . . . Möge doch aus allem hervorgehen, dass, wie ich schon Wohltäter des Vaters meines Neffen war, ich noch ein viel grösserer Wohltäter seines Sohnes verdiene genannt zu werden, ja mit Recht sein Vater! Kein heimliches noch öffentliches Interesse kann mir dabei als für das Gute selbst zugeschrieben werden ja, die Landrechte haben dieses selbst eingesehen und mir Dank abgestattet für meine Vatersorge.

Ludwig van Beethoven,
Vormund meines Neffen
Karl van Beethoven."

Schliesslich musste Beethoven die Vormundschaft niederlegen. Zum Vormund wurde der Magistratsrat Tuscher ernannt. Karl war unterdessen bei Kudlich — wieder in einem andern Institut. Dort sollte er auch nicht lange bleiben. Giannatasio lehnte die erneute Aufnahme des Zöglings ab. Daraufhin tat Beethoven den Knaben am 22. Juni in das Privatinstitut des Joseph Blöchlinger. Dort empfing man keinen ungünstigen Eindruck von Karl. „Von Natur aus talentvoll und etwas eingebildet als Neffe von Beethoven." Im Konversationsbuch Beethovens steht noch: „Ihr Neffe sieht gut aus. Schöne Augen — Anmut — eine sprechende Physiognomie und treffliche Haltung. Nur zwei Jahre möchte ich ihn erziehen." Dann die Bemerkung: „Ihre Ansichten sind vortrefflich, aber mit einer erbärmlichen Welt nicht immer vereinbar." Am 5. Juli ersuchte Tuscher um Befreiung von der „lästigen und beschwerlichen Vormundschaft". Beethoven übernahm sie wieder. Damit die Mutter ferngehalten würde, erhielt Blöchlinger die Anweisung: „Nur folgende Individuen haben freien Zutritt zu meinem Neffen: Herr von Bernard, Herr von Oliva, Herr von Bink, Referent."

Am 17. September 1819 wurde Tuscher der Vormundschaft enthoben. Die Mutter und ein Stadtsequester Nussböck sollten sie übernehmen. Beethoven macht von neuem Eingaben. Ihm zur Seite stand der Advokat Dr. Bach; diesmal wurde Beethoven jedoch trotz aller Vorstellungen am 20. Dezember mit seinem Gesuch abgewiesen, worauf er Rekurs beim Appellationsgericht einreichte. Die Sache zog sich noch bis ins folgende Jahr hin. Der beruhigende Schlussakt dieses traurigen Dramas verlief in epischer Breite, denn es fanden noch viele Verhandlungen vor dem Magistrat statt. Endlich am 8. April kam das Dekret des Appellationsgerichtes heraus, welches Beethovens Forderungen

BEETHOVEN
Nach dem Porträt von F. A. v. Klöber, 1818.
Nach einem späteren Stiche.

entsprach, die Mutter von der Vormundschaft ausschloss, Nussböck seiner Mitvormundschaft enthob und dafür Beethoven und einen gewissen Dr. Peters als gemeinsame Vormünder bestellte. Frau van Beethoven rekurrierte daraufhin nochmals an den Kaiser, was aber ohne Erfolg blieb. Auf das Hofdekret vom 8. Juli hin wurde am 24. Juli die Entscheidung des Appellationsgerichtes bestätigt.

Damit endlich, nach einem quälenden Hin und Her von Unterhaltungen, Aufregungen und Gerichtsverhandlungen, die vom November 1815 bis Ende Juni 1820 gedauert, also nach fünf Jahren, hatte Beethoven seinen Willen durchgesetzt und seinen Wunsch, mit diesem Sohne „zusammenleben zu können", erreicht. Der Zustand war erkämpft, der dem Meister noch viel mehr Kümmernisse bereiten sollte. Immerhin ist die ganze Vormundschaftsgeschichte ein flammendes Zeichen für Beethovens sittliches Streben. Noten sind dabei sicherlich verloren gegangen. Ob durch das Leid die späteren Werke vertieft worden sind? Wer dürfte es bezweifeln? —

Nicht zum mindesten die Vormundschaft über den Neffen war schuld daran, dass Beethoven seine lange geplante Reise nach London nicht unternahm. „Trotz meinen Wünschen war es mir nicht möglich, dieses Jahr (1818) nach London zu kommen."

Die einzige wahre Erholung und teilweise Erhebung im Jahre 1818 brachte der Landaufenthalt. „Ueberhaupt schlagen viele Personen aus der Hauptstadt in dem benachbarten Dorfe Mödling ihre Sommerwohnungen auf, und auch Beethoven, welcher an einem tragisch-verstimmten Humor leiden soll, wohnt, wie man mir sagte, gegenwärtig hier in der Nähe." Beethoven war in der Tat nach Mödling gezogen. Er notiert in sein Tagebuch: „Am 19. Mai hier in Mödling eingetroffen." Am 21. Mai begann er dort zu baden.

Nun konnten die Werke wieder ernstlich vorgenommen werden, obwohl der Neffe sich auch hier bald durch seine Schulereignisse beim Pastor Fröhlich unangenehm bemerkbar machte. Aber die Natur goss Balsam in des Meisters verwundetes Herz und gewährte ihm die nötige Erhebung, um arbeiten zu können. Erst Ende Oktober kehrte er nach der Stadt zurück.

Wie sehr es ihm in und um Mödling gefiel, verraten die Einträge ins Konversationsbuch vom 15. Mai 1819. „Häuser um 1200 Gulden

Wiener Währung sind in Döbling zu verkaufen, zu erfragen bei Herrn Hoffmann, Johannesgasse im fünften Haus von drei bis vier Uhr" und „Mödling Haus zu verkaufen auf der Kapuzinerplage Nr. 58." Jemand anders bemerkt: „Ich bin für keinen Kauf, weil zu viel Lasten, besonders auf dem Lande, wegen der Einquartierung." Zum Hauskauf kam es auch nicht. Der Gedanke, sich anzukaufen, war wohl dadurch angeregt, dass der Bruder Johann gerade in dieser Zeit das Landgut Wasserhof bei Gneixendorf erstand.

Auch in den Jahren 1819 und 1820 ging Beethoven wieder nach Mödling zum Sommeraufenthalt. Da die wichtigsten Arbeiten hier im Schosse der Natur geboren wurden, darf man diese Jahre als die Mödlinger Jahre bezeichnen. 1819 ging Beethoven noch einige Tage früher als im Vorjahre aufs Land, er langte schon am 12. Mai in Mödling an. In den Jahren 1818 und 1819 wohnte er an der Hauptstrasse in dem sogenannten Hafner-Haus. Auch 1819 kehrte er erst spät im Oktober nach Wien zurück. In diesem Sommer war Karl bei Kudlich und vom 22. Juni ab bei Blöchlinger.

Im Jahre 1820 zog Beethoven noch früher aufs Land; wir finden ihn schon Ende April in Mödling, wo er wiederum bis Ende Oktober blieb. Diesmal wohnte er in einem Anwesen des Johann Speer in der Babenbergerstrasse. Dem Besitzer schreibt er: „Ich melde Ihnen, dass ich Ende dieses Monats oder spätestens 1. Mai in Mödling eintreffen werde und ersuche, dass Sie gefälligst die Wohnung gänzlich ausputzen und ausreiben lassen, damit alles reinlich sei und auch schön trocken; ich bitte nicht zu vergessen, den Balkon in guten Stand zu setzen, wofür ich Ihnen die extra versprochenen zwölf Gulden Wiener Währung nebst dem ausgemachten Hauszins bei meiner Ankunft sogleich einhändigen werde." Auch in diesem Sommer badete Beethoven.

Bei dem bekannten Balneologen Osann lesen wir über das Mödlinger Bad „. . . . . Markt Mödling, nach welchem dies Mödlinger Bad benannt wurde, liegt südlich von Wien am Fusse der mächtigen, von Nordost nach Südwest streichenden Gebirgskette in einer sehr reizenden Gegend." Die neun Grad Réaumur warme Quelle war von den Römern bereits gekannt und von ihnen benutzt. Der Gewährsmann fährt fort: „Benutzt wird sie in Form von Wasserbädern, ... namentlich gerühmt gegen rheumatisch-gichtische Leiden . . . Stockungen im Lebersystem."

Im Grunde war Beethoven kein Pessimist und lebte ganz gemächlich und erholte sich in den Hallen der Natur. Im Juni 1818 kam der schöne englische Flügel in Mödling an, den der Geschenkgeber Broadwood im Januar aus England hatte absenden lassen. Das Instrument, das von den besten Virtuosen, von Kalkbrenner, Ries, Ferrari, Cramer und Knyvelt, geprüft worden war, klang ausgezeichnet. Beethoven liess es von dem Engländer Potter probieren, als es noch bei Streicher stand, der den letzten Transport besorgte; als der letztere bemerkte, es sei sehr verstimmt, erklärte Beethoven: „So sagen sie alle, sie möchten es stimmen und verderben. Aber sie sollen es nicht berühren." Beethoven liess es später, aber nur einmal, stimmen.

Sein Gehör war damals schon sehr schlecht. Die Harthörigkeit stellte sich freilich nur allmählich ein und blieb sich nicht immer gleich; es gab Tage, an denen Beethoven besser hörte. „Mein Gehörszustand hat sich verschlimmert, und schon ehemals nicht fähig, für mich und meine Bedürfnisse zu sorgen, jetzt als noch . . . Und meine Sorgen sind noch vergrössert durch meines Bruders Kind." Czerny berichtet: „Um das Jahr 1816 konnte er sich noch (mittelst Maschinen) spielen hören. Später wurde auch das immer schwerer, und er musste nun auf sein inneres Gehör, seine Phantasie und Erfahrung sich stützen. Aber erst um das Jahr 1817 wurde die Taubheit so stark, dass er auch die Musik nicht mehr vernehmen konnte, und dauerte danach 8—10 Jahre, bis an sein Ende." Schindler berichtet: „Für mündliche Konversation war Beethovens Gehör schon im Laufe von 1818 selbst mit Hilfe der Sprachrohre zu schwach und musste von da an zur Schrift Zuflucht genommen werden."

Ein ergreifendes Bild Beethovens entwirft uns der Dichter Atterbohm aus dieser Zeit, der im Anfang des Jahres 1819 in Wien war.

„Beethoven habe ich bei einem Privatkonzert gesehen. Der Mann ist kurz gewachsen, aber stark gebaut, hat tiefsinnige, melancholische Augen, eine hohe gewaltige Stirn und ein Antlitz, in dem sich nun keine Spur von Lebensfreude mehr lesen lässt. Seine Taubheit trägt hierzu in betrübender Weise bei, denn er ist jetzt, was man nennt stocktaub . . . Man sagt, und dies will ich gern glauben, dass er von Gemüt und Charakter herzlich, redlich, uneigennützig und kraftvoll sei. — Er dirigierte selbst das Konzert, bei dem ich ihn sah; man führte nur Stücke von ihm oder von Meistern auf, die er hinlänglich kannte, um deren Musik innerlich zu hören; denn dass er mit dem ä u s s e r e n Ohre von ihnen nichts hörte, obwohl sein scharfes Auge die Art ihrer Ausführung fast immer gewahrte, sah ich besonders bei einer grossen, obwohl kurzen Taktverwirrung der Spielenden, und dann bei einem P i a n o , welches dieselben in der Hast nicht als solches ausdrückten. Beethoven bemerkte nichts von allem. Er stand wie auf einer abgeschlossenen Insel und dirigierte den Flug seiner dunklen, dämonischen Harmonien in die Menschenwelt mit den seltsamsten Bewegungen. So z. B. kommandierte er pianissimo damit, dass er leise niederkniete und die Arme gegen den Fussboden streckte, beim Fortissimo schnellte er dann wie ein losgelassener elastischer Bogen in die Höhe, schien über seine Länge hinauszuwachsen und schlug die Arme weit auseinander. Zwischen diesen beiden Extremen hielt er sich beständig in einer auf- und niederschwebenden Stellung."

Das Konzert fand am 17. Januar im Universitätssaale für die „juridische Waisensozietät" statt. Beethoven dirigierte unter anderem seine A-dur-Symphonie, von der die Theaterzeitung dann berichtete: „Diese Komposition ist wahrlich ein heller Stern der ersten Grösse in dem ewigen Strahlenkranze seines Autors . . . Enthusiastische Zurufe bei seinem Erscheinen, zwischen den Teilen der Komposition und nach der Aufführung zeigten unserem Beethoven, wie klar seine Mitbürger wissen, was sie an ihm haben." Dass Beethoven als Dirigent nicht mehr auftreten konnte, war offenbar.

Das Bild des vielbewunderten Mannes haben uns in dieser Zeit wieder verschiedene Künstler festgehalten. Da ist vor allem das Klöbersche Porträt, welches dieser Maler 1818 in Mödling fertigte, unter Umständen, die er selbst beschreibt:

„Durch einen Brief . . . wurde Beethoven von meiner Ankunft daselbst (Mödling) benachrichtigt und auch auf meinen Wunsch, ihn zeichnen zu wollen, vorbereitet. Beethoven war darauf eingegangen, doch nur unter der Bedingung, dass er nicht zu lange sitzen müsse . . . Endlich kam Beethoven und sagte: ‚Sie wollen mich malen, ich bin aber sehr ungeduldig' . . . Beethoven setzte sich nun, und der Junge (Karl) musste auf dem Flügel üben, der ein Geschenk aus England war und mit einer grossen Blechkuppel versehen war. Das Instrument stand ungefähr 4 bis 5 Schritte hinter ihm und Beethoven korrigierte den Jungen, trotz seiner Taubheit, jeden Fehler, liess ihn Einzelnes wiederholen etc.

Beethoven sah stets sehr ernst aus, seine äusserst lebendigen Augen schwärmten meist mit einem etwas finsteren gedrückten Blick nach oben, welchen ich im Bilde wiederzugeben versucht habe. Seine Lippen waren *geschlossen, doch war der Zug um den Mund nicht unfreundlich.* —

Nach ungefähr Dreiviertelstunden fing er an unruhig zu werden; nach dem Rate Donts wusste ich nun, dass es Zeit sei aufzuhören, und bat ihn nur, morgen wiederkommen zu dürfen, da ich in Mödling selbst wohne. Beethoven war damit sehr einverstanden und sagte: ‚Da können wir ja noch öfter zusammenkommen, denn ich kann nicht lange hintereinander sitzen; Sie müssen sich auch in Mödling ordentlich umsehen, denn es ist hier sehr schön, und Sie werden doch als Künstler ein Naturfreund sein.' Bei meinen Spaziergängen begegnete mir Beethoven mehrere Male, und es war höchst interessant, wie er, ein Notenblatt und einen Stummel von Bleistift in der Hand, öfters wie lauschend stehen blieb, auf und nieder sah und dann auf das Blatt Noten verzeichnete . . . Das eine Mal, als ich gerade eine Waldpartie aufnahm, sah ich ihn mir gegenüber eine Anhöhe, aus dem Hohlwege, der uns trennte, hinaufklettern, den grosskrempigen grauen Filzhut unter den Arm gedrückt; oben angelangt, warf er sich unter einen Kieferbaum lang hin und schaute lange in den Himmel hinein. — Jeden Morgen sass er mir ein kleines Stündchen. Als Beethoven mein Bild sah, bemerkte er, dass ihm die Auffassung der Haare auf diese Weise sehr gefalle, die andern Maler hätten sie bis jetzt immer so g e s c h n i e g e l t wiedergegeben, so wie er vor den Hofchargen erscheinen müsse, und so wäre er gar nicht. — Ich muss noch bemerken, dass das Oelbild für meinen Schwager grösser als die Lithographie ist, und dass er dort ein Notenblatt in der Hand hat, und der Hintergrund aus einer Landschaft aus Mödling besteht.

Beethovens Wohnung in Mödling war höchst einfach, sowie überhaupt sein ganzes Wesen; seine Kleidung bestand in einem lichtblauen Frack mit gelben Knöpfen, weisser Weste und Halsbinde, wie man sie damals trug, doch war alles bei ihm sehr negligiert. Seine Gesichtsfarbe war gesund und derb, die Haut etwas pockennarbigt, sein Haar hatte die Farbe blau angelaufenen Stahls, da es bereits aus dem Schwarz etwas ins Grau überging. Sein Auge war blaugrau und höchst lebendig. Wenn sein Haar sich im Sturm bewegte, so hatte er wirklich etwas Ossianisch-Dämonisches. Im freundlichen Gespräch nahm er dagegen einen gutmütigen und milden Ausdruck an, besonders wenn ihn das Gespräch angenehm berührte. Jede Stimmung seiner Seele drückte sich augenblicklich in seinen Zügen gewaltsam aus. Noch fällt mir ein, dass er mir selbst erzählte, dass er fleissig in die Oper gehe, und zwar gerne ganz hoch oben, teils wohl wegen seiner steten Neigung sich abzuschliessen, teils aber auch, wie er selbst sagte, weil man oben die Ensembles besser höre."

Demnach kann er übrigens doch nicht „stocktaub" gewesen sein. Das Klöbersche Bild wurde von den Zeitgenossen sehr hoch bewertet. Man las darüber in der Wiener Modenzeitung: „Herr Klöber aus Breslau hat in der letzten Zeit das Bildnis unseres berühmten und grossen Meisters der Töne, Ludwig van Beethoven in Oel vollendet. Nicht bloss dessen äussere Umrisse und Züge wusste dieser ausgezeichnete Künstler treu aufzufassen und darzustellen, sondern er brachte auch die höhere Aehnlichkeit, die geistige Physiognomie des genialen Mannes wahr und glücklich zur Anschauung . . . Uns scheint diese Abbildung nach der Idee und Behandlung die glücklichste und bezeichnendste von allen, die wir bisher zu sehen Gelegenheit hatten . . ."

Aus dem Sommer 1819 stammt das Bild von Ferdinand Schimon, das Schindler besonders lobt, und über dessen Entstehung er folgendes erzählt: „Auf meine Fürsprache erhielt der noch sehr junge Maler die Erlaubnis seine Staffelei neben des Meisters Arbeitszimmer aufstellen zu dürfen und da nach Belieben zu schalten. Eine Sitzung hatte Beethoven standhaft verweigert, denn eben im vollsten Zuge mit der Missa solemnis, erklärte er keine Stunde Zeit entbehren zu können. Schimon aber war ihm bereits auf Weg und Steg nachgeschlichen und hatte schon mehrere Studien zum Behufe seiner Arbeit in der Mappe, war daher mit der so lautenden Erlaubnis ganz zufrieden. Als das Bild bis auf ein Wesentliches, den Blick des Auges, fertig war, schien guter Rat teuer, wie dieses Allerschwierigste zu erreichen; denn das Augenspiel in diesem Kopfe war von wunderbarer Art und offenbarte eine Skala vom wilden, trotzigen bis zum sanften, liebevollsten Ausdrucke, gleich der Skala seiner Gemütsstimmungen, für den Maler also die gefährlichste Klippe. Da kam der Meister selber entgegen. Das derbe, naturwüchsige Wesen des jungen Akademikers, sein ungeniertes Benehmen wie auf seinem Atelier, sein Kommen ohne guten Tag und Gehen ohne Adieu zu sagen, hatten Beethovens Aufmerksamkeit mehr rege gemacht als das auf der Staffelei Stehende; kurz, der junge Mann fing an ihn zu interessieren: er lud ihn zum Kaffee ein. Diese Sitzung am Kaffeetisch benutzte Schimon zur Ausarbeitung des Auges. Bei wiederholter Einladung zu einer Tasse Kaffee zu sechzig Bohnen war dem Maler Gelegenheit gegeben, seine Arbeit zu vollenden, mit welcher Beethoven ganz zufrieden gewesen.

Aus künstlerischen Gesichtspunkten betrachtet, ist Schimons Arbeit kein bedeutsames Kunstwerk, dennoch voll charakteristischer Wahrheit. Im Wiedergeben des so eigentümlichen Blickes, der majestätischen Stirn, dieser Behausung mächtiger, erhabener Ideen, des Kolorits, im Zeichnen des festgeschlossenen Mundes und des muschelartig gestalteten Kinns hat kein anderes Bildnis Naturwahreres geleistet . . . ."

Im gleichen Jahre begann Joseph Stieler sein Bild, das als eins der besten Porträte Beethovens zu gelten hat. Stieler schrieb selbst ins Konversationsbuch: „Ihr Porträt wird sehr gut — es erkennt's jeder gleich." Sehr bezeichnend ist eine Bemerkung von anderer Seite ebenfalls im Konversationsbuch: „Dass Sie en face gemacht sind, ist Folge des grösseren Studiums Ihrer Physiognomie. Ihr Geist erblickt sich in dieser Ansicht wie niemals im Profil." Das Bild wurde in der Zeit gemalt, da Dr. Müller aus Dresden sich aufschrieb: „In seinem Aeusseren ist alles kräftig, manches rauh — wie der knochige Bau seines Gesichtes mit einer hohen, breiten Stirn, einer kurzen eckigen Nase, mit aufwärts starrenden, in groben Locken geteilten Haaren. — Aber er ist mit einem zierlichen Munde und mit schönen sprechenden Augen begabt, worin sich in jedem Momente seine schnell wechselnden Gedanken und Empfindungen abspiegeln — graziös, liebevoll, wild, zorndrohend, schrecklich."

Um diese Zeit begegnete es Beethoven, dass er in der Wiener Neustadt von der Polizei aufgegriffen und wegen seines Aufzuges als Bettler angesehen wurde. Auf seine nachdrückliche Versicherung, er sei Beethoven, hatte der Polizist nur die trockenen Worte: „Warum nicht gar. Ein Lump bist du, so sieht der Beethoven nicht aus." Er wurde verhaftet, und erst nachdem er unaufhörlich Lärm geschlagen hatte, nachts 12 Uhr von dem Kapellmeister Hermann identifiziert und aus der Haft entlassen. Natürlich entschuldigte sich der Magistrat förmlich und liess ihn andern Tages per Magistratswagen nach Hause fahren.

Schindler bemerkt zu dem Stielerschen Bilde:

„Als Kunstwerk ist das Stielersche Porträt bedeutsam, gleichwohl das äusserlich Glänzende, oder modern Konventionelle, wie zur Zeit schon üblich, noch wenig Virtuosität bezweckt; das Ganze erscheint im einfachen Stile ausgeführt. In Betreff des charakteristischen Ausdrucks ist der Moment gut wieder gegeben und fand Zustimmung. Hingegen stiess die vom Künstler beliebte Auffassung des Titanen, am meisten die Neigung des Kopfes, auf Widerspruch, weil der Meister den Mitlebenden nicht anders bekannt war als seinen Kopf stolz aufrecht tragend, selbst in den Momenten körperlichen Leidens."

Beethoven kränkelte schon einige Jahre. Besonders übel ging es ihm im Sommer 1819 in Mödling. Er schreibt an den Erzherzog Rudolph:

„Ich befinde mich, schon seit ich zum letzten Male in der Stadt I. K. H. meine Aufwartung machen wollte, sehr übel; ich hoffe jedoch bis künftige Woche in einem bessern Zustande zu sein, wo ich mich sogleich nach Baden zu I. K. H. verfügen werde. — Ich war unterdessen noch einige Male in der Stadt, meinen Arzt zu konsultieren. — Die fortdauernden Verdriesslichkeiten in Ansehung meines beinah gänzlich moralisch zugrunde gerichteten Neffen haben grösstenteils Schuld daran."

Und auch im Tagebuch heisst es wieder: „Ich befinde mich gar nicht gut, indem ich schon wieder seit einiger Zeit medizinieren muss . . ."

Die schlimmste Zeit kam aber dann in Unterdöbling im Jahre 1821, wo Beethoven von Anfang Juni weilte. Von dort musste er sich auf Staudenheimers Anraten nach Baden begeben, wo er am 7. September eintraf. Er schreibt: „Meine Gesundheit ist noch immer wankend, und dies dürfte wohl so bleiben, bis ich in das mir vom Arzte verordnete Bad gehen kann —." In einem anderen Briefe heisst es: „Schon lange sehr übel auf, entwickelte sich endlich die Gelbsucht völlig, eine mir höchst ekelhafte Krankheit." Er musste sich also nach Baden begeben, von dort aber, um wieder einige Gesundheit zu „erhaschen", nach Wien flüchten; die Kur in Baden war zu anstrengend.

In diesen Jahren wurden die Wallfahrten zu Beethoven immer häufiger; jeder musikalische Reisende, der in Wien gewesen, wollte den grossen Beethoven besucht und gesprochen haben. So kam Zelter im Jahre 1819. Er berichtet uns über seinen Besuch bei Beethoven so mancherlei Charakteristisches: „Beethoven ist aufs Land gezogen, und niemand weiss wohin? An eine seiner Freundinnen hat er eben hier aus Baden geschrieben und er ist nicht in Baden. Er soll unausstehlich maussade sein. Einige sagen, er ist ein Narr. Das ist bald gesagt. Gott vergeb' uns allen unsere Schuld! Der arme Mensch soll völlig taub sein . . . Wien, den 14. Dezember 1819 schreibt Zelter dann: „Vorgestern habe ich Beethoven in Mödling besuchen wollen. Er wollte nach Wien und so begegneten wir uns auf der Landstrasse, stiegen aus,

BEETHOVEN
Nach dem Gemälde von Ferdinand Schimon, 1819

umarmten uns aufs herzlichste. Der Unglückliche ist so gut als taub, und ich habe kaum die Tränen verhalten können . . . ." „. . . . Einen Spass, der mich nicht wenig kitzelt, kann ich nicht unterdrücken. — Ich hatte auf dieser Fahrt den Musikverleger Steiner bei mir, und da sich auf der Landstrasse mit einem Tauben nicht viel verkehren lässt, so wurde auf Nachmittag um 4 Uhr eine ordentliche Zusammenkunft mit Beethoven in Steiners Musikladen verabredet. Nach dem Essen fuhren wir sogleich nach Wien zurück. Satt wie ein Dachs und müde wie ein Hund lege ich mich nieder und verschlafe die Zeit dermassen, dass mir auch gar nichts einfällt.

So geh' ich ins Theater und als ich von fern den Beethoven erblicke, fährt mir's wie ein Donnerschlag in die Glieder. Das Nämliche nun geschieht ihm, indem er mich sieht, und hier war nicht der Ort, sich mit einem Gehörlosen zu verständigen. Die Pointe nun folgt: Trotz des mannigfaltigen Tadels, dessen Beethoven sich schuldig gemacht oder nicht, geniesst er eines Ansehens, das nur vorzüglichen Menschen zugeht. Steiner hatte sogleich bekannt gemacht, dass Beethoven in seinem engen Laden, der nur sechs bis acht Personen fasst, um vier Uhr zum ersten Male in eigener Person erscheinen werde, und gleichsam Gäste gebeten, so dass in einem bis auf die Strasse überfüllten Raume ein halbes Hundert geistreicher Menschen ganz und gar vergeblich warteten. Das einzelne erfuhr ich selbst erst andern Tages, indem ich ein Schreiben von Beethoven erhielt, worin er sich (für mich aufs beste) entschuldigte: denn er hatte so wie ich das Rendezvous glücklich verschlafen."

Durch ein Gespräch wurde Beethoven auf E. T. A. Hoffmann aufmerksam gemacht. „In den Phantasiestücken von Hoffmann ist viel von Ihnen die Rede. Der Hoffmann war in Bamberg Musikdirektor, nun ist er Regierungsrat. Man gibt in Berlin Opern von seiner Komposition." Unter diese Sätze im Konversationsbuch schreibt Beethoven: „Hoffmann — du bist kein Hofmann." Der Meister schreibt auch den 23. März 1820 folgenden Brief:

„Ich ergreife die Gelegenheit, durch Herrn N. mich einem so geistreichen Manne, wie Sie sind, zu nähern. Auch über meine Wenigkeit haben Sie geschrieben. Auch unser Herr N. N. zeigte mir in seinem Stammbuche einige Zeilen von Ihnen über mich. Sie nehmen also, wie ich glauben muss, einigen Anteil an mir. Erlauben Sie mir zu sagen, dass dieses von einem mit so ausgezeichneten Eigenschaften begabten Manne Ihresgleichen mir sehr wohl tut. Ich wünsche Ihnen alles Schöne und Gute und bin

Ew. Wohlgeboren
mit Hochachtung ergebenster
Beethoven."

Die Wiener Bekannten besuchten den Meister natürlich öfter draussen auf dem Lande. Da war Schindler, der in dieser Zeit den Famulus machte. Die erwähnten Maler kamen. Auch die Giannatasios erschienen ab und zu. Fanny Giannatasio schrieb am 19. April 1820 in ihr Tagebuch: „Heute abends besuchten wir Beethoven, nachdem wir ihn bald ein Jahr nicht gesehen haben. Es schien mir, dass er uns gern wiedersah, es geht ihm jetzt im ganzen gut, wenigstens ist wieder ein Zeitpunkt, wo er vor den Quälereien der Mutter Karls Ruhe hat . . . Sein Gehör ist fast noch schlimmer geworden. Ich schrieb alles. Er schenkte mir ein neues schönes Lied: Abendlied unter dem gestirnten Himmel, was mir sehr viel Freude macht."

Beethoven schuf in dieser Zeit viel des Erhabenen; er fand darin unzweifelhaft hohe Befriedigung, sagen wir getrost: sein Glück! Lebhaft beschäftigte ihn der Auftrag der Gesellschaft der Musikfreunde, welcher ihm nach Mödling übermacht wurde: ihr ein Oratorium zu komponieren. Ueber den Dichter Bernard, über den Stoff — „kein andres als geistliches" —, über das Honorar verhandelte er eifrig. Am 18. August 1818 erhielt er sogar eine Abschlagszahlung von 400 Gulden von der Gesellschaft. Doch das Werk wurde nie geschrieben.

Mit Freude wird Beethoven auch gehört haben, wie bedeutend die Aufführungen seiner Werke zunahmen. Im Jahre 1818 brachten 24 Konzerte Werke von ihm, 1819 wurde zwölfmal etwas von ihm aufgeführt und ausserdem erschien 1818 der Fidelio fünfmal auf der Bühne.

Allein was bedeutete das gegen das Schaffen! Beethoven bedachte sich immer gründlicher, bis er ein Werk zum Abschluss brachte. Tiefe Gedanken bewegten ihn. Wir lesen eine eigentümliche Aeusserung in einem Briefe an den Erzherzog. „Ich war in Wien, um aus der Bibliothek I. K. H. das mir Tauglichste auszusuchen. Die Hauptabsicht ist das geschwinde

Treffen und mit der bessern Kunst-Vereinigung, wobei aber praktische Absichten Ausnahmen machen, wofür die Alten zwar doppelt dienen, indem meistens reeller Kunstwert (Genie hat doch nur unter ihnen der deutsche Händel und Sebastian Bach gehabt) allein Freiheit, Weitergehn ist in der Kunstwelt wie in der ganzen grossen Schöpfung Zweck. Und sind wir neueren noch nicht ganz so weit, als unsre Altvordern in Festigkeit, so hat doch die Verfeinerung unserer Sitten auch manches erweitert. Meinem erhabenen Musikzögling, selbst nun schon Mitstreiter um die Lorbeeren des Ruhmes, darf Einseitigkeit nicht Vorwurf werden, et iterum venturus iudicare vivos et mortuos." Beethoven wollte kurz sagen: es handelt sich in der Kunst um: Gründlichkeit und Ursprünglichkeit. Der Schluss des Briefes zeigt, dass es sich um Studien für die Missa solemnis handelt.

Ueber Mozart spricht sich der Meister auch einmal aus und wird dabei ganz ergriffen. „Die Zauberflöte", sagte Beethoven, (wie uns berichtet wird), faltete dabei plötzlich die Hände, wandte den Blick nach oben und rief aus: „O Mozart!" Ueber die Grenzen von Musik und Dichtung fällt wieder eine bedeutende Bemerkung. „Seien Erklärungen notwendig, so sollen sich diese lediglich auf die Charakteristik des Tonstückes im allgemeinen beschränken, welche gebildeten Musikern nicht schwer fallen dürfte zu geben." So wägt und denkt der Meister, während er Grosses schafft.

Das Hauptwerk dieser Zeiten, dessen Anfänge noch ins Jahr 1817 zurückreichen, ist die grosse Hammerklaviersonate in B-dur op. 106. Auf einem Skizzenblatte, das den Schluss des zweiten Satzes zeigt, findet sich die Bemerkung: „Ein kleines Haus — allda (Mödling), so klein, dass man allein nur ein wenig Raum hat. —

Nur einige Täge in dieser göttlichen Brühl —

Sehnsucht oder Verlangen — Befreiung oder Erfüllung."

Man sieht, wie das Werk sozusagen aus der Natur geboren wird und in ihrem Schosse wächst. Die Sonate wurde noch erweitert, nachdem am 17. April 1818 schon die beiden ersten Sätze fertiggestellt waren. Beethoven schreibt an den Erzherzog: „Zu den 2 Stücken von meiner Handschrift, an I. K. H. Namenstag geschrieben, sind noch 2 andere gekommen, wovon das letztere ein grosses Fugato, so dass es eine grosse Sonate ausmacht, welche nun bald erscheinen wird und schon lange aus meinem Herzen I. K. H. ganz zugedacht ist." Die Firma Artaria erhielt das Werk für 100 Dukaten. Es ist am 15. September 1819 in der Wiener Zeitung als erschienen angezeigt.

Dies Stück sollte, wie Beethoven selbst es beabsichtigte, seine grösste Sonate werden. Es ist die grösste. Ein echt Beethovensches Motto für sie, ein Motto des Gegensatzes — das ausspricht, was sie nicht enthält —, finden wir in jener herben Briefäusserung Beethovens an Ries: „Die Sonate ist in drangvollen Umständen geschrieben." Sie strotzt von bejahender Musik. „Da haben Sie eine Sonate, die den Pianisten zu schaffen machen wird, die man in 50 Jahren spielen wird."

Der erste Satz beginnt mit jenem mächtigen Thema,

das zeigt, dass unbändige Kraftgefühle im Herzen des Autors und der Welt triumphieren: Kraft heisst seine Moral. Stählerne und biegsame Motive wirken aus dem Stück eine riesige Klaviersymphonie, deren fugierte Durchführung die Gefühle gleichsam strenger fesselt. Der Satz entrollt ein wunderbares, die tiefsten Tiefen aufwühlendes Seelengemälde. In gewaltiger, von rhythmischen, dynamischen und tonalen Gegensätzen gesättigter Coda klingt der Satz aus. Die strenge Ebenmässigkeit und die fugierten Führungen geben ihm ein klassisches Ansehen. Das Scherzo blickt zu Brahms voraus; seine abgebrochenen Motive und das kanonisch geführte Trio muten modern an; das eingefügte Presto beweist wieder im knappsten Rahmen Beethovens Unerschöpflichkeit.

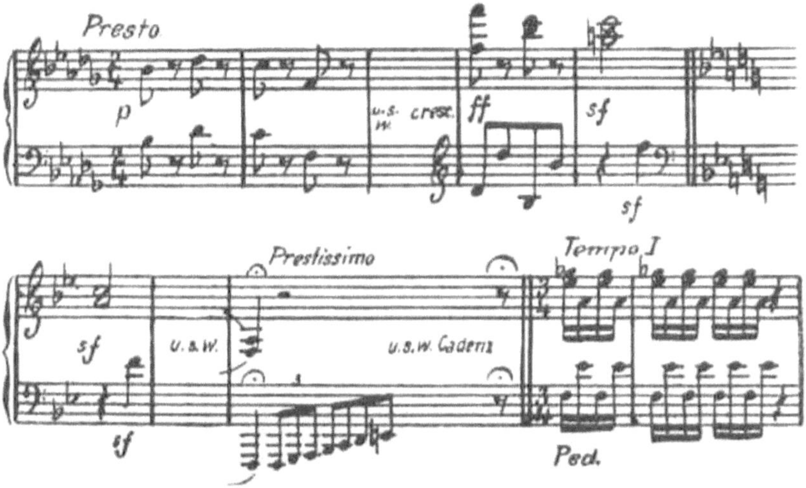

Das Adagio sostenuto in seinem breiten Sechsachteltakt und seiner ausgiebigen Form hat seine kleine und grosse Geschichte. Ries erzählt dazu: „Eine künstlerisch sehr auffallende Sache trug sich zu mit einer seiner letzten Solosonaten (in B-dur mit der grossen Fuge, op. 106), die gestochen *41 Seiten lang ist*. Beethoven hatte mir diese nach London zum Verkaufe geschickt, damit sie dort zu gleicher Zeit, wie in Deutschland, herauskommen sollte. Als der Stich derselben beendigt war und ich täglich auf einen Brief wartete, der den Tag der Herausgabe bestimmen sollte, erhielt ich zwar diesen, allein mit der auffallenden Weisung: ‚*Setzen Sie zu Anfang des Adagio* (welches 9 bis 10 Seiten im Stich ist) *noch diese 2 Noten als ersten Takt dazu*.'

Ich gestehe, dass sich mir unwillkürlich die Idee aufdrang: ‚Sollte es wirklich bei meinem lieben alten Lehrer etwas spuken?', ein Gerücht, welches mehrmals verbreitet war. *Zwei Noten* zu einem so grossen, durch und durch gearbeiteten, schon ein halbes Jahr vollendeten Werke nachzuschicken!! Allein wie stieg mein Erstaunen bei der Wirkung dieser zwei Noten. Nie können ähnlich effektvolle, gewichtige Noten einem schon vollendeten Stücke zugesetzt werden, selbst dann nicht, wenn man es beim Anfange der Komposition schon beabsichtigte. Ich rate jedem

Kunstliebenden, den Anfang dieses Adagios zuerst ohne und nachher mit diesen zwei Noten, welche nunmehr den ersten Takt bilden, zu versuchen, und es ist kein Zweifel, dass er meine Ansicht teilen wird." Diese Töne bereiten den Gesang vor, der nun appassionato e con molto sentimento die in Jahren angesammelten Schmerzen künstlerisch verarbeitet und verklärt; es ist wirklich Sehnsucht oder Verlangen — Befreiung oder Erfüllung. In weiten Linien singt sich der Meister aus und führt uns an die Ausdrucksweise moderner Künstler, wie Brahms, ja, Chopin, heran. Eine Welt spricht aus diesem symmetrisch gebildeten Adagio. Auf diesen vollstimmigen Gesang folgt als Schlusssatz eine Fuga a tre voci con alcune licenze. Die Lizenz liegt vor allem in dem sprühenden Feuer, von dem dies Allegro risoluto erfüllt ist. Nur eine überaus starke musikalische Hand vermag den vulkanischen Geist dieses Satzes mitzuteilen. — Alle Schule muss da wegbleiben. Es ist ein Kampf gegen alle Pedanterie — fast zu grossartig für das Klavier und doch nur auf dem Klavier so denkbar.

Bald nahm Beethoven vom Klavier Abschied. Er erklärte: „Das Klavier ist und bleibt ein ungenügendes Instrument." Vorerst mussten aber noch einige Brotarbeiten in dieser Richtung geliefert werden. Man sehe, was für welche es gab: die letzten Klaviersonaten op. 109, 110, 111.

Die erste davon wurde im Jahre 1820 geschrieben. Sie erschien im November 1821 bei Schlesinger in Berlin, und bald darauf auch bei Cappi in Wien (1822). Die Fehler in den Korrekturabzügen machten Beethoven viel Verdruss. In einem Briefe an Diabelli lautet eine Stelle: „Ich bitte, ja nicht eher die Sonate herauszugeben, bis die Korrektur angebracht ist, da wirklich zu viel Fehler darin sind. —" Das Werk wurde Maximiliane Brentano, der Tochter des Frankfurter Freundes Franz Brentano, gewidmet. Ein Brief kündet es ihr an.

„Wien, am 6. Dezember 1821.

Eine Dedikation!!! — Nun, es ist keine, wie dergleichen in Menge gemissbraucht werden. — Es ist der Geist, der edlere und bessere Menschen auf diesem Erdenrund zusammenhält und den keine Zeit zerstören kann, dieser ist es, der jetzt zu Ihnen spricht und der Sie mir noch in Ihren Kinderjahren gegenwärtig zeigt, ebenso Ihre geliebte Eltern, Ihre so vortreffliche geistvolle Mutter, Ihren so von wahrhaft guten und edlen Eigenschaften beseelten Vater, stets dem Wohl seiner Kinder eingedenk. Und so bin ich in dem Augenblick auf der Landstrasse — und sehe Sie vor mir, und indem ich an die vortrefflichen Eigenschaften Ihrer Eltern denke, lässt es mich gar nicht zweifeln, dass Sie nicht zu edler Nachahmung sollten begeistert worden sein und täglich werden. — Nie kann das Andenken einer edlen Familie in mir erlöschen. Mögen Sie meiner manchmal in Güte gedenken! —

Leben Sie herzlich wohl! Der Himmel segne für immer Ihr und Ihrer aller Dasein! —

Herzlich und allezeit
Ihr Freund

Beethoven."

Die freigestaltete, wohlklingende und wieder äusserst bewegte Sonate beginnt wie eine Phantasie mit wechselndem Tempo; das tempo primo: vivace ma non troppo (sempre legato) bildet namentlich bei der zweiten Wiederkehr eine bekannte Stelle in Schumanns Klavierkonzert dem Charakter nach, vor. Ein Prestissimo folgt im Sechsachteltakt, und den Beschluss machen Variationen, die alle Künste freier Behandlung des gesangvollen Andante durchnehmen. Sie leiten zurück zur Stimmung, von der der Meister ausging. Diesmal werden keine starken Widerstände überwunden, sondern beschaulich ründet sich der Kreis des Lebens zurück zum Beginne.

An die Seite dieser letzteren Sonate tritt noch eine weitere in As-dur, die ernster gestimmt, aber auch sehr einfach gehalten ist. Auf dem Autograph von op. 110 steht „am 28. Dezember 1821". Das Werk erschien im kommenden Jahr bei Schlesinger in Berlin und wurde in Wien am 23. August 1822 als erschienen angezeigt. Es war Frau von Brentano zugedacht, ebenso wie die Sonate in c-moll op. 111, erhielt aber schliesslich keine Widmung. Hier hat Beethoven jene Aufforderung an sich selbst: „Immer simpler, alle Klaviermusik ebenfalls", befolgt. Der Satz ist dünn,

aber in diesen simplen Tönen steckt eine wunderbare Zeichnung; es geschieht uns, als ob wir über weite Landschaften blicken, die in blauen und grünen Tönen dämmernd vor uns liegen, wie etwa in den Gemälden Zuloagas. Wir schauen in die Ferne nach der Geliebten. Die Linien der Gänge sind von ungewöhnlicher Feinheit und die Sechzehntelläufe manchmal von melancholischer Gewähltheit. Einfacheres als dieses Allegro molto, ein ganz eigenartig die Stimmung skizzierendes Scherzo, kann man nicht schreiben — es ist, als ob Beethoven hätte herausbekommen wollen, was man mit drei Tönen alles sagen kann. In italienische Landschaft führt uns der folgende Satz nach einer ausserordentlich sprechenden rezitativischen Einleitung, mit seinem zweimaligen tiefdunklen Adagio ma non troppo: Arioso dolente, dem man die von Beethoven in der Odyssee angestrichenen Verse beisetzen könnte:

„. . . . . Denn auch der Trübsal denket man gerne,
Wenn man so vieles erduldet."

Eine Fuga (Allegro ma non troppo) ergänzt dies Arioso. Den Schluss macht ein geschlossenes, glanzvolles Meno allegro in Händelschem Stile.

Der Schlussstein des Sonatenbaues wurde am 13. Januar 1822 fertig: die c-moll-Sonate. Der Verleger Schlesinger, der sie im April 1823 herausgab, schlug in einem gewissen Einverständnis mit Beethoven die Widmung an den Erzherzog Rudolph vor. Beethoven schreibt: „Da Ew. Kaiserliche Hoheit schienen Vergnügen zu finden an der Sonate in c-moll, so glaube ich mir nicht zu viel herauszunehmen, wenn ich Sie mit der Dedikation an Höchstdieselben überraschte." Aus der Zueignung darf gefolgert werden, dass Beethoven diese Sonate selbst auch von den drei letzten für die bedeutendste hielt. Drollig muss uns die folgende Anfrage des Verlegers Schlesinger erscheinen: „Mit Gegenwärtigem wollte ich nur anfragen, ob Ihre mir gesendete zweite Sonate, wo das zweite Stück die Ueberschrift hat ‚Arietta adagio molto semplice e molto cantabile', nicht ein drittes Stück bekommt und mit diesem beendet ist . . ." — Der erste Satz ist von wahrhaft zyklopischem Bau; wenn e i n Werk, so beweist dieser Satz die Aehnlichkeit zwischen Beethoven und Michelangelo — beides Künstler von eiserner Gestaltungskraft und einsam ragender Grösse. Ergreifendes Menschentum steckt in ihren Werken, aber hoheitsvolle Würde bannt all die rauschenden Gefühle, höchstes Jauchzen und tiefste Betrübnis, in wenige Linien, wenige Noten. — Das alles Schwere selig lösende Widerspiel zum ersten Satz spendet der weit ausgesponnene Variationensatz über die Arietta. Der erste Zusammenprall von Maestoso und Allegro con brio ed appassionato zeigt, wie der herbste Schmerz an stählerner Kraft Widerstand findet

— mächtig wütet die Kraft und vergisst doch dabei der sanften Regung nicht. Der zweite Satz trägt uns in ideale Regionen

kindlich-schlichter Gefühle von heiligstem Ernste. Mit symbolischer Bedeutung könnte man sagen: grösster Ernst liegt in dem kindischen Spiele. Die Variationen sind zyklisch geformt: das Thema kehrt, von ewiger Bewegung erfüllt und getragen, zum Schlusse wieder und verschwindet jäh, nachdem wir seinen ganzen, tiefen Sinn verstanden. Dieser Satz hebt uns förmlich in ferne, himmlische Weiten.

Das war Beethovens letzte Klaviersonate. 1822 schrieb er sie; schrieb sie im grossen, letzten Stile, der inzwischen, während die Sonaten geschaffen wurden, auch in der Missa solemnis, in der 9. Symphonie, später in den letzten Quartetten und weiter wirkt.

Die äusseren Zeichen dieses Stiles sind: häufigeres Auftreten der Variationenform, ungemeine Freiheit der Variation — weites Abschweifen vom Thema, ohne es je ganz verschwinden zu lassen, strengeres Anstraffen und Erfüllen der Form, Vorliebe für alte Gänge, für fugierte und kanonische Bildungen. Die Fuge wird häufig: wir sahen sie in der Cellosonate op. 102, 2, in den Klaviersonaten, wir finden sie schon in op. 95 angedeutet und in den letzten Quartetten begegnet sie noch öfter. Die Sätze weiten sich, wie auch ihre Themen breiter und gesättigter werden als je zuvor. Das aber ist der innere Grund für alles: die Idee gelangt unumschränkt zur Herrschaft; da gibt es keine üblichen Formeln und Flitter mehr. Jede Note ist reines, schweres Gold. Diese ewige Bebung, diese tremolierende Bewegung in der Begleitung soll alles Tote der Töne — namentlich auf dem Klavier — überwinden. Es entfaltet sich ein urewiges Leben in diesen Tönen, alle Starrheit ist überwunden. Und der Inhalt dieser tönenden Welt, die die gesamte Musik umstürzt, ist der sittliche Gedanke. Beethoven predigt Religion, er ist Priester, ist Prophet. Das unterscheidet ihn von allen Musikern, die gelebt. Bach sang von seinem unerschütterten Glauben. Mozart verschönte seine Religion in herrlichen Tönen, die Romantiker jubelten, und weinten noch mehr im Garten der Welt — aber Beethoven hielt seinen Glauben fest mit der gewaltigen Kraft eines Titanen . . . Daher die sieghafte Wucht seiner Musik.

Die Zeit, in der wir stehen, reifte die Missa solemnis, die der Meister „im Zustande völliger Erdenentrücktheit" geschaffen!

15. Kapitel

DIE MISSA SOLEMNIS

Beethoven hatte sich nach einem eigenen Hausstande gesehnt, wollte mit seinem Karl behaglich zusammenwohnen. Er hätte sich gern in Mödling, nahe „dieser göttlichen Brühl", ein Häuschen gekauft. Es sollte nicht sein. Die tausend Alltäglichkeiten zehrten ihn auf, und der Knabe lohnte obendrein alle Liebe mit Undank. In Wien musste Beethoven von einem Quartier ins andere ziehen, kein Fleckchen der Mutter Erde wurde ihm so recht vertraut im versöhnenden Gefühl des Eigentums. Ein kurzer Stillstand in diesem Nomadenleben trat nach dem Wohnungswechsel um 1820 ein. Noch Anfang 1822 bewohnte der Meister das vor zwei Jahren gemietete Quartier auf der Landstrasse in der Hauptstrasse 244. Ende 1822 wurde wieder gewechselt. Diesmal nahm ihn der Bruder oder vielmehr dessen Schwager Obermayer in sein Haus Ecke Koth- und Pfarrgasse auf. Das tat nur ein Jahr lang gut. Ende Oktober 1823 ging's wieder fort; diesmal nach Vorstadt Landstrasse in das Haus „Zur schönen Sklavin" in der Ungergasse Nr. 364. Man kann sich denken, welche Verdriesslichkeiten Beethoven die Kündigungen und Umzüge überall verursachten.

Im Sommer weilte der Meister wie stets auf dem Lande; glücklicherweise, denn die Natur belebte ihn. Im Sommer 1822 mietete er schon im Mai in Oberdöbling in der Alleegasse 135. Am 1. September siedelte er nach Baden über, wo er eine höchst anstrengende Wasser- und Badekur durchmachte. Er sollte täglich „nur" 1½ Stunden baden! Man scheint in damaligen Zeiten nicht nur mit Beethoven, sondern auch mit anderen Patienten vielfach Rosskuren gemacht zu haben. Bis in den Oktober hinein blieb der Meister in Baden. Vom 17. Mai 1823 an befand er sich in Hetzendorf, wo einst das Oratorium „Christus am Oelberg" und der „Fidelio" geschaffen worden waren. Er wohnte dort in der Villa des Barons Müller-Pronay. „Sonnabend, den 17. Mai, sind wir nach Hetzendorf gekommen." Dort geht es ihm besonders übel. Ein Augenleiden quält ihn. Er schreibt an Schindler: „Ich muss meine Augen nachts verbinden und soll sie sehr schonen, sonst, schreibt mir Smetana, werde ich wenig Noten mehr schreiben." Das „starke Augenweh" weicht nur sehr langsam. Am 13. August macht er sich wieder nach Baden. Darüber schreibt er selbst an den Erzherzog: „Ich befinde mich wirklich sehr übel, nicht allein an den Augen. Ich trachte morgen mich nach Baden zu schleppen, um Wohnung zu nehmen, und werde alsdann in einigen Tägen mich ganz hinbegeben müssen. Die Stadtluft wirkt auf meine ganze Organisation übel, und eben dadurch habe ich mich verdorben, indem ich zweimal zu meinen Aerzten in die Stadt mich begeben." Allmählich wird es doch besser. Später heisst es:

„Gottlob die Augen haben sich so gebessert, dass ich bei Tag selbe schon wieder ziemlich brauchen kann. — Mit meinen übrigen Uebeln geht es auch besser; mehr kann man in dieser kurzen Zeit nicht verlangen."

Am meisten klagte er über „den heurigen nassen Sommer."

Die verschiedenen Leiden Beethovens und seine Empfindlichkeit gerade gegenüber feuchter Witterung deuten mit Sicherheit auf rheumatische Erscheinungen hin. Der Rheumatismus scheint sich in diesem Jahr auch auf die Augen geworfen zu haben.

Ende Oktober ging es nach Wien zurück.

Wie wichtig der Landaufenthalt für Beethoven gerade in diesen Jahren, nicht nur für seine Musik, sondern auch für seine Gesundheit war, spricht er in einem Briefe an Freund Franz Brentano derb aus: „Da mich der Winter immer hier beinahe mordet, so erfordert es meine Gesundheit, endlich Wien auf einige Zeit zu verlassen . . ."

Einige Erleichterung verschaffte ihm ein treuer Hausgeist: die „schnell segelnde Fregatte" Frau Schnaps. Manche Hilfe bot auch der „samothrakische Lumpenkerl" Schindler, der Beethoven sehr eifrig an die Hand ging; der Famulus erhielt trotzdem öfters heftigen Tadel und arge Schimpfworte, weil ihn der Meister innerlich etwas leicht befunden hatte.

Mit dem Gehör ging es etwas besser. In einer Fidelio-Aufführung scheint Beethoven aussergewöhnlich deutlich gehört zu haben. Daher dachte er sogar wieder an neuere Kuren und wandte sich an Dr. Smetana und an den früher schon besuchten Pater Weiss. Erfolge wären, selbst bei der Möglichkeit einer Besserung, bei diesem unbeständigen Patienten ausgeschlossen gewesen.

Das subjektive Befinden Beethovens wechselte wahrscheinlich wie immer, der Meister scheint aber nicht wie sonst hoffnungsfreudig gestimmt gewesen zu sein. Er hatte öfter Todesgedanken; das schwarze Jahr 1827 wirft seine Schatten häufiger voraus. Aus düsterer Stimmung heraus schreibt er an seinen Rechtsbeistand:

„Werter verehrter Freund!

Der Tod könnte kommen, ohne anzufragen. In dem Augenblicke ist keine Zeit, ein gerichtliches Testament zu machen, ich zeige Ihnen daher durch dieses eigenhändig an, dass ich meinen geliebten Neffen Karl van Beethoven zu meinem Universalerben erkläre, und dass ihm alles ohne Ausnahme, was nur den Namen hat irgend eines Besitzes von mir, nach meinem Tode eigentümlich zugehören soll. — Zu seinem Kurator ernenne ich Sie, und sollte kein anderes Testament folgen als dieses, so sind Sie zugleich befugt und gebeten, meinem geliebten Neffen Karl van Beethoven einen Vormund auszusuchen, — mit Ausschluss meines Bruders Johann van Beethoven, — und ihm nach den hergebrachten Gesetzen denselben vorzugeben. Dies Schreiben erkläre ich so gültig für allzeit, als wäre es mein letzter Wille vor meinem Tode. — Ich umarme Sie von Herzen

Ihr wahrer Verehrer und Freund
Ludwig van Beethoven."

Dazu gehörte der Nachtrag: „NB. An Kapitalien finden sich Bankaktien, was übrigens sich an Barschaft noch findet, wird ebenfalls wie B. A. das seine."

Der Engländer Edward Schulz berichtet über einen Besuch bei Beethoven: „Mir erzählte er dann, er habe in der Regel darauf Bedacht genommen, bei den verschiedenen Künstlern selbst sich über den Bau, den Charakter und den Tonumfang der verschiedenen Instrumente zu unterrichten. Er stellte mir seinen Neffen vor, einen hübschen jungen Mann von etwa 18 Jahren, den einzigen Verwandten, mit welchem er auf freundschaftlichem Fusse lebt . . . Beethoven ist ein sehr guter Fussgänger und liebt stundenlange Spaziergänge besonders durch wilde und romantische Gegenden. Ja, man erzählte mir, dass er zuweilen ganze Nächte auf solchen Ausflügen zubringe, und dass er häufig mehrere Tage zu Hause vermisst werde." Er erzählt dann von einem gemeinschaftlichen Spaziergang durch das sogenannte Helenental bei Baden und fährt später fort: „Er ist ein grosser Feind allen Zwanges, und ich glaube, dass es keinen andern Menschen in Wien gibt, welcher mit so wenig Zurückhaltung über alle möglichen Gegenstände, selbst politische, spricht wie Beethoven. Er hört schlecht, spricht aber sehr gut, und seine Bemerkungen sind ebenso charakteristisch und originell wie seine Kompositionen. In dem ganzen Verlauf unseres Tischgespräches war nichts so interessant, als was er über Händel sagte . . . ‚Händel ist der grösste Komponist, der je gelebt hat.' Ich kann Ihnen nicht beschreiben, mit welcher Begeisterung, ich möchte sagen mit welcher Erhabenheit der Sprache er über den Messias dieses unsterblichen Genius sprach. Jeder von uns war bewegt, als er sagte: ‚Ich würde mein Haupt entblössen und auf seinem Grabe niederknien!' . . . . . Es ist bemerkenswert, dass dieser grosse Musiker es nicht vertragen kann, seine eigenen früheren Werke loben zu hören; und man sagt mir, es sei ein sicheres Mittel, ihn sehr verdriesslich zu machen, wenn man etwas Verbindliches über das Septett, die Trios usw. sage . . . . Das Porträt von ihm, welches Sie in den Musikläden sehen, ist ihm jetzt nicht mehr ähnlich, mag es aber vor acht bis zehn Jahren gewesen sein." Beethoven wurde in dieser Zeit „der graue Löwe" genannt.

Die Mitteilungen von Schulz können wir uns durch einen Bericht von Julius Benedict, einen Schüler Karl Maria von Webers, ergänzen: „Wenn ich nicht irre, so war's an dem Morgen, an welchem ich Beethoven zum erstenmal sah, als Blahetka, der Vater der Pianistin, meine Aufmerksamkeit auf einen kurz gedrungenen Mann richtete, mit sehr rotem Gesichte, kleinen stechenden Augen, buschigen Augenbrauen, mit einem sehr langen Ueberrock bekleidet, der ihm fast bis an die Fussknöchel reichte, welcher etwa um 12 Uhr den Laden betrat. Blahetka fragte mich: ‚Wer meinen Sie, dass dies ist?' Ich rief sofort: ‚Das muss Beethoven sein!' Denn trotz der hohen Röte seiner Wangen und seinem durchaus vernachlässigten Aeussern war ein Ausdruck in diesen kleinen stechenden Augen, welchen kein Maler wiedergeben könnte. Es war eine Stimmung, aus Erhabenheit und Melancholie gemischt. Ich achtete, wie Sie sich wohl vorstellen können, auf jedes Wort, welches er sprach, als er sein kleines Buch aus der Tasche zog und eine Unterhaltung begann, welche für mich natürlich fast unverständlich war, insofern er nur auf Fragen antwortete, welche die Herren Steiner und Haslinger ihm mit Bleistift aufschrieben."

Beethoven war Gegenstand weiterer Wallfahrten. Seinen Freund und Jugendkollegen aus dem Bonner Orchester, Bernhard Romberg, traf er 1822 in Wien, wo dieser mit seiner Tochter Bernhardine und mit seinem erst elfjährigen Söhnchen Karl vom 6. Januar an Konzerte mit reichlicher „metallischer Anerkennung" gab. Beethoven blieb wegen Ohrenschmerzen dem Konzert vom 12. Februar fern. Er schreibt Romberg: „Ich bin diese Nacht wieder von den bei mir in dieser Jahreszeit gewöhnlichen Ohrenschmerzen befallen worden; Deine Töne selbst würden für mich heute nur Schmerz sein, diesem nur schreibe es zu, wenn Du mich nicht selbst siehst. —"

Beethoven lernt auch Rossini kennen. Die beiden Meister vermochten sich allerdings nicht miteinander zu unterhalten, da keiner die Sprache des andern sprach. Aber sie hatten sich doch, wie Rossini bemerkt, „wenigstens ins Auge gesehen". Beethoven liebte die italienische Musik und lobte den Barbier von Sevilla, den er gehört hatte. Freilich urteilte er in anderer Beziehung auch wieder abfällig über den Italiener. „Rossini ist ein talent- und melodienvoller Komponist, seine Musik passt für den frivolen sinnlichen Zeitgeist, seine Produktivität braucht zur Komposition einer Oper so viel Wochen wie die Deutschen Jahre." In einem Konversationsheft findet sich dann die Bemerkung: „Dieser Wicht von Rossini, von keinem wahren Meister der Kunst geachtet!" Nachdem Beethoven die Partitur des Barbier durchgesehen, erklärte er: „Rossini wäre ein grosser Komponist geworden, wenn ihm sein Lehrer öfters einen Schilling ad posteriora appliziert hätte." Solche scharfe Aeusserungen wurden durch die übermässige Begeisterung jener Rossiniwütigen Zeit veranlasst. Wir dürfen aber die italienischen Neigungen nicht übersehen, deren Spuren sich da und dort in den Werken Beethovens verraten.

Im Jahre 1822 kam Franz Schubert öfter mit Beethoven zusammen. Seine dem grösseren Meister gewidmeten vierhändigen Variationen drückte er in Abwesenheit Beethovens dessen Diener in die Hand; erfuhr aber zu seiner grössten Freude, sie gefielen Beethoven.

Am 13. April 1823 fand jenes denkwürdige Konzert des elfjährigen Czerny-Schülers Franz Liszt statt. Beethoven sollte das Konzert besuchen, um Liszt ein Thema zum Phantasieren aufzugeben. An diesem Abend will Liszt durch einen Kuss des Meisters „ami de Beethoven" geworden sein.

Ein lustiges Intermezzo gedachten die beiden Sängerinnen Unger und Sonntag Beethoven zu bereiten, indem sie ihn zu einer Landpartie einluden. Beethoven musste das aber aufschieben. „Die schönen Einladungen kann ich jetzt noch nicht annehmen, so viel, als es mein böses Auge leidet, beschäftigt, und ist es schön aus dem Hause, ich werde mich schon selbst bedanken für diese Liebenswürdigkeiten der beiden Schönen."

Auch die Zusammenkunft mit Karl Maria von Weber muss erwähnt werden, die sehr herzlich ausfiel. Weber erzählt: „Beethoven empfing mich mit einer Liebe, die rührend war; gewiss sechs- bis siebenmal umarmte er mich auf das herzlichste und rief endlich in voller Begeisterung: ‚Ja, du bist ein Teufelskerl, ein braver Kerl.' Wir brachten den Mittag miteinander zu, sehr fröhlich und vergnügt. Dieser rauhe, zurückstossende Mensch machte mir ordentlich die Cour, bediente mich bei Tische mit einer Sorgfalt wie seine Dame P. P. Kurz, dieser Tag wird mir immer höchst merkwürdig bleiben, so wie allen, die dabei waren."

Auch der Leipziger Schriftsteller Friedrich Rochlitz, von dem Beethoven schon so viel in der Allgemeinen Musikalischen Zeitung gelesen, besuchte den Meister in Wien. Beethoven bestimmte ihn später zu seinem Biographen. Der schreibgewandte Mann hat uns wichtige Einzelheiten über den Besuch bei Beethoven hinterlassen. „Ich hatte Beethoven noch nie gesehen und erfuhr: Er wünscht Ihre persönliche Bekanntschaft: gleichwohl sind wir nicht sicher, dass er nicht, siehet er uns ankommen, davonläuft; denn wie zuweilen die frischeste Fröhlichkeit, so überfällt ihn öfters die heftigste Verstimmung, urplötzlich, ohne Grund, und ohne dass er widerstehen könnte."

BEETHOVEN IM JAHRE 1823

Nach dem Oelgemälde von F. G. Waldmüller.

Im Besitz von Breitkopf u. Härtel in Leipzig

Ueber die Zusammenkunft heisst es dann: „Beethoven schien sich zu freuen, doch war er gestört. Und wäre ich nicht vorbereitet gewesen: sein Anblick würde auch mich gestört haben. Nicht das vernachlässigte, fast verwilderte Aeussere, nicht das dicke, schwarze Haar, das struppig um seinen Kopf hing und dergleichen, sondern das Ganze seiner Erscheinung. Denke Dir einen Mann von etwa fünfzig Jahren, mehr noch kleiner, als mittler, aber sehr kräftiger, stämmiger Statur, gedrängt, besonders von starkem Knochenbau — ungefähr wie Fichtes, nur fleischiger und besonders von vollerem, runderm Gesicht; rote, gesunde Farbe; unruhige, leuchtende, ja bei fixiertem Blick fast stechende Augen; keine oder hastige Bewegungen; im Ausdruck des Antlitzes, besonders des geist- und lebensvollen Auges, eine Mischung oder ein zuweilen augenblicklicher Wechsel von herzlichster Gutmütigkeit und von Scheu; in der ganzen Haltung jene Spannung, jenes unruhige, besorgte Lauschen des Tauben, der sehr lebhaft empfindet; jetzt ein froh und frei hingeworfenes Wort: sogleich wieder ein Versinken in düsteres Schweigen; und zu alledem, was der Betrachtende hinzubringt, und was immerwährend hineinklingt: Das ist der Mann, der Millionen nur Freude bringt — reine, geistige Freude! Er sagte mir in abgebrochenen Sätzen einiges Freundliche und Verbindliche: ich erhob die Stimme nach Möglichkeit, sprach langsam, akzentuierte scharf, und bezeugte ihm so aus der Fülle des Herzens meinen Dank für seine Werke und was sie mir sind, auch lebenslang bleiben werden; führte einige meiner Lieblinge besonders an und verweilte dabei; erzählte, wie man in Leipzig seine Symphonien musterhaft ausführt, wie man jedes Winterhalbjahr sie sämtlich und zum lauten Entzücken des Publikums zum Gehör bringt etc. Er stand hart an mir, bald mit Spannung mir ins Gesicht blickend, bald das Haupt senkend; dann lächelte er vor sich hin, nickte zuweilen freundlich mit dem Kopfe: sagte aber kein Wort. Hatte er mich verstanden? Hatte er's nicht? Endlich musste ich ja wohl aufhören; da drückte er mir heftig die Hand und sagte kurzab zu **: ‚Ich habe noch einige notwendige Gänge!' Und indem er ging, zu mir: ‚Wir sehen uns wohl noch!" Rochlitz sah den Meister auch noch einmal in einem Speisehaus, worüber er ebenfalls berichtet:

„Beethoven sass umgeben von mehreren seiner Bekannten, die mir fremd waren. Er schien wirklich froh zu sein. So erwiderte er meinen Gruss: aber absichtlich ging ich nicht zu ihm. Doch fand ich einen Platz, wo ich ihn sehen und, weil er laut genug sprach, auch grossenteils verstehen konnte. Es war nicht eigentlich ein Gespräch, das er führte, sondern er sprach allein, und meistens ziemlich anhaltend, wie auf gut Glück ins Blaue hinaus. Die ihn Umgebenden setzten wenig hinzu, lachten bloss oder nickten ihm Beifall zu. Er — philosophierte, politisierte auch wohl in seiner Art. Er sprach von England und den Engländern, wie er nämlich beide in unvergleichlicher Herrlichkeit sich dachte — was zum Teil wunderlich genug herauskam. Dann brachte er mancherlei Geschichten von Franzosen aus der Zeit der zweimaligen Einnahme Wiens. Diesen war er gar nicht grün. Alles das trug er vor in grösster Sorglosigkeit und ohne den mindesten Rückhalt; alles auch gewürzt mit höchst originellen, naiven Urteilen oder possierlichen Einfällen. Er kam mir dabei vor, wie ein Mann von reichem, vordringendem Geist, unbeschränkter, nimmer rastender Phantasie, der als heranreifender, höchst fähiger Knabe, mit dem, was er bis dahin erlebt und erlernt hätte, oder was an Kenntnissen ihm sonst angeflogen wäre, auf eine wüste Insel wäre ausgesetzt worden und dort über jenen Stoff gesonnen und gebrütet hätte, bis ihm seine Fragmente zu Ganzen, seine Einbildungen zu Ueberzeugungen geworden, welche er nun getrost und zutraulich in die Welt hinausrufte. —"

Beethoven ging darauf mit Rochlitz in ein kleines Seitenzimmer. Ueber die dortige Unterhaltung heisst es weiter:

„Er bot mir ein Täfelchen, worauf ich schreiben sollte, was er aus meinen Zeichen nicht verstand." Zuerst verbreitete sich Beethoven lobend über Leipzig und beklagte sich dann derb über Wien, namentlich dass man seine Sachen schlecht oder gar nicht hervorhole. Rochlitz bemerkt richtig: „So viel Uebertreibung darin ist: ohne Grund und Wahrheit ist es nicht." Dann kam das Gespräch auf Goethe. Beethoven erzählte.

„‚Da kennen Sie also auch den grossen Goethe nicht?' Ich nickte, und das tüchtig. ‚Ich kenne ihn auch,' fuhr er fort, indem er sich in die Brust warf und helle Freude aus seinen Zügen sprach. ‚In Karlsbad habe ich ihn kennen gelernt vor — Gott weiss wie langer Zeit. Ich war damals noch nicht so taub wie jetzt: aber schwer hörte ich schon. Was hat der grosse Mann da für Geduld mit mir gehabt! Was hat er an mir getan! Er erzählete vielerlei kleine Geschichtchen und höchst erfreuliche Details. Wie glücklich hat mich das damals gemacht. Totschlagen hätte ich mich für ihn lassen, und zehnmal Damals, als ich so recht im Feuer sass, habe ich mir auch meine Musik zu seinem ‚Egmont' ausgesonnen, und sie ist gelungen, nicht wahr? . . . Seit dem Karlsbader Sommer lese ich im Goethe alle Tage — wenn ich nämlich überhaupt lese. Er hat den Klopstock bei mir tot gemacht. Sie wundern sich? Nun lachen Sie? Aha, darüber, dass ich den Klopstock gelesen habe! Ich habe mich Jahre lang mit ihm getragen; wenn ich spazieren ging, und sonst. Ei nun: verstanden habe ich ihn freilich nicht überall. Er springt so herum; er fängt auch immer gar so weit von oben herunter an; immer Maestoso! Des-Dur! Nicht? Aber er ist doch gross und hebt die Seele. Wo ich ihn nicht verstand, da riet ich doch — so ungefähr. Wenn er nur nicht immer sterben wollte! Das kömmt so wohl Zeit genug. Nun: wenigstens klingt's immer gut usw. Aber der Goethe: der lebt, und wir alle sollen mitleben. Darum lässt er sich auch komponieren. Es lässt sich keiner so gut komponieren wie er; ich schreibe nur nicht gern Lieder . . .' Hier, lieber Härtel, hatte ich nun die schönste Gelegenheit, jene Idee und Ihren Auftrag anzubringen. Ich schrieb den Vorschlag und Ihre Zusage auf, indem ich ein möglichst ernstes Gesicht machte. Er las. ‚Ha!' rief er aus und warf die Hand hoch empor, ‚Das wär ein Stück Arbeit! Da könnte es was geben!' In dieser Art fuhr er eine Weile fort, malete den Gedanken sich sogleich und gar nicht übel aus, und sahe dabei, zurückgebeugten Hauptes starr an die Decke." (Wir werden noch hören, von welchem Werke die Rede war). „‚Aber,' begann er hernach, ‚ich trage mich schon eine Zeit her mit drei anderen grossen Werken. Viel dazu ist schon ausgeheckt; im Kopfe nämlich. Diese muss ich erst vom Halse haben: zwei grosse Symphonien, und jede anders; jede auch anders als meine übrigen; und ein Oratorium. Und damit wird's lange dauern; denn, sehen Sie, seit einiger Zeit bringe ich mich nicht mehr leicht zum Schreiben. Ich sitze und sinne und sinne; ich hab's lange: aber es will nicht aufs Papier. Es grauet mir vorm Anfang so grosser Werke. Bin ich darin: da geht's wohl . . ."

Rochlitz kam mit Beethoven noch ein drittes Mal zusammen, und zwar in Baden. Der Meister erschien „diesmal ganz nett und sauber, ja elegant". Die beiden machten einen Spaziergang miteinander, wobei Beethoven seinen „feinen schwarzen Frack" auszog, ihn „am Stocke auf dem Rücken" trug und blossarmig wanderte. Er erklärte Rochlitz: „Ich bin nun einmal heute a u f - g e k n ö p f t." Offenbar gab es diesmal weniger von den „keifenden Tiraden", wie er sie bei der zweiten Unterredung gegen die Wiener losgelassen. Schliesslich charakterisiert ihn Rochlitz also: „Der dunkle, ungeleckte Bär hält sich so treumütig und zutraulich, brummt auch und schüttelt die Zottelchen so gefahrlos und kurios, dass man sich freuen und ihm gut sein müsste, sogar wenn er nichts wäre, als solch ein Bär und nichts geleistet hätte, als was nun eben ein solcher kann." „Diesmal lenkten sich meine Betrachtungen nicht bloss wie beim ersten Zusammentreffen mit ihm auf das schwere Leiden, das sein Geschick ihm auferlegt.

Sah ich doch nun: er hat auch sehr frohe, vollkommen glückliche Stunden; in andern gleichfalls guten lebt er in seiner Kunst oder in Planen und Träumen über dieselbe; die schlimmen aber nimmt er mit in den Kauf, ergiesst sich darüber und vergisst sie dann; wer hat's am Ende besser? Meine Betrachtungen lenkten sich ins Allgemeinere."

Ein liebliches Begegnis des Schönen mit dem Guten fand im September 1823 statt, wie eine Melodie beweist. Darunter steht: „Vösslau, am 27. September von L. v. Beethoven an Frau v. Pachler." Vösslau liegt bei Baden, allwo sich Beethoven also mit Frau Marie Pachler getroffen. Diese schrieb in einem Briefe die ergreifenden Worte: „Was mir aber tief in die Seele griff, war der Anblick Beethovens. Ich fand ihn sehr gealtert. Er klagte über Krankheit und Andrang der Geschäfte. Seine Taubheit hat, wenn möglich, noch zugenommen, allein seine Abneigung oder vielmehr Unfähigkeit, selbst zu sprechen, scheint sich verloren zu haben. Unsere Konversation war nur von meiner Seite schriftlich; er schrieb mir bloss im Moment des Scheidens ein musikalisches Lebewohl, das ich, wie Sie denken können, als eine Reliquie bewahre." Es waren die Schlussworte aus Matthisons: Opferlied: „Das Schöne zum Guten."

Ein gleichzeitig unglückliches und glückliches Ereignis brachten die ersten Novembertage 1822. Nach dreijähriger Pause wurde der Fidelio im Theater wieder aufgenommen. Mit welchem Erfolg, sagt die Theaterzeitung. „Beethovens Meisterwerk im Opernfache, leider seine einzige Schöpfung in dieser Gattung, ist wieder in die Szene gegangen, mit anstrengendem Fleiss studieret, mit dem besten Erfolg gegeben, mit lebhaftem Vergnügen aufgenommen worden .... Mit welchem Eifer das Einstudieren dieser Oper getrieben worden war, bewies schon der Vortrag der Ouvertüre. Sie machte einen so allgemeinen und lebhaften Eindruck, dass die Wiederholung ungestüm gefordert wurde; auch das zweitemal gab man sie mit derselben Präzision." Darauf erfolgt eine ausführliche Beurteilung der mitwirkenden Künstler. In der Aufführung zum Namenstage der Kaiserin erregte die jugendliche, erst im 17. Lebensjahre stehende Wilhelmine Schröder das grösste Aufsehen. Beethoven fand in ihr „seine" Leonore. Die Theaterzeitung enthielt folgenden Bericht über sie:

„Die Partie Fidelios gab Demoiselle Schröder mit solchem Fleisse, mit solcher Anstrengung, mit solchem Feuer, dass sie dennoch überraschte, obschon man nur höchst lebendige und glanzvolle Darstellungen an ihr gewohnt ist. Dies junge Talent ist auf dem besten Wege, eine ganz vorzügliche deklamatorische Sängerin zu werden. Ihre Stimme gewinnt täglich an Kraft, ihr Vortrag an Wahrheit und Effekt; es ist ihr nur noch vorzüglich eine gleichförmige Ausbildung aller ihrer Töne und ein gleich deutliches Anschlagen ihrer Chorden auch in schnelleren Noten herzustellen übrig, um in der vollendeten Lieferung jeder deklamatorischen Singpartie nach keiner Richtung hin gehindert zu sein. Es ist nicht zu viel gesagt, dass Demoiselle Schröder als Fidelio nicht allein sich selbst, sondern auch alle Erwartungen des Publikums übertroffen habe."

Das Unglück dieser Aufführung entsprang dem Verlangen Beethovens, selbst zu dirigieren, das auch für die Hauptprobe erfüllt wurde; diese Betätigung führte begreiflicherweise zu einem für Beethoven empfindlichen Fiasko. Es musste zweimal aufgehört werden, ohne dass Beethoven wusste aus welchem Grunde. Er rief Schindler heran, der uns nun über das Weitere berichten mag:

„In seine Nähe ans Orchester getreten, reichte er mir sein Taschenbuch hin mit der Deutung, aufzuschreiben, was es gebe. Ich schrieb eiligst ungefähr die Worte: ‚Ich bitte nicht weiter fortzufahren. Zu Haus das Weitere.' — Im Nu sprang er in das Parterre hinüber und sagte bloss: ‚Geschwinde hinaus'. Unaufhaltsam lief er seiner Wohnung zu . . . Eingetreten, warf er sich auf das Sopha, bedeckte mit beiden Händen das Gesicht und verblieb in dieser Lage, bis wir uns an den Tisch setzten. Aber auch während des Mahls war kein Laut aus seinem Munde zu vernehmen; die ganze Gestalt das Bild der tiefsten Schwermut und Niedergeschlagenheit. Als ich mich nach Tisch entfernen wollte, äusserte er den Wunsch, ihn nicht zu verlassen bis zur Theaterzeit."

Claire von Glümer berichtet nach persönlichen Mitteilungen der Schröder:

„Beethoven hatte sich ausbedungen, die Oper selbst zu dirigieren, und in der Generalprobe führte er den Taktstock. Wilhelmine hatte ihn nie zuvor gesehen — ihr wurde bang ums Herz, als sie den Meister, dessen Ohr schon damals allen irdischen Tönen verschlossen war, heftig gestikulierend, mit wirrem Haar, verstörten Mienen und unheimlich leuchtenden Augen dastehen sah. Sollte piano gespielt werden, so kroch er fast unter das Notenpult, beim forte sprang er auf und stiess die seltsamsten Töne aus. Orchester und Sänger gerieten in Verwirrung, und nach Schluss der Probe musste der Kapellmeister Umlauf dem Komponisten die peinliche Mitteilung machen, dass es unmöglich wäre, ihm die Leitung seiner Oper zu überlassen."

Trotz des erschütternden Vorfalls wohnte Beethoven der Wiederholung seines Werkes am 4. November in einer Loge des ersten Ranges bei.

Der Erfolg des Fidelio spornte die Theaterdirektion an, Beethoven mit der Komposition einer neuen Oper zu beauftragen. Da er auch einmal eine italienische Oper schreiben wollte, kam ihm der Auftrag gelegen. Ohnehin beschäftigen ihn seit 1805 immer wieder neue Opernpläne. Der Redakteur Kanne lieferte ein Buch, das der Meister ablehnte. Beethoven schrieb darüber an Schindler: „Ich schicke Ihnen hier das Buch von Kanne, welches ausser dem, dass der erste Akt etwas lau ist, so vorzüglich geschrieben ist, dass es eben nicht einen der ersten Komponisten brauchte — ich will nicht sagen, dass es eben gerade für mich das passendste wäre. Jedoch wenn ich mich von früher eingegangenen Verbindlichkeiten losmachen kann, wer weiss, was geschehen könnte — oder geschehen kann!" Auch ein gewisser Sporschill bietet dem Meister ein Libretto an; seine „Apotheose im Tempel des Jupiter Ammon" sagte Beethoven jedoch auch nicht zu. Lichnowski bringt ein Buch der Majorin Neumann in Vorschlag: „Alfred der Grosse", von dem indessen nicht weiter die Rede ist. Der Gönner lenkte aber auch die Aufmerksamkeit des Meisters auf Grillparzer.

Dieser Dichter hatte sich namentlich durch seine Dramen „Die Ahnfrau" und „Sappho" schon einen guten Namen gemacht. Er schrieb zurzeit seinen „Ottokar". Er verehrte Beethoven und dessen Musik, konnte sich aber nur nach und nach an den Gedanken gewöhnen, ein Libretto zu schreiben. Für Beethoven kam „Drahomira", ein Stoff aus der böhmischen Geschichte, in Betracht, und das Märchen von der „schönen Melusine". Grillparzer erzählt: „Unter den dramatischen Stoffen, die ich mir zu künftiger Bearbeitung aufgezeichnet hatte, befanden sich zwei, die allenfalls eine opernmässige Behandlung zuzulassen schienen — der eine bewegt sich in dem Gebiete der gesteigertsten Leidenschaft. Aber nebstdem, dass ich keine Sängerin wusste, die der Hauptrolle gewachsen wäre, wollte ich auch nicht Beethoven Anlass geben, den äussersten Grenzen der Musik, die ohnehin schon wie Abstürze drohend da lagen, durch einen halb diabolischen Stoff verleitet, noch näher zu treten." Ueber die „Melusine" verhandelten Dichter und Komponist lange hin und her. Allerdings unterliess es Grillparzer, wie er selbst berichtet, sich mit dem Komponisten vor der Bearbeitung der Stoffe zu besprechen, „weil er sich die Freiheit seiner Ansicht erhalten wollte" . . . und „um Beethoven in letzter Beziehung gar keine Gewalt anzutun, sandte er ihm das Buch zu". Ein Jagdchor zu Anfang der Handlung genierte Beethoven doch sehr: „Weber hat vier Hörner gebraucht, da müsste ich ja acht nehmen." Die Künstler einigten sich dahin: es sollte an die Stelle des Jagdchors ein Nymphenchor treten. In einem Gespräche mit dem Dichter betonte Beethoven wieder seine Anschauung vom Beifall, der die Hauptsache sei. Grillparzers Aeusserungen kennzeichnen die damalige Auffassung der Oper: „Meiner Meinung nach gibt es zwei Gattungen der Oper, von denen die eine vom Text ausgeht, die zweite von der Musik. Letztere ist die italienische Oper." Aehnliche Gedanken hegte Lichnowski: „Wenn Sie die Oper nicht schreiben, so ist es ohnedies mit der deutschen Oper aus, das sagen alle Leute. Nach der verfehlten Weberschen Oper (Euryanthe) haben manche die Bücher zurückgeschickt. Freischütz ist eigentlich keine Oper."

Beethoven scheint auch materielle Bedenken gehabt zu haben; er wünschte einen Kontrakt mit der Theaterdirektion. Lichnowski will ihm in jeder Weise entgegenkommen. „Ich verbürge mich für die Summe, die Sie für die Oper wünschen . . . Sie bekommen ja ungleich mehr ohne Kontrakt. Wenn Sie wollen, die Direktion macht gleich mit Vergnügen Kontrakt."

Trotzdem aber Beethoven noch im Jahre 1824 auf den Stoff zurückkam, ja, daran arbeitete, blieb die Oper Melusine ungeschrieben. Auch über die „Drahomira" besprachen sich Grillparzer und Beethoven; auch das führte zu nichts.

Grillparzer sollte schliesslich den Text der „Ruinen von Athen" umarbeiten. Es wurde aus allem nichts.

Noch ein gewichtigerer Opernstoff beschäftigte Beethoven um diese Zeit: Faust. Er hatte ja schon im Jahre 1808 an eine Komposition gedacht. Im Jahre 1822 erinnerte ihn Rochlitz an diese Komposition; Beethoven meinte: „Das wär' ein Stück Arbeit! Da könnte es was geben!" Allerdings dachte Rochlitz nur an Zwischenaktsmusik, wie Beethoven sie zum Goetheschen „Egmont" geliefert. Leider bleibt dunkel, was Beethoven für einen „Faust" plante!

An die Oper machte sich der Meister kaum aus freien Stücken, es bedurfte dazu äusseren Anstosses. „Obgleich ich recht gut weiss, was mein Fidelio wert ist, so weiss ich doch ebenso klar, dass die Symphonie mein eigentliches Element ist." Ihm lag die Instrumentalmusik näher und zur Zeit dachte er an eine Gesamtausgabe seiner Werke. Schon vor zwanzig Jahren, 1803, hatte er sie ins Auge gefasst. Stand der Gedanke damals in Verbindung mit dem schrecklichen Heiligenstädter Testament, so tauchte er jetzt dringlicher auf, wo öfter Todesgedanken sein Gemüt umfingen. „Näher als das alles liegt mir die Herausgabe meiner sämtlichen Werke sehr am Herzen, da ich selbe in meinen Lebzeiten besorgen möchte; wohl manche Anträge erhielt ich . . ." Doch auch dies Vorhaben kam nicht zur Ausführung.

Die beglückende schöpferische Tätigkeit wird durch trübe Gedanken beeinträchtigt: „Ihm graue vor dem Anfange grosser Werke"; sah Beethoven doch, welche Zeit solche Arbeiten wie die Missa solemnis und die neunte Symphonie in Anspruch nahmen — Jahre!

Vorwiegend im September 1822 beschäftigte Beethoven eine kleine Komposition „Zur Weihe des Hauses", die Meisel zur Eröffnung des Josephstädtischen Theaters gedichtet hatte. Die Aufführung sollte am Namenstag des Kaisers stattfinden. Beethoven schrieb eine neue Ouvertüre und einen Chor zu der „Ruinenmusik" hinzu. Für die erstere hat er sich Händelsche, d. h. polyphone Schreibweise vorgenommen. Es war eine Zweckkomposition, die auch richtig am 3. Oktober 1822 ihren Zweck erfüllte.

Für den ihm bekannten Direktor Hensler schrieb Beethoven eine Serenade: das Gratulationsmenuett. Hensler bedankte sich bei den Musikern durch ein Diner. Hierbei war Beethoven anwesend und sass unter einer Spieluhr, die seine Fidelio-Ouvertüre spielte: er meinte trocken: „Sie spielt sie besser als das Orchester im Kärntner-Tor."

Um diese Zeit plante der Meister auch eine Ouvertüre über den Namen Bach, die aber in den ersten Anfängen stecken blieb. Es sollte eine Fuge werden. Beethoven hatte Bachs Bedeutung vollauf begriffen; deshalb nannte er ihn „den Vater der Harmonie" und erklärte ein anderes Mal: „Nicht Bach, sondern Meer sollte er heissen wegen seines unendlichen, unausschöpflichen

Reichtums von Tonkombinationen und Harmonien." Gerade in seiner dritten Stilperiode ist Beethoven mehr und mehr auf Bach zurückgekommen. Der Einfluss Johann Sebastians ist deutlich nachzuweisen.

Eine Aufforderung, sich an einem Sammelwerk zu beteiligen, hatte ungeahnte Folgen. Es bewahrheitete sich wieder einmal, was der Meister gesagt: „Ein anderes ist es mit dem Werke selbst. Da denke ich nie, Gott sei Dank, an den Vorteil, sondern nur, wie ich schreibe." Der Verleger Diabelli wünschte nämlich 1821 Variationen verschiedener Komponisten über einen Walzer von A. Diabelli. Auch Beethoven sollte eine Variation liefern. Er hatte sich aber vorgenommen, an einem solchen Sammelwerk nicht mehr mitzuarbeiten, und mochte ausserdem keine Variationen über diesen „Schusterfleck" schreiben.

Doch das Thema war einmal da — es reizte ihn zum Lachen, regte seinen Humor an, so dass er mit der Arbeit begann. Darauf liess er Diabelli den Vorschlag machen, er werde den Walzer allein bearbeiten. Diabelli erklärte sich einverstanden und wünschte für 80 Dukaten nur sechs bis acht Variationen. Beethoven voller Laune: „Nu, er soll über seinen Schusterfleck Variationen haben." Es wurden dreiunddreissig. Das Werk sprüht von Humor, und man sieht ordentlich Beethovens Freude am Variieren, was ja von jeher seine Vorliebe gewesen. In jeder Nummer schafft und löst er Probleme. Allein schon die rhythmischen Kombinationen sind fabelhaft. Aus den gewagtesten Verschlingungen wächst doch immer das Walzerthema, dieser verdammte Schusterfleck, hervor, wie ein Unkraut, das nicht verdirbt. Wie aber wird es zugestutzt! Allein schon in dem Marsch der ersten Variation, dann in dem hinreissenden Presto der zehnten Variation

— usw.; dreiunddreissigmal wird es aufs stärkste „verändert"; da findet sich ein Tanz, ein Marsch, ein Gesangstück, imitierende Sätze, ein Allegro serioso, ein Triolenstück, ein Grave, ein Presto scherzando, ein choralartiges Andante, ein Fugato, ein Adagio, ein Largo molto espressivo mit stürzenden Figuren und reichen Verzierungen, eine Fuge und ein bewunderns-wertes, überragendes Tempo di Minuetto — kurz, die sämtlichen Reiche der musikalischen Stimmungen werden durchlaufen, und das alles aus einem „Schusterfleck" entwickelt. Hier feiert Beethovens königliche Kunst ihre höchsten Triumphe.

Beethoven wollte das Werk Ries widmen; die Widmung blieb aber in den Briefen. Der Meister meinte, Ries ahme ihn zu sehr nach. Es wurde Frau Antonie von Brentano zugeeignet, der die Sonate op. 110 ursprünglich zugedacht war. Die Veränderungen kamen Juni 1823 als op. 120 heraus, und zwar in der ursprünglichen Sammlung, nur als besonderes, erstes Heft. Das zweite Heft brachte dann fünfzig Variationen verschiedener Komponisten, unter denen sich Schubert befand.

Im Sommer in Hetzendorf gelangte noch eine ähnliche Aufforderung an den Meister; Ries wünschte ein Allegro di bravura für eine Sammlung. Beethoven antwortete am 16. Juli zusagend, wenn auch nicht entzückt. „Mit den Allegri di bravura muss ich die Ihrigen nachsehn. Aufrichtig zu sagen, ich bin kein Freund von dergleichen, da sie den Mechanism nur gar zu sehr befördern; wenigstens die, welche ich kenne." Dieser Anregung dürfte jenes lebendige Rondo op. 129, das 1828 von Diabelli aus dem Nachlass herausgegeben wurde, seine Entstehung verdanken. Die Anfänge (Themen) sollen nach Czerny aus der Jugendzeit herrühren. Ueber das Stück braucht man nicht mehr zu sagen, als das humorvolle Motto verrät: „Wut über den verlorenen Groschen, ausgetobt in einer Caprice." Die Caprice ist ein vollendetes grosses Rondo: ohne leeres Virtuosentum, voll Charakter.

Eigenartige Versuche haben wir in dem „Zyklus von Kleinigkeiten" vor uns, jenen als op. 126 im Juni 1825 bei Schott in Mainz erschienenen „Bagatellen". Sie stehen musikalisch höher als die in op. 119, über die sich Beethoven eine ungehörige Bemerkung von dem Leipziger Verleger Peters hatte machen lassen müssen. Beethoven fertigte ihn auf folgende Weise ab:

„Am 7. Juli 1823.

Ew. Wohlgeboren!

Sobald das für Sie oder Ihre Kinder bestimmte Werk vollendet, werde ich es sogleich an die Gebrüder Meissel übergeben. Sollte das Honorar erhöht werden müssen, wird Ihnen dieses angezeigt werden. — Verschonen Sie mich mit Ihren ferneren Briefen, da Sie nie wissen, was Sie wollen. — Kein Wort über Ihr — Benehmen gegen mich! — Nur das einzige muss ich rügen, dass Sie mir vorwerfen, Geld voraus angenommen zu haben. Aus Ihren Briefen erhellet, dass Sie mir es aufgedrungen haben, da ich es gar nicht verlangt, indem Sie sagen, ‚dass Sie denen Komponisten immer Geldvorschüsse machen'. Auf den Strassen redete man mich hier an, das Geld abzuholen, und meine damaligen Verhältnisse erforderten die grösste Verschwiegenheit, daher ich der Plaudereien wegen nur das Geld genommen; und hat die Sache jetzt einen Aufenthalt gemacht, wer ist schuld daran als Sie selbst?? Uebrigens liegen ganz andere Gelder für mich bereit, und man wartet gern, indem man Rücksicht auf meine Kunst und wiederum meine schwächliche Gesundheit nimmt. — Seien Sie versichert, ich habe Sie moralisch oder vielmehr merkantilisch und musikalisch erkannt. Nichtsdestoweniger werde ich wegen Ihrem liegenden Gelde Rücksicht nehmen, denn ich bin ein Mann in vollem Verstande, ich brauche nicht Ehren- hinzuzusetzen. —

Beethoven."

Die Bagatellen, diese Versuche eines Genies, beachtet man viel zu wenig.

Das Jahr 1823 gehört aber auch der 9. Symphonie, zu deren Vollendung das Drängen der Londoner Philharmonischen Gesellschaft antrieb. Beethoven meldet: „Ich schreibe jetzt eine neue Symphonie für England für die Philharmonische Gesellschaft und hoffe selbe in Zeit von vierzehn Tagen gänzlich vollendet zu haben." Das war im Juli in Hetzendorf. Aber das Werk nahm ihn noch viel länger in Anspruch.

Zur Vollendung kam in dieser Zeit das andere grosse Werk der letzten Jahre: die Missa solemnis.

Das Werk wurde am Vorabend des Jahrestages der Einsetzung des Erzherzogs Rudolph zum Erzbischof von Olmütz am 19. März

1823 von Beethoven persönlich übergeben. Noch Ende Februar machten die Korrekturen viel Arbeit, da „erschrecklich daran gefehlt war".

Die Messe hat ihre eigene Geschichte. „Im Spätherbst 1818 sah" Schindler „dies Werk beginnen". Beethoven hatte sich „ohne irgendwelche Aufforderung" vorgenommen, die Inthronisation des Erzherzogs als Erzbischof in Olmütz durch eine Missa zu feiern. Von der Begeisterung, in der Beethoven das Werk geschrieben, gibt Schindler einen ergreifenden Bericht. „Gegen Ende August kam ich in Begleitung des in Wien noch lebenden Musikers Johann Horzalka in des Meisters Wohnhause zu Mödling an. Es war 4 Uhr nachmittags. Gleich beim Eintritte vernahmen wir, dass am selben Morgen Beethoven beide Dienerinnen davongegangen seien, und dass es nach Mitternacht einen alle Hausbewohner störenden Auftritt gegeben, weil infolge langen Wartens beide eingeschlafen und die zubereiteten Gerichte ungeniessbar geworden. In einem der Wohnzimmer bei verschlossener Tür hörten wir den Meister über der Fuge zum Credo singen, heulen, stampfen. Nachdem wir dieser nahezu schauerlichen Szene lange schon zugehorcht und uns eben entfernen wollten, öffnete sich die Tür und Beethoven stand vor uns, mit verstörten Gesichtszügen, die Beängstigung einflössen konnten. Er sah aus, als habe er soeben einen Kampf auf Tod und Leben mit der ganzen Schar der Kontrapunktisten, seinen immerwährenden Widersachern, bestanden. Seine ersten Aeusserungen waren konfuse, als fühle er sich von unserm Behorchen unangenehm überrascht. Alsbald kam er aber auf das Tageserlebnis zu sprechen und äusserte mit merkbarer Fassung: ‚Saubre Wirtschaft. Alles ist davongelaufen, und ich habe seit gestern mittag nichts gegessen.' Ich suchte ihn zu besänftigen und half bei der Toilette. Mein Begleiter aber eilte voraus in die Restauration des Badehauses, um einiges für den ausgehungerten Meister zubereiten zu lassen. Dort klagte er uns die Missstände in seinem Hauswesen. Dagegen gab es jedoch aus vorbemeldeten Gründen keine Abhilfe. Niemals wohl dürfte ein so grosses Kunstwerk unter widerwärtigeren Lebensverhältnissen entstanden sein als diese Missa solemnis!" Diese Entstehungsart, die heftige Anteilnahme des Herzens, seines ganzen religiösen Gefühls, liessen dies Werk nicht so bald fertig werden: „weil jeder Satz unter der Hand eine viel grössere Ausdehnung gewonnen hatte, als es anfänglich im Plane gelegen". Es wuchs langsam. Beethoven betrachtete es als sein bedeutendstes Werk: „l'oeuvre le plus accompli".

Darum auch die langwierigen Verhandlungen mit verschiedenen Verlegern; das Werk war Beethoven zu teuer, um es billig herzugeben. Den ersten Antrag machte er Simrock unter dem 10. Februar 1820 — zwei Jahre bevor die Messe fertig war. Er verlangt als Honorar 125 Louisd'or. Diesen Antrag wiederholt er am 9. März desselben Jahres. Am 18. März heisst es, offenbar auf Simrocks Gegengebot: „Was die Messe betrifft, so habe ich es reiflich überlegt und könnte Ihnen selbe wohl für das mir von Ihnen angebotene Honorar von 100 Louisd'or geben, wenn Sie vielleicht auf einige Bedingungen, welche ich Ihnen vorschlagen werde und eben, wie ich glaube, Ihnen nicht beschwerlich fallen werden, eingehen wollten?" Darauf schreibt er am 23. April: „Die Messe erhalten Sie bis Ende Mai" — die Summe soll bei Brentano angewiesen werden. Am 23. Juli heisst es: „im nächsten Monat", also im August; er fordert wieder, dass nur ja das Honorar in Frankfurt bereit liege. Am 5. August wird die Messe wiederum versprochen — „Seien Sie übrigens deswegen unbesorgt".

Am 30. August schreibt Beethoven eine Auseinandersetzung wegen der Währung, in der das Messen-Honorar zu zahlen sei: „Ich will gern das Goldagio einbüssen." Unter dem 12. November 1820 meldet Simrock an Brentano: „Zwischen Herrn van Beethoven und mir obwaltete eine kleine Irrung wegen des Preises seiner neuen grossen Musikmesse, wovon er mir sein Eigentum für 100 Louisd'or übertragen wollte. Ich sagte ihm diese 100 Louisd'or zu, verstand aber solche in dem Sinne, wie man hier in Leipzig in ganz Deutschland solche versteht, gleich Friedrichsd'or, Pistolen Er fügt hinzu, dass er das Geld deponiert habe, aber nicht so lang liegen lassen könne und sich unterdessen die Louisd'or von neuem sammeln werde. Es schien, „dass Herr van Beethoven mir die Messe überträgt".

Ein neuer Antrag, ein „andres grosses Werk" zu schreiben, führt Beethoven zu Simrock zurück (28. November); der Verleger soll nun laut Brief vom 19. März 1821 die Messe in der Hälfte April (höchstens Ende April) erhalten. Simrock antwortet: „Jetzt ist es ein Jahr, dass Sie mir sicher versprochen, dass ich Ende April die Messe ganz fertig erhalten würde. Seit dem 25. Oktober 1820 habe ich 100 Louisd'or in Frankfurt deponiert, damit Sie gleich Ihre Zahlung erhalten sollten." Er hält dem Meister dann dessen weitere Versprechungen vor, die sich nicht erfüllt hatten.

Am 13. September 1822 endlich schreibt Beethoven: „Was die Messe betrifft, so wissen Sie, dass ich Ihnen schon früher deshalb schrieb, dass mir ein grösseres Honorar angetragen worden. Ich würde auch nicht so knickerisch sein, um ein oder ein paar Hundert Gulden mehr zu haben; jedoch meine schwache Gesundheit und so viele andere widrige Umstände zwingen mich, darauf halten zu müssen." Schliesslich sagt ein Schreiben vom 10. März 1823: „Sie erhalten von mir ganz sicher eine Messe, ich habe aber noch eine Messe geschrieben und bin noch zweifelhaft, welche ich Ihnen geben soll, dies der jetzige Aufenthalt, gedulden Sie sich nur noch bis nach Ostern, wo ich Ihnen allsogleich anzeigen werde, wann ich eine von diesen Messen abschicken werde an Herrn Brentano und Ihnen dieses zugleich anzeigen werde." Beethoven beabsichtigte allerdings ausser der Missa noch zwei weitere Messen zu komponieren; vielleicht arbeitete er schon daran, hatte sogar schon manches „ausgeheckt" — aber nur „im Kopfe".

Und nun vergleiche man den Brief vom 19. Mai 1822 an Brentano, worin es heisst: „Ich habe hier und auch von auswärts wohl noch bessere Anträge erhalten, habe aber alle zurückgewiesen, da ich einmal Simrock mein Wort gegeben habe, obschon ich dabei verliere, da ich, wenn es meine Gesundheit mir zulässt, mehr andere Werke ihm vorschlagen werde, wo es mir wieder zugute kommen kann. . . . "

Am 1. März 1822 wird an Schlesinger geschrieben: „. . . . . . Es würde mir sehr leid sein, wenn ich Ihnen gerade dieses Werk nicht zu übergeben hätte."

An Peters geht ein Schreiben unter dem 5. Juli 1822:

„Ich liebe die Geradheit und Aufrichtigkeit und bin der Meinung, dass man den Künstler nicht schmälern soll, denn leider ach! so glänzend auch die Aussenseite des Ruhmes ist, ist ihm doch nicht vergönnt, alle Tage im Olymp bei Jupiter zu Gaste zu sein (Erinnerung an Schillers Gedicht: „Die Teilung der Erde"), leider zieht ihn die gemeine Menschheit nur allzu oft und widrig aus diesen reinen Aetherhöhen herab. —

Das grösste Werk, welches ich bisher geschrieben, ist eine grosse Messe . . Mehrere haben sich darum beworben, hundert schwere Louisd'or hat man mir dafür geboten, ich verlange unterdessen wenigstens tausend Gulden Konventionsmünze in 20-Guldenfuss . . . . Kein Handelsmann bin ich, und ich wünschte eher, es wäre in diesem Stück anders, jedoch ist die Konkurrenz es, welche mich, da es einmal nicht anders sein kann, hierin leitet und bestimmt."

Peters' Antwort lautet: „Das Vorzüglichste unter selbigen ist Ihre grosse Messe, welche Sie nebst dem Klavierauszuge für eintausend Gulden Konventionsmünze mir überlassen wollen, und zu deren Annahme um diesen Preis ich mich hiermit bekenne." Beethoven schreibt wieder am 26. Juni 1822, worauf Peters am 12. Juli antwortet. Der Erfolg der Unterhandlungen mit Peters war derselbe wie bei Simrock: „Mit der Messe verhält es sich so: ich habe eine schon längst vollendet, eine andere aber noch nicht. Geschwätz muss nun über unsereinen immer walten, und so sind Sie auch hierdurch irregeleitet worden. Welche von beiden Sie erhalten, weiss ich noch nicht; gedrängt von allen Seiten, müsste ich beinahe das Gegenteil von dem ‚der Geist wiegt nichts' bezeugen."

Im August 1822 schreibt Beethoven an Artaria: „Was die Messe betrifft, so ist mir tausend Gulden Konventionsmünze darauf angetragen. Meine Umstände lassen es nicht zu, von Ihnen ein geringeres Honorar zu nehmen. Alles, was ich tuen kann, ist, Ihnen den Vorzug zu geben.

Seien Sie versichert, dass ich keinen Heller mehr von Ihnen nehme, als mir von andern angetragen ist. ‚Ich könnte Ihnen dies beweisen.'" Artaria hatte dem Meister offenbar „schriftlich beweisen wollen", dass dieser wegen der Messe schon längst verhandelt habe, und zwar um geringeres Honorar. Beethoven war den Verlegern Artaria und Steiner verschuldet; darum wünschte Steiner die Werke Beethovens selbst zu bekommen und trug sie nicht, wie er Beethoven versprochen, der Firma Peters an.

In Verbindung mit dem Brief an Simrock vom 13. September steht der an den Bruder Johann. „In dieser Verlegenheit, da ich bang war wegen der Messe, so schrieb ich an Simrock, dass ich sie ihm für tausend Gulden Konventionsmünze übertragen wolle. Da Du schreibst, dass Du die Messe wünschest, so bin ich ganz damit einverstanden, nur wollte ich nicht, dass Du dabei irgend einen Schaden habest." Nochmals schreibt er ihm: „Wegen der Messe bitte ich wohl zu überlegen, weil ich Simrock antworten muss . . . ." Die misslichen Umstände und Zweideutigkeiten kamen also von der doppelten Verschuldung Beethovens her, die ihn den Wiener Verlegern Artaria und Steiner und seinem Bruder Johann gegenüber in Abhängigkeit brachten.

Auch mit Diabelli schwebten später Unterhandlungen über die Missa. Beethoven schreibt an Schindler: „Lieber Schindler — ich wünsche, dass diese für Sie verdriessliche Sache aufs beste endige; übrigens hatte ich doch l e i d e r nicht g a n z u n r e c h t, dem Diabelli nicht ganz zu trauen . . .", wozu Schindler bemerkt: „Dies bezieht sich auf einen Konflikt zwischen Diabelli und mir betreffend der Messe." Schindler hatte unterhandelt.

Das Werk wurde zunächst überhaupt nicht verlegt. „In Betreff der Messe, welche Ew. Kaiserliche Hoheit gemeinnütziger wünschten zu werden, so forderte mein nun schon mehrere Jahre kränklich fortdauernder Zustand, um so mehr, da ich dadurch in starke Schulden geraten und den Aufforderungen, nach England zu kommen, ebenfalls meiner schwachen Gesundheit wegen entsagen musste, auf ein Mittel zu denken, wie ich mir meine Lage etwas verbessern könnte. Die Messe schien dazu geeignet. Man gab mir den Rat, selbe mehreren Höfen anzutragen."

Es wurde also eine Subskription eingeleitet, bei der Schindler sehr stark in Anspruch genommen wurde. Subskribiert wurde von Preussen; von den beiden Angeboten von dort: Orden oder Geld, nahm Beethoven ohne Besinnen das letztere.

Am 13. Juli 1823 subskribierte König Friedrich August von Sachsen nach gütiger Vermittlung des Erzherzogs Rudolph.

Auch der Grossherzog von Hessen subskribierte. Beethoven äusserte sich sehr befriedigt. „Das sind wohltuende Worte, die ich las. Ihr Grossherzog spricht nicht nur wie ein fürstlicher Mäzen, sondern wie ein gründlicher Musikkenner vom umfassendsten Wissen; nicht die Annahme meines Werkes ist es allein, was mich erfreut, sondern der Wert, den er im ganzen auf die Kunst legt, und die Anerkennung, die er meinem Wirken schenkt."

In Weimar blieb die Einladung ohne Erfolg, trotz Beethovens Schreiben an Goethe:

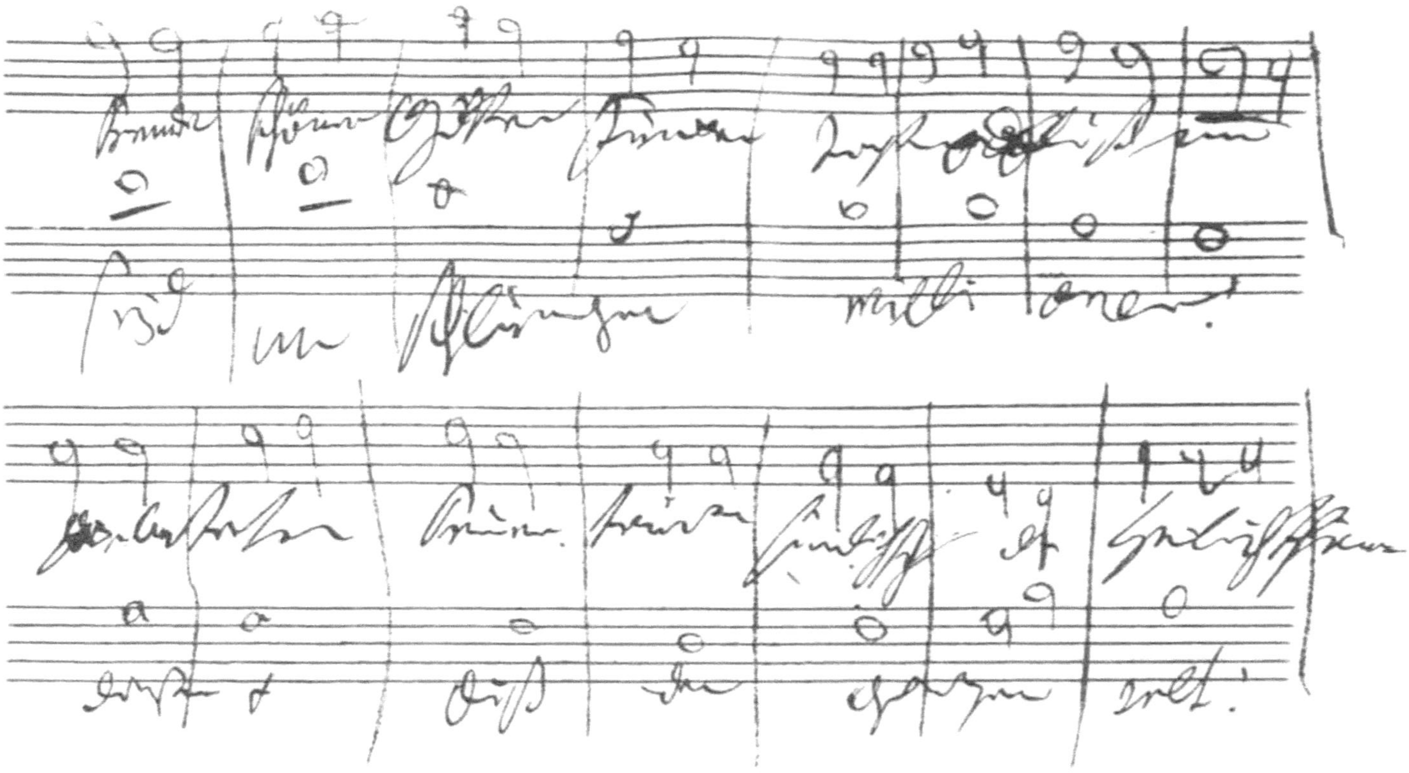

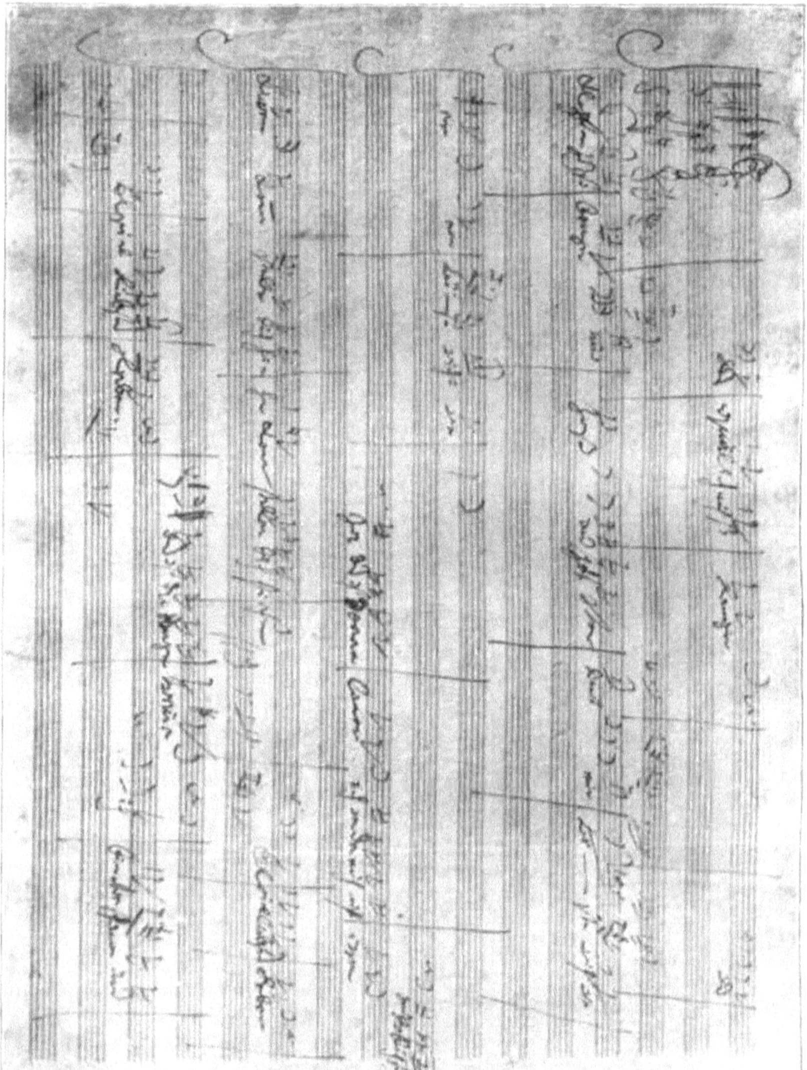

„ . . . . . . Nun eine Bitte an E. E. Ich habe eine grosse Messe geschrieben, welche ich aber noch nicht herausgeben will, sondern nur bestimmt ist, an die vorzüglichsten Höfe gelangen zu machen. Das Honorar beträgt nur 50 Dukaten. Ich habe mich in dieser Absicht an die Grossherzoglich Weimarer Gesandtschaft gewendet, welche das Gesuch an Seine Grossherzogliche Durchlaucht auch angenommen und versprochen hat, es an selbe gelangen zu lassen. Die Messe ist auch als Oratorium gleichfalls aufzuführen, und wer weiss nicht, dass heutigestags die Vereine für die Armut dergleichen Subskribierten benötigt sind! Meine Bitte besteht darin, dass E. E. Seine Grossherzogliche Durchlaucht hierauf aufmerksam machen möchten, damit Höchstdieselben auch hierauf subskribierten. Die Grossherzoglich Weimarer Gesandtschaft eröffnete mir, dass es sehr zuträglich sein würde, wenn der Grossherzog vorher schon dafür gestimmt würde. — Ich habe so vieles geschrieben, aber e r s c h r i e b e n — beinahe gar nichts . . . .“

Weimar blieb stumm; ja, Goethe antwortete nicht einmal. Bayern lehnte ab.

Der König von Frankreich dagegen subskribierte; sein Kämmerer schrieb dazu im Auftrage Ludwig des XVIII.: „Je m'empresse de vous prévenir, Monsieur, que le roi a accueilli avec bonté l'hommage de la partition de votre messe en musique et m'a chargé de vous faire parvenir une médaille d'or à son effigie. Je me félicite d'avoir à vous transmettre le témoignage de la satisfaction de Sa Majesté, et je saisis cette occasion de vous offrir l'assurance de ma considération distinguée.“ Nach diesem Brief erfolgte also die Uebersendung einer goldenen Medaille; wie wir hören, von 21 Louisd'or Gewicht.

Ferner subskribierten der Grossherzog von Toskana, der König von Dänemark, dann, durch Galitzin angeregt, auch der Kaiser Alexander von Russland. Ausserdem subskribierte Galitzin selbst, der auch die Uraufführung der Messe am 6. April 1824 ins Werk setzte.

Auch an den kurfürstlich hessischen Hof wollte Beethoven mit der Bitte um Subskription auf die Missa herantreten. Sein Mittelsmann war der bekannte Geiger Louis Spohr, der seit 1822 in Cassel als Hofkapellmeister diente. Beethoven schrieb wiederholt der Messe wegen an ihn. Der Sänger Franz Hauser, welcher an der Casseler Hofbühne angestellt war, besuchte Beethoven nun im September 1823 in Baden und so kamen die Unterhandlungen wieder in Fluss. Beethoven schrieb an Spohr:

„Baden am 17. Sptbr. 1823.

Mein sehr werter Freund!

Es war mir sehr angenehm, dass Sie mich auf mein Schreiben sogleich mit einer Antwort beehrten. Was den berührten Punkt mit der Messe anbelangt, so erinnere ich mich, dass Jemand mir sagte, man solle keine Einladung an Hessen-Cassel ergehn lassen, weil er überzeugt war, man würde dergleichen nicht annehmen. So viel ich weiss, ist gar keine abgegeben worden. Hauser brachte mich in dieser Rücksicht auf andere Gedanken. Da ich durch ihn wahrnahm, dass meine Werke nicht ganz unbekannt in Cassel seien, schöpfte ich Hoffnung, dass vielleicht doch Se. Churfürstliche Durchlaucht auch meine Einladung genehmigen würde, da unter der Zahl meiner hohen Pränumeranten selbst der Kaiser v. Russland, der König v. Frankreich, der König v. Preussen etc. sich befinden. Schon mehrmal fragte ich bei der Hessischen Gesandschaft an, allein jedesmal war niemand zugegen, sondern man sagte mir, dass sich Alles auf dem Lande befände. Da ich aber jetzt meiner Gesundheit wegen in Baden bin, so ist es sehr beschwerlich, diese Einladung durch die Gesandschaft zu befördern. Ich hielt es daher für das Beste, Ihnen gerade dieselbe zuzuschicken, und wage es, durch Sie, den H. Geheimen Cabinet's Rat Rivalier zu bitten, dieselbe Sr. Churfürstlichen Durchlaucht einzuhändigen. Ich werde selbem H. Gh. Rt. später schriftlich für diese Gefälligkeit danken. —

Meine Gesundheit war noch nicht in bestem Stande, als Hauser mich besuchte. Ich kam sehr übel hierher, doch geht es nun schon besser als früher; auch mein Augenübel ist auf dem Wege der Besserung.

Hinsichtlich Ihrer Anfrage wegen einer Oper ist es wahr, dass Grillparzer ein Buch für mich geschrieben hat; auch habe ich schon etwas angefangen; meiner Kränklichkeit wegen blieben aber mehrere andere Werke liegen, welche ich jetzt fortsetzen muss. Alsdann werde ich sogleich die Oper wieder vornehmen, und Ihnen von dem Erfolge Nachricht geben.

Hauser sagte mir, dass Sie Doppelquartetten geschrieben, welches ich mit Freude vernommen, und welches auch gewiss dem musikalischen Publikum sehr erwünscht ist. Mit eben so grossem Vergnügen ersehe ich aus Ihrem Briefe, dass Sie mit Ihrer Familie, der ich mich bestens empfehle, in ländlicher Stille leben. Es ist mein sehnlichster Wunsch, auch dasselbe erreichen zu können. Leider aber hat es meine Lage bis jetzt nicht zugelassen. Indem ich Ihnen alles Gute und Erspriessliche wünsche, empfehle ich mich Ihren freundschaftlichen Gesinnungen, und bin wie immer

Ihr Freund u. Kunstgenosse,

Beethoven.

P. S.

Ich bitte nur zu besorgen, dass ich bald Antwort erhalte. Die Sache sieht zwar übrigens von Aussen sehr glänzend aus, hat aber auch ihre Schwierigkeiten; die Auslagen für die Copiatur haben meine Erwartungen weit überstiegen. Ich bitte nochmals dringend um baldige Antwort. Damit übrigens kein Misstrauen herrsche, wird das Exemplar gegen Empfang des Honorars bei der Churhessischen Gesandschaft abgegeben, da dies die Anzahl der Pränumeranten zulässt, welche, wenn nicht gross, doch hinlänglich ist, um schon ein Exemplar absenden zu können. Das Honorar ist 50 #."

Hessen-Cassel scheint nicht subskribiert zu haben.

Auch mit Zelter wurde der Subskription wegen verhandelt. Dieser meinte aber, das Werk für die Singakademie nur als reines Vokalstück gebrauchen zu können. Beethoven erklärt: „Gewiss ist, dass die Messe beinahe bloss a la capella aufgeführt werden könnte, das Ganze müsste aber hiezu noch eine Bearbeitung finden, und vielleicht haben Sie die Geduld hiezu. — Uebrigens kommt ohnehin ein Stück ganz a la capella bei diesem Werk vor, und ich möchte gerade diesen Stil vorzugsweise den einzigen wahren Kirchenstil nennen."

Beethoven hat die Messe erst im Frühjahr 1824 Schott & Söhnen in Mainz zugesagt, nachdem er inzwischen noch mit dem Leipziger Verleger Probst unterhandelt hatte. Den Eigentumsschein sandte er Schotts am 22. Jänner 1825 zu. Das Werk erschien bei Schott als op. 123 kurz nach Beethovens Tode im April 1827.

Beethoven wollte: „sowohl bei Singenden als Zuhörern religiöse Gefühle erwecken und dauernd machen". Dieser Ausdruck dauernd machen beweist Beethovens religiöse innere Haltung. Dass auch ihm wie Mozart Kirchenmusik das Höchste und Erhabenste war, was es für den Künstler zu leisten gab, wissen wir. „Höheres gibt es nichts, als der Gottheit sich mehr als andre Menschen nähern und von hier aus die Strahlen der Gottheit unter das Menschengeschlecht verbreiten."

Wie eifrig Beethoven für das Werk sich vorbereitet, zeigt der Eintrag ins Tagebuch aus dem Jahre 1818: „Um wahre Kirchenmusik zu schreiben — — alte Kirchenchoräle der Mönche durchgehen, auch zu suchen, wie die Absätze in richtigsten Uebersetzungen nebst vollkommener Prosodie aller christ-katholischen Psalmen und Gesänge überhaupt." Ja, er studierte um der Gesangspartien willen Mozart und schrieb sich Stellen daraus ab.

Das Werk heisst: „Missa solemnis" (feierliche Messe) und steht in D-dur. Sie ist für vier Solostimmen, gemischten Chor, Orchester und Orgel geschrieben. Gewidmet wurde sie natürlich dem Erzherzog Rudolph. Der Teile sind fünf: Kyrie, Gloria, Credo, Sanctus und Agnus Dei. Die Sprache ist die lateinische; die Worte hat sich Beethoven genau verdeutschen und mit Betonungszeichen versehen lassen.

Beethoven schuf die Missa „im Zustande absoluter Erdenentrücktheit", in dem er lange nachher noch befangen war. Die mystische Religion jener Zeiten, die aus Spinoza stammt und in Herders Modelung an Beethoven gelangte, stimmte den Menschen hingebungsvoll gegenüber jenem unerforschlichen Unendlichen. Beethoven schrieb gerade um diese Zeit in sein Tagebuch: „O höre, stets Unaussprechlicher, höre mich, deinen unglücklichen, unglücklichsten aller Sterblichen!" Ein anderer Eintrag lautet: „Zeit findet durchaus bei Gott nicht statt." Das „immensum infinitumque", das „Unermessene, Ueberschwengliche", auf das nach Herder gerade die Kunst gerichtet ist — niemand hat es so sehr wie der späte Beethoven erstrebt, aber auch erreicht.

Mit „Andacht" beginnt der Anruf des Allerhöchsten. Ein paar gehaltene Takte, dann ruft der Chor sein Kyrie forte in die Welt, und die einzelnen Menschen, gleichsam vertreten durch die Soli, rufen dasselbe dazwischen — inbrünstig gedehnt der Alt. Hoffnungsvoller ertönt im Andante assai ben marcato der Anruf Christi, des Mittlers zwischen Gott und den Menschen. Allerorten ruft es: die Stimmen verschlingen und verweben sich zu buntem Gewebe. Das feierliche Kyrie löst das wieder ab, bringt den Anruf pianissimo nur mit letztem Aufschrei, und dann geht es pianissimo zu Ende.

Das Gloria ist prächtig, eine Mitfreude des Menschen an Gottes Ruhm. Das „Friede den Menschen" äussert sich in einem ruhigen Zwischensatz. Dann folgt in verschiedener angemessenen Ausdeutung das Benedicimus, Laudamus und das ehrfürchtige Adoramus te. Im Meno allegro kommt das Gracias agimus in sanften Tönen zum Ausdruck. Die Posaunen bestätigen den Pater omnipotens, bei höchster Kraftentfaltung zum erstenmale eintretend.

Ein überaus eindringlich-demütiges Larghetto trägt die Zerknirschung vor: qui tollis peccata mundi, miserere nobis — Soli und Chor wechseln darin ab; die Welt und den einzelnen Menschen wiederum versinnbildlichend. Tief empfinden wir die Töne: qui sedes ad dexteram patris, und lebhafter wird die Bitte: o miserere, o miserere nobis! Dann hallt es forte aus. Darauf tritt mit dem Allegro maestoso die Ueberzeugung hervor: quoniam tu solus sanctus! Den Abschluss macht das in fliessenden Figuren, die zur Fuge gebunden sind, einherflutende: Amen — Amen, das in einem più allegro mächtigst ausklingt. Schliesslich werden wir mit einem überaus strahlenden Gloria — presto noch höher emporgehoben.

Ueberzeugter Glaube gibt sich in dem Motiv des Credo kund. Auf dies den Artikeln des Glaubensbekenntnisses wunderbar angepasste Allegro moderato folgt nun: ein Adagio, überaus zart anhebend mit seinem doppelten: et — et incarnatus est,

in dem die Töne in den schnelleren Noten sich unvergleichlich zu beleben scheinen. Im Andante, et homo factus est, klingt diese überirdische Stelle aus. Und nun wiederum eine andere Stimmung: Adagio espressivo: crucifixus est, ein Satz, worin die schnellen Noten auf die guten Taktteile belastend wirken. Dieser Teil senkt sich sozusagen bei den letzten Worten: et sepultus est, herab — auf die langgehaltenen Noten, die Sopran und Bass aushauchen. Forte verkündet nun der Tenor das et resurrexit, das ein Allegro molto alla breve bewegt aufnimmt und mit aufsteigenden Sekunden „et ascendit" malt. Ueber das Credo in spiritum sanctum leitet es dann über in das expecto resurrectionem et vitam venturi saeculi, um dann in eine kunstvolle Fuge mit wundervollem Aufschwung und grosser Steigerung aufs mächtigste auszutönen und schliesslich pianissimo, Amen, auf getragenen Klängen zu verhallen.

Sanctus — Heilig! Mit Andacht wird das Wort begriffen, die Töne ergründen es immer eindringlicher. Das anschliessende Allegro pesante gibt in bewegten Gängen das pleni sunt coeli und Osanna in excelsis, letzteres in einem Presto.

Ein inniges dunkles (keine Violinen) Präludium leitet das Benedictus ein, in dem eine Solovioline in silbernen Höhen den Gesang umschlingt — ein Satz im breiten Zwölfachteltakt: Andante molto cantabile, voll hehrster Innigkeit. Mit einem überfrohen Osanna in excelsis endigt der Satz.

Das Agnus dei ist ein h-moll-Adagio. Auf diesen demütigen Satz folgt das Dono, zu dem Beethoven schrieb: „Bitte um inneren und äusseren Frieden —". Was das heisst bei ihm, der die Bedrängnisse des Leibes und der Seele kannte, bedarf keiner Erklärung. Das lebhafte Allegretto vivace drückt es mit Inbrunst aus: Beethoven bringt hier die Erregungen in der Orchesterstimme zum Ausdruck. Für die Gesangsstimmen heisst es: „durchaus simpel — bitte — bitte — bitte —". Schliesslich erläutern noch Worte in den Skizzen die Stimmung: „Stärke der Gesinnungen des innern Friedens über alle . . . Sieg!" Hier fügt sich denn das straffe Presto mit der eindringlichsten Bitte um Frieden an. Und Friede, Friede — mit dieser zum Schluss nochmals fast angstvoll hervorgestossenen Bitte um Frieden entlässt uns diese feierliche Messe, deren letzten Ausklang das Orchester in strahlendem D-dur ertönen lässt.

Mit welcher Inbrunst hier eine wahrhaft himmlische Kirchenmusik gemacht, die tiefste religiöse Empfindung fern jedem Dogma in den kunstvollsten Sätzen zum Erklingen gebracht ist, lässt sich nicht beschreiben. Das schlichte Motto, das Beethoven dem Werke beigegeben, sagt, dass der Mensch dem Menschen alles ist: „Von Herzen — möge es wieder — zu Herzen gehen!"

16. Kapitel

DIE NEUNTE

Aus Beethovens Religiosität floss reine Menschenliebe. Er lebte in einer Zeit, wo die Philanthropie im Munde aller war und selbst auf dem Throne galt. Alexander I. von Russland, dem Beethoven seine Violinsonaten op. 30 gewidmet, war Philanthrop. Damals blühte auch das Freimaurertum in schönster Weise. Selbst Fürsten waren Brüder. Beethoven gehörte dem Freimaurerorden an. Aus seiner Religion erwuchs also die Liebe zum Menschen. Aber sie verlangte wie der Orden: die Tat. Das „Hab' immer Mut" im Fidelio fühlte Beethoven im Innersten als Notwendigkeit selber. Mut zum Leben; Kraft ist seine Moral — Freude am Leben ward zur Aufgabe für den Meister, dem ein ungnädiges Geschick so vieles schon in jungen Jahren geraubt, dem das Leben so manches versagt hatte. Wie dies Leben überwunden, übertrumpft wird — das lehrt uns die neunte Symphonie, jener hohe Hymnus an die Freude. Dass der Text von Schiller kam, gibt dem ganzen Werke noch einen historischen Akzent mehr. Die Idee, die geheime Philosophie, welche Beethoven hier zum Ausdruck bringt, trug ihren Flug weit hinaus über seine Zeiten. Unsere und noch viel spätere Geschlechter werden mit dieser Philosophie der Freude das Leben besiegen. Ganz andere „moderne" Menschen haben wiederum von der Bejahung des Lebens gesungen — so dithyrambisch, so überzeugend keiner wie Beethoven.

Die Neunte führt also mitten ins volle Menschenleben; wenn die Missa himmlisch ist, so ist die Neunte im edelsten Sinne irdisch.

Sie ist ganz ein Werk des späten Beethoven, aber ihre Wurzeln gehen tief in die Jugendjahre zurück. Damals, im Jahre 1792, schrieb Fischenich an Charlotte v. Schiller: „Er wird auch Schiller's Freude, und zwar jede Strophe, bearbeiten." In dem Gedicht kommt ein Grundzug von Beethovens Wesen zum Ausdruck. Darum besticht ihn die Dichtung so früh. Ein Skizzenbuch der Jahre 1811 und 1812 bringt ein Motiv mit einigen Worten des Gedichts, und im Jahre 1812 gedachte Beethoven eine Ouvertüre über den Hymnus zu schreiben. Das Gedicht sollte in die Ouvertüre op. 115 verarbeitet werden. Die Chorphantasie hatte dann die neue Richtung einmal wirklich versucht. In ihr gibt es sogar Anklänge an die Neunte. Der jetzige Text der Phantasie ist nicht der ursprüngliche — war es nicht Schillers Hymne?

Schon im Jahre 1812 dachte Beethoven an eine „dritte" Symphonie neben der siebenten in A-dur und der achten in F-dur. In einem Skizzenbuch von 1815 begegnet uns die erste Idee zu dieser „d-moll-Symphonie". 1817 findet sich die Idee rhythmisch zugespitzt wieder. Die ersten behauenen Bausteine für den ersten Satz begegnen uns in einem Skizzenbuche, das Beethoven von September 1817 bis Mai 1818 benutzte. Das Hauptthema und einige vorläufige Andeutungen für das „letzte" und „zweite Stück" erscheinen darin. Der Gedanke für das „letzte Stück" ist ein Fugenthema; das Finale sollte also vorerst noch ein Instrumentalsatz werden.

Auf einem Skizzenblatt von 1818 tauchen Schnitzel zu einer zehnten Symphonie auf, die ebenfalls vokale Elemente enthalten sollte.

Nach diesen Anfängen tritt eine längere Pause ein. Aus dem Jahre 1822 sind wiederum Skizzen nachzuweisen. Das Adagio ruht noch im dunklen Schosse innerer Entwicklung. Aber der Hymnus an die Freude kommt mitsamt dem Texte ans Licht.

Dann schreibt Beethoven auf: „Symphonie allemande, entweder mit Variation — nach der Chor: Freude, schöner Götterfunken, Tochter aus Elysium — alsdann eintritt, oder auch ohne Variation. Ende der Symphonie mit türkischer Musik und Singchor." Es sind also die beiden Projekte, welche einander noch im engen Raume der Gedanken stossen. Darauf soll die d-moll-Symphonie fünf Sätze erhalten. Noch immer schwankt der Meister, dann setzt sich allmählich der Gedanke des vokalen Finales fest.

DAS SCHWARZSPANIER-HAUS IN WIEN

Hier wohnte Beethoven vom 15. Oktober 1825 bis zu seinem Tode

BEETHOVENS SCHREIBPULT

Die Einführung der Worte bildet ein bedeutendes Hindernis: eine instrumentale Einleitung „vor der Freude" wird geplant. Und nun werden die Ueberleitungsworte, ein Rezitativ, in verschiedener Weise versucht. Einmal rief Beethoven voller Freude Schindler zu: „Ich hab's, ich hab's!" und meinte damit die Worte: „Lasst uns das Lied des unsterblichen Schiller singen." Eine andere Weise einzuleiten, war: „Bass: Nicht diese Töne, fröhliche! Freude, Freude!" — Wieder andere Worte lauteten: „O nein, dieses nicht, etwas andres ist es, das ich fordre." — Dann: „Auch dieses nicht, ist nur Possen — etwas Schöneres und Besseres." — Oder: „Ha! dieses ist es. Es ist nun gefunden: Freude". Schliesslich werden alle diese Wendungen verworfen, der Vorsänger (Bariton) verkündet: „O Freunde, nicht diese Töne! Sondern lasst uns angenehmere anstimmen und freudenvollere."

Ganz fertig war das Manuskript im Februar 1824. Beethoven hatte, freilich mit grossen Unterbrechungen, Jahre an diesem Werk gearbeitet. Es erschien als op. 125 bei Schott & Söhnen in Mainz 1826 und war dem König Friedrich Wilhelm III. von Preussen gewidmet.

Was gibt nun diese „ganz neue" Symphonie? Sie enthält doch offenbar ein Programm? — Auch wenn Beethoven den Plan der Symphonie erst allmählich gefasst, als die einzelnen Sätze schon ausgearbeitet wurden, kann doch das Finale nur auf eine dazu im Gegensatz stehende Musik folgen. Eine innere Verbindung muss da sein; hat das Finale die ersten drei Sätze nicht bedingt, so gewiss diese das Finale!

Der erste Satz beginnt: Allegro ma non troppo, ma un poco maestoso. Dieser Pianissimoanfang

mit den Sextolen der zweiten Violinen und der Celli und den tastenden Einwürfen der Primgeigen besagt genug; die gebrochenen Figuren, die sich zwar dynamisch aufraffen, aber immer wieder zurückzagen, eilen und halten, bedeuten eine ernstliche Auseinandersetzung mit unbequemen drohenden Mächten. — Zum Schluss noch ist der Sieg nicht gewonnen, der Mensch nimmt alle Kraft zusammen: die Lust und auch den Schmerz, ohne vorerst Sieger zu sein.

Nun folgt das Scherzo, zu dem die Ueberlieferung erzählt, „Beethoven habe in einem Bosquet mit Vergnügen in Schönbrunn gesessen, da sei es in der Dämmerung ihm gewesen, als seien überall Zwerge zum Vorschein gekommen und wieder verschwunden". Czerny dagegen erzählt: „Als er einst an einem Frühlingsmorgen im Augarten spazierte und das Untereinanderzwitschern der Vögel hörte, fiel ihm das Thema zum Scherzo der Neunten ein." Ist nicht in dem Anfang nach der Forteankündigung etwas tief Geheimnisvolles? Es wird laut und deutlich, aber wir verstehen es nicht. Dies Schwinden und Kommen beherrscht auch die mittleren Teile. Erst das Presto

gibt, durch seinen geraden Rhythmus andeutend, eine Antwort — eine Antwort des Willens. In symmetrischem Bau, nun erst voll von uns verstanden, kehrt das Scherzo zurück, im Presto kurz abschliessend.

Nun: Adagio molto e cantabile, Viervierteltakt. Die Bläser leiten es mit sinkenden Auftakten, schluchzenden Vorschlägen ein. Dann singt es sich in Wonne und Wehmut aus, in vollen Nachtigalltönen. Schlichten Gegensatz dazu bildet das Andante moderato: espressivo, sozusagen den weiblichen Teil des Gefühls ausdrückend. Der Neffe schrieb ins Konversationsbuch: „Mich freut nur, dass Du das schöne Andante hineingebracht hast."

Mit diesem sich sozusagen vermählend, wechselt das Adagio noch einmal ab, bis dieses sich in dem lo stesso tempo, weite Bögen spannend, zum Zwölfachteltakte verbreitert.

Gleichsam wartend schweben die letzten Pianissimonoten in der Luft.

Heftig fortissimo setzt das Presto im Dreivierteltakt ein — das ganze Blasorchester ohne Streicher ist in Aufruhr. Celli und Bässe bringen dann das erste Rezitativ — dunkel, noch unbestimmt. Die ganze Entwicklung des Werkes zieht nun an uns in Erinnerungen vorüber — und wieder fällt das Presto brausend ein — nach wenigen Takten: kurze Pause. — Dann rezitiert der Solobariton: „O Freunde, nicht diese Töne, sondern lasst uns angenehmere anstimmen und freudenvollere." Das letzte Wort biegt sich über eine lösende Kadenz.

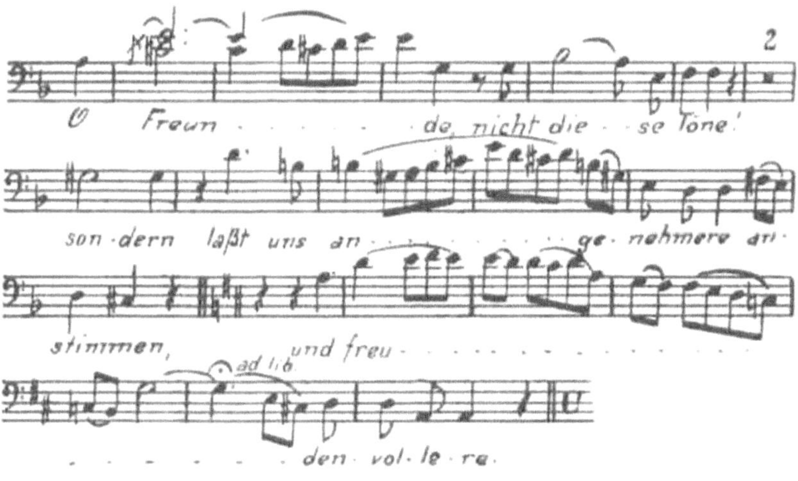

Und nun beginnt der Chor das Thema aufzufassen: Freude, Freude, Freude, schöner Götterfunken . . . Eine volkstümliche, der Sprache abgelauschte Melodie trägt das Lied von der Freude in aller Herzen. Bei dem Worte „der Cherub steht vor Gott": ein Halt — und nun nimmt ein alla Marcia die Worte auf: „Froh wie seine Sonnen fliegen durch des Himmels prächtgen Plan, laufet, Brüder, Eure Bahn." Ein Andante maestoso hebt an bei den Worten: „Seid umschlungen, Millionen." Das Adagio ma non troppo ma divoto fragt: „Ihr stürzt nieder, Millionen?" Das Allegro energico, sempre ben marcato rafft uns auf: „Freude". Und „Seid umschlungen", ein Allegro ma non tanto wendet den Gedanken nochmals. Es geht in ein treibendes Stringendo über, um in ein Prestissimo von grösstem Glanz einzumünden; nochmals Maestoso: Freude, schöner Götterfunken, dann rast das Orchester die Beseligung im Schlussprestissimo aus.

Welcher Wechsel der Stimmung in diesem Satz steckt, ohne dass die Grundstimmung je verlassen wird, lässt sich mit Worten kaum andeuten. Der Zwang, mit dem uns hier der göttliche Funke der Freude mitgeteilt wird, die hinreissende, absolut unwiderstehliche Ueberzeugung: Ueber'm Sternenzelt m u s s ein lieber Vater wohnen! — ist nie, nie jemals erreicht worden.

„Freunde, nicht diese Töne", bezieht sich natürlich nur auf den ohnmächtigen Zorn des Presto, nicht auf die ersten drei Sätze. Der Zorn wendet kein Unheil, macht dich nicht frei — nur Freude, Freude, schöner Götterfunken.

Das ist ein Programm, gewiss. Hat Beethoven die Programmmusik damit als die wahre Musik hinstellen wollen? — der letzte Satz der Symphonie ist für sich genommen eine Kantate. Die Programmusik bringt den Text ausserhalb, getrennt von der Musik, als Notiz: „zur gefälligen Kenntnisnahme". Davon ist hier gar nicht die Rede. Beethoven war ausserdem Programmen abhold. Es müsse jeder aus der Musik heraushören, was darin steckt; „mehr Empfindung als Malerei", erklärte er bei der Pastorale.

Hier aber wird ein Hymnus komponiert, dessen Grundthema urmusikalisch ist, ja, fast als d a s Urmotiv der Musik gelten kann: Freude! Dieses herrlichste Geschenk der Gottheit, um dessentwillen das Leben lebenswert ist, wird hier allen anderen Empfindungen, die in den drei andern Sätzen zu Worte kommen, entgegengesetzt als das einzig Eine, was uns erhebt. Und nicht ohne den Hinweis auf den Schöpfer: Ueber'm Sternenzelt muss ein ewiger Vater wohnen; die Freude kommt von oben!

Hier nimmt Beethovens ethisches Wesen einen Aufschwung, der unvergleichlich ist, es erklimmt die hohe Warte, wo das Wahre, Schöne und Gute eins werden.

Die neunte Symphonie beweist innerlich und äusserlich die wahrhaft gigantische Grösse des Beethovenschen Wesens und seiner Kunst.

Von dieser Anschauung der Freude aus, wie die Neunte sie besingt, können wir auch jene Vielen so unverständlichen Worte des Meisters begreifen: wenn er statt Tränen Beifall wünschte, wenn er erklärte: Künstler sind feurig, die weinen nicht! Beethoven verlangte von der Kunst, dass sie Erhebung und Begeisterung bringe. Alle seine Werke lösen, beschwichtigen, zerstreuen, besiegen den Kummer. Die Neunte ist sozusagen das Herz von Beethovens gesamter Musik.

Wenn der Meister das Finale der Neunten nachträglich Freunden gegenüber als Missgriff erklärt hat, so geschah das in einem Moment bitterer Ironie; er machte sich darüber lustig, dass sie nicht begriffen, wohin sein Genius sie führen wollte.

Beethoven war damals verstimmt über die urteilslose Begeisterung, welche den italienischen Opernwerken zuteil wurde, und suchte durch den Grafen Brühl die geplante Oper Melusine in Berlin anzubringen. Als die Wiener Kunstfreunde und Künstler davon hörten ,rafften sie sich auf und sandten Beethoven eine Adresse, welche des Meisters Wirken gebührend anerkennt, und die mit den Worten beginnt: „Aus dem weiten Kreise, der sich um Ihren Genius in seiner zweiten Vaterstadt in bewundernder Verehrung schliesst, tritt heute eine kleine Zahl von Kunstjüngern und Kunstfreunden vor Sie hin, um längst gefühlte Wünsche auszusprechen, lange zurückgehaltenen Bitten ein bescheiden freies Wort zu geben.“ Schliesslich hiess es: „Sie allein vermögen den Bemühungen der besten unter uns einen entscheidenden Sieg zu sichern. Von Ihnen erwarten der vaterländische Kunstverein und die deutsche Oper neue Blüten, verjüngtes Leben und eine neue Herrschaft des Wahren und Schönen über die Gewalt, welchem der Modengeist des Tages auch die ewigen Gesetze der Kunst unterwerfen will . . ." Unterschrieben war die Adresse von dreissig uns zum grossen Teil bekannten Verehrern Beethovenscher Kunst, unter anderem von Lichnowski, Streicher, Diabelli, Palffy, Fries, Czerny, Zmeskall usw. Beethoven machte die Sache ungeheure Freude. Er sprach sich Schindler gegenüber nur kurz aus: „Es ist doch recht schön, es freut mich!"

Aber der Freude folgten unvorhergesehene Verdriesslichkeiten. Es sollten Konzerte stattfinden mit den neuen Werken. Alles wurde in Bewegung gesetzt. Der Geiger Piringer wollte die brauchbaren Dilettanten für die Aufführung gewinnen, Sonnleithner die Chöre, Schuppanzigh das Orchester, Blahetka die Annoncen, Billetts etc. besorgen. „So ist alles besorgt, Du kannst zwei Akademien geben," meinte der Neffe. Das Lokal machte Schwierigkeiten. Das Theater an der Wien von Palffy stand zur Verfügung mit allen Kräften. Von diesen wünschte aber Beethoven Clément und Seyfried durch Schuppanzigh und Umlauf ersetzt: das ging nicht an. Moritz Lichnowski, Schuppanzigh und Schindler wollten Beethoven wie zufällig zur Entschliessung bringen. Beethoven merkte die Absicht und schrieb an die drei, dass er keine Akademie geben werde: „Falschheiten verachte ich." Darauf sollte am 8. April im grossen Redoutensaale gespielt werden. Er denkt ferner an den Landständischen Saal. Das Programm gibt von den schliesslich festgesetzten Einzelheiten die beste Kunde. Die „grosse musikalische Akademie von Herrn Ludwig van Beethoven wurde am 7. Mai 1824 im Kaiserlich Königlichen Hoftheater nächst dem Kärntnertor abgehalten." Die dabei vorkommenden Musikstücke waren die neuesten Werke des Herrn Ludwig van Beethoven. Es wurde gespielt: die Ouvertüre zur Weihe des Hauses, drei grosse Hymnen mit Solo- und Chorstimmen und die grosse Symphonie mit im Finale eintretenden Solo- und Chorstimmen auf Schillers Lied an die Freude. Die Solostimmen wurden von den Demoiselles Sonntag und Unger und den Herren Heitzinger und Seipelt gesungen. Schuppanzigh dirigierte das Orchester, Kapellmeister Umlauf das Ganze. Der Musikverein hatte die Verstärkung des Chors und Orchesters aus Gefälligkeit übernommen. „Herr Ludwig van Beethoven selbst nahm an der Leitung des Ganzen Anteil." Der Anfang war 7 Uhr abends. Konradin Kreutzer sass am Klavier. „Bei der Probe des Kyrie war Beethoven ganz aufgelöst in Andacht und Rührung." Ueber die Aufführung schrieb der „Sammler": „Es war ein Festabend für die zahlreichen Freunde des Hochgefeierten . . Wenn man sein Haupt betrachtete, vom tiefen Studium der Geheimnisse der Kunst vor der Zeit gebleicht (Beethoven zählte erst zweiundfünfzig Jahre), wenn man dann die Fülle der vor uns ausgebreiteten Tonmassen, die jugendliche Kraft, das ewige Feuer seiner Schöpfungen anstaunte, so stand unwillkürlich das Bild eines Vulkans vor der Seele, dessen Scheitel mit Schnee bedeckt ist, während das Innere in unerschöpflicher Tätigkeit sich neu zu gebären scheint . . ." Schindler erzählt: „Ich habe nie im Leben einen so wütenden und doch herzlichen Applaus gehört als heute. — Der zweite Satz der Symphonie wurde einmal ganz vom Beifalle unterbrochen . . ." Der Pianist Thalberg berichtet: „Die Unger musste den Meister auf den brausenden Beifallssturm aufmerksam machen, indem sie ihn umkehrte, worauf ein wahrer Beifallsorkan losbrach."

Die Einnahme war trotz des überfüllten Hauses sehr gering. Es blieben Beethoven 420 Gulden. Er glaubte an Betrug. Eine zweite Akademie am Sonntag den 23. Mai 1824 im grossen Redoutensaale brachte sogar ein Defizit. Czerny berichtet brieflich an Pixis über das Konzert: „Keine bedeutendere musikalische Neuigkeit aus unserm guten lieben Wien könnte ich Ihnen in diesem Augenblicke wohl nicht schreiben, als dass Beethoven endlich sein langerwartetes Konzert wiederholt gab und auf die frappanteste Art jeden überraschte, welcher fürchtete, dass nach zehnjähriger Gehörlosigkeit nur noch trockene, abstrakte phantasieleere Sätze hervorgebracht werden können. — Seine neue Symphonie atmet grösstenteils einen so frischen, lebendigen, ja jugendlichen Geist, so viel Kraft, Neuheit und Schönheit als je etwas aus dem Kopfe dieses originellen Mannes; obschon er freilich manchmal die bejahrteren Perücken auch zum Schütteln verleitet."

Auf dem Niederrheinischen Musikfest in Aachen 1825 führte Ries am 23. Mai das Oratorium Christus am Oelberg und die neunte Symphonie mit Uebergehung „einiger Stücke aus dem Adagio und des Scherzo" (!) erfolgreich auf. „Der Applaus des Publikums war beinahe fürchterlich", so berichtet Ries an den Meister.

Schon während der Akademievorbereitungen überlegte Beethoven, wohin er sich diesen Sommer zum Landaufenthalt begeben solle. Er entschied sich für Penzing, wo er laut Quittung auf den 1. Mai das Haus des Wiener Schneiders Hörr mietete. Da er mit der Wohnung nicht zufrieden war, wandte er sich Mitte des Sommers nach seinem geliebten Baden, wohin er den 27. Mai zog; dort blieb er bis in den November hinein. Auch im Jahre 1825 ging er, und zwar diesmal schon Anfang Mai, nach Baden, wo er bis Mitte Oktober verblieb.

Bei der Rückkehr vom Lande im November 1824 musste wiederum die Wohnung gewechselt werden. Beethoven zog in die Johannesgasse Nr. 969, und im folgenden Herbst wurde bei der Rückkehr in die Stadt nochmals ein neues Logis bezogen; es sollte das letzte sein. In die Wohnung im Schwarzspanierhaus ist Beethoven am 15. Oktober 1825 eingezogen.

Die hohen, kasernenartigen, mit Kalk hell getünchten Mietshäuser der Kaufleute (auch Pasqualati war ja ein solcher) und Fabrikanten wirkten bunt und durch ihre Grösse eintönig. So auch das Schwarzspanierhaus. Gerhard von Breuning beschreibt uns die Beethovensche Wohnung: „Das Schwarzspanierhaus, am Alservorstädter Glacis, mit seiner Fronte gegen Süden, damals noch von keinem der seitdem erstandenen Neubauten umgeben, gewährte weite Aussicht über das Glacis und die gerade gegenüberliegende innere Stadt mit ihren Basteien und Kirchentürmen, links nach der Leopolds-Vorstadt und darüber hinaus nach den überragenden Bäumen des Praters und der Brigitten-Au, nach vorne über den ausgedehnten Exerzierplatz der Josephstadt, die Kaiserlichen Stallungen, Maria Hilfer- und andere Vorstädte, und nur rechts war die Fernsicht durch das rote Haus, in dessen zweitem Stockwerk die von uns bewohnten zehn Fenster vom Haustore herwärts sich befanden, abgeschlossen." Nebenan stand eine alte Kirche; Beethovens erstes Fenster war das fünfte von der Kirche aus gerechnet. „Zur Wohnung gelangte man über die schöne Haupttreppe. Im zweiten Stock-

BEETHOVEN
Zeichnung von Jos. Dan. Boehm.

BEETHOVEN
Zeichnung von Jos. Dan. Boehm.

BEETHOVEN
Skizzen von Joh. Pet. Lyser.

werke links, durch eine einfache, etwas niedrige Tür eintretend, befand man sich in einem geräumigen Vorzimmer mit einem Fenster (jenem über dem Haupttor) nach dem Hofe. Aus diesem Vorzimmer gerade aus kam man in die Küche und in ein grosses Dienstbotenzimmer; sämtlich, alles in allem mit vier Fenstern, nach dem Hofe sehend . . ." „Aus dem Vorzimmer links aber tritt man in ein sehr geräumiges Kabinett mit einem Fenster auf die Strasse hinaus (es ist dies jenes über dem Haustor), aus diesem links in ein gleiches mit einem Fenster, nach rechts aber aus dem Eintrittskabinett in ein grosses Zimmer mit zwei Fenstern, und aus diesem endlich abermals in ein grosses Kabinett mit einem Fenster (es ist dies das fünfte Fenster von der Kirche ab), aus welchem Kabinett eine kleine Verbindungstüre nach dem Dienstbotenzimmer führt. Diese fünf Fenster sehen nach dem Glacis . . . ." „Im einfenstrigen Eintrittszimmer standen ausser einigen Sesseln an den Wänden ein einfacher Speisetisch, rechts an der Wand ein Kredenzkasten (meines Erinnerns), oberhalb desselben hing das Oelbrustbild des — von Beethoven so sehr geliebten — väterlichen Grossvaters Ludwig . . . . Das einfenstrige Zimmer links entbehrte, — ausser jenem damals ausser Gebrauch gesetzten Schreibpulte rechts neben dem Fenster —, aller Möbeleinrichtung. Nur im Fond desselben hing inmitten der Mauer Beethovens eigenes grosses Bild von Mähler (das mit der Lyra und dem Tempel des Galitzinberges). Rundum am Boden aber lagen ungesichtet und ungeordnet Stösse gestochener wie geschriebener Noten, fremder wie eigener Komposition. Selten ward dies Kabinett von irgend jemand betreten . . .

Die beiden Gemächer rechts vom Eintrittszimmer waren nun erst eigentlich B e e t h o v e n s A u f e n t h a l t, und zwar das erste sein Schlaf- und Klavierzimmer, das letzte, das Kabinett, die Schöpfungsstätte seiner letzten Werke (zumal der Galitzinquartette). Das ist sein Kompositionszimmer.

Inmitten des ersten (zweifenstrigen) Zimmers standen ineinander, Bauch an Bauch gesetzt, zwei Klaviere. Mit der Klaviatur gegen den Eintritt zu jener englische Flügel, welcher ihm einst von den Philharmonikern aus England zu Geschenke gemacht worden war . . . . . Nach der andern Seite — mit der Klaviatur gegen die Türe des Kompositionszimmers sehend — stand ein Flügel des Klavierfabrikanten Graf in Wien, Beethoven zur Benutzung überlassen, oben bis f reichend. Ueber dessen Klaviatur und Hammerwerk befand sich ein, gleich einem gebogenen Resonanzbrette aus weichem, dünnem Holze konstruierter, einem Souffleurkasten ähnlicher Schallfänger aufgestellt, ein Versuch, die Tonwellen des Instruments dem Ohre des Spielenden konzentrierter zuzuwenden . . . . An dem Pfeiler zwischen beiden Fenstern dieses Zimmers stand ein Schubladkasten, und auf demselben die Wand hinan eine vierfächrige, schwarz angestrichene Bücherstellage mit Büchern und Schriften, vor derselben auf dem Kasten aber lagen mehrere Hörrohre und zwei (fälschlich als Amati bezeichnete) Geigen; all dies in Unordnung und arg verstaubt. Beethovens Bett, Nachtkästchen, ein Tisch und Kleiderstock nächst des Ofens machten den Rest dieser Zimmereinrichtung aus.

Das letzte (wieder einfenstrige) Zimmer war Beethovens Arbeitsstube. Hier sass er an einem, etwas abseits vom Fenster, gerade vor die Eingangstür gestellten Tische, mit dem Gesicht nach der Türe zum grossen Zimmer gewendet, die rechte Körperseite dem Fenster zugekehrt. In diesem Kabinette befand sich unter andern Kästen jener schmale hohe, sehr einfache Bibliothek- oder Kleiderschrank . . . ."

Die Familie, Bruder und Neffe, machten dem Meister in diesen Jahren wieder viel zu schaffen und haben seine schlechte Gesundheit nicht verbessert.

Ging es Beethoven schon im Jahre 1824 nicht besonders gut, so verschlimmerte sich sein Zustand 1825. Mitte April befiel ihn eine Gedärmentzündung, die ihm bis in den Mai zu schaffen machte. Der behandelnde Arzt war diesmal nicht Dr. Staudenheimer, sondern Dr. Braunhofer. Ein humoristischer Brief Beethovens zeichnet die Lage. Wir lesen darin unter anderm: „Wir stecken in keiner guten Haut. — Noch immer sehr schwach, Aufstossen etc. Ich glaube, dass endlich stärkende Medizin nötig ist, die jedoch nicht stopft — weissen Wein mit Wasser sollte ich schon trinken dürfen, denn das mephitische (übelriechende) Bier kann mir nur zuwider sein —." Er beschreibt weiter seinen üblen Zustand und schliesst mit dem humoristischen Kanon: „Doktor sperrt das Tor dem Tod, Note hilft auch aus der Not."

Erst am 17. Mai heisst es: „Ich fange wieder an, ziemlich zu schreiben."

Was tat der Neffe? — Er war im August 1823 aus dem Institut Blöchlingers ausgetreten, besuchte seither philologische Vorlesungen an der Universität und wohnte bei Beethoven, für den er Besorgungen machte und Briefe schrieb. Im Sommer erschien er an freien Tagen in Baden, wo Beethoven Gesellschaft wünschte. Ostern legte er die vorgeschriebenen Semesterprüfungen ab. Er wollte Soldat werden, was Beethoven aber nicht zugab. Statt dessen trat er zu Ostern 1825 in das Polytechnische Institut ein, um sich für den Kaufmannstand vorzubereiten. Die Studien lagen ihm aber jetzt ebensowenig ernstlich am Herzen wie an der Universität. Er fand böse Gesellschaft, hatte Liebhabereien, die der Oheim nicht ganz mit den Studien für verträglich hielt, so die Passion fürs Theater, verschleuderte sein Geld, kurz, kam auf abschüssige Bahnen. Die unermüdlichen Ermahnungen des Oheims wurden ihm zuwider, so dass er gelegentlich einige Tage gar nicht heimkam. Das verursachte Beethoven eine heftige Gemütserschütterung. Die Freude des Wiedersehens war trotzdem um so grösser. Es steigerte Beethovens Kummer, dass der Bruder Johann an der Sache nicht unschuldig war, der, weil er mehr Verständnis für die von dem jungen Menschen beliebte Freiheit besass, den Neffen auf seiner Seite hatte.

Mit dem Bruder war Beethoven ohnedies nicht zufrieden. Schon der Umstand, dass Beethoven in der Schuld seines Bruders war, gab zu manchen Auseinandersetzungen Anlass. Der Meister übertrug ihm Werke, welche Johann absetzen sollte, um sich bezahlt zu machen. Die Bankaktien aber, die der Meister von früheren Einnahmen her besass, griff er nicht an; sie gehörten nach seinem Plan und Testament schon jetzt dem Neffen. Auch darüber gab es zwischen den Brüdern Auseinandersetzungen.

Sodann war Johanns Frau Ludwig ein Dorn im Auge. Beethoven spricht sich in einem Briefe an den Bruder einmal unzweideutig über die Frau und deren Tochter, die er „die beiden Kanaillen Fettlümmerl und Bastard" nennt, aus und beanstandet, dass die Frau „obendrein das Geld gänzlich in Händen hat. O verruchte Schande, ist kein Funken Mann in Dir?!" Diese Familie war auch daran schuld, dass Ludwig die häufige Einladung seines

Bruders nach dem Wasserhof in Gneixendorf bisher niemals angenommen hatte. Obwohl er aber mit dem Pseudobruder oft höchst unzufrieden ist, kommt er trotzdem mit unverwüstlicher brüderlicher Liebe immer wieder mit seinen Anliegen zu ihm.

Freilich, angenehme Anregungen kamen nur von aussen. Im September 1824 erschien der Engländer Stumpf, welcher Aufzeichnungen über seinen Besuch bei Beethoven gemacht hat. Er schreibt unter anderm: „Also stand ich endlich vor Beethoven, der mich in seinem täglichen Anzug, nicht in einem sauberen beblümten Schlafrock mit offenem Herzen empfing.

Beethovens Person war unter mittlerer Grösse, von starkem Knochenbau, so wie Napoleon gestaucht, von kurzem Nacken und breiten Schultern, aus welchen ein grosser runder Kopf mit starkem Haarwuchs verwirrt emporstrebte. Sein grosses, tiefliegendes Stechauge schien zu blitzen ..." „Beethoven sprach sehr gern und viel ..."

Mit dem Schweizer Aesthetiker und Verleger Naegeli entwickelte sich ein kurzer Briefwechsel. Beethoven wünschte dessen Vorlesungen kennen zu lernen und sollte die Widmung der Naegelischen Gedichte an den Erzherzog Rudolph vermitteln. Beethoven schreibt Naegeli: „.... Den Erzherzog selbst zu erlangen, ward versucht, jedoch vergeblich. — Ueberall habe ich angespornt, leider ist man hier zu überschwemmt mit zu vielem."

Ende 1824 und Anfang 1825 briefwechselt Beethoven mit Neate, der den Meister von neuem ermuntert, nach England zu kommen. Beethoven wäre zwar „charmé de connaître la noble nation anglaise", aber die Reise kommt auch diesmal nicht zustande. Er will Neate drei Quartette für England verkaufen.

Im Frühjahr 1825 stattet Ludwig Rellstab dem Meister einen Besuch ab, den er sehr lebendig schildert. Rellstab führte sich mit einem Brief Zelters bei Beethoven ein: „Mein erster Blick beim Eintreten traf auf ihn. Er sass lässig auf einem ungeordneten Bett an der Rückwand des Zimmers, auf dem er eben zuvor noch gelegen zu haben schien. Den Brief von Zelter hielt er in der einen Hand, die andere reichte er mir freundlich entgegen, mit einem solchen Blick der Güte und zugleich des Leidens, dass plötzlich jede Scheidewand der Beklemmung fiel und ich dem im tiefsten Verehrten mit der ganzen Wärme meiner Liebe entgegenschritt . . . . ." Ueber das Aussehen berichtet Rellstab: „Seine Farbe war bräunlich, doch nicht jenes gesunde kräftige Braun, das sich der Jäger erwirbt, sondern mit einem gelblich-kränkelnden Ton versetzt . . ." Sie unterhalten sich dann über Zelter und Operntexte. Aus Rellstabs Bericht über den zweiten Besuch bei Beethoven ist eine Stelle von besonderer Wichtigkeit, wo es heisst: „Beethoven schlug einen Akkord sanft an! Niemals wird mir wieder einer so wehmütig, so herzzerreissend in die Seele dringen: er hatte in der rechten Hand C-dur und schlug im Bass H dazu an und sah mich unverwandt an, wiederholte, um den milden Ton des Instruments recht klingen zu lassen, den unrichtigen Akkord mehrmals und der grösste Musiker der Erde hörte diese Dissonanz nicht —"

Im Juli erschien der Breslauer Komponist Karl Gottlieb Freudenberg, der uns ebenfalls über seinen Besuch bei Beethoven Nachrichten hinterlassen hat. „Den Gegenstand unseres Gesprächs bildete natürlich die musikalische Kunst und ihre Jünger. Den damals vergötterten Rossini, glaubte ich, würde Beethoven verspotten; mit nichten, er räumte ein, Rossini sei ein talent- und melodievoller Komponist, seine Musik passe für den frivolen sinnlichen Zeitgeist, und seine Produktivität brauche zur Komposition einer Oper so viel Wochen, wie die Deutschen Jahre. Spontini habe viel Gutes, den Theatereffekt und musikalischen Kriegslärm verstände er prächtig. Spohr sei zu dissonanzenreich, und durch seine chromatische Melodik würde das Wohlgefallen an seiner Musik beeinträchtigt." Dann wurde Bach gelobt und Beethoven sagte: „Bach sei das Ideal des Organisten; auch er spielte in seiner Jugend viel die Orgel, aber seine Nerven ertrugen die Gewalt dieses Rieseninstrumentes nicht." Freudenberg kam dann auf Beethovens Werke zu sprechen, wobei er die interessante Bemerkung machte: „Einmal aber schnitt er ein gewaltig grimmiges Gesicht, als ich seine letzten Symphonien für unverständlich und barock erklärte. Seine Augen und Mienenspiel antworteten mir: ‚Was verstehst Du, Tölpel, und alle Ihr Klügler davon, die Ihr meine Werke tadelt?'"

Auch Friedrich Kuhlau traf im September mit Beethoven zusammen. Ein hübscher Kanon mit einigen freundschaftlichen Zeilen gibt hiervon Kunde. Der Text lautet: „Kühl, nicht lau."

Auch der englische Organist und Dichter Smart suchte Beethoven in Baden auf. Ihm gegenüber erwähnte Beethoven einmal seine noch nicht gedruckte Messe, „welche er komponiert habe". Bei dem Mittagessen bediente die beiden die „seltsame Köchin" Frau Schnaps. Es wurde ein gemeinschaftlicher Spaziergang unternommen, und schliesslich händigte Beethoven dem Engländer ein Erinnerungsblatt mit dem Kanon über den Text: „Ars longa, vita brevis" ein.

Smart erzählt uns einiges über die Proben zu dem a-moll-Quartett. Bei dieser Gelegenheit wurde nämlich Smart Beethoven im Wirtshause zum wilden Mann vorgestellt. Bei der Probe zog Beethoven seinen Rock aus, da der Raum heiss und gedrängt voll war. „Da eine Staccatostelle nicht zur Befriedigung seines Blickes, denn ach! er konnte sie nicht hören, zum Ausdruck kam, riss er Holz die Violine aus der Hand und spielte sie selbst, ungefähr einen Viertelton zu tief." Bei diesen Proben war auch der Verleger Schlesinger anwesend, der das a-moll-Quartett op. 132 schliesslich erhielt. Er erscheint auch in den Konversationsbüchern. Es ist da von einer Aufführung des Quartetts durch Boehm die Rede. Schlesinger schreibt: „Boehm hat mir gesagt, dass er es mich hören lassen werde — wenn Sie es ihm dazu geben wollen." Im Laufe der Unterredung wünscht Schlesinger „das Schriftliche wegen der beiden Quartette". Er erhielt vorerst nur ein Quartett.

Damit kommen wir wieder auf die langwierigen Verhandlungen mit den Verlegern zurück. Beethoven hatte in diesen letzten Jahren Geld nötig, war ausserordentlich misstrauisch und ausserdem von dem Wert seiner Schöpfungen so durchdrungen, dass es zu solchen unerquicklichen Unterhandlungen, wie jenen über die Missa solemnis, kam. Damals, etwa zwischen März und August des Jahres 1824, unterhandelte Beethoven auch mit dem Leipziger Verleger Probst über die neunte Symphonie. Er brachte den Handel nicht zum Abschluss. Die Firma Schott erhielt auch die neunte Symphonie. Mit dieser Firma wurde dann noch weitläufig verhandelt. Sie bekam ausser den beiden grossen Werken auch noch das Quartett op. 127, das Opferlied und das Bundeslied sowie die Bagatellen op. 126.

Peters beschwerte sich; Beethoven hatte ihm ja die Messe zugesagt. Beethoven antwortete: „Sie haben s i c h und m i r

Unrecht getan, und letzteres tun Sie noch, soviel ich höre, indem Sie die schlechten Werke, wie ich höre, die ich Ihnen geschickt haben soll, rügen."

Am 28. Jänner 1825 schickte Beethoven dann die Eigentumsbescheinigung an Schott nach Mainz ab. Zugleich ergoss er in diesem Brief die Lauge seines Witzes über die Wiener Verleger. Schott liess diese vertraulichen Scherze in der Cäcilia abdrucken, worüber Beethoven entrüstet war. „Mit Erstaunen nehme ich im 7. Hefte der Cäcilia S. 205 wahr, dass Sie mit den eingerückten Kanons auch einen freundschaftlich mitgeteilten Scherz, der leicht für beissende Beleidigung genommen werden kann, zur Publizität brachten, da es doch garnicht meine Absicht gewesen und mit meinem Charakter von jeher in Widerspruch stand, jemandem zu nahe zu treten."

Mit Schott wurde auch der Gedanke einer Gesamtausgabe der Werke erwogen. Später flogen noch Schreiben hin und her wegen der Korrekturen.

Die grossen schweren Werke, die es zu schreiben gab, setzten den Kopisten in Brot. Beethovens bevorzugter Notenschreiber Schlemmer war tot, und Rampel wurde nicht allein fertig. Da gab es denn ein höchst ergötzliches Intermezzo mit einem gewissen Wolanek.

„Mit einem solchen Lumpenkerl, der einem das Geld abstiehlt, wird man noch Komplimente machen, statt dessen zieht man ihn bei seinen Eselhaften Ohren.

Schreib-Sudler!

Dummer Kerl!

Korrigieren sie ihre durch Unwissenheit, übermuth, Eigendünkel und Dummheit gemachten Fehler, dies schickt sich besser, als mich belehren zu wollen, denn das ist gerade, als wenn die S a u die M i n e r v a lehren wollte.

Beethoven.

D u m m e r K e r l , E i n g e b i l d e t e r E s e l h a f t e r K e r l !"

Es war schon gestern und noch früher beschlossen; S i e n i c h t m e h r für mich schreiben zu machen.

Mozart u. Haidn, e r z e i g e n **Sie** d i e E h r e , i h r e r nicht zu erwähnen.

Musikalisch beschäftigte den Meister zur Zeit die Oper Melusine, die er ja in Berlin anzubringen hoffte.

Czerny wurde mit der Anfertigung des Klavierauszuges der Symphonie, Franz Lachner mit dem der Messe betraut.

Der Verleger Diabelli wünschte von dem Meister August 1824 eine vierhändige Sonate zu haben, die Beethoven zugesagt, aber nie geschrieben hat. Das Honorar von 80 Dukaten war schon ausgemacht.

Beethoven hätte nun an die Komposition des der Gesellschaft der Musikfreunde versprochenen Oratoriums Sieg des Kreuzes gehen sollen, wofür er bereits einen Vorschuss empfangen. Er antwortete jedoch auf die im Januar 1824 erfolgte Mahnung: „Nun aber muss mehreres und vieles geändert werden . . . Sobald ich mit den Abänderungen des Oratoriums von Bernard fertig bin, werde ich die Ehre haben, Ihnen dieses anzuzeigen und zugleich die Zeit bekannt machen, wann der Verein sicher hierauf rechnen könne, das ist vorderhand alles, was ich hierüber sagen kann . . ." Ueber das Werk urteilte beiläufig ein Unbeteiligter: „Wenn ich Beethoven wäre: so setzte ich n i e diesen höchst langweiligen Text des Oratoriums." Der Meister hat es auch unterlassen, trotzdem der Erzherzog Rudolph sehr für die Ausführung war.

Beethoven empfand Grauen vor dem Beginne neuer grosser Werke. Er wünschte, wenn sein Gehalt nicht ohne Gehalt wäre, nichts als grosse Symphonien, Kirchenmusik, höchstens noch Quartetten zu schreiben. Die letzten Quartette haben den Meister vor seinem Lebensende beschäftigt.

LYSERS ZEICHNUNG FÜR SEIN TASCHENBUCH „CÄCILIA“. 1833.

SCHLOSS RAUHENSTEIN BEI BADEN IN NIEDER-OSTERREICH
Nach einem Stich von S. Rosmäsler jun.

17. Kapitel

DIE LETZTEN QUARTETTE

Das Jahr 1824 bringt „ein ganz neues meisterhaftes Quartett". „Dieses Werk dürfte den Freunden echter Tonkunst einen desto schöneren Hochgenuss bereiten, als es das einzige Quartett ist, welches der allgefeierte Komponist seit 15 Jahren geschrieben hat." Mit diesen Worten wies der Geiger Schuppanzigh auf Beethovens neues Quartett hin, das er in seinem Konzerte zur Uraufführung zu bringen gedachte.

Beethoven hatte schon lange vor, wieder Quartette zu komponieren. Schon im Juni 1822 schrieb er an Peters von einem neuen Quartett. Am 9. November 1822 forderte Fürst Nikolaus Galitzin den Meister auf, ihm zwei oder drei Quartette zu schreiben; Beethoven nahm den Antrag unter dem 25. Januar 1823 an. Im Jahre 1824 wird das erste Werk verschiedenen Verlegern angeboten. Dies erste der Galitzin-Quartette, op. 127 in Es-dur, wurde am 6. März 1824 zum erstenmal aufgeführt. Im Mai sollte es in Händen des Verlegers Schott sein. Es erschien im März 1826.

Das Quartett war während des Sommeraufenthaltes in Baden 1824 skizziert worden. Es liegt also ein ländlicher Charakter auch in diesem Werke verborgen. In den Skizzen findet sich beim Adagio das Wort „la gaieté". Man darf es hier nicht in dem oberflächlichen Sinne der „Ausgelassenheit" nehmen, es bedeutet eher die „klare Heiterkeit" eines reinen Herbsttages; in diesem Sinne kann es als Motto für das ganze Werk gelten.

Das Quartett besteht aus vier Sätzen, deren erster von der üblichen Anfangswiederholung absieht. Ein Maestoso leitet ein; es hat thematische Bedeutung und führt nach sechs Takten zu der geschmeidigen Figur, welche den ersten Satz wesentlich beherrscht.

Dieses Motiv gibt dem Satz den rein musikalischen Charakter, so dass äussere Auslegungen gänzlich versagen; ja, das ganze Werk ist spröde gegen poetische Auslegung, so tief musikalisch ist es erdacht; die malerischen oder dichterischen Empfindungen, wie sie so manches andere Stück Beethovens enthält, scheinen hier zu fehlen. Der erste Satz bleibt ausserordentlich einheitlich; die vier Stimmen durchschlingen einander innig und bewahren dabei eigenste Empfindung. Schärfere Einschnitte und heftigere Steigerungen verursacht das noch zweimal, in G-dur und am mächtigsten in C-dur, wiederkehrende Maestoso, welches die leidenschaftliche Durchführung beeinflusst. Das wieder einsetzende „Allegro teneramente" schliesst mit einem rührenden Diminuendo al pianissimo den Satz ab.

Das Adagio ma non troppo e molto cantabile bringt einen zweiteiligen, breit im Zwölfachteltakt dahinschreitenden Liedsatz, den die wunderbarsten Variationen immer mehr vertiefen. Dass die Skizzen gerade in diesem Satz die Bemerkung „la gaieté" aufweisen, verstehen wir erst ganz im Andante con moto, welches als zweite Variation eintritt. Doch was will die gaieté? In dem Satz enthält jeder Ton Herzblut; die tiefste Empfindung waltet in dem dunkel-vollen Liedsatz. Eine Episode: Adagio molto espressivo führt mit ihrem abwartenden, fast betenden Charakter die dritte Variation wirkungsvoll ein. In der vierten Variation, der eine zweite Episode in cis-moll vorausgeht,

öffnet der Meister vollends alle Schleusen der Empfindung. Die immer gesättigtere Melodie wird nun in ausdrucksvollen Figurationen zu Ende geführt.

Das Scherzando vivace, welches als weitere Variation des Adagio zu betrachten ist, zeigt die fröhliche Grundstimmung erst recht. Es entwickelt sich breit mit Durchführung im Hauptsatz, wie im Alternativsatz. Ganz entzückend schiebt sich im Hauptsatz zweimal eine kurze Allegro-Episode im Zweivierteltakt ein, welche die Wirkung ungemein steigert. Der ganze Satz ist von der grössten Lustigkeit und dabei ungemein grosszügig — das Presto-Trio eilt in flüchtigem Legato unbestimmt dahin mit seiner weitgeschweiften Primgeigenmelodie über dem Sforzato-Hörnerklang der drei andern Instrumente. Rezitativisch setzt der Reigen des Scherzo von neuem ein — nach kurzem Echo des Presto erinnern wir uns des Scherzos, das dann zu einem Fortissimoabschluss sozusagen aufspringt.

Das Finale ist ein kunstvolles Rondo, welches Verwandtschaft mit jenem der Klaviersonate op. 31, 1 in G-dur hat, das sich aber musikalisch unvergleichlich höher entwickelt. Auch hier fröhliche Stimmung, die aber nur nicht mehr so ausgelassen herrscht wie im Scherzo; bezeichnend für Beethoven sind schon die Unisonoeinsätze und die Orgelpunkte im Anfang. Die vier Stimmen werden weiterhin selbständig geführt, wodurch ein ausserordentlich belebtes Spiel erzielt wird. Das Gegenmotiv gemahnt an den Gavottenton, so prickelnd tritt es auf. Das Allegro commodo mit seinen verklärenden Modulationen bringt die ganze Klangpracht des Streichquartetts zu wunderbarster Geltung. Freud und Leid sind hier vereint — alle Saiten klingen.

Schuppanzigh, der Beethovens Werke immer wieder vorführte, der am 23. Januar 1825 wieder das Septett und das f-moll-Quartett an seinem ersten Quartettabend gebracht hatte, liess auch dies neue Werk nicht lange ungehört. Eine neue Serie der Abende begann, und im ersten Konzert wurde gleich dies Es-dur-Quartett aufgeführt. Es gefiel nicht, weil es nicht verstanden wurde, trotzdem Beethoven selbst die Einstudierung geleitet hatte. Zur „réparation d'honneur" wurde es dann von Joseph Boehm (dem späteren Lehrer Joachims) in den Morgenkonzerten und von Mayseder bei dem Mäzen und Hofagenten Dembscher gespielt. Bei Boehms Proben war Beethoven auch zugegen. „Beethoven kauerte in einer Ecke, hörte nichts davon, sah aber mit gespannter Aufmerksamkeit zu. — Nach dem letzten Bogenstrich sagte er lakonisch: ‚Kann so bleiben', ging zu den Pulten und strich das Meno vivace in den vier Stimmen aus . . . Er wusste die kleinsten Schwankungen im Tempo oder Rhythmus zu beurteilen und selber auch gleich abzustellen." Der Neffe meinte: „Mayseder spielt brillanter, Boehm ausdrucksvoller."

Kaum war das Es-dur-Quartett ausgedacht — noch nicht niedergeschrieben —, so begann auch schon das zweite zu reifen: das a-moll-Quartett, welches als op. 132 erschien. In diesem Werke sind wieder die Leiden und ihre glückliche Ueberwindung besungen. Beethovens Entzündungskatarrh, an dem er im Frühjahr so lange litt, war überwunden, als er das Adagio schrieb. Auf dem Skizzenheft dazu steht: „Jahr 1825 in Baden", wozu Schindler den Zusatz gibt: „Eigentlich in Guttenbrunn bei Baden."

Ein seltsam spannendes Adagio sostenuto leitet, über die Septimenakkorde von a-moll und e-moll mühsam hinweggleitend, das Quartett ein, dann folgt ein Allegro, über dessen poetischen Gehalt man wieder kaum reden kann, der eben lautere Musik ist. Die Stimmung ist nicht hell, sondern eher klagend und bedrückt, aber doch selbstbewusst und führt zu einem nachdenklichen, schliesslich kräftig bejahenden Schluss. Eine Wiederholung gibt es nicht. Aber der Satz ist doch in Sonatenform gebaut. Auch hier nimmt die Einleitung Anteil an der Entwicklung der musikalischen Idee. Die grosse Einheitlichkeit der rhythmischen Bildung bei höchst lebendiger Stimmführung ist zu beachten. Die dynamischen Schattierungen treten leuchtend und dunkel nebeneinander wie auf einem Calameschen Gemälde; das wiederholte Teneramente empfindet man innigst. Packend und kraftvoll rafft sich die Stimmung in der Coda zusammen: der gestaute Bach findet, nur auf Momente noch einmal gehemmt, den Durchbruch: herrisch strömt er wieder zu Tal, zu den Bergen aufjauchzend.

Von grösster Anmut ist das Allegro ma non tanto, in dem mehr ein ausgedehntes Menuetto als eines jener charakteristischen Scherzi zu sehen wäre. Liebliche Empfindungen wogen in den anmutigen Achtelgängen, ja, das Alternativ erhält sogar manchmal tanzartigen Schwung, dem die kleine Episode l'istesso tempo alla breve Einhalt gebietet.

Das Adagio trägt das Motto: „Heiliger Dankgesang eines Genesenen an die Gottheit." Er ist in F-dur ohne b, oder: „in lydischer Tonart" durchgeführt und entquoll Beethovens eigenstem Herzen nach der schweren Krankheit im Frühling. Wie ein Choral hebt der Satz molto adagio an — es ist die Bitte. — Daran schliesst sich, „neue Kraft fühlend", das Andante, in dessen Filigran wir die Gefühle der Kräftigung gleichsam wachsen hören. Ueber nochmaliges Molto adagio und Andante, das nun lebendiger und womöglich noch inniger geworden, dringen wir zu dem letzten „mit innigster Empfindung" erfüllten molto adagio vor, welches in bewegter Figuration die wahrhaftesten Gefühle des Dankes ausspricht. Hier gibt es so etwas wie Phrasen nicht; vielsagend reiht sich Note an Note und tritt bindend ein in die einigende Form des Ganzen, wie die Glieder einer Kette. Der Schluss lässt uns Beethovens erdenentrückter Stimmung teilhaftig werden. — Wir empfinden mystisch mit dem Meister die Worte: „Ich bin, was da ist. Ich bin alles, was ist, was war und was sein wird, kein sterblicher Mensch hat meinen Schleier aufgehoben." Auch diese Musik ist unaussprechlich.

Dem Finale geht eine Marcia assai vivace voraus, welche die beiden Sätze, das Adagio und das Finale, eng verknüpft. In diesem Marsche im Dreiviertel-, nicht Viervierteltakt steckt die erbetene frische Kraft. Sie wird in dem più allegro im Vierviertelktakt und dem alla breve-Presto versucht. Aber noch ist sie nicht ganz wiedergekehrt. Das Allegro appassionato beginnt noch etwas verschleiert in Moll, bringt aber, immer lebendiger werdend, die volle Heiterkeit: mit dem hellen A-dur straffen sich die Sehnen, und wir eilen in sieghaftem Lauf ans Ziel.

Das a-moll-Quartett wurde den 7. September bei dem damals in Wien anwesenden Musikverleger Schlesinger probiert. Holz schreibt: „Wir waren entzückt." Weiter heisst es: „Wolfmayer (ein Freund Beethovens, dem das letzte Quartett gewidmet wurde) hat beim Adagio geweint wie ein Kind."

Am Freitag den 9. September 1825 wurde das Werk von Schuppanzigh und Genossen im Gasthaus zum wilden Mann unter Anwesenheit von Schlesinger, der mit Beethoven von Baden kam, vor Smart, Czerny und anderen zum erstenmal gespielt. Wir haben schon von Smart darüber gehört. Holz aber bemerkt über Schuppanzigh: „Mylord hat heut besser gespielt als je — Stellen wie das Rezitativ kann keiner so spielen. — Er hat das, was kein andrer lernen kann; dafür hat er auch weiter nichts gelernt."

Am 6. November wurde das Werk, öffentlich zum erstenmal, von Linke im Saale des Musikvereins zum roten Igel mit grossem Erfolge aufgeführt. „Es war kein Billett mehr zu bekommen." Während der Aufführung wurden „viele Stellen mit Ausrufungen begleitet". „Schuppanzigh bittet, es über vierzehn Tage in seinen Quartetten spielen zu dürfen." Er wiederholt das Werk denn auch in seinem Konzert am 20. November. Schlesinger erhielt es zum Verlag.

Das dritte der Galitzinschen Quartette erschien eher als das früher vollendete in a-moll und erhielt darum die falsche Opuszahl 130. Beethoven schrieb: „Das dritte Quartett erhält auch sechs Stücke." Die Quartette wurden immer umfassender. Der Schlusssatz des B-dur-Quartetts war ursprünglich die grosse, später als op. 133 gesondert erschienene Fuge. Die Hörer und der Verleger Artaria wünschten den Satz von dem Quartette getrennt und ermunterten Beethoven, ein neues Finale herauszugeben, die Fuge aber gesondert und für Klavier zu vier Händen arrangiert zu veröffentlichen. Schindler nennt das Werk sogar: „das Monstrum aller Quartettmusik". Halm fertigte einen Klavierauszug der Fuge, mit dem Beethoven aber nicht zufrieden war. Der Meister bearbeitete deshalb selbst einen solchen, der von Artaria am 10. März 1827 als erschienen angezeigt wurde; die Anzeige bezeichnete die Fuge als Quartettsatz mit op. 133, den Klavierauszug als op. 134. Das Quartett erschien erst nach Beethovens Tode am 7. Mai 1827 bei Artaria.

Das Werk hat folgende Sätze: es beginnt mit einem Adagio ma non troppo, welches fragend in chromatischen Windungen zu einem straffen Allegro führt. Es entwickelt sich, noch mehrfach von Adagioeinschiebseln unterbrochen, sehr kräftig und tritt mit seinen energischen Akzenten sehr bestimmt auf. Der erste Teil wird wiederholt. Die Adagioeinleitung nimmt an der Durchführung motivischen Anteil, und der Satz entwickelt sich in der bekannten, allerdings frei gestalteten Sonatenform.

Das nun folgende, bald im Pianissimo vorüberhuschende, bald zum Forte ausbrechende Presto mit dem ansprechenden Alternativ im Sechsachteltakt erhielt nicht den Namen Scherzo, aber es ist das Urbild eines solchen, denn es trägt ganz den fortreissenden Scherzocharakter.

Ein innigstes Andante con moto, ma non troppo, darüber geschrieben steht: „Poco scherzoso", bringt Licht und Luft, Wolken und Sonnenschein. Beethoven weiss gehaltene Noten wieder unvergleichlich durch selbständige, bewegte Filigranbegleitung zu beleben. Die Coda fasst den tiefen Gehalt des Satzes zusammen; auf dissonante Fortschreitungen folgen die weichsten Lösungen. Der Schluss wendet sich entschlossen und befreiend dem Humor zu.

Das alla danza tedesca nimmt diese Stimmung im Allegro assai-Tempo und Dreiachteltakt gemächlich auf. Welche Laune Beethoven in solch volkstümliche Sätze zu legen versteht, wissen wir schon aus dem ersten Satze der Klaviersonate op. 79. Das letzte (dritte) abspringende Achtel deutet fast bildlich das in die Luft geworfene Bein an. Die Tonrepetitionen auf drei Achteln wirken mit jener gemütlichen Schwere deutschen Tanzes. Das Trio steigert vollends die Fröhlichkeit zu immer grösserer Beweglichkeit.

Als fünfter Satz folgt die berühmte, von tiefster Musik durchströmte Cavatina, ein Adagio molto espressivo, welches blutige Tränen weint und in jener nach Ces-dur und as-moll modulierenden Stelle ganz „beklemmt" vor Schluchzen kaum vorwärts kann.

„Nie hat meine eigene Musik einen solchen Eindruck auf mich hervorgebracht; selbst das Zurückempfinden dieses Stückes kostet mich immer eine Träne." Den Beschluss machte darauf jene über die Massen gewaltige und äusserst kunstvolle, grosse Fuge, die wieder einen vollgültigen Beweis von Beethovens sittlicher Energie und ungeheurer musikalischer Gestaltungskraft ablegt. Sie wurde später durch das Finale: Allegro im Zweivierteltakt ersetzt, das seinen Haydnschen Charakter trotz seiner Grösse nicht verleugnen kann. Der anfangs so gemütlich, altfränkisch beginnende Satz steigert sich, in klare Perioden gegliedert, aber durch geistreichste Arbeit gehoben, zu einer Hymne auf alle Lebenslust.

Mayseder wollte auch dies Werk spielen, dessen Fuge ihn zu sehr beschaftigte, als dass er sie nicht selbst hätte spielen wollen. Zum erstenmal wurde es am 2. März 1826 von Beethovens „Leibquartett" Schuppanzigh, Holz, Weiss und Linke gespielt. „Alles, was Wien an Quartettmusikfreunden besessen, hatte sich versammelt, um Zeuge der ersten Aufführung dieser neuesten Schöpfung zu sein, über die bereits Wunderliches ausgesagt worden." Während der Probe zu dem Quartette ereignete sich ein heiteres Intermezzo: Halm, dessen Frau Haare von Beethoven zu haben wünschte, wurde mit einem Büschel Haaren von einer Geiss betrogen. Beethoven war nachher so gutmütig, der Dame eine Locke seiner eigenen Haare zu schenken.

Die drei Quartette op. 127, 130 und 132 wurden dem Fürsten Galitzin gewidmet, der sie bestellt hatte. Ueber die Zusendung erfahren wir aus einem Briefe Beethovens folgendes: „Das neue

Pa[illegible]
18[illegible]

Mein theuerster
hochwürdiger Herr

haben vielleicht sch[illegible]
gesehen, den Wilhelm
Carl [illegible]
ich ihr verschafft
beschäftigen [illegible]
[illegible] Schrift zu [illegible]
Vogel [illegible]

profane sein allein

wir Musikal. ist [illegible]

[illegible] —

[illegible]

[illegible]

[illegible]

[illegible]

[illegible]

[illegible]

[illegible] 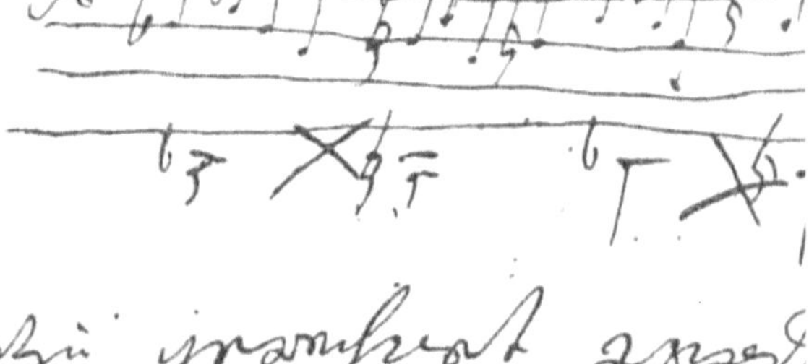

[illegible]

[illegible]

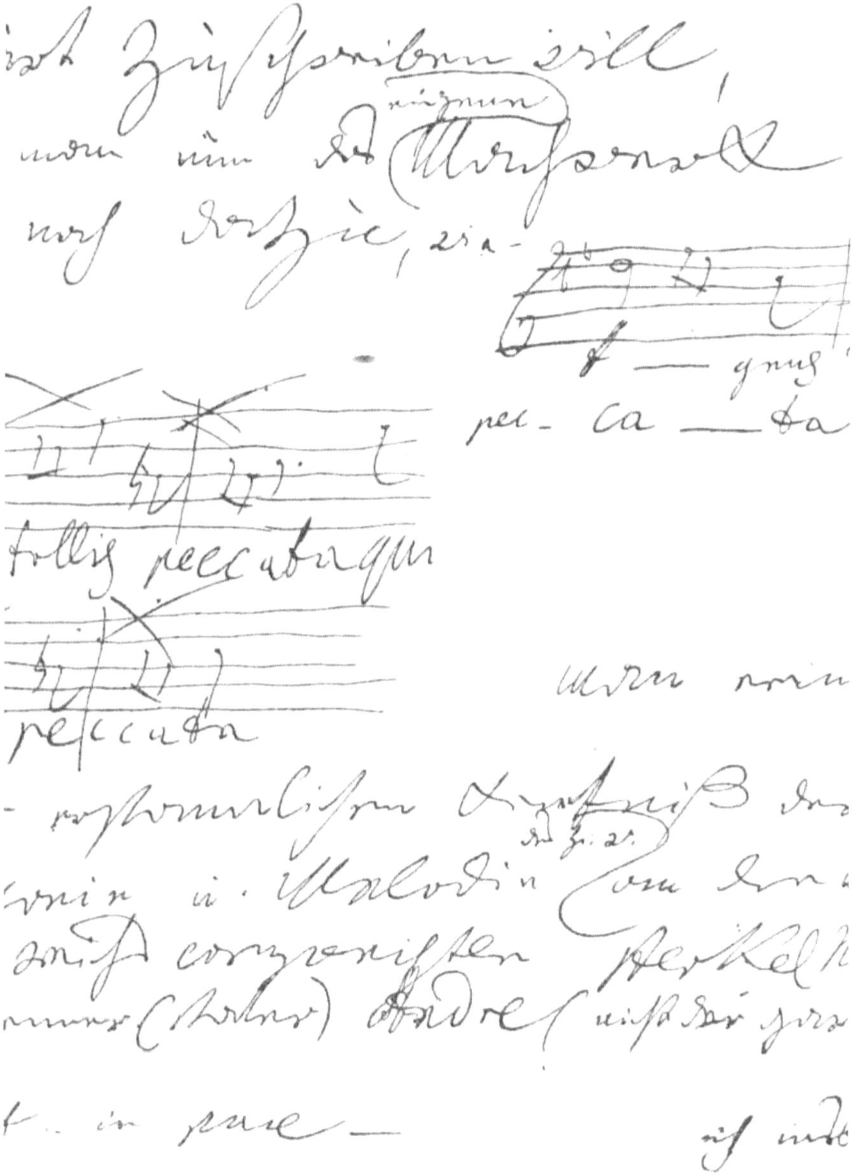
pec- ca — ta
tollis peccata
peccata

…te Ihnen auch eine…
…geehrter Freund für d…
…würde, daß Sie mir…
…ch Mittheilung ihr…
…icht keine gesehen haben
…ist habe ich mich zu d…
…üsten Schwarzenberg Mo…
…chert, u. werde es bald z…
…ben glauben …
…würdiger Gnade ihr…
…ungen [illegible]

für hoch…
Mit Hochachtung
Ihr ergebenster
Diener
Beeth…

Quartett in a-moll ist schon vollendet, ich suche es nur so geschwind als möglich Ihrer Durchlaucht zu übermachen." Das erste Quartett war schon „einem Verleger überlassen". Am Schlusse des Briefes heisst es: „Das dritte Quartett ist auch beinahe vollendet." Auf die Quartette sind falsche Opuszahlen geraten, wenn man die Zeit der Entstehung in Betracht zieht. Der Irrtum ist in gewisser Weise ausgeglichen durch anderweitige Zusätze auf den Originaltiteln; auf dem B-dur-Quartett steht: „Troisième Quattuor", und auf dem a-moll-Quartett „Oeuvre posthume".

Während Beethoven an dem B-dur-Quartett arbeitete, hatte er schon wieder ein neues begonnen: das in cis-moll. Ueber seine weiteren Pläne hat er sich also ausgesprochen: „Das Klavier ist und bleibt ein ungenügendes Instrument. Ich werde künftig nach der Art meines Grossmeisters Händel jährlich nur ein Oratorium und ein Konzert für irgend ein Streich- oder Blasinstrument schreiben, vorausgesetzt, dass ich meine zehnte Symphonie (c-moll) und mein Requiem beendet habe."

Das Oratorium „Der Sieg des Kreuzes" galt ihm als verfehlt. Nun tauchte ein „Saul" auf. Holz berichtet: „Beethoven hatte Händels Saul sehr studiert und viel gelesen über die Musik der alten Juden; er wollte Chöre in den alten Tonarten schreiben. Kuffner sollte den Text schreiben." Das Oratorium wurde auch nicht geschaffen.

Freund Wolfmayer, „der oft die Schuppanzigh-Quartette mit grossen Opfern zustande" brachte, forderte den Meister auf, ein Requiem zu schreiben und gab ihm sogar einen Vorschuss von tausend Gulden. Dies Werk blieb ebenfalls ungeschrieben.

Auch an die Oper dachte Beethoven gelegentlich noch. Er wollte immer noch „Melusine" für Berlin schreiben. Graf Brühl meinte jedoch, der Stoff ähnele zu sehr der „Undine". Man dachte dann an Goethes Claudine von Villabella. Beethoven blieb bei der Melusine, an der er im Kopfe schon viel gearbeitet hatte. Schliesslich stand ihm die Faust-Musik noch vor der Seele. Von alledem ist nichts ans Tageslicht gekommen.

Nur eine zehnte Symphonie gärte schon; es sind Skizzen vorhanden; freilich müssen weit mehr vorhanden gewesen sein, als wir besitzen. In den vorhandenen aber heisst es: „Scherzo zur zehnten Symphonie" und „Andante zur zehnten Symphonie". An Moscheles lässt Beethoven am 18. März 1827 schreiben: „Eine ganze skizzierte Symphonie liegt in meinem Pulte."

Die Zeiten waren für Beethoven keine guten, und sie besserten sich nicht.

Allerdings erlebte Beethoven noch so manche Freude mit seinen Freunden. Viel war er wieder mit Stephan von Breuning zusammen. Dieser wohnte im roten Hause, Beethovens letztem Quartier schräg gegenüber. Die alten Kameraden erneuerten die alte Freundschaft. Beethoven nahm sich um Stephans Söhnchen Gerhard an, den er seinen Ariel oder Hosenknopf nannte. Als der zwölfjährige Knabe Klavierunterricht erhalten sollte, kümmerte sich Beethoven persönlich um die Methode und die zu wählende Schule. Er erklärte Breuning: „Ich hatte Lust, selbst eine Klavierschule zu schreiben, doch fand ich nicht Zeit dazu; ich hätte aber etwas ganz Abweichendes geschrieben." Er wünschte nicht, dass die Schule von Joseph Czerny benutzt werde, sondern die von Clementi und besorgte sie persönlich. Auch Frau von Breuning wurde von Beethoven sehr verehrt; einmal begleitete er sie zum Bad und wartete eine Stunde auf der Strasse, um die Freundin wieder nach Hause zu begleiten.

Oefter mag noch bei Breunings oder auf der Strasse das „gelle" Lachen Beethovens erklungen sein, das ebenso wie seine eckigen Bewegungen mit Händen und Armen schuld daran war, wenn ihn die Leute für verrückt hielten. Beethoven sah in den letzten Jahren ausserdem recht abgerissen aus. Die treffenden Zeichnungen des Malers Lyser geben uns davon einen Begriff. Selbst im Zimmer pflegte der Meister auszuspucken, ja, im Eifer des Gesprächs konnte es ihm passieren, dass er in den Spiegel spie.

Der Briefwechsel mit dem alten Freunde Wegeler wurde aufgenommen. Wegeler machte ihn in einem Briefe dieser Zeit auf die Bemerkung im Brockhausschen Konversationslexikon aufmerksam, wonach Beethoven ein Sohn Friedrich Wilhelm II. Preussen von sein sollte; Beethoven ersucht den Freund, das zu berichtigen.

An Besuchern fehlt es nicht. Ein Musiklehrer Molt aus Quebeck kam, dem Beethoven auf seinen besonderen Wunsch am 16. Dezember 1825 ein Erinnerungszeichen in Form eines Kanons schenkte: „Freu' Dich des Lebens."

Sodann erschien Friedrich Wieck, der Vater von Klara Schumann. Er berichtet über seinen Besuch und seine Gespräche mit Beethoven unter anderem: „Um die vollendete italienische Oper" drehte sich das Gespräch, „deutsche Opern könnten nie so vollkommen sein wegen der Sprache, und weil die Deutschen nicht so schön singen lernten wie die Italiener" — „und meine Ansichten über Klavierspiel — Erzherzog Rudolph usw." „Er phantasierte mir über eine Stunde lang, nachdem er seine Gehörmaschine angelegt und auf den Resonanzboden gestellt, auf dem von der Stadt London ihm geschenkten und bereits ziemlich zerschlagenen grossen langen Flügel von sehr starkem, puffigem Ton, in fliessender Weise, meist orchestral, noch ziemlich fertig im Ueberschlagen der rechten und linken Hand (griff einige Male daneben) mit eingeflochtenen reizendsten und klarsten Melodien, die ungesucht ihm zuströmten, mit meist nach oben gerichteten Augen und dichten Fingern." Das war im Mai 1826, als Beethoven sich noch in Wien aufhielt.

Im September kam der Königliche Bibliothekar Dr. Spieker aus Berlin nach Wien, um die neunte Symphonie für den preussischen König, dem sie gewidmet, bei Beethoven abzuholen. Er erzählt uns: „Beethoven wohnte in der Vorstadt am Glacis vor dem Schottentore in einer freien Gegend, wo man eine schöne Aussicht auf die Hauptstadt mit allen ihren Prachtgebäuden und der Landschaft dahinter genoss, in freundlichen sonnigen Zimmern. Seine Kränklichkeit machte, dass er in den letzten Jahren sich häufig der Bäder bediente, und wir sahen daher in den Vorzimmern den Apparat dazu . . . Beethoven empfing uns sehr freundlich. Er war in einen einfachen grauen Morgenanzug gekleidet, der zu seinem fröhlichen jovialen Gesicht und dem kunstlos angeordneten Haar sehr gut passte . . Mehrere grosse Bücher (Notizbücher) lagen auf dem Pulte neben seinem Pianoforte, in die längere Fragmente von Musik eingeschrieben waren . . . In seinen Augen lag etwas ungemein Lebendiges und Glänzendes, und die Regsamkeit seines ganzen Wesens hätte wohl seinen Tod nicht als so nahe erwarten lassen sollen."

Um diese Zeit wurde Beethoven von dem Mannheimer Regisseur Ehlers um die Musik zu den „Ruinen von Athen" angegangen. Der Meister wünschte, wie er an Ehlers schreibt, die Aufführung nicht durch die Meislsche Bearbeitung zu sehr verhunzt zu sehen und wies auf die ursprüngliche Bearbeitung hin.

Der alte Schlesinger schenkte ihm im September 1826 den Klavierauszug des Weberschen Oberon und verhandelte bei dieser Gelegenheit mit ihm über das neue Quartett in F-dur.

Mit diesem verständigen Manne sprach Beethoven auch über die Zukunft des Neffen. Mit Karl hatte Beethoven nämlich in dieser Zeit das grösste Unglück. Im Anfang scheint sich der Neffe im Polytechnikum angestrengt zu haben. Hie und da aber kommt der Leichtsinn zum Vorschein. Daher überwacht ihn der Oheim. Das wird dem jungen Menschen allmählich wieder lästig, um so mehr, als er viel Geld braucht. Im August 1826 sollte das Studium beendet sein. Der Neffe belügt den Oheim. Es tritt eine Verstimmung ein, welche Beethoven, obwohl heftig und zu häufig als Mahner auftretend, in seiner Güte zu beseitigen sucht. „Schon um dessentwillen, dass Du mir wenigstens gefolgt bist, ist alles vergeben und vergessen, mündlich mit Dir heute darüber ganz ruhig."

Aber das fruchtete nichts bei dem „wüsten Buben", wie ihn ein Zeitgenosse nennt. Er fühlte sich von Beethoven „sekkiert" und ward die „Gefangenschaft bei Beethoven" immer mehr leid. Beethoven stand freilich nicht auf dem Standpunkte Kants, der meinte: „Der Mensch ist nichts, als was die Erziehung aus ihm macht," er würdigte vollkommen die „Schwachheiten der Natur"; „die Herrscherin Vernunft sollte sie durch ihre Stärke zu leiten und vermindern suchen". Aber der Meister hatte sich die neuen Erziehungsgedanken, die damals aufkamen, noch nicht zu eigen gemacht, er dachte nicht an die Aufnahme des Sports, wie Eislauf, Baden im Freien, Turnen, wozu man damals mahnte. Die alte Erziehung mit ihrem vielen Stubenhocken ohne die nötige Bewegung und Auswirkung im Freien drückte auch auf den Neffen. Ausserdem sprach Beethoven zu viel, anstatt im Fordern stark und beständig zu sein. So verlor Karl den Respekt vor ihm; der Oheim ging ihm einfach auf die Nerven. Nicht Furcht vor den Prüfungen ist es gewesen, als Karl am 30. Juli 1826 sich das Leben zu nehmen versuchte.

Er wurde von einem Felsen des Rauhenstein bei Baden durch einen Fuhrmann zu seiner Mutter gebracht. Beethoven wurde benachrichtigt, der sofort Dr. Smetana zu kommen bat.

„Verehrtester Herr Dr. Smetana!

Ein grosses Unglück ist geschehen, welches Karl zufällig selbst an sich verursacht hat. Rettung, hoffe ich, ist noch möglich, besonders von Ihnen, wenn Sie nur bald erscheinen.

Karl hat eine Kugel im Kopfe: wie, werden Sie schon erfahren. — Nur schnell, um Gottes willen schnell!

Ihr Sie verehrender

Beethoven."

Nachdem Karl geheilt war, wurde über die Zukunft hin und her beratschlagt. Schliesslich entschied sich Beethoven dafür, den Neffen zum Militär zu geben, wie Karl selbst es wünschte. Man sah ein, dass es das beste sei, ihn von Wien zu entfernen. Nachdem Karl Ende September aus dem Spital gekommen, wohin er bald nach der Tat gebracht wurde, wohnte er wieder mit Beethoven zusammen. An Holz schrieb Beethoven am 9. September 1826: „Karl will durchaus zum Militär, er schrieb, ich sprach ihn auch, es wäre doch besser, dass er erst in einem militärischen Institute wie Neustadt unterkäme; . . . . Karl kann gleich als Offizier austreten; denn länger Kadett zu sein, halte ich nicht für gut . . . Als Züchtling darf er doch auch nicht behandelt werden. Uebrigens bin ich gar nicht für den Militärstand!"

Beethoven selbst versetzte das Ereignis, das die Vergeblichkeit seines edlen Bemühens um seinen Neffen so empfindlich zu erweisen schien, einen harten Schlag, von dem er sich nicht mehr erholen konnte, zumal er immer schon kränkelte. Er hatte im Frühjahr wieder des Arztes bedurft. Wie eine Ahnung setzt er unter einen sonst humorvollen Brief an Karl Holz: „memento mori". Wie sehr die Geschichte ihn erschüttert hatte, deutet auch die Notiz: „Auf den Tod von dem verstorbenen Beethoven."

Breuning, der nun die Vormundschaft übernommen, da Beethoven sie auf Anraten der Freunde niedergelegt, spricht über den weiteren Verlauf. „Sobald er los ist, gehe ich mit ihm zum Feldmarschall-Leutnant Stutterheim, lasse ihn den andern Tag assentieren, und in fünf bis sechs Tagen kann er assentiert sein und abreisen. — Lasse Du mich nur machen."

Die Vorführung musste indessen noch etwas anstehen. Karl sagt selbst den Grund: „solang noch äussere Zeichen sind, kann ich dem General nicht aufgeführt werden."

Daher ging Karl noch mit Beethoven aufs Land. Der Meister hatte endlich im Drang der Umstände die Aufforderung des Bruders Johann, nach Gneixendorf zu gehen, angenommen. Die Abreise erfolgte am 29. September. Unterwegs wurde in Stockerau übernachtet. Am 1. Oktober waren die beiden jedenfalls in Gneixendorf. Unterwegs in Stockerau wurde dies und jenes besprochen. „Willst Du mit zum Bruder aufs Feld, wenn Du nicht zu müde bist?" — „Wann Du willst, gewöhnlich um ½8 bis 8 Uhr." (Das bezieht sich wohl auf eine Mahlzeit.) — „Um wieviel Uhr brauchst Du das warme Wasser?"

In Wien war noch vielerlei erledigt worden. Es gab mit den Verlegern immerfort zu unterhandeln. Peters musste einen Vorschuss, den Beethoven erhoben, zurückerhalten, worüber Briefe auszutauschen waren. Die Sache wurde noch vor Beginn des Jahres 1826 im Dezember geordnet. Namentlich aber musste an Schott wegen der im Druck befindlichen Werke und wegen der Korrekturen geschrieben werden. Im letzten Briefe erfolgte die Metronomisierung der neunten Symphonie, während im Schreiben vom 29. September 1826 in Wien noch einmal dringend von dem cis-moll-Quartett und der Herausgabe der sämtlichen Werke gesprochen wird. „Das Quartett aus cis-moll werden Sie hoffentlich schon haben."

Das Quartett hatte den Meister bis in den Juli beschäftigt. Unter dem 3. Juni hatte er es dem Leipziger Verleger Probst angeboten. Am 12. August war es bei dem Vertrauensmann der Firma Schott, Frank, abgegeben worden. Beethoven meldet: „Sie schreiben, dass es ja ein Originalquartett sein sollte; es war mir empfindlich: aus Scherz schrieb ich daher bei der Aufschrift, dass es zusammengestohlen usw.; es ist unterdessen funkelnagelneu." Beethoven hatte nämlich auf das Autograph geschrieben „fünftes Quartett, von den neuesten — NB. zusammengestohlen aus verschiedenem, diesem und jenem".

Als das B-dur-Quartett kaum beendigt war, sagte Beethoven zu Holz: „Bester, mir ist schon wieder was eingefallen." Und im Januar wiederholt er: „Wieder ein Quartett." In Beethovens Anwesenheit ist das cis-moll-Quartett nicht gespielt worden. Denn als es „zum Vorteile eines Künstlers" im Oktober aufgeführt wurde, war Beethoven in Gneixendorf. Schuppanzigh hat es nicht gespielt. Es ist dem Feldmarschall-Leutnant Stutterheim, der den Neffen in sein Regiment aufnahm, gewidmet und erschien bei Schott zu Mainz im April 1827 nach Beethovens Tode.

Wolfmayer, dem es ursprünglich zugedacht war, erhielt dafür op. 135 in F-dur. Holz schreibt ins Konversationsbuch: „Ich meine, es wäre gar nichts zu setzen als: seinem Freunde Wolfmayer von Beethoven — das wird ihm lieber sein als alle Titel." Dies Werk war die Arbeit des Sommers. Beethoven brachte es fertig skizziert nach Gneixendorf. Es war aber schon im Juli in den Umrissen festgestellt. Artaria wusste im September schon von dem „neuen kleinen Quartett", das schon fertig sei. Schlesinger erhielt es. Dazu erzählt Holz die Anekdote: „Schlesinger hat mich gefragt; ich sagte, Sie schreiben es eben. — Sie strafen ihn nicht, wenn es kurz wird. Hat es nur drei kurze Stücke, so ist es doch ein Quartett von Beethoven und dem Verleger kostet die Auflage nicht so viel." Holz erzählt weiter: „Schlesinger hatte es für achtzig Dukaten gekauft und schickte dreihundertundsechzig Gulden in Banknoten, worüber Beethoven empört sagte: ‚Schickt ein Jude beschnittene Dukaten, soll er auch ein beschnittenes Quartett haben. Daher ist es so kurz'." Es erschien im September 1827 nach Beethovens Tode.

Das Quartett hat die üblichen vier Sätze; es sollte ursprünglich sogar nur drei erhalten. Es beginnt mit einem thematisch reich entwickelten, formvollendeten Allegretto im Zweivierteltakt, einer im Hauptsatz bei Beethoven ganz ausnahmsweisen Taktart. Das Vivace ist wieder ein echtes, in seiner rhythmischen Struktur klares, effektvolles Scherzostück, das etwas Hartnäckiges hat. Doch geht es zum Schluss in zarte Nachgiebigkeit über. Das Lento quillt von Gefühl über; jede Note wiegt schwer und spricht von Namenlosem; cantante e tranquillo fliesst das dahin, einmal sogar più lento. Grave setzt das Finale ein, das einen symbolischen Geist verrät; das Motto des Grave: „Muss es sein?" und das Allegro: „Es muss sein!" hatte freilich einen heiteren Hintergrund. Der Mäzen Dembscher, welcher das a-moll-Quartett durch Schuppanzigh bei sich hatte aufführen lassen, wünschte nun das B-dur-Quartett ebenfalls zu hören. Beethoven machte zur Bedingung, dass der reiche Herr dem Geiger für die erste Aufführung fünfzig Gulden vergüte. Darauf Dembscher: „Wenn es sein m u s s . ." Diese Antwort wurde Beethoven hinterbracht, der sich königlich darüber amüsierte und zunächst einen Kanon darüber schrieb: „Es muss sein, ja es muss sein, heraus mit dem Beutel!" In dem Quartett wird nun dies poetisch-musikalische Motiv tiefer gefasst und verarbeitet.

Auf dem Autograph des Quartetts oder vielmehr dessen eigenhändiger Abschrift steht: „Gneixendorf, am 30. Oktober 1826." Beethoven bezeichnete aber das cis-moll-Quartett als das „fünfte Quartett" — das hat seinen Grund darin, dass das F-dur-Quartett schon teilweise vor und zu gleicher Zeit mit dem in cis-moll skizziert wurde.

Als Holz Beethoven erklärte, ihm gefalle das B-dur-Quartett am besten, meinte der Meister: „J e d e s i n s e i n e r A r t! Die Kunst will es von uns, dass wir nicht stehenbleiben. Sie werden eine neue Art der Stimmführung bemerken, und a n P h a n t a s i e f e h l t ' s , g o t t l o b , w e n i g e r a l s j e z u v o r." Beethoven hielt aber doch das cis-moll-Quartett für sein grösstes. An Innerlichkeit des Ausdrucks kann ihm keines gleichkommen. Es ist der Inbegriff tiefgründiger Musik und dithyrambischer Tonsprache.

Beethovens Grösse tritt uns im cis-moll-Quartett in vollster Reife entgegen: da herrscht ein Reichtum ohne Grenzen. Der erste Satz, ein Fugato, schaut zu Bach zurück, übertrifft ihn aber an sprechender Ausdruckskraft des aufsteigenden Motivs.

Der tiefen Resignation wohnt Vertrauen inne, Beethoven findet kirchliche Töne (A-dur), die plötzlich in Erwartung umschlagen (Fermate auf Cis) — und nun setzt ein homophoner Satz, ein munteres Allegro (Sechsachtel) ein, dessen Höhepunkt durch das überzeugende, trotzige Unisono vor dem Andante erreicht wird. Dieser Ausdruck kündet bereits das Finale an. Eine Allegro moderato-Ueberleitung von gehalten rezitativischem Charakter führt uns più vivace (Kadenz) und sich sammelnd (in allen vier Stimmen) in das Andante ma non troppo e molto cantabile über, in die unergründliche Tiefe des menschlichen Herzens und nimmt uns empor in die sehnsuchtsvollsten Höhen. Diese Variationen, für die es schlechtweg keine Worte gibt, bilden einen wunderbaren Ring (zum Schluss Wiederauftauchen des Themas). Ein knappes Motiv enthält den fruchtbaren Kern dieses tiefempfundenen, auftaktig gebildeten Themas. Die Instrumente nehmen alle an dem Gemälde Anteil, das uns so warm erleuchtet. Die erste Variation überstreut es mit neuen, helleren Farben. Dann wird es straffer, kürzer gefasst, führt zu schrofferem Ausdruck (Sforzati) und bricht energisch ab. Dann geht es in das Andante moderato e lusinghiero, eine kanonisch gebildete schlichte Variation, über, aus der sich die Harfenvariation entwickelt; der Wind weht weich über die Skalen und reisst sforzato in die Saiten. Dann erbeben sie in langhin klingenden Tönen, mit denen sich ausdrucksvolle Vorhalte in der Allegrettovariation vereinen. Darauf eine sprechende Viertelpause — und mit breittragendem Gesang hebt uns das im Sechsvierteltakt sich weitende Adagio ma non troppo e semplice in die blauen Höhen der Sphärenharmonie. Rezitativisch, wie irrend, finden sich die einzelnen Instrumente zurück, allegretto kündet sich das Thema wieder an. Das tritt nun wieder ein, voll edelsten Schwunges, von Trillern silbern umspielt, vom Cello beschwingt. Ein weiteres Rezitativ der Violine führt in jähem Anstieg zu dem mählichen Abklang:

Diese Uebergangstakte zum Presto sind, wie Beethovens Skizzenbuch zeigt, das endliche Ergebnis einer zwölfmaligen Umgestaltung. — Ohne Besinnen geht es nun in den herrlichen Humor des Scherzo-Presto über, der nur dem zu Gebote steht, der das Leben unter sich fühlt. Ein molto poco

Adagio tritt immer wieder mahnend ein in diese ungemein anfeuernde Staccatojagd, der ein wunderbar gewölbtes Piacevole gegenübertritt, im ritmo di tre battute eigensinnig dahinstürzend. Aus der sul ponticello-Stelle hört man die Kobolde kichern. Rascher Abschluss im gewöhnlichen Klang — dann gehen wir über zur ergreifendsten Klage. Das überleitende Andante gleicht den blutigen Tränen, wie sie einem Manne im Auge brennen. Das wuchtige Finale strotzt von der Kraft, die Taten fordert. Hier sträubt sich Beethoven zum letztenmal gegen das Schicksal. Träumerische Erinnerungen rauschen vorbei. Dann geht es zum letzten Kampf auf Leben und Tod: Arbeit, Arbeit tönt es immer wieder und: nicht verzweifeln! — so klingt es in den letzten siegenden Akkorden mächtig aus!

Wenn oben gesagt wurde, dieses Quartett sei Beethovens grösstes Werk, so mag darauf hingewiesen sein, dass es die vollendetste innere und äussere Einheit bildet, die bei Beethoven zu finden ist: Einheit und Vielheit vereint. Unsere Modernen werden fragen: wo bleibt denn der Text zu dieser Musik? Beethoven schrieb keinen. Der Grosse wird einsam, und der Einsame schweigt. Es gibt Dinge, über die man nicht reden, nur in Tönen schweigen kann — schwärmen wir Schweigenden deshalb nur? Gibt es keine Wahrheit, weil das Bild zu Saïs verhüllt ist?

In Gneixendorf wurde dann noch zweierlei skizziert, überdacht und beendet. Zunächst der neue letzte Satz zum B-dur-Quartett, der an die Stelle der Fuge treten sollte. Auch die Skizzen hierzu nahm Beethoven mit nach Gneixendorf. Dort wurde der Satz ausgearbeitet. Am 25. November gab Artaria dem Meister fünfzehn Dukaten dafür. Wir wiesen schon auf den Haydnschen Charakter des Satzes hin und begreifen, dass der Verleger dies Finale „ganz köstlich" fand.

Schliesslich wurde noch ein Quintettsatz niedergeschrieben, der zu einem von Diabelli bestellten Quintett bestimmt war, und den Diabelli als „Bruchstück eines neuen Violinquintetts vom November 1826" auf der Nachlassauktion kaufte und später in zwei- und vierhändigem Klavierauszug herausgab. Das frische Andante maestoso mit seinem glanzvollen Festcharakter ist Beethovens letzte Komposition.

Schuppanzigh äusserte vergeblich: „Auf das Quintett freue ich mich." Beethoven musste sterben.

18. Kapitel

LEBENSENDE

Beethovens letzter Landaufenthalt war „dieses Wasserschloss in Gneixendorf", wohin zu kommen der Meister sich bisher immer gewehrt hatte; „der Name Gneixendorf krache wie ein zerbrechendes Rad". Trotz des Widerwillens gegen die Umgebung ging es dort im Anfang gut. Beethoven sah die Felder und Weingärten des Bruders, das Kloster, wo Margarete, Ottokars Gemahlin, starb. Die Brüder machten weite Spaziergänge. Sie besuchten das erhöht gelegene Kloster Göttweih, von wo sich den Blicken eine grossartige Aussicht eröffnet.

Beethoven wollte ursprünglich nur acht Tage verweilen. Der Aufenthalt dehnte sich aber bis Ende November aus. Wir empfangen darüber ebenso ergötzliche wie betrübliche Nachrichten. Ein junger Bursche, Michael Krenn, wurde Beethoven zur Verfügung gestellt und hat auf Befragen einiges über den Aufenthalt Beethovens in Gneixendorf erzählt. „Michael musste immer zeitlich früh hinaufkommen. Aber meistens musste er lange klopfen, bis Beethoven ihm aufmachte. Um ½6 Uhr pflegte letzterer aufzustehen, zu seinem Tisch sich zu setzen, mit Händen und Füssen den Takt zu schlagen und singend und brummend zu schreiben. Anfangs schlich Michael, wenn ihm das Lachen darüber kam, zur Tür hinaus, allmählich aber gewöhnte er sich daran. Um ½8 Uhr war gemeinsames Frühstück; nach demselben eilte Beethoven stets ins Freie ... Um ½1 Uhr pflegte er nach Hause zum Essen zu kommen, nach Tisch ging er in sein Zimmer ungefähr bis 3 Uhr, dann lief er wieder auf den Feldern herum bis vor Sonnenuntergang; denn nach demselben pflegte er nie mehr auszugehen. Um ½8 Uhr war Nachtmahl, dann verfügte er sich in sein Zimmer, schrieb bis 10 Uhr und legte sich dann zu Bett. Zuweilen spielte Beethoven auch Klavier. Doch stand dasselbe nicht in seinem Zimmer, sondern im Saale."

Der Neffe spielte ebenfalls Klavier, hie und da mit Beethoven zusammen, manchmal mit der Tante. Er freundete sich überhaupt mit dieser an, was Beethoven verdriesslich stimmte.

Die Situation spitzte sich um so mehr zu, als Beethoven immer reizbarer wurde. Sein Zustand wird bedenklich. Er schreibt an Wegeler schon von Wien aus in sehr elegischer Stimmung: „Mein geliebter Freund! Nimm für heute vorlieb; ohnehin ergreift mich die Erinnerung an die Vergangenheit, und nicht ohne viel Tränen erhältst Du diesen Brief." Johann schreibt im Konversationsbuch: „Deine Augen sind seit der Zeit, dass Du hier bist, gut, ohne Rosenwasser, eine Folge der guten Luft." Der Bruder erzählte ferner: „Bei schlecht zubereiteten Speisen ass er nichts als mittags einige weiche Eier, trank aber dann mehr Wein, so dass er öfters an Durchfällen litt; dabei wurde sein Bauch die letzte Zeit immer grösser, dagegen er auch längere Zeit Binden trug." Auch über „oedematöse Füsse" wird gesprochen.

Beethoven wünschte sich fort, auch Karls wegen. Darüber spricht er jedoch nicht mit dem Bruder, sondern schreibt ihm: „Ich kann unmöglich länger mehr ruhig sein über das künftige Schicksal des Karl. Er kommt ganz aus aller Tätigkeit, und dieses Leben so gewohnt, wird er mit grösster Mühe nur wieder zur Arbeit zu bringen sein, je l ä n g e r er hier so untätig lebt .... Es ist ewig schade, dass dieser talentvolle junge Mensch so seine Zeit vergeudet ... Ich sehe aus seinem Benehmen, dass er gern bei uns bleiben möchte. Allein dann ist seine Zukunft dahin .... Ich glaube daher, bis nächsten Montag ..."

Karl eilt es indessen jetzt nicht. „Breuning sagt, dass ich nicht eher zu dem Feldmarschall gehen kann, bis ich so aussehe, dass man keine Zeichen des Geschehenen an mir sieht, weil er das Ganze ignorieren möchte ... Hätte ich die Pomade hier gehabt, so wäre auch das unnötig. Ueberdies je länger wir hier bleiben, desto länger sind wir noch beisammen, da ich, sobald wir in Wien sind, natürlich bald weg muss." Es gibt wieder unangenehme Auseinandersetzungen zwischen Oheim und Neffe. Der Neffe schreibt ins Konversationsbuch: „Ich bitte Dich also, mich endlich einmal ruhig zu lassen. Willst Du abreisen, gut — willst Du nicht, auch gut. — Nur bitte ich Dich nochmal, mich nicht so zu quälen, wie Du es tust. Du könntest es doch am Ende bereuen . . ."

Beethoven ist schliesslich am 1. Dezember abends abgefahren. Der Arzt Wawruch berichtet nach des Meisters Erzählung: „Beethoven fuhr nach seiner jovialen Aussage auf dem elendesten Fuhrwerk des Teufels, einem Milchwagen." „Der Dezember war rauh, nasskalt und frostig. Beethovens Bekleidung war nichts weniger als der unfreundlichen Jahreszeit angemessen, doch trieb ihn eine innere Unruhe, eine düstere Unglücksahnung fort. Er war bemüssigt, in einem Dorfwirtshaus zu übernachten, worin er ausser dem elenden Obdach nur ein ungeheiztes Zimmer ohne Winterfenster antraf. Gegen Mitternacht empfand er den ersten erschütternden Fieberfrost, einen trockenen, kurzen Husten, von einem heftigen Durst und Seitenstechen begleitet. Mit dem Eintritte der Fieberhitze trank er ein paar Mass eiskalten Wassers und sehnte sich in seinem hilflosen Zustande nach dem ersten Lichtstrahl des Tages. Matt und krank liess er sich auf den Leiterwagen laden und langte endlich kraftlos und erschöpft in Wien an." Das war am 2. Dezember. Sofort wurde nach den Aerzten geschickt. Braunhofer und Staudenheimer, die den Meister früher behandelt hatten, erschienen nicht. Endlich am 5. Dezember kam Dr. Wawruch. Er schreibt ins Konversationsbuch: „Ein grosser Verehrer Ihres Namens wird alles Mögliche anwenden, bald Erleichterung zu schaffen. Prof. Wawruch."

Es wurde die Wassersucht konstatiert, die als Folge einer unheilbaren Lebererkrankung zum Tode führen musste. Beethovens kräftiger Körper hatte aber noch einen langen Kampf zu kämpfen, bis er im Tode zerbrach.

Die wichtigste Aufgabe dieser Zeit war die Gestellung Karls zum Militär. Am 2. Januar fuhr Karl, nachdem er assentiert war, nach Iglau ab. Beethoven war nachher besonders guter Dinge. Er erhielt auch sehr bald dankbare Briefe von dem Neffen. „Mein teurer Vater! Deinen durch Schindler geschriebenen Brief habe ich erhalten . . . Schreibe mir recht bald wieder. Ich umarme dich herzlich. Meine Empfehlungen an Herrn Hofrat (Breuning). Dein Dich liebender Sohn Karl. — P. S. Glaube ja nicht, dass die kleinen Entbehrungen, denen ich jetzt unterworfen bin, mir meinen Stand zuwidermachen. Sei vielmehr überzeugt, dass ich wohl zufrieden lebe und nur bedaure, so weit von Dir entfernt zu sein . . ." Ein anderer Brief beginnt: „Soeben erhalte ich die mir überreichten Stiefel und danke Dir recht sehr dafür" und fährt fort: „Schreibe mir recht bald, wie es mit der Gesundheit geht . . . Ich küsse Dich . . ."

Ans Komponieren dachte Beethoven nur noch vorübergehend, und zwar wollte er im Januar, als sein früherer Arzt Malfatti die Behandlung aufgenommen, am Oratorium „Saul" arbeiten.

Beethoven war nämlich mit Wawruchs Behandlung unzufrieden und gegen diesen Arzt persönlich eingenommen. Schindler schreibt: „Doch ist es besser und geratener, Sie verlieren noch nicht das Zutrauen zu dem Arzte. Denn er hat denn doch schon viel getan. — Das ist ein ganz bekannter Fall, dass Wassersucht langsam zu heilen ist." Endlich am 11. Januar erschien Malfatti bei dem Konsilium der Aerzte und übernahm dann nach geschehener Versöhnung mit Beethoven die Behandlung neben Wawruch. Er erlaubte oder verordnete dem Kranken Punscheis. Beim Beginn dieser Behandlung schöpfte Beethoven frischen Lebensmut.

Der Zustand blieb jedoch bedenklich, denn schon am 20. Dezember hatte die erste Punktation und am 8. Januar eine zweite stattfinden müssen. Bei der Besprechung der ersten war auch Beethovens früherer Arzt Staudenheimer anwesend. Der Primärwundarzt Seibert vom allgemeinen Krankenhause führte die Punktation aus. Beethoven äusserte dabei humoristisch: „Herr Professor, Sie kommen mir vor wie Moses, der mit seinem Stab an den Felsen schlägt." Diesmal bildete sich um die Stichöffnung eine Entzündung, welche die nächsten Male nicht auftrat. Auch die zweite Operation am 8. Januar führte Seibert aus. Am 2. Februar erfolgte eine dritte Punktation. Schindler bemerkt: „Das Wasser geht ja durch die Leber — daher der gute Zustand der Leber, der Hebel der ganzen Krankheit. Sie kann sich ja seit dieser wieder gebessert haben." Beethoven litt an einer sogenannten Leberzirrhose. Später wurde noch eine vierte Parazenthese nötig.

Inzwischen beschäftigte sich Beethoven mit Lesen und Briefschreiben und unterhielt sich mit den Besuchern.

Artaria zeigte ihm den Titel der im Stich befindlichen Fuge op. 133. Man berichtete dem Meister, dass Schuppanzigh das B-dur-Quartett aufgeführt habe, und dass Linke es mit dem neuen Finale machen wolle.

Beethoven las in Walter Scotts und mit Vorliebe in Händels Werken, die ihm Stumpf von London in der schönen Ausgabe in 40 Bänden gesandt, wie er es dem Meister bei seinem Besuche im Jahre 1824 versprochen. Beethoven war von Händel begeistert. „Schon lange habe ich sie mir gewünscht; denn Händel ist der grösste, der tüchtigste Kompositeur; von dem kann ich noch lernen."

Grosse Freude werden ihm die Briefe der Marie Pachler-Koschak bereitet haben, die ihm ein gewisser Jenger überbrachte, worin die Freundin den verehrten Meister nach Graz einlud. „Lassen Sie dies nicht unerfüllt und kommen Sie! Der Herbst ist bei uns stets die angenehmste Jahreszeit, und der Monat September der schönste im ganzen Jahre. Zudem wohnen wir aber heuer auf einem recht niedlichen Landgute in einer der herrlichsten Umgebungen unserer Stadt." Die Freundin lockte umsonst. Jenger musste ihr antworten: „Wenn sich etwas Besonderes ergibt, so werde ich Ihnen, beste gnädige Frau, gleich Nachricht davon geben, weil Sie an Beethovens Schicksal so herzlichen, innigen Anteil nehmen, was mich und alle Freunde Beethovens ungemein freut." Man erwartete das Schlimmste.

Auch mit Wegeler wurden Briefe ausgetauscht. Beethoven gedenkt wehmütig seiner Heimat und schreibt dann: „Ich gedulde mich und denke: alles Ueble führt manchmal etwas Gutes herbei ... Wie viel möchte ich Dir heute noch sagen, allein ich bin zu schwach; ich kann daher nicht mehr als Dich mit Deinem Lorchen im Geiste umarmen." Das schrieb er am 17. Februar 1827.

Unter den Besuchern befanden sich Dolezalek, Streicher, Bernard, Hasslinger und andere Bekannte. Schindler und Holz waren beständig um den Meister. Auch der alte Zmeskall lässt wenigstens von sich hören, da ein Gichtleiden ihn hindert, persönlich zu kommen. Beethoven schrieb ihm ein paar Zeilen am 18. Februar. „Tausend Dank für Ihre Teilnahme. Ich verzage nicht, mir ist alle Aufhebung meiner Tätigkeit das Schmerzhafteste; kein Uebel, welches nicht auch sein Gutes hat — der Himmel verleihe nur Ihnen auch Erleichterung Ihres schmerzhaften Daseins. Vielleicht kommt uns beiden unsere Gesundheit entgegen, und wir begegnen und sehen uns wieder freundlich in der Nähe." Vater Stephan von Breuning war krank, deshalb besuchte sein Söhnchen Gerhard Beethoven desto öfter.

Graf Moritz Lichnowski kam und der alte Freund Gleichenstein. Diabelli wusste den Meister wieder von neuem zu erfreuen. Ueber sein Geschenk des Bildes von Haydns Geburtshaus war Beethoven ganz gerührt und sagte zu dem kleinen Gerhard: „Sieh, das habe ich heute bekommen. Sieh mal dies kleine Haus, und darin ward ein so grosser Mann geboren."

Fräulein Schechner, die glänzende Vertreterin des Fidelio bei den Aufführungen in den letzten Jahren, erschien ebenfalls am Krankenbett.

Auch Schubert besuchte den verehrten Meister. Sie lasen zusammen in Händels Werken. Beethoven lernte Schuberts Kompositionen kennen und erklärte: „Wahrlich, in dem Schubert wohnt ein göttlicher Funke!"

Anfang März besuchten Hummel und sein Schüler Ferdinand Hiller den Kranken. Hiller erzählt unter anderem: „Wir waren nicht wenig erstaunt, den Meister dem Anscheine nach ganz behaglich am Fenster sitzend zu finden . . . Beethoven übersah das Geschriebene (im Konversationsbuch) mehr mit einem Blick, als dass er es las . . . Er äusserte sich in der schärfsten Weise über den jetzigen Kunstgeschmack und über den hier alles verderbenden Dilettantismus. Auch die Regierung bis in die höchsten Regionen hinauf wurde nicht verschont. ‚Ich schreibe ein Heft Busslieder und dediziere es der Kaiserin,' sagte er unmutig lachend zu Hummel . . . Ueber die italienische Oper in Wien brach er in die denkwürdigen Worte aus: ‚Man sagt, vox populi — vox dei; ich habe nie daran geglaubt.' Ueber Schindler sagte er: ‚Er ist ein braver Mensch, der sich viel um mich bemühte. Da soll er nächstens ein Konzert geben, zu welchem ich ihm meine Mitwirkung versprochen habe. Aber daraus wird nun wohl nichts werden. Nun möchte ich, dass Du (Hummel) mir den Gefallen tätest, darin zu spielen. Man muss armen Künstlern immer forthelfen.'"

Im Hause sah es nicht erfreulich aus. Die zuerst anwesende Bediente Thekla wurde im Januar fortgeschickt. Dafür kam zu

Beethovens Beruhigung die bekannte Frau Schnaps wieder. Später ist noch von einer Sally die Rede.

Vor der zweiten Punktation war des Testamentes gedacht und an den Rechtsbeistand Dr. Bach geschrieben worden.

Zur Zeit gebrach es an Geld, da der Meister die Bankaktien, die er testamentarisch für den Neffen bestimmt, nicht angreifen wollte. Er wendet sich an die englischen Freunde, an Moscheles und Stumpf. Daraufhin vermittelten diese eine Ueberweisung von tausend Pfund Sterling von der Philharmonischen Gesellschaft in London. Die Antwort an Moscheles vom 18. März sagt uns, wie Beethoven das Geschenk aufgenommen. „Mit welchen Gefühlen ich Ihren Brief vom ersten März durchlesen, kann ich gar nicht mit Worten schildern. Der Edelmut der Philharmonischen Gesellschaft, mit welchem man meiner Bitte beinahe zuvorkam, hat mich bis in das Innerste meiner Seele gerührt." Das war Beethovens letztes längeres Schreiben. Es folgten Diktate an Schott, den er um Rhein- oder Moselwein bittet.

Der Genius senkte seine Fackel. Beethovens Stimmung war gedrückt. Bruder Johann schreibt ihm auf:

„Du musst bessren Mutes sein; denn die Traurigkeit hemmt Deine Genesung." Am 27. Februar musste die vierte Punktation stattfinden. Beethoven fühlte den Tod in sich. Schindler machte ihm Hoffnung, indem er ihn auf die Macht des Frühlings hinwies. Beethoven aber entgegnete mit Worten aus Händels Messias: „Mein Tagewerk ist vollendet. Wenn hier noch ein Arzt helfen könnte, his name shall be called wonderful!"

Der Wein und ein Gebrauchszettel „Mittel gegen die Wassersucht" von Schott kamen zu spät. Unterdessen sandte Baron Pasqualati, bei dem Beethoven so oft gewohnt, mancherlei leichte Speisen und Wein, Kompott und Champagner. Ein kleiner Briefwechsel zeugt von diesen Beweisen der Freundschaft. Beethoven schreibt schon auf dem ersten Zettel ein ahnungsvolles Wort: „Schon dieses (wenige) kostet mich Anstrengung — sapienti pauca."

Nur wenige Tage noch. Am 16. März wurde Beethoven von den Aerzten aufgegeben. Wawruch mahnte ihn, sich für die letzte Reise zu rüsten. „Mit der zartesten Schonung schrieb ich ihm die mahnenden Worte auf ein Blatt Papier. Beethoven las das Geschriebene mit einer beispiellosen Fassung langsam und sinnend, sein Gesicht glich dem eines Verklärten; er reichte mir herzlich und ernst die Hand und sagte: ‚Lassen Sie den Herrn Pfarrer rufen'." Das geschah am 24.

Am 23. März musste das Letzte geschrieben werden. Es bedurfte eines Kodizills zum Testament. „Mein Neffe Karl soll alleiniger Erbe sein, das Kapital meines Nachlasses soll jedoch seinen natürlichen oder testamentarischen Erben zufallen." Beethoven schrieb zum letztenmal etwas Zusammenhängendes, langsam zitternd. Dann erklärte er: „Da! Nun schreibe ich nichts mehr!"

Am selben Tage besuchten ihn Hummel mit Frau, einer geborenen Röckel, und Hiller. Dieser schreibt: „Trostlos war der Anblick des ausserordentlichen Mannes, als wir ihn am 23. März wieder aufsuchten. — Es sollte das letztemal sein. Matt und elend lag er da, zuweilen tief seufzend. Kein Wort mehr entfiel seinen Lippen — der Schweiss stand ihm auf der Stirn. Als er zufällig sein Schnupftuch nicht gleich zur Hand hatte, nahm Hummels Gattin ihr feines Batistläppchen und trocknete ihm mehrmals das Antlitz damit. Nie werde ich den dankbaren Blick vergessen, mit welchem sein gebrochenes Auge dann zu ihr hinsah. Beethoven wünschte ein Glas Wein — sein Magen versagte. Der Meister sah den Tod nun klar kommen: ‚Es ist alles nichts, es ist aus mit dem ärztlichen Latein und wird aus mit dem Leben.'"

Am selben 23. fiel in Gegenwart Schindlers und Breunings jene irrtümlich mit der letzten Oelung in Verbindung gebrachte Aeusserung: „Plaudite, amici, comoedia finita est."

Als der Meister am 24. die Sterbesakramente empfangen, sagte er zu dem Geistlichen: „Ich danke Ihnen, geistlicher Herr! Sie haben mir Trost gebracht!"

Der letzten Oelung wohnten Schindler, der kleine Breuning, Jenger und Frau van Beethoven bei.

Noch eine Kleinigkeit musste geschrieben werden: der Namenszug; der Eigentumsschein, der der Firma Schott das Recht am cis-moll-Quartett verlieh, wurde unterzeichnet. Hierauf bat Beethoven, den Dank an die Philharmonische Gesellschaft nicht zu vergessen, sprach von der englischen Nation: „Gott wolle sie segnen." Mittags kam der Rheinwein von Schott an, den Schindler auf den Tisch vors Bett stellte. Beethoven sagte: „Schade, schade, zu spät!" Und sprach von nun an kein Wort mehr.

Der Todeskampf dauerte bis zum 26. März. Hüttenbrenner, der mit Frau van Beethoven allein die Sterbestunde gesehen, erzählt: „In den letzten Lebensaugenblicken Beethovens war ausser der Frau van Beethoven und mir niemand im Sterbezimmer anwesend. Nachdem Beethoven von 3 Uhr nachmittags an, da ich zu ihm kam, bis 5 Uhr röchelnd im Todeskampf bewusstlos dagelegen war, fuhr ein von einem heftigen Donnerschlag begleiteter Blitz hernieder und beleuchtete grell das Sterbezimmer (vor Beethovens Wohnhause lag Schnee). Nach diesem unerwarteten Naturereignisse, das mich gewaltig frappierte, öffnete Beethoven die Augen, erhob die rechte Hand und blickte mit geballter Faust mehrere Sekunden lang in die Höhe mit sehr ernster, drohender Miene, als wollte er sagen: ich trotze euch, feindlichen Mächten, weichet von mir, Gott ist mit mir. — Auch hatte es den Anschein, als wolle er wie ein kühner Feldherr seinen zagenden Truppen zurufen: Mut, Soldaten, vorwärts, vertraut auf mich, der Sieg ist uns gewiss. Als er die erhobene Hand wieder auf das Bett niedersinken liess, schlossen sich seine Augen zur Hälfte. Meine rechte Hand lag unter seinem Haupte, meine linke ruhte auf seiner Brust. Kein Atemzug, kein Herzschlag mehr."

Am 27. März wurde Beethovens Leiche obduziert. Aus dem Obduktionsberichte ist besonders die Stelle über den Gehörapparat von Interesse. „Der Ohrknorpel zeigte sich gross und regelmässig geformt, die kahnförmige Vertiefung, besonders aber die Muschel desselben, war sehr geräumig und um die Hälfte tiefer als gewöhnlich; die verschiedenen Ecken und Windungen waren bedeutend erhaben. Der äussere Gehörgang erschien besonders gegen das verdeckte Trommelfell mit glänzenden Hautschuppen belegt. Die eustachische Ohrtrompete war sehr verdickt, ihre Schleimhaut angewulstet und gegen den knöchernen Teil etwas verengert. Vor deren Ausmündung und gegen die Mandeln bemerkte man narbige Grübchen. Die ansehnlichen Zellen des grossen und mit keinem Einschnitte bezeichneten Warzenfortsatzes waren von einer blutreichen Schleimhaut ausgekleidet. Einen ähnlichen Blutreichtum zeigte auch die sämtliche, von ansehnlichen Gefässzweigen durchzogene Substanz des Felsenbeins, insbesondere in der Gegend der Schnecke, deren häutiges Spiralblatt leicht gerötet erschien."

Der Maler Joseph Dannhauser nahm am 28. März einen Gipsabdruck und zeichnete den Meister.

Am 29. März, nachmittags um 3 Uhr, fand das Leichenbegängnis statt. Ein Bericht sagt unter anderem: „Der Andrang war so gross, dass, als endlich selbst der geräumige Hof des Wohnhauses Beethovens die Menge nicht mehr fassen konnte, das Haustor verschlossen werden musste, bis der Zug begann. Der Sarg mit dem Leichnam des grossen Tonsetzers war im Hofe aufgestellt."

Das Bahrtuch hielten die Kapellmeister Eybler, Weigl, Hummel, Seyfried, Kreutzer, Gyrowetz, Würfel und Gänsbacher. Unter den vielen Leidtragenden befanden sich auch Schubert, Schuppanzigh, Holz, Linke, Mayseder, Streicher, Schindler, Wolfmayer, Hasslinger, Steiner und andere. Auf dem Wege gerade vor Breunings Hause wurde Beethovens Marcia funebre aus op. 26 gespielt. Man zog in die Pfarrkirche der Alserstrasse. Während der Feierlichkeit wurde ein von Seyfried arrangiertes sechzehnstimmiges „Libera me", a capella gesungen. Vor dem Tor des Friedhofes hielt der Schauspieler Anschütz die Rede, welche Grillparzer niedergeschrieben; sie beginnt: „Indem wir hier am Grabe dieses Verblichenen stehen, sind wir gleichsam die Repräsentanten einer ganzen Nation des deutschen gesamten Volkes, trauernd über den Fall der einen hochgefeierten Hälfte, was uns übrig blieb von dem dahingeschwundenen Glanz heimischer Kunst, vaterländischer Geistesblüte. Noch lebt — und möge er lange leben —! der Held des Sanges in deutscher Sprache und Zunge. Aber der letzte Meister des tönenden Liedes, der Tonkunst holder Mund, der Erbe und Erweiterer von Händels und Bachs, von Haydns und Mozarts unsterblichem Ruhme hat ausgelebt, und wir stehen weinend an der zerrissenen Saite des verklungenen Spiels."

Bei den Exequien am 3. April wurde Mozarts Requiem und am 5. eines von Cherubini aufgeführt.

Aus dem Nachlass gab Holz schon am *27.* März die Bankaktien aus einem Geheimfach dem Bruder Johann heraus. Es fand sich darin auch das Heiligenstädter Testament und der Brief an die Unsterbliche Geliebte, ein Bild der Therese Brunswik und eins der Giulietta Guicciardi.

Stephan von Breuning folgte schon am 4. Juni seinem Freunde ins Grab. An seiner Stelle wurde der Hofkonzipist Jakob Hotschevar Vormund des Neffen.

Am 5. November wurde die Versteigerung des schriftlichen Nachlasses abgehalten. Wenn auch einiges in gute Hände kam, so zerstreute sich doch im grossen und ganzen das Besitztum Beethovens, die gewöhnlichen und letzten Zeichen seines Erdenlebens, in alle Welt.

Wir haben seine Werke, die uns immer wieder in jedem Hause, wo musiziert wird, die Worte Grillparzers bestätigen: „So war er, so starb er, so wird er leben für alle Zeiten!"

Beethoven schuf für die Ewigkeit, und seine Musik gilt uns als klassisch. Zwar entdecken wir überall romantische Züge, welche die Kunst eines Schubert, Schumann, ja, Chopin und Brahms, vorahnen lassen. Beethoven bedeutet uns die Geburt der subjektiven Musik. Was will das alles heissen?

Beethoven war das Bild der Kraft. Er besass auch die innere Kraft, jene Geisteskraft, welche tiefsten Ernst und grösste Strenge in der Arbeit nicht nur gestattet, sondern zur Pflicht macht.

Er wollte den Effekt, den inneren Effekt, welcher den äusseren nicht aus-, sondern einschliesst, welcher den Hörer zwingt, der Musik zu folgen. Dieser Effekt sollte den Beifall entfesseln, sollte nicht Tränen hervorrufen, sondern Begeisterung erzeugen.

Aus diesem Wollen entsprang die eiserne Konsequenz, die zwingende Logik in Beethovens Komposition. Da blieb kein Takt mehr stehen, der die innere Entwicklung eines Stückes nicht förderte.

Die bei Beethoven so überaus häufige Einleitung sorgt für die erhöhte Wirkung des Hauptsatzes. Die Kontraste werden überall aufs schärfste und fruchtbarste herausgearbeitet: durch überraschende Akzente, durch dynamische Wechsel, durch Episoden, und vor allem durch die rhythmischen Gegensätze. Hierin ist Beethoven geradezu unerschöpflich.

Sein musikalisches Leben ist ebenso reich wie sein Gefühlsleben. Ein hartes, manchmal elendes Schicksal hat ihn betroffen. Er unterliegt nicht, sondern wehrt sich, lässt sich nicht niederbeugen. „Ein Unglück bejammern, das nun einmal geschehen ist, das ist nur der nächste Weg, ein neues Unglück zu veranlassen. Wenn man der Härte des Schicksals nicht ausweichen kann, so vermag doch die Geduld aus einer Kränkung einen Spott zu machen." Das sind Zeilen, die Beethoven sich in Shakespeares Othello angestrichen.

Aus der verwundeten Brust Beethovens entsprang das humorsprühende Scherzo. Das alte Menuettlein taugte ihm nicht. Froh und heiter, ausgelassen sein konnte man in einem Rondo-Finale. Aber Beethoven brauchte einen dämonischen Satz, einen Satz, der die musikalischen Keime nicht unberührt nebeneinander stehen lässt — er verlangte auch darin eine Durchführung, gleichsam eine Reinigung der Atmosphäre durch angestrengte und anstrengende Seelenprozesse. Auch das Adagio, auch das Finale, selbst das in Rondoform, hat wiederholt eine Durchführung empfangen müssen.

Alles und jedes musste gemeisselt, musste plastisch herausgestellt werden. Die Motive mussten von grösster Bestimmtheit sein. Die Verarbeitung musste ins Tiefste dringen, jeder Gedanke bis zu Ende gedacht sein. Darum so oft die Entwicklung ganzer Sätze aus einem einzigen Motiv. Darum die leidenschaftliche Vorliebe für den Orgelpunkt, für die Variation, darum die Neigung zur strengen Schreibart und in der letzten Lebenszeit zur Fuge. Darum das Bedürfnis, die einzelnen Sätze durch ausgedehntere, motivierte Uebergänge inniger miteinander zu verzahnen.

Die Einheitlichkeit bedingte die wahre Entwicklung, in der Sprünge unmöglich sind.

Auf diesem Grunde durfte dann die Vielheit in der Einheit gesucht werden. Alle die verschiedenen Gefühle und Stimmungen, die in der Brust dieses tiefempfindenden Mannes wogten, sprachen sich musikalisch aus. Eine ungeheure Lebendigkeit der Gefühle führt uns von düstrer Trauer, wie im Largo e mesto der D-dur-Sonate op. 10, zur apollinischen Heiterkeit so vieler Rondos, von schlichtem Gesang zu majestätischem Triumphzug in der Siegessymphonie in A-dur.

Jedes Ding, jedes Blatt, jeder Baum, jeder Vogel trägt zu der Musik bei, die so oft an der Brust der Natur erdacht wurde. Beide Weisen hören wir von Beethoven: die Verherrlichung der schönen

Welt, der strahlenden Flur, des heiligen Waldes, wie der mystischen Empfindungen in der eigenen Brust.

Und zum Schlusse des Lebens verinnerlicht sich diese Empfindung immer mehr. In polyphon verschlungener Stimmführung enthält jeder Ton des Meisters Herzblut und führt uns auf überirdischen Bahnen über die Mühsal des Lebens hinweg.

Zwei Grundzüge des Beethovenschen Wesens haben seiner Musik den ewigen Wert verliehen: die Ueberwindung des Schicksals und die Selbstüberwindung; er besass die Kraft zur Freude und den ethischen Willen. Beethovens Musik will sittlich sein und sittlich wirken. Das Geheimnis dieser wahrhaft königlichen Musik wird uns durch den Satz Kants erschlossen, an dem der grosse Beethoven unwandelbar festhielt: Das moralische Gesetz in uns und der gestirnte Himmel über uns!

Er war ein Kind seiner Zeit, aber der Himmel, zu dem er aufblickte, wölbt sich über alle Zeiten.

BEETHOVENS TOTENMASKE
Von J. Danhauser

Einladung

zu

LUDWIG VAN BEETHOVEN'S

Leichenbegängnisse,

welches am 29. März um 3 Uhr Nachmittags stattfinden wird.

Man versammelt sich in der Wohnung des Verstorbenen im Schwarzspanier-Hause Nr. 200, am Glacis vor dem Schottenthore.

Der Zug begiebt sich von da nach der Dreifaltigkeits-Kirche bei den P. P. Minoriten in der Alsergasse.

Die musikalische Welt erlitt den unersetzlichen Verlust des berühmten Tondichters am 26. März 1827 Abends gegen 6 Uhr. Beethoven starb an den Folgen der Wassersucht, im 56. Jahre seines Alters, nach empfangenen heil. Sacramenten.

Der Tag der Exequien wird nachträglich bekannt gemacht von

L. van Beethoven's

Verehrern und Freunden.

(Diese Karte wird in Tob. Haslinger's Musikalienhandlung vertheilt.)

BEETHOVENS GRABMAL AUF DEM WÄHRINGER FRIEDHOF BEI WIEN

BEETHOVEN DENKMAL IN BONN

Von Ernst Hähnel, errichtet 1845

CHRONOLOGISCHES VERZEICHNIS DER WERKE BEETHOVENS

Seite	Werke	Daten
34	Ungedruckte Fuge	Komp. 1780/81
33 f	Variationen für Pianoforte (Marsch von Dressler)	
34 f	3 Sonaten für Pianoforte. Es-dur, f-moll, D-dur	Komp. 1781
	Beide Werke erschienen 1783.	
38	3 Quartette für Pianoforte, Violine, Viola und Violoncello	Komp. 1783
36	Rondo für Pianoforte. A-dur	Ersch. 1784
36	Lied: An einen Säugling	
vgl. 57	Menuett für Pianoforte. Es-dur. (Ersch. 1805)	Komp. 1785 (?)
57	Präludium für Pianoforte. f-moll. (Ersch. 1805)	Komp. 1787 (?)
58 f	Trio für Pianoforte, Violine und Violoncello. Es-dur	
57	2 Präludien für Pianoforte. Op. 39	Komp. 1789
60 f	2 Kantaten	Komp. 1790
57	Variationen für Pianoforte. (Venni amore)	Komp. spät. 1790
vgl. 57, 61	Lied: Der freie Mann	
38, 61	8 Lieder. Op. 52. (Ersch. 1805)	
59 f	Rondino für Blasinstrumente. Es-dur	Komp. spät. 1792
61 f, 92	Trio für Streichinstrumente. Op. 3. (Ersch. 1796)	
58	14 Variationen Op. 44. Es-dur für Pianoforte, Violine und Cello	Komp. 1792/93
57 f, 70	Variationen für Pianoforte und Violine. (Se vuol ballare)	Ersch. 1793
57, 79	Variationen für Pianoforte (Es war einmal)	Ersch. spät. 1794
57, 79	Variationen für Pianoforte zu 4 Händen (Th. v. Graf Waldstein)	Ersch. 1794
vgl. 59 u. 57	Trio f. 2 Oboen u. engl. Horn. Op. 87. (Ersch. 1806)	Angbl komp. 1794
58	Rondo für Pianoforte und Violine. G-dur	Wahrsch. kp. 1794
78, 80, 82 ff	3 Trios f. Pianoforte, Violine u. Violoncello. Op. 1	Ersch. 1795
101 f	Konzert für Pianoforte. B-dur. Op. 19. (Ersch. 1801.)	Komp. spät. 1795
	Opferlied für 1 Singstimme und Pianoforte	

Seite	Werke	Daten
98 ff	Adelaide. Op. 46	
	Lied: Seufzer eines Ungeliebten	Komp. um 1795
	Kanon (Nr. 1): Im Arm der Liebe	
87	12 Menuette für Orchester	
vgl. 87	12 deutsche Tänze für Orchester	Komp. 1795
87	Variationen für Pianoforte. (Quant' è più bello)	
126 ff	Quartette op. 18, 6 und 1	Begonnen 1795
84 ff	3 Sonaten für Pianoforte. Op. 2	
92	Quintett für Streichinstrumente. Op. 4. (Nach Op. 103)	
vgl. 87	6 Menuette	Ersch. 1796
87	Variationen für Pianoforte. (Nel cor più non mi sento)	
87	Variationen für Pianoforte. (Menuet à la Vigano)	
95	2 Sonaten für Pianoforte und Violoncello. Op. 5. (Ersch. 1797)	
81, 101 f	Konzert für Pianoforte. C-dur. Op. 15. (Ersch. 1801)	
vgl. 87	7 ländlerische Tänze . . . (Ersch. um 1799)	Komp. spät. 1796
	Variationen für Pianoforte (Mich brennt) . . .	
246	Sextett für Blasinstrumente. Op. 71.	
	Oktett für Blasinstrumente. Op. 103	
	Leichte Sonate für Pianoforte. C-dur	
	Sonate für Pianoforte. G-dur. Op. 49, 2 . .	
94, 97	Szene und Arie. Op. 65	Komp. 1796
90	Abschiedsgesang an Wiens Bürger	
107	Sonate für Pianoforte zu 4 Händen. Op. 6 .	
91	Sonate für Pianoforte. Es-dur. Op. 7 . . .	
107	Serenade für Streichinstrumente. Op. 8 . . .	
vgl. 107	Rondo für Pianoforte. C-dur. Op. 51, 1 . .	Ersch. 1797
	Variationen für Pianoforte und Violoncello (Judas Makkabäus)	
98	Variationen für Pianoforte (Russischer Tanz) .	
97	Quintett für Pianoforte und Blasinstrumente. Op. 16	Komp. spät. 1797
90	Kriegslied der Oesterreicher	Komp. 1797
92 f	3 Trios für Streichinstrumente. Op. 9	
107 ff	3 Sonaten für Pianoforte. Op. 10	
110	Trio für Pianoforte, Klarinette und Violoncello Op. 11	Ersch. 1798
	Variationen für Pianoforte und Violoncello. Op. 66	
	Variationen für Pianoforte (Schweizerlied) . .	

Seite	Werke	Daten
126 ff	Streichquartette. Op. 18, 3 und 6	
	Lied: Gretels Warnung. Op. 75, 4	Komp. spät. 1798
	Lied: La Partenza	
113 f	Sonate pathétique für Pianoforte. Op. 13 . .	
110 ff	3 Sonaten für Pianoforte und Violine. Op. 12	
114 ff	2 Sonaten für Pianoforte. Op. 14. (Komp. 1795)	
	Variationen für Pianoforte (La stessa)	
	Variationen für Pianoforte (Kind, willst du ruhig schlafen)	Ersch. 1799
	Variationen für Pianoforte (Tändeln und Scherzen)	
	Sonate für Pianoforte. g-moll. Op. 49, 1 . .	Komp. spät. 1799
138, 140	Sonate für Pianoforte. Op. 22. (Ersch. 1802)	Begonnen 1799
126 ff	6 Quartette für Streichinstrumente. Op. 18. (Ersch. 1801)	
123 f	Septett. Es-dur. Op. 20	Beendigt spät. 1800
121 ff	1. Symphonie. C-dur. Op. 21	
174 ff	Christus am Oelberge. Op. 85. (Aufgeführt 1803)	Angbl. beend. 1800
124	Sonate für Pianoforte und Horn. Op. 17 . .	
137, 173 f	3. Konzert für Pianoforte. c-moll. Op. 37 .	
	Variationen für Pianoforte zu 4 Händen (Ich denke dein)	Komp. 1800
	Variationen für Pianoforte. G-dur (Original-Thema)	
138 f	Sonate für Pianoforte und Violine. Op. 23 . . . . (Komp. 1799 bis Anfang 1801)	
138 f	Sonate für Pianoforte und Violine. Op. 24 . . . . (Komp. 1799 bis Anfang 1801)	Ersch. 1801
135 f	Die Geschöpfe des Prometheus. Op. 43 . . .	
138, 145	Sonate für Pianoforte. Op. 28	Komp. 1801
92, 138 ff	Quintett für Streichinstrumente. Op. 29 . .	Beendigt 1801
167	Sonate. Op. 14, 1 als Quartett für Streichinstrumente	
	Serenade für Flöte, Violine und Bratsche. Op. 25	
140 f	Sonate für Pianoforte. Op. 26	
141 ff	2 Sonaten für Pianoforte. Op. 27	Ersch. 1802
107	Rondo für Pianoforte. G-dur. Op. 51, 2 . .	
	Variationen für Pianoforte und Violoncello (Bei Männern)	
	6 ländlerische Tänze	Komp. 1802

Seite	Werke	Daten
107	Terzett: Tremate empi. Op. 116	Komp. 1802
168 ff	3 Sonaten für Pianoforte und Violine. Op. 30	
170 ff	2 Sonaten für Pianoforte. G-dur und d-moll. Op. 31, 1 und 2	
168	Variationen für Pianoforte. F-dur. Op. 34	
	Variationen für Pianoforte. Es-dur. Op. 35	
	12 Kontretänze (z.T. komponiert spätestens 1800)	Beendigt 1802
vgl. 176	7 Bagatellen für Pianoforte. Op. 33. (Teilw. schon von 1782 an)	
177 ff	2. Symphonie. D-dur. Op. 36	
vgl. 205	6 Lieder von Gellert. Op. 48	Ersch. 1803
vgl. 205	Lied: Das Glück der Freundschaft. Op. 88	
vgl. 205	Lied: Zärtliche Liebe	
191	Romanze für Violine. G-dur. Op. 40	Komp. 1803
181 ff	Sonate für Pianoforte und Violine. Op. 47 (3. Satz komp. 1802)	
170 ff	Sonate für Pianoforte. Es-dur. Op. 31, 3	Ersch. 1804
156	3 Märsche für Pianoforte zu 4 Händen. Op. 45	
	Variationen für Pianoforte. (God save the king)	
	Variationen für Pianoforte. (Rule Britannia)	
206	Lied: Der Wachtelschlag. (Komp. 1799?)	
191 ff	3. Symphonie (Eroica). Op. 55	Komp. 1804
202 ff	Sonate für Pianoforte. C-dur. Op. 53 (Ersch. 1805)	Angbl. komp. 1804
202	Andante für Pianoforte. F-dur. (Ersch. 1806)	
217 f	Konzert für Pianoforte, Violine und Violoncello. Op. 56 (Ersch. 1807)	Komp. um 1804
201, 204 ff	Sonate für Pianoforte. f-moll Op. 57. (Ersch. 1807)	
vgl. 299	Lied: An die Hoffnung. Op. 32	Ersch. 1805
154	Trio (nach Op. 20). Op. 38 (Begonnen 1802)	
191	Romanze für Violine. F-dur. Op. 50	
218 ff	4. Konzert für Pianoforte. G-dur. Op. 58	Komp. spät. 1805
206 ff	Leonore. Oper. 1. Bearbeitung. Op. 72a	Fertig 1805
	Trio nach der 2. Symphonie. Op. 36	Ersch. 1806
204	Sonate für Pianoforte. F-dur. Op. 54	
229 ff	4. Symphonie. B-dur. Op. 60	Komp. 1806
225	Konzert für Violine. Op. 61	
212 ff	Leonore. Oper. 2. Bearbeitung. Op. 72 a	Fertig 1806
220 ff, 232	3 Quartette für Streichinstrumente. Op. 59 (Komp. z. T. 1806)	Beendigt spät. 1807

Seite	Werke	Daten
232	Op. 61 als Pianoforte-Konzert	Beendigt spätest. 1807.
229	Ouvertüre zu Coriolan. Op. 62	
246 ff	5. Symphonie. c-moll. Op. 67. Begonnen um 1805	
241 f	Sonate für Pianoforte und Violoncello. Op. 69. (Ersch. 1809)	
250 ff	6. Symphonie (Pastorale). Op. 68	
233 ff	Messe. C-dur. Op. 86	
207 f	Ouvertüre. C-dur. Op. 138	
	32 Variationen für Pianoforte. c-moll. (Begonnen 1806)	
233	Arietta: In questa tomba	Komp. 1807
234 ff	2 Trios für Pianoforte, Violine und Violoncello. Op. 70	Komp. spät. 1808
256	Sonatine für Pianoforte. Op. 79. (Ersch. 1810)	
246	Phantasie für Pianoforte, Chor und Orchester. Op. 80	
	Lied: Als die Geliebte sich trennen wollte. (Komp. 1806?)	Ersch. 1809
	Militärmarsch. F-dur	Komp. 1809
257 f	5. Konzert für Pianoforte. Es-dur. Op. 73. (Begonnen 1808)	
278 f	Quartett f. Streichinstrumente. Es-dur. Op. 74.	
	Variationen für Pianoforte. Op. 76	
257	Sonate für Pianoforte. Fis-dur. Op. 78 . . .	
256	Sonate für Pianoforte. Es-dur. Op. 81a . .	
257	Phantasie für Pianoforte. Op. 77. (Ersch. 1810)	
245	Lied aus der Ferne	
	Lied: Die laute Klage . . . . . Wahrscheinl.	komp. 1809
245 f	6 Gesänge. Op. 75 (Nr. 1 komp. 1810, Nr. 4 komp. spätestens 1798, Nr. 5 und 6 komp. 1809)	Ersch. 1810
	Sextett. Es-dur. Op. 81b	
	Lied: Andenken. (Ich denke dein)	
vgl. 245	Sehnsucht (von Goethe) 4 mal komp. (Nr. 1 ersch. 1808)	
	Lied: Der Liebende.	
	Lied: Der Jüngling in der Fremde	
271	Musik zu Goethes „Egmont". Op. 84	Komp. 1810
271 f	Quartett für Streichinstrumente. f-moll. Op. 95	
	3 Gesänge. Op. 83.	
vgl. 231	Irische Volkslieder.	Begonnen 1810

Seite	Werke		Daten
vgl. 234	4 Arietten u. 1 Duett. Op. 82. (Nr. 4 komp. 1809)		Ersch. 1811
273	Trio für Pianoforte, Violine und Violoncello. B-dur. Op. 97		
275 f	Die Ruinen von Athen. Op. 113		Komp. 1811
	König Stephan. Op. 117		
285	Lied: An die Geliebte. 1. Bearbeitung		
	Kanon (Nr. 2) auf Mälzel		
285 ff	7. Symphonie. A-dur. Op. 92		
	Trio in einem Satze für Pianoforte, Violine und Violoncello. B-dur		Komp. 1812
286 ff	8. Symphonie. F-dur. Op. 93		
436	Equale für 4 Posaunen. (Trauergesang)		
284 f	Sonate für Pianoforte und Violine. G-dur. Op. 96		
285	Lied: An die Geliebte. 2. Bearbeitung		
vgl. 234	Wallisische Volkslieder		Begonnen um 1812
	Triumph-Marsch zu „Tarpeja“		
	Lied: Der Bardengist		
292 f	Wellingtons Sieg. Op. 91		Komp. 1813
	Kanon (Nr. 3): Kurz ist der Schmerz. f-moll		
	6 Allemandes		
vgl. 234	25 irische Lieder Nr. 1—25, irische Lieder Nr. 1—4, 12 irische Lieder Nr. 2 u. 7		Ersch. 1814
	Gesang: Germanias Wiedergeburt (Gute Nachricht)		
299	Gelegenheits-Kantate: Die Stunde schlägt		
299 ff	Fidelio. 3. Bearbeitung der Oper „Leonore“ Op. 72b	Febr.-Sept.	
308 f	Sonate für Pianoforte. e-moll, Op. 90 1. Satz		Komp. 1814
	Elegischer Gesang. Op. 118		
307 f	Ouvertüre. C-dur. Op. 115		
307	Kantate: Der glorreiche Augenblick	August bis Septbr.	
	Lied: Des Kriegers Abschied		
	Polonaise für Pianoforte. Op. 89		
	Lied: Merkenstein. Op. 100		
vgl. 234	Schottische Volkslieder überhaupt		Begonnen 1814
	3 Duos für Klarinette und Fagott		Ersch. spät. 1815
	Kanon (Nr. 4): Kurz ist der Schmerz. F-dur. (Begonnen 1814)		Komp. 1815
	Gesang: Es ist vollbracht (Die Ehrenpforten)		

Seite	Werke	Daten
vgl. 234	Lied: Das Geheimnis	
333 f	2 Sonaten für Pianoforte und Violoncello. Op. 102. Begonnen:	
333 f	2 Kanons (Nr. 5 u. 6): Reden und Schweigen	
245 f	Lied: Sehnsucht (v. Reissig)	
333	Meeresstille und glückliche Fahrt. Op. 112	Komp. 1815
vgl. 234	20 irische Lieder Nr. 6; 12 versch. Volkslieder Nr. 2, 6, 7, 8 und 11	
vgl. 234	26 wallisische Lieder Nr. 25	
vgl. 234	Schottische Lieder. Op. 108 Nr. 5, 6, 7, 10, 19 und 24; 12 schottische Lieder Nr. 6	
209	Lied: An die Hoffnung. Op. 94. (Komp. 1813?)	
vgl. 234	20 irische Lieder Nr. 5—20; 12 irische Lieder Nr. 1, 3—6, 8—12	Ersch. 1816
	Kanon (Nr. 17): Glück zum neuen Jahr. Es-dur	
334 ff.	Sonate für Pianoforte. A-dur. Op. 101. (Beg. 1815)	
vgl. 234	Schottische Lieder. Op. 108 Nr. 11—14	
209, 323	Liederkreis. Op. 98. (Begonnen 1815)	Komp. 1816
	Lied: Der Mann ein Wort. Op. 99	
	Militärmarsch. D-dur	
	Lied: Ruf vom Berge	
vgl. 234	26 wallisische Lieder Nr. 1—26. (Begonnen u. 1812)	Ersch. 1817
	Lied: So oder so	
338	Gesang der Mönche	
	Quintett. Op. 104 (nach d. Trio Op. 1 Nr. 3)	
	Fuge für 5 Streichinstrumente. Op. 137 — Sept. 1817 bis Mai 1818	Komp. 1817 und von 1817 an
	Lied: Resignation	
340, 355 ff	Grosse Sonate für das Hammer-Klavier. Op. 106 (November 1817 bis März 1819)	
	Klavierstück, B-dur, auf Aufforderung geschrieb.	Komp. 1818
	6 variierte Themen für Pianoforte etc. Op. 105.	Ersch. 1819
	Kanon (Nr. 7): Glück zum neuen Jahr. F-dur	Komp. 1819
	10 variierte Themen für Pianoforte. Op. 107	Ersch. 1820
	Kanon (Nr. 8) an Erzherzog Rudolph	
354	Abendlied unterm gestirnten Himmel	Komp. 1820
370	Bagatellen für Pianoforte. Op. 119 Nr. 7—11	
353	Kanon Nr. 9: Hoffmann	Anglb. komp. 1820

Seite	Werke	Daten
vgl. 234	25 schottische Lieder. Op. 108 (z. T. komp. 1815 und 1816, z. T. erschienen 1818).	Ersch. 1821
358 f	Sonate für Pianoforte. E-dur. Op. 109 (zum Teil komp. 1819/20).	Ersch. 1821
	Kanon (Nr. 10): O Tobias	Komp. 1821
359 f	Sonate für Pianoforte. As-dur. Op. 110. (Begonnen 1819)	Komp. 1821
360 ff	Sonate für Pianoforte. c-moll. Op. 111. (Begonnen 1819)	Komp. 1822
376	Ouvertüre (Die Weihe des Hauses) Op. 124 (Marsch mit Chor. Op. 114)	Komp. 1822
376	Gratulations-Menuett (Allegretto) für Orchester	Komp. 1822
379	Bagatellen für Pianoforte. Op. 119 Nr. 1—6 (Nr. 2 und 4 um 1800, Nr. 5 i. J. 1802 entworfen)	Komp. 1822
	Ariette: Der Kuss. Op. 128	Komp. 1822
406	Opferlied: Op. 121b. (Komp. 1823?)	Angbl. komp. 1822
	Kanon (Nr. 11): Edel sei der Mensch	Ersch. 1823
vgl. 234	12 schottische Lieder Nr. 12	Ersch. um 1823
379 ff	Messe-D-dur. Op. 123. (Begonnen 1818) . . .	Beendigt 1823
391 ff	9. Symphonie d-moll. Op. 125. (Begonnen vor 1817)	Beendigt 1823
377 ff	33 Variationen für Pianoforte. Op. 120 . . .	Angbl. beend. 1823
372	Kanon: Das Schöne zum Guten	Komp. 1823
406	Bundeslied. Op. 122	Komp. 1823
379	6 Bagatellen für Pianoforte. Op. 126	Komp. 1823
	Variationen für Pianoforte, Violine und Violoncello. Op. 121a	Ersch. 1824
409 ff	Quartett f. Streichinstr. Es-dur. Op. 127	Komp. 1824
	Kanon (Nr. 12): Schwenke dich	Komp. 1824
412 ff	Quartett für Streichinstr. a-moll. Op. 132 .	Komp. 1825
405	Kanon (Nr. 13): Kühl nicht lau	Komp. 1825
	Kanon (Nr. 18): Si non per portas	Komp. 1825
414 ff	Quartett für Streichinstrumente. B-dur. Op. 130. (Letzt. Satz 1826)	Komp. 1825
414	Fuge für 4 Streichinstrumente. B-dur. Op. 133	Komp. 1825
422, 424 ff	Quartett f. Streichinstrumente. cis-moll. Op. 131	Komp. 1826
423 f	Quartett für Streichinstrumente. F-dur. Op. 135	Komp. 1826
416, 426	Letzter Satz des Quartetts Op. 130	Komp. 1826
426	Satz für 5 Streichinstrumente. (Letzter Gedanke)	Komp. 1826
378	Rondo Op. 129, nachgelassen.	

www.ingramcontent.com/pod-product-compliance
Lightning Source LLC
Chambersburg PA
CBHW031941290426
44108CB00011B/637
* 9 7 8 3 8 6 3 4 7 7 4 4 8 *